Harald Geißler (Hrsg.)

Organisationslernen und Weiterbildung

Harald Geißler (Hrsg.)

Organisationslernen und Weiterbildung

Die strategische Antwort
auf die Herausforderungen der Zukunft

Luchterhand

Die Deutsche Bibliothek – CIP-Einheitsaufnahme

Geißler, Harald:
Organisationslernen und Weiterbildung: die strategische Antwort auf die
Herausforderungen der Zukunft
Harald Geißler. – Neuwied; Kriftel; Berlin:
Luchterhand, 1995
ISBN 3-472-02063-6

Satz: Heinrich Fanslau GmbH, Düsseldorf
Druck: Wilhelm & Adam, Heusenstamm
Printed in Germany, April 1995

Inhalt

V

Inhalt

Inhalt

Vorwort

Die Entdeckung des Betriebs als Ort pädagogischer Tätigkeit wie als Gegenstand erziehungswissenschaftlicher Aufklärung liegt noch nicht sehr lange zurück. Eine Pädagogik, die ihr Interesse auf das richtete, was jenseits allgemeiner Bildung für die Lebensvorbereitung junger Menschen unternommen wird, verstand sich häufig als Pädagogik beruflicher Bildung in der Schule. Das duale System hat das seine dazu getan, die Sphären staatlicher und privater Einflußnahme relativ klar zu trennen. Folglich tendierte die professionelle staatlich alimentierte Tätigkeit zur Selbstbeschränkung wie umgekehrt der Betrieb sich gegen staatliche Einflußnahme und damit eben auch gegen staatlich gelenkte pädagogische Maßnahmen abzuschirmen suchte.

Die Segregation dieser Bereiche hat sich in den letzten Jahren deutlich abgeschwächt, zum einen als Folge veränderter ökonomischer Bedingungen bei der Finanzierung insbesondere der Weiterbildung Erwachsener, für die der Staat nur noch in reduzierter Form eintritt, zum anderen aber auch durch die Entdeckung pädagogischer wie erziehungswissenschaftlicher Leistungsfähigkeit durch die Unternehmerseite.

Organisationslernen und Weiterbildung sind zwei grundlegende Felder dieses neuen Engagements von Seiten einer sich soeben etablierenden Betriebspädagogik. Diese bemüht sich nun um ihre auch theoretische Fundierung vom Boden der Erziehungswissenschaft. In diese Richtung weist der vorliegende Sammelband.

- Er setzt die Notwendigkeit interdisziplinärer Arbeit zwischen Betriebswirtschaftswissenschaft und Erziehungswissenschaft konsequent um.

- Er transzendiert das rein Technische der Neuen Technologien, indem er der Frage nachgeht, wie ihr Einsatz organisatorisch gestaltet werden muß, um von dort aus Qualifikationsbeschreibungen für den Umgang mit ihnen zu gewinnen.

- Er demonstriert, daß das gängige Vorurteil von der ausschließlich sozialtechnischen Akzentuierung des Managements heute nicht mehr aufrechterhalten werden kann, weil zumindest Teile der Betriebswirtschaftswissenschaft längst sozialtheoretisch fundiert werden.

IX

Für die Pädagogik stellt es eine besondere Herausforderung dar, auf diese Weise zur Bezugsdisziplin auch von Ingenieuren und Betriebswirten zu werden. Der vorliegende Band wird zu diesem interdisziplinären Gespräch einen Beitrag leisten.

Dieter Lenzen

Berlin im März 1995

Einführung

Organisationslernen und Weiterbildung im Spannungsfeld zwischen den Paradigmen linearen Denkens, zirkulärer Kausalität und hermeneutischer Selbstreferentialität

Harald Geißler

Die »Lernende Organisation« bzw. »Organisationslernen« ist seit einigen Jahren ein Modethema. Die Zahl der Publikationen, Kongresse und Seminare, die diesen Begriff im Titel oder zumindest im Untertitel führen, ist beeindruckend. Quantität bedeutet aber nicht unbedingt auch Qualität. So ist kaum zu verheimlichen, daß die konzeptionelle Substanz vieler Beiträge oft erschreckend dürftig ist. Viele Autoren reden von Organisationslernen, ohne zu wissen, was sie damit im einzelnen meinen. In dieser Situation ist es geboten, »die Spreu vom Weizen zu trennen«. Das ist der Anspruch dieses Sammelbandes. Er nimmt das Anliegen von Organisationslernen ernst und geht davon aus, daß es mehr ist als nur ein Modethema.
Die Frage, was das grundlegende Anliegen von Organisationslernen ist, ist identisch mit der Frage, was Organisationslernen eigentlich ist. Sie läßt sich nicht leicht beantworten, und ein differenzierter Blick auf die Antworten, die vorliegen, schafft zunächst mehr Verwirrung als Klarheit. Diese Situation ist – so meine Erklärung – ein Anzeichen für einen sich zur Zeit *überschlagenden Paradigmenwechsel* in der Organisations- und Managementwissenschaft. Die neueren Theorien des Organisationslernens belegen den Paradigmenwechsel einer sich zur Managementwissenschaft transformierenden Betriebswirtschaftslehre. Das alleine ist für einige jener Theorien aber noch nicht genug. Sie gehen weiter und fordern bzw. fördern – implizit oder explizit – eine Entwicklung, die eine Auflösung der traditionellen Fächergrenzen anstrebt und für das Entstehen neuartiger interdisziplinärer Fachgebiete eintritt.
Der Paradigmenwechsel in der Betriebswirtschaftslehre, ihre Transformation in eine Managementwissenschaft und die Fokussierung auf den Bereich des Organisationslernens wird zur Zeit vor allem von zwei Managementschulen vorangetrieben. Es ist die von Hans Ulrich begründete St. Gallener Schule und die Münchener Forschergruppe um Werner Kirsch. Eines der »Markenzeichen« der St. Gallener Schule ist das Konzept des vernetzten bzw. ganzheitlichen Denkens (siehe z. B. Ulrich/Probst 1988). Es spiegelt den Paradigmenwechsel vom linearen zum *systemischen Denken*, der von der Einsicht getragen wird, daß zwischen den verschiedenen

1

Einzelfaktoren und Faktorenkomplexen des Managements nicht lineare, sondern zirkuläre Wirkungszusammenhänge bestehen. Die Aussage »A wirkt auf B« ist deshalb nicht unbedingt falsch; sie ist aber eine unzulässige Verkürzung, weil das Feedback von B auf A unberücksichtigt bleibt. Wir müssen also sagen:»A und B wirken wechselseitig aufeinander ein.«

Die Substitution des traditionellen Paradigmas einer *linearen Kausalität* durch dasjenige einer *zirkulären Kausalität* hat in der Betriebswirtschafts-lehre weitreichende Folgen. Denn es ist nicht mehr möglich, von der Kate-gorie des »Faktors« auszugehen und ihn als kleinsten Baustein zu betrach-ten, aus dem man additiv verschiedene Theoriegebäude erstellen kann. Denn lineare Kausalität beruht auf einem Denken, das das Ganze in Teile zergliedert und von der Vorannahme ausgeht, daß sie durch Ursache-Wir-kungszusammenhänge derart miteinander verbunden sind, daß jedes Teil als eine Ursache bzw. als eine Wirkung anderer Ursachen aufgefaßt werden kann. Zirkuläre Kausalität hingegen geht von der Erkenntnis aus, daß jedes Phänomen immer sowohl Ursache wie auch Wirkung ist, was zur Fol-ge hat, nicht mehr von den Begriffen »Ganzes« und »Teil des Ganzes« aus-gehen zu können, sondern sie durch das Konzept des *Systems* ersetzen zu müssen. Einer der prominentesten Vertreter dieser neuen Management-richtung ist Gilbert Probst. Seine bedeutendsten Werke, das mit Hans Ulrich verfaßte »Handbuch zum ganzheitlichen Denken und Handeln« (Ulrich/Probst 1988), seine Habilitationsschrift »Selbst-Organisation« (Probst 1987) und sein Grundlagenwerk »Organisation« (Probst 1993) bil-den den Hintergrund für die Gedanken, die er auch in dem hier abgedruck-ten Aufsatz entfaltet. Denn Organisation und Management lassen sich im systemtheoretischen Rahmen einer zirkulären Kausalität nur noch als etwas konzipieren, was sich in permanentem Fluß befindet (vgl. Morgan 1986, S. 233 ff.); d. h. als *Organisationslernen*. Die Absage an das Konzept linearer Kausalität ist damit notwendigerweise auch eine Absage an jedes statische Managementkonzept, das nach feststehenden Faktoren als Verur-sachungen sucht, um ausgehend von ihnen Entwicklung und Wandel zu erklären. Organisationen müssen sich permanent entwickeln und verän-dern; Organisationsentwicklung darf nicht länger nur eine Übergangspha-se sein wie z. B. die traditionelle betriebliche Aus- und Weiterbildung, deren Funktion es war, einen angestrebten Ziel*zustand*, also eine bestimm-te Arbeits- und Kooperationsqualifikation oder eine bestimmte Besetzung der vorliegenden bzw. geplanten Personalstellen zu erreichen. Das Para-digma der zirkulären Kausalität kann sich auf einen solchen Gedanken nicht mehr einlassen, denn es sieht keinen Grund für die Annahme, daß Organisationen statische Gebilde sind. Die Erkenntnis, daß über zirkuläre Wirkungszusammenhänge letztlich alles mit allem zusammenhängt und daß diese Prozesse alles dynamisieren, d. h. daß alles ständig im Fluß ist, verdichtet sich in den neuen Grundbegriffen des systemischen Manage-ments: *»Selbstorganisation«* und *»Organisationslernen«*.

2

1. Die Herausforderung der Neuen Technologien

Wesentliche Impulse für die Substitution des Paradigmas der linearen Kausalität durch dasjenige einer zirkulären Kausalität kommen aus dem Bereich der *Neuen Technologien*. Aus diesem Grunde ist dem zweiten Kapitel dieses Sammelbandes, das sich mit dem Paradigmenwechsel im Management befaßt, das erste Kapitel mit seinen Beiträgen zur Technikentwicklung vorangestellt. Denn man kann die Fragestellungen und Antworten der Organisations- und Managementwissenschaft nicht richtig verstehen, wenn man zuvor nicht zur Kenntnis genommen hat, was Erich Staudt zu Beginn dieses Buches herausstreicht: Bis zur Erfindung und Implementierung der Neuen Technologien wurden Organisationen in ihren Aufbau- und Ablaufstrukturen nämlich weitestgehend durch Technik bestimmt. Sie war die zentrale Ursache für eine Vielzahl von Wirkungen, die sie auslöste. An sie mußten sich die Qualifikationen der Fach- und Führungskräfte anpassen; sie bestimmte den Zuschnitt der Arbeitsplätze und Arbeitsverträge. Diese Dominanz der Technik lieferte dem Paradigma der linearen Kausalität sein entscheidendes Begründungsargument. Mit der Entwicklung der Neuen Technologien jedoch wurde dieses Argument fundamental in Frage gestellt. Denn ihr besonderes Merkmal ist ihr großes Elastizitätspotential. Sie sind nicht mehr wie die alten Technologien eine die Organisation und das Management prägende Größe, sondern eine von der Organisation zu gestaltende Größe. Mit der Entwicklung der Neuen Technologien ist der Organisation und dem Management die feststehende Größe entrissen, von der man bisher alles ableiten konnte.

Damit wird deutlich: Das Paradigma der zirkulären Kausalität ist keine Idee von Geisteswissenschaftlern, die ihrem Fach, der Betriebswirtschaftslehre, interessante Impulse vermitteln wollen, sondern es ist die technologische Praxis, die versucht, der Wissenschaft deutlich zu machen, daß grundsätzlich neue Organisations- und Managementkonzepte zu entwickeln sind, die dieser veränderten Realität Rechnung tragen. Konsens besteht dabei darin, daß der alte Ableitungszusammenhang »Technik-Organisation-Personal« nicht mehr haltbar ist. Er muß transformiert werden in eine zirkuläre Interdependenzbeziehung. Das Personal, d. h. die Qualifizierung und Führung der Organisationsmitglieder ist nicht mehr das letzte Glied in einer Begründungskette, die ihren Ausgang von den Geboten der Technik nimmt, sondern eine alternativenhaft zu gestaltende Größe für die Nutzung und Profilierung technologischer Potentiale. Was das im einzelnen heißt, macht Günther Pawellek deutlich, indem er den zirkulären Zusammenhang von Produktstruktur, Materialfluß-, Informationsfluß- und Organisationsstrukturen diskutiert und dabei die zentrale Bedeutung entsprechend qualifizierter und motivierter Fach- und Führungskräfte und die Erkenntnis unterstreicht, daß diese Qualität des Faktors »Personal« nur durch konsequente Partizipation erreicht und sichergestellt wer-

den kann. Partizipation bekommt damit einen historisch neuen Stellenwert. Sie ist nicht mehr im wesentlichen nur eine Forderung, die sich auf humanistische Argumente stützt, sondern quasi ein »Gebot« der Neuen Technologien. Die Besonderheit ist dabei allerdings, daß dieses »Gebot« sich in Inhalt und Form grundlegenden von den Geboten der alten, auf Mechanisierung beruhenden Technologien unterscheidet, weil die Neuen Technologien keine exakten Vorgaben für die Aufbau- und Ablauforganisation und auch nicht für die Personalqualifizierung, -entwicklung und -führung machen, sondern elastische Potentiale anbieten, die alternativenhaft gestaltet werden können und müssen. Das »Gebot« der neuen Technologien besteht also in der Notwendigkeit, ihre Offenheit und Elastizität zu formen. Auf welche Weise das geschieht, ist nicht durch die Technik festgelegt. Es ist offen, ob ein autoritärer oder ein partizipativer Weg gewählt wird, ob also eine herausgehobene Führergestalt oder Führungselite der Organisation ihre individuellen Vorstellungen aufdrückt oder ob bei der Überprüfung und Entwicklung neuer Organisationsstrukturen alle Organisationsmitglieder diskussions- und mitbestimmungsberechtigt sind. Neu an diesem im Grunde alten Streitpunkt ist, daß eine autoritäre Lösung sich heute nicht mehr wie früher auf Sachzwänge der Technik stützen kann. *Macht* in Organisationen wird damit in ganz neuartiger Weise *legitimationsbedürftig*. Die Neuen Technologien entmachten die alten Machthaber zwar nicht, aber sie unterhöhlen ihre Machtbasis. Sie erzwingen nicht im Sinne eines technischen Sachzwangs Partizipation; – sie bieten sie nur an, und zwar als eine technisch realistische und sinnvolle Option. Hat diese Aufklärung Fuß gefaßt, wird es schwerlich Argumente geben, die die Mehrheit der bisher autoritär geführten Organisationsmitglieder dazu motivieren können, sich weiter autoritären Weisungen und Vorgaben von oben zu fügen und auf die sich technologisch realistisch anbietenden Partizipationsmöglichkeiten zu verzichten. Als Fazit ergibt sich damit die Erkenntnis, die Michael Hesseler in den Mittelpunkt seines Beitrags stellt: Die Potentiale der Neuen Technologie, die man zur Zeit mit dem Konzept des Lean Management intensiv auszubeuten versucht, lassen sich angesichts der besonderen Bedingungen der Neuen Technologien nur dann konsequent nutzen, wenn man gleichermaßen auch an die Motivationspotentiale der Mitarbeiterinnen und Mitarbeiter denkt und alles tut, sie gezielt anzusprechen. Aus diesem Grunde ist Partizipation geboten.
So schlüssig die Forderung nach Partizipation ist, so problematisch ist ihre Konkretisierung im einzelnen, – das macht der Artikel von Thomas Stahl deutlich. Er legt den Finger auf den wunden Punkt, indem er der Frage nachgeht, wie sich Arbeitsgruppen und Betriebseinheiten autonom steuern können angesichts der oft divergierenden Interessen des Betriebsganzen und der einzelnen Organisationsmitglieder. Diese in der Praxis nicht immer harmonisierbaren Differenzen mahnen an, daß das alte Paradigma linearer Kausalität mit seiner kategorialen Dichotomisierung des Ganzen und sei-

ner Teile praktisch nicht so leicht zu überwinden ist. Sicherlich ist der lineare Ableitungszusammenhang »Technik-Organisation-Personal« zerbrochen und das Gebot unabweisbar, zirkulär denken zu müssen und dabei Partizipation nicht von vornherein zurückweisen zu dürfen. Was aber heißt das in Situationen, in denen das Interesse des Betriebs nicht mit den Interessen der einzelnen Mitglieder, Arbeitsgruppen und Betriebsteile übereinstimmt? Stahl entfaltet diese Frage als »Navigationsproblem«, indem er an den vor allem von Warnecke (1993) in die Managementdiskussion gebrachten Begriff des *Fraktals* anknüpft. Es ist ein Konstrukt der neueren mathematischen Theoriebildung, das sich auf nichtlineare Gleichungen bezieht. Visualisiert man sie, entstehen ästhetisch ansprechende Gebilde wie z. B. das sog. »Apfelmännchen« (GEO Wissen 1990, S. 131), das biologische Phänomene, wie z. B. die Struktur eines Kohlkopfes oder die Astverzweigung von Bäumen, erstaunlich exakt abbildet. Nichtlineare Gleichungen beruhen auf dem Prinzip, daß das Ganze nicht aus Teilen, sondern aus teileähnlichen Gebilden, den sog. Fraktalen, besteht, wobei jedes Fraktal das ihn umschließende Ganze annäherungsweise, aber nicht exakt impliziert. Fraktale sind deshalb nicht Teile, aus denen sich das Ganze zusammensetzt. Ihre Entwicklungslogik bricht mit dem Paradigma der Linearität und ersetzt es durch dasjenige der Zirkularität. Aus diesem Grunde ist das Konstrukt des Fraktals für die aktuelle Managementdiskussion attraktiv und weckt die hochgesteckte Hoffnung, das bisher ungelöste Problem zu bewältigen, auf das Staudt am Ende seines Einleitungsartikels aufmerksam macht, nämlich das Problem, wie die sich selbst steuernden Arbeitsgruppen und Betriebseinheiten sich untereinander in ihrer horizontalen und vertikalen Kooperation sinnvoll organisieren können.

Das Problem der Kooperation der Betriebsteile ist genauso wie für Staudt auch für Stahl eines der entscheidensten Kernprobleme einer Theorie des Organisationslernens. Er diskutiert es als »Navigationsproblem«, das drei verschiedene Aufgabenschichten beeinhaltet: Erstens müssen sich die verschiedenen Fraktale angemessen informieren; diese Informationen müssen richtig verstanden werden; und auf dieser Grundlage müssen dann die richtigen pragmatischen Entscheidungen getroffen werden. Während die erste und zweite Aufgabe sich relativ einfach bearbeiten lassen, nämlich mit Hilfe von *Managementinformationssystemen* und *Qualifizierungsprogrammen*, bereitet die dritte Aufgabe in der Regel sehr viel größere Probleme, denn sie ist *unternehmenspolitischer* Natur, so daß sich – wie im dritten Kapitel Petersen zeigt – der Gedanke verbietet, sie unter Einsatz sozialtechnologischer Managementinstrumente lösen zu wollen. Denn hier werden Sensibilitäten berührt, die die persönliche Identität, Wünsche und Ängste und nicht zuletzt auch die materiellen Besitzstände der einzelnen Subjekte betreffen.

Wie hochgradig und weitreichend derartige Empfindlichkeiten sein können, illustriert Jörg Willmes in seinem Beitrag, indem er die Implementierung eines Managementinformationssystems für Außendienstmitarbeiter darstellt und die Erfahrung berichtet, daß dieses System, das die horizontale und vertikale Kooperation im Außendienst verbessern sollte, von den Außendienstmitarbeitern nur sehr widerwillig angenommen wurde, da es das berufsbiographisch gewachsene Identitätsmuster, Einzelkämpfer im Außendienst zu sein, erschütterte und Ängste auslöste, daß die impliziten Kontrollmöglichkeiten des Managementinformationssystems sich gegen die finanziellen Interessen der so Kontrollierten wenden könnten.

2. Paradigmenwechsel im Management

Nur wenn man sich die im ersten Kapitel diskutierten Veränderungen der Technik und ihrer Bedeutung sowohl für den Aufbau von Organisationen und wie auch für die Qualifikation, Führung und Mitbestimmung des Personals vergegenwärtigt und sich klar vor Augen hält, daß die Ingenieur- und Arbeitswissenschaften sich vom Paradigma der linearen Kausalität grundlegend abgewandt haben, kann man ermessen, welche Argumentationskraft hinter der Forderung der St. Gallener Schule steht, das Paradigma der linearen Kausalität im Management aufzugeben und es zu ersetzen durch das Paradigma einer zirkulären Kausalität. Wie am Beispiel der im ersten Kapitel vorgestellten Beiträge verdeutlicht, rückt dieser Paradigmenwechsel das Problem der Steuerung in den Mittelpunkt. Denn es ist nicht mehr möglich, Sozialsysteme einseitig durch Techniksysteme zu steuern und diese Art technikgeprägten Denkens zur Grundlage einer Führung zu machen, die einseitig von oben nach unten wirkt. So einfach es ist, das traditionelle Paradigma und seine Konzepte abzulehnen, so schwierig ist es, das neue Paradigma einer zirkulären Kausalität in konkrete Konzepte zu überführen. Konsens allerdings besteht darin, daß alle neueren Managementkonzepte den Aspekt der *Selbstorganisation* berücksichtigen müssen und daran zu messen sind, wie sie dieses Konstrukt mit Bezug auf die verschiedenen Phänomene der Managementpraxis konkretisieren. In dieser Situation ist der Schritt naheliegend, das Phänomen »Selbstorganisation« in die Nähe von *Organisationslernen* zu rücken bzw. es definitorisch gleichzusetzen. Denn wenn Organisationseinheiten und -mitglieder sich selbst organisieren, impliziert das, daß sie erstens dazu die entsprechenden Fähigkeiten haben, und zweitens, daß sie diese Fähigkeit selbst erworben, d. h. erlernt haben. Das Konzept der Selbstorganisation bzw. des Organisationslernens schließt damit die konzeptionelle Leerstelle, die durch den Wegfall einer letztlichen Verursachungs- und Gestaltungsgröße, nämlich einer Sachzwänge auslösenden Technik und einer diese Sachzwänge autoritär verwaltenden Organisationsspitze, entstanden ist.
Gilbert Probst und Jürgen Schüppel versuchen in dieser Situation, eine konzeptionelle Vorstellung von Selbstorganisation und Organisationsler-

nen zu entfalten, die konsequent dem Paradigma der zirkulären Kausalität folgt, indem zum einen das von Duncan/Weiss (1979) in die Diskussion gebrachte Konstrukt der *organisationalen Wissensbasis* (siehe dazu die zusammenfassende Darstellung bei Geißler 1994, S. 15 ff.) aufgenommen und zum anderen an die systemtheoretische Lerntheorie Batesons (siehe dazu die zusammenfassende Darstellung bei Marotzki; 1990, S. 32 ff.) angeknüpft wird. Dieser Gedanke ist unmittelbar überzeugend, denn Wissen wird – wie Pawlowsky im dritten Kapitel zeigt –, für Unternehmen immer mehr zu einem strategischen Erfolgsfaktor. Es stellt sich deshalb für sie zunehmend dringlicher die Aufgabe, Verfahren zur Wissensproduktion zu entwickeln. Dabei bieten sich zwei sich wechselseitig ergänzende Zugriffe an, nämlich zum einen das vorhandene Wissen der einzelnen Organisationsmitglieder besser zugänglich zu machen und weitergehender zu nutzen und zum anderen das Wissen der einzelnen so miteinander in Verbindung zu bringen, daß bei ihnen neues Wissen entsteht. Dieser doppelte Zugriff auf das Wissen der je einzelnen kann nicht linear, sondern nur zirkulär konzipiert werden. Auf diese Weise entsteht ein neuer Typus von Wissen, nämlich das Organisationswissen bzw. die organisationale Wissensbasis.

Im Anschluß an Bateson haben Argyris/Schön (1978) versucht, diesen Prozeß der organisationalen Wissensproduktion noch etwas differenzierter zu beschreiben, indem sie die Wissensstruktur der Organisation systemtheoretisch aufschlüsseln. Sie folgen dabei zwei Grundgedanken des Paradigmas der zirkulären Kausalität. Es ist erstens die Erkenntnis, daß alle Faktoren wechselseitig, d. h. zirkulär aufeinander einwirken, so daß man die Funktion der Einwirkung des einen Faktors auf den anderen nur dann angemessen verstehen kann, wenn man auch seine entsprechende Rückwirkung, d. h. sein Feedback mitberücksichtigt. Der zweite Grundgedanke ist, daß durch dieses Feedback systemische Einheiten entstehen, die ihrerseits mit anderen Faktoren oder systemischen Einheiten zirkulär interagieren. Angesichts der Tatsache, daß Wissen zu einem strategischen Erfolgsfaktor von zunehmender Bedeutung geworden ist, liegt es nahe, diese beiden Grundgedanken auch auf Wissen anzuwenden und mehrere *Systemebenen* des Wissens zu unterscheiden. In diesem Sinne ist eine unterste Ebene des Organisationswissens dadurch charakterisiert, daß die einzelnen Wissensbestände der verschiedenen Organisationsmitglieder auf der Grundlage eines rahmensetzenden Wissenssystems zirkulär aufeinander einwirken. Diese Erkenntnis entspricht dem ersten jener beiden gerade erwähnten Grundgedanken des Paradigmas der zirkulären Kausalität. Argyris und Schön bezeichnen diesen Typus der Wissensproduktion als *single-loop learning*. Probst nennt ihn Anpassungslernen. Nimmt man in einem nächsten Schritt anschließend auch noch den zweiten jener beiden oben erwähnten Grundgedanken auf, stößt man auf die Erkenntnis, daß der Rahmen, innerhalb dessen sich single-loop learning bzw. Anpassungslernen jeweils vollzieht, selbst ebenfalls aus Wissen besteht, nämlich aus einem sinn- und bedeutungsorientierenden Wissen, das den Denk- und Lernprozessen der einzelnen Subjekte einen bestimmten Rahmen vorgibt, der seinerseits nicht statisch ist, sondern sich permanent verändert. Diesen Typus der Wissensentwicklung nennen Argyris/Schön *»double-loop learning«*.

Die von Argyris/Schön entwickelte Theorie des Organisationslernens folgt konsequent dem Paradigma der zirkulären Kausalität. Denn die Kategorie des Wissens wird erstens konzeptionell in den Mittelpunkt gerückt und zweitens als ein Faktor gedacht, von dem Wirkungen ausgehen und auf den Ursachen einwirken. Eine so begründete Theorie des Organisationslernens kann an die Wirkungszusammenhänge, die sich in der Interaktion zwischen den Neuen Technologien und den mit ihnen arbeitenden Organisationsmitgliedern ergeben, bruchlos anschließen und sie vertiefend durchdringen.

Wendet man das Paradigma der zirkulären Kausalität auf Wissen an, wird man sich nicht nur auf das alltagspraktisch fachliche, methodische, soziale und organisationskulturelle Wissen der Organisationsmitglieder bzw. der Organisation beziehen dürfen, sondern muß auch der Frage nachgehen, ob und ggf. wie das wissenschaftliche Wissen über diese Praxiszusammenhänge auf letztere zurückwirkt und welchen Einfluß die Praxis auf die Produktion wissenschaftlichen Wissens hat. Läßt man sich auf diesen Gedanken ein und bezieht die Position, daß das erkennende Subjekt in einem zirkulären Kausalitätszusammenhang steht mit dem Objekt seiner Erkenntnis, hat man, wie die Beiträge von Kirsch/Ringlstetter, Wagner/Nolte, Deiser und Reinhardt/Schweiker zeigen, die Schwelle erreicht, das Paradigma der zirkulären Kausalität zu verlassen und es gegen dasjenige der hermeneutischen *Selbstreferentialität* einzutauschen.

Der Unterschied zwischen dem Paradigma der zirkulären Kausalität und demjenigen der hermeneutischen Selbstreferenz ist auf den ersten Blick nicht leicht erkennbar, zumal der Begriff der Selbstreferenz nicht einheitlich gebraucht wird und oft etwas beschreibt, was m. E. in das Paradigma der zirkulären Kausalität fällt. Die hier vorgeschlagene Differenzierung stützt sich auf eine Gedankenfigur, die an die neuere Systemtheorie Luhmanns anschließt, sie dabei gleichzeitig aber kritisiert und über sie hinausgeht. In ihrem Mittelpunkt stehen die Begriffe »Reflexivität« und »Reflexion« (Luhmann 1984, S. 601 f.) Reflexivität, die Luhmann mit »prozessualer Selbstreferenz« gleichsetzt, meint ein ursächlich hervorgerufenes Feedback von Systemaktivitäten. Reflexivität ist also ein Phänomen, das sich mit Hilfe und im Rahmen des Paradigmas der zirkulären Kausalität beschreiben läßt. Reflexion hingegen, so meine Interpretation, die auch derjenigen von Kirsch/Ringlstetter und Wagner/Nolte entspricht, ist ein Prozeß, der die Zwangsläufigkeiten der Kausalität transzendiert und einem zentralen Merkmal menschlicher Existenz Rechnung trägt, nämlich seiner

Freiheit, sich vom Zwang der Kausalität befreien zu können, indem das Bild, das man sich vom anderen, von seiner Welt, von seinen eigenen Aktivitäten und von sich selbst macht, nicht Reflex sachlicher Notwendigkeiten ist, sondern die Fähigkeit und den Willen zur Freiheit anzeigt, mehr zu sein als das Produkt zirkulärer Kausalität. Ein solches Verständnis von Reflexion geht – das darf nicht unterschlagen werden – über das hinaus, was Luhmann meint. Denn seine Systemtheorie bleibt trotz der zentralen Bedeutung des Konzepts der Selbstreferenz m. E. im Paradigma der zirkulären Kausalität verhaftet.

Die Pluralität der heute vorliegenden Ansätze zum Organisationslernen und das Problem einer z. T. schwierigen Vergleichbarkeit ihrer zugrunde liegenden Begrifflichkeiten und Gedankenfiguren spiegelt die *Konkurrenz der beiden systemischen Paradigmen*. Es fällt deshalb auf den ersten Blick schwer, argumentative Querverbindungen zu sehen z. B. zwischen dem Beitrag von Probst und demjenigen von Kirsch/Ringlstetter. Denn bei ihnen steht nicht mehr die Kategorie des Wissens, sondern diejenige der *Bedeutung* und des *Sinns* konzeptionell im Mittelpunkt. Kirsch/Ringlstetter ist klar, daß sie sich in ihren wissenschaftlichen Aktivitäten und Theorien unausweichlich selbst spiegeln. Sie ziehen daraus die methodologische Konsequenz, daß empirische Forschung Aktionsforschung sein muß und daß man über untersuchte Subjekte nur dann valide Aussagen machen kann, wenn es gelingt, möglichst weitgehend ihre Sichtweisen zu übernehmen. In diesem Sinne, so die zwar nicht explizit ausgesprochene, aber implizit doch sehr klar erkennbare Forderung der Autoren, darf die Managementwissenschaft sich nicht länger an der Idee der erklärenden Natur- und Ingenieurwissenschaften orientieren, sondern muß sich als eine *erklärende* und *interpretierend verstehende Wissenschaft*, d. h. sich als eine die empirisch-analytischen Erkenntnisverfahren umschließende hermeneutische Wissenschaft begründen. *Hermeneutische Selbstreferentialität* ist dabei gleichzeitig auf der Objekt- wie auch auf der Erkenntnisgewinnungsebene zu berücksichtigen. Sie muß sich zum einen als Selbstreferentialität der untersuchten Phänomene, also z. B. wie Kirsch/Ringlstetter ausführen, der Führungsrolle von Managern, und zum anderen als Selbstreferentialität des wissenschaftlichen Erkenntnisprozesses entfalten. Diese Verschränkung der Objekt- und Erkenntnisgewinnungsebene läßt sich mit Hilfe der Begriffe »Reflexivität« und »Reflexion« aufschlüsseln. So ist bezüglich der untersuchten Phänomene, also z. B. bezüglich des Verhaltens von Managern zu konstatieren, daß sie sich in verschiedenen Wirkungszusammenhängen bewegen, sie beeinflussen und von ihnen geprägt werden. Jede ihrer Aktionen löst vielfältigste Reaktionen aus. Über diese Vorgänge und Zusammenhänge können und müssen sich Manager ein Bild machen. Sie müssen sie erklären, um sie kalkulieren und zumindest teilweise beherrschen zu können, und sie müssen sie und sich selbst dabei verstehen lernen, indem sie sich mit der Bedeutung und dem Sinn jener Prozesse und ihres eigenen Verhaltens auseinandersetzen. Dieser Schritt der *Selbstaufklärung* markiert nach Kirsch/Ringlstetter den *Übergang der Führung zum Management*. Es ist ein Prozeß der *Selbstorganisation* und des *Lernens*. In seinem Mittelpunkt steht die Entwicklung von Wissen. Denn um als Manager richtige Entscheidungen fällen und sich richtig verhalten zu können, ist es notwendig, das entsprechend notwendige Wissen zu haben und es so zu nutzen, daß mit seiner Hilfe neues nützliches Wissen produziert wird. So wichtig für Selbstaufklärung Wissen ist, so unverzichtbar ist aber auch seine Einbindung in eine integrierende Sinnorientierung. Selbstaufklärung, d. h. Reflexion darf sich nicht auf die Aktivität des Erklärens beschränken; sie muß auch diejenige des Verstehens mit beinhalten. Es ist ein Prozeß, den das Subjekt selbst vollziehen bzw. organisieren muß. Dabei ist es sinnvoll, Anregungen und Hilfe von außen und zwar vor allem von seiten wissenschaftlicher Aufklärungsangebote anzunehmen. Sie wahrzunehmen und sich mit ihnen auseinanderzusetzen, ist nach Wagner/Nolte die Voraussetzung für jede Art von *Managementbildung*. Sie muß den Besonderheiten der Praxis Rechnung tragen und deshalb immer wieder überprüfen, ob und wie es der Wissenschaft gelingt, die Managementpraxis so zu erklären und die untersuchten Subjekte so zu verstehen, wie es jene Subjekte selbst täten, wenn sie die dazu notwendigen Verfahren beherrschen würden und die entsprechende Zeit aufbringen könnten.

Eine solche Praxisverpflichtung macht Aktionsforschung notwendig und zwingt zur Anwendung *interpretativ-hermeneutischer Verfahren*, also einer argumentativen Zirkularität, die darin besteht, daß jedes Verstehen ein wissensgestütztes und bedeutungsgebundenes Verständnis voraussetzt, um sich neuem Wissen und neuen Bedeutungen zuzuwenden und sie *lernend* in ein sich erweiterndes Vorverständnis aufzunehmen. Damit wird deutlich, daß der hermeneutische Zirkel des Verstehens eine konzeptionelle Erweiterung der zirkulären Wissensproduktion ist, wie sie Argyris/Schön und dementsprechend auch Probst und Schüppel mit Bezug auf die Begriffe »single-loop learning« und »double-loop learning« beschreiben. Das Paradigma der hermeneutischen Selbstreferentialität steht deshalb nicht im Widerspruch zum Paradigma der zirkulären Kausalität, sondern ist seine Erweiterung. Es ermöglicht es, Konzeptionen für *Organisationslernen* zu entwickeln, die über den Aspekt der zirkulären Produktion organisationalen Wissens hinausgehend auch den Aspekt der hermeneutisch-zirkulären Entwicklung organisationstragender Bedeutungen und Sinnorientierungen abdecken. In diesem Sinne rückt für Kirsch/Ringlstetter die organisationskulturelle Frage in den Vordergrund, wie eine Organisation lernt, das richtige *Sinnmodell* zugrunde zu legen, also die Wahl zu treffen zwischen den drei grundlegenden Alternativen des Zielmodells, des Überlebensmodells oder des Fortschrittsmodells. Ganz ähnlich konzipieren Reinhardt/ Schweiker Organisationslernen, indem sie vier Stufen organisationaler Lernfähigkeit unterscheiden, nämlich die gemeinsame Definition erstens von Symbolen, zweitens eines Führungsverständnisses, drittens des Zwecks der Organisation und viertens die gemeinsame Definition von Kultur und Gesellschaft, wobei unter »Definition« nicht ein einmaliger Akt zu verstehen ist, sondern ein permanenter Prozeß einer hermeneutisch zirkulären Entwicklung organisationskultureller Sinn- und Bedeutungsorientierungen. Wie dieser Entwicklungsprozeß schließlich auch didaktisch initiiert und angeleitet werden kann, diskutiert Roland Deiser, indem er auf die organisationskulturelle Impulskraft des sinn- und bedeutunghaft Andersartigen und Fremden aufmerksam macht und vorschlägt, in Organisationen Orte, Foren und Netzwerke zu institutionalisieren, deren Aufgabe es ist, mentale Grenzen zu überschreiten, um den jeweils anderen, also den Kunden oder die Nachbarabteilung besser zu verstehen, indem man systematisch die eigene Realitätswahrnehmung erweitert und für das sensibel wird, was bisher durch die Maschen der Aufmerksamkeit fiel, und indem man die Diskussion für das öffnet, was bisher als nicht diskussionswürdig erschien oder als Tabu galt.

3. Organisationslernen und Bildung

So neu das Paradigma der hermeneutischen Selbstreferentialität für die Betriebswirtschaftslehre und Organisations- und Managementwissenschaft ist, so altbekannt ist es in der *Pädagogik*. Denn seit der Aufklärung beschreibt ihr zentraler Begriff »*Bildung*« einen Prozeß, der Erziehung zur Selbsterziehung wendet. Eine hermeneutisch-selbstreferentielle Theorie des Organisationslernens wird deshalb auf eine Auseinandersetzung mit dem pädagogischen Begriff der Bildung nicht verzichten dürfen. Diese Forderung ist jedoch nicht ganz problemlos zu realisieren; denn es gibt eine Fülle zum Teil ganz verschiedener Bildungskonzeptionen. Darauf macht Uwe Hartmann in seinem Beitrag aufmerksam, indem er exemplarisch die Bildungstheorie Theodor Litts aufgreift und sie mit derjenigen Wilhelm von Humboldts kontrastiert. Nach dem Zweiten Weltkrieg hat Litt sich eingehend mit den Bedingungen der Technik und Wirtschaft befaßt und die Frage gestellt, wie den von ihnen ausgehenden Sachzwängen so begegnet werden könne, daß der Mensch nicht von ihnen versklavt wird, sondern die Möglichkeiten seiner Freiheit und die Notwendigkeiten seiner Verantwortung für die weitere Entwicklung der technischen Zivilisation entfalten kann. Wie Litt diese Frage beantwortet und zu welchem Bildungsbegriff er dabei kommt, ist an dieser Stelle nicht von Interesse, denn vorrangig entscheidend ist, ob Litt überhaupt die richtige Frage stellt, von der eine moderne Bildungstheorie ihren konzeptionellen Ausgang nehmen muß. Diese Rückfrage lenkt den Blick auf die gewandelten Bedingungen der modernen Technik. Zweifellos war Litts Einschätzung der damaligen Technik richtig, das untermauert der oben diskutierte Beitrag von Erich Staudt.

Die Technik der Nachkriegszeit war noch gänzlich mechanistisch und machte es notwendig, daß die Maschinen die Mittelpunkte waren, die die Anlage der Arbeitsplätze, die Aufbau- und Ablaufstruktur der Organisation, die Qualifikation der Organisationsmitglieder und die Bewirtschaftung mit Personal determinierte, ohne daß aufgrund der technologischen Starrheit der Maschinen, die damals eine Tatsache war, die keiner zu verantworten hatte, die aber jeder, der mit Wirtschaftsunternehmen zu tun hatte, sorgfältigst mit ins Kalkül aufnehmen mußte, sich nennenswerte Alternative oder Freiräume angeboten hätten. Es war deshalb konzeptionell konsequent, Organisationen wie Maschinen aufzubauen und zu gebrauchen. Damit wird nicht gesagt, daß dieses Denkmodell, das *Maschinen-Modell* der Organisation erst damals erfunden wurde. Es hat eine lange Tradition, die, wie Gareth Morgan (1986, S. 23 ff.) zeigt, auf Friedrich den Großen zurückgeht, der als Kind von mechanischem Spielzeug fasziniert war und später als König von Preußen die Idee umsetzte, seine Armee wie eine einzige große Maschine zu gestalten. Die Ursprünge des Maschinenmodells der Organisations gründen also auf organisations- und managementtheoretischen Überlegungen und weniger auf (waffen)technischen Sachzwängen. Erst mit der fortschreitenden Technikentwicklung des 19. und 20. Jahrhunderts ergaben sich jene Sachzwänge, die organisations- und managementtheoretischen Alternativen ihren Freiraum nahmen. Wie Staudt überzeugend darlegt, hat diese Epoche der Technikentwicklung seit einigen Jahren ihr Ende erreicht; denn die Neuen informationsverarbeitenden Technologien sind nicht mehr starr und technikdeterminierend, sondern elastisch und gestaltungsbedürftig.

So richtig Theodor Litts Technikeinschätzung seinerzeit war, so unzutreffend ist sie heute. Sie kann nicht mehr den Ausgang bilden für eine *Theorie der Bildung in der technischen Zivilisation.* Aus diesem Grunde sind auch die bildungstheoretischen Konsequenzen, die Litt seinerzeit aus seiner Technikeinschätzung zog, hinfällig. Sie konzentrierten sich auf das einzelne Subjekt, das sich technisch sachkundig machen sollte, um sich wachsam gegen die Versuchung wehren zu können, die Zwanghaftigkeit, die von der Technik ausgeht, über das von ihr gebotene Maß hinaus zum Grundprinzip seines Lebens zu machen. Bildung im Zeitalter der technischen Zivilisation bedarf für Litt des technischen Sachverstandes als Einsicht in das technisch Notwendige, um auf dieser Grundlage die Wachsamkeit zu entwickeln und zu pflegen, die Restfreiräume humaner Gestaltungsmöglichkeiten zu schützen.

Ein solches *Defensivkonzept* ist heute angesichts der völlig veränderten Bedingungslage der Technik nicht mehr nötig. Die Aufgabe von Bildung kann es nicht mehr sein, den einzelnen gegen überzogene Sachzwänge der Technik zu schützen, sondern man wird von ihr erwarten, daß sie die Richtung weist, wie die pluralen Gestaltungsmöglichkeiten der Technik human zu nutzen sind. Um dieser neuen Aufgabe gerecht zu werden, ist es sinnvoll, sich mit Organisations- und Managementkonzepten, die historisch vor der Epoche der Industrialisierung liegen auseinanderzusetzen, also z. B. wie Uwe Hartmann vorschlägt, mit der Armee Friedrichs des Großen und ihrer bildungstheoretischen Kritik durch Wilhelm von Humboldt. Seine Gedanken sind heute wieder aktuell, weil man sie als Kritik lesen kann, daß man Organisationen nicht zum kollektiven Objekt machen, d. h. sie zwanghaft organisieren darf, wenn es faktisch möglich ist, daß sie sich auch selbst organisieren können, d. h. wenn es möglich ist, daß sie durch Selbstorganisation sich als *Kollektivsubjekt* konstituieren können. Dieser Prozeß der Selbstorganisation läßt sich, wie oben mehrfach angesprochen, als *Organisationslernen* beschreiben. In der Kritik Humboldts an der friederizianischen Armee ist deshalb implizit eine bildungstheoretische Konzeption des Organisationslernens enthalten. Sie fußt auf dem Paradigma der hermeneutischen Selbstreferentialität. Denn Humboldt konzipiert Bildung als einen von den einzelnen Subjekten selbst organisierten Prozeß, dessen Sinn und Zweck sie selbst bestimmten müssen. Von dieser Aufgabe kann sie kein Hierarch und keine Technik und nicht einmal die Natur des Menschen befreien, denn das zentrale Merkmal der Natur des Menschen ist, daß er unbestimmt und unbestimmbar ist. In der Sprache der modernen Systemtheorie heißt das: Die Natur des Menschen ist die Zirkularität seiner aktuellen Bedingungen und seiner noch nicht ausgeschöpften Bedingungsmöglichkeiten. Beide sind ihm nicht als schlichtes Faktum gegeben, sondern beide muß er interpretativ erschließen, indem er in einem permanenten Prozeß hermeneutischer Selbstreferentialität sein Verständnis von sich und seinen Möglichkeiten immer aufs neue erprobt und weiterentwikkelt.

Diese Problemstellung bewegt auch Rolf Arnold. Sein Interesse ist, eine Theorie systemischen Lernens zu entwickeln, die die konzeptionellen Grenzen der psychologischen Lerntheorien überschreitet, indem an das Konzept der Autopoiese und Evolution angeschlossen wird. Richtungsweisend ist dabei die Erkenntnis Luhmanns, zwei Ebenen zu unterscheiden, d. h. die Ebene psychischer und diejenige kommunikativer Prozesse kategorial zu trennen. Damit wird der Weg frei, Lernen auf der psychischen Ebene als *individuellen Lernprozeß* und auf der kommunikativen Ebene als *Lernprozeß eines Kollektivsubjekts* zu konzipieren. Diesen Gedankanken führt Harald Geißler weiter, indem er versucht, eine Systematik zu entwerfen, die verdeutlicht, wie individuelle und kollektive, d. h. psychische und kommunikative Lernprozesse in Organisationen zusammenwirken. Wird dabei der von Hartmann mit Blick auf die Bildungstheorie Wilhelm von Humboldts reklamierte Anspruch nicht vergessen, daß Bildung immer auch ein gesellschaftlicher Prozeß ist, wird eine bildungstheoretische Theorie des Organisationslernens sich nicht nur als eine spezielle Organisations- und Managementtheorie, sondern gleichzeitig auch als eine kritische Theorie der Gesellschaft verstehen müssen. In diesem Sinne schließen Geißler und Petersen an den von Ulrich Beck entfalteten Begriff der *Risikogesell-schaft* an, wobei Petersens Interesse vor allem darin besteht, den Aspekt der Macht und der Mikropolitik in der Organisation auszuleuchten und als eine Aufgabe wahrzunehmen, an der sich eine bildungstheoretische Konzeption des Organisationslernens zu bewähren hat.

Der Blick auf die ersten drei Kapitel des Sammelbandes macht deutlich, daß die Heterogenität der verschiedenen Konzepte und Ansätze von Organisationslernen weniger auf individuellen Vorlieben ihrer Autoren beruht, sondern Turbulenzen der Organisations- und Managementwissenschaft anzeigt, die durch den Paradigmenwechsel vom linearen zum systemischen Paradigma erschüttert wird und die dabei die verwirrende Erfahrung macht, daß das neue, das systemische Paradigma sich spaltet und zerfällt zum einen in dasjenige einer zirkulären Kausalität und zum anderen in dasjenige einer hermeneutischen Selbstreferentialität. Entscheidet man sich für letzteres, muß die Organisations- und Managementwissenschaft noch stärker als bisher die Erkenntnisse und Arbeitsverfahren der Sozialwissenschaften rezipieren und sich als eine interdisziplinäre Wissenschaft reformulieren. Die sich am Paradigma der hermeneutischen Selbstreferentialität orientierenden Konzepte des Organisationslernens scheinen die Vorhut dieser Entwicklung zu sein.

4. Organisationslernen und Weiterbildungsmanagement

Das vierte Kapitel dieses Buches wendet sich der Frage zu, wie die Erkenntnisse des Organisationslernens für die Organisation und das Management des Lernens und der Weiterbildung genutzt werden können, wohlwissend, daß es angesichts der ungeklärten Grundlagenprobleme und der bisher viel zu kurzen Entwicklungszeit für die Theorie des Organisationslernens verfrüht ist, diese Frage bereits zu stellen. Es ist deshalb nicht verwunderlich, daß praxisbezogene Problemlösungs- und Gestaltungsinteressen gelegentlich zu Abstrichen bei der problemorientierten Durchdringung der konzeptionellen Grundlagen führen, und es nicht immer leicht ist, zu erkennen, von welchen paradigmatischen Vorannahmen jeweils ausgegangen wird.

Welche Herausforderung das Paradigma des systemischen Denkens für die Betriebswirtschaftslehre ist und zu welchen wissenschaftlichen Turbulenzen es geführt hat, ist zu Beginn dieser Einführung bereits angedeutet worden. Ein Blick auf den Beitrag von Gerhard Ortner macht klar, daß diese Problematik auch die Pädagogik erschüttert, die sich insgesamt recht schwertut, nicht mehr nur das einzelne Individuum und seine Lern- und Bildungsprozesse in den Mittelpunkt der Reflexion zu stellen, sondern, wie Arnold, Geißler und Petersen im dritten Kapitel fordern, den Blickwinkel zu weiten und sich für systemische Vorstellungen zu öffnen, die verstehbar machen, daß sowohl auf der Ebene des Individuums wie auch auf derjenigen sozialer Systeme Prozesse stattfinden, die man als Lernprozesse bezeichnen kann. Wie viele Erziehungswissenschaftler ist auch Ortner nicht bereit, diesen Paradigmenwechsel mitzuvollziehen, denn er fürchtet, daß eine konzeptionelle Fixierung auf soziale Systeme *ideologisch* mißbraucht werden kann, weil sie einzelnen oder Gruppen eine leichte Handhabe bieten, ihre Partikularinteressen als Gemeinschaftsinteresse zu deklarieren. Für Ortner ist es deshalb unabdingbar, die Kategorie des *Bewußtseins* konzeptionell in den Mittelpunkt einer jeden Lerntheorie zu stellen; denn nur so erscheint ihm Kritik und Mündigkeit gesichert.

Diese Bedenken sollten nicht leichtfertig zurückgewiesen werden; und man ist gut beraten, der Versuchung zu widerstehen, den Paradigmenwechsel vom linearen zum systemischen Denken als einen linearen Erkenntnisfortschritt zu bewerten und in diesem Sinne das Paradigma linearen Denkens als rückständig abzulehnen. M.a.W.: Die kritische Rückfrage, ob es nicht auch umgekehrt sein können, muß erlaubt sein, d. h. es muß diskutierbar sein, ob das Paradigma der zirkulären Kausalität, wenn man es vom Standpunkt einer kritischen Mündigkeit betrachtet, der sich der philosophischen Tradition von Kant bis Habermas verpflichtet weiß, nicht vielleicht ein unverzeihlicher Rückschritt ist, der die Geschichtsmächtigkeit und Verantwortlichkeit des einzelnen Subjekts annuliert (vgl. Habermas 1971)? Und sind die im dritten Kapitel vorgestellten Ansätze der Organisations- und Managementwissenschaft, die oben in die Nähe des Paradigmas hermeneutischer Selbstreferentialität gerückt worden sind, nicht vielleicht ein Anzeichen für einen sich anbahnenden Rückzug aus dem Paradigma systemischen Denkens? Denn im Mittelpunkt des hermeneutischen Zirkels steht ja eindeutig das einzelne Individuum. Ist diese Deutung richtig, ist Ortners Kritik am kollektivistischen Konzept des Organisationslernens und sein Plädoyer, »organizational learning« als »organisationales Lernen« im Sinne von »Lernen in Organisationen« zu übersetzen, richtungweisend. Auf der Grundlage eines solchermaßen *rehabilitierten Paradigmas nicht-systemischen* Denkens wäre ihm dann in seiner Argumentation zu folgen, das Management organisationalen Lernens und Qualifizierens im Rahmen und mit Hilfe einer speziellen Betriebswirtschaftslehre, nämlich der Bildungsbetriebslehre, zu entfalten und zu professionalisieren.

Auf eine solche Argumentationslinie kann sich Peter Pawlowsky als Anhänger des Paradigmas einer zirkulären Kausalität nicht einlassen. Genauso wie Probst, Schüppel, Kirsch/Ringlstetter und Wagner/Nolte sieht er in der Transformation der Betriebswirtschaftslehre zur Managementwissenschaft einen unaufgebbaren Fortschritt, so daß der Vorschlag, eine weitere spezielle Betriebswirtschaftslehre zu begründen, ihm als ein Anachronismus tayloristischer Provinienz erscheinen muß. In diesem Sinne kritisiert Pawlowsky das traditionelle Design der betrieblichen Bildung, das dem Muster linearen Denkens folgend Lernen und Arbeiten trennt und sequenziert.

Ganzheitliches Denken muß diese Trennung überwinden und, so Pawlowsky, *betriebliche Bildung in ein Wissensmanagement* transformieren, das der Tatsache Rechnung trägt, daß Wissen für die Organisation ein strategischer Erfolgsfaktor ist und deshalb die Beantwortung der Frage, wie die Weitergabe und Produktion organisationsrelevanten Wissens gemanagt wird, von allergrößter Wichtigkeit ist.

Vor diesem Hintergrund ist es reizvoll, die beiden letzten Beiträge dieses Bandes zu lesen. Indem sie Gruppenprozesse in den Mittelpunkt ihrer Gedankenführung stellen, sympathisieren sie mit dem Paradigma systemischen Denkens, ohne dabei die Probleme zu übersehen, die das Paradigma zirkulärer Kausalität dadurch aufwirft, daß die Verantwortung des einzelnen nur noch schwer zu fassen und zu entfalten ist. Was das konkret für die Führung und Entwicklung von *Schulen* bedeutet und welche praxisnahen Anregungen man dabei von der Theorie des Organisationslernens, wie sie z. B. Argyris/Schön und Senge konzipieren, erhalten kann, macht Rolf Dubs in seinem Beitrag deutlich. Im Gegensatz bzw. in sinnvoller Ergänzung zu diesen sich auf Schulmanagement konzentrierenden Ausführungen interessiert sich Peter Dehnbostel für das Management der Aus- und Weiterbildung in *Betrieben*. Er knüpft dabei an die im ersten Kapitel geführte Diskussion um die Neuen Technologien an und verbindet sie mit der im dritten Kapitel herausgestellten pädagogischen Tradition der Bildungstheorie. Auf diese Weise gelingt es ihm, der traditionell auf das einzelne Individuum fokussierten *Berufsbildungstheorie* einen zukunftsweisenden Impuls mit seinem Vorschlag zu geben, die Arbeits- und Lerngruppe in den Mittelpunkt zu stellen und, angeregt durch die Theorien des Organisationslernens, ihre Entwicklung als Gruppenlernen zu konzipieren.

Literatur

Argyris, Chr./Schön, D. A.: Organizational learning: a theory of action perspective. Reading/Mass. 1978.

Duncan, R./Weiss, A.: Organizational learning: implications for organizational design. In: Research in Organizational Behavior, Vol. 1, 1979, S. 75 ff.

Geißler, H.: Grundlagen des Organisationslernens. Weinheim 1994.

GEO Wissen: Chaos + Kreativität. Hamburg 1990.

Habermas, J.: Theorie der Gesellschaft oder Sozialtechnologie? In: Habermas, J./Luhmann, N.: Theorie der Gesellschaft oder Sozialtechnologie. Frankfurt/M. 1971, S. 142 ff.

Luhmann, N.: Soziale Systeme. Grundriß einer allgemeinen Theorie. Frankfurt/M. 1985.

Marotzki, W.: Entwurf einer strukturalen Bildungstheorie. Weinheim 1990.

Morgan, G.: Images of organization. Newbury Park, London, New Delhi 1986.

Probst, G. J. B.: Selbst-Organisation. Berlin, Hamburg 1987.

Probst, G. J. B.: Organisation. Strukturen, Lenkungsinstrumente, Entwicklungs-
perspektiven. Landsberg/Lech 1993.
Ulrich, H./Probst, G. J. B.: Handbuch zum ganzheitlichen Denken und Handeln.
Bern, Stuttgart 1988.
Warnecke, H.-J.: Revolution der Unternehmenskultur. Das fraktale Unternehmen.
Berlin, Heidelberg, 2. Aufl., 1993.

Kapitel A

Die neuen Technologien als Herausforderung für Organisationslernen

I. Technische Entwicklung und betriebliche Restrukturierung oder: Innovation durch Integration von Personal- und Organisationsentwicklung

Erich Staudt

---

1. Technologie als Entkopplung von organisatorischen Zwängen

1.1 Mensch – Technik – Organisation

1.1.1 Rationalisierung durch Automation

Die betriebliche Rationalisierung ist seit Beginn der Industrialisierung eng verbunden mit der technischen Entwicklung. Im Rückblick erweist sich sogar ein guter Teil der Rationalisierungserfolge als Ergebnis der Anwendung technischer Neuerungen im Betrieb. Betrachtet man die Technisierung und die damit verbundene Unternehmenspolitik im Rückblick, so stellt man fest, daß trotz enormer Rationalisierungserfolge durch Technisierung bzw. Automatisierung eine darauf ausgerichtete unternehmerische Rationalisierungspolitik stets begrenzt blieb, und dies nicht nur im wenig bearbeiteten Verwaltungs- und Dienstleistungsbereich, sondern selbst im sehr extensiv rationalisierten Produktionsbereich.

Aus betriebswirtschaftlicher Perspektive stehen einem Übergang zur automatisierten Fertigung gewichtige ökonomische Argumente entgegen. Die Grenze einer auf Technisierung bzw. Automation ausgerichteten Rationalisierungspolitik resultiert hier aus dem hohen Stellenwert, der der betrieblichen Elastizität beigemessen wird.

Diese Eigenschaft, das Produktions- und Dienstleistungsprogramm zu variieren, wechselnden Marktverhältnissen anzupassen und die Innovationsfähigkeit des Betriebes zu erhalten, gilt als unverzichtbar, weil sie es dem Betrieb ermöglicht, in einer sich verändernden Umwelt zu überleben. So kam es, daß man in weiten Teilen der industriellen Produktion Gastarbeiter vorhandenen Automationstechnologien vorzog, weil sie trotz Sprachschwierigkeiten die betriebliche Elastizität eher garantierten als neue Techniken.

Was für den Übergang zur automatisierten Fertigung galt, gilt in noch höherem Maße für den Übergang zur automatisierten Dienstleistung. Sie hat schließlich, um im Wettbewerb zu bestehen, elastisch zu sein. Und eine ihrer wichtigsten Funktionen besteht darin, den Betrieb durch Bewahren

21

eines bestimmten Elastizitätspotentials dem steten internen und externen Wandel anzupassen.

Diese betriebliche Elastizität, so befürchtet man, nimmt mit wachsender Technisierung bzw. Automation ab. Das Bestreben, ein Mindestmaß an betrieblicher Elastizität zum Zwecke des Überlebens zu erhalten, begrenzte deshalb eine auf Automation ausgerichtete unternehmerische Rationalisierungspolitik in der Vergangenheit. Ob und inwieweit diese der betrieblichen Elastizität zugemessene begrenzende Wirkung auf die unternehmerische Rationalisierungspolitik auch heute noch in Produktion und Dienstleistung wirksam ist, soll zunächst skizziert werden, bevor vor dem Hintergrund der Entwicklung neuer Automationstechnologien die Neuorientierung von Personal- und Organisationsentwicklung deutlich gemacht wird.

1.1.2 Automation und betriebliche Elastizität[1]

Die Kernthese lautet: Rationalisierung durch Technisierung bzw. Automation und betriebliche Elastizität sind gegenläufig.

Diese These gründet auf der Überlegung, daß die Automatisierung zu kontinuierlichem Fertigungsfluß und damit zu einer Anordnung der Sachmittel nach dem Fließprinzip zwingt. Der entscheidende Schritt zu einer Automatisierung größerer Fertigungsabschnitte in der Produktion beginnt nach einer funktionsgerechten Zerlegung des Arbeitsablaufs und der Investition in Spezialmaschinen mit der Verbindung einzelner selbsttätig arbeitender Aggregate in der Weise, daß die nacheinander geschalteten Maschinen in der durch die technologischen Gegebenheiten vorgeschriebenen Reihenfolge tätig werden, wobei die Leistungsquerschnitte der einzelnen Aggregate aufeinander abgestimmt werden. Die zentrale Fertigungstechnologie bestimmt also Aufbau- und Ablauforganisation. Aus ihr leiten sich Personalbedarf und Personalqualifikation ab.

Diese Problemstellung der Ablauforganisation (vgl. Abb. 1)
● Zerlegung des Arbeitsablaufes
● Investition in Spezialmaschinen
● Abstimmung der Teilprozesse (technisch-funktional, d. h. qualitativ)
● Abstimmung der Teilprozesse (Leistungsquerschnitte, d. h. quantitativ)
ist heute auch in der Bürorationalisierung relevant. Zerlegung der Arbeitsgänge in Teilfunktionen führt z. B. in der Bürowirtschaft zu einer Zerlegung der Sekretariatsaufgaben in Schreib- und Verwaltungsarbeiten. Die Schreibarbeiten werden abgespalten und zentralisiert. Es kommt dann schließlich zu einem zentralen, optimal ausgelasteten Schreibbüro, das dann aber kaum noch Kapazitätsreserven hat, wie die ehemalige Sekretärin, die einzelne Spitzen durch vorübergehende Vernachlässigung anderer Funktionen ausgleichen konnte. Es wurde deshalb erforderlich, neben dem zentralen Schreibbüro ein »dynamisches Verwaltungssekretariat« zu

---

[1] Vgl. Staudt 1978, S. 373 ff.

errichten. Den Mitarbeiterinnen hier kommt eine Art »Springerinfunktion« zu, wie man sie aus der industriellen Produktion schon länger kennt. Wichtigstes Ergebnis in diesem Zusammenhang ist, daß es auch im Verwaltungsbereich verstärkt möglich wird, Regelung und Steuerung von der jeweiligen Ausführung zu trennen. In unserem Beispiel heißt das, daß die Teilfunktion »Schreiben« zunächst abgespalten und sodann automatisiert wird – mit ähnlichen Folgen wie in der industriellen Produktion.

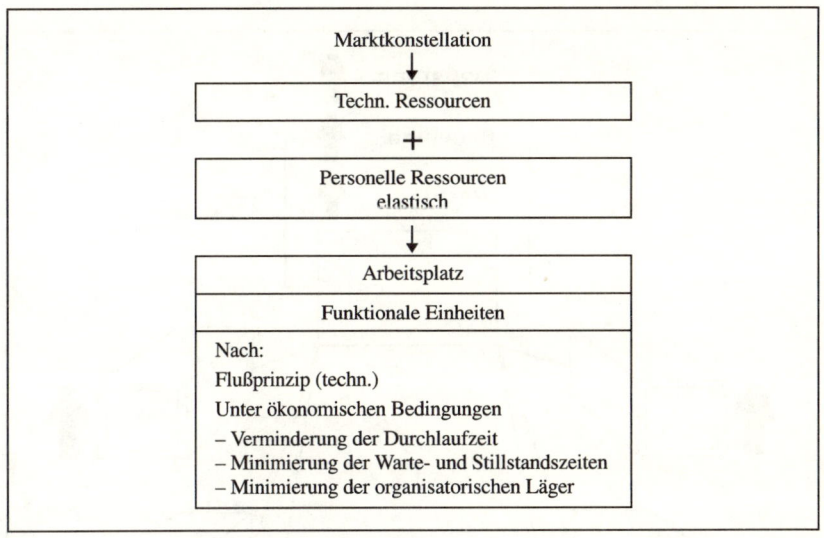

Abb. 1: Problem der Ablauforganisation

Die Abhängigkeit von der zentralen Technik nimmt zu. Betrachtet man den heute verbreiteten »Produktionstyp« in Industrie, Dienstleistung und Verwaltung, so wird deutlich, daß sich die meisten Arbeitsorganisationen um zentrale Produkt- und Verfahrenstechniken ranken. Die im Betrieb installierten Organisationsstrukturen sind im wesentlichen technisch determiniert. Ähnlich wie der Industriebetrieb der Gründerzeit, als sich die gesamte Produktion um Mühlrad oder Dampfmaschine ordnete und der einzelne Arbeitsplatz über Transmissionsriemen an zentrale Antriebswellen angekoppelt war, findet man gerade in jüngster Zeit auch im Dienstleistungs- und Verwaltungssektor ähnliche Verhältnisse (vgl. Abb. 2). Die Transmissionsriemen sind in diesen computerisierten Bereichen lediglich durch Standleitungen ersetzt. Auch hier rankt sich die restliche Organisation um eine zentrale Technik. Die zentrale Technik bestimmt Aufbau- und Ablauforganisation und führte gerade in den letzten Jahrzehnten im Verbund mit

Überlegungen zur wissenschaftlichen Betriebsführung auf ein historisches Suboptimum, das den weiteren technischen Wandel erschwert und die Organisation der Produktion nach den Kriterien
- Verminderung der Durchlaufzeit
- Minimierung der Warte- und Stillstandszeiten
- Minimierung der organisatorischen Läger

erzwingt. Just in time, Kanban, Prozeßorientierung etc. sind die entsprechenden Schlagworte dafür.

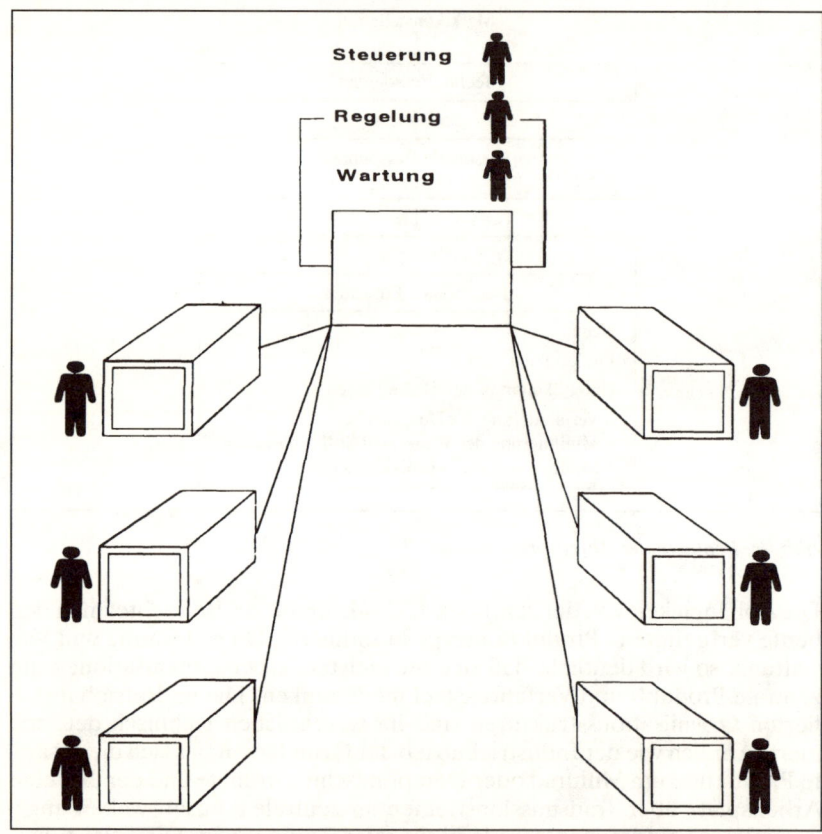

Abb. 2: Dienstleistungsproduktion in der Versicherungswirtschaft

Es kommt in Produktion und Dienstleistung aufgrund der durch die Technisierung erforderlich werdenden Rhythmisierung und Terminisierung von Arbeitsabläufen in der Ausführungsphase zu Konsequenzen für den jewei-

ligen Material- bzw. Informationsfluß, der sich infolge der Rhythmisie-
rungs- und Terminisierungsprobleme nur noch zeitlich und quantitativ starr
vollziehen kann. Die Anpassungsfähigkeit des Fertigungs- und Verwal-
tungsapparates nimmt so im Zuge der Automatisierung immer weiter ab.

1.1.3 Automation und Massenproduktion

Ein weiterer Effekt der automatisierten Produktionsweise ist die Tendenz
zu einer Vereinheitlichung der Produkte aufgrund mangelnder Flexibilität
automatisierter Systeme. In der industriellen Produktion kennt man diesen
Trend zur Massenproduktion seit Henry Ford. Anzeichen einer solchen Vereinheitlichung finden sich aber neuerdings auch infolge der Technisierung
in der Dienstleistung. Zu denken ist dabei z. B. an

- die verstärkte Anwendung von Formblättern
- die Normierung der Diktiersprache bzw. Programmiersprache
- Typisierung von Briefen
- Normierung von Telekommunikation
- Standardisierung von Dienstleistungen etc.,

letzteres mit der Folge zunehmender Transparenz und damit auch zunehmender Konkurrenz. In der industriellen Produktion bestehen dann nur
noch begrenzte Möglichkeiten einer Differenzierung der Produkte unter
grundsätzlicher Beibehaltung der für eine automatisierte Fertigung günstigen Bedingungen der Massenproduktion. Gängigstes Beispiel in diesem
Bereich ist das beschränkte Typenprogramm in der Automobilproduktion.
Der Konsument steht hier nur noch vor der Alternative entweder Verzicht
auf Varietät zu üben oder die hohen Zusatzkosten für ein geringes Maß an
sogenannten Extras zu übernehmen.

Das gleiche gilt aber auch für die automatisierte Dienstleistung. Das einseitige Bestreben nach einer Minimierung der Kosten führt schließlich zu
einer Vermassung der Produkte. Regelungsprobleme werden auf andere
Stellen verschoben bzw. ausgelagert. Für die verbleibenden Sonderfälle
kommt es dann zur Neueinrichtung von Abteilungen und zu Funktionsver-
lagerungen bis über die Betriebsgrenzen hinaus.

Es findet sich also auch im Dienstleistungsbereich eine Entwicklung zu
einer immer stärkeren funktionsgerechten Zerlegung des Arbeitsablaufs in
Abschnitte, dann zu entsprechenden Investitionen in Spezialmaschinen.
Schließlich kommt es aufgrund der erforderlich werdenden Abstimmungs-
probleme zu einer sukzessiven Erstarrung des Transformationsprozesses.
Aus dieser Argumentationskette, daß

- automatisierte Fertigungs- und Verwaltungstechniken kapitalintensive,
  starre Produktionsverfahren sind,
- die zu steigenden fixen Kosten führen,
- was wiederum entsprechend dem »Gesetz der Massenproduktion« unter
  der Zielsetzung möglichst geringer Stückkosten zur Forderung nach
  gleichbleibender Produktion führt und

25

• letztlich Großserien oder Massenproduktion zur Folge hat,
schließt man auf den gegenläufigen Zusammenhang von Rationalisierung
durch Technisierung bzw. Automation und betrieblicher Elastizität. Die
These von der Gegenläufigkeit zwischen Automation und betrieblicher
Elastizität entsprach und entspricht bis heute in weiten Bereichen durchaus
den technologischen Möglichkeiten zur Automation. Man findet Belege
überall dort, wo aufgrund extremer Automation nur noch Massenprodukte
möglich sind. Während man sich in der industriellen Produktion in den letzten Jahren verstärkt um flexible Fertigungssysteme bemüht, nehmen im
Dienstleistungssektor Teilautomation und Massenproduktion zu, mit entsprechenden Folgen für die Erstarrung der Organisationsstrukturen.
Um aber ein gewisses Maß an betrieblicher Elastizität zu erhalten,
erscheint es durchaus sinnvoll, auf einen guten Teil der technisch möglichen
Automation zu verzichten und anstelle technischer Aggregate konventionell mit Personal zu arbeiten. An dieser Schnittstelle bewegt sich heute die
Auseinandersetzung um die weitere Organistionsentwicklung in vielen
Dienstleistungsbetrieben. Bevor dieser Konflikt weiter ausgeleuchtet wer-
den kann, ist aber noch eine Zwischenstufe der Rationalisierung durch
Automation zu betrachten.

1.1.4 Menschliche Arbeitskraft als Garant der betrieblichen Elastizität

In der industriellen Produktion hat man die Erfahrung gemacht, daß die
Nutzung des Kostenvorteils einer automatisierten Massenproduktion erst
bei entsprechendem fertigungstechnischen Reifegrad eines Produktes sinnvoll wird. Die Rationalisierung erfordert in der Regel sogar eine Anpassung
des Produktes an die technologischen Bedingungen von automatisierten
Produktionsprozessen. Da aber die Produktion stets bestrebt ist, nach den
Gesetzen der Massenproduktion zu produzieren, während die Absatzseite
der Unternehmen bemüht ist, sich individuellen Kundenwünschen anzupassen, entsteht zwischen Produktion und Absatz ein Konflikt. Um diesen zu
mildern, oder um auch in der Einzel- und Kleinserienfertigung zumindest in
Partialbereichen Vorteile der Massenfertigung zu nutzen, wird seit Jahren
eine »neue Philosophie der Produktion« vorgeschlagen.
Diese neue Philosophie der Produktion vertritt die Ansicht, daß man vom
Denken in Endprodukten abkommen muß und die Aufmerksamkeit primär
den Grundelementen der einzelnen Produkte zuwenden soll. Gelingt es nämlich, so die Idee, eine hinreichend große Zahl gleicher oder ähnlicher Grundfunktionen zu finden, die verschiedenen Produkten gemeinsam sind, so wird
es möglich, gleiche oder ähnliche Grundfunktionen zusammenzufassen und
zumindest in Partialbereichen die Vorteile der Massenproduktion anzuwenden; d. h. aber in der Folge dann auch, partiell zu automatisieren.
Verknüpfungen, Koordination, Steuerung und Regelung der automatisierten Teilfunktionen bleiben der menschlichen Arbeitskraft vorbehalten. Ihr
Einsatz ist Alternative zur Vollautomation. Während also in der »Teileferti-

gung« Automation und Teilautomation immer weiter vordringen, gilt an den Schnittstellen – entsprechend der oben dargestellten Argumentationskette – der Einsatz von Personal aus Gründen der betrieblichen Elastizität zunächst als unvermeidlich. Dies vor allem in zwei Funktionsbereichen (vgl. Abb. 3):

- in der Handhabung (Dazu zählen z. B. das Bedienen von Automaten und Halbautomaten, deren Verknüpfung oder das Fügen von automatisch gefertigten Teilen in der Teil- oder Endmontage, aber auch das gesamte Informationshandling.) und
- in der Steuerung und Regelung, z. B. der einzelnen Automaten und Halbautomaten oder des Informations- bzw. Materialflusses, aber auch der Kontrolle von Zwischen- und Endprodukten.

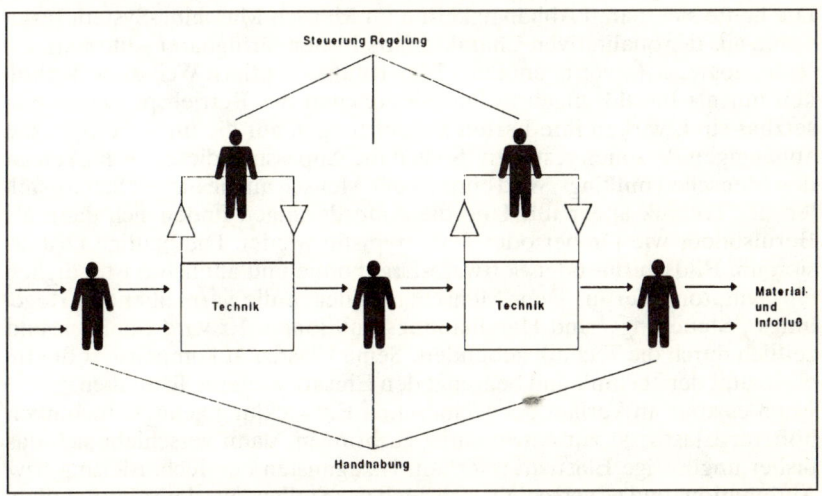

Abb. 3: Konventionelle Einbindung des Menschen in Material- bzw. Informationsfluß in den Restfunktionen Steuerung/Regelung und Handhabung

In diesen beiden Funktionsbereichen, Handhabung und Steuerung/Regelung, gilt der Mensch als nicht ersetzbar oder nur um den Preis zunehmender Starrheit der Produktionsverfahren bzw. abnehmender betrieblicher Elastizität.

Die immer wieder vorgenommene Begrenzung der betrieblichen Rationalisierungspolitik durch eine Festschreibung des Elastizitätsverhältnisses zwischen menschlichem Arbeitseinsatz und Automation zugunsten einer vor allem der menschlichen Arbeitskraft zugeschriebenen Elastizität ist aber angesichts der neueren technischen Entwicklung zu pauschal. Dies vor allem deshalb, weil stets der Anschein erweckt wird, Automation sei zwangsläufig mit dem Massenproduktionsgesetz verknüpft. Qualitative Veränderungen im Vollzug der technischen Entwicklung scheiden aus. So interpretiert, erschöpft sich Fertigungs- und verwaltungstechnischer Fortschritt im quantitativen Anstieg der Produktionsmengen, die Denkrichtung führt über in eine Art Mengenwachstumsfetischismus mit der Folge zunehmender Unternehmenskonzentration auch in traditionellen Dienstleistungsbereichen.

Das mag daran liegen, daß Automation auch bisher schon als Technisierung von Fertigungs- und Verwaltungsprozessen definiert, aber Technisierung entsprechend den konventionellen Erfahrungen sehr eingeengt und lediglich als Mechanisierung interpretiert wurde. Dabei muß so etwas, wie das starre Zahnradgetriebe einer mechanischen Uhr Pate für die Entwicklung der Vorstellung von einem automatisierten Produktions- und Dienstleistungsbetrieb gestanden haben.

Die heute sichtbaren Abhängigkeiten im Mensch-Maschine-System resultieren aus der qualitativen Charakteristik bisher verfügbarer Automationstechnologie, d. h. vor allem ihres Elastizitätspotentials. Weil diese Techniken nur als Insellösungen in Partialbereichen des Betriebsprozesses einsetzbar sind, wirken ihre harten Begrenzungen auf die im Arbeitsprozeß abhängigen Personen restriktiv. Soweit die Anpassung dieser Techniken an den Menschen mißlingt, wird einfach der Mensch an die harten Schnittstellen der Technik angepaßt. Und die Anforderungen finden sich dann als Berufsbilder wie Dreher oder Datentypistin wieder. Die heutige Diskussion um Bildschirm- oder Software-Ergonomie und ähnliches ist lediglich ein Symptom hierfür. Dem Menschen obliegen die verbleibenden Regelungs-, Steuerungs- und Handhabungsfunktionen. Er wird räumlich und zeitlich durch die Technik gebunden. Seine Elastizität kompensiert die Inelastizität der Technik und begrenzt den Einsatz weiterer Techniken.

Wenn es aber im Verlauf der technischen Entwicklung gelingt, Techniken höherer Elastizität zur Anwendung zu bringen, dann verschiebt sich das bisher ungünstige Elastizitätsverhältnis zugunsten der Technisierung bzw. Automation, und es verschiebt sich auch der Stellenwert der traditionellen, durch den Personaleinsatz garantierten, betrieblichen Elastizität in der unternehmerischen Rationalisierungspolitik.

1.2 Potentialanalyse des Einsatzes neuer Techniken[2]

Interpretiert man Automation nicht eng als Mechanisierung, sondern zieht z. B. auch Entwicklungen in der Mikroelektronik, den Informations- und Kommunikationstechniken bei einer Technisierung von Fertigung und Dienstleistung in Betracht, so stößt man auf neue Techniken, die durchaus geeignet sind, die bisherigen Vorurteile von der abnehmenden Elastizität bei zunehmender Automation zu widerlegen.

---

[2] Vgl. Staudt 1981, S. 21 ff.

1.2.1 Das organisatorische Potential des Einsatzes der Mikroelektronik
Betrachtet man das Eignungsprofil der Mikroprozessoren, die es nicht nur
erlauben, digitale Daten zu verarbeiten, sondern neben diesen konventionellen Funktionen mit Hilfe entsprechender Sensoren auch direkt physi-
kalische Größen wie Druck, Schwingungen (also auch Schall, in Zukunft
sicher auch Sprache), Wärme, Magnetfelder, Strahlung, chemische
Zustände, etc. zu erfassen, umzuwandeln, auszuwerten, zu speichern und
zu verarbeiten, so wird deutlich, daß diese miniaturisierten Großrechenan-
lagen ein fast unendliches Anwendungspotential haben, und daß man
durch die Anwendung dieser neuen Technik in einen Bereich eindringt, der
bisher menschlicher Arbeitskraft vorbehalten war.
Mikroprozessoren werden zwar selbst massenhaft hergestellt, und erfüllen
bei der Anwendung, ähnlich wie die Teilprodukte bei partieller Massenfertigung, Grundfunktionen. Im Unterschied zu der in Hardware erstarrten
Grundfunktionen sind die Mikroprozessoren jedoch auf beliebige Grundfunktionen programmierbar. Mit Mikroprozessoren werden also nicht starre Grundfunktionen produziert, sondern massenhaft Elastizitätspotentiale
für den Anwender erzeugt. Knüpft man noch einmal an die Analogie zwischen der durch Transmissionsriemen verbundenen Fertigung und der
durch Standleitungen determinierten Dienstleistungsorganisation an, so
gleicht die Verfügbarkeit der Mikroelektronik im Dienstleistungssektor
dem Übergang von der zentralen Antriebseinheit zu dezentral einsetzbaren
Elektromotoren in der industriellen Fertigung. Diese Innovation hatte
nicht nur eine völlige Neuorganisation der Altbetriebe zur Folge, sondern
war zugleich Basis für Neugründungen und extensive Entwicklungen von
klein- und mittelständischen Unternehmen.
Mit der Mikroelektronik öffnet sich der Weg zur Entwicklung flexibler Fer-
tigungs- und Dienstleistungssysteme. In diesen treten an die Stelle der bisher durch menschliche Arbeitskraft garantierten betrieblichen Elastizität
zumindest in Teilbereichen adäquate technische Einrichtungen (Abb. 4).
Hinzu kommen ökonomische Effekte, die aus einer gewaltigen Kostensenkung der Technologien resultieren. Infolgedessen wird dieser »Ersatz«
menschlicher Elastizitätspotentiale zu einem Preis angeboten, der ihn zu
einem ernsthaften Konkurrenten für zahlreiche Arbeitnehmer macht. Man
nähert sich dann sehr schnell auch dem Grenzwert, an dem die Multiplika-
tion des Zentralrechners billiger ist als störanfällige Standleitungen und das
zentralistische Ordnungsmuster erstarrter Großorganisationen zur Disposition steht.
Ein derart gewaltiges technisches und ökonomisches Potential, verstärkt
um weitere Vorteile, wie geringerer Energiebedarf, höhere Zuverlässig-
keit, höhere Lebensdauer, Miniaturisierbarkeit und Integrierbarkeit,
drängt zur Anwendung. Seine Diffusion fordert Veränderungen im Pro-
duktspektrum und in der Gestaltung von Fertigungs- und Dienstleistungsprozessen (vgl. Staudt 1986 a) geradezu heraus, führt zur

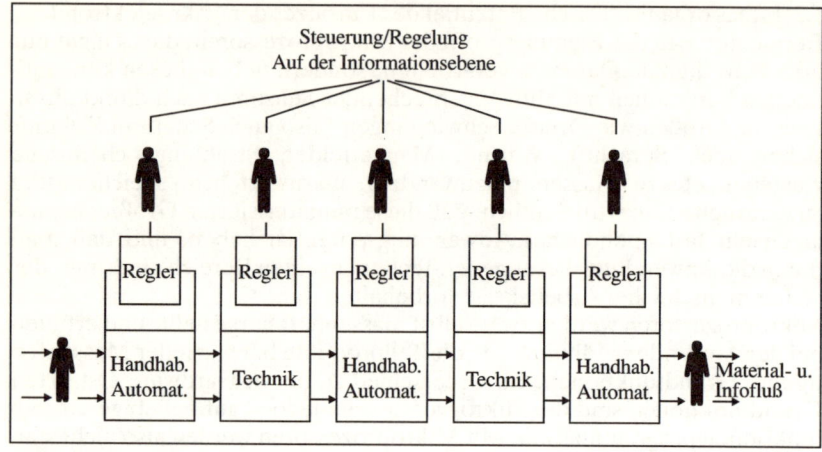

Abb. 4: Funktionale Entkopplung des Menschen und des Material- und Informationsflusses durch Material- und Informationshandhabungsautomaten und dezentrale Regelungsintelligenz

• Substitution von Produkten, Produktions- und Dienstleistungsprozessen, sowie zur
• Rationalisierung durch Automation in Industrie und Dienstleistung und ist
• Grundlage für zahlreiche Innovationen.

Das organisatorische Potential dieser Substitutions-, Rationalisierungs- und Innovationsvorgänge resultiert aus der neugewonnenen Möglichkeit, gerade die Funktionsbereiche von Produktion, Dienstleistung und Verwaltung, in denen der Einsatz von Personal aus Gründen der betrieblichen Elastizität bisher als unvermeidlich galt, nunmehr automatisieren zu können. Sowohl Steuerung/Regelung als auch Handhabung werden automatisierbar ohne Verlust an betrieblicher Elastizität. Es ist also anzunehmen, daß überall dort in der industriellen Produktion, wo bisher Menschen einfache Regelungs- und Steuerungsfunktionen wahrnehmen, diese Funktionen in Zukunft billiger und zuverlässiger von Automaten erfüllt werden. Und dies nicht nur in der industriellen Produktion, sondern auch im Dienstleistungs- und Verwaltungsbereich.

Selbst in der bisher noch verbliebenen Funktion der Handhabung wird es nunmehr in Industrie, Dienstleistung und Verwaltung verstärkt möglich, den Menschen von stupider Maschinenbedienung und monotonen Montage-, Bestückungs-, Informationsbe- und -verarbeitungsaufgaben zu entlasten. Auf der neuen Technologiestufe werden Handhabungssysteme mit einer kostengünstigeren Art niederer organischer Intelligenz entwickelt,

30

deren produktions- und bürowirtschaftliche Bedeutung darin liegt, daß sie sich in manchen Bereichen sogar elastischer und zuverlässiger als der in diesen Eigenschaften mitunter überschätzte Mensch erweisen. Der Automat ist indifferent gegenüber ungünstigen Bedingungen der Arbeitsumgebung. Damit erspart er Erschwerniszulagen oder macht die Erledigung mancher Arbeitsaufgaben ohne gesundheitliche Beeinträchtigung erst möglich. Oder man denke daran, daß die Hauptfehlerquelle bei der automatisierten Datenverarbeitung in der manuellen Dateneingabe liegt.
Mit der fortschreitenden Automation bisher an den Materialfluß gebundener menschlicher Tätigkeit im Bereich der Handhabung nimmt auch die aus ökonomischen Überlegungen resultierende Abhängigkeit von Maschine und Mensch in der Bedienerrolle ab. Da die eingesetzten Handhabungstechnologien aber neben den selbstgeregelten Funktionsausführungen einer Regelung und Steuerung auf höherer Ebene bedürfen, kommt es auch im Handhabungsbereich zu einer vertikalen Arbeitsteilung aufgrund der Trennung von Steuerung und Regelung von der Ausführung. Aufgrund dieses, mit zunehmender Automation sichtbar werdenden Übergangs der Abhängigkeit des Personals vom Material- und Papierfluß zu einer stärkeren Abhängigkeit des Personals vom Informationsfluß auf der Regelungs- und Steuerungsebene kommt dem organisatorischen Potential neuer Informations- und Kommunikationstechniken entscheidende Bedeutung für die weitere Organisationsentwicklung zu.

1.2.2 Das organisatorische Potential des Einsatzes von Informations- und Kommunikationstechniken

Die Miniaturisierung und Verbilligung elektronischer Bauelemente und das Vordringen der Digitaltechnik in die Bereiche der Informations- und Kommunikationstechnik führt zu einer fortschreitenden Verbesserung der technischen Hilfsmittel bis hin zur Automation von Aufnahme, Verarbeitung, Speicherung, Übertragung und Ausgabe von Informationen. Mentale Informationsprozesse, die der Mensch mit eigenen geistigen Hilfsmitteln vollzieht, werden zunehmend durch den Einsatz von Rechengeräten, Daten-, Text- und Bildverarbeitungssystemen technisch unterstützt.
Auch im Bereich der Kommunikation erfolgt der Informationsaustausch nicht mehr nur in unmittelbarer persönlicher Begegnung, sondern zunehmend unter Zuhilfenahme technischer Systeme zur Informationsübertragung der Telekommunikation durch Fernsprecher, Telex, Teletex, Telefax, Videokonferenz etc. Die Kombination nichttechnischer Information und Kommunikation mit technischen Informations- und Kommunikationssystemen führt zu einem breiten Anwendungsfeld dieser Technologien. Aufgrund der rasanten Weiterentwicklungen von Datenverarbeitungs- und Nachrichtentechnik ist heute eine weitgehende Technisierung der Erzeugung und Übertragung von Sprache, Texten, Daten, Bildern möglich. Damit sind technische Potentiale genau an den Stellen verfügbar, wo bisher

31

Rationalisierungsgrenzen bestanden. Diese Grenzen waren durch die Abhängigkeit vom Informationsstrom und die Kopplung der Steuerungs-/ Regelungs- an die Ausführungsebenen bedingt. Die Potentiale der neuen Informations- und Kommunikationstechniken drängen hier, genauso wie die Mikroelektronik, aufgrund der technischen Verfeinerung, zunehmender Verbilligung und hoher Elastizität zur Anwendung (vgl. Abb. 5).

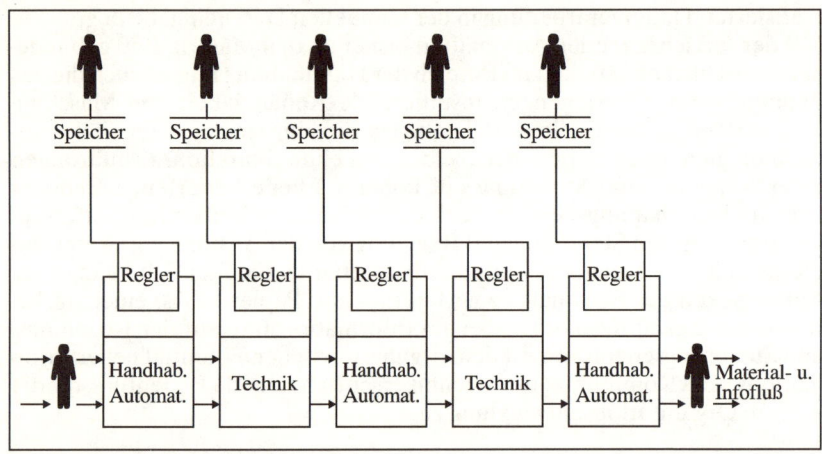

Abb. 5: Räumliche und zeitliche Entkopplung der Menschen durch Telekommunikation

Für den organisatorischen Spielraum bedeutet dies, daß insbesondere Kopplungen in Mensch-Mensch- und Mensch-Maschine-Systemen, soweit sie auf den Austausch von Daten, Text, Sprache, Bildern reduzierbar sind, in einer ersten Stufe durch Telekommunikationstechnologien räumlich zu entkoppeln sind. Soweit die auszutauschenden Informationen speicherbar sind und aufgrund von Selbstregulationseinrichtungen zumindest partielle Autonomie bzw. Automation besteht, sind sie in einer zweiten Stufe auch zeitlich entkoppelbar. Damit fallen aber zugleich die letzten Kopplungsgrenzen, die konventionelle Arbeitsstrukturen determinierten und Ursache der heute praktizierten starren Zeitreglementierung sind. Das Entkopplungspotential neuer Technologien läßt Weiterungen zu, hebt traditionelle Zwänge auf und eröffnet Optionen für flexible Arbeitsverhältnisse und die Individualisierung von Arbeitsstrukturen in einem Umfang, der bisher nicht vorstellbar war.

1.3 Flexibilisierung der Arbeitsorganisation und qualitatives Potential

1.3.1 Aufhebung von Zwängen in Organisationen[3]
Die sich heute abzeichnenden Entwicklungstrends von Mikroelektronik, Informations- und Kommunikationstechnik haben in der Summe drei Wirkungsbereiche:
- Zunehmende Substitution des Menschen in Bereichen niederer organischer Intelligenz und aus der Kombination konventioneller technischer Ausführungsfunktionen mit diesen technischen Intelligenzleistungen zunehmende Substitution im Handhabungsbereich;
- zunehmende Entkopplung des Menschen vom Papier- und Materialfluß verbunden mit zunehmender Abhängigkeit vom Informationsfluß auf der Steuerungs- und Regelungsebene und kommunikativen Vernetzungen zwischen Personen und zwischen Personen und technischen Aggregaten;
- zunehmende Technisierung der informatorischen und kommunikativen Tätigkeiten.

Diese drei Wirkungen verschieben die traditionellen Rationalisierungsgrenzen, führen zu Änderungen der Arbeitsteilung und haben vor allem auf Grund der Korrekturen der Wirtschaftlichkeitsvergleiche erhebliche Folgen für die Organisationsgestaltung.

Bei der Bearbeitung informatorischer Aufgaben in Dienstleistungs- und Verwaltungsvorgängen kann bei horizontaler Arbeitsteilung die bisher erforderliche räumliche und zeitliche Abhängigkeit des Personals entfallen. Traditionell war das zu bearbeitende Datenmaterial in Aktenordnern gebunden, die durch Büroboten von Bearbeitungsstelle zu Bearbeitungsstelle transportiert wurden. Durch zusätzliche zentrale Speicher und dezentrale Zugriffsmöglichkeiten über Telekommunikationssysteme ist der »Vorgang« nunmehr am Bildschirm zu bearbeiten. Damit können die Mitarbeiter weitgehend unabhängig voneinander operieren.

So wird im rein humanen Organisationsprozeß der Kooperationszwang durch die Verfügbarkeit von Informationsverarbeitungsanlagen und entsprechenden Speichern für Informationen abgeschwächt. War man bisher auf beschriebenes Papier angewiesen, so sind nun neue Datenträger und Speichermedien, Datenbanksysteme etc. verfügbar, die eine zeitliche Zergliederung kooperativer Prozesse und damit eine Rückführung des Kooperationsproblems auf ein Konsekutivproblem, vermittelt durch Mensch-Maschinen-Dialoge, erlauben. Einfachstes Beispiel für einen derartigen Entkopplungsvorgang ist das klassische Kooperationsverhältnis von Sachbearbeiter und Sekretärin bei der Diktataufnahme. Durch Zwischenschaltung eines Diktiergerätes wird der Vorgang zeitlich entkoppelt und in ein Reihenfolgeproblem überführt. Eine gleichzeitige Präsenz der beiden Teil-

---

[3] Vgl. Staudt 1982 a, S. 53 ff.

nehmer ist nicht mehr erforderlich. Oder der »Plausch« mit dem Kassierer in der Bankfiliale entfällt bei der Geldabhebung am Kassenautomaten. Dafür steht dieser Automat rund um die Uhr zur Verfügung, macht den Kunden unabhängig von Öffnungs- bzw. Präsenzzeiten des Kassierers. Die Technik wird also zum Hilfsmittel im rein humanen Organisationsprozeß. Es erfolgt damit, und auch darauf muß man ganz klar hinweisen, eine Technisierung innerhalb bisher technikfreier reiner Human-Organisationsbereiche. Es entstehen insbesondere im Dienstleistungssektor und in der Verwaltung neue Schnittstellenprobleme zwischen Mensch und Technik, von denen die aktuelle Bildschirmdiskussion heute nur Teilaspekte tangiert.

Weitere Problemlösungen bieten sich im reinen Humanbereich durch den Einsatz neuer Telekommunikationssysteme an. Die konventionell erforderliche gleichzeitige Präsenz verschiedener Personen war ursprünglich am gemeinsamen Vollzug materieller Arbeitsprozesse orientiert. Sie wurde im folgenden aber auch übertragen auf informatorische und Kommunikationsprozesse, weil die traditionell verfügbaren Hilfsmittel, wie beschriebenes Papier, so schwerfällig, umständlich, aufwendig und zeitraubend waren. Durch den verstärkten Übergang von materiellen zu informatorischen Abhängigkeiten und die Verfügbarkeit von Telekommunikationssystemen wird zumindest die bisher erforderliche räumliche Kopplung aufgehoben.

Ein erster Fortschritt war hier schon das Telefon. Es erlaubt die räumlich unabhängige verbale Kooperation zweier Gesprächspartner. Das »intelligente« Telefon, Ring- bzw. Konferenzschaltungen etc. bringen weitergehende Möglichkeiten und die Breitbandkommunikation wird schließlich Bildschirmkonferenzen erlauben. Damit werden zwar auch soziale Kontakte vermindert bzw. bei Telearbeit umgestaltet, aber zugleich Transport- und Verkehrsprobleme entschärft und die dafür erforderlichen, oft verlorenen Wegezeiten eingespart.

1.3.2 Weiterungen des organisatorischen Gestaltungsspielraums
Die Möglichkeiten zur Kooperation auch über größere Entfernungen und der Rückgriff auf Arbeitsunterlagen, die nun in zentralen Datenbanken über Telekommunikation zugänglich sind, reduzieren das alte Präsenzproblem auf das technische Problem der Verfügbarkeit von Bildschirmterminal und Telekommunikationsanschluß am Arbeitsplatz. Damit stellt sich auch die Frage nach dem richtigen Arbeitsplatz völlig neu. Die industriellen Ordnungsmuster des neunzehnten Jahrhunderts werden zumindest in Teilbereichen aufhebbar. Ob z. B. die Arbeitsplätze im Hochhaus weiterhin in der Rush-hour (eine Folge der notwendigen gleichzeitigen Präsenz) besetzt bzw. verlassen werden müssen, bedarf einer Überprüfung, wenn die gleiche Arbeitsaufgabe auch familiennah am heimischen Arbeitsplatz ausgeübt werden kann.

Da darüber hinaus ein guter Teil der räumlichen Kopplung auch zeitliche Kopplungsaspekte impliziert, sind die bisherigen harten Gleichzeitigkeitserfordernisse wesentlich zu entschärfen.

Die wichtigste Folgerung des Einsatzes neuer Techniken resultiert aber aus der Möglichkeit zu einer neuen Funktionsverteilung zwischen Mensch und Maschine. Da die technischen Einrichtungen aufgrund der neuen Qualität der Mikroprozessor- Technologie und Mikro-Systemtechnik in der Lage sein werden, einfache Regelungs- und Steuerungsfunktionen selbst zu übernehmen, kommt es zu einer Umverteilung von Funktionen, die wegen der starken Verbilligung der Technik weder durch konventionelle Wirtschaftlichkeitsüberlegungen gebremst, noch aufgrund der zunehmenden Elastizität durch herkömmliche Substitutionsgrenzen verhindert wird.

Es ist also zu erwarten, daß auf der neuen Automationsstufe technische Aggregate in größerem Umfang als bisher selbständig arbeiten. Damit wird neben dem Maschinenbediener, dessen Handhabungsfunktionen automatisiert werden können, auch der Maschinenführer, -steuerer/-regler sehr stark entkoppelt. War es in der konventionellen Fertigung noch die Präsenz des Maschinenführers, die die Laufzeit technischer Aggregate bedingte, weil Produktionsvollzug und menschliche Steuerung nur synchron denkbar waren oder weil nur der stete regelnde Eingriff des Menschen die Qualität der Produktion sicherte, so erweist sich heute der einzelne Mensch in vielen komplexen Prozessen oft als überfordert. Im Flugverkehr ist mittlerweile die Landung mittels technischer Geräte zuverlässiger als durch Piloten, und in vielen Großanlagen helfen technische Kontroll- und Regelsysteme, menschliches Versagen zu vermeiden.

Die Steuerungs- und Regelungsfunktion kann, betrachtet man das Beispiel der numerischen Steuerung von Werkzeugmaschinen, völlig vom materiellen Produktionsbereich in den Bürobereich verlagert und damit räumlich und zeitlich abgetrennt werden. Neben der Datenverarbeitung und der numerischen Steuerung verfügt man gleichzeitig über Speicherungssysteme für Regelungs- und Steuerungsinformationen, was eine totale zeitliche Entkopplung zwischen Ausführung und Erstellung von der Steuerungs- und Regelungssoftware erlaubt. Es muß also nicht mehr ad hoc vom einzelnen Maschinenführer disponiert werden, sondern man kann ohne Streß und unter Rückgriff auf die Erfahrung anderer steuern und regeln.

Gerade diese Entkopplung von Steuerungs-/Regelungs-Softwareerstellung und ihrer Anwendung im Rahmen der Ausführungsaufgabe führt das ursprüngliche kooperative Problem im Mensch-Maschine-Bereich auf ein Konsekutivproblem zurück, das sich durch einfache Puffer und Speicherbildung entschärfen läßt. Und auch hier trägt schließlich die Analogie zwischen industrieller Produktion und Dienstleistung. Es wird deutlich, daß die heute hochproblematisierte Schnittstelle Mensch- Technik auch im Bürobereich eventuell nur eine »notwendige Fehlentwicklung« ist, die in absehbarer Zeit überwunden werden kann.

Damit wird die viel kritisierte harte Konfrontation zwischen Mensch und Maschine aufhebbar, denn die neuen Techniken machen die Grenzen fließend und enthalten Optionen zur Entwicklung und »weicheren« Gestaltung der Technik, was insbesondere den Betroffenen zugute kommt. Neben den neuen technischen Möglichkeiten wird aber die Aufhebung konventioneller ökonomisch bedingter Kopplungszwänge von ausschlaggebender Bedeutung sein. Insbesondere die Entkopplung der beiden kooperativen Abhängigkeiten von Mensch und Maschine, die Entkopplung des Maschinenbedieners und die Entkopplung der Maschinensteuerung und -regelung von dem arbeitenden Aggregat heben das gewichtigste klassische ökonomische Argument zur strengen Präsenzregelung und Arbeitszeitreglementierung im Betrieb auf. Dieses Argument resultierte schließlich aus dem Bestreben nach möglichst kontinuierlichen Laufzeiten von Maschinen. Die Maschine ist aber nicht mehr der Engpaßfaktor, an dem sich die Organisation orientieren muß. Sie ist vielmehr kostengünstig verfügbare Elastizitätsreserve und funktioniert weitgehend entkoppelt vom humanen Bereich.

Die damit erreichbare Automation mittels Technologien höherer Elastizität befreit von der Bindung der Produktion an die starren Arbeitszeitregelungen von Tarifverträgen, Arbeitszeitverordnungen und Geschäftszeiten. Damit können auf dieser Automationsstufe ohne Personalengpässe Betriebsmittel im Dreischichtbetrieb genutzt, die Gleitzeit selbst im Produktionsbetrieb eingeführt und Dienstleistungen auch außerhalb der Geschäftszeit erbracht werden.

Der naive, aus der Präsenz am zentralisierten Arbeitsplatz abgeleitete Arbeitszeitbegriff (vgl. Staudt 1979 a) wird unter diesen Umständen reformbedürftig. Kontroll- und Überwachungssysteme, konventionelle Führungssysteme, aber auch die Reaktionsmuster der Gewerkschaften hierauf werden obsolet, oder aber sie verhindern diesen Entwicklungssprung, weil sie den technischen Entwicklungsstand festschreiben, vor dessen Hintergrund sie entstanden sind (vgl. Staudt 1982 b).

Mit diesen technischen Entwicklungen gehen nämlich beliebte und ökonomische Sachzwangargumente, die sich in der Vergangenheit zur Begründung der jeweils eigenen Position bewährt haben, verloren. Die ambivalente Nutzbarkeit der Option neuer Techniken läßt daher Spekulationen über zwei Zukunftsvisionen zu, eine negative, mehr substituierende und eine positive, stärker innovierend gedachte (vgl. Abb. 6).

1.3.3 Substitutionen durch neue Techniken
Die Potentiale von Innovation erzeugen wie alles Neue und Unbekannte auch Angst:
- Angst vor dem Verlust von Besitzständen wie Arbeitsplätzen, Marktanteilen, Qualifikationen und Know-how,
- Angst vor den nicht vorhersehbaren Folgen der noch unüberschaubaren Technik,

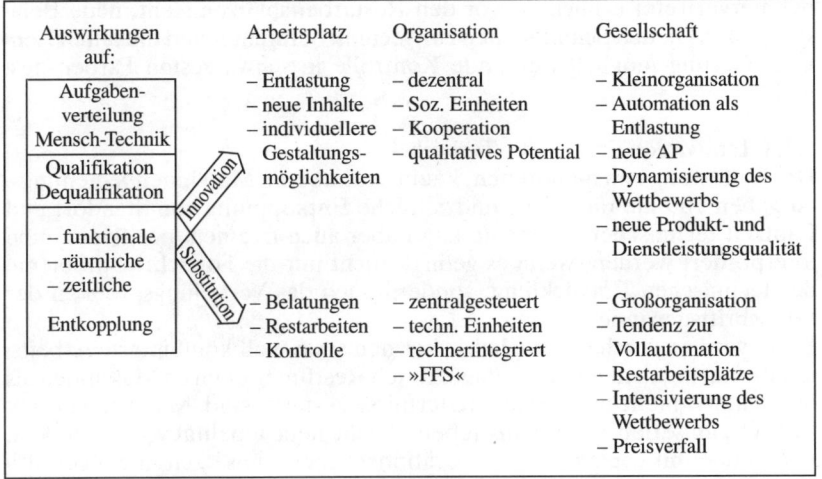

Auswirkungen auf:	Arbeitsplatz	Organisation	Gesellschaft
Aufgaben-verteilung Mensch-Technik Qualifikation Dequalifikation	– Entlastung – neue Inhalte – individuellere Gestaltungs- möglichkeiten	– dezentral – Soz. Einheiten – Kooperation – qualitatives Potential	– Kleinorganisation – Automation als Entlastung – neue AP – Dynamisierung des Wettbewerbs – neue Produkt- und Dienstleistungsqualität
– funktionale – räumliche – zeitliche Entkopplung	– Belatungen – Restarbeiten – Kontrolle	– zentralgesteuert – techn. Einheiten – rechnerintegriert – »FFS«	– Großorganisation – Tendenz zur Vollautomation – Restarbeitsplätze – Intensivierung des Wettbewerbs – Preisverfall

Abb. 6: Ambivalente Nutzbarkeit neuer Techniken

- Angst vor neuen Entwicklungsaufgaben für Technikmanagement und Arbeitnehmerqualifikationen.

Diese Verunsicherung ist in Zeiten des Wandels ganz natürlich und menschlich verständlich. Sie ist charakteristisch für echte Innovationsbereiche, die aufgrund der naturgemäß verbleibenden Ungewißheit technokratischen Patentlösungen unzugänglich sind. Dennoch werden Fluch und Segen der neuen Techniken in der Form des »entweder« »oder« diskutiert, obwohl deren weitere Entwicklung selbst die Experten noch nicht genau übersehen und deren Anwendungsfelder deshalb weitgehend im Dunkeln liegen. Man tut dies anhand von Folgeabschätzungen (vgl. Staudt 1988) von etwas Unbekanntem in nur vermuteten Anwendungsbereichen oder wissenschaftlich etikettiert durch reine substituierende Betrachtungen, des Ersatzes von menschlichen Arbeitsfunktionen durch Automaten, aber auch durch eine Projektion vergangener Führungs- und Reaktionsmuster in die Zukunft (vgl. Staudt 1991, S. 883–894).

Dies trifft sich dann mit dem technokratischen Traum vieler Ingenieure von der rechnerintegrierten automatisierten Fabrik, die als direkte Verlängerung konventioneller Organisationsmuster unter Abbau von deren Schwächen verstanden wird. Aus der technischen Verknüpfung von Energie, Material und Informationen entsteht die Fiktion eines »maschinellen Organismus«, zusammengehalten von den Computern der fünften Generation.

Kein Wunder, wenn bei einer derartigen Dominanz technischer Einheiten im Sinne sog. flexibler Fertigungssysteme oder CIM-Lösungen der Arbeit-

nehmervertreter ernüchtert vor den Restarbeitsplätzen steht, neue Belastungen aus neuen Schnittstellen zur Technik befürchtet und die durch Zen-
tralsteuerung möglich werdende Kontrolle in schwärzesten Farben aus-
malt.

1.3.4 Innovation durch neue Technik

Die Entlastung von monotonen, kaum zumutbaren Maschinenbedienungs-
aufgaben und die räumliche und zeitliche Entkopplung von Standort und
Laufzeit technischer Aggregate kann aber auch in einem positiven Sinne
interpretiert werden, wenn es gelingt, nicht nur die Fortschrittsprobleme
der technischen Entwicklung, sondern auch das Verteilungsproblem der
Fortschrittsgewinne zu lösen.

Dann wird es durchaus möglich, über neue, sinnvoll kombinierte Arbeitsinhalte nachzudenken, die weniger durch Restfunktionen an Maschinen als
durch individuelle und soziale Bedürfnisse gestaltet sind. Man kann dezentrale Organisationsmuster anstreben, die die neue Qualität von Techniken,
verbunden mit geeigneten Kooperationsformen, umsetzen in ein gewaltiges qualitatives Potential für völlig neue individuell gestaltbare Produkte
und Dienstleistungen.

Dies bedeutet zugleich einen gewaltigen ökonomischen Druck auf die einzelnen Unternehmungen hin zu einer offensiveren Personalentwicklung
verbunden mit neuen Qualifikationsinhalten und neuen Arbeitsplätzen
und macht eine Überprüfung der Wettbewerbssituation erforderlich.

Derartige Entwicklungen lassen es unsinnig erscheinen, gesellschaftliche
Auswirkungen neuer Techniken nur unter rein quantitativen substituieren-
den Aspekten zu diskutieren. Die konstruktive Nutzung der Option neuer
Techniken, verbunden mit den entsprechenden Personalentwicklungen,
führt vielmehr zur Organisation hoher Elastizität, deren große qualitative
Gesamtkapazität auf einem völlig neuen Niveau zur Anwendung drängt,
was neben einem häufigeren Produktwechsel vor allem auch zu einer
Dynamisierung der Wettbewerbssituationen von Produktions- und Dienstleistungsbetrieben führt und zu einer Individualisierung und Weiterentwicklung der Güter- und Dienstleistungsangebote genutzt werden kann.

In letzter Konsequenz steht auch die Wirtschaftsstruktur selbst zur Disposition. Die Grenze zwischen Produktion, Dienstleistung und Verwaltung
wird fließend.

1.4 Optionen der technischen Entwicklung

Für die Arbeitsplätze in Industrie und Dienstleistung bedeutet dies (vgl.
Abb. 7), daß die Verfügbarkeit von dezentraler Steuerungs- und Rege-
lungsintelligenz, Handhabungsautomation und Telekommunikation eine
Neuverteilung der Aufgaben zwischen Mensch und Technik ermöglicht.
Die Integration der neuen Technik ist verbunden mit umfangreichen Quali-

fikations- und Dequalifikationsprozessen. Der Spielraum für einen organisatorischen Wandel nimmt aufgrund der funktionalen räumlichen und zeitlichen Entkopplungsmöglichkeiten zu. Konventionelle Hauptverwaltungs- und Zweigstellenorganisation, zentrale Datenverarbeitung und Arbeitsplatzstruktur, aber auch die Trennlinie zwischen Innen- und Außendienst stehen damit zur Disposition.

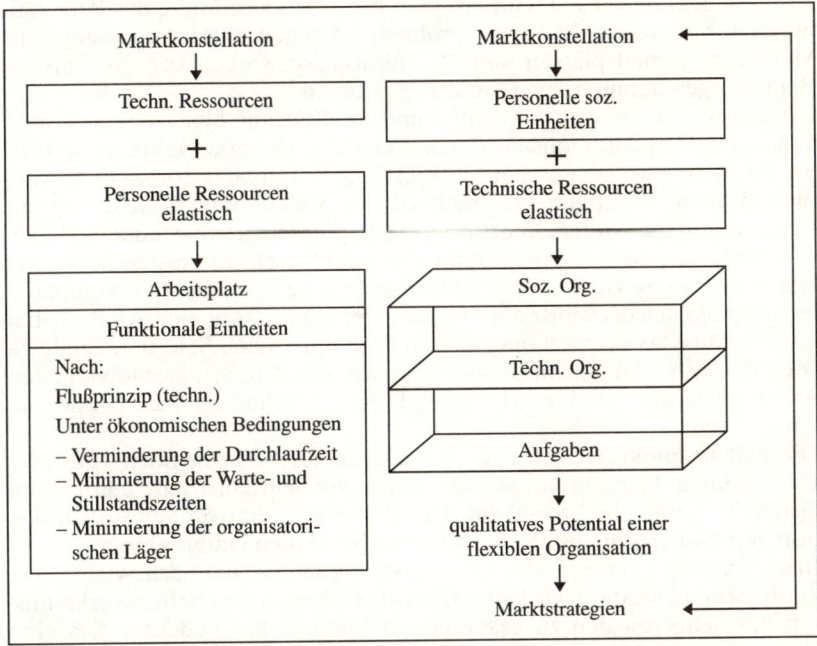

Abb. 7: Neuorientierung der Aufgabenstellung der Personalwirtschaft

Bisher war es notwendig, Arbeitsplätze orientiert an technischen und ökonomischen Sachzwängen zu gestalten (vgl. Abb. 7, linke Spalte). Die zentrale Technik bestimmt in Fertigung und Dienstleistung die Organisationsform. Die personellen Ressourcen stellten das elastische Potential dar, das der technischen Konfiguration anzupassen war. Die funktionalen Einheiten wurden dann entsprechend den technischen und ökonomischen Bedingungen bei der Erstellung von Produkten und Dienstleistungen nach dem Fließprinzip organisiert und die Kapazitäten entsprechend optimiert.
Aufgrund der in Zukunft verfügbaren Elastizitätsspielräume im technischen Bereich wird diese Reihenfolge umkehrbar. Es wird möglich (vgl. Abb. 7, rechte Spalte), ausgehend von personellen und sozialen Einheiten,

kostengünstig technische Elastizitätspotentiale gleichsam als Entlastung zuzuordnen. Sie erlauben es in erheblich größerem Umfang als bisher, soziale und technische Organisation entsprechend den persönlichen und sozialen Bedürfnissen aufeinander abzustimmen bei gleichzeitiger Erhöhung des qualitativen Potentials in der Aufgabenerfüllung. Sie sind deshalb zugleich wesentliche Grundlagen für die Entwicklung offensiver Marktstrategien.

Vor diesem Hintergrund wird aus dem heute vordergründig das Personalproblem belastende Akzeptanzproblem im Sinne einer Anpassung von Menschen, Arbeitsplätzen und Organisation an vorgegebene technische Bedingungen nunmehr ein Gestaltungsproblem.

Technisches Entwicklungspotential und Realisierung klaffen aber auseinander. Die Organisationsentwicklungsansätze der 80er Jahre vermögen den Verbund von technischer Entwicklung und organisatorischer Gestaltung nicht zu bewältigen. Angesichts dieser Situation mit Hilfe der neuen Techniken zu innovieren, überfordert viele potentielle Anwender. Sie überlassen die technische Entwicklung und damit auch ihre organisatorische Entwicklung den Geräteherstellern, kurieren an Symptomen inkompatibler Technologien und sind daher kaum in der Lage, das qualitative Potential in neue Marktaktivitäten umzusetzen (vgl. Hinz 1982, S. 65 ff.). Zugleich wird deutlich, daß technisch-ökonomisches Potential zur individuellen Arbeitsgestaltung und betriebliche Praxis zunehmend auseinanderlaufen.

Die naiv-technokratischen Planungsansätze der Vergangenheit versagen. Die hilflosen Planungsbürokraten faseln von Partizipation, autonomen Gruppen, Lernen im Prozeß der Arbeit, von kooperativer Selbstqualifikation, lernenden Organisationen oder von lernenden Unternehmen.

In der aufgrund der Aufhebung technisch-ökonomischer Sachzwänge qualitativ neuen Situation wird eine Individualisierung von Arbeitsverhältnissen möglich. Von den zu gestaltenden Inhalten her bedeutet dies eine Offensive in zwei Richtungen:

- die Auflösung traditioneller technischer und ökonomischer Sachzwänge hin zu einer Option auf einen qualitativen Sprung erlaubt erstens den Ausbau und die Eröffnung von Wahlmöglichkeiten hinsichtlich des Arbeits- und Leistungsumfangs sowie der Termingestaltung der örtlichen Arbeitsbedingungen und weiterer Umstände des Arbeitsvollzugs.
- der hohe Grad an Saturiertheit zumindestens in Teilen der Bevölkerung und neue Bedürfnisse erlauben dann zweitens den Übergang zu einer Mehrdimensionalität in der Leistungsbewertung, in den Arbeitsentgelten sowie in den übrigen Anreizen.

Beides, die Individualisierung der Arbeitsgestaltung, wie auch die Individualisierung der Belohnung setzt erheblich mehr an Kostenbewußtsein und Eigenverantwortlichkeit voraus als heute allgemein vorhanden sind.

Denn nur unter dieser Voraussetzung können in einer komplexeren Arbeitswelt Nutzen und Kosten bzw. Erwartung und Möglichkeiten von Individuen miteinander abgestimmt werden. Dies gilt sowohl für einzelne Menschen und einzelne Unternehmen als auch für ganze Arbeitsmärkte. Und dies erfordert neue Qualifikationen (vgl. Staudt/Schepanski 1983, S. 304 ff., 363 ff.) bei Individuen, bei Arbeitsgestaltern und Arbeitsvorbereitern, beim Führungspersonal, aber auch bei den Arbeitnehmervertretungen. Hier werden Denkmuster aus dem 19. Jahrhundert tradiert, bereitet Umdenken erhebliche Schwierigkeiten und fehlen geeignete Methoden, diese neuen Optionen nutzbar zu machen.

Die Abkehr vom Normarbeitsplatz, Normarbeiter, Normlohn, Normarbeitszeit etc. bedeutet, so gesehen, eine Herausforderung an Unternehmen, Gewerkschaften und Gesetzgeber. Eine neue individuellere Qualität von Arbeit und das Zulassen einer Vielfalt verschiedenartiger Kombinationen aus Arbeitszeitregelung, Arbeitsentgelten, Beteiligungen, Sozialleistungen und Arbeitsbedingungen erfordert eben ein hohes Maß an Selbstbestimmung und Eigenverantwortlichkeit bei den Arbeitnehmern, ein neues Verständnis von Personalführung, eine neue Qualität von Arbeitnehmerinteressenvertretung, angemessene gesetzliche Rahmenbedingungen, aber zunächst eine Abkehr vom heute verbreiteten Planungsparadigma hin zu einer Integration der Personal- und Organisationsentwicklung.

2. Integration von Personal- und Organisationsentwicklung

2.1 Grenzen isolierter Entwicklungskonzepte

2.1.1 Der Verbund von Organisations- und Personalentwicklung im traditionellen Planungsschema

Das vorherrschende Paradigma der Unternehmensplanung (Zur Kritik an marktorientierten Unternehmensführungskonzepten unter Innovationsgesichtspunkten vgl. Staudt 1979 b, Lender 1991) und darin der Personalentwicklung verläuft, wie in 1.1.1 dargestellt, nach folgendem Schema (vgl. z. B. RKW 1990, S. 25; vgl. auch Steger 1994):
Ausgehend von bestimmten Marktsituationen werden Absatzmöglichkeiten untersucht und Entscheidungen über Produkte (Güter und Dienstleistungen) und Absatzmengen gefällt. Danach werden Produktionsverfahren und dabei einzusetzende Techniken festgelegt, aus denen die erforderlichen organisatorischen Strukturen und Abläufe resultieren. Dies manifestiert sich in zu besetzenden Stellen, also einem bestimmten quantitativen und qualitativen Bedarf an Personal. Ein Vergleich der Einsatzabsichten mit dem Personalbestand ergibt insbesondere im Innovationsfall eine Differenz, die entweder Beschaffungsaktivitäten auf dem externen Arbeitsmarkt oder intern Personalentwicklungsmaßnahmen notwendig macht.

Markt, Technik und Organisationsstruktur sind dann die Fixpunkte für den Personal- resp. Qualifizierungsbedarf (vgl. Abb. 8).

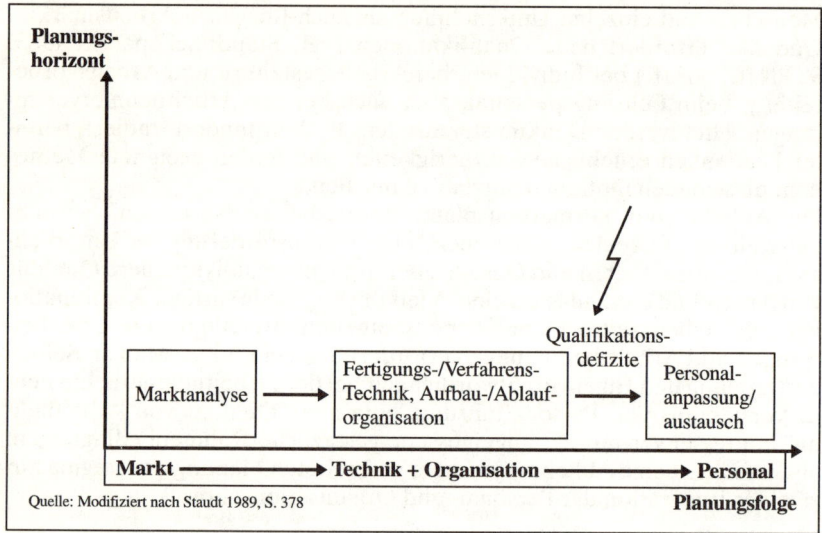

Quelle: Modifiziert nach Staudt 1989, S. 378

Abb. 8: Technokratisches Planungsmodell I (sequentielle Markt-, Investitions- und Personalplanung)

Auf der Ebene der Personalentwicklung wird von Qualifikationsanforderungen ausgegangen, die sich aus den Erfordernissen der Technik, aus Art und Grad der Arbeitsteilung, der Kompetenzzuweisung und der Festlegung von Aufgabenerfüllungsprozessen ergeben. Diese Anforderungen werden dem vorhandenen Qualifikationsprofil gegenübergestellt; aus der Differenz ergibt sich der Bildungsbedarf, der durch geeignete Weiterbildungsmaßnahmen zu befriedigen ist (vgl. Drumm 1982, S. 51; Olesch 1988, S. 234)[4]. Eine hohe Abbildungsqualität dieses Bedarfs soll durch möglichst exakte und formalisierte Methoden der Ermittlung und des Vergleichs von geforderten und bei den Mitarbeitern vorhandenen Qualifikationen gewährleistet werden.

Die Ableitung notwendiger Bildungsaktivitäten ist mit einer Reihe von Problemen behaftet, die bei der Abbildung aktueller Anforderungen beginnen (s. 2.1.2) und bei der Prognose zukünftiger Erfordernisse eskalieren (s. 2.1.3). Wachsende Komplexität und Änderungsdynamik des betriebli-

---

[4] So erheben Arbeitgeberverbände immer wieder die Forderung nach bedarfsgerechter Weiterbildung; vgl. Zwischenbericht 1989, S. 83.

chen Geschehens aufgrund technischer und organisatorischer Innovationen erschweren die valide Ermittlung zusätzlich (s. 1.4).

2.1.2 Abbildungsprobleme

Schon bei der statischen Ermittlung des Bildungsbedarfs (Vergleich der qualifikatorischen Voraussetzungen der Mitarbeiter und der Qualifikationsanforderungen) stößt man auf grundsätzliche Probleme:

a) *Die Identifizierung der vorhandenen Qualifikationen* kann sich zunächst auf die formalen Qualifikationen (vgl. Flohr/Niederfeichtner 1982, S. 22) (schulische Allgemeinbildung, Duales System, schulisch oder universitär erworbene Berufsabschlüsse, zertifizierte Teilnahmen an Weiterbildungsveranstaltungen) stützen. Sie hat darüber hinaus aber Qualifikationen einzubeziehen, die durch tatsächlich ausgeübte Tätigkeiten erworben wurden (vgl. Bundesminister 1990, S. 36). Eine solche Vorgehensweise schafft bei kontinuierlichen und verhältnismäßig langsamen Veränderungen des Personaleinsatzfeldes eine halbwegs zuverlässige Planungsgrundlage. Bei schnelleren und diskontinuierlichen Entwicklungen sinkt die Aussagekraft der in Berufsbildern formalisierten Abschlüsse als Indiz für das vorhandene Potential: Mit zeitlicher Entfernung der Mitarbeiter von ihrem Ausbildungsabschluß beruhen die tatsächlich eingesetzten Qualifikationen immer weniger auf der beruflichen Erstausbildung als vielmehr auf späterem intentionalen und funktionalen Lernen, zumal bei vielen Beschäftigten Berufs- (resp. Status-)Veränderungen erfolgen. Zudem unterliegen berufliche Kenntnisse, Fähigkeiten und Fertigkeiten durch ihre fehlende Nutzung der Gefahr des Vergessens. Auch beinhalten Weiterbildungsabschlüsse oft nur eingeschränkte Informationen über die tatsächlich vermittelten Qualifikationen, da die Weiterbildungsmaßnahmen oft nicht vergleichbar sind und sie unterschiedlich, nicht verläßlich oder gar unzutreffend zertifiziert werden (vgl. KAW 1990, S. 1; Schlußbericht 1990, S. 90).

Sollen daher aktuell vorhandene Qualifikationen direkt, also ohne Rückgriff auf Hilfsgrößen wie formale Qualifikationen, ermittelt werden, stößt dies auf erhebliche Probleme (vgl. hier u.i.f. Becker 1991; Becker 1992, S. 1923 f.):

- Qualifikationen sind nicht *unmittelbar* beobachtbar und teilweise nicht einmal verbalisierbar.
- Die Ermittlung von Qualifiktionen durch Vorgesetzte ist eingeschränkt durch die Fähigkeit und Bereitschaft der Mitarbeiter, ihre Qualifikationen zu offenbaren, und die der Vorgesetzten, diese zutreffend zu beurteilen.
- Die Verfahren der Qualifikations- bzw. Potentialermittlung sind häufig vergangenheitsorientiert, unzureichend theoretisch fundiert und daher durch teilweise willkürliche Deutung einzelner Merkmale sowie methodische Mängel gekennzeichnet.

b) Auch die *Ableitung von Qualifikationsanforderungen* aus der Arbeitsaufgabe bzw. der Arbeitstätigkeit an einer bestimmten Stelle ist mit beträchtlichen Schwierigkeiten verbunden:

- Bereits die eindeutige Zuordnung bestimmter Arbeitstätigkeiten und der erwarteten Leistungsergebnisse einer Stelle ist kaum möglich; oft bestehen Freiheitsgrade in der Aufgabenausführung und damit auch in den erforderlichen Leistungsvoraussetzungen.

- Es reicht nicht aus, Tätigkeiten mehr oder weniger zutreffend zu beschreiben und mittels Plausibilitätsüberlegungen auf gedachte Voraussetzungen zu schließen. Es fehlt ein befriedigendes Instrumentarium auf der Grundlage eines »theoretisch und empirisch begründete(n) Modell(s)« (vgl. Berthel 1992, S. 112), das sich mit der logischen Struktur der Aufgaben und der damit verbundenen Tiefenstruktur der psychischen Regulation von Arbeitstätigkeit auf der Grundlage arbeitspsychologischer Ansätze befaßt (wie sie z. B. von Hacker im Anschluß an Miller/Galanter/Pribram 1973 und sich zu dieser Schule zählenden Autoren [Ulich, Volpert] vorliegen).

- Besondere Probleme ergeben sich bei komplexeren Anforderungen auf einer hohen psychischen Regulationsebene und bei Qualifikationen, die mit Begriffen wie »Schlüssel-«, »extrafunktional«, »prozeßunabhängig« o. ä. belegt werden.

Aufgrund der Abbildungsprobleme kann auf Basis der bisher entwickelten Verfahren zur Gewinnung von Anforderungs- und Potentialinformationen nur in Grenzfällen eine fehlerfreie Bestimmung der erforderlichen Weiterbildungsaktivitäten erfolgen.

2.1.3 Prognoseprobleme

Detaillierte Qualifikations*anforderungen* können nur aus einer tatsächlich vorliegenden Arbeitstätigkeit ermittelt werden. Das setzt bestehende Arbeitsplätze voraus, findet also zu einem Zeitpunkt statt, zu dem die Bildungsmaßnahmen, die als Ergebnis der Analyse geplant, entwickelt und umgesetzt werden sollen, bereits wirksam geworden sein müßten. Schon aus logischen Gründen sorgt ein solches Vorgehen für eine strukturelle Verspätung(vgl. Staudt 1989, S. 379); dies gilt umso mehr, als die Weiterbildungsaktivitäten selbst Zeit erfordern.

Angesichts dieses Problems wird versucht, durch Prognosen der Tätigkeitsfelder (vgl. Drumm 1982, S. 55 ff.; Drumm 1992, S. 297 f.) oder die Untersuchung von Pilotarbeitsplätzen (vgl. Schepanski 1986, S. 115 ff.; insbes. 124 ff.) zukünftige Anforderungen vorwegzunehmen. Damit geht aber die inhaltliche Qualität differenzierter Ermittlungen verloren, die sich auf konkrete Arbeitsplätze mit all ihren Details und daraus resultierend auf schwer zugängliche psychische Phänomene stützen. Es besteht mithin ein verhängnisvoller Trade-off zwischen aktueller und zukünftiger Abbildungsqualität (vgl. Drumm 1982, S. 56).

Die Fixierung auf Pilotarbeitsplätze vernachlässigt, daß es einerseits aufgrund der wachsenden Elastizität der Technik eine hohe Variantenvielfalt betrieblicher Lösungen auch bei gleichen technischen Applikationen gibt, andererseits die in der Zukunft praktizierten Varianten von dem schwer zu projektierenden und durch individuelle Umstände mitbedingten Qualifikationsprofil der Stelleninhaber abhängen. Aufgrund der Prognoseprobleme ist eine Deduktionskette Technik → (Organisation →) Arbeitsplatz → Qualifikationsanforderungen – auch unter Hinzuziehung von Effizienzmaßstäben – kaum noch zweckmäßig. Arbeitsplatzgestaltung und Technikauswahl sind zunehmend entkoppelt, die zukunftsbezogene Ermittlung von Qualifikationsanforderungen ist daher mit hohen Unsicherheiten behaftet (vgl. Malcher 1990, S. 30).

2.1.4 Probleme bei wachsender Komplexität und Kompliziertheit

Bei sich dynamisch verändernden Marktverhältnissen, beschleunigten technisch-organisatorischen Veränderungen, variablen, teilweise betriebsindividuellen technisch-organisatorischen Gestaltungsformen und flexiblem Einsatz von Arbeitssystemen kommt zur Prognoseunschärfe die Möglichkeit ungeplanter Eingriffe und unvorhergesehener externer Störungen. Das zukünftige betriebliche Geschehen ist immer weniger informatorisch abbildbar. Mit wachsender Komplexität und Kompliziertheit betrieblicher Vorgänge verbleiben bei Prozessen der Aufgabenerfüllung immer mehr disponible Bereiche (vgl. Staudt 1989, S. 380 f.), die durch autonome Gruppen, Fertigungsinseln oder fraktale Organisationsmuster aufgefangen werden.

Beschleunigte Veränderungen und wachsende Komplexität ergeben höhere Unsicherheit bei dem so ermittelten Handlungsbedarf der Personalentwicklung und eine weitere Verzögerung der Aktivitäten mit der Folge zusätzlicher Fehlerquellen.

In der Summe bleibt festzuhalten: Das traditionelle Modell der Bestimmung von Qualifizierungsbedarf als Ergebnis einer Planungskette, deren Ausgangspunkt der Absatzmarkt bildet, ist schon aus logischen Gründen problematisch und nur stückweise – bei statischen Verhältnissen – praktikabel. Seine strukturellen Mängel bewirken in Phasen beschleunigten technischen und strukturellen Wandels stark verzögerte und in ihrer Wirkung unsichere Aktivitäten, so daß »viele negative Effekte nicht mehr aufgefangen werden (können), was dann zu Personalengpässen und sozial unverantwortlichen Härtemaßnahmen führen muß« (Meiser/Wagner/Zander 1991, S. 89).

Kommt man dann zur Einsicht, daß kein Betrieb die richtig erscheinende Technik oder Organisation optimal einsetzt, sondern immer nur die Technik, soweit er sie mit dem vorhandenen Personal nutzen kann, liegt es nahe, die wissenschaftliche und betriebliche Sichtweise der Einbettung von Personalentwicklung in den Planungszusammenhang zu verändern.

2.2 Neuere Ansätze zur Synchronisation von Organisations- und Personalentwicklung

Seit einiger Zeit wird versucht, den unerwünschten Implikationen des klassischen Planungsschemas dadurch zu begegnen, daß personale Aspekte früher als bisher im betrieblichen Planungs- und Entscheidungsprozeß berücksichtigt werden (vgl. z. B. Staudt 1984, S. 404). Neben Prognosen über (personal-)planungsrelevante Faktoren der Zukunft (Märkte, Technologien) beinhalten diese Vorschläge im Kern, daß auf strategischer Ebene Personalplanung mit den anderen Bereichen der Planung kooperieren und dadurch »die Entwicklung des Gesamtunternehmens und die produktionstechnischen Einflüsse auf die menschliche Arbeitskraft berücksichtigen« (vgl. Meiser/Wagner/Zander 1991, S. 89) soll. Damit einher geht die Forderung nach einer Ansiedelung von Personalfunktionen auf Unternehmensleitungsebene.

Mit Hilfe frühzeitiger Analysen von Investitionsprogrammen (»Investitionsanalysen«) (vgl. z. B. Hoff 1983) sollen qualifikatorische Entwicklungslücken zu vorgezogenen Zeitpunkten (vgl. Katzmann/Zimmer 1982, S. 30 ff.) rechtzeitig diagnostiziert und geeignete Bildungsmaßnahmen frühzeitig initiiert und durchgeführt werden (vgl. Abb. 9).

Damit verläßt man den Pfad einer nur reaktiven und verzögerten Anpas-

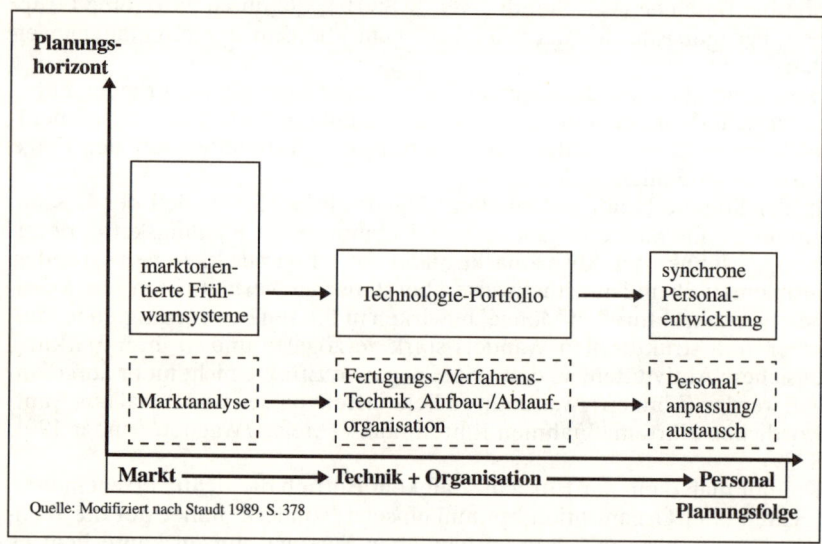

Abb. 9: *Technokratisches Planungsmodell II (Synchronisation von Investitions- und Personalplanung*

sung an gewandelte Vorgaben, bei dem die Absolventen zeitaufwendiger Qualifizierungsmaßnahmen ihr erworbenes Wissen in Produktionsverfahren anwenden müssen, welche sich während der Planung und Durchführung der Personalentwicklungsmaßnahmen längst wieder verändert haben. Die Ablösung von dem sequentiellen (konsekutiven) Planungsschema in Richtung einer Synchronisierung von Investitions- und Personalplanung verspricht damit immerhin einen Zeitgewinn; durch Investitionsvorhaben geschaffene Kapazitäten lassen sich auf diese Weise frühzeitiger nutzen.

Die Vorgehensweise bleibt in ihrem Erfolg aber weiterhin beschränkt, da einerseits die Prognose mit Unsicherheiten behaftet ist, andererseits aber auch von einem geplanten Investitionspfad aufgrund innovativer und elastischer Technik und gestaltbarer Anwendungen bei unterschiedlichen organisatorischen Optionen mehr oder weniger stark abgewichen werden kann (vgl. Hoff 1983, S. 307).

Anders ausgedrückt: In der Prognose erscheint als Ergebnis ein Qualifizierungsbedarf, der sich auf *vermutete zukünftige* Tätigkeitsfelder und Qualifikationsanforderungen und *vermutete zukünftige* Fähigkeitspotentiale stützt. Diese Informationen sind schon aufgrund der Verfahren der Arbeitsanalyse und Potentialermittlung sehr problembehaftet. Die Aussagekraft dieses Ergebnisses sinkt, wenn die Analysegrundlagen nur als prognostizierte Konstrukte mit erheblichen Unschärfen hinsichtlich der Zukunft von Technik und Organisation vorliegen. Diese Arbeitsplätze sind zudem insbesondere im Innovationsfall zum Teil erst das Resultat eines bestimmten erreichten Qualifikationsniveaus. Gruppenarbeit resultiert unter diesen Umständen nicht aus einer vernünftigen Abwägung, sondern ist Verlegenheitslösung, weil die Arbeitsvorbereitung nicht mehr in der Lage ist, Aufgaben eindeutig auf Einzelpersonen zu verteilen. Hinzu kommt, daß ein elaboriertes Instrumentarium, das wirklich verwertbare Aussagen liefert und deshalb die Komplexität aktueller und zukünftiger Faktoren abbilden soll[5], betrieblich zu aufwendig, zu kompliziert und daher kaum handhabbar ist.

Bei allen positiven Leistungen dieser als »strategisch« (vgl. Thielenhaus 1981,; Riekhof 1992 u. a.), »proaktiv« (Ridder 1988 u. a.) oder »antizipativ« (Thom 1990, S. 183; Gaugler 1989 a, S. 36) bezeichneten Vorgehensweisen für eine rechtzeitige und nicht bloß reaktive Qualifizierung wird deutlich, daß auch hier Personalentwicklung im Kern als planbare abhängige Variable betrachtet wird (vgl. Hölterhoff 1989, S. 29). Übereinstimmung von Anforderungs- und Fähigkeitsprofilen wird weiterhin angestrebt. Nicht unmittelbar erforderliche, gleichwohl vorhandene oder entwickelbare Qualifikationen erscheinen dabei als Überqualifikation. Sie ist in diesem Kalkül bestenfalls überflüssig, birgt aber darüber hinaus betriebliches

---

[5] Wie es z. B. der »Leitfaden zur qualitativen Personalplanung bei technisch-organisatorischen Innovationen« (LPI) versucht. Vgl. Sonntag 1991.

Konfliktpotential[6]. Die zwangsläufige Konsequenz ist ihre Beseitigung. Dies geschieht vermutlich weniger bewußt, äußert sich aber in negativen Folgen nicht beanspruchter Qualifikation wie Demotivation mit der möglichen Folge »innerer Kündigung« oder gar des Ausscheidens der betreffenden Mitarbeiter (vgl. Domsch/Haugrund, S. 20 f.).
Selbst bei zutreffender Planung stehen diese Qualifikationen dann nicht mehr zur Verfügung, wenn sie benötigt werden, weil die Entwicklungen von der Prognose abweichen. Als Konsequenz nimmt mit zunehmendem planerischen »Erfolg« die Anpassungsflexibilität der entsprechenden Systeme immer mehr ab.
Insgesamt erzwingt daher auch das erweiterte (gleichwohl technokratische) Planungsschema regelmäßig krisenhafte Anpassungsprozesse aufgrund chronisch verspäteter Aktivitäten. Dabei tritt die Personalseite immer wieder als Engpaßfaktor betrieblicher Innovationen auf bis hin zu der Gefahr des Scheiterns von Innovationsprojekten.

2.3 Potentialorientierung als Leitidee der Integration von Personal- und Organisationsentwicklung

2.3.1 Potentialorientierung zur Flexibilitätssicherung
Der technokratische Planungsansatz steht im Gegensatz zu dem in der betrieblichen Praxis verbreiteten Vertrauen darauf, daß das Personal sich an die neue Situation »schon irgendwie anpassen« werde, also zum Vertrauen in eine offensichtlich vorhandene Flexibilitätsreserve (vgl. Flohr/Niderfeichtner 1982, S. 30; bei CIM-Projekten Schlutz-Wild et al. 1989, S. 252). Bei allem Verzicht auf die *gezielte* Berücksichtigung und Förderung dieser Reserven existiert offenbar doch ein Grundvertrauen in ihre Leistungsfähigkeit. Die Bedeutung dieser Reserven für das scheinbar ordnungsgemäße Funktionieren betrieblicher Abläufe wird spätestens dann spürbar, wenn Arbeitnehmer diese Reserven bewußt einschränken und den sogenannten »Dienst nach Vorschrift« zu einer wirksamen Arbeitskampfform machen.
Die Tendenz, diese Reserven kurzsichtig wegzurationalisieren, steht im Widerspruch zu ihrer stillschweigenden Nutzung und zieht als Konsequenz nach sich, daß ihr Fehlen mit der Folge brachliegender Technikpotentiale erst in kritischen Situationen die Wahrnehmungsschwelle übersteigt und dann aufgrund des Problemstaus zu krisenhaften, dadurch aber nur begrenzt erfolgreichen Anpassungsprozessen führt.
Die Herstellung von Flexibilität bei innovativen Entwicklungen durch extern orientierte personelle Einzelmaßnahmen (Neueinstellungen, Entlassungen) stößt zum einen auf institutionelle Grenzen, wie sie im Kündi-

---

[6] Wie Fluktuation, persönliche Spannungen in der Hierarchie, vgl. Domsch/Haugrund 1989, S. 17 f., S. 20 f., S. 22 f.

gungsschutz- und Betriebsverfassungsrecht oder in Tarifverträgen und Betriebsvereinbarungen festgeschrieben sind. Zum anderen sind in dieser Situation auf dem Arbeitsmarkt kaum entsprechend qualifizierte Mitarbeiter zu finden, so daß erhebliche und damit zeitaufwendige betriebsspezifische Anlern- bzw. Einarbeitungsmaßnahmen erforderlich werden. Dies führt zu der immer häufiger vertretenen Forderung, strategische Personalarbeit »am situativen Flexibilitätsbedarf des Unternehmens« (vgl. Ackermann 1989, S. 133) zu orientieren und deshalb Personalentwicklung *potentialorientiert* (vgl. z. B. RKW 1990, S. 299 f.) zu betreiben.

2.3.2. Integration als Iterationsprozeß Personalseite – Marktseite
Die konsequente Fortführung des Gedankens der Orientierung an Qualifikationspotentialen besteht nun darin, diese Potentiale vom beplanten Gegenstand der Personalarbeit zu einem zusätzlichen Ausgangspunkt planerischer Überlegungen zu machen, also die traditionelle Planungskette Märkte Technik/Organisation Personal umzukehren. In dieser umgekehrten Betrachtungsweise wird gefragt, welche organisatorischen Varianten und technischen Lösungen mit den vorhandenen und entwickelbaren Qualifikationen überhaupt möglich sind. Die Frage »Wie und was kann das Unternehmen überhaupt produzieren?« führt zu entsprechenden Planrevisionen. Von hier aus liegt die Frage »Was kann noch (und wie kann es) erstellt werden?« nahe. Die vorhandenen qualifikatorischen Potentiale verhindern nicht nur bestimmte, sondern ermöglichen und fördern auch alternative Organisationsstrukturen[7] und Fertigungsverfahren. Mit diesen revidierten technisch-organisatorischen Lösungen wiederum sind sogar Veränderungen im betrieblichen Leistungsspektrum sinnvoll, die zu erstellenden Produkte und Dienstleistungen werden modifizierbar.[8]
Bei diesem Vorgehen wird von folgenden Fragen ausgegangen:
- Welche genutzten und ungenutzten Qualifikationen liegen bei dem vorhandenen Personal vor?
- Welche Anlagen, Interessen, Bedürfnisse zur Erreichung welcher Fähigkeiten existieren bei den Mitarbeitern?
- Welche organisatorischen Konfigurationen und Abläufe sind mit den vorhandenen Potentialen sinnvoll zu gestalten?
- Welche Produktionsverfahren sind qualifikatorisch möglich, effektiv und effizient?
Und in letzter Konsequenz:
- Welche Güter und Dienstleistungen sind von dem Betrieb mit den gege-

---

[7] Vgl. zur Beteiligung der Mitarbeiter des Unternehmens am Zielbildungsprozeß Staudt 1979 b, S. 138 ff., insbes. S. 141.
[8] Zu einem Marketing-Konzept, das von technologischen Potentialen ausgehend zu vermarktbaren Technikanwendungen (Produkten) gelangt, vgl. Lender 1991, insbes. S. 50 ff., S. 262 ff.

benen und -mittels Personalentwicklung und Veränderung von Organisationsstrukturen - entwickelbaren Potentialen überhaupt erstellbar?
Das Ergebnis dieser Überlegungen ist ein Neuzuschnitt des unternehmens-
relevanten Marktpotentials auf ein bearbeitbares Marktpotential.
Dieses Verfahren ersetzt nun nicht die traditionellen vom Markt induzier-
ten Planungsschritte, sondern ergänzt und modifiziert die bisherige Form
der strategischen Unternehmensplanung. Die Sichtweise und Vorgehensweise des technokratischen Planungsmodells werden damit relativiert, die
Organisations- und Personalentwicklung wird integriert (vgl. Abb. 10).

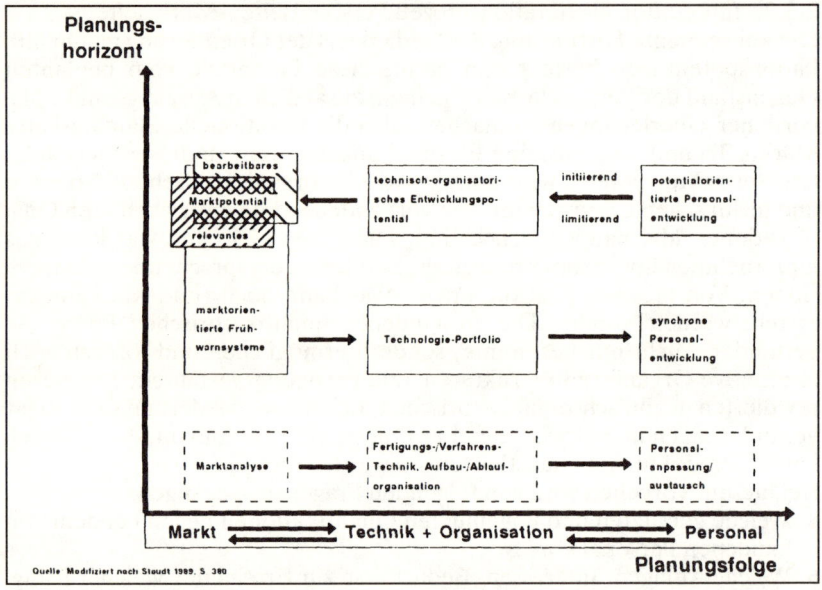

*Abb. 10: Potentialorientierung der Personalplanung (Rückkopplung von Personal-
potential und PE-Möglichkeiten auf Technikauswahl/Organisationsgestal-
tung und Marktentwicklung)*

Dieser iterative Prozeß modifiziert das lineare Planungsmodell in zweierlei
Weise:
1) Als *gedankliches Modell* erfordert er eine Planung[9], in der alle betrieblichen Aktivitäten einschließlich der des Personalbereichs in ihrer wechselseitigen Abhängigkeit betrachtet und festgelegt werden (vgl. z. B.
   Domsch 1970; Ridder 1980, S. 122; u.v. a.m.). Dabei können

---

[9] »Simultane Planung« im Sinne von Staehle 1991, S. 6 f. für simultane Organisa-
tions- und Personalplanung vgl. Mag 1991, insbes. S. 15 ff.

50

- frühzeitig Vorgaben (Ziele) und Restriktionen der jeweiligen Bereiche erkannt und
- handlungsrelevant werden,
- nicht oder mit zu hohen Kosten erfüllbare Ziele relativiert werden (vgl. Staudt 1974, S. 51, 62 ff.),
- Problemlösungspotentiale entsprechender Felder aufgedeckt werden und
- in die (Unter-)Zielrevision eingehen.

2) Das *tatsächliche Vorgehen* findet im Zeitverlauf statt: Impulse aus einem Bereich haben ihre Wirkung in einem anderen erst zu entfalten, bevor dort neue Möglichkeiten (oder Restriktionen) entdeckt und nutzbar resp. verarbeitbar gemacht werden können.

Beispielsweise entfaltet eine Weiterbildungsmaßnahme als Herstellerschulung am Arbeitsplatz ihre konkreten Wirkungen. Der Beschäftigte hat vor dem Hintergrund des neuen Wissens entsprechende Bedienungserfahrungen zu sammeln und beides miteinander zu verknüpfen. Erst dann kann er Mängel des neuen Arbeitsgerätes, Chancen seiner Änderung, alternative Möglichkeiten technisch-organisatorischer Abläufe entdecken und in die Produktentwicklung oder die Planung anderer Arbeitsplätze zurückfließen lassen.

Ein solcher – zunächst unwillkürlicher und vornehmlich reaktiver – Wirkungszusammenhang wird noch deutlicher, wenn man versucht, über die Verfolgung von Ausweichstrategien hinaus positiv die Frage zu beantworten, welche Pfade von organisatorischen Lösungen[10], Produktionsverfahren und Produktentscheidungen mit dem vorhandenen Qualifikationspotential beschreitbar sind. Das heißt, daß die persönlichen Kenntnisse, Fähigkeiten und Fertigkeiten der Mitarbeiter über die Formulierung individueller Neigungen, Interessen, Lebens- und darin Karrierepläne in die Personal- und Organisationsentwicklungsplanung eingehen.

Das bezieht sich sowohl auf die vorhandenen, aber nicht genutzten Qualifikationen als auch auf die Entwicklungsmöglichkeiten für zukünftige Qualifikationen, d. h. auf das aktuelle und das latente zukünftige Qualifikationspotential (vgl. Becker 1991, S. 65).

In begrenztem Maße existiert eine solche Vorgehensweise: Handwerksunternehmer oder kleinbetriebliche Existenzgründer berücksichtigen oft wie selbstverständlich die eigenen Kompetenzen und Interessen und die Qualifikationen der wenigen Mitarbeiter, wenn sie Produkt- resp. Leistungsprogramm oder Fertigungsverfahren bestimmen.

Wenn man die Geschichte des kalifornischen Silicon Valleys vernünftig interpretiert, zeigen sich ähnliche Effekte: Die Vison der Amerikaner, vor dem Jahre 1970 auf dem Mond zu landen, verleitete viele junge Menschen

---

[10] Für Mag 1991, S. 24, ist »überschießende Qualifikation (. . .) in größerem Ausmaß der Anlaß für eine Aufgabenumstrukturierung«.

dazu, Natur- und Ingenieurwissenschaften zu studieren und sich enthusia-
stisch in diesen neuen Feldern zu engagieren.
Doch konnten die staatlichen Aktivitäten nicht beliebig wachsen. Nach der
Mondlandung erfolgte eine Rücknahme der Raumfahrtprogramme. Unter
diesen Umständen hatten die amerikanischen Naturwissenschaftler und
Techniker in Kalifornien

• keine Chance, in Großforschungseinrichtungen unkündbar weiter ihren
  Hobbies nachzugehen,

• keine Gelegenheit, in industriellen Forschungszentren weiter ihre spezifischen Kenntnisse zu vervollkommnen und Universität zu spielen.

Ein gewaltiges, technisches Intelligenzpotential stand plötzlich am
Arbeitsmarkt zur Verfügung, das neue Einsatzfelder suchte. So negativ
und frustrierend diese Entwicklung auch für die einzelnen Betroffenen
war – sie löste einen Gründungsboom aus und wurde noch verstärkt durch
weitere Entlassungswellen bei der NASA und bei den mit ihr verbundenen Wirtschaftsunternehmen. Es waren hochqualifizierte Personen, die
fragten: »Was kann ich mit meinem technischen Know-how-Potential
anfangen?« Dieser Personenkreis – und auch das gehört zur Geschichte des Silicon Valley – verstand es exzellent, mit den Laboratorien der
Hochschulen zu kooperieren – das latente Potential für kommerzielle
Zwecke zu bewirtschaften, denn auch an den Hochschulen gab es ja
umfangreiche, durch die Kürzung der Programme frei werdende Kapazitäten.
Es war da nicht der naive Technologietransfer Hochschule – Praxis, sondern

• die Verfügbarkeit von technisch hochqualifiziertem Personal am
  Arbeitsmarkt und der Druck in der Gründungsszene durch ein Überan-
  gebot von technischer Intelligenz sowie

• die Fähigkeit zur Bewirtschaftung von Hochschullaboratorien,

die in einem Freiraum unter kalifornischer Sonne zur Anwendung dräng-
ten und damit jenen Boom erzeugten, der die Augen von Wirtschaftsförde-
rern und Regionalpolitikern in Europa glänzen ließ, wenn sie nur davon
hörten. Das personelle Potential machte die Innovation und nicht umgekehrt!
Und selbst Großbetriebe werden heute nach gigantischen Fehlsteuerungen
an zukünftigen Weltmärkten von denselben Beratern wieder auf sogenannte Kernkompetenzbereiche zurückgeschnitten. In einem Teil der Großbetriebe praktizierte partizipative Führungsmodelle und Personalentwick-
lungsinstrumente, die in Fördergespräche persönliche Planungen einbeziehen, versuchen implizit, Teile dieses potentialorientierten Herangehens für
die Lösung zentral nicht zu bewältigender Aufgaben nutzbar zu machen
(vgl. z. B. Greifenstein/Jansen/Kissler 1989, S. 153 ff.). Partizipationsver-
fahren wie Qualitätszirkel, teilautonome Arbeitsgruppen oder Mitbestimmung am Arbeitsplatz sollen die besonderen in der Implementation neuer

Techniken virulenten Informationsdefizite durch Nutzung des (Erfahrungs-)Wissens der Mitarbeiter[11] verringern. Diese Versuche sind jedoch, wie z. B. Regelungen zur Förderung des betrieblichen Vorschlagswesens[12] und Qualitätszirkel, bloßer Appendix dann doch nicht wesentlich veränderter Führungs- und Kontrollmechanismen und Organisationsformen (vgl. Staudt 1985, S. 757). Sie bleiben dadurch in ihrer Wirkung begrenzt oder provozieren sogar Konflikte aufgrund unerfüllter oder unerfüllbarer Erwartungen (vgl. Domsch/Reinecke 1982, S. 73).

Der Widerspruch zwischen den immer wieder ergebnislos ventilierten aktuellen Plakaten wie »Partizipation«, »Unternehmenskultur« oder »Mitarbeiter als Humankapital« und dem technokratischen Planungsmodell wird offenkundig. Der zu organisierende iterative Abstimmungsprozeß zwischen Entwicklungspotentialen und Zielen ist erst noch als zusätzlicher *bewußter und gestaltbarer Suchprozeß* in die betrieblichen Geschehnisse zu integrieren. Erst dann erschließen sich zusätzliche Ressourcen für die Unternehmensentwicklung und schafft man neue Grundlagen für die Unternehmensplanung und Weiterentwicklung auf ein höheres Niveau.

2.3.3 Die Integration von Personal- und Organisationsentwicklung als kontinuierlicher Prozeß

Wenn nun die Vorstellung aufgegeben wird, nach der das Personal eine vollständig und sicher planbare Größe ist, besteht für die »Personalentwicklung« die Aufgabe, eben diesen Prozeßcharakter betrieblich virulent zu machen. Am Ende steht dann nicht mehr eine »anforderungs»gerechte, »erfolg»reiche Personalentwicklung resp. Qualifizierung, sondern es entsteht verändertes qualifikatorisches Potential als Grundlage der Bewältigung und Gestaltung von Organisations- und Unternehmensentwicklung.

Bei der Gestaltung dieses Prozesses ist das vom Grundgedanken her kompliziertere Herangehen so in die betrieblichen Abläufe und Strukturen zu integrieren, daß die Leistungserstellungsprozesse zumindest nicht behindert werden. Da es sich bei dem Problemkomplex Potentialbildung/Potentialbeurteilung/Potentialnutzung um Sachverhalte handelt, über die oft nur Informationen von begrenzter Qualität vorliegen, müssen weitere *Informationsverluste möglichst gering* gehalten werden. Wenn schon handlungsleitende Informationen nur mit erheblichen Einschränkungen zur Verfügung stehen, ist der Aufgabenvollzug erst recht risikobehaftet: Deshalb müssen Aufgaben dort angesiedelt und vollzogen werden, wo sie möglichst unmittelbar Wirkung entfalten können.

---

[11] Rosner 1991, S. 40, nennt dies »exclusives Produktionswissen«.
[12] Nach Thom 1987, S. 351, nutzen nur sehr wenige Unternehmen die Möglichkeiten Betrieblichen Vorschlagswesens für die Personalentwicklung bewußt.

Diese Forderungen sind nur zu erfüllen durch die Aufgabe des Ideals einer zentralen Regulation aufgrund umfassender Information und prognostischer Leistungen zugunsten *kleiner und dezentral angeordneter Regelkreise*. Das hat erhebliche Konsequenzen für die Personal- bzw. Organisationsentwicklung. Selbstregulation und Eigeninitiative müssen entfaltet und genutzt werden. Es ist ein neues Verständnis der Vorbereitung und Durchsetzung von Personal- und Organisationsentwicklungsmaßnahmen zu schaffen, in dem den alten Zentralinstanzen bestenfalls noch eine Servicefunktion zukommt, die eigentlichen Entwicklungsaufgaben aber dezentral in die Fachabteilungen verlagert werden.

2.3.3.1 Selbstregulation und Eigeninitiative
Ausgangspunkt eines erweiterten Planungsschemas sind die Mitarbeiter. Neben – durch zentrale Planungs- und Organisationsabteilungen gestützte – starre Hierarchiebeziehungen tritt die Selbstregulation unter Nutzung der Eigeninitiative der Mitarbeiter: *Selbstregulation*[13] ist der einzig mögliche Weg, zentral nicht oder nicht mit vertretbarem Aufwand zu steuernde Aufgaben durch dezentral vorhandene oder zu bildende Problemlösungskapazitäten komplexitätsreduzierend zu bewältigen.

Selbstregulierende Arbeitsvollzüge setzen eigeninitiatives Handeln der Mitarbeiter voraus. Die Möglichkeit, Eigeninitiative zu nutzen, stützt sich auf persönliche Interessen, Neigungen und Wünsche der Mitarbeiter, die sich auf Arbeitsinhalte und Qualifizierung beziehen und auf gewachsenen Ansprüchen an Selbstentfaltung (vgl. z. B. Schlußbericht 1990, S. 19) in befriedigender Berufstätigkeit bei einem zunehmenden Teil der Beschäftigten basieren. Eine weitere Grundlage sind von den Mitarbeitern auszugestaltende Handlungsspielräume bei der Aufgabenerfüllung.

Arbeitsstrukturen sind zur Bewältigung von Nichtroutine-Aufgaben so zu gestalten, daß die erwünschten personellen Flexibilitätspotentiale, Eigeninitiative und Fähigkeiten zur Selbstregulation geschaffen, gefördert, erhalten[14] und damit praktisch wirksam werden können. Das bedeutet die Schaffung von ausreichenden Handlungsspielräumen, Lern- und Entwicklungsmöglichkeiten in der Arbeitstätigkeit. Das erfordert aber auch Rücksichtnahme auf die jeweiligen individuellen Wünsche, denn es ist kaum zu erwarten, daß idealistische Vorstellungen wie »lebenslanges Lernen« von jedem akzeptiert oder streßfrei praktiziert werden können. Unter diesem Aspekt sind organisatorische Formalisierungen zu überprüfen und koope-

---

[13] Vgl. Staudt 1989, S. 380; Jürgens 1990, S. 35; Wunderer 1989, S. 246, spricht von »Selbstcontrolling«, Staudt 1986 b, S. 428 ff., von »Selbstbestimmung« im Kontext wachsender Elastizitätspotentiale der Technik.

[14] Als Forderung im Zusammenhang betrieblicher Qualitätspolitik vgl. Staudt/Hinterwäller 1982, S. 1029.

rative Prozesse zu fördern, wie sie sich in gruppenorientierten Arbeitsformen finden lassen.

2.3.3.2 Potentialorientierung und Dezentralisierung der Personalentwicklung

In Großbetrieben mit hochentwickelter Personalentwicklungspraxis wird zunehmend versucht, die Nachteile bürokratischer Strukturen (vgl. Gerhard 1989, S. 34) durch eine Reintegration von Personalentwicklungs- und Bildungsaufgaben in die Fachbereiche zu kompensieren (vgl. dazu die Darstellungen von Gentz 1989, S. 945; Andresen 1990, S. 23). Gefordert wird – u. a. bei Rückgriff auf Erfahrungen der Personalentwicklungspraxis japanischer Unternehmen (vgl. dazu die Darstellung bei Staudt/Rehbein 1988, insbes. S. 99 ff.) – die Verlagerung von Personalentwicklungsaufgaben in die Linie, in Arbeitsplatznähe unter Nutzung der dort vorhandenen oder zu bildenden Problemlösungskapazitäten mittels »indirekte(r) Steuerungsmethoden« (Neuberger 1990, S. 7). Wesentliche Aufgaben werden den Führungskräften der Fachabteilungen übertragen (vgl. Wächter 1990, S. 57; Flohr/Niederfeichtner 1982, S. 15).

Die *Linienvorgesetzten* erhalten hierbei Aufgaben (vgl. Haase 1988, S. 18 f.; Meyer-Dohm 1992, S. 1450), die sich auf qualifizierende Maßnahmen wie Nachfolgeplanung oder direkte Bildungsmaßnahmen off-, near- oder on-the-job (zu diesen Begriffen vgl. Conradi 1983) beziehen; besonders im training-on-the-job beteiligen sie sich selbst unmittelbar an der Qualifizierung (vgl. Haase 1988, S. 18; Posth 1990, S. 15). Dazu gehören unter anderem die Ermittlung von Qualifizierungsbedarfen und -bedürfnissen, die Vereinbarung von Laufbahnen und Qualifizierung in Beurteilungs- und Fördergesprächen und die Organisation von arbeits-, problem- und qualifizierungsorientierten Kleingruppen wie Qualitätszirkeln. In diesen Kleingruppen werden die Qualifizierung der Mitarbeiter und die Bewältigung von Arbeitsaufgaben integriert. Die Vorgesetzten sind verantwortlich für die Verzahnung arbeitsplatznahen und in Lehrgängen organisierten Lernens sowie für die Weitergabe erworbenen Wissens im jeweiligen Arbeitsbereich[15].

Unter dem Aspekt dezentraler Regulierung, Potentialbildung und -nutzung erhält *arbeitsplatznahe Qualifizierung* neben der Aufgabe der Effektivierung von arbeitsbezogenen Lernprozessen und der Begrenzung von Kosten bei gesteigertem Bildungsbedarf[16] eine zusätzliche Bedeutung: Formen des learning-on- oder -near-the-job erlauben es, für den Qualifizierungsprozeß relevante Signale ohne Informationsverlust unmittelbar im

---

[15] zu diesem »Transfer-Ansatz«, »Schneeball-Effekt« vgl. Staudt 1989, S. 386.

[16] Vgl. Mentzel 1994, S. 173; Weiß 1990, S. 161; vgl. auch die Diskussion in den Gutachten des Instituts der deutschen Wirtschaft und des Soziologischen Forschungsinstituts Göttingen in BUNDESMINISTER 1990, S. 139 ff., S. 418 ff.

Lernhandeln zu verarbeiten. Das bei vielen Mitarbeitern aufgrund des schnell veraltenden Fachwissens entstandene Bildungsbedürfnis schlägt sich auch in selbstinitiierten Bildungsaktivitäten in der Freizeit nieder. In dem Maße, wie sich Lern- und Arbeitshandeln überschneiden, können auch Technikanwendungen und Arbeitsabläufe im persönlichen Bereich und darüber hinaus in der Abteilung, Arbeitsgruppe oder anderen Organisationsgliederungen verändert werden.

Die Delegierung von Personalentwicklungsaufgaben in die Fachabteilungen bedeutet nicht den völligen Verzicht auf *zentrale Personalentwicklungs- oder Weiterbildungsabteilungen:* Einerseits bleibt die Aufgabe, unternehmensweite Abstimmungsprozesse sicherzustellen, insbesondere mit strategischen Zielvorgaben und bereits getroffenen Entscheidungen über Produkte und Verfahren. Andererseits sind die Fachabteilungen dort besonders zu unterstützen, wo Informationen (z. B. über externe Bildungsangebote und entsprechende Neuentwicklungen) oder Kompetenzen (etwa in didaktisch-methodischen Fragen) nicht zwangsläufig vorhanden sind.

Erforderlich ist ein Wandel im (Selbst-)Verständnis dieser Abteilungen: Sie werden zu *Serviceeinrichtungen*, die Fachabteilungen bei der Durchführung von Personalentwicklung beraten, etwa bei der Auswahl von Bildungsmaßnahmen, ihrer Vor- und Nachbereitung oder der Durchführung von Qualifizierung am Arbeitsplatz.

2.4 Die »lernende Unternehmung«: Eine noch nicht hinreichend durchdachte Vision

Während in konventionellen Modellen die Transformation von Organisation und Personal bei Neuorientierung des Unternehmens klar geregelt war und mit Hilfe von Personalabteilungen und Weiterbildungseinrichtungen praktiziert wird, ist dieses bei dezentral gesteuerten potentialorientierten Änderungsprozessen nicht mehr möglich.

Die revidierte Aufgabenstellung im Bereich Personalentwicklung schafft zwar die organisatorischen Voraussetzungen dafür, daß sowohl betriebliche Leistungserstellung als auch Qualifizierung erfolgreicher vollzogen werden können. Das ermöglicht auch eine strategische Unternehmensplanung, für die vorhandene Potentiale einen zusätzlichen Ausgangspunkt unternehmerischer Entwicklungen darstellen. »Lean management«, »Fertigungsinseln«, »fraktale Fabrik«, »agile Unternehmen« etc. sind dann Ergebnis von wirklichen Veränderungen und nicht unreflektiert übernommene Modetrends, wie in der Beratung und Praxis heute üblich. Die aufgezeigte Umorientierung wirft aber neue Fragen für die Planung, Gestaltung und Kontrolle des gesamten betrieblichen Geschehens auf:

Die Etablierung von »lernenden Organisationseinheiten« setzt Entwicklungen in Gang, deren Verlauf im voraus kaum zu bestimmen ist und deren Ergebnisse nicht determiniert werden können. Die Verknüpfung der einzelnen Einheiten zu größeren organisatorischen Gebilden bleibt meist vage und die Wirkungen auf die Außenbeziehungen letztlich im Dunkeln (vgl. Abb. 11).

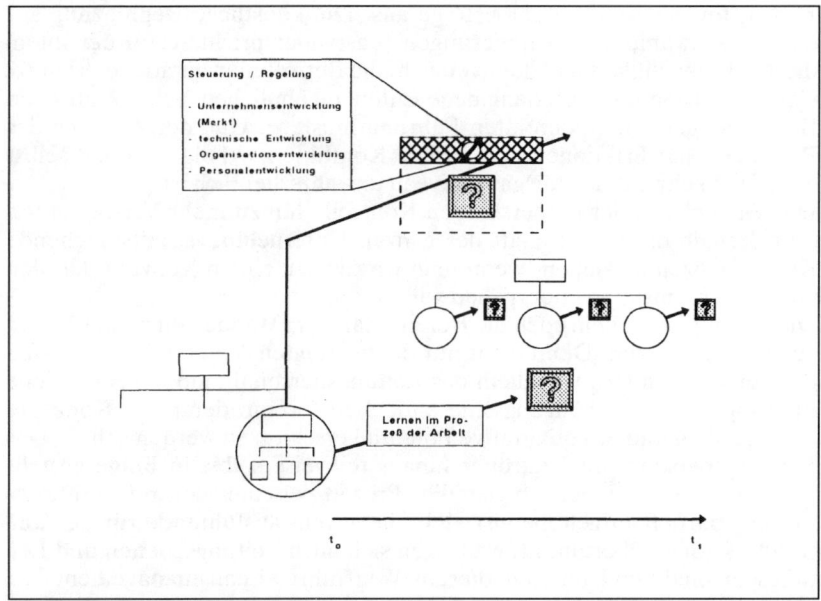

Abb. 11: Transformation durch »lernende Organisationseinheiten«

Schlagworte, wie »lean management« kennzeichnen dann eher schmalspuriges Denken. Auch die gar nicht so neue Orientierung an Prozeßketten hilft nicht über das Prognoseproblem hinweg, erhöht aber die Innovationsbarrieren bei gravierenden Veränderungen. Die Verknüpfung von »Lernen im Prozeß der Arbeit« mit diesen kurzlebigen Schlagworten zur »Lernenden Unternehmung« vermag nicht über die eigentlichen Defizite in der organisatorischen Verknüpfung zu Gesamtleistungsprozessen hinwegzutäuschen. Wenn Arbeiter in der Produktion nicht nur ihre »anforderungsbedingten« Aufgaben erfüllen, sondern sich selbst weiterentwickeln und darüber letztlich Organisationsentwicklung betreiben, beeinflussen sie schließlich auch Produktprogramm und Verfahrensentwicklung. Das ist dann nicht mehr nur Mitbestimmung, sondern Mitgestaltung im technisch-organisatorischen Bereich. Das ist dann auch nicht mehr nur Ergänzung oder Sozialtechnologie, sondern in den Augen konventioneller Unternehmensführungen eine Revolution.

Es ist daher naiv, wenn viele Betriebe, zur Zeit dem Wettbewerbsdruck gehorchend, glauben, sie könnten mit Hilfe von modischen Konzepten dezentral Entwicklungskräfte freisetzen und solche Ansätze vorsichtig dosiert einführen, ohne die eigene Position und Führungsphilosophie in Frage zu stellen. Dies reicht zwar, wie die derzeit ventilierten Ergebnisse zeigen, für ein paar Anfangserfolge aus. Die künstliche Begrenzung auf dann auszuwählende Gruppierungen (das widerspricht schon der intendierten Freiwilligkeit und dem Versuch, die Betroffenen gerade selbst aktiv werden zu lassen) schafft dann neue Eliten mit ähnlichen technokratischen Begrenzungen wie in den alten Führungsmustern. Und der Abbruch des Bemühens hat Friktionen und soziale Konflikte zur Folge, so daß selbst eine Rückkehr auf das Ausgangsniveau unwahrscheinlich ist.

Der Wandel von der beiderseitigen Kontrolle hin zu mehr Vertrauen fordert deshalb die Bereitschaft des ganzen Unternehmens, entsprechende Konsequenzen zu ziehen, wenn man wirklich zu einem Konzept der »lernenden Organisation« übergehen will.

Das verlangt vor allem auch die Bereitschaft zum Wandel auf allen Ebenen der Führungskader. Denn nicht nur die beteiligten Arbeitnehmer müssen dazulernen, sondern vor allem das Leitungspersonal muß liebgewordene Philosophien und Führungsstile aufgeben, wenn derartige Konzepte Erfolg haben und das qualitative Potential erschlossen werden sollen. Das Führungspersonal muß darüber hinaus teilweise selbst in Frage gestellt werden, denn wenn der arbeitsteilige Prozeß zwischen Kontrolle und Ausführung partiell aufgehoben ist, d. h. die jeweils ausführende Ebene Kontrollfunktionen übernimmt, erübrigen sich auch Leitungsebenen und Leitungspersonal (und nur auf diesem Weg führt »Lean management« zu einem konstruktiven Ergebnis). Nur in dieser Konsequenz ergibt die Neuorganisation von Anpassungsprozessen einen ökonomischen Sinn. Es wird deutlich, daß in vielen Fällen (insbesondere bei Nichtroutineprozessen) Vertrauen billiger ist als Kontrolle. Es ist deshalb zu einfach, nur die ausführende Ebene umzuorganisieren und dort die Vision der »lernenden Unternehmung« zu implantieren. Eine Stabilisierung innerhalb der Organisation setzt eine Neudefinition der Rolle und Neubestimmung der Volumina des unteren und mittleren Managements beim Übergang zur Potentialsicherung voraus.

Weitere Probleme kommen hinzu. Viele Promotoren betonen immer noch, daß der Schwerpunkt des Einsatzes der arbeitsintegrierten Lernprozesse vorwiegend auf dem Gebiet der Produktion stattfinden hat, d. h. auf der unteren Ausführungsebene zu suchen ist und nur Themen zugelassen werden sollen, die sich direkt mit den Arbeitsplätzen der dort Beschäftigten befassen. Erstes entspricht schon nicht mehr dem praktischen Bedarf, dafür aber der technokratischen Führungsphilosophie und dem Bestreben, diese neuen Konzepte unter Beibehaltung der alten Kontroll- und Sicherungsstruktur einzusetzen.

Die Begrenzung des Lernens im Prozeß der Arbeit auf den eigenen

Arbeitsbereich erscheint dagegen durchaus plausibel. Denn Probleme können am besten dort erkannt und gelöst werden, wo sie entstehen. Die Begrenzung vermeidet Konflikte, die bei Eingriffen oder Verlagerungen in Nachbarbereiche entstehen. Außerdem bezieht sich der in der Lern- und Arbeitsgruppe verfügbare Sachverstand auf eben diesen Erfahrungsbereich. Es bestätigt sich auch in vielen Experimenten, daß in der ersten Zeit hier die größten Erfolge eintreten. Weniger Erfahrung hat man allerdings bisher darin, was geschieht, wenn dieser aus gesamtorganisatorischer Sicht lediglich suboptimal zu gestaltende Bereich ausgereift ist. Offen ist immer noch, wie man in einem von den Betroffenen weiterentwickelten Bereich Änderungsnotwendigkeiten aus übergeordneter Sicht vermittelt. Wie reagieren Gruppen, die die Grenzen ihrer Einflußmöglichkeiten erkennen (weil z. B. Fehler/Ursachen in Nachbarbereichen zu suchen sind und auch dort Lern- und Entwicklungsprozesse initiiert werden müssen, wenn die eigenen Resultate in die Praxis umgesetzt werden sollen)? Welche Mechanismen sind zu entwickeln, die eine Integration der Gruppenaktivitäten in die (oder zur) Gesamtorganisation sicherstellen? Etc.

Die Diskussionen über flachere Hierarchien und Ansätze wie »Lean production« spiegeln nur Teile dieser Problematik wider. Wenn die traditionelle Unternehmensführung ihren naivtechnokratischen »anforderungsorientierten« Bezugspunkt verliert, wird dies zu erheblichen Irritationen führen. Um brachliegendes oder nur rudimentär genutztes qualitatives Potential der Betriebe wirklich zu erschließen, sind auf allen Ebenen Konsequenzen zu ziehen. Erst diese erlauben es, nicht nur das qualitative Potential über die Hierarchie-Ebenen hinweg von unten nach oben wirksam werden zu lassen, sondern auch die Planungslogik umzukehren und aus dem verfügbaren personellen Potential Rückschlüsse zu ziehen auf die realisierbaren und zweckmäßigen Organisationsformen, Fertigungsverfahren und bearbeitbaren Marktfelder.

Denn es sind nicht die neuen Strukturen, die Weiterbildung erforderlich machen, sondern die personellen Potentiale und Qualifikationen, die zu neuen Strukturen führen.

Nicht technologische Lücken, sondern Kompetenz-Defizite behindern innovative Entwicklungen am Standort Deutschland. Aus diesem Grunde fordern Experten[17]

- eine Neuorientierung der Förderungsprogramme, die der personellen Entwicklung den Vorrang vor der technischen Entwicklung einräumt,
- geeignete Konzepte, die technisch funktionelle Entwicklungen mit der Personal- und Organisationsentwicklung in Übereinstimmung bringen.

---

[17] Vgl. Innovation und Wissensbildung »Strategien für die Produktion im 21. Jahrhundert«, Bochum 1994 (Berichte aus der angewandten Innovationsforschung, Nr. 129).

Die Integration von Organisations- und Personalentwicklung ist dann eine Option für Wissenschaft und Praxis, nicht mehr nur statische Verhältnisse zu optimieren, sondern dynamische Umbrüche zu bewältigen.

Literatur

Ackermann, Karl-Friedrich: Zur Bedeutung des Strategischen Personalmanagements (SPM). In: Jahrbuch für Betriebswirte, 14. Jg., 1989, S. 128–136.

Andresen, Boy-Jürgen: Zukunftsorientierte Personalentwicklung In: Andresen, Boy-Jürgen/Frank, Gernold/Jürgens, Ulrich: Zukunftsorientierte Personalentwicklung. Neue Produktionskonzepte und Formen der Mitarbeiterqualifizierung. Köln 1990 (= Beiträge zur Gesellschafts- und Bildungspolitik, Bd. 158 – 7/1990), S. 6–23.

Becker, Fred: Potentialbeurteilung – eine kafkaeske Komödie!? In: Zeitschrift für Personalforschung, 5. Jg., 1991, Heft 1, S. 63–78.

Becker, Fred: Potentialbeurteilung. In: Gaugler, Eduard/Weber, Wolfgang (Hg.): Handwörterbuch des Personalwesens. 2., neubearbeitete und ergänzte Aufl., Stuttgart: 1992 (1975) (= Enzyklopädie der Betriebswirtschaftslehre, Bd. V), Sp. 1921–1929.

Berthel, Jürgen: Personal-Management. Grundzüge für Konzeptionen betrieblicher Personalarbeit. 3., korrigierte Aufl., Stuttgart 1992.

Bundesminister für Bildung und Wissenschaft (Hg.): Betriebliche Weiterbildung. Forschungsstand und Forschungsperspektiven. Teil I: Aus betrieblicher Sicht (Institut der deutschen Wirtschaft). Teil II: Aus Sicht von Arbeitnehmern (Soziologisches Forschungsinstitut Göttingen). Bonn/Bad Honnef 1990 (= Schriftenreihe Studien zu Bildung und Wissenschaft, Bd. 88).

Domsch, Michel: Simultane Personal- und Investitionsplanung im Produktionsbereich. Bielefeld 1970 (= Bochumer Beiträge zur Unternehmensführung und Unternehmensforschung, Bd. 7).

Domsch, Michel/Reinecke, Peter: Partizipative Personalentwicklung. In: Kossbiel, Hugo (Hg.): Personalentwicklung. Wiesbaden 1982 (= Schmalenbachs Zeitschrift für betriebswirtschaftliche Forschung, Sonderheft 14), S. 64–81.

Domsch, Michel/Haugrund, Stefan: Überqualifikation in der industriellen Forschung und Entwicklung. In: technologie & management, 38. Jg., 1989, Heft 3, S. 15–24.

Drumm, Hans Jürgen: Theorie und Praxis der Personalentwicklungsplanung. In: Kossbiel, Hugo (Hg.): Personalentwicklung. Wiesbaden 1982 (= Schmalenbachs Zeitschrift für betriebswirtschaftliche Forschung, Sonderheft 14), S. 50–63.

Drumm, Hans Jürgen: Personalwirtschaftslehre. 2., neubearbeitete und erweiterte Aufl., Berlin et al. 1992.

Flohr, Bernd/Niederfeichtner, Friedrich: Zum gegenwärtigen Stand der Personalentwicklungsliteratur: Inhalte, Probleme und Erweiterungen. In: Kossbiel, Hugo (Hg.): Personalentwicklung. Wiesbaden 1982 (= Schmalenbachs Zeitschrift für betriebswirtschaftliche Forschung, Sonderheft 14), S. 11–49.

Gaugler, Eduard: Betriebliche Bildungsarbeit als Unternehmensinvestition. In:

Gaugler, Eduard/Schlaffke, Winfried: Weiterbildung als Produktionsfaktor. Köln 1989 (= Beiträge zur Gesellschafts- und Bildungspolitik, Bd. 145), S. 28–45.

Gentz, Manfred: Mitarbeiterqualifizierung bei veränderten Anforderungen. In: Schmalenbachs Zeitschrift für betriebswirtschaftliche Forschung, Bd. 41, 1989, Heft 11, S. 944–954.

Gerhard, Birgit: Gestaltungs- und Steuerungspotentiale. In: Personalwirtschaft, 16. Jg., 1989, Heft 11, S. 33–37.

Greifenstein, Ralph/Jansen, Peter/Kißler, Leo (1989): Sachzwang Partizipation? Mitbestimmung am Arbeitsplatz und neue Technologien. In: Aichholzer, Georg/ Schienstock, Gerd (Hg.): Arbeitsbeziehungen im technischen Wandel: neue Konfliktlinien und Konsensstrukturen. Berlin 1989, S. 147–165.

Greifenstein, Ralph/Jansen, Peter/Kißler, Leo: Direkte Arbeitnehmerbeteiligung mit oder ohne Arbeitnehmervertretung? – Die Antwort einer empirischen Partizipationsfolgenabschätzung im Betrieb. In: WSI-Mitteilungen, 43. Jg., 1990, Heft 9, S. 602–610.

Haase, Peter: Weiterbildungsverantwortung im Betrieb. Das Unternehmen als »Learning company«. In: Lernfeld Betrieb, 1988, Heft 14, S. 18–21.

Hacker, Winfried: Arbeitspsychologie. Psychische Regulation von Arbeitstätigkeiten. Neufassung von »Allgemeine Arbeits- und Ingenieurpsychologie«. Mit einem Nachwort von Eberhard Ulich. Bern/Stuttgart/Wien 1986 (= Schriften zur Arbeitspsychologie, Bd. 41).

Hinz, H.: Der Boykott des Taylorismus. In: Biethahn, J., Staudt, E., u. a. (Hg.): Der Betrieb im Qualitätswettbewerb. Berlin 1982, S. 65 ff.

Hölterhoff, Herbert: Strategische Personalentwicklung. In: Personalführung, 1989, Heft 1, S. 26–35.

Hoff, Andreas: Vorausschauende Personalplanung in der Automobilindustrie. Das Beispiel der AUDI/NSU/AUTO UNION AG. In: Die Mitbestimmung, 29. Jg., 1983, Heft 7, S. 304–309.

Jürgens, Ulrich: Neue Produktionskonzepte und Mitarbeiterbeteiligung in USA, Japan und Europa. In: Andresen, Boy-Jürgen/Frank, Gernold/Jürgens, Ulrich: Zukunftsorientierte Personalentwicklung. Neue Produktionskonzepte und Formen der Mitarbeiterqualifizierung. Köln 1990 (= Beiträge zur Gesellschafts- und Bildungspolitik, Bd. 158), S. 34–55.

Kitzmann, Arnold/Zimmer, Dieter: Grundlagen der Personalentwicklung. Die Antwort auf die technologische, wirtschaftliche und soziale Herausforderung. Weil der Stadt 1982.

Konzertierte Aktion Weiterbildung (KAW): Empfehlungen zur inhaltlichen Gestaltung von Weiterbildungszertifikaten mit dem Ziel, Transparenz und Qualität der Weiterbildung zu fördern. O. O. (Bonn) 1990.

Lender, Friedwart: Innovatives Technologie-Marketing. Grenzen der »konventionellen« Marktforschungskonzepte und Ansätze zur methodischen Neugestaltung. Göttingen 1991 (= Innovative Unternehmensführung, Bd. 18).

Mag, Wolfgang: Qualitative Modellüberlegungen zu einer simultanen Organisations- und Personalplanung. Bochum 1991.

Malcher, Wilfried: Ermittlung des Weiterbildungsbedarfs. In: Schlaffke, Winfried/ Weiß, Reinhold (Hg.): Tendenzen betrieblicher Weiterbildung. Aufgaben für Forschung und Praxis. Köln 1990, S. 20–35.

Meiser, Michael/Wagner, Dieter/Zander, Ernst: Personal und neue Technologien. Organisatorische Auswirkungen und personalwirtschaftliche Konsequenzen. München/Wien 1991.

Mentzel, Wolfgang: Unternehmenssicherung durch Personalentwicklung. Mitarbeiter motivieren, fördern und weiterbilden. 6. durchgesehene Aufl., Freiburg im Breisgau 1994 (1980).

Meyer-Dohm, Peter: Organisation der betrieblichen Bildungsarbeit. In: Gaugler, Eduard/Weber, Wolfgang (Hg.): Handwörterbuch des Personalwesens. 2., neubearbeitete und ergänzte Aufl., Stuttgart 1992 (1975) (= Enzyklopädie der Betriebswirtschaftslehre, Bd. V), Sp. 1443–1455.

Miller, Georg A./Galanter, Eugene/Pribram, Karl H.: Strategien des Handelns. Pläne und Strukturen des Verhaltens. Stuttgart 1973 (= Konzepte der Humanwissenschaften).

Neuberger, Oswald: Der Mensch ist Mittelpunkt. Der Mensch ist Mittel. Punkt. Acht Thesen zum Personalwesen. In: Personalführung, 1990, Heft 1, S. 3–26.

Olesch, Gunther: Personalentwicklung – Ziele, Funktionen, Organisation. In: Zeitschrift Führung + Organisation, 57. Jg., 1988, Heft 4, S. 232–236.

Posth, Martin: Perspektiven der Führungskräfte-Entwicklung. O. O. 1990.

Rationalisierungs-Kuratorium der Deutschen Wirtschaft (RKW): RKW-Handbuch Personalplanung. 2. Aufl., Neuwied/Frankfurt/M. 1990.

Ridder, Hans-Gerd: Personalentwicklung und technischer Wandel. In: Personalwirtschaft, 15. Jg., 1988, Heft 3, S. 119–126.

Riekhof, Hans-Christian: Strategieorientierte Personalentwicklung. In: ders. (Hg.): Strategien der Personalentwicklung: Beiersdorf, Bertelsmann, Esso, BP, Opel, Otto Versand, Philips, VW. 3., überarbeitete und erweiterte Aufl., Wiesbaden 1992 (= Gabler-Praxis), S. 48–75.

Rosner, Siegfried: Die Selbstmodernisierung des Industriesystems. Herausforderungen für das Management von Human-Ressourcen. In: Zeitschrift für Personalforschung, 5. Jg., 1991, Heft 1, S. 33–49.

Schepanski, Norbert: Mikroelektronik und Facharbeiterqualifikation. Grundlagen für eine Personalentwicklung bei Einführung neuer Technologien. Berlin 1986 (= Angewandte Innovationsforschung, Bd. 8).

Schlußbericht der Enquete-Kommission »Zukünftige Bildungspolitik – Bildung 2000« gemäß Beschluß des Deutschen Bundestages vom 9. Dezember 1987 – Drucksache 11/1448 –, Deutscher Bundestag, 11. Wahlperiode, Drucksache 11/7820 vom 5. 9. 1990.

Schultz-Wild, Rainer/Nuber, Christoph/Rehberg, Frank/Schmierl, Klaus: An der Schwelle zu CIM. Strategien, Verbreitung, Auswirkungen, Eschborn 1989.

Sonntag, Karlheinz: Qualitative Personalplanung. In: Bundesarbeitsblatt, 1991, Heft 1, S. 29–32.

Staudt, Erich: Struktur und Methoden technologischer Voraussagen. Beitrag zu einer Allgemeinen Planungstheorie. Göttingen 1974 (= Innovative Unternehmensführung. Planung, Durchführung und Kontrolle von Innovationen, Bd. 1).

Staudt, Erich: Rationalisierung und betriebliche Elastizität. In: Fortschrittliche Betriebsführung – Industrial Engineering, 27/1978, Heft 6, S. 373 ff.

Staudt, Erich: Die Bedeutung der mikroökonomischen Analyse zur Beurteilung und Durchsetzung neuer Arbeitszeitstrukturen. In: Mitt. IAB, 12. Jahrg. 1979, Heft 3.

Staudt, Erich: Planung als »Stückwerktechnologie«. Demonstriert am Beispiel arbeitsorganisatorischer Experimente im Industriebetrieb. Zugleich eine Kritik entscheidungsorientierter Ansätze in der Betriebswirtschaftslehre, Göttingen 1979 (= Innovative Unternehmensführung, Bd. 3).

Staudt, Erich: Ursachen und Einflußfaktoren des Einsatzes neuer Automationstechnologien in Industrie und Verwaltung. In: Biethahn, J./Staudt, E. (Hrsg.): Automation in Industrie und Verwaltung. Berlin 1981, S. 21 ff.

Staudt, Erich: Entkopplung im Mensch-Maschine-System durch neue Technologien als Grundlage einer Flexibilisierung von Arbeitsverhältnissen. In: Meyer-Abich, K. M., Steger, U., u. a. (Hrsg.): Mikroelektronik und Dezentralisierung. Berlin 1982, S. 53 ff.

Staudt, Erich: Widerstände bei der Einführung neuer Technologien. In: VDI- Z7/ 1982, S. 233 ff.

Staudt, Erich/Hinterwäller, Horst: Von der Qualitätssicherung zur Qualitätspolitik – Konzeption einer integralen unternehmerischen Qualitätspolitik. In: Zeitschrift für Betriebswirtschaft, 52. Jg., 1982, Heft 11/12, S. 1000–1042.

Staudt, Erich/Schepanski, Norbert: Innovation, Qualifikation und Organisationsentwicklung – die Folgen der Mikrocomputertechnik für Ausbildung und Personalwirtschaft. In: Zeitschrift Führung und Organisation, 52. Jahrg. 1983, S. 304–316, 363–369.

Staudt, Erich: Die Führungsrolle der Personalplanung im technischen Wandel. In: Zeitschrift Führung + Organisation, 53. Jg., 1984, Heft 7, S. 395–405.

Staudt, Erich: Innovation durch Partizipation. Möglichkeiten und Grenzen von Qualitätszirkeln. In: Innovation, 1985, Heft 7, S. 753–758.

Staudt, Erich: Das Management von Innovationen. Frankfurt 1986.

Staudt, Erich: Technische Entwicklung und soziale Innovationen. Dezentralisierung und Individualisierung. In: ders. (Hg.): Das Management von Innovationen. Frankfurt am Main 1986, S. 412–433.

Staudt, Erich: Bedürfniserfüllung – Anspruch und Wirklichkeit. Wege und Irrwege zur Technikbewertung aus einzelwirtschaftlicher Sicht. In: von Westphalen (Hrsg.): Technikfolgenabschätzung. München 1988.

Staudt, Erich/Rehbein, Monika: Innovation durch Qualifikation. Personalentwicklung und neue Technik, Frankfurt am Main 1988.

Staudt, Erich: Unternehmensplanung und Personalentwicklung – Defizite, Widersprüche und Lösungsansätze. In: Mitteilungen aus der Arbeitsmarkt und Berufsforschung, 22. Jg., 1989, Heft 3, S. 374–387.

Staudt, Erich: Die betriebswirtschaftlichen Folgen der Technikfolgenabschätzung. In: ZFB, Heft 8, 1991, S. 883–894.

Steger, Ulrich (Hrsg.): Der Niedergang der US-Management-Paradigmen. Düsseldorf 1993.

Thielenhaus, Johann Peter: Strategische Personalentwicklungsplanung. Eine Untersuchung zur integrativen Planung von Personalentwicklungs-Konzeptionen für Industrieunternehmen, Frankfurt am Main 1981 (= Reihe »Oikos«. Studien zur Ökonomie, Bd. 4).

Thom, Norbert (1987), Personalentwicklung als Instrument der Unternehmungsführung. Konzeptionelle Grundlagen und empirische Studien, Stuttgart: J. B. Metzlersche Verlagsbuchhandlung/Carl Ernst Poeschel Verlag 1987 (= Betriebswirtschaftliche Abhandlungen, NF Bd. 63).

Neue Technologien

Thom, Norbert: Organisations- und Personalaspekte bei der CIM-Einführung. Herkömmliche Organisationsstrukturen und Personalkonzepte behindern die optimale Nutzung von CIM-Potentialen. In: Zeitschrift Führung + Organisation, 59. Jg., 1990, Heft 3, S. 181–184.

Volpert, Walter: Handlungsstrukturanalyse als Beitrag zur Qualifikationsforschung. 2., verb. Aufl., Köln 1983 (1974) (= Sport – Arbeit – Gesellschaft, Bd. 5).

Wächter, Hartmut: Forschungsaufgaben der Personalwirtschaftslehre. In: Zeitschrift für Personalforschung, 4. Jg., 1990, Heft 1, S. 55–60.

Weiß, Reinhold: Die 26-Mrd.-Investition – Kosten und Strukturen betrieblicher Weiterbildung. Bericht zur Bildungspolitik 1990 des Instituts der deutschen Wirtschaft. Köln 1990.

Wunderer, Rolf: Personal-Controlling. In: Seidel, Eberhard/Wagner, Dieter (Hg.): Organisation. Evolutionäre Interdependenzen von Kultur und Struktur der Unternehmung. Wiesbaden 1989, S. 243–257.

Zwischenbericht der Enquete-Kommission »Zukünftige Bildungspolitik – Bildung 2000«. Gemäß Beschluß des Deutschen Bundestages vom 9. Dezember 1987 – Drucksache 11/1448 –, Deutscher Bundestag, 11. Wahlperiode, Drucksache 11/5349 vom 14. 9. 1989.

II. Methoden und Instrumente der flexiblen Produktions-organisation

Günther Pawellek

Vorwort

Der nachfolgende Beitrag ist aus der Forschungsinitiative »Produktionslogistik« der Forschungsgemeinschaft für Logistik e. V. (FGL), ein Verbund norddeutscher Industrieunternehmen, in Zusammenarbeit mit der Technischen Universität Hamburg-Harburg hervorgegangen, in der neben grundsätzlichen Fragen der Produktionsmodellierung und -lenkung vor allem die Entwicklung und Anwendung von Analyse-, Bewertungs- und Optimierungstools für die Produktionsorganisation bearbeitet werden.

Im folgenden Beitrag werden Methoden und Instrumente zur partizipativen Flexibilisierung der Unternehmens- und Produktionsstrukturen angesprochen. Besonders wird auf die Anwendung kybernetischer Prinzipien der Produktionsorganisation sowie auf die Integration von Mitarbeitern und Führungskräften bei der zielorientierten Gestaltung des Veränderungsprozesses in Produktionsunternehmen eingegangen.

1. Anforderungen an die Flexibilität

Die Anstrengungen zur Flexibilisierung produzierender Unternehmen konzentrierten sich bis Anfang der 90er Jahre fast ausschließlich auf Teilsysteme in tayloristischen Unternehmensstrukturen. Damit standen z. B. höher automatisierte Fertigungs-, Materialfluß- und Lagersysteme, EDV-Systeme für Konstruktion, Produktion etc. und deren informationstechnische Verknüpfung im Vordergrund. Alle diese Maßnahmen tragen mit Sicherheit zur Verbesserung der Unternehmenssituation bei. Das Ziel, auf interne und insbesondere externe Veränderungen des Marktes flexibel reagieren zu können, wurde jedoch mit dieser technologieorientierten Unternehmensstrategie oft nicht zufriedenstellend erreicht.

Probleme im Produktionsunternehmen betreffen nach wie vor den gesamten Auftragsdurchlauf, die strategische und operative Planung sowie die Steuerung und Überwachung der vernetzten Wertschöpfungsprozesse (siehe Abb. 1). Die Probleme haben ihren Ursprung zum großen Teil in der Umfeld- bzw. Produktionsorganisation, in den historisch gewachsenen Unternehmensstrukturen. Daher richten sich nun verstärkt die Bemühungen zur Flexibilisierung auf die Organisationsstrukturen, Mitarbeiter und Führungskräfte.

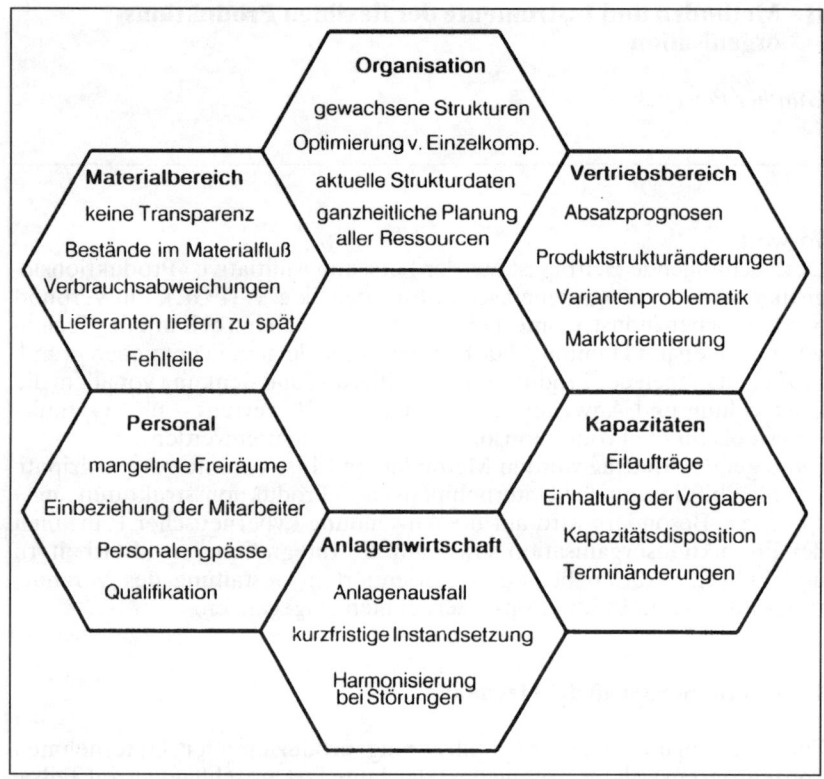

Abb. 1: Probleme der Steuerung

1.1 Flexibilitätsbegriff

Flexibilität kennzeichnet die Fähigkeit, sich an Veränderungen innerhalb kurzer Zeit anpassen zu können. Bei den Veränderungen, die erhöhte Anpassungsfähigkeit erforderlich machen, können interne und externe Veränderungen unterschieden werden.

Interne Veränderungen aufgrund von Störungen im Produktionsablauf bezüglich Betriebsmittel, Material, Informationen, Energie und Personal waren schon immer gegeben und erforderten auch in der klassischen Massenfertigung entsprechende Anpassungsmaßnahmen. Wegen der zunehmenden Komplexität der Produkt- und Produktionsstrukturen, der Produktionssysteme sowie der wissenschaftlichen Durchdringung der Produktionsabläufe, müssen die Unternehmen jedoch auch diesen internen Anforderungen mit einer höheren Flexibilität begegnen.

Externe Veränderungen stellen heute die größten Forderungen nach erhöhter Anpassungsfähigkeit und damit Flexibilität. So führt der technische Fortschritt zu kürzeren Innovationszyklen bei den Produkten und Produktionstechnologien. Marktveränderungen wirken sich auf die Unternehmen aus in Form von Kundenwünschen, Produkt- und Teilevarianz, Lieferservice, Engpässen am Beschaffungsmarkt und weltwirtschaftlichen Entwicklungen. Die gesellschaftlichen Ansprüche erhöhen sich hinsichtlich Unternehmenskultur, Ausbildungsniveau, Freizeitangebot und einer ökologiegerechten Produktion.

1.2 Grundsätzliche Lösungsansätze zur Flexibilisierung

Die grundsätzlichen Lösungsansätze als Antwort auf interne und externe Veränderungen und damit zur Erhöhung der Flexibilität betreffen insbesondere die logistische Leistungsfähigkeit des Unternehmens. Sie können den neu zu entwickelnden Strategien, Strukturen und Systemen produzierender Unternehmen wie folgt zugeordnet werden:

- *neue Strategien*, wie z. B.
  - »Make-or-Buy«-Strategien (MOB) zur Erhöhung der Flexibilität durch Bestimmung der richtigen Fertigungstiefe
  - »Just-in-Time«-Strategien (JIT) der montagesynchronen Fertigung und produktionssynchronen Beschaffung zur Erhöhung der Flexibilität durch Integration des internen Materialflusses sowie der Zulieferanten im Wertschöpfungsprozeß
  - »computerintegrierte Produktion« (CIM) zur Erhöhung der Flexibilität durch Integration des Informationsflusses
  - »gesamtintegrierte Produktion« (als Sammelbegriff für die sich laufend verändernden Schlagworte wie z. B. Fabrik der Zukunft, Lean Management, Reengineering, Geschäftsprozeßoptimierung) zur Erhöhung der Flexibilität durch organisatorische Integration aller Funktionen und Aufgaben und somit Aufhebung des Taylorismus
- *neue Strukturen*, wie z. B.
  - logistikgerechte Produktionsstrukturen zur Erhöhung der Flexibilität durch eine geplante, modulare Angebotsvielfalt
  - logistikgerechte Produktionsstrukturen zur Erhöhung der Flexibilität durch eine flußorientierte, schnittstellenarme Fertigung
  - logistikgerechte Organisationsstrukturen zur Erhöhung der Flexibilität durch schnittstellenarme Prozeßketten im Informationsfluß
- *neue Systeme*, wie z. B.
  - flexible Fertigungs- und Montagesysteme zur Erhöhung der Flexibilität durch Mehrfunktionalität und Automatisierung

- flexible Materialflußsysteme zur Erhöhung der Flexibilität durch logistikgerechte Verkettung der Fertigungs- und Montagesysteme
- flexible Informations-, Planungs- und Steuerungssysteme zur Erhöhung der Flexibilität durch schnelle Bereitstellung und Nutzung der für die Auftragsabwicklung und für strukturelle Veränderungen benötigten Informationen
- flexible Personalwirtschaftssysteme zur Erhöhung der Flexibilität durch flexible Arbeitszeitgestaltung sowie leistungsabhängige und motivierende Entgeltsysteme

Die Veränderungen müssen in der Reihenfolge Strategien, Strukturen und Systeme erfolgen. Nach den Erfahrungen des Autors ist jedoch eine strategiekonforme Durchgängigkeit nur selten in der Unternehmenspraxis zu beobachten. Insbesondere sind neue Strukturen zur Erhöhung der Flexibilität produzierender Unternehmen überall im Gespräch, aber deren Erfüllung wird bis heute noch nicht ausreichend methodisch und konsequent vorangetrieben.

1.3 Strukturelle Flexibilität

Ein wesentlicher Fortschritt in Richtung einer Flexibilisierung der Produktionsorganisation liegt in der Schaffung flexibler Organisationsstrukturen (vgl. Pawellek 1992, S. 231 f.). Hierzu muß von der traditionellen verrichtungsorientierten Organisationsstruktur der Produktion zu produkt- und auftragsorientierten flußverstärkenden Formen übergegangen werden. Dies liegt darin begründet, daß die verrichtungsorientierte Arbeitsweise in erster Linie auf der bestmöglichen Nutzung vorhandener Kapazitäten basiert. Sie orientiert sich damit vorwiegend an internen, statischen Größen. Die heutigen Forderungen nach Anpassungsfähigkeit aufgrund der genannten internen und externen Veränderungen fordern eine Abwendung von dieser einseitigen Betrachtungsweise. Denn Flexibilität spricht die Unternehmensdynamik, die Schnelligkeit der Auftragsabwicklung an. Die Abwicklungsgeschwindigkeit eines Kundenauftrags wird durch verschiedene Faktoren bestimmt. Das sind insbesondere

- die Durchlaufzeit durch die einzelnen Funktionsbereiche,
- die Steuerung des Durchlaufs und
- der Übergang zwischen den einzelnen Funktionsbereichen.

In unstrukturiert gewachsenen Fabriken (siehe Abb. 2) stellen sich diese Faktoren sehr ungünstig dar. Und die steigende Produkt- und Teilevielfalt sowie der komplexere Produktaufbau können derartige traditionelle Produktionsorganisationen mit ihren Zentralsystemen nicht bewältigen.

Dezentrale Strukturen in Form einer strukturierten Vernetzung des Material- und Informationsflusses sind daher Voraussetzung (siehe Abb. 3).

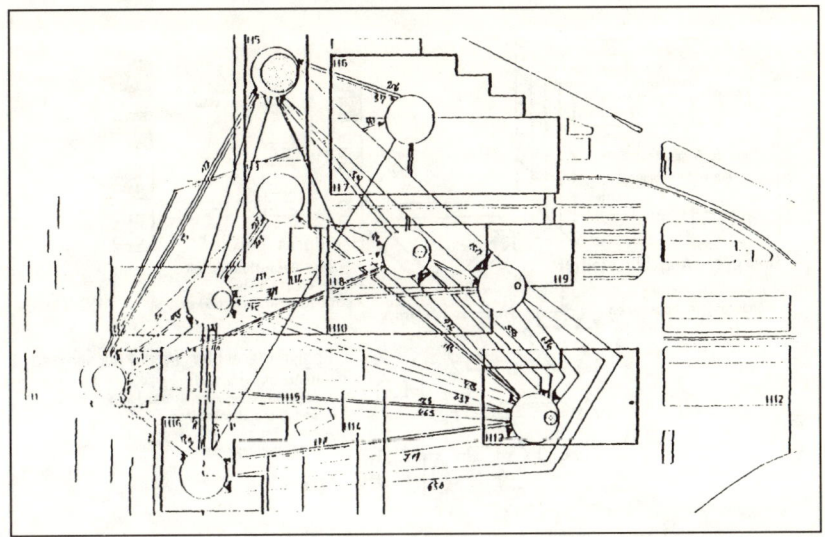

Abb. 2: Auftragsfluß zwischen den Fertigungshallen (in Anzahl Losen)

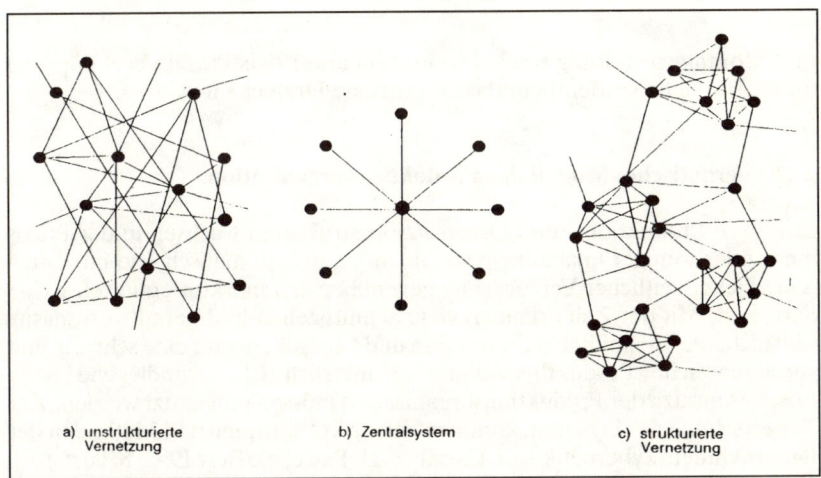

a) unstrukturierte   b) Zentralsystem   c) strukturierte
   Vernetzung   Vernetzung

Abb. 3: Alternative Systeme im Unternehmen

Die Umsetzung der strukturierten Vernetzung zur Flexibilisierung der Produktionsorganisation betrifft insbesondere die Unternehmensbereiche Vertrieb und Marketing, Entwicklung und Produktgestaltung, Fertigungs-

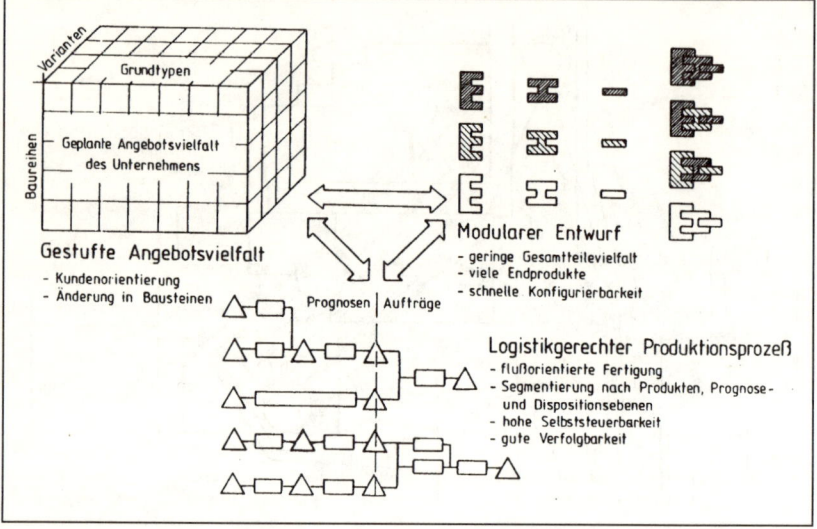

Abb. 4: Gestufte Angebotsvielfalt, modularer Entwurf, logistikgerechter Produktionsprozeß

und Montagegestaltung sowie Produktion und Logistik. Die Verknüpfung dieser Bereiche verdeutlicht das »logistische Dreieck« in Abb. 4.

2. Kybernetisches Modell der Produktionsorganisation

Produkt-, Produktions- und Organisationsstrukturen wachsen in der Praxis mehr oder weniger unabhängig voneinander, unsystematisch und mit unterschiedlicher zeitlicher Verzögerung gegenüber den marktorientierten Erfordernissen. Mit der Zeit erlauben viele Schnittstellen und Verantwortungsinseln nicht die Flexibilität in Produktion und Logistik, die für eine schnelle und variantenreiche Produktherstellung erforderlich ist. Grundlegend neue Lösungsansätze der Produktionsorganisation müssen umgesetzt werden. Zur Beherrschung der Dynamik kommen verstärkt Prinzipien und Methoden der Unternehmenskybernetik zum Einsatz (vgl. Pawellek/Best 1992, S. 90ff.).

2.1 Wesensmerkmale der Unternehmenskybernetik

Gewachsene Organisationsstrukturen sind charakterisiert durch funktionale Barrieren in der Ablauforganisation sowie Managementbarrieren in der Aufbauorganisation. Funktionale Barrieren ergeben sich aus einem funktionsbezogenen Denken der Mitarbeiter und Führungskräfte und der daraus resultierenden mangelnden Kommunikation zwischen den einzelnen Funktionsbereichen. Der Erfolg des eigenen Bereiches steht im Vordergrund, nicht die gesamte Unternehmung (vgl. Hörmann/Tiby 1989, S. 73 ff.). Managementbarrieren führen durch die Weitergabe von Informationen über mehrere Entscheidungsebenen zu einer mehrfachen, subjektiven Filterung der Informationen und dadurch zu einer Verlangsamung des Informationsflusses (Siehe Abb. 5). Diese Barrieren ergeben organisatorische Inseln, die durch neue, kybernetische Organisationskonzepte und Steuerungsprinzipien der Produktion beseitigt werden müssen.

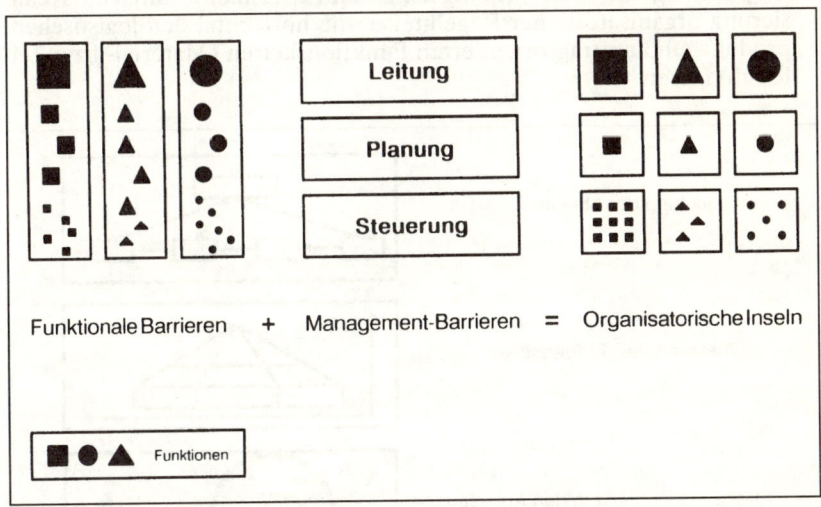

Abb. 5: Mängel traditioneller Organisationsformen (nach Hörmann)

Die Kybernetik befaßt sich mit der Informationsverarbeitung und Steuerung in dynamischen Systemen bzw. Prozessen. Sie erforscht die wesentlichen Eigenschaften und Gesetzmäßigkeiten komplexer Systeme, damit diese zielgerecht gelenkt werden können oder sich entsprechend selbst lenken (vgl. Baetge 1983, S. 13 ff.). Hohe Anforderungen mit hoher Komplexität stellen sich insbesondere an diejenigen Unternehmen, die mittels logistischer Arbeitsweise eine flußorientierte, flexible Produktion anstreben. Komplexe Systeme unterscheiden sich von solchen, die lediglich kompliziert sind, durch ihr Zeitverhalten. Sie reagieren dynamisch, d. h. sie ändern in der Regel ihr Verhalten im Zeitablauf. Die Abläufe sind damit bis ins Detail nicht oder nur schwer planbar. Sie können bei denselben Eingangsvoraussetzungen mit unterschiedlichen Ergebnissen reagieren, da sich inzwischen der interne Systemzustand verändert hat (vgl. Komorek 1991).

Die Untersuchung kybernetischer Prinzipien und Gesetzmäßigkeiten wurde vor allem in den Naturwissenschaften (Biologie) und in der Nachrichtentechnik vorangetrieben. Die Unternehmenskybernetik, bei der es um die Übertragung und Anpassung der Erkenntnisse auf wirtschaftliche Systeme in der Praxis geht, steckt noch in den Anfängen. Die wesentlichen Merkmale sind jedoch bereits erkennbar. Das Hauptziel einer Unternehmung ist es, ein auf das gesamte Unternehmen bezogenes, kostengünstiges Optimum zu erreichen. Voraussetzung hierfür ist vernetztes Denken und Handeln. Die neue Strategie der kybernetischen Produktionsorganisation und -steuerung (KYPOS) ist durch folgende wesentliche Merkmale charakterisiert:

- *Entflechtung und Vereinfachung der komplexen Abläufe* durch die Realisierung organisatorischer Regelkreise, die horizontal den logistischen, produkt- und auftragsorientierten Funktionsketten (Material- bzw. Teilefluß) folgen.

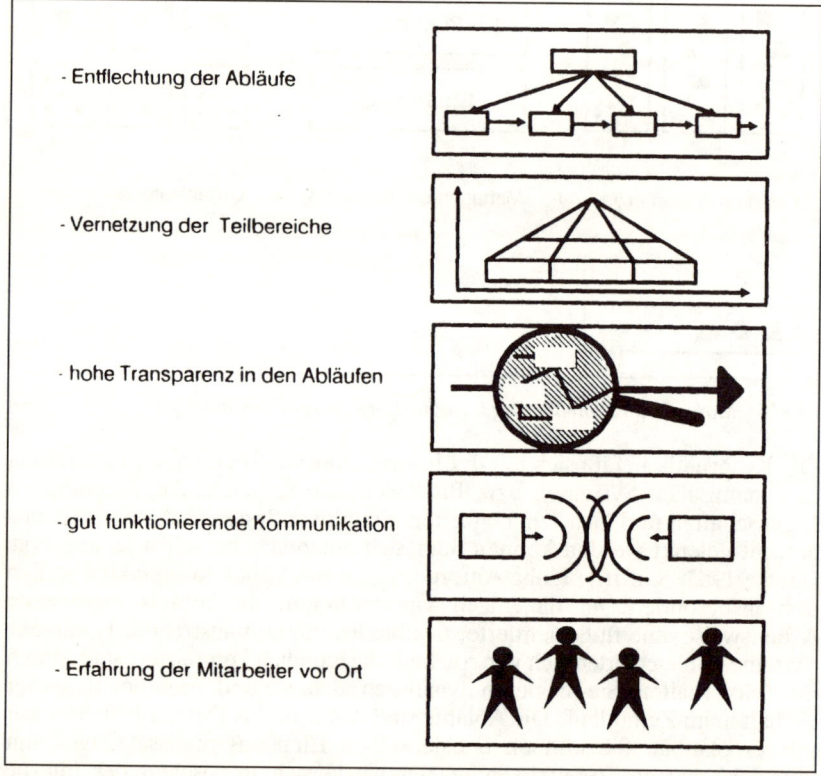

- Entflechtung der Abläufe

- Vernetzung der Teilbereiche

- hohe Transparenz in den Abläufen

- gut funktionierende Kommunikation

- Erfahrung der Mitarbeiter vor Ort

Abb. 6: Voraussetzungen für ein bereichsübergreifendes Handeln

- *Vernetzung der Teilsysteme* durch eine gut funktionierende Kommunikation zwischen den Systemkomponenten.
- *Integration des Erfahrungswissens der Mitarbeiter vor Ort.* Nur sie sind in der Lage, Auswirkungen von Entscheidungen oder Störungen in ihrem Bereich erkennen und beurteilen zu können. Dies ist eine Herausforderung für die Mitarbeiter, die jetzt nicht nur ausführende Tätigkeiten, sondern zunehmend planende, steuernde und überwachende Funktionen übernehmen können.

Eine grundlegend höhere Flexibilität durch die kybernetische Umgestaltung wird erreicht, indem die Wandlungsfähigkeit und die Wandlungsbereitschaft eines Unternehmens in allen Teilbereichen hergestellt wird (vgl. Pawellek/Best/Hinz 1994, S. 34 ff.).

Bei der Herstellung der *Wandlungsfähigkeit* wird angestrebt, die Selbstlenkungs- und Selbstorganisationsmechanismen eines Unternehmens in optimaler Weise für die Unternehmenszielsetzung zu nutzen. Selbstlenkung bezeichnet die Fähigkeit, sich selbst unter Kontrolle zu halten und damit spezifische Systemzustände trotz wechselnder Randbedingungen aufrechtzuerhalten. Selbstorganisation hingegen umfaßt die Fähigkeit eines Unternehmens, seine Organisation und Struktur veränderten Anforderungen anpassen zu können, ohne dabei die Leistungsfähigkeit zu verlieren.

Die *Wandlungsbereitschaft* wird hauptsächlich von den Mitarbeitern im Unternehmen getragen. Ihre Flexibilität und Lernfähigkeit gilt es für das Erreichen des Unternehmensziels verstärkt einzusetzen. Menschzentrierte Gestaltungs- und Steuerungssysteme sowie neue Entlohnungsformen sind beispielsweise Ergebnis dieser Bemühungen.

2.2 Entflechtung der Abläufe

Die Fähigkeit zur Selbstorganisation wird entscheidend am Anfang der Fabrikstrukturplanungsphase bei der Entwicklung des unternehmensspezifischen Logistikkonzeptes geprägt. Die Optimierung der Produkt-, Materialfluß- und Informationsflußstrukturen unter Berücksichtigung ihrer strukturellen Interdependenzen insbesondere bezüglich logistischer Zielgrößen steht dabei im Mittelpunkt der Untersuchung.

Die Struktur einer kybernetischen Produktionsorganisation zeichnet sich dadurch aus, daß sie horizontal weitgehend autonome Organisationseinheiten zu flußorientierten logistischen Regelstrecken zusammenfaßt. Diese werden dann vertikal, entlang der Regelungshierarchie, in mehreren Stufen zusammengefaßt (Abb. 7). Damit wird das Ziel verfolgt, die Schnittstellen im Material- und Informationsfluß gravierend zu verringern, um Durchlaufzeiten zu verkürzen sowie Informationsbereitschaft und Kompetenzdichte an den Arbeitsplätzen zu erhöhen. Diese Funktions- und Aufgabenintegration vereinfacht die Informationslogistik und gewährleistet eine stärkere Marktnähe der Auftragsbearbeitung. Die Mitarbeiter

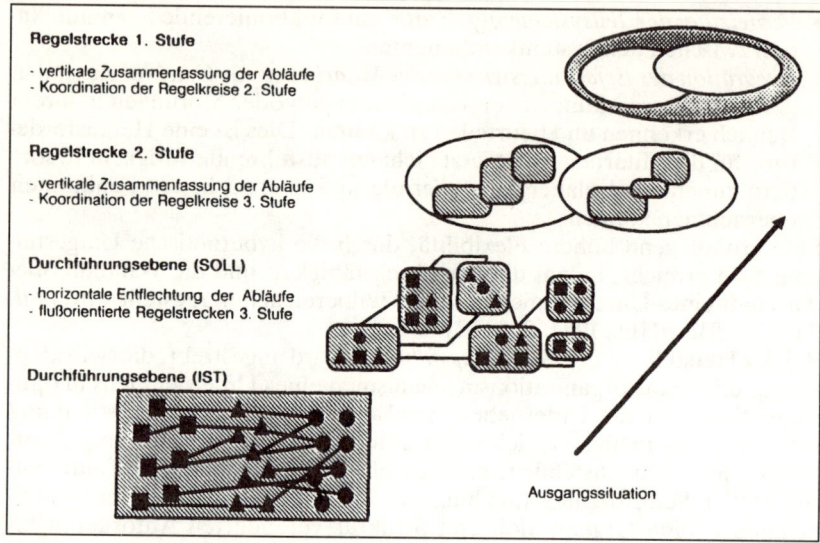

Regelstrecke 1. Stufe
- vertikale Zusammenfassung der Abläufe
- Koordination der Regelkreise 2. Stufe

Regelstrecke 2. Stufe
- vertikale Zusammenfassung der Abläufe
- Koordination der Regelkreise 3. Stufe

Durchführungsebene (SOLL)
- horizontale Entflechtung der Abläufe
- flußorientierte Regelstrecken 3. Stufe

Durchführungsebene (IST)

Ausgangssituation

Abb. 7: Stufen der Entflechtung von Funktionsabläufen

übersehen flußorientiert einen größeren Funktionsbereich im Wertschöpfungsprozeß einschließlich der gesamten Auftragsabwicklung einer Teile- oder Kundengruppe und können wesentlich schneller reagieren.

Es entstehen »Unternehmen im Unternehmen«, die intern selbständig sind und einen hohen Kompetenzgrad besitzen. Jedes »Subunternehmen« kann unter kybernetischen Gesichtspunkten als ein eigenständiger Regelkreis aufgefaßt werden. Der so entstehende modulare Aufbau des Systems »Unternehmen« führt zu einer strukturellen Flexibilität. Sie gewährleistet, daß Umstrukturierungen ohne Beeinträchtigungen des Gesamtsystems realisiert werden können und die Struktur des Gesamtsystems ständig neuen Anforderungen gerecht wird.

2.3 Vernetzung der Teilsysteme

Für eine reibungslose Planung und Überwachung der Durchführung von Abläufen müssen die dafür notwendigen Lenkmechanismen geschaffen werden. In der Kybernetik werden zwei Möglichkeiten unterschieden ein System zu lenken, nämlich das Steuern und das Regeln:

- Beim *Steuern* wird versucht, Soll-Vorgaben nur durch das Einstellen der Steuerungsparameter des Systems zu realisieren. Das Erreichen des Ziels wird bei der Steuerung nicht kontrolliert. Aufgetretene Abweichungen im Ablauf können nicht erkannt und behoben werden.

- Beim *Regeln* wird die realisierte Ist-Größe mit der geplanten Soll-Vorgabe verglichen. In Abhängigkeit vom Ergebnis der Abweichung wird der angestrebte Planzustand über eine Anpassung der Steuerungsparameter erreicht. Ein Regelkreis setzt sich immer zusammen aus der Regelstrecke, d. h. dem Ausführungsteil, und dem Regler, in dem die Entscheidungen über Regelungsmaßnahmen getroffen werden (vgl. Mock 1983, S. 27 f.).

Aufgrund der hohen Flexibilitätsanforderungen streben die Produktionsunternehmen zunehmend die Einrichtung von sich selbst steuernden Regelkreisen zur Nutzung der Selbstlenkungsmechanismen an (z. B. autonome Fertigungsinseln, KANBAN-Steuerung). Damit verbunden ist auch immer eine Dezentralisierung von Planungs- und Steuerungsaufgaben bzw. Kompetenzen. Entscheidungen müssen möglichst vor Ort getroffen werden, um unnötige Reibungs- und Zeitverluste zu vermeiden. Bei unzureichenden Organisations- und Kommunikationsstrukturen im Unternehmen besteht die Gefahr der Insellösungen, die nur noch die lokalen Optima und nicht mehr das Gesamtoptima betrachten. Deshalb ist es notwendig, durch ein geeignetes Informationsstrukturkonzept Entscheidungs- und Steuerungshierarchien zu schaffen, die zum einen die lokalen Entscheidungen bereichsübergreifend vorbereiten und gleichzeitig dem Entscheidungsträger vor Ort genügend Spielraum für seine Entscheidungen lassen. Die flußorientierte Entflechtung der Abläufe gewährleistet dann die Ausregelung von Störungen entlang der logistischen Kette.

Die Entwicklung des Informationsstrukturkonzeptes beinhaltet die Untersuchung und Generierung geeigneter Informationsflußstrukturen im Unternehmen. Zur strukturierten Vernetzung der Teilbereiche werden die Daten bzw. Informationen betrachtet, die horizontal zwischen den Teilfunktionen einer Ebene einerseits und vertikal zwischen den einzelnen Funktionsebenen andererseits fließen müssen. Die anfallenden Daten werden »bottom-up« entgegen der Entscheidungs- und Steuerungshierarchie verdichtet und den jeweiligen Funktionsträgern zur Verfügung gestellt. Dabei müssen nicht relevante Daten herausgefiltert und größere Datenmengen zu charakteristischen Kennzahlen zusammengefaßt werden. Wichtig bei der Informationsflußstrukturierung ist, daß die jeweils darüberliegende Funktionsebene mit den ihr zur Verfügung gestellten Daten (Störungsmeldungen, Fertigmeldungen) die richtigen Informationen erhält, um die richtigen Vorgaben für die darunterliegende Funktionsebene situationsgerecht vorbereiten zu können.

Die Ziele einer logistikgerechten, kybernetischen Produktionssteuerung, wie z. B.

- Transparenz im produkt- und auftragsorientierten Teilefluß,
- differenzierte Steuerung der Teile und Aufträge,
- zeitnahe Ausregelung von Störungen,
- effiziente Auslastung der Kapazitäten und
- Senkung des Bestandes,

75

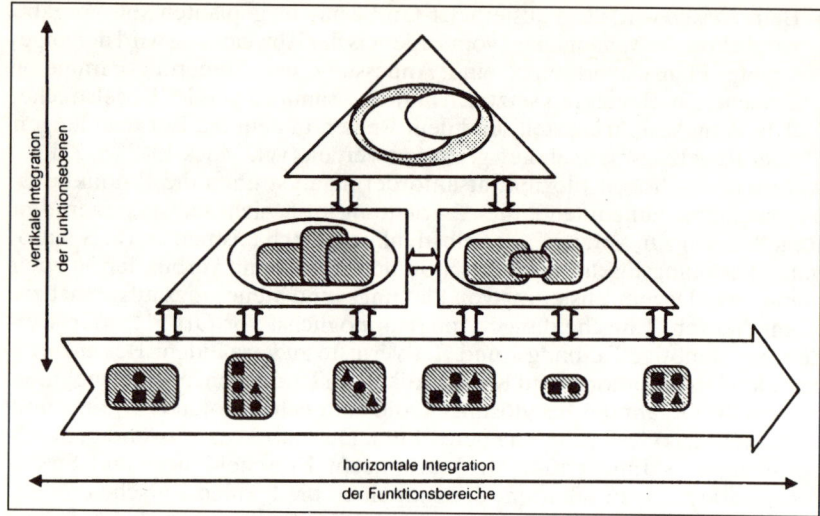

Abb. 8: Schema der strukturierten Vernetzung bei kybernetischen Organisationen

können jedoch nur erreicht werden, wenn der Mensch (Fertigungsleiter, Meister, Disponent, Werker etc.) beispielsweise zur Sicherstellung des Rückkopplungsprozesses stärker mit in die Entscheidungs- und Steuerungshierarchie eingebunden wird.

2.4 Das Potential der Mitarbeiter

Im Regler eines Regelkreises werden die Entscheidungen über Steuerungsmaßnahmen in der Regelstrecke getroffen. Bei einer derartigen Entscheidung in Fabriksystemen ist meistens der Mensch beteiligt. Er ist aufgrund seiner Fähigkeit in der Lage, Vorgänge schnell zu erfassen, zu abstrahieren, um dann aus seinem Wissen und seiner Erfahrung heraus die richtige Entscheidung zu treffen (siehe Abb. 9). Bei einer komplexen Produktionsorganisation ist der Mensch jedoch überfordert, wenn er ohne geeignete Hilfsmittel die umfangreichen Zusammenhänge objektiv erfassen, beurteilen, optimieren und entsprechend lenken soll.

Das komplexe System »Unternehmen« ist jedoch nie vollständig (z. B. in seinem Störungsverhalten) in einem Berechnungsmodell beschreibbar und damit EDV-technisch beherrschbar. Störungsbereinigende Elemente sind deshalb systemimmanent vorzusehen. Aus diesem Grund ist es für den Erfolg eines Unternehmens unerläßlich, daß der Mensch seine führende Rolle im Produktions- und Leistungsprozeß beibehält bzw. ausbaut. Er ist somit nicht vorrangig als Fehlerquelle zu betrachten, sondern stellt das

Flexible Produktionsorganisation

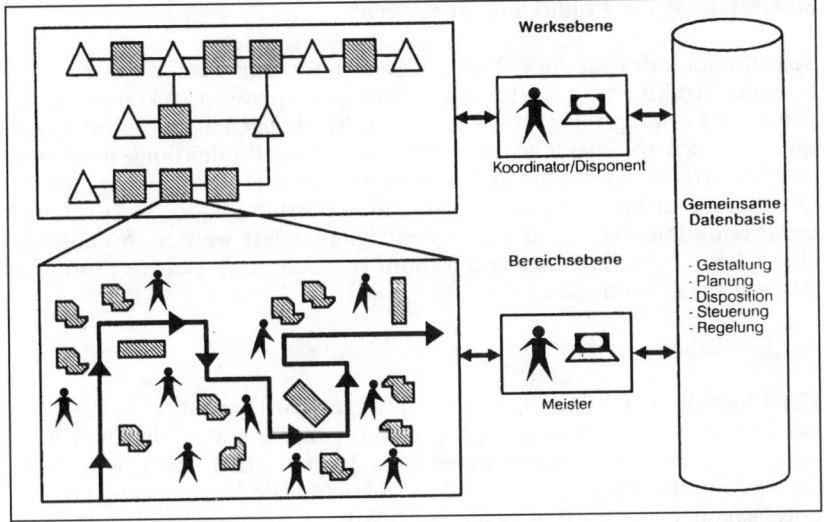

Abb. 9: Menschzentrierte Koordination und Steuerung

Reaktions- und Flexibilitätspotential des komplexen Systems »Unternehmen« dar (vgl. Komorek 1991). Da die Mitarbeiter im Unternehmen Träger der Wandlungsfähigkeit und -bereitschaft sind, sollten sie auch im Mittelpunkt der organisatorischen Maßnahmen stehen. Nur der Mensch mit seinen kognitiven Fähigkeiten kann einem Lenkungssystem schnell und flexibel adaptive Fähigkeiten verleihen.

Herkömmliche Steuerungskonzepte sind nicht dafür ausgelegt, den Mensch als zentrales Steuerungselement anzusehen. Sie tendieren eher dazu, Entscheidungen vorzugeben und dem Entscheidungsträger vor Ort keinen Spielraum zu lassen. Mangelnde Motivation und eine schlechte Akzeptanz der Vorgaben sind die Folge. Bei Störungen kommt es zu starken Verzögerungen, da diese von den Steuerungskonzepten nicht vorgeplant werden können und der Mitarbeiter für geeignete Gegenmaßnahmen nicht verantwortlich ist. Sinnvoller ist es, den Mitarbeiter vor Ort in Eigenverantwortung die Entscheidungen treffen zu lassen, die in seinen Kompetenzbereich fallen. Flexible, unter Berücksichtigung kybernetischer Aspekte gestaltete Produktions- und Organisationsstrukturen sind die Voraussetzung für ein derartiges Steuerungskonzept.

3. Gestaltung der Produktionsstrukturen

Selbstorganisation ist die Fähigkeit eines Unternehmens, seine Organisation und Struktur veränderten Anforderungen anpassen zu können, ohne dabei die Leistungsfähigkeit zu verlieren. Mechanismen zur Selbstorganisation werden entscheidend durch die Planung der Produktions- und Organisationsstrukturen geprägt und beeinflußt. Nach der Realisierung muß die Qualität dieser Mechanismen im laufenden Betrieb ständig überprüft und die Produktionsstrukturen gegebenenfalls geändert werden. So entsteht eine adaptive Produktionsorganisation, die sich permanent veränderten Anforderungen anpassen kann.

3.1 Gestaltung der Veränderungen

Zur Einordnung struktureller Veränderungen wird zunächst ein allgemeines Phasenkonzept zum erfolgreichen Vorgehen bei der Um- und Neustrukturierung von Organisationen bzw. Teilbereichen davon vorgestellt (siehe Abb. 10). Folgende Phasen der betrieblichen Veränderung können unterschieden werden (vgl. Seidinger 1990):

- Anstoß von Veränderungen
- Planung der Veränderungen
- Realisierung
- laufender Betrieb sowie
- außer Betrieb setzen

Die Notwendigkeit, den laufenden Betrieb permanent zu überprüfen, Veränderungen zu initiieren, zu planen und zu realisieren, führt zu einem Kreislauf im Phasenkonzept der Veränderungsvorgehensweise. Das grundsätzliche Vorgehen bei jeder Veränderung von Organisationen hat dabei ganzheitlich, systematisch strukturiert, strategisch bzw. durchgängig und zielorientiert zu erfolgen. Wichtig ist die durchgängige Planung und Realisierung von der strategischen über die taktische bis hin zur operativen Ebene. In der Praxis sind leider oft die strategische und operative Ebene voneinander losgelöst. Der Rolle der Mitarbeiter und Führungskräfte wird dabei vor allem in den ersten beiden Phasen zu wenig Bedeutung beigemessen.

Hauptaufgabe in der Phase »Anstoß der Veränderungen« ist das gemeinsame Erkennen und Erleben eines Problems. Dabei ist wichtig, Symptome und Ursachen sowie Sach- und Macht- bzw. Scheinprobleme voneinander zu trennen. Am Ende der Phase »Anstoß« müssen sich Mitarbeiter und Führungskräfte wechselseitig zu offenen Problemfindungen und zu gemeinsamen Problemlösungen bekennen.

In der Phase der »Planung der Veränderungen« beginnt die eigentliche Arbeitsphase jeder Veränderung. Im Vordergrund stehen Methoden der Organisationsgestaltung. Bei ungenügend bekannter Problemstruktur,

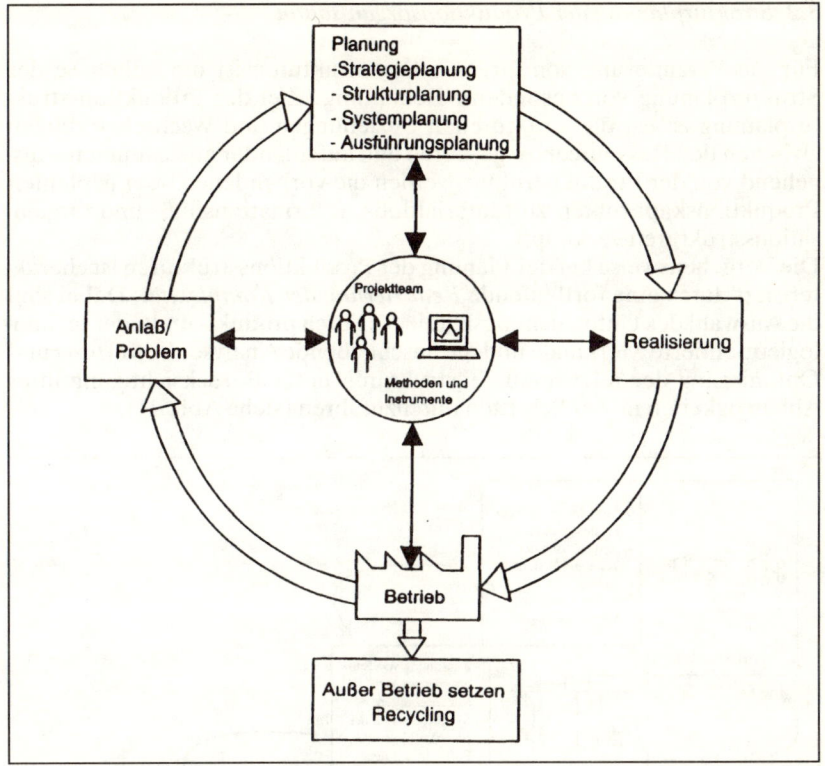

Abb. 10: Die großen »Phasen« der Veränderung

großer Komplexität sowie großem Zeitaufwand zur Problemlösung bei mittel- bis längerfristig wirkenden Veränderungen ist eine Planung erforderlich. Nur bei »Improvisation« und »Sofortentscheidung« entfällt die Planung. Die einzelnen Subphasen der Veränderungen sind:

- Strategieplanung
- Strukturplanung
- Systemplanung
- Ausführungsplanung

Entscheidend ist bei der Planung, daß die einzelnen Subphasen je nach Situation simultan ablaufen. Dies gilt insbesondere für die beiden ersten Phasen. Hier sind starke Überlappungen, Rückkopplungen und ständige Wechselwirkungen gegeben.

3.2 Strukturplanung der Produktionsorganisation

Für die Veränderung von Organisationsstrukturen ist die Subphase der Strukturplanung von besonderer Bedeutung. Ziel der Produktionsstrukturplanung ist es, die strukturellen Beziehungen und Wechselwirkungen zwischen den Ressourcen zu gestalten und aufeinander abzustimmen. Ausgehend von der Produktstruktur werden die vorhandenen oder geplanten Produktionskapazitäten zu Materialfluß-, Informationsfluß- und Organisationsstrukturen verknüpft.

Die Vorgehensweise bei der Planung der Produktionsstrukturen ist charakterisiert durch eine fortlaufende *Reduzierung der Komplexität*. Dabei sind die Auswahl des Untersuchungsbereiches durch produkt- und/oder technologieorientierte Merkmale und die anschließende Analyse, Bewertung und Optimierung der relevanten Teilstrukturen unter Berücksichtigung ihrer Abhängigkeiten in vier Schritten durchzuführen (siehe Abb. 11).

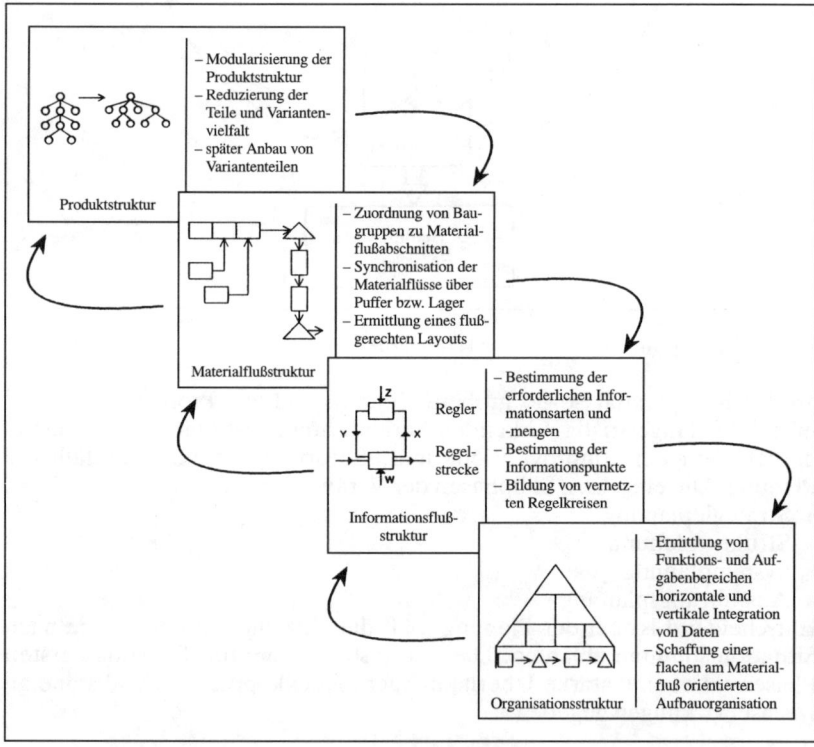

Abb. 11: Phasen der Produktionsstrukturplanung

Flexible Produktionsorganisation

Im folgenden werden *innovative Lösungsansätze* zur Gestaltung einer flexiblen Produktionsorganisation, wie sie von erfolgreichen Produktionsunternehmen ganzheitlich umgesetzt werden, skizziert. Es sollen einerseits die strukturellen Voraussetzungen, mit denen die Wandlungsfähigkeit von Produktionsorganisationen möglich wird, dargestellt werden. Weiterhin soll deutlich gemacht werden, welche Anforderungen von Informations-, Planungs- und Steuerungssystemen zu erfüllen sind, sollen sie den Mitarbeitern und Führungskräften als *Hilfsmittel zur Selbstorganisation* dienen.

3.3 Gestaltung der Produktstruktur

Ein wesentlicher Gestaltungsbereich zur Flexibilisierung der Produktionsorganisation ist das Produkt selbst. Die konstruktive Gestaltung des Endproduktes und der anzubietenden Varianten wirkt sich z. B. auf den Materialfluß, den Verlauf der Wertschöpfungskurve entlang der Durchlaufzeit und auf die Lieferzeit, somit auf die Lieferflexibilität, aus (siehe Abb. 12). Es können grundsätzlich Maßnahmen sowohl zur Verbesserung der Disposition als auch zur Steuerung des Durchlaufs unterschieden werden.

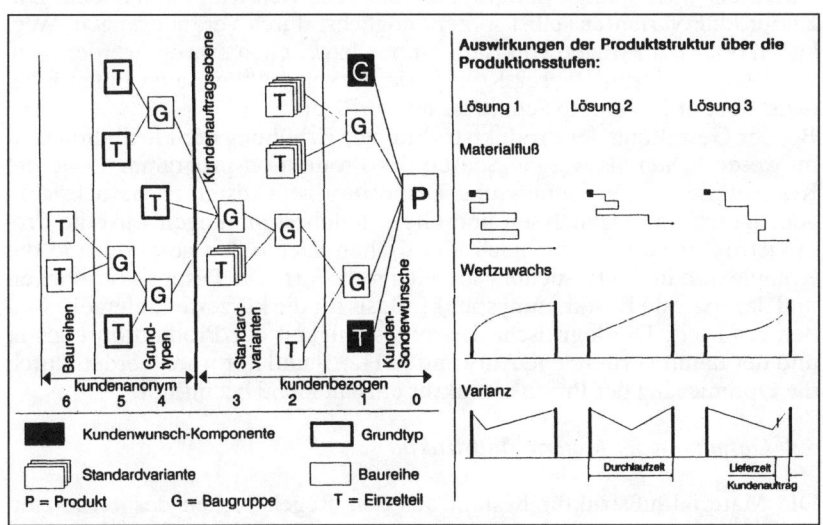

Abb. 12: Auswirkungen logistikgerechter Produktstrukturen

Die *Disposition* ist entscheidend abhängig von der Lage des Bestimmungspunktes, der den gesamten Produktionsprozeß in den prognose- und kundenauftragsbezogenen Anteil unterteilt. Je nach Produktionsstruktur kann die Lieferung des Kundenauftrages prinzipiell aus dem Fertigproduktlager,

81

der auftragsbezogenen Montage, der auftragsbezogenen Produktion oder der auftragsbezogenen Beschaffung und Produktion erfolgen. Das Produkt sollte so gestaltet sein, daß der Bestimmungspunkt für das Endprodukt spätmöglichst definiert werden kann. Der Bestimmungspunkt definiert die Prognoseebene und damit die Lieferzeit, in der kundenauftragsbezogen möglichst viel Wertschöpfung geleistet werden sollte. Gleichzeitig sollte die Prognoseebene die Ebene des kleinsten Teilequerschnittes, des kleinsten gemeinsamen Nenners, darstellen. So kann die Konfiguration des Endproduktes z. B. in der Montage nach Kundenaufträgen aus einem relativ bestandsarmen Baugruppen- bzw. Teilelager mit minimaler Lieferzeit erfolgen.

Die *Steuerung* des Durchlaufs wird maßgeblich durch die Teilevarianz beeinflußt. Gemeint ist damit die Anzahl der zu steuernden Produkte, Baugruppen bzw. Teile in Form von Sachnummern entlang der gesamten Durchlaufzeit. Diese Teilevarianz, die entscheidend vom Konstrukteur beeinflußt wird, sollte sich wie in Abb. 12 dargestellt, verhalten. Es muß darauf ankommen, auf der Endproduktebene eine große Varianz schnell und kostengünstig erzeugen zu können. Mittels logistikorientierter Produktgestaltung ist anzustreben, daß viele Baugruppen und Teile wenige Varianten sowie wenige Baugruppen und Teile viele Varianten haben. Die Endproduktvarianten selbst sollten möglichst durch Veränderungen, Weglassen oder Hinzufügen von Baugruppen bzw. Teilen erzeugt werden können. Zur Förderung dieser Konfigurierbarkeit sollten Baugruppen möglichst über abgestimmte Schnittstellen verfügen.

Bei der Gestaltung der Produktstruktur zur Erhöhung der Flexibilität sind im wesentlichen als Ausgangsdaten das Produktionsprogramm sowie die Konstruktions-, Fertigungs- und Dispositionsstücklisten zu berücksichtigen. Durch Varianzanalysen und Gleichteilebestimmungen wird die Produktstruktur vereinfacht, nach logistischen Zielgrößen gestaltet und die Komplexität im Untersuchungsbereich reduziert. Die Dispositionsebenen und der späteste Bestimmungspunkt, Basis für die kürzeste Lieferzeit, werden ermittelt. Die logistische Leistungsfähigkeit der Produktionslogistik und der damit verbundene Aufwand in Hard- und Software werden durch die Optimierung der Produktstruktur entscheidend beeinflußt.

3.4 Gestaltung der Materialflußstruktur

Die Materialflußstruktur besteht aus den Regelstrecken der vernetzten Wertschöpfungsprozesse, d. h. aus Materialfluß- bzw. Produktionsabschnitten, den Dispositionslagern und Puffern sowie den Transportbeziehungen zwischen diesen Strukturelementen. Die richtige Organisation des Materialflusses ist von großer Bedeutung. Die Materialflußabschnitte sind als überschaubare, möglichst sich selbststeuernde Produktionsbereiche mit definierten Anfangs- und Endzuständen, zu organisieren (siehe Abb. 13). Lagerfunktionen sind keine Aufbewahrungsorte mehr von Roh-, Hilfs-

und Betriebsstoffen, sondern wichtige Zwischenläger auf den Dispositionsebenen. Puffer sind nach ihren Bereitstellungs-, Ausgleichs-, Sicherheits-, Synchronisations-, Störungs- und Sortierfunktionen zu unterscheiden. Diese Strukturierungselemente können datenmäßig aus den Stücklisten, Arbeitsplänen, Kapazitäts- und Vertriebsdaten abgeleitet werden.

Bei der Gestaltung der Materialflußstruktur werden ausgehend von den Produktdaten die Produktionskapazitäten zu Materialflußabschnitten und Kostenstellen zusammengefaßt. Je nach Zielsetzung kommen dabei verrichtungsorientierte, produktorientierte oder flußorientierte Planungsverfahren zum Einsatz:

- Bei den *verrichtungsorientierten Planungsverfahren* stehen die Produktionskapazitäten im Vordergrund, und es wird versucht, Maschinen und Arbeitsplätze mit gleichartigem Arbeitsinhalt zu größeren Einheiten, sogenannten Werkstätten, zusammenzufassen.
- Bei den *produktorientierten Planungsverfahren* stehen die Produktkomponenten und die Produktstruktur im Vordergrund, mit dem Ziel, Produktionskapazitäten analog zur hierarchischen Produktstruktur in Produktlinien anzuordnen. Produktorientierte Planungsverfahren eigenen sich besonders dann, wenn viele Kapazitätseinheiten vorhanden sind und so die Kapazitäten auf produktorientierte Bereiche gut verteilt werden können.

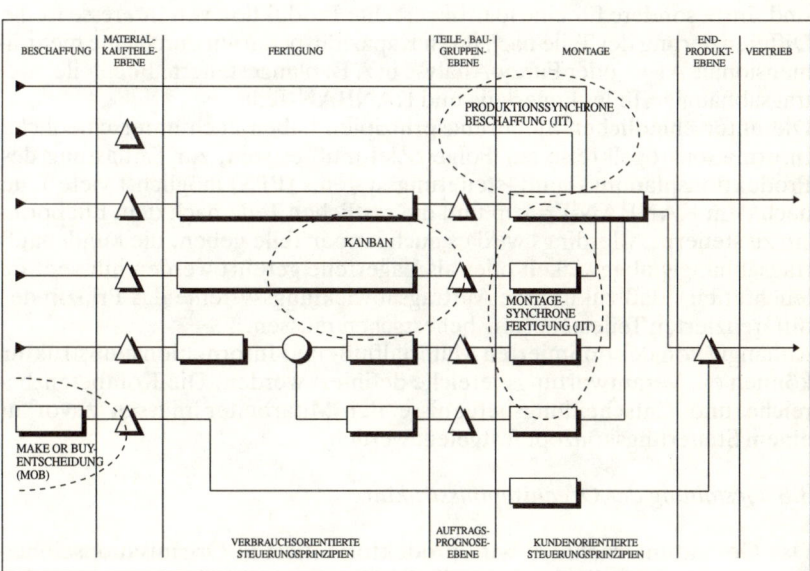

Abb. 13: Schema der bestandsarmen Gestaltung bei JIT-Produktion

83

● *Flußorientierte Planungsverfahren* kommen zum Einsatz, wenn Kapazitätseinheiten von vielen Komponenten benutzt werden und sie nicht
weiter teilbar sind. Sie gehen von den Arbeitsplänen der Produkte und
deren Abhängigkeiten (Ablaufstruktur) aus. Mit Hilfe dieser Daten wird
der Materialfluß innerhalb des gesamten Unternehmens bis hin zu den
Lieferanten definiert.

Durch die Materialflußstrukturierung werden die Strukturelemente des ide-
alen Materialflusses, die Materialflußabschnitte, Dispositionsebenen, Läger
und Puffer, systematisch abgeleitet. Mit der Gestaltung des Materialflusses
wird ein schneller Durchlauf bei geringem Lagerbestand und Steuerungsauf-
wand angestrebt. Die Bildung der Materialflußabschnitte führt außerdem zu
den Regelstrecken einer logistikorientierten Materialflußregelung.

3.5 Gestaltung der Informationsflußstruktur

Die Informationsflußstruktur wird anhand der geplanten Materialflußstruktur optimiert. Dabei wird festgelegt, welche Informationen von wo (Quelle)
wohin (Senke) fließen müssen. Diese Informationsflüsse gilt es entsprechend den Bedürfnissen der Material- bzw. Teileflüsse zu gestalten. Statt den
Aufwand für die Steuerung überdimensional zu gestalten gilt es, *differenzierte Steuerungsprinzipien* für eine logistikorientierte Arbeitsweise zu unterscheiden, die auf teilebezogenen Materialflußanforderungen abgestimmt
sind. Insbesondere für eine logistikgerechte Produktion von Interesse ist die
Differenzierung der Teile nach ihren Kapazitätsbedarfen durch eine mehrdimensionale ABC- oder Fuzzy-Analyse in z. B. plangesteuerte Fließteile, auf-
tragsabhängige Teile, Lagerteile und KANBAN-Teile.

Die unterschiedlichen Steuerungsprinzipien haben auch unterschiedliche
Informationsregelkreise zur Folge. Ziel muß es sein, zur Entlastung des
Produktionsplanungs- und -steuerungssystems (PPS) möglichst viele Teile
nach dem KANBAN-Prinzip und die restlichen Teile nach dem Fließprinzip zu steuern. Allerdings wird es auch immer Teile geben, die kundenauf-
tragsabhängig abgewickelt oder als Lagerteile geführt werden müssen. Es
leuchtet ein, daß zukünftige Auftragsabwicklungssysteme das Prinzip der
differenzierten Teilesteuerung beherrschen müssen.

Abhängig von der optimierten Materialfluß- und Informationsflußstruktur
können die Verantwortungsbereiche definiert werden. Die Kompetenzbe-
reiche und Entscheidungsbefugnisse der Mitarbeiter müssen zuvor in
einem Steuerungskonzept festgelegt werden.

3.6 Gestaltung der Organisationsstruktur

Das Gesamtunternehmen wird produktorientiert in Organisationseinheiten gegliedert, für die dann einzeln die Gestaltung der Produkt-, Material-
fluß- und Informationsflußstrukturen in der vorgenannten Reihenfolge

durchgeführt wird. Diese Vorgehensweise führt zur Verringerung der Komplexität und damit zur Entflechtung auch der organisatorischen Abläufe in einem *gesamtintegrierten Organisationsmodell.* Bei der Entflechtung der Abläufe wird die betriebliche Organisation der Auftragsabwicklung der einzelnen Organisationseinheiten in Funktionsbereiche und Funktionsebenen gegliedert. Funktionsbereiche sind z. B. Beschaffung, Produktion und Absatz, und Funktionsebenen z. B. Planung, Steuerung und Durchführung. Statt einer funktionalen Organisation mit Schnittstellen quer zum Materialfluß werden in produktorientierten Einheiten die Aufgaben und Verantwortungsbereiche parallel zum Materialfluß geschaffen (siehe Abb. 14). Ergebnis bei der Produktionsstrukturierung ist ein ganzheitliches, unternehmensspezifisches Konzept für die Produktlogistik, integriert in den logisti-

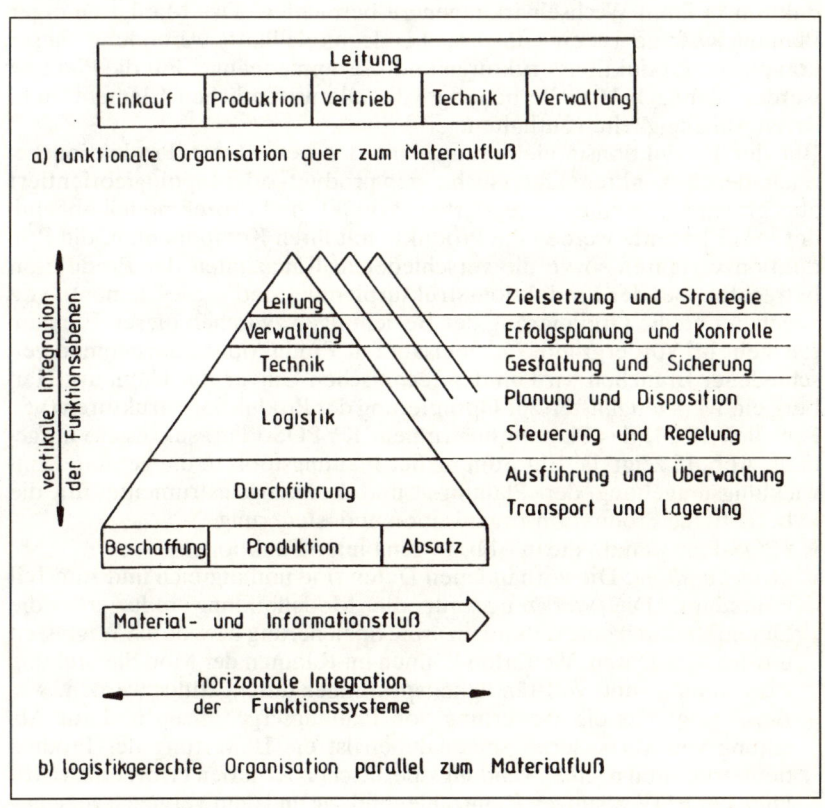

Abb. 14: Traditionelles und logistikgerechtes, gesamtintegriertes Organisationsmodell

schen Zusammenhang des Gesamtunternehmens. Da der Optimierungspfad von den Produkt/Markt-Verhältnissen ausgeht und darauf die vorhandenen oder neu zu planenden Produktions- und Organisationsstrukturen systematisch abgestimmt werden, wird so eine flexible, auf kybernetischen Prinzipien beruhende Produktionsorganisation und -steuerung gewährleistet.

4. EDV-Tools für die Optimierung der Produktionsorganisation

4.1 KYPOS-Entwicklungsumgebung

Die ganzheitliche Produktionsstrukturplanung ist heute ohne Unterstützung durch den Computer nicht machbar. Für eine umfassende, kybernetische Produktionsorganisation ist es notwendig, alle Ressourcen der Produktion in ihren Wechselwirkungen zu betrachten. Das Manko heutiger Planungssysteme ist eine unzureichende modellhafte Abbildung dieser komplexen Produktionsstrukturen und -zusammenhänge. Für die Planung werden demnach Modelle benötigt, die alle wesentlichen Elemente und deren Abhängigkeiten enthalten.

Bei der Produktionsmodellierung wird der betrachtete Produktionsbereich, der für konkrete Untersuchungen produkt- oder topologieorientiert abgegrenzt ist, in einem integrierten Produkt- und Prozeßmodell abgebildet. Als Elemente werden die Produkte mit ihren Komponenten, die Produktionsverfahren sowie die verschiedenen Kapazitäten der Produktion betrachtet. Bei der Produktionsstrukturplanung sind diese Elemente vorgegeben und die Optimierung der Beziehungen zwischen diesen Elementen steht im Vordergrund. Gemeinsam mit Produktionsunternehmen verschiedener Branchen wird an der Technischen Universität Hamburg-Harburg ein Werkzeugkasten zur Optimierung der Produktionsstrukturen (vgl. Pawellek 1993), das Planungsinstrument KYPOS-Plan, sukzessive aufgebaut. Abb. 15 zeigt die Einordnung der Planungstools in die gesamte Entwicklungsumgebung der Planungs- und Lenkungsinstrumente für die kybernetische Produktionsorganisation und -steuerung.

KYPOS-Plan umfaßt die in Abb. 16 genannten Funktionen:

- *Modellbildung:* Die vorhandenen Daten sind umfangreich und zum Teil redundant. Die Werkzeuge für die Modellbildung reduzieren die Datenflut durch eine redundanzarme Speicherung bzw. durch Weglassen unwichtiger Daten. Weiterhin können im Rahmen der Modellerstellung Plausibilitäts- und Vollständigkeitsprüfungen durchgeführt werden.
- *Bewertung:* Für die Bewertung von Planungsergebnissen und zur Ableitung von Verbesserungsmaßnahmen ist die Bewertung der Produktionsstrukturen nach anwendungsspezifischen Kriterien erforderlich. Mit Hilfe der EDV-gestützen Kennzahlenbildung und dem Vergleich verschiedener Kennzahlen werden Verbesserungspotentiale aufgezeigt.

Flexible Produktionsorganisation

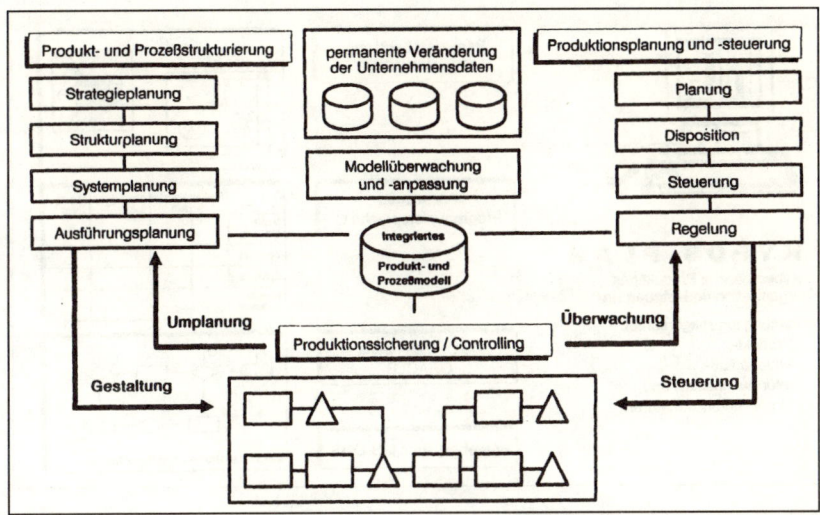

Abb. 15: KYPOS-Konzeption und Planungsbereiche

- *Optimierung:* Werkzeuge für die logistikgerechte Optimierung der Produktionsstrukturen sind ein zentraler Bestandteil von KYPOS-Plan. Im Sinne einer ganzheitlichen Planungsvorgehensweise steht am Anfang jeder Planung die Optimierung der Produktstruktur. Es folgen die Optimierung der Materialfluß-, Informationsfluß- und Organisationsstruktur. Die Abbildung dieser Strukturen und ihrer Abhängigkeiten im integrierten Produkt- und Prozeßmodell erlaubt simultan das Erkennen von Auswirkungen struktureller Veränderungen.
- *Ergebnisdarstellung:* Die Planungsergebnisse lassen sich anhand von Präsentationsgrafiken oder Tabellen darstellen. Außerdem besteht die Möglichkeit, Ergebnisdaten in Standardprogramme, wie beispielsweise Lotus, für die weitere individuelle Bearbeitung zu übernehmen. Das System erlaubt die Speicherung verschiedener Planungsvarianten. Durch einen Vergleich der Bewertungskennzahlen kann der Planer später die für ihn beste Variante auswählen. Das neue Planungsinstrument wird auf offenen Standards entwickelt und ist damit herstellerunabhängig bezüglich der Hardware und des Datenbanksystems.

KYPOS-Plan ermöglicht als »Werkzeugkasten« der Unternehmenslogistik die Aufgabe des technischen Controllings, d. h. die

- permanente Strukturanalyse,
- datenbankgestützte Simulation,
- Überwachung von Ist-, Soll- und Idealstrukturen sowie
- permanente Quantifizierung von Verbesserungspotentialen.

87

Neue Technologien

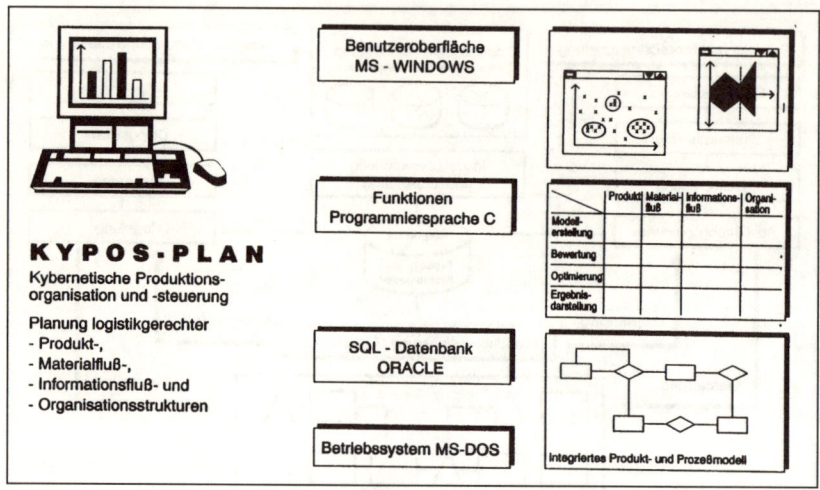

Abb. 16: Produktionslogistik-Planungssystem KYPOS

4.2 Bisher entwickelte EDV-Tools

Die bisher im Rahmen von KYPOS-Plan entwickelten EDV-Tools befassen sich mit (vgl. FGL e.V. 1994)

- der Bewältigung der Teilevielfalt, hierzu zählen die EDV-Tools zur Produktstrukturanalyse und teiledifferenzierten Logistikoptimierung,
- der Optimierung der Produktionsstrukturen, hierzu zählen die EDV-Tools zur Strukturierung der Materialflüsse in objektorientierte Segmente sowie zur produktionsintegrierten Lager- und Puffergestaltung,
- dem logistikorientierten Produktionscontrolling, hierzu zählen EDV-Tools für verschiedene Verfahren der Kostenstrukturanalyse.

Ziel des EDV-Tools *Produktstrukturanalyse* ist die Ermittlung einer an der Produktstruktur und den Kundenwünschen orientierten Bevorratungsebene, so daß kurze Lieferzeiten bei gleichzeitig geringen Beständen mit einem möglichst geringen Dispositionsaufwand erreicht werden können. Hierzu wird eine differenzierte Vorgehensweise mit einer vertikalen und horizontalen Strukturierung der Produkte vorgeschlagen. Die vertikale Strukturierung betrifft die Ermittlung der kundenanonym und kundenspezifisch durchzuführenden Arbeitsgänge. Das Programm errechnet eine Planungsstückliste, die für die Disposition der prognoseorientiert geplanten Teile verwendet werden kann. Das Planungsergebnis kann weiterhin mit Hilfe der Diabolo-Darstellung und anhand von Kennzahlen analysiert werden. Verschiedene Kennzahlen, z. B. für die Fertigungstiefe oder die Wiederbeschaffungszeit, werden dem Nutzer zur Verfügung gestellt. Das EDV-

88

Tool wird für verschiedene Aufgabenstellungen der Produktstrukturplanung, Disposition und Beschaffung angewendet.
Ziel des EDV-Tools *Teiledifferenzierte Logistikoptimierung* ist die Vereinfachung und Entflechtung der vorhandenen Beschaffung, Auftragsabwicklung und Fertigungssteuerung, z. B. bezüglich Ablaufstrukturen, Aufwand, EDV- Unterstützung und Kosteneffizienz. Hierzu wird das Teilespektrum nach verschiedenen Merkmalen differenziert, wie z. B. Jahresmenge, Teilewert, Verbrauchsverhalten. Es folgt die Optimierung der Zuordnung der Teile zu geeigneten Dispositions- und Steuerungsverfahren, wie z. B. KANBAN, Fließteile oder Lagerteile. Ergebnis der Differenzierung sind z. B. die Aufdeckung von Kostensenkungspotentialen sowie Definition von Maßnahmen zur Reduzierung der Durchlauf- und Lieferzeiten, Reduzierung der Bestände, Reduzierung des Dispositionsaufwandes, Integration von Just-in-Time-Prinzipien und Optimierung der Bereitstellflächen. Anwendungsgebiete des EDV-Tools sind die Fertigungs- und Beschaffungssteuerung, Lagerstrategien und Bestände sowie die Ersatzteilwirtschaft.
Ziel des EDV-Tools *Materialflußstrukturierung* ist die Vereinfachung und Entflechtung der vorhandenen Produktion bezüglich Material-, Informationsfluß und Organisationsstruktur sowie die Abschätzung der damit zu erwartenden Kostensenkungspotentiale. Hierzu werden die vorhandenen Materialflußstrukturen, abgelegt im integrierten Produkt- und Prozeßmodell, im System aufbereitet und visualisiert sowie Ideal-Strukturdaten aus den vorhandenen Ist-Strukturdaten erzeugt. Ergebnis ist die Kostensenkung und Effizienzsteigerung durch Reduzierung der Durchlauf-, Lieferzeiten und Bestände sowie die Erhöhung der Flexibilität. Anwendungsgebiete sind die Werksplanung, Aufbau-, Ablaufstrukturplanung, Fertigungssteuerung, Standortplanung und Make-or-Buy- Entscheidungen.
Ziel des EDV-Tools *Produktionsintegrierte Lager- und Puffergestaltung* ist es, zentrale oder dezentrale Lager bzw. Puffer optimal im gesamten Materialfluß eines Unternehmens, einer Fabrik oder einzelner Produktionsbereiche einzubetten sowie vorhandenen oder neu einzurichtenden Kostenstellen zuzuordnen. Grundlage hierzu stellen die aktuellen Daten über Veränderungen in den Stamm- und Strukturdaten von Produkten und Kapazitäten dar, die im integrierten Produkt- und Prozeßmodell mit ihren Abhängigkeiten abgebildet sind. Ergebnis ist die Effizienzsteigerung und Kostensenkung durch Optimierung der Lagerstandorte, Lageranzahl und Lagerkapazität sowie die Integration der Lager und Puffer im gesamten Materialfluß.
Ziel des EDV-Tools *Kostenstrukturanalyse* ist die Wiederherstellung transparenter Kostenstrukturen durch Auflösung der vernetzten innerbetrieblichen Leistungsbeziehungen. Die zentrale Frage ist: Wie wirken sich strukturelle Veränderungen auf die Kostenstruktur und damit auf die Fertigungskosten der Produkte aus, und welche Potentiale können hierbei erschlossen werden ? Zur Beantwortung der Fragestellung müssen die Kostenstrukturen wertschöpfungsorientiert, d. h. auf das Produkt bezogen, hergeleitet

werden. Ergebnis ist die transparente Primärkostenstruktur durch Darstellung der betrieblichen Leistungsbeziehungen, bezogen auf Produkte (z. B. Teile, Produktkomponenten oder Baureihen) oder Abrechnungsbereiche (z. B. Vorfertigung, Montage oder Werke). Anwendungsgebiete sind Make-or-Buy-Kostenvergleiche, Ermittlung von Kostenauswirkungen logistischer Veränderungen in der Produkt-, Prozeß- und Organisationsstruktur sowie wertschöpfungsorientierte Kostenträgerzeitrechnung.

Die EDV-Tools stellen Hilfsmittel für Mitarbeiter und Führungskräfte dar, um bei Einmalplanungen bzw. in der permanenten Anwendung schneller und effizienter zu Entscheidungsgrundlagen mit höherer Qualität zu kommen.

5. Projektbezogene Organisations- und Personalentwicklung

Nach der Vorstellung innovativer Organisationsprinzipien und EDV-gestützter Hilfsmittel zur Organisationsplanung wird abschließend auf den notwendigen Lernprozeß zur Anwendung der EDV-Tools sowie die Integration der Mitarbeiter und Führungskräfte in den Veränderungsprozeß eingegangen.

5.1 Veränderungen und Personalqualifizierung

Probleme der Veränderung gewachsener Produktionsstrukturen ergeben sich meist dadurch, daß Planung und Realisierung der immer stärker vernetzten Teilprojekte im Unternehmen oft noch unkoordiniert ablaufen. Die Planung ist meist auf eine technik- bzw. gewerkeorientierte Planung und Umsetzung ausgerichtet, mit der Folge, daß Investitionen nicht wie geplant die Verbesserungspotentiale ausschöpfen. Die Planer und Entscheider sehen oft nur das technische Problem und dessen schnelle Lösung, nicht aber die Vernetzung des Problems und seine unternehmenskybernetischen Zusammenhänge.

Ein weiteres grundsätzliches Problem ist, daß die Bedeutung der Mitarbeiter und deren notwendige Einbindung in die Veränderungsprozesse zu spät erkannt wird. Dem Grundsatz, daß nur informierte Mitarbeiter auch engagierte und motivierte Mitarbeiter sind, wird nur selten entsprochen. Einige Teilprobleme, die sich daraus ergeben, sind:

- Unzureichende Information der Mitarbeiter über die Maßnahmen der Um- oder Neustrukturierung, Ziele, Auswirkungen und Folgen in anderen Bereichen
- Mangelnde Einbindung der Mitarbeiter in die Konzeptentwicklung und dadurch wenig Akzeptanz, schwierige Umsetzung und schlechte Lernkurven
- Falsche und zu späte Qualifizierung der Mitarbeiter für neue Arbeitsstrategien und -strukturen, Technik und Organisation

Die permanente Gestaltung der Produktionsorganisation sollte verstärkt auch als Weiterbildungschance gesehen werden. Wobei der unternehmensspezifische Innovationsprozeß einerseits und die interne Weiterbildung andererseits als ein einheitliches Ganzes durchgeführt werden. Folgende Teilziele lassen sich dadurch erreichen:

• Erhöhung der *Akzeptanz* betrieblicher Projekte bei den betroffenen Führungskräften und Mitarbeitern und damit z. B. Beschleunigung der Projektrealisierung, Verringerung der personenbezogenen Widerstände, verantwortungsvolles Mitdenken und Mitarbeiten der Mitarbeiter

• Erhöhung der *Motivation und Identifikation* der Mitarbeiter mit dem umstrukturierten Betrieb bzw. den Teilbereichen und dadurch z. B. Optimierung der Zusammenarbeit in oder zwischen den Abteilungen, Reduzierung der Fehlerquote, Ausschußkosten, Kundenreklamationen, Anstieg von Verbesserungs- bzw. Optimierungsvorschlägen

• Frühzeitige *Ermittlung des Qualifizierungsbedarfs* und Festhalten des Qualifikationsstandes sowie eine aktive Personalentwicklungsplanung und dadurch z. B. effizientere Schulungsmaßnahmen vor Ort, Verbesserung der Transfersicherung, Erhöhung der Akzeptanz der Fortbildung durch Lernen vor Ort

Zur Erreichung dieser Teilziele wird empfohlen, in Anlehnung an bedeutende Projektvorhaben unmittelbar bei Projektinitiierung auch das Teilprojekt »projektbezogene Organisations- und Personalentwicklung« zu initiieren (siehe Abb. 17).

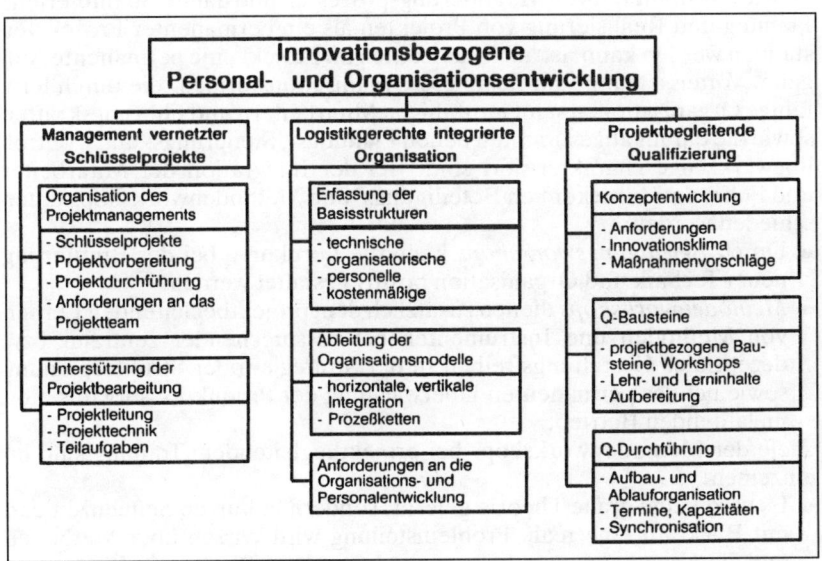

Abb. 17: Teilaufgaben einer innovationsbezogenen Personal- und Organisationsentwicklung

5.2 Integration der Mitarbeiter und Führungskräfte

Mit Beginn jeder Planungstätigkeit für die Um- oder Neuorganisation werden Projektteams installiert. Zu unterscheiden sind z. B. Steuerungsteams, Kernteams und Funktionsteams. Typische Methoden, die z. B. in der Strategieplanung zum Einsatz kommen, sind Portfolio-Analyse, Szenario-Technik, Potential-Profilanalyse sowie die Chancen- und Risikoanalyse. In der Struktur- und Systemplanung sind Strukturplanungssysteme, dialog orientierte Datenanalyse und Kostenstrukturanalyse wichtige Instrumente. Typische Methoden der Systemplanung sind verschiedene Systemplanungstools und Simulationssysteme. Die Strategie- und Struktur- bzw. Konzeptplanung erfolgt top-down, die System- und Ausführungsplanung sollte bottom-up erfolgen.

Bereits mit Beginn der Planung, also auch in der top-down durchgeführten Strategie- und Strukturplanung, sollten Mitarbeiter und Führungskräfte in den Veränderungsprozeß entsprechend integriert werden. Die in Abschnitt 4 vorgestellten Werkzeuge können sowohl in der Strategie-, Struktur- und Systemplanung je nach Aufgabenstellung zum Einsatz kommen. Über das integrierte Produkt- und Prozeßmodell als einheitliche Datenbasis für die EDV-Tools ist eine Verbindung von strategischer und operativer Planung und somit die Durchgängigkeit gewährleistet.

So wie das Initiieren von Veränderungsprozessen und damit die Initiierung, Planung und Realisierung von Projekten als ein permanenter Prozeß verstanden werden kann, ist auch das Lernen im Projekt eine permanente Aufgabe. Voraussetzung sind flexiblere Organisationsformen, die durch lernfähige Organisationen samt lernfähigen Mitarbeitern und Führungskräften sowie die darauf abgestimmten neuen Planungs-, Steuerungs- und Controllingwerkzeuge charakterisiert sind. Bei der Integration der Mitarbeiter und Führungskräfte können Beteiligungs- und Methodenworkshops unterschieden werden:

• Durch *Beteiligungsworkshops* kann die Lernkurve bei der Einführung neuer Technik und Organisation positiv gestaltet werden.

• *Methodenworkshops* dienen zusätzlich dem projektbegleitenden Lernen von Methoden und Instrumenten bei entsprechender zentraler bzw. dezentraler Gestaltungsfreiheit in der Strategie- oder Strukturplanung sowie bei der permanenten Überwachung der Produktionsorganisation im laufenden Betrieb.

Ziele der Methodenworkshops bei projektbegleitendem Training sind im einzelnen:

• Es wird keine graue Theorie gelernt, sondern in kurzen Sequenzen und mit Blick auf eine reale Problemstellung wird Wissen über Methoden und die Anwendung von Instrumenten und EDV-Tools aufgebaut.

• Die Organisationsentwicklung erfolgt anhand eigener Problemstellungen. Es erfolgt ein Höchstmaß an Motivation und Kreativität.

- Die Lerninhalte sind auf den Projektfortschritt abgestimmt.
- Es wird ein simultaner Aufbau von Fähigkeiten ermöglicht für Einmal-Planungen sowie für nachfolgende permanente Überwachung im laufenden Betrieb. Auswirkungen von Veränderungen und Fehlentscheidungen können rechtzeitig erkannt und Gegenmaßnahmen eingeleitet werden.

Über die Methodenworkshops kann ein unternehmensspezifischer Werkzeugkasten für die permanente Gestaltung der flexiblen Produktionsorganisation aufgebaut werden. Außerdem kann sich bei richtigem Management der Veränderungen durch eine straff geführte Gesamtprojektorganisation eine Kultur für einen selbsttragenden, permanenten Innovationsprozeß einstellen.

6. Zusammenfassung

Die Unternehmen müssen sich im besonderen Maße den veränderten Marktanforderungen hinsichtlich Produktvielfalt, Lieferbereitschaft und Kosten stellen. Sie müssen versuchen, ihr Potential für eine grundlegend höhere Flexibilität zu nutzen, um Erfolg durch eine flexible, den Kundenwünschen angepaßte, Produktion zu erzielen. Dies erfordert flexible Strukturen in der Produktionsorganisation. Vorgeschlagen wird die Anwendung kybernetischer Organisationsprinzipien für eine flexible Gestaltung der Planung und Steuerung von Produktion und Logistik bei schwankendem Auftragsaufkommen. Aufgabe der Umgestaltung ist es, die Wandlungsfähigkeit und die Wandlungsbereitschaft eines Unternehmens in allen Teilbereichen herzustellen. Dabei sind im wesentlichen die Entflechtung der komplexen Abläufe, die strukturierte Vernetzung der Teilsysteme und die Integration des Erfahrungswissens der Mitarbeiter zu realisieren.

Für die zielgerichtete und schrittweise Umsetzung einer flexiblen Produktionsorganisation sind neue Methoden und EDV-gestützte Hilfsmittel zur Analyse, Optimierung und Überwachung der Organisationsstrukturen notwendig. Eine weitere Voraussetzung für die flexible Produktion sind lernfähige Organisationen samt lernfähigen Mitarbeitern und Führungskräften. Zukünftig muß Methodenwissen stärker zum Einsatz kommen. Empfohlen wird, dieses projektbegleitend in Methodenworkshops aufzubauen und zu trainieren.

Literatur

Baetge, J.:Thesen zur Wirtschaftskybernetik. In: Kybernetische Methoden und Lösungen in der Unternehmenspraxis. Landsberg 1983, S. 13–24.

FGL e. V.: Neue Werkzeuge der Unternehmenslogistik.Unterlagen zum 3. Hamburger Logistik-Kolloquium am 24. 3. 1994, TU Hamburg-Harburg.

Hörmann, G./Tiby, C.:Projektmanagement richtig gemacht. In: Management der Hochleistungsorganisation. Wiesbaden 1989, S. 73–91.

Komorek, Chr.: Methoden und Denkweisen der Unternehmenskybernetik. Köln 1991.

Mock, A.: Unternehmensplanung und kybernetisches Management. In: Kybernetische Methoden und Lösungen in der Unternehmenspraxis. Landsberg 1983, S. 27–41.

Pawellek, G.: Logistische Gestaltung flexibler Organisationsstrukturen im Produktionsunternehmen. In: zfo Zeitschrift Führung + Organisation 61 (1992) 7/8, S. 231–234.

Pawellek, G.: Produktionslogistik. Schriftenreihe der Forschungsgemeinschaft für Logistik e. V., Hamburg 1993.

Pawellek, G./Best, D.: Anwendung kybernetischer Prinzipien zur Produktionsorganisation und -steuerung. In: VDI-Zeitschrift 134 (1992) 3, S. 90–93.

Pawellek, G./Best, D./Hinz, F.: Produktionslogistik – Organisation und Steuerung kybernetisch optimieren. In: zfo Zeitschrift Führung + Organisation 63 (1994) 1, S. 34–41.

Seidinger, P.: Die Rolle des Menschen bei der Gestaltung des Wandels. TAW-Seminarunterlagen »Fabrikplanung und -organisation«, Wien 1990.

III. Zur Einführung von Lean Production als Prozeß des Organisationslernens unter Beteiligung

Michael Hesseler

---

1. Problemstellung

Lean Administration, Lean Production, Lean Enterprise, Lean Learning, Lean Computing, das lernende Unternehmen, die lernende Organisation, das lernende Unternehmen und letzlich Organisationslernen etc. sind neuerdings in aller Munde. Bleibt in diesen Konzepten nicht vieles beim Alten? Worin besteht das substantiell Neue?
Nach kurzer Beschreibung des Verständnisses von Lean Production wird beispielhaft seine Einführung als Organisationslernen unter Beteiligung (Personalentwicklung als Beteiligungsqualifizierung; Organisationsentwicklung) behandelt. Die Argumentation orientiert sich dabei an zusammengefaßten, verallgemeinerten Ergebnissen aus diversen öffentlich und privat finanzierten Forschungs- und Entwicklungsprojekten, Erfahrungen aus Beratungen, Qualifizierungsmaßnahmen sowie ausgewerteten Praxisberichten.
Die folgende Grafik gibt die relevanten Zusammenhänge in der thematischen Bearbeitung wieder:

2. Verständnis von Lean Production

Schlanke Wirtschaftsunternehmen funktionieren heute nur als sich selbst organisierende und lernende Systeme, wenn sachbezogenes Management und personenbezogene Führung als Koordinationsinstrument...
- Effizienz (wettbewerbs- und konkurrenzgerecht, geeignet für unsichere Märkte, dienstleistungsproduktiv für Kunden/Konsumenten) bewirken,
- zu einer größeren Vielfalt fehlerarmer Produkte mit mindestens 50 % weniger
  - Personal
  - F & E-Aufwand
  - Lagerbeständen
  - Betriebs- und Organisationsmittelinvestitionen
  - Fertigungsflächen
  führen,

95

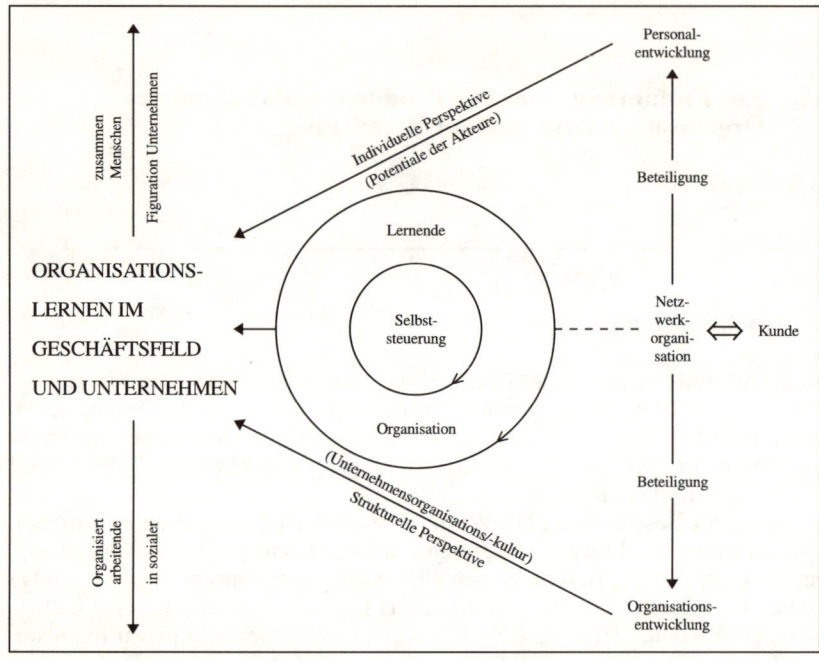

Abb. 1: Kontext von Organisationslernen

- eine 30–40 % Senkung der Herstellungskosten erreichen,
- zu einer maßgeschneiderten Deckung des Bedarfs unmittelbar am Arbeitsplatz beitragen,
- eine allumfassende Erweiterung der Handlungs- und Entscheidungsspielräume einschließen, damit Selbstentfaltung und berufliche Autonomie fördern, sowie die Nutzung der Potentiale der Persönlichkeit ganzheitlich organisieren.

Diese Umschreibung erweitert das Verständnis von Lean Production auf den Begriff Lean Management (vgl. dazu umfassend: Bösenberg, Metzen 1993), das die gesamte Organisation eines Unternehmens, also neben der Produktion den Vertrieb, die Verwaltung, Forschung und Entwicklung etc. umfaßt und sogar Zulieferer einbezieht. Die flexible dynamische Anpassung an den Markt und Kunden mit Hilfe dezentraler Verantwortungsbereiche gelingt dann nur, wenn die Kommunikation über

- flachere und einfachere Hierarchien oder organisatorische Regelkreise sowie
- intern und extern vernetzte Informationsstrukturen

ständig verbessert wird.

Wir wollen uns jetzt aber vor allem auf die weniger komplexe Produktions-organisation konzentrieren, weil sich nur dort Erfolgsfälle identifizieren lassen.

Mit Hilfe des Gestaltungsmodells »Lean Production« soll die Produktivi-tät verbessert werden. Auf Käufermärkten soll dem kundeninduzierten Zwang zu kürzeren Produktentwicklungszeiten nachgegeben werden, die über Lean-Konzepte leichter zu erreichen sind als über radikale Kostensen-kungsprogramme: Diese Produktion als integrierter innovativer Prozeß läuft über paralleles Projektmanagement ab; dabei werden unter Einhal-tung extremer Qualitätsansprüche (»Null Fehler- Null Puffer«) Produkt-entwicklung, Prozeßentwicklung und Produktionsmittelherstellung/-er-probung parallel organisiert, um zu einer Verkürzung des time-to-market zu gelangen. In stark arbeitsteiligen und sequentiell geplanten Produktionsab-läufen können dagegen nur die einzelnen Schritte in der Ablaufkette ver-kürzt werden, und dies unter hohem Kapazitäts-, Zeit- und Kapitalaufwand. Information und Material fließen dann nicht genügend. So stand nach einem Erfahrungsbericht aus der Motorenproduktion auch die Volkswagen AG/Motorenwerk Salzgitter vor spezifischen Wettbewerbsnachteilen:

»die Kosten pro Motor liegen bei den Japanern ca. 32 % niedriger, die Arbeitsproduktivität ist bei den Europäern um ca. 71 % niedriger und die Kapitalbindung der Japaner ist um 60 % niedriger« (IAO-Forum 1992, S. 65, nach MIT-Studie).

Volkswagen konnte bis Dezember 1993 mittels 1500 Workshops z. B. für die Umsetzung von Strategien zum kontinuierlichen Verbesserungsprozeß (KVP), der Verkürzung der Wochenarbeitszeit, der Arbeitsplatzgarantie eine wesentliche Optimierung der Wertschöpfung erreichen, so daß im Durchschnitt

• die Arbeitsqualität um 25 % angehoben
• die Produktivität um 23 % gesteigert
• die Lagerbestände um 25 % sowie
• die Krankenstände von 7,3 % auf 4,5 % (in 1992) reduziert werden konn-ten (‚DIE WELT« vom 17. 12. 1993, nach: Richter 1994, S. 10).

Der Erfolg konnte nur eintreten, weil der *Mensch, d. h. die organisiert zusammenarbeitenden und dabei auch Technik nutzenden Menschen konse-quent als entscheidender Produktionfaktor in den Mittelpunkt* gestellt wur-den: entgegen einer eher technikzentrierten Innovationspolitik, gepaart mit der Vorstellung einer technischen und nicht aufgabenorientierten Ablauforganisation (vgl. als negatives Beispiel Pawellek o. J.).

Dieser Anspruch bedeutet im einzelnen folgendes:
1. Unternehmenskultur und -zielsetzung
In der Organisationskultur ist der Gedanke verankert, daß der Mensch, d. h. auch der einzelne Mitarbeiter im ausführenden Bereich und/oder Arbeitsgruppen und/oder Interessenbeziehungen etc. wichtige Produk-tionsfaktoren darstellen und gleichermaßen für den kundeninduzierten

Unternehmenserfolg wichtig sind. Die Rolle der Organisationsmitglieder entwickelt sich dabei in der gemeinsamen Arbeit und wird dort erlebt. Sie wird also nicht rigide vorprogrammiert.
Leitgedanken eines solchen visionären Gestaltungsmodells sind z. B. folgende:

Organisatorische Einheiten

– einfache Strukturen

– flache Hierarchien

– geringe Arbeitsteilung

Integration und Verantwortung

– Profit Center

– Funktionsintegration
   • Fertigungssteuerung
   • Qualitätssicherung
   • Instandhaltung

– personifizierte Verantwortung

– Arbeitsgruppen, Teams

Konzentration auf das Produkt

– Qualität (TQM)
– Liefertreue (just-in-time)
– produktorientierte Aufbau-
  organisation
– Verringerung der Notwendigkeit
  von Garantieleistungen
– Anwendung statistischer
  Qualitätssicherungsmethoden

Prozeßoptimierung

– prozeßorientierte Ablauf-
  organisation
– Qualität (TQM)
– Liefertreue (just-in-time)
– ständige Verbesserung
  (Kaizen)
– konsequente
  Fehlerursachenbeseitigung

Lean-Management erfordert kleine, produktorientierte, integrierte Einheiten

Abb. 2: Die magischen Quadrate des Personalmanagements im Lean-Enterprise (Bullinger 1992)

2. Führungsstrukturen
Realisierbar ist dieses Leitmodell nur dann, wenn die Führungspyramide konsequent verflacht sowie die Hierarchieebenen und die Zahl der Führungskräfte unumkehrbar reduziert werden. Auch die Integration indirekter Funktionen in die Führungsstruktur der direkten Bereiche trägt dazu bei. Es scheint, daß v. a. das mittlere Management erheblich von dieser Rationalisierung betroffen ist. Widerstände und Ängste sind daher stark ausgeprägt.

3. Arbeitsstrukturierung
Lediglich wenn sich die Arbeitsumfänge vergrößern und qualitativ verbessern, entstehen anspruchsvollere, die Selbständigkeit fördernde Arbeitstätigkeiten, die auch umfangreiche Lern- und Entwicklungschancen beinhalten.
Je nach Form der horizontalen Integration der Arbeitstätigkeiten sowie der vertikalen Integration planend-steuernder Funktionen entstehen dann unterschiedliche Varianten der soziotechnischen Gruppenarbeit, mit unterschiedlichen Graden horizontaler oder vertikaler Arbeitsteilung zur Überwindung des fordistisch-tayloristischen Einzelarbeitsplatzes.

4. Auswahl der richtigen Mitarbeiter
Im Vereinigungsprozeß »Wohlergehen des Unternehmens/der Gruppe und das individuelle Wohlergehen gehen Hand in Hand« wird auf Grund der Erfahrungen vor Ort auch dem direkt produktiven Bereich mehr Kompetenz zur Einstellung von Mitarbeitern zugestanden.

5. Kommunikation
Die bislang zu sehr voneinander abgeschotteten Organisationsmitglieder müssen wieder lernen, problembezogen miteinander zu reden, z. T. auch mit Hilfe interner erfahrener »Moderatoren«. Denn auch organisationsbedingte Informationen weisen Fehlerquellen auf, über die unmittelbar kommuniziert werden sollte. »Formale« Beschreibungen zur Unternehmenskultur/-identität werden so durch direkte Kommunikation am Arbeitsplatz erst erlebbar.

6. Qualifizierung
Eine effiziente Qualifizierung, die vor allem im Prozeß der Arbeit selbst anzusiedeln ist und erst so die Ausschöpfung der technisch-organisatorischen Möglichkeiten erlaubt, wird aber davon abhängen, ob die Arbeit
• Lernmöglichkeiten ohne Überforderung bereithält (Qualifizierungsrelevanz) und
• die Anwendung des Gelernten ohne Unterforderung erlaubt (Qualifikationsgerechtigkeit).
Von daher gesehen zielt eine permanente Qualifizierung auf:
• die Ausführung fachlich-technischer Arbeitshandlungen,
• die Entwicklung organisatorisch-planerischer Kompetenz,
• die reibungslose Handhabung datentechnischer Einrichtungen,
• eine erweiterte Fachkompetenz in Auftragsdisposition, Auftragsterminierung, Kapazitätsplanung, Fakturierung etc.,

- das Training von Moderatoren hinsichtlich der Entwicklung sozialer Kompetenz, z. B. Gruppen- und Teamfähigkeit, Anleitung von Arbeitsgruppen etc.
7. Etablierung eines Systems ständiger Verbesserung
Verbesserungen am Ort der Wertschöpfung werden im Gegensatz zur Innovation über kleinste und kleine Schritte organisiert. Über die konsequente Nutzung nicht zurückgehaltener sowie übergreifender informeller Erfahrungen und Arbeitsinformationen werden Kosten eingespart *und* Motivation erzeugt. Dabei wird auf Prozeß- und Produktebene Qualität gesichert. Voraussetzung dazu ist eine breite Vertrauensbasis zwischen Mitarbeitern und Unternehmensleitung, die entsteht, wenn die Sicherheit von Unternehmen *und* Arbeitsplätzen garantiert werden kann.
8. Personaleinsatz
Der Mitarbeiter wird entweder als Störfaktor behandelt oder in seiner beruflichen Leistungsfähigkeit anerkannt und gefördert.
Im schlanken Unternehmen bedeutet daher Personaleinsatz mitarbeiterorientiertes Handeln, d. h. im Rahmen eines offenen kooperativen Umgangs miteinander sowie eines ziel- und entwicklungsorientierten Führungsstils werden Mitarbeiter eher beraten und betreut als angewiesen und kontrolliert. Weil traditionelle Kontrolle im schlanken Unternehmen wegfällt, gewinnt die Personalbeurteilung als Personalentwicklungsaufgabe von Führungskräften an enormer Bedeutung. Vielfach müssen zu diesem Zweck erst einmal Personalreferenten für diese Dienstleistung eingestellt werden.
Der Grad der Mitwirkung und -entscheidung wächst kontinuierlich.
Bei Eintritt eines Fehlers z. B. wird dann entgegen der traditionellen Schuldzuweisung fach- und abteilungsübergreifend eine gemeinsame Ursachenforschung betrieben. Auch dies müssen Führungskräfte über arbeitsrelevante Informationen ermöglichen.
Zusammenfassend gibt die folgende Grafik die Leitgedanken, zentralen Strategien der schlanken Produktionsorganisation wieder (siehe Abb. 3).
Im Anschluß an diesen Problemeinstieg lassen sich schon kritisch folgende Fragen stellen:

- Eignet sich das Modell »Lean Production« nicht vor allem für die hochautomatisierte Serienfertigung und noch dazu in der Automobilindustrie, läßt es sich auf die scheinbar günstigeren Ausgangsbedingungen kleiner und mittlerer Unternehmen in der Unikatfertigung oder auf Dienstleistungen/Verwaltungen übertragen?
- Stellt in KMU's nicht Mitarbeiterzentrierung schon gelebten Alltag dar?
- Handelt es sich nicht um eine riskante Produktionsweise, da Puffer für Störfälle nicht vorhanden sind, kaum Lagerhaltung existiert, die Teams oft nicht zeitsouverän handeln können?
- Stößt nicht das Modell einer harmonischen Gruppe von Gleichberechtigten auf Widerstand, weil individuelle Motivationen und Anreize leicht vernachlässigt werden?

Strategien

→ Dezentrale, am Produkt orientierte Organisationsstrukturen nutzen den Vorteil einer internen Marktwirtschaft und teamfähiger Personalstrukturen. Vertrieb (V), Konstruktion (K), Arbeitsvorbereitung (AV) und Einkauf (Dispo) sitzen an einem Tisch.

→ Funktionsintegration in Form von Gruppenarbeit mindert die Durchlaufzeit und erhöht die Kompetenz zur Problemlösung.

→ Ganzheitliche Logistikkonzepte »vom Kunden zum Kunden« mindern Reibungsverluste im Informations- und Materialfluß.

→ Eine mit der Produktion zeitlich gleichlaufende interne und externe Beschaffung vermindert Lagerbestände. Hierher gehört das Stichwort »Just-in-Time«.

→ Dezentrales Informationsmanagement (EDV) mit einfachen Regelkreisen ersetzt komplizierte zentrale Steuerungsvorgänge.

→ Ständige Qualitätskontrolle vor Ort ermöglichen einen kontinuierlichen Verbesserungsprozeß (Kaizen).

→ Produktionsgerechte Produktgestaltung mindern die Änderungsaufwände und Reibungsverluste bei Neuanläufen sowie Fertigungs- und Montageaufwänden.

→ Kleine, abgeschlossene und beherrschbare Produktionssysteme erhöhen die Stabilität des gesamten Produktionsprozesses.

Ganzheitliche Sichtweise »Lean Production«

Prozeßmanagement

Objektorientierung

Problemorientierung

Makrobetrachtung

Ergebnisplanung

Interne Ausrichtung

Methoden- und Sozialkompetenz

Aktive Mitgestaltung

Gesellschaftliche Verantwortung

Abb. 3: Strategien der Lean-Produktionsorganisation (nach: Bullinger, Seidel 1992)

- Geht nicht die fachlich-berufliche Identität auf Dauer verloren, wenn qualifizierte Facharbeiter ständig Tätigkeiten wechseln?
- Folgt man diversen Berichten von Werksärzten, welche gesundheitlichen Belastungen entstehen durch Gruppenarbeit und wie begegnet man ihnen in der Gruppe?
- Gibt es nicht auch andere Wege zur Produktivitätssteigerung (siehe z. B. die Fa. Kromschröder, Osnabrück, nach: BIBA 1990)?
- Stellen nicht Organisationsentwicklung und Organisationslernen auf

einen schwierigen komplexen langfristigen Prozeß ab, der viele unge-
plante Folgen enthält?
● Scheitert nicht die notwendige Beteiligungsbasis leicht daran, daß die
Reichweite und Qualität der Beteiligung in der ein oder anderen Art und
Weise beschnitten ist:
  – sei es, daß Lean Production lediglich Inselcharakter aufweist
  – sei es, daß ein Widerspruch zwischen nur rudimentär abgebauter Hier-
    archie und Selbststeuerung von Gruppen wirksam wird
  – sei es, daß wirliche Mitwirkung/-entscheidung nicht etabliert wird
  – sei es, daß Beteiligung nicht die konsequente Beteiligung am wirt-
    schaftlichen Erfolg oder Mißerfolg mit einschließt?

3. Beteiligung als Prozeß des Organisationslernens

3.1 Kurze einleitende Erläuterung zum Organisationslernen

Organisationslernen wird an dieser Stelle programmatisch als das gleichzeitige, aufeinander bezogene/beziehbare Lernen vieler Organisationsmitglieder (Individuen) in einem Wirtschaftsunternehmen verstanden, die
relativ gleichberechtigt zusammenarbeiten. Diese individuellen Lernprozesse führen mittel- und langfristig zu einer sozialen (organisatorischen)
Identität, die auf Veränderung, Gestaltung und Interessenauseinandersetzung angelegt ist. Sie ist mit dementsprechenden fach- und aufgabenüber-
greifenden Fähigkeiten (Schlüsselqualifikationen) zur Beteiligung an den
geschäftlichen Leistungsprozessen verbunden.
Diese individuellen Lernprozese sind zwar in der formalen Organisationsstruktur (z. B. einer Abteilung) verankert bzw. bildet mit ihr in der Ist-
Organisation eine wie immer geartete › Vereinigungsmenge‹, besitzen aber
von ihrer geistig- bewußtseinsmäßigen sowie sozialen Qualität her informellen Charakter.
Es lernen keine – im Vergleich zu sogenannten»Individualsubjekten« –
»Kollektivsubjekte«(z. B. eine Abteilung), sondern immer einzelne Individuen: auch als»Kollektive« repräsentierende Akteure, eben als Mitglieder
einer Abteilung oder Arbeitsgruppe. Es lernen mehrere Individuen gleichzeitig, die direkt in einer Organisationseinheit oder nicht direkt, über
Organisationseinheiten hinweg, sinnvoll zusammenarbeiten. Die z. T.
schrittweise entstehenden Lernprodukte, wie z. B. Wissen, werden im
Unternehmen »kollektiv« zusammengeführt und systematisch verfügbar
gehalten.
Organisationslernen hat soziale Qualität insofern, als»sozial« immer zweierlei bedeutet:
● Einzelmenschen,
● Interdependenzzusammenhänge, Gruppen etc., die Individuen bilden

und die im wesentlichen dadurch gekennzeichnet sind, daß eine meist kleinere »Gruppe« von Menschen mehr Möglichkeiten (z. B. auf Grundlage von Informationen und Qualifikationen) besitzen, ihre Interessen durchzusetzen (vgl. den Ansatz des Soziologen Norbert Elias, dazu: Korte, Hesseler, Leinenbach 1982; Hesseler 1985).

Organisationslernen, gerade weil es auf die ständige Veränderung durch Beteiligung abzielt, spiegelt diesen Strukturzusammenhang »Menschen im Plural« wider und forciert gleichermaßen die damit verbunden sozialen Ausgleichsmaßnahmen wie z. B. Weiterbildung.

Weil die Wettbewerbsfähigkeit gestärkt werden muß, kann Organisationslernen nur unternehmensintern ablaufen. Es bedeutet von daher gesehen das gemeinsame Lernen aller zu beteiligender/beteiligter Führungskräfte und Mitarbeiter einer organisatorischen Geschäftseinheit und/oder zwischen diesen. Organisationslernen zielt von daher gesehen

- auf die Wettbewerbsfähigkeit des einzelnen Geschäftsfeldes (Geschäftslernen) und
- auf die Wettbewerbsfähigkeit des Unternehmens als ganzes (Unternehmenslernen), über die Verknüpfung zwischen Geschäftsfeld und Beteiligungssystem (Ausführungs- und Führungssystem).

Vor diesem Hintergrund soll die lernende, geschäftsfeldübergreifende Organisation als höchste Form des Organisationslernens (das lernende Unternehmen) gelten.

Dazu müssen die strukturellen Voraussetzungen geschaffen werden:

- Lernende Organisation bedeutet als Zielkomplex die Schaffung von strukturellen Rahmenbedingungen, innerhalb derer dann Möglichkeiten zur individuellen Lernfähigkeit und zum Lernfortschritt ausgeschöpft werden können. Denn man kann nicht so ohne weiteres davon ausgehen, daß das – zum Teil individuell unreflektiert/unbewußt/ungesteuert – Gelernte zum Beispiel in einer Gruppe, Abteilung, mehreren Abteilungen, dem gesamten Unternehmen direkt verfügbar ist. Insofern wäre der Ausdruck lernfähige Organisation u. U. geeigneter, um die flexible Reaktion auf intern und extern induzierte Lernnotwendigkeiten hervorzuheben.
- Diese Betrachtung von lernender Organisation . . .
  . . . zielt zum einen auf die institutionelle Festlegung der Modi des Lernens, d. h. der selbstständigen Festlegung wer, was, wie, in welchem Umfang und Zeitraum, auf wessen Veranlassung und hinsichtlich welcher Ziele lernen soll sowie
  . . . verweist gleichzeitig auf die Organisation dieses informellen Klärungsprozesses als Lern- und Entwicklungsprozeß.

Dabei ist zu beachten, daß sich die alte, zunächst erfolgreiche Organisation – Organisation, d. h. »geronnene Werte« (von Rosenstiel 1984) als Entscheidungsergebnis der einst aktiven, einflußreichen Gruppen vergangener Generationen- sich verfestigt hat und sich auch notwendigen Veränderungen gegenüber widerständig verhält.

Die gemeinsame Umlernphase benötigt also Zeit. Zusätzlich muß erst einmal eine gewisse Unerfahrenheit hinsichtlich neuer Konzepte überwunden werden. Dabei ensteht eine lernende = lernfähige Organisation nur dann, wenn möglichst viele Menschen (Mitarbeiter und Führungskräfte) am Veränderungsprozeß beteiligt werden: Von der Zielsetzung an.

Dies ist an bestimmte Voraussetzungen gebunden:

- Die geistig-emotionalen Grundlagen des Managements werden modifiziert. Es wird zum Berater/Betreuer. Dies bedeutet Machtverzicht.
- Möglichst viele unterschiedliche Berufsgruppen werden einbezogen. Sie müssen auch die Verantwortung wollen.
- Change Management wird konsequent mit Power Management verknüpft, neue Machtbalancen werden verhandelt und vereinbart.
- Gerade die reine Innenorientierung von »Organisationen« zur Bestandssicherung ist angesichts der Wettbewerbs- und Marktsituation aufgeweicht. Insofern setzt die externe Vernetzung der lernenden Organisation die lernende Gesellschaft voraus. Die Schaffung oder besser Entfaltung einer lernenden Organisation hängt mit der Demokratisierung der Gesellschaft zusammen.
- Zur Überwindung der Widerständigkeit des Bewährten und Vertrauten werden permanent neue Erkenntnisse und Einsichten über die Lösung von Problemen in dem oben beschriebenen ›organischen Lernsystem‹ erzeugt (ständige Verbesserung) sowie im Arbeitsalltag, bei laufender Produktion sofort umgesetzt. Dies setzt die Integration internen und externen Wissens sowie von Informationen voraus.
- Der Organisation eines koordinierten Netzwerks sich selbst steuernder Systeme ist Lernen immanent, über ›Hierarchie‹ hinaus, die z. T. mit Fachkompetenz unvereinbar ist. In gewissem Sinne entwickelt sich eine Lernkultur, die auch laborähnliche Züge annehmen kann, insofern als die Erneuerungsprozesse mit Experimentieren einhergehen (forschendes Lernen). »Erhebliche Synergieeffekte sind zu erwarten, wenn anstelle der abteilungs-, funktions- oder bereichsorientierten Weiterbildung ein horizontales und vertikales Netz von gemeinsamen Lernmöglichkeiten im Unternehmen implementiert wird, in das auch das Umfeld aktiv eingebunden ist« (Grosse 1994, S. 12).
- Gefordert sind das Management, die Führungskräfte, die ja nicht mehr nach dem Grundsatz ›Wissen und Information sind Macht‹ agieren können, sondern lernen müssen,
  - was eine lernende Organisation ist und welche neue Rolle sie darin spielen,
  - wie Lernen zu managen ist,
  - wie Lernfortschritt bewertet werden kann.
- Auch die Betroffenen in den »ausführenden Bereichen« oder – besser – in den unternehmensweit zu koordinierenden selbst gesteuerten Subsystemen, müssen sich zur Beteiligung qualifizieren. Erst dann

wird Lernen zu einem sinnvollen vereinbarungsfähigen Unternehmens-ziel.
Ausgehend von den Problemen bei der Einführung von Lean Production soll ein Modell der Beteiligung als Angelpunkt von Organisationslernen entwickelt werden. Dieser Beteiligungsprozeß läßt sich exemplarisch durch Beteilungsqualifizierung und Personalentwicklung unterstützen.

3.2 Typische Fehler in der Einführung von Lean Production

Erfahrungen mit der bis zu 10 Jahren und mehr dauernden Einführung von Lean Production oder Lean Management lassen meist folgende zentralen Problembereiche erkennen:

- Es wird nicht überlegt, ob nicht eine alternative Lösung des Zentralpro-blems, also eine nicht-leane Lösung möglich ist.
- Das übertragene Modell konnte nicht an die betriebsspezifischen Anwendungsbedingungen angepaßt werden.
- Voraussetzungen wie z. B.»Total Quality Management« sind z. T. nicht einmal in Ansätzen gegeben.
- Der Idee fehlen die Bodenhaftung und der Konsens der Beteiligten.
- Das passende Anreiz- und Belohnungssystem fehlt (Stichwort: Abstim-mung Gruppen- und Individuallohn).
- Die Unternehmens- oder Geschäftsführung sowie die Interessenvertre-tung sind nicht genügend überzeugt.
- Neue Ausführungs- und Führungsstrukturen müssen erst erprobt wer-den, die im Rahmen kundenorientierter Modelle in Kooperation und Partnerschaft gründen.
- Abstimmungsprobleme zwischen unmißverständlich begründeter Grup-penarbeit und operativer Führung müssen gelöst werden.
- Die Einführung wird oft nicht als Organisationsentwicklungsprozeß oder organisatorischer Lernprozeß geplant und durchgeführt, der viel Zeit beansprucht.
- Unterstützende Personalentwicklungsprogramme zur Beteiligung feh-len meistens (Beteiligungsqualifizierung).
- Vielfach existiert auch keine vernünftige Projektorganisation für den kontinuierlichen Verbesserungs- und Einbeziehungsprozeß. Es können dann ähnliche Probleme wie in vielen anderen geplanten Veränderungs-prozessen auftreten, z. B. fehlende Kompetenz der Projektbeteiligten, Konflikte zwischen Linie und Projektleitung, voneinander isolierte Teil-projekte eines Gesamtprojekts, Zeitrestriktionen, Widerstände im Rah-men bestehender Machtmonopole, mangelnde Standardisierung und Visualisierung der Vorgehensweise etc.
- Die Beteiligung beschränkt sich unter Überschätzung der Akzeptanzpo-tentiale auf reine Informationspolitik, die zusätzlich hinsichtlich des lei-digen Problems Personalabbau Ungewißheit erzeugt.

• Oft erschöpft sich die Vorgehensweise in der Konzentration auf die methodenlastige Problemlösungskompetenz und Trainings dazu (Expertentum). Die Entwicklung von Sozialkompetenz zur Bewältigung von sozialen Prozessen (Verhandlung/Interesse/Macht/Kommunikation) tritt dagegen in den Hintergrund. Die indirekten Bereiche blockieren dann, Entscheidungen erschöpfen sich in der Immunisierung wirklicher Veränderungen.

3.3 Beteiligung als Organisationsentwicklung: Problemlösung und Interessenauseinandersetzung

Die Einführung von Lean Production gelingt nur unter der übergreifenden Beteiligung vieler Betroffener, stellt einen systematisch geplanten organisatorischen Wandel über einzelne »Inseln« hinaus dar (Abteilungen, Funktionsfelder, Arbeitsgruppen). »Nutze die Möglichkeiten der Komplexitätsbewältigung durch die Bildung relativ autonomer Systeme und Subsysteme. Beteiligte leisten einen Beitrag (Partizipation) und sind dazu fähig und zu befähigen. Gestaltungs- und Lenkungsfähigkeit ist über das System verteilt und eine solche Verteilung ist zu fördern. Betroffene lösen ihre Probleme selbst; es wird nicht für sie organisiert, geplant, entschieden« (Probst 1987, S. 114).
Angelpunkt bilden dabei die folgenden Erfahrungsregeln, deren schrittweise Anwendung einen sozialen Entwicklungs- und Wachstumsprozeß (Organisationslernen) bedeutet:

• Damit unvorhergesehene Veränderungen nicht zu Schwierigkeiten führen, müssen rechtzeitig, nicht erst in der Phase der Systemeinführung, Führungskräfte und Mitarbeiter/-innen informiert werden. Dann erst entsteht Vertrauen.

• Weil willkürlich erscheinende Veränderungen nicht akzeptiert werden, müssen Veränderungen begründet werden. Denken muß angeregt werden, damit Akzeptanz entsteht.

• Weil ungewisse Arbeitssituationen oft mit Angst und Widerständen einhergehen, muß man verdeutlichen, daß die Chancen die Risiken überwiegen. Die Betroffenen muß man mitreden lassen, damit Gewißheit hinsichtlich der Sinnhaftigkeit der Einführung von Lean Production entsteht.

• Weil die mangelnde Mitwirkung an der Planung und Einführung neuer Modelle zu Desinteresse und fehlender Leistungsbereitschaft führt, müssen selbständige Beiträge angenommen und positiv berücksichtigt werden. Dann erst entsteht über Beteiligung Mitverantwortung.

Angelpunkt der Beteiligung ist der Sachverhalt, daß die Einführung von Lean Production organisatorisches Lernen beinhaltet, sowohl hinsichtlich der Lösung von Problemen, als auch hinsichtlich der Kooperation/Kommunikation/Interessenauseinandersetzung (siehe die folgende Abbildung):

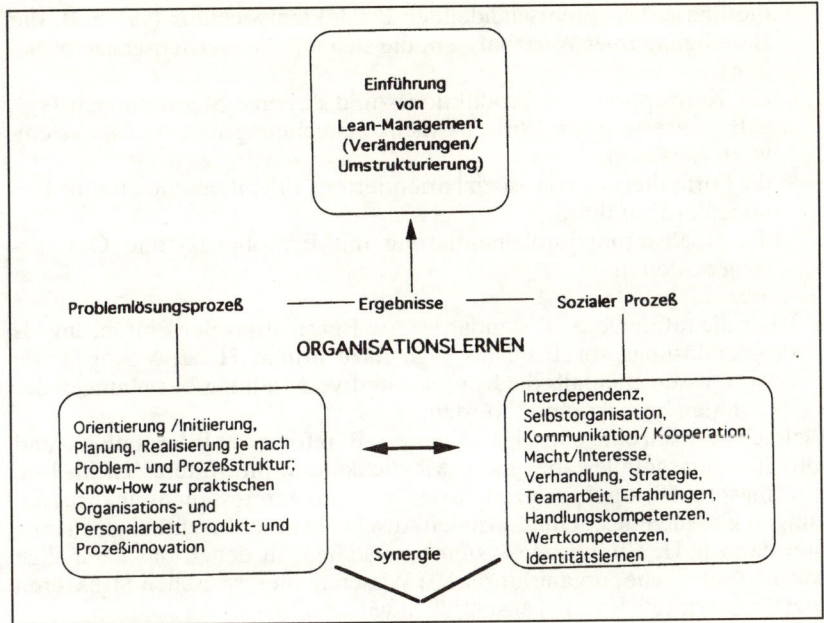

Abb. 4: Die zwei Seiten des Beteiligungsmanagements

Diese beiden Seiten ein- und derselben Medaille »Einführung als Organisationslernen« beeinflussen wesentlich die Qualität der Umsetzung auf Produkt- und Prozeßebene:

- Daher kann der Beteiligungsprozeß nicht ausschließlich als ein durch Experten methodisch strukturierter und formalisierter instrumenteller Prozeß verstanden werden, der unvorbereitet mit Sicherheit zu Überforderungen führt.

Gleichberechtigt findet auch ein problembezogener innovativer und iterativer Such- und Lernprozeß der daran beteiligten Menschen (Zielgruppen) statt: Lean Production und mehr noch Lean Management stellen einen relativ unstrukturierten, schlecht vorhersehbaren längerfristigen Prozeß dar, der nur über die Erfahrungen und Lebenswelten der Betroffenen erschlossen und beherrscht werden kann.

Die erfahrungs- und qualifikationsgeleitete organisierte Beteiligung (Organisationsentwicklung) an der nicht endenden Veränderung, damit auch an den je neu entstehenden Aufgabenstellungen als Ergebnis der Enttaylorisierung schließt folgende, selten linear zu vollziehenden Schritte ein:

- die ganzheitliche Schwachstellenanalyse im Sinne von Problem-Ursache-Wirkungsketten (vgl. die Entity-Relationship-Methode),

- die Phase des vorentscheidenden Produktentwicklung (vgl. z. B. die Beteiligung über Wertanalysen, die sich auf das Betriebsganze beziehen),
- die Konzeption von Produktions- und Arbeitssystemlösungen (vgl. z. B. die erweiterte Wirtschaftlichkeitsrechnung und Arbeitssystemwerterfassung),
- die Formulierung von »sozial orientierten« Pflichtenheften für die Planung der Einführung,
- die Realisierung/Implementierung mit Erprobungs- und Optimierungsschleifen
- etc.
- Über die rationale, z. T. standardisierte Betrachtung der Einführung als Problemlösungsprozeß hinaus (vgl. dazu primär Heeg, Meyer-Doom 1994) müssen ebenfalls die Konflikt- und Verhandlungsbeziehungen der Beteiligten berücksichtigt werden.

Vielfach besitzen einige wenige Akteure z. B. infolge des Informations- und Qualifikationsgefälles aber mehr Möglichkeiten, ihre Interessen im Einführungsprozeß durchzusetzen. Konflikte und Interessenauseinandersetzungen sind die Folge. Ohne sozialen Ausgleich dieser Machtbalancen können dann u. U. Einführungssysteme entstehen, in denen das ehemalige soziale (berufliche, organisatorische) Wissen in hierarchischen Strukturen sozial unverträglich vergegenständlicht wird.

Beschränkt sich z. B. die Planung und Einführung auf die Etablierung von »Insellösungen«, bleibt die Selbststeuerung von Arbeitsgruppen von der Anweisungskompetenz von Führungskräften im Umfeld abhängig.

Von daher gesehen sind Bedingungen zu organisieren, die dazu führen, daß die eher uneinheitlichen »Modellvorstellungen« der betroffenen Bereiche und Menschen zu umsetzbaren Informationen werden. Dieses einheitliche kommunizierbare Modell entsteht auf Grundlage eines gesamtbetrieblichen Systemverstehens unter Beteiligung aller Mitarbeiter/-innen und Führungskräfte. Auch Konzepte über Organisation und Qualifizierung erhalten damit systemischen Charakter. Das Unternehmen wird zur »lernenden und Probleme lösen-den Organisation«.

3.4 Beteiligungsqualifizierung als Personalentwicklung

Sofern echte Beteiligungsorganisation auf den sozialen Ausgleich der Ungleichverteilung von Machtchancen (z. B. Informationen und Qualifikationen) in sozialen Prozessen ausgerichtet ist, wird die Beteiligung der direkt produktiven Mitarbeiter in der Werkstatt auch zum Bestandteil des Beteiligungs- Know-how des Managements/der Führungskräfte sowie Spezialisten (z. B. Planer): Mit Blick auf einen objektiv nachvollziehbaren Einsatz von sozialverträglichen Lean-Systemen.

Das gelingt, wenn – über die Konzentration auf die Förderung der Fachkompetenz im Sinne von Beurteilungskompetenz hinaus – die Betroffenen zur Kommunikation, Artikulation und Durchsetzung von Interessen befähigt werden. Verhaltensänderung (Lernen) zielt auf die Fähigkeit und Bereitschaft zu verändern und zu gestalten ab (vgl. Abb. 5):

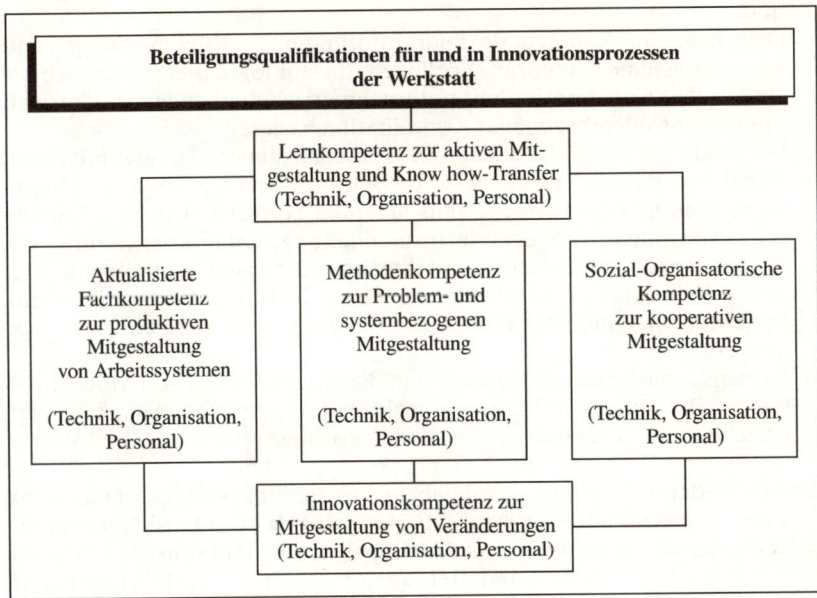

Abb. 5: Beteiligungsqualifikationen

- Organisationslernen ist *innovativ,* weil unter personalwirtschaftlichem Blickwinkel ständig eine Balance zwischen objektiven Anforderungen an Beteiligung und den subjektiven Lern- und Leistungsvoraussetzungen hergestellt wird.
- Organisationslernen ist *problembezogen,* weil das Prinzip lernoffener Arbeitsprozesse mit dem Prinzip arbeitsoffener Lernprozesse kommunikativ vermittelt sowie als interessenlastiger sozialer Wachstumsprozeß verankert wird.
- Organisationslernen ist *verständigungs- und ressourcenorientiert,* weil es in erster Linie nach dem handlungsorientierten vergleichenden Lernprinzip und dem Prinzip offener Kommunikation ausgerichtet ist. Es zielt auf die Verknüpfung von sozialer Innovationskompetenz und konfliktorientiertem Verständigungshandeln ab.
- Organisationslernen zielt auf die *Modifizierung herkömmlicher Personalmanagementansätze* und *-instrumente.* Dies betrifft z. B. die Personal-

auswahl und -beurteilung einschließlich Entgeld im Rahmen einer Strategie des entwicklungsorientierten Führens oder Job Rotation für Führungskräfte. Dabei sind z. B. Nivellierungstendenzen im Status und Prestige mit angemessenen Entwicklungs- und sogar Karrierepfaden zu begegnen, die auf Förderung der beruflichen Autonomie angelegt sind.

Dies kann im Rahmen flexibler Informations-, Rückmeldungs- und Kontrollsysteme (Steuerung) gelingen, die auf logisch-einfachen Abläufen, flacher Organisation mit unternehmerisch denkenden dezentralen Zentren, problembezogener Koordination basieren.

Dies steht im Zusammenhang mit sich selbst steuernden gesamtverantwortlichen Regelkreisen, also z. B. Betreuen und Bedienen von Systemen, ständiges Verbessern, zeitsouveräne Nutzung, Logistik / Steuerung, Wartung / vorbeugende Instandhaltung, Qualitätssicherung, die an der Erstellung fertiger Produkte orientiert sind und sinnvoll von Sekundärfunktionen unterstützt werden, z. B. Einkauf, Logistiksystem, Projektentwicklung, Qualitätssysteme, Personaleinsatz und -entwicklung etc.

- Organisationslernen zielt zentral auf die Ausschöpfung von Möglichkeiten zur Beteiligung in Form von nicht-belastender *Gruppenarbeit*. Mitentscheidung, Selbststeuerung, Verantwortungsübernahme und Weiterlernen verweisen prinzipiell auf ein positives Saldo.

Von besonderer Bedeutung sind dabei Gruppenprozesse, sowohl hinsichtlich externer oder interner Konfliktpotentiale, als auch hinsichtlich unterschiedlicher Vorgehensweisen in Abhängigkeit von der Form der Gruppenarbeit (vgl. z. B. Förder- und Beratungsgruppen, Durchführungsteams, Gesprächskreise, Steuerkreise, Projekt-, Trainings- und Koordinierungsgruppen etc.).

Die Projektgruppen z. B. müssen im kontinuierlichen Verbesserungsprozeß (KVP) ganzheitlich besetzt sein, sowie in der Lage sein, zusammen mit den Mitarbeitern vor Ort Problem-Ursachen-Ketten zu analysieren und Verbesserungsmöglichkeiten zu finden. Dabei kommt es darauf an, verständliche, d. h. auf die Betroffenen zugeschnittene, und zugleich erfolgsversprechende Methoden und Instrumente des Personalmanagements anzuwenden (z. B. Informationsblätter, Standard Wall, Lean-Checklisten, Benchmarking, Wertschöpfungs-Kennzahlen, einfache Methoden zur Deutung statistischer Häufigkeiten, Hilfsmittel für Problemlösung, Arbeitsregeln für Standardsituationen, Moderationstechniken, Industrial-Engineering-Techniken, Projektmanagment, Qualitätssicherungstechniken etc.).

Insbesondere können vorgeschaltete Arbeitsgruppen Projekte bilden, die auf die Klassifizierung von Problemen und z. T. schon auf ihre (Vor-) Lösung zugeschnitten sind. Problemlösungsteams als Projektgruppen können auch an den organisatorischen Schnittstellen »subversive« Arbeit leisten.

Im folgenden soll schwerpunktsmäßig aus der Perspektive der Führungskräfte ein PE-Maßnahmesystem zum strategischen Organisationslernen für die Einführung von Lean Management als Organisations- und Führungsprinzip vorgestellt werden; dabei sind folgende individuellen und »kollektiven« Dimensionen der Personal- und Organisationsentwicklung (PE/OE) zu beachten (vgl. Abb. 6):

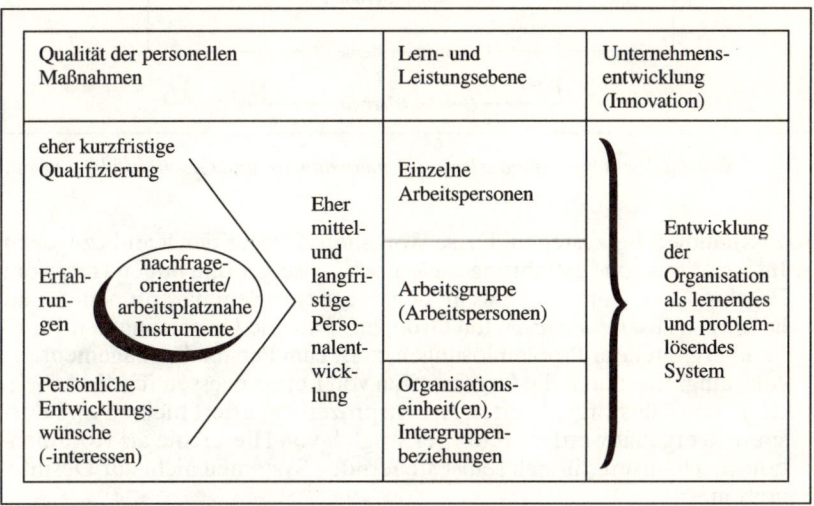

Abb. 6: Dimensionen der PE/OE

3.5 Umsetzungsbeispiel »PE-Programm für Führungskräfte«

Ein konkretes PE-Programm (nach Große-Oetringhaus 1994) für strategisches Organisationslernen im Einführungsprozeß umfaßt im wesentlichen folgende zwei Unterprogramme (vgl. Abb. 7):
- Das an den Unternehmenszielen orientierte Unternehmensprogramm zielt auf die Gestaltung des Führungssystems, der Unternehmenskultur und des organisatorischen Wandlungsprozesses, um die Umsetzungsvoraussetzungen für die Unternehmensstrategie auf Geschäftsebene zu verbessern (übergreifendes Steuerungssystem für die Kompatibilität »Gesamtunternehmen – dezentrale Einheiten«).
- Das Geschäftsprogramm dient dazu, eigenständige Geschäftsfeldstrategien zu entwickeln. Sie stellen somit eine Konkretisierung des Unternehmensprogramm dar (dezentrale, teilautonome Steuerungssysteme).
- Nicht homogen zusammengesetzte Workshops dienen bedarfsweise dazu, zwischen diesen beiden Lernebenen eine übergreifende ›kollekti-

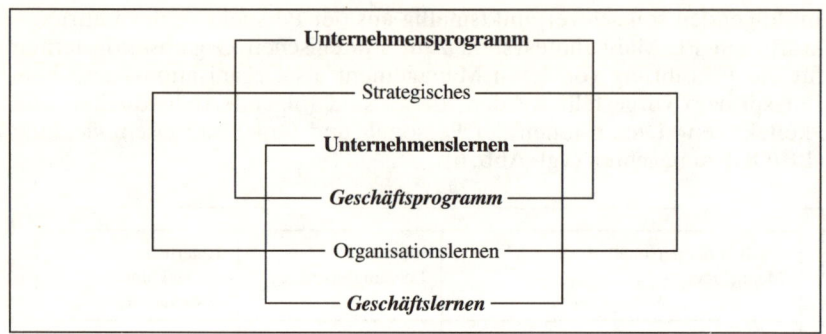

Abb. 7: Strategisches Organisationslernen (Unternehmens- und Geschäftsfeldstrategie)

ve Klammer‹ herzustellen. Diese Workshops fördern den lean-bezogenen Informations- und Erfahrungsausstausch zwischen Individuen (und vom Ergebnis her homogen zusammengesetzten »Seminargruppen«) und heterogen zusammengesetzten Gruppen sowie die Umsetzung/den Transfer übergreifender Problemlösungen, z. B. zum Personalmanagement. Allerdings nur durch die Organisation von Lernprozessen für die Arbeit, die in den selbstorganisierten Arbeitsprozeß integriert bleiben und dort sinnvoll ergänzt werden, führt der Wegfall von Hierarchie als Koordinationsmechanismus in sich selbst steuernden Systemen nicht zur Desintegration.

Das Programm umfaßt mehrere Stufen:

Stufe 1: Orientierendes Strategielernen zur Sensibilisierung
Das Ziel dieser Einzelseminare besteht darin, Problem-Ursache-Wirkungsketten zur Antizipation von mittel- und langfristigen Wettbewerbsvorteilen sowie von Marktsegmenten zu analysieren und auszuwerten.

Wettbewerbs- und kundenorientiertes innovatives Organisationslernen bereitet in Seminaren gezielt auf die Erfüllung von spezifischen Geschäftsanforderungen vor, in sozialer und methodischer Hinsicht.

Was ist vor diesem Hintergrund der thematische Bezug von organisatorischen Lernprozessen (vgl. Bösenberg, Metzen 1993)?

- Alle Organisationsmitglieder sind zusammen mit Zulieferern, Händlern und Kunden Teil eines wirtschaftlichen Netzwerks mit Wertschöpfungscharakter (vgl. Keiretsu).
- Sie sind zu ständiger Systemverbesserung verpflichtet (Kaizen).
- Im Rahmen wechselseitigen Vertrauens, Toleranz, Respekt verpflichtet sich jeder zu Teamarbeit.
- Ebenso gilt der Anspruch nach offener Kommunikation und Information.

- Eine kundenorientierte Unternehmensethik motiviert zu Mitarbeiterproduktivität und Produktqualität.

Was müssen konkret die Führungskräfte lernen?

- Führungsverhalten ist primär leistungsorientiert.
- Der Vorgesetzte wird zum Coach seiner Mitarbeiter, führt entwicklungsorientiert.
- Er muß lernen, Krisen und Konflikte, die allerdings zunächst vermieden werden sollen, kooperativ zu meistern.
- Anweisungen werden zu Vorschlägen und forderungsgerechten Bitten.
- Die Ursachen von Fehlern werden gemeinsam gesucht und Verbesserungsmöglichkeiten gemeinsam erarbeitet.
- Sie versuchen offen und nicht hierarchiebezogen zu kommunizieren.
- Sie geben ständig Feedback.
- Sie sind auch bereit, Kritik zu akzeptieren, zuzuhören.
- Das Treffen von einsamen Entscheidungen wird durch das in Teams abgelöst.
- Ressourcen, auch Humanressourcen, werden vollständig und sparsam ausgeschöpft und dazu systematisch erschlossen.
- Sie sind bereit, auch an risikoreichen Veränderungen aktiv mitzuwirken.
- Gerichtliche Auseinandersetzungen z. B. mit Kunden, sind zu vermeiden.
- Repräsentationsaufgaben werden radikal reduziert.
- Sie versuchen, sich selbst realistisch einzuschätzen.
- Karriere-und Laufbahnstrukturen werden nach Gruppengesichtspunkten konzipiert.
- Zu den Betriebsräten und gewerkschaftlichen Interessenvertretern wird ein partnerschaftliches Verhältnis gepflegt.
- PE wird zu einer Generalistenfunktion.

Folgendes (auch Teil der Beteiligungsqualifizierung der Führungskräfte/ Vorgesetzten) müssen Mitarbeiter lernen:

- Ihr reaktives Arbeitsverhalten wandelt sich zu einem mitgestaltenden Arbeitshandeln.
- Sie übernehmen bereitwillig Verantwortung, scheuen sie nicht, indem sie z. B. vom Arbeitsplatz fernbleiben.
- Sie halten Informationen nicht zurück, sondern teilen sie dem Vorgesetzten freiwillig und offen mit.
- Sie betrachten Kommunikationsbezüge als weniger von Hierarchie geprägt.
- Sie setzen Ressourcen nicht verschwenderisch, sondern bewußt und damit wirtschaftlich ein.
- Fehler in der Produktherstellung (schon auf Vorproduktebene) werden vorbehaltlos angeprangert und beseitigt. Dies gelingt umso mehr, als sie in den Produktentwicklungsprozeß einbezogen sind.

Führungskräfte und Mitarbeiter müssen beide lernen, sich auf den Kunden bewußter einzustellen, seine Wünsche konsequent zu erfüllen:

- Produkte werden kundenorientiert entwickelt, d. h. unter Umständen unter direktem Einbezug des Kunden (vgl. das Kundenforum).
- Die Produktion wird nach Kundenaufträgen gesteuert.
- Absolute Liefertreue ist angesagt.
- Kundenwünsche werden systematisch analysiert, aufgenommen und schnell umgesetzt.
- Das reaktive Reklamationsverhalten wandelt sich zu einem aktiven Reklamationshandeln.
- Kundenzufriedenheit ist kein »soft fact«, sondern drückt sich in quantitativen Parametern aus, als Ergebnis von Befragungen oder als Indices.
- Im Kundendienst z. B. wird der eigene Qualitätsstandard ständig mit dem Wettbewerbsfeld verglichen (Benchmarking).

Stufe 2: Strategisches Seminarsystem (Unternehmensprogramm 1, Aufbaustufe 1)

Die Problem-Ursache Wirkungszusammenhänge von Geschäftsvorfällen werden behandelt, um die Prozeßbeherrschung gegenüber internationalen Konkurrenten (Volumenstrategien) zu steigern. Dazu sollen folgende Kompetenzen entwickelt werden:

- Strategische Geschäftskompetenz zur Entwicklung eines günstigen Angebots
- Kompetenz zur Beherrschung von Prozessen (Zeit, Kosten, Qualität)
- Sozialkompetenz zur Personalführung (Ressourcenmanagement)
- Unternehmenskompetenz (Technologie-, System- und Dienstleistungskompetenz) zur Ausschöpfung vorhandener strategischer Potentiale.

Die beteiligungsorientierte Bearbeitung allgemeiner strategischer (übergreifender) Geschäftspolitiken zur Erschließung geistig-emotionaler Prozesse (»Organisation«) sind Bestandteil folgender thematischer Lernprozesse (vgl. Bösenberg/Metzen 1993):

- Organisation muß nach Maßstäben interner Marktwirtschaft gestaltet werden, wobei ablauforganisatorische Kriterien Priorität haben.
- Die Aufbauorganisation ist teamartig oder in Form von Projekten strukturiert, durch wenige Stabsfunktionen unterstützt.
- Verantwortung wird dezentralisiert und gemeinschaftlich getragen, bürokratische Strukturen sind dabei hinderlich.
- Auch die Aufgabenverantwortung wird dezentralisiert.
- Standardisierte Hilfsmittel und Werkzeuge werden angestrebt.
- Probleme lösen bereichsübergreifende Teams.
- Arbeitsplätze sind in Gruppen organisiert.
- Die Arbeitsabläufe werden prozeßorientiert organisiert.
- Die Funktionsfelder Controlling, Instandhaltung, Vorschlagswesen werden integriert.
- Der Chefarbeitsplatz wird in das Großraumbüro integriert.

Stufe 3: Managemententwicklung, -training (Unternehmensprogramm 2, Aufbaustufe 2)

Die Seminarinhalte sollen voraussschauend mit Hilfe demenentsprechender entwicklungsgerechter Beratung und Förderung an die neuen individuellen Laufbahn- und Karrierestrukturen (vgl. den Team-Leader) angebunden werden. Denn die Entwicklung der nicht auf die Einzelleistung, sondern auf die Gruppenleistung bezogenen Potentiale wird zum Angelpunkt und Ausgangspunkt der Entwicklung von Ablauf- und Aufbauorganisation sowie des teamfähigen Personaleinsatzes.

Gewissermaßen erhalten die Organisationsmitglieder – beginnend von ihrer Einarbeitung in der Fertigung über Job Rotation – einen einheitlichen Status. Die Grenzen zwischen Arbeiter und Angestellten sowie Führungskräften und Mitarbeitern verschwimmen (vgl. auch Gruppen- und Zeitlohn). Es entsteht der hochqualifizierte Problemlöser und/oder Teamarbeiter.

Das Angebot wendet sich -funktional gesehen- an folgende Zielgruppen:

- Mitarbeiter mit Führungspotentialen entwickeln Unternehmenskompetenz, beginnen mit der Entwicklung von Sozialkompetenz (z. B. Führungskräftenachwuchs).
- Gruppenleiter mit Mitarbeiterverantwortung/First-Line-Management entwickeln Sozialkompetenz, beginnen mit der Entwicklung von Prozeßkompetenz.
- Funktionsmanager im Geschäftsfeld und Projektleiter entwickeln Prozeßkompetenz, beginnen mit der Entwicklung von Geschäftskompetenz.
- General Manager mit Geschäftsverantwortung (Geschäftsleiter) entwickeln Geschäftskompetenz.

Dies könnte auf einen Zeitraum von 15 Jahren hin ca. eine 1/2 bis 1 Trainingswoche pro Jahr bedeuten, ergänzt um Geschäftsseminare und Zusatzseminare sowie verkoppelt mit Personalbeurteilung (Assessment) und Job Rotation. Dazu sind ein personenbezogenes Informationssystem sowie die Vorbereitung im Geschäftsfeld Voraussetzung (Laufbahn- und Nachwuchsplanung, Erprobungsmöglichkeiten).

Stufe 4: Geschäftsspezifisches Training (Geschäftsprogramm, Anwendungsstufe 1)

Systematisch sollen über Workshops Einstiegsstrategien für Geschäftsfelder entwickelt werden, um *Organisationslernen* – unter Leitung von Moderatoren, Mentoren, Trainern – einzuleiten:

- Schrittweise Erarbeitung neuer Strategien zusammen mit den Verantwortlichen (Planung, Umsetzung Geschäftspolitik)
- Schrittweise Verbesserung der Umsetzung einer gegebenen Strategie mit Hilfe eines größeren Personenkreises (möglichst unter Einbezug des Kunden).

Die Auswirkungen aus dem Leanprozeß sind dabei im Detail zu analysie-

ren und konzeptionell fachlich und sozial einzuarbeiten in eine geschäfts-
feldorientierte Beteiligungsstrategie.
Thematisch sind die notwendigen Lernprozesse folgendermaßen ausgerichtet (vgl. Bösenberg, Metzen 1993):

- *Produkte* werden in einem evolutionär-zirkulären Prozeß kunden- und
  fertigungsgerecht entwickelt, wobei oft Anstöße zu Aufträgen erfolgen.
  Dabei werden die Lieferanten mit einbezogen, und die Kosten orientieren sich am Marktwert.

- *Total Quality Control* ist als kundenorientierte und integrierte Quer-
  schnittsfunktion etabliert, die Fehlern vorbeugen will und Fehlermel-
  dungen direkt als Quelle von Verbesserungen nutzt. Methodisch wird
  mit Quality- Engineering, weniger mit Inspektion gearbeitet.

- Mit Hilfe eines kundenorientierten (hohe Liefertreue) und händler-
  orientierten kontinuierlichen Materialflusses (geringe Durchlaufzeiten
  mit kleinem Notfall-Puffer und kurzen Transportwegen) wird ein Nut-
  zungsgrad der relativ störungsfreien, schnell rüstbaren *Fertigungs*anlagen um ca. 80 % erreicht. Angestrebt wird eine geringe Fehlerrate und
  Null-Ausschuß bzw. Null-Nacharbeit (mit Serienanlauf schon eine konsequente Qualitätsorientierung). Dies wird erreicht mit Hilfe eines am
  internen Kunden orientierten Schnittstellenverhaltens, einer direkten,
  unmittelbaren und hautnahen Kommunikation sowie hochqualifiziertem Personal an Gruppenarbeitsplätzen.

- Im Rahmen von langfristigen an Marktpreisen ausgerichteten, frühzeiti-
  gen Aufträgen und Abnahmeverträgen werden *Lieferanten* als Partner
  einer gemeinsamen Teamarbeit verstanden, die einen offenen Informationsaustausch pflegt. Lieferanten liefern just in time, die Qualitätskontrolle ist dabei eigenverantwortlich.

- Vor allem die Aktivitäten des *Vertriebs* sind vollständig auf den Kunden
  ausgerichtet (kundenloyal, Verkaufsziel: optimales Produkt für Kunden,
  geringe Lieferzeiten im Rahmen von Aufragsfertigung), der in das
  Unternehmen integriert ist.

Im Rahmen der teamartigen Organisation der Verkaufsfunktionen gestaltet sich auch das Verhältnis zum Händler kundenintegriert, der umfassend
informiert wird. Reklamationsverhalten ist auf großzügige Unterstützung
ausgerichtet.

Stufe 5: Das lernende Unternehmen (Unternehmensprogramm 3,
          Anwendungsstufe 2)
Das geschäftsorientierte Lernen soll auf alle Geschäftseinheiten ausgedehnt werden (vgl. z. B. Reach-Out-Programm Motorola, Work-Out-Programm von General Electric, Marketing-Programm von ABB, Führungs-
system-Programm von Siemens etc.). Eine umfassende, unternehmensweite Verbesserung soll dadurch erreicht werden, daß alle Führungskom-
ponenten gleichermaßen berücksichtigt werden. Insofern solche organisa-

torischen Verbesserungsprogramme (vgl. auch Kaizen)
- in sich konsistent,
- handlungsorientiert und praxisgerecht sowie
- auf Dauer angelegt sind,

entsteht nach und nach das *lernende Unternehmen*, d. h. in Form »der Integration von Geschäfts- und Lernprozessen in allen Organisationseinheiten eines Unternehmens mit dem Ziel der laufenden Verbesserung der Geschäftsführung« (Große-Oetringhaus 1994, S. 51) und – man muß hinzufügen – der Beteiligung möglichst vieler Organisationsmitglieder (Führungskräfte und Mitarbeiter) an Unternehmens- und Geschäftsprozessen.
Dies ist von besonderer Bedeutung für Einführung von Lean-Management, muß auch in Maßnahmesystemen in je spezifischer Art und Weise von Beginn an etabliert werden. Auch auf dieser Stufe wird es darum gehen, die im Lean-Prozeß wirkenden Zusammenhänge zwischen den Geschäftsfeldern als Organisationseinheiten, die Geschäftsfelder sowie die individuellen sozialen, d. h. zusammenarbeitenden Akteure durch Maßnahmen zu unterstützen: z. B. durch Organisationsentwicklung in Form von Projekten als selbstgesteuerter Veränderungs- und Lernprozeß entlang des Systems, bestehend aus den *Komponenten Führung, Mitarbeiter, Kunden, Lieferanten, Organisation, Produktentwicklung, Qualitätsmanagement, Produktion, Lieferanten, Vertrieb für sich sowie ihrem Zusammenspiel als ganzem.*
Die folgende Abbildung soll die Beschreibung dieses Kapitels abrunden:

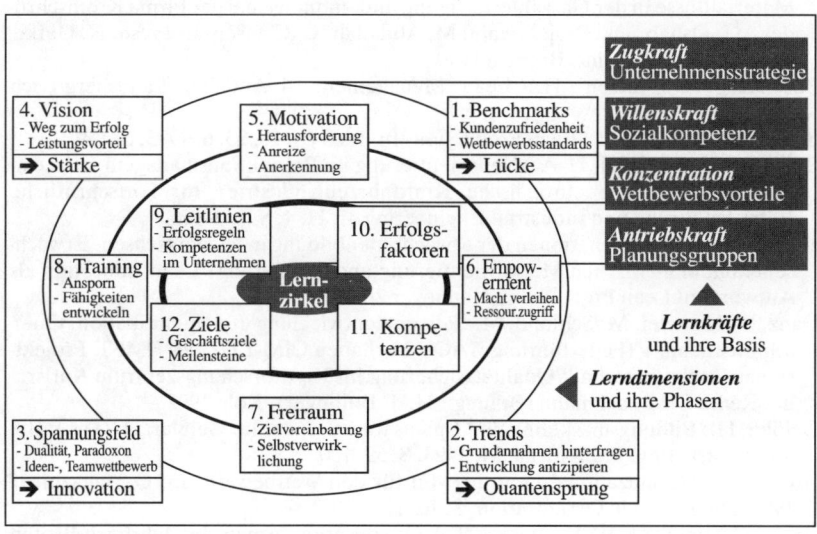

Abb. 8: Das lernende Unternehmen (Große-Oetringhaus 1994, S. 51).

117

4. Schlußbemerkung

Der Beitrag versuchte, unterschiedliche Sichtweisen des Organisationslernens in der lernenden Organisation »nicht-theoretisch« zu vereinen, am Beispiel von Lean Production. Im Vordergrund standen dabei der Aspekt der Beteiligung an der Einführung als organisatorischer Lernprozeß (Management, PE/OE), weniger organisatorisch-technologische Fragen der Fertigung. Dadurch entstand aber auch eine Öffnung gegenüber der Einführung von übergreifendem Lean-Management (vgl. dazu der Lean-Index in Bösenberg, Metzen, 1993, S. 257–265); vgl. aber auch Hesseler 1992 aus arbeitswissenschaftlicher Sicht).

Denn in erster Linie sind mentale Probleme zur Überwindung ›alter‹ Strukturen zu lösen, die auch in kleinen und mittleren sowie organisatorisch größeren Unternehmen vorhanden sind. Die Veränderung von »Machtbalancen« sozialer Organisation dürfte dabei im Mittelpunkt der Umgestaltungsprozesse stehen und muß von daher gesehen in Beteiligungsmodellen manifest werden, die auf Organisationslernen im Sinne von Veränderungslernen setzen.

Literatur

BIBA, Industrieprojekt: Durchgängige Gestaltung ausgewählter Informations- und Materialflüsse in der Gaszählerfertigung und -montage bei der Firma Kromschröder AG, Osnabrück, Projektteam: M. Abdallah, C. Clausen, E. Frese, H. Gäfke, M. Hesseler, W. Quint. Bremen 1990.

Bösenberg, D./Metzen, H.: Lean Management. 4. Auflage, Landsberg/Lech 1993.

Brujmann, R./Olsen, J.: Lean Production. In: IAB Nr. 10, 23. 6. 1973, S. 1–9.

Bullinger, H.-J./Seidel, U. A.: Neuorientierung im Produktionsmanagement. Lean Production für die europäische Kraftfahrzeugindustrie? In: Fortschrittliche Betriebsführung und Industrial Engineering 41, H. 4, S. 150–156.

eb, berichte und Informationen der erwachsenenbildung in Niedersachsen, Erwachsenenbildung zwischen Marktorientierung und Aufklärung? Lean Education als Antwort auf Lean Production? Hannover 2/1993.

Ganz, W./Hesseler, M./Schlund, M.: Personalentwicklung und -qualifikation. Querschnittsthema V (Federführung: IAO), Vorhaben CIM-TT-Z des BMFT, Projektträger Fertigungtechnik/Qualitätssicherung im Kernforschungszentrum Karlsruhe, Reihe CIM-Fachmann (Bdhrsg.: H.-J. Bullinger). Köln 1992.

Geißler, H.: Bildungsmarketing für Organisationslernen. In: Geißler, H. (Hg.): Bildungsmarketing. Frankfurt a. M. 1993, S. 59–100.

Grosse, W.: Organizational Learning -Fit für den Wettbewerb. In: Q-Magazin, 1/1994: Die lernende Organisation, S. 10–12.

Große-Oetringhaus, W. F.: Stategisches Organisationslernen. In: Jahrbuch Weiterbildung 1994 (Hg. Schwuchow, Gutmann, Scherer). Köln 1994, S. 47–51.

Lean Production

Heeg, F. J./Meyer-Dohm, P. (Hg.): Methoden der Organisationsgestaltung und Personalentwicklung. REFA-Fachbuchreihe Betriebsorganisation. München 1994.

Hesseler, M.: Arbeitswissenschaftliche und industriesoziologische Technikperspektiven am Beispiel der Entwicklung und Anwendung von Computertechnologien. Habilitationsentwurf. Stuttgart 1985.

Hesseler, M.: Soziale Innovationen als zentraler Bestandteil der Unikatproduktion: Mitwirkung, Lernen, Erfahrungen der organisiert zusammenarbeitenden Menschen. In: Hirsch (Hg.) 1992, S. 126–159.

Hesseler, M.: Zusammenfassender Beitrag zu Strategien, Konzepten, Instrumenten der Qualifizierung von Personalentwicklern. In: QUEM (Hg.) 1994, S. 106–116.

Hesseler, M.: Beteiligungsorientierte Organisations- und Personalentwicklung als notwendiger Bestandteil der CIM-gestaltung. In: Handbuch Personalentwicklung und Training (Hg. Geißler, v. Landsberg, Reinartz). Köln 1994.

Hirsch, B. E. (Hg.): CIM in der Unikatfertigung und -montage, Querschnittsthema 16 (Federführung: BIBA), Vorhaben CIM-TT-Z des BMFT, Projektträger Fertigungstechnik/Qualitätssicherung im Kernforschungszentrum Karlsruhe, Reihe CIM-Fachmann, Köln 1992.

IAO-Forum: Teamfähige Personalstrukturen, IPA/IAO/FhG. Berlin u. a. 1992.

Korte, H./Hesseler, M./Leinenbach, M.: Bericht über die sozialwissenschaftliche Begleitforschung des Projekts »Fließfertigungsausrüstung im mittelständischen Stahlbau«. In: PFT-Entwicklungsnotiz PFT-E–10, Zwischenpräsentation. Offenburg 1982.

Pawellek, G.: Produktionslogistik top-down planen und bottom-up regeln. In: Ztschr. für Logistik, o.HJ., S. 6–14.

PLANLEIT, F & E-Projekt »Planungs- und Entscheidungsunterstützung für Leitstände«, abgeschlossene Phase I, BMFT/Projektträger Arbeit und Technik, unveröffentlichte Materialien/Berichte v. a. zum Aspekt Beteiligungsqualifizierung, BIBA, Bremen 1991–1993.

Probst, G. J. B.: Selbst-Organisation. Ordnungsprozesse in sozialen Systemen aus ganzheitlicher Sicht. Berlin 1987.

QUEM (Hg.): Zukünftige Modelle der Qualifizierung von betrieblichen Personalentwicklern – Ergebnisse eines Expertengesprächs, QUEM report Nr. 15. Berlin 1994.

Richter, M.: Personalentwicklung im Lean-Management-Prozeß als progressive Strategie der Unternehmensentwicklung. In: Handbuch für Personalentwicklung und Training (Hg. Geißler, v. Landsberg, Reinartz). Köln 1994.

Rosenstiel, L.v.: Wandel der Werte -Zielkonflikte bei Führungskräften? In: Blum, R./Heiner. M. (Hg.): Aktuelle Probleme der Marktwirtschaft in gesamt- und einzelwirtschaftlicher Sicht, Berlin 1984, S. 203–234.

Schmidt, J.: Die sanfte Organisationsrevolution. Von der Hierarchie zu selbststeuernden Systemen. Frankfurt/N.Y. 1993.

Schmitz, O./Hesseler, M.: Lernstatt zur menschengerechten Anwendung neuer Technologien:»Erweiterung der arbeitsorganisatorischen Gestaltungsspielräume in der spanenden Fertigung durch den vernetzten Einsatz frei programmierbarer Betriebsmittel, zum Belastungsabbau und zur Qualifizierung (Probenfertigung)«, Endbericht des HdA-Projekts »01 HH 4044«, Hoogovens Aluminium GmbH (Hrsg.), Sonneburg-V., Trier 1989/1991.

Neue Technologien

Schweiker, U./Reinhardt, R.: Die »lernende Organisation«: mehr als eine Modeerscheinung. In: Trojaner (Teamarbeit/Teamentwicklung) 7/1993, S. 27–32.

Staehle, W.: Management. 6. Auflage, München 1992.

Stahl, T./Nyham, B./d'Aloja, P.: Die lernende Organisation. Eine Vision der Entwicklung der Humanressourcen, Task Force Humanressourcen, EUROTEC-NET/EG, Brüssel 1993.

Womack, J. P./Jones, D. T./Roos, D.: Die zweite Revolution in der Autoindustrie. Konsequenzen aus der weltweiten Studie des Massachusettes Institute of Technology. Frankfurt a. M./N.Y. 1991.

IV. Organisationslernen und Weiterbildung – Kommunikative Vernetzung im fraktalen Unternehmen

Thomas Stahl

---

1. Organisation von Selbstorganisation: Ein Dilemma moderner Unternehmenskultur

Mit der »Revolution der Unternehmenskultur« hat H. J. Warnecke den Begriff des fraktalen Unternehmens in die neuere Debatte um Unternehmensinnovation und -rationalisierung eingebracht (Warnecke 1993). Abgesehen von der breiten wissenschaftshistorischen Ableitung dieser Rationalisierungsvorstellung aus einer Kritik am deterministisch-linearen Wissenschaftsmodell und einer Anlehnung an Vorstellungen der »Chaos-Theorie« (Warnecke 1993, S. 136 ff.) ähnelten die Strukturierungsvorschläge für moderne Unternehmen in diesem Buch einer Vielzahl bereits existierender Modelle im Umkreis von »lean-management« und der »Lernenden Organisation« (vgl. u. a. Womack 1991; Wobbe 1991).

Gemeinsam ist diesen unterschiedlichen Entwürfen die praktische Notwendigkeit von neuen unternehmerischen Strategie- und Organisationsinnovationen, um der veränderten und zunehmend sich verändernden Unternehmensumwelt erfolgreich begegnen zu können.

Neues Dienstleistungsverständnis gemäß konsequenter Kundenorientierung zu beherrschbaren Kosten impliziert die flexible »Beherrschung von Vielfalt« und Komplexität im Unternehmen.

Fraktale Organisationsformen sollen in der Lage sein, diese Leistungen mittels der Prinzipien

- Selbstähnlichkeit
- Selbstorganisation
- Selbstoptimierung
- Zielorientierung und
- Dynamik (Warnecke 1993, S. 152 ff.)

zu erbringen.

Aus der Perspektive der praktischen Unternehmensinnovation ist es nicht so sehr die Originalität des Ansatzes, die besticht (vergleichbare Rationalisierungsvorschläge wurden in der Literatur der letzten Jahre häufig gemacht) als vielmehr die begriffliche Klarheit und Konsequenz der Formulierung sowie die geschilderten Fälle.

121

Es ist deshalb andererseits kein Wunder, daß auch die Probleme der *Organisation von Selbstorganisation* in diesem Ansatz deutlicher werden als anderswo.

Die Notwendigkeit etwa eines »Navigationssystems« (Warnecke), welches selbstorganisierte Fraktale auf »Kurs« des Gesamtunternehmens halten soll, deuten die generelle Problematik derartiger Konzepte an.

Vergleichbare Probleme hat das »Lernende Unternehmen« zu lösen, wenn es etwa darum geht, Entwicklungsräume zu definieren, autonome bottom-up Prozesse zu stimulieren, aber gleichzeitig zu domestizieren.

Informationsverarbeitung und Kommunikation im Unternehmen und mit der Unternehmensumwelt bekommen in diesen neuen Organisationsformen zentrale Bedeutung.

Das Kunststück der selbstorganisierten Einheit des Unternehmens durch seine autonomen Teile muß über Kommunikationsprozesse täglich neu hergestellt werden.

Technik, Organisation und vor allem jeder Mitarbeiter ist durch diese kommunikativen Aufgaben herausgefordert. Ein Umriß dieser Herausforderungen und einige Lösungsansätze werden in diesem Artikel vorgestellt.

2. Kommunikative Integration dezentraler Strukturen im fraktalen Unternehmen

Sowohl der Begriff des fraktalen Unternehmens als auch eines seiner bereits in der Praxis auffindbaren Elemente, die autonome Arbeitsgruppe im Unternehmen, enthält den charakteristischen Widerspruch dezentraler Organisationsformen: Ein übergeordneter Zweck (z. B. Unternehmenserfolg) soll in selbstorganisierenden (damit auch autonom-zwecksetzenden) Organisationsfraktalen verfolgt werden. Alle Versuche, diesen Widerspruch terminologisch zu domestizieren, indem man Fraktale schlicht so definiert, daß sie dieses Kunststück bis zur Selbstverleugnung (Auflösung) betreiben, können über das zugrunde liegende Problem dieser Rationalisierungsform nicht hinwegtäuschen.

So kennt die Unternehmensrealität denn auch eher die *teil*-autonome Arbeitsgruppe, der über Input- bzw. Outputbedingungen ihr Autonomieraum ebenso deutlich zugewiesen wird wie ihre Abhängigkeit vom Erfolg der Gesamtorganisation.

Auch Warnecke macht etwa über die Forderung nach informationellen »Navigationssystemen« deutlich, daß die fraktale Fabrik organisatorische Leistung und nicht naturwüchsiges Zusammenwirken getrennter Fraktale ist.

Wie also läßt sich eine fruchtbare Verlaufsform des Widerspruchs Autonomie der Teile versus Prosperien der Gesamtorganisation herstellen?

Weiter: Wie läßt sich dies leisten, wenn es in neuen Unternehmenskonzepten nicht nur um das Einfangen von Autonomie zugunsten des Unternehmensziels geht, sondern wenn darüber hinaus Selbstorganisation und Autonomie als Quelle von Unternehmensinnovation insgesamt gesehen werden?

Konzepte wie »Lernende Organisation« und »Fraktales Unternehmen« verfolgen mit den Prinzipien der Funktionsintegration und Selbstorganisation ihrer Arbeitsgruppen bzw. Fraktale ja nicht nur den Zweck der rationellen Arbeitsabwicklung im Rahmen vorgegebener Unternehmensstrategien. Vielmehr sollen diese Organisationsformen in breitem Umfang Kreativitätspotentiale und Ideenreichtum aller Mitarbeiter systematisch nutzen, um Unternehmensinnovation, also auch Strategieveränderungen zu bewirken.

Diese Vorstellung »fungibler« Unternehmensstrategie, die jederzeit von unten nach oben verändert werden kann, scheint zunächst den apostrophierten Widerspruch aufzulösen. Wenn die Fraktale wirklich den Zweck des Gesamtsystems bestimmen, läßt sich kein Widerspruch »Teilautonomie« mehr ausmachen.

Daß diese Auflösung nur scheinbar geschieht, liegt auf der Hand:

• Zum einen ist Unternehmensstrategie nur soweit fungibel, wie nicht die zentralen ökonomischen Zwecke des Unternehmens tangiert werden. Diese sind nicht in jedem Fall identisch mit den Zwecken aller Fraktale.

• Zum anderen wäre selbst bei vollständig fungibler Unternehmensstrategie keine unmittelbare Identität zwischen autonomem Fraktal und Unternehmenszweck gegeben. Unterschiedliche Fraktale haben verschiedene Vorstellungen von Unternehmensentwicklung, die nicht in jedem Fall kompatibel sind.

Der Widerspruch zwischen autonomem Teil und übergreifendem Ganzen bleibt auch in den neuen Unternehmenskonzepten »Lernende Organisation« und »Fraktales Unternehmen« erhalten. Um so entscheidender sind Überlegungen zu organisatorischen Verlaufsformen, die den Widerspruch zu einer Quelle der Innovation für alle Beteiligten werden lassen.

2.1 »Navigation« und Autonomie der Fraktale

Der Begriff der Navigation, der in diesem Zusammenhang von Warnecke eingeführt wird, gibt recht anschaulich das Problem wieder, vor dem dezentral organisierte Unternehmen stehen, die auf selbstorganisatorische Prozesse ihrer Unterabteilungen und Arbeitsgruppen setzen.

Die Fraktale brauchen täglich eine Vielzahl technischer und nichttechnischer Informationen, die ihren eigenen »Standort« in Relation zu anderen Fraktalen oder auch in Relation zum Gesamtunternehmen und zu externen Größen (Kunden, Zulieferer, Gesetzgeber etc.) ausweisen. Zu diesen Informationen zählen Arbeitsaufträge, Termine, Verfügbarkeit von Teilen und Material (Logistik), Konstruktionsvorgaben, Kalkulation etc. Hierzu zählen auch Reklamationen, Kundenwünsche, Umsatzzahlen, Umweltverordnungen, arbeitsrechtliche Vorschriften, etc. Schließlich müssen Informationen zu innerbetrieblichen Planungsrunden, QZ, Stellenausschreibungen bis hin zum Fußballspiel der Firmenmannschaft greifbar sein.

Diese Auswahl von benötigten Informationen macht in etwa den Umfang dessen deutlich, was Navigationssysteme im Fraktalen Unternehmen transportieren müssen, sie macht auch deutlich, welche Informationsverarbeitungskapazität die Fraktale vorhalten müssen.

Was noch fehlt, ist eine Vorstellung dazu, was diese Informationsfülle zum Navigationssystem macht. D. h. die Interpretation der Informationen durch die Fraktale muß (zumindest in Grenzen) durch strategische Hinweise gerichtet werden. Um im Bild der Navigation zu bleiben:

Die Fraktale müssen in der Lage sein, aus der Informationsfülle herauszulesen: »Gefahr Untiefe«, oder »Komme vom Kurs ab«, oder »Rückenwind ermöglicht zusätzliche Aktivitäten«, etc.

D. h. wir haben nicht nur ein Problem der Syntaktik und der Semantik, sondern auch ein Problem der Pragmatik, welches das Navigationssystem lösen muß – es geht um Kommunikation:

• Der syntaktische Aspekt des benötigten Kommunikationssystems betrifft Fragen der Datentechnik, der Informationsübermittlung etc.
• Der semantische Aspekt betrifft die Entschlüsselung der Daten durch Fraktale bzw. deren Mitglieder bezüglich ihrer inhaltlichen Bedeutung (z. B. das Verstehen einer Konstruktionszeichnung).
• Der pragmatische Aspekt schließlich betrifft die Interpretation der Information vor dem Hintergrund der Betroffenheit als Fraktal eines Unternehmens (z. B. das Umsetzen einer Qualitätsvorschrift in praktisches Handeln; oder die Beurteilung der o.a. Konstruktionszeichnung aus der Sicht der Fertigung unter Optimierungsgesichtspunkten, etc.).

Während der syntaktische Aspekt der kommunikativen Verknüpfung von Fraktalen und Gesamtunternehmen vor allem Fragen der Informationsdistribution, der Informationskanäle, – verfügung, -begrenzung etc. zu klären hat, ist der sematische Aspekt über fachliche Aus- und Weiterbildung der Mitarbeiter zu bewältigen.

Der pragmatische Aspekt der Kommunikation im fraktalen Unternehmen ist kritisch für den o.a. geschilderten Widerspruch bzw. für die navigatorische Funktion der Kommunikation. Die autonome Interpretation der Information im Sinne der Unternehmenszwecke durch Mitarbeiter und Fraktale setzt die Identifikation der Mitarbeiter mit dem Unternehmensziel voraus, baut auf spezifische Schlüsselkompetenzen der Mitarbeiter und bedingt veränderbare Organisationsstrukturen.

2.2 Verteilte Netze zur Distribution und Allokation von Informationen

Mit der Verabschiedung vom »tayloristischen« Konzept der Trennung von ausführenden und planenden Tätigkeiten im Unternehmen verändern sich die Kommunikationsstrukturen im Unternehmen radikal. Information und Kommunikation war analog zu den hierarchischen top-down Strukturen von oben nach unten, von der Zentrale zur Peripherie organisiert.

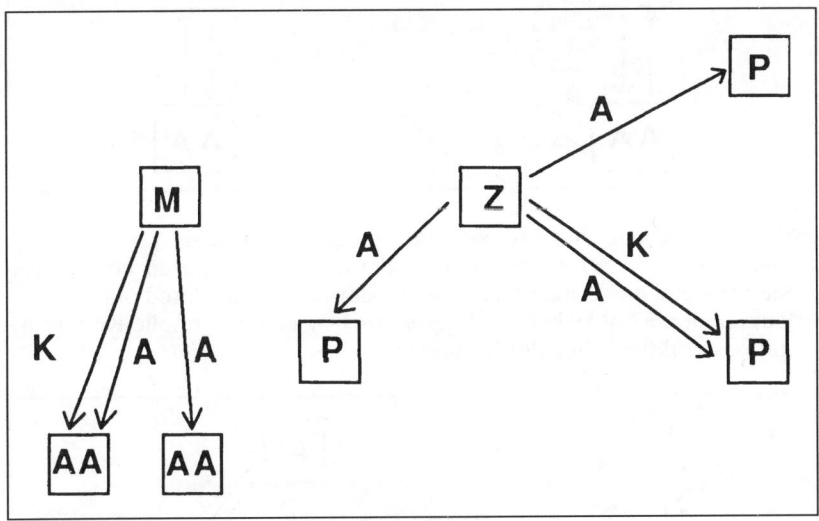

Der Inhalt der Kommuniqués bestand in der Regel in Anweisungen zur Arbeitsausführung (A), in Validierungen der Arbeitsausführung vor dem Hintergrund der vorgegebenen Teilaufgaben und in entsprechenden positiven oder negativen Sanktionen.

Sogar der Informationsrückfluß aus der Arbeitsausführung bzw. aus der Unternehmensperipherie war top-down organisiert über parallele Kontrollkanäle (K). Qualitätskontrolle oder Arbeitszeitstudien sorgten für die benötigten Informationen aus den Werkstätten, ohne die Möglichkeit einer bottom-up Kommunikation auch nur in Betracht zu ziehen. Kommunikationskanäle zur Arbeitsanweisung und zur Information über die Arbeitsausführung waren beide top-down strukturiert. Entsprechend einfach erscheint auf den ersten Blick das Kommunikationsnetz im traditionellen Unternehmen. Das heißt nicht, daß diese Kommunikationsstruktur effizient war. Im Gegenteil: Die organisierte Ausschließlichkeit der geschilderten Kommunikationswege führte zu zwei verschiedenen problematischen Konsequenzen:

- Zum einen führte jedwede Form des Kommunikationsversuchs zwischen den Arbeitsausführenden unterschiedlicher peripherer Einheiten (Abteilungen) zur Notwendigkeit eines umständlichen, zeitraubenden und bürokratischen Verfahrens der Einschaltung der Abteilungsleitungen.

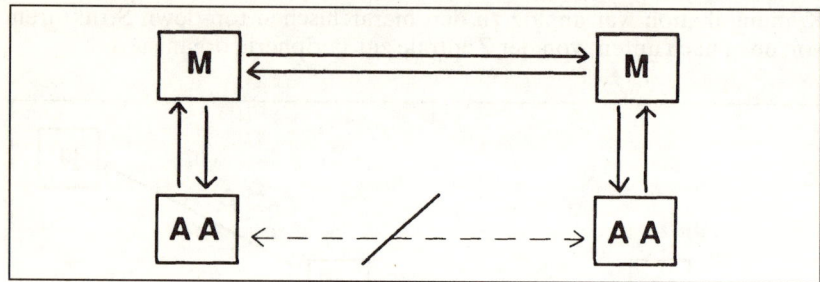

Bürokratisierung und Inflexibilität auf der einen Seite war die Folge. Demotivierung der Mitarbeiter, in derartig komplizierten und langsamen Systemen überhaupt aktiv zu werden, war die andere Folge.

- Zum anderen entwickelte sich naturwüchsig eine informelle Kommunikationsstruktur neben der formellen.

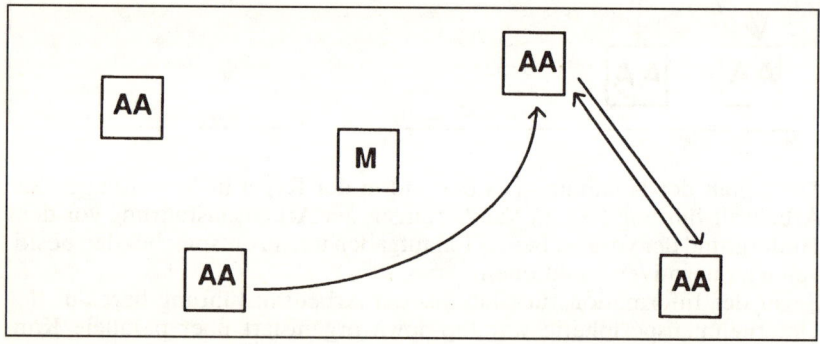

Die informelle Kommunikationsstruktur, die auf persönlichen Bekanntschaften der Mitarbeiter beruht, auf gemeinsamen Interessen etc., verdeckte in einigen Organisationen die Schwächen der formellen Struktur, weil die Mitarbeiter unter Umgehung dieser Bürokratie Probleme im Arbeitsalltag autonom lösten (»kleiner Dienstweg«). In anderen Organisationen beförderte sie eher Formen des Mißmuts und der Arbeitszurückhaltung. In allen Fällen besteht der Mangel dieser informellen Kommunikation in ihrer Umgehung der Managementstrukturen und in ihrer Zufälligkeit gegenüber der Notwendigkeit des Unternehmens.

Die Konzepte des »Fraktalen Unternehmens« und der »Lernenden Organisation« sehen demgegenüber weit komplexere Netzwerke von Kommunikation im Unternehmen vor. Wenn alle Fraktale und alle Mitarbeiter im Prinzip für alle Vorgänge im Unternehmen zuständig sind, so ist die kommunikative Vernetzung zwischen allen Untereinheiten (Fraktalen) eine Notwendigkeit. Darüber hinaus müssen Kanäle zur Unternehmensumwelt zugänglich sein.

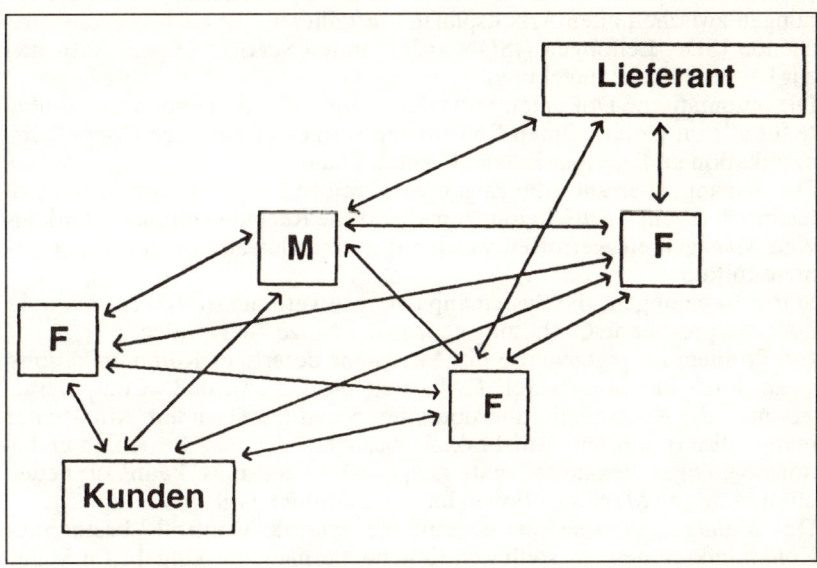

Das erwünschte Resultat derartiger kommunikativer Vernetzung des Unternehmens ist die wachsende Problemlösungskapazität, die Flexibilisierung und die Kostenreduzierung über den jeweils effizientesten Direktkontakt, der für die Problemlösung notwendig ist. Bürokratische »Wasserköpfe« werden eingespart, die Mitarbeitermotivation zur innovativen Problemlösung wächst, Markterfordernissen wird direkt Rechnung getragen, etc.
Andererseits macht bereits das vereinfachte Schema dieser Kommunikationsnetze deutlich, daß die Gefahr eines Kommunikationschaos besteht, in dem ineffektive Doppelkontakte, widersprechende Absprachen, aber auch Kommunikationslücken auf der Tagesordnung sind. Die Dynamik des Systems wird mit seiner Unübersichtlichkeit erkauft.
Zum Management derartiger Kommunikationssysteme stellen sich Fragen der Kommunikationstechnik (Kanäle, Datenübertragung, Anpassung etc.) wie der Organisation (Verfügbarkeit von Daten, Vorrechte, Begrenzungen etc.) aber auch der Akzeptanz der Kanäle bei den Mitarbeitern.

Es kann keineswegs davon ausgegangen werden, daß diese Fragen heute umfassend beantwortet wären. Vielleicht sollte man auch keine prinzipiellen Antworten erwarten – zu sehr hängt die Gestaltung der Kommunikationsnetze mit der spezifischen Unternehmensphilosophie zusammen.
Am leichtesten läßt sich noch die technische Verfügbarkeit derartiger Kommunikationsnetze positiv beantworten. Digitalisierte LAN-Lösungen (LAN = Local Area Network) lassen sich unschwer in allen Unternehmen realisieren. Hier ließen sich sowohl direkte Datenkommunikationsverbindungen zwischen allen Arbeitsplätzen installieren, als auch über entsprechende ISDN-Leitungen (ISDN = Integrated Services Digital Network) zur Unternehmensumgebung.
Die automatische Dokumentation der Kommunikation und ihrer Resultate für alle im Unternehmen Betroffenen vermeidet unnötige Doppelkommunikation und diszipliniert die Kommunikanten.
Der Zugang, aber auch die Zugangsgrenzen zu Informationen lassen sich technisch regeln – Entscheidungen über diese Regelung müssen allerdings vom Management getroffen werden. Sie sind Bestandteil der Unternehmenskultur.
Starre Regelungen, die Systemanpassungen verhindern, lassen sich u. U. über entsprechende Gestaltung neuronaler Netze überwinden.
Ein Problem ist gegenwärtig die Akzeptanz derartiger Kommunikationswege durch die Mitarbeiter. Es besteht die Gefahr, daß »Computergewöhnte« die Kommunikation dominieren und damit andere Mitarbeiter marginalisiert werden. Auf Fraktale bezogen: der aus der Kommunikationssoziologie bekannte »gate-keeper«-Mechanismus kann zu neuen unintendierten Machtpositionen im Fraktal führen (vgl. weiter unten).
Das Management sensibler Daten, die zentrale Kontrolle bestimmter Kommunikationen etc. stellt sich als neue, permanente Aufgabe für Management bzw. Planungsrunden im Unternehmen. Auch hier muß der Widerspruch der kontrollierten Autonomie bearbeitet werden.

2.3 Kommunikationsfähigkeit 1: der semantische Aspekt der neuen Kommunikationskultur im Unternehmen

Die inhaltliche Seite der neuen Kommunikationsnotwendigkeiten im Unternehmen ist durch eine vergleichbare Kompliziertheit gekennzeichnet, wie die Strukturen der verteilten Netze.
Fraktale, Arbeitsgruppen und die einzelnen Mitarbeiter müssen firmeninterne und firmenexterne Kommuniqués »lesen« und verstehen können, die eine große Bandbreite unterschiedlichster Gegenstandsbereiche betreffen. Sie müssen ebenso in der Lage sein, entsprechend sinnvolle und verständliche Kommuniqués auszusenden.
Selbstorganisation, selbstverantwortliches Handeln der Fraktale und damit Flexibilisierung und Effektivierung des Unternehmens leben wesent-

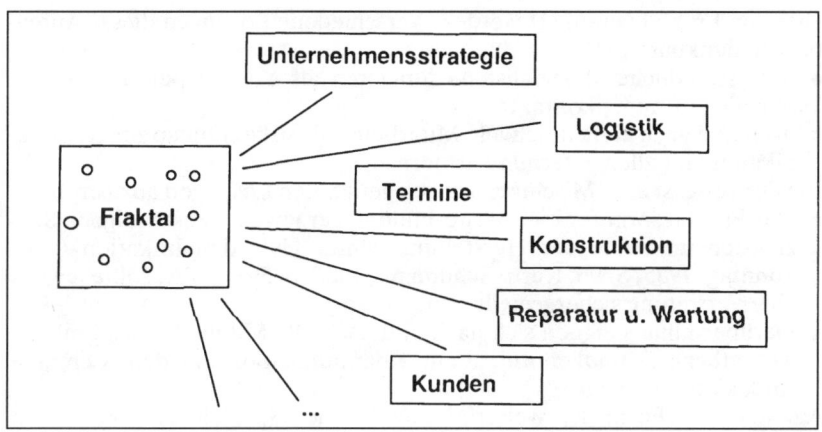

lich von der horizontalen Direktkommunikation mit anderen Fraktalen, mit Kunden und Lieferanten. Damit sind seitens der fachlichen Kommunikationskompetenz aber gänzlich neue Herausforderungen an die Fraktale gestellt.

Fachliche Kompetenzen im engeren Bereich der Bearbeitungsaufgabe (z. B. Metallbearbeitung) genügen nicht länger zur adäquaten Erledigung der Arbeiten des Fraktals. Neben den erweiterten Kompetenzen zur Bedienung der Bearbeitungstechnologie (CNC-Werkstattprogrammierung etc.) verlangt das selbständige »Navigieren« des Fraktals zumindest Basiskompetenzen zur Abwicklung der »Außenkontakte«. Maschinenkenntnisse (z. B. Steuerungstechnik, Elektronik) sind notwendig, um die Kommunikation mit dem Reparatur- und Wartungsfraktal effizient zu gestalten. D. h. (a) Entscheidungen zu treffen bezüglich der Notwendigkeit, die externen Experten hinzuzuziehen, bzw. kleine Reparaturen selbst zu erledigen etc., (b) den Fachleuten der Maschinenreparatur in ihrer Fachsprache die Probleme schildern und (c) auf Basis eigener Kompetenzen den Experten eine Rückkoppelung zu deren Tätigkeit bzw. den Resultaten dieser Tätigkeit geben.

Feinterminierung der Arbeiten bzw. logistische Planungen zur Arbeitsplanung verlangen Basiswissen zum Beschaffungswesen, Kenntnisse zu gesamtbetrieblichen Prozessen, Marktkenntnisse etc. Für die anderen »Außenkontakte« gilt vergleichbares. Die neuen Kommunikationsnotwendigkeiten indizieren somit zuerst die Notwendigkeit, eine Verbreiterung der Fachkompetenzen im Fraktal und damit, vor dem Hintergrund der bestehenden beruflichen Kompetenzen, eine weitreichende Weiterbildungsnotwendigkeit. Damit ist nicht gesagt, daß jeder Mitarbeiter zum Allround-Fachmann ausgebildet werden soll. Vielmehr kommt es darauf an, daß die erforderlichen fachlichen Kommunikationsvoraussetzungen »sicher« im Fraktal verankert werden. Verschiedene Lösungen dieser Aufgabe sind denkbar:

- unterschiedliche »Spezialisten« fungieren als gate-keeper für die verschiedenen Außenkontakte;
- nach und nach eignen sich alle Mitarbeiter Basiskenntnisse zur Kommunikation mit allen externen Partnern an.

Idealerweise ist eine Mischung aus den genannten Lösungen anzustreben:

- Das Fraktal sorgt für eine Weiterbildung der jeweils »zuständigen« Spezialisten im Sinne der Herstellung echter Hybridqualifikation (z. B. Sonntag, 1985, S. 96; Kern, Schumann, 1986, S. 59): Dabei sollte jeweils eine Vertretung sichergestellt sein.
- Darüber hinaus eignen sich nach und nach alle Mitglieder des Fraktals wesentliche Grundkenntnisse zur Kommunikation mit den wichtigen Außenkontakten an.

Als adäquate Form der Weiterbildung für die »Spezialisten« bietet sich neben der Form des Selbstlernens die job-Rotation in andere Fraktale an, sowie die Form des »Hospitierens« bei Kunden oder Lieferanten. Mit dieser Form ist nicht nur das »Hinausgehen« der künftigen Spezialisten gemeint, sondern auch das »Hineinnehmen« (auf Zeit) der Mitarbeiter aus den Partnerfraktalen, denen man dann »über die Schulter« schauen kann. Mit diesem Austauschprinzip lassen sich doppelte Effekte erzielen: erstens lernt der externe »Experte« für seine künftigen Kommunikationsaufgaben im »Heimatfraktal«, zweitens gibt er seine Kenntnisse und Problemsichten an die Mitarbeiter des »Hospitationsfraktals« ab. Die Verbreiterung der Kompetenzen der »Nicht-Spezialisten« erfolgt durch die Spezialisten und entsprechendes Lernen während der Arbeitstätigkeit.

Bezogen auf den semantischen Aspekt neuer Kommunikationserfordernisse im fraktalen Unternehmen meint Kommunikationsfähigkeit der Fraktale vor allem die Verbreiterung fachlicher Kompetenzen im Sinne einer fachlichen Abbildung der Umwelt des Fraktals. Hierzu gehören sowohl innerbetriebliche wie außerbetriebliche Umwelt. Fachliche Abbildung heißt nicht, daß das Fraktal Fachkompetenzen anzuhäufen hätte, die externe Aufgabenschwerpunkte ins Innere des Fraktals verlagerten. Fachliche Abbildung heißt, daß es im Fraktal genügend Fachkompetenz gibt, um mit den fachlichen Außenwelten fachgerecht zu kommunizieren, deren Kommuniqués zu verstehen und eigene Kommuniqués adäquat abzufassen.

Für die Individuen im Fraktal bedeutet Kommunikationsfähigkeit hinsichtlich der Außenkontakte die Notwendigkeit zu verschiedenen intensiven fachlichen Weiterbildungen im Sinne der Herstellung von Hybridqualifikationen. In der Regel wird Außenkommunikation als Zweistufenprozeß ablaufen, den zuerst die jeweils zuständigen »Kommunikationsspezialisten« führen, an dem im zweiten Schritt alle Mitglieder beteiligt sind, je nach ihrer Betroffenheit.

Entsprechend braucht es Weiterbildungsmaßnahmen in unterschiedlicher

Intensität. Job-Rotation ist ein wesentliches Element zum Erlernen der erforderten Kommunikationskompetenzen.

2.4 Kommunikationsfähigkeit 2: der pragmatische Aspekt der neuen Kommunikationskultur im Unternehmen

Zentral für jedwede Kommunikation ist neben dem »Verstehen«, (dem semantischen Aspekt) die eigene »Betroffenheit« durch den Inhalt des Kommuniqués. D. h. sowohl aktives als auch passives Kommunizieren verfolgt Zwecke, vor deren Hintergrund Kommuniqués erst handlungsrelevant werden.

Der semantische Akt des fachlichen Verstehens eines Kommuniqués z. B. aus dem Lager des Betriebes bezüglich einer vorrätigen Anzahl, Qualität und Kosten bestimmter Teile ist zunächst eine »akademische Übung«. Ich verstehe die Teilebezeichnung, kann Kosten zuordnen und kenne die Qualitätskriterien, auf deren Basis die Teile zuzuordnen sind. Interessant und auch folgenreich für Fraktal und Unternehmen wird diese Nachricht erst vor dem Hintergrund der pragmatischen Interpretation. Was habe ich mit den Teilen vor? Paßt die Spezifikation zu meinem Vorhaben? Wie gehe ich mit unzureichenden Lagerbeständen um?

Es ist leicht zu einzusehen, daß Kommunikationsfähigkeit im Sinne der »adäquaten« pragmatischen Interpretation weit schwieriger herzustellen ist als das fachliche Verständnis für externe Kommuniqués. Die weiter oben angedeuteten Probleme zwischen Autonomie und ganzem Unternehmen kulminieren in der »richtigen« Interpretation der Kommunikation und den entsprechend »adäquaten« Handlungsweisen. Dem Unternehmen ist nicht gedient, wenn seine Mitarbeiter in den verschiedenen Fraktalen fachlich kompetent kommunizieren, ohne die im Sinne der Unternehmensstrategie richtigen Schlüsse aus dieser Kommunikation zu ziehen und entsprechend zu handeln.

Die Sache wird dadurch nicht einfacher, daß im Prinzip drei Ebenen der pragmatischen Interpretation bei dieser Kommunikation involviert sind:
- Die Ebene des individuellen Mitarbeiters; seine/ihre persönliche Betroffenheit von der Nachricht.
- Die Ebene des Fraktals; Betroffenheit der Gruppe.
- Die Ebene des Unternehmens.

D. h. ein wie immer geartetes Navigationssystem des Gesamtunternehmens muß Zwecke und Interessen der beiden anderen Ebenen berücksichtigen, will man nicht der gefährlichen Illusion einer einfachen Interessenidentität aufsitzen (vgl. Geißler, 1992, S. 93 ff.).

Entsprechend diesen Anforderungen ist das Ideal, eine Verankerung der Prinzipien der unternehmerischen »Navigation« (der Strategie) im Wollen jedes einzelnen Mitarbeiters.

Verantwortliches Entscheiden und Handeln im Sinne des Unternehmens setzt

bei allen Mitarbeitern nicht nur die Kenntnis der aktuellen Unternehmensziele voraus (Semantik), vor allem die positive Einstellung jedes einzelnen
gegenüber diesen Zielen ist die Voraussetzung. Dies gilt zwingend auf der
Ebene der Fraktale. Aufgrund der selbstorganisierten Kompetenz der Fraktale ist diese Einstellung dringend erwünscht bei allen Fraktalmitarbeitern.
Nach über fünf Jahrzehnten wissenschaftlicher und praktischer Erfahrung
mit betrieblicher Anwendung der Motivationspsychologie ist der Analyse
Herzbergs zuzustimmen (Herzberg, 1968), der in Absetzung vom KITA-
(kick in the ass) Ansatz der allermeisten »Motivatoren« darauf verweist,
daß nur die Verbindung zum eigenen Interesse auf Dauer Einsicht und
Motivation schafft, sich für betriebliche Ziele zu engagieren.
Diese Einsicht ist um so bedeutsamer für Vorhaben wie das fraktale Unter-
nehmen, das ja gerade durch selbstorganisatorische Anstrengungen der
Mitarbeiter von unten nach oben prosperieren soll.
Sichere Arbeitsplätze, vernünftige Löhne, gute Arbeitsbedingungen etc.
sind die materiellen Anknüpfungspunkte für derartiges Eigeninteresse am
Erfolg des Unternehmens. Zugleich werden hier aber auch die Grenzen
des autonomen Engagements für das Unternehmen aufgezeigt. Spätestens
dort, wo das Prosperieren des Unternehmens das Wegfallen des eigenen
Arbeitsplatzes bedeutet, kann kein autonomes Handeln im Unternehmenssinn eingefordert werden. D. h., auch ein Navigationssystem in der
»schönen neuen Welt« fraktaler Unternehmen wird ein »aus dem Ruder
laufen« einzelner Fraktale oder einzelner Mitarbeiter kontrollieren müssen
und u. U. durch ein direktives Lotsensystem verhindern.
Auch für das Konzept des fraktalen Unternehmens gilt die »Autonomie in
Grenzen« für seine Fraktale.
Immerhin erhöht sich der Autonomiespielraum von Fraktalen und Mitarbeitern und damit die Bedeutung des eigenständigen Navigierens. Neben
der Sicherung der erwähnten »Grenzen« der Autonomie z. B. über die Vorgabe von Endterminen, Konstruktionszeichnungen, Kostenrahmen etc.
wird es bedeutsam, daß die Autonomiespielräume im Fraktal z. B. Reihen-
folgeplanung, Feinterminierung, Materialdisposition, Kapazitätsabstim-
mung, NC-Programmierung, Qualitätssicherung etc. im Unternehmens-
sinne genutzt werden.
Adäquate Pragmatik im Kommunikationshandeln des fraktalen Unternehmens braucht neben der skizzierten Bereitschaft, im Unternehmenssinn zu
denken und zu handeln, auch die »Fähigkeit«, das zu tun.
Soweit mit dieser Fähigkeit der semantische Aspekt der Kommunikation
gemeint ist, wurde dazu w.o. bereits das Notwendige zur Vorbereitung der
fachlichen Kompetenzen gesagt.
Darüber hinaus werden Kompetenzen benötigt, die das Treffen eigenständiger Entscheidungen im Unternehmenssinn, das Übernehmen von Verantwortung betreffen.
Selbstbewußtsein gepaart mit Selbstdistanz ermöglichen direkte reflexive

Entscheidungen. Diese »Fähigkeit« zur adäquaten Interpretation von Kommuniqués und den konsequenten Handlungen ist nicht trivial. Weder unsere Schulen noch die Ausbildung und schon gar nicht die Arbeitserfahrung in taylorisierten Organisationsformen haben diese Kompetenzen gefördert. Im Gegenteil, sehr häufig werden die geforderten Persönlichkeitseigenschaften in den genannten Institutionen gezielt »verlernt«.

Neben den möglichen Interessendivergenzen und -gegensätzen zwischen den individuellen Mitarbeitern und dem Gesamtunternehmen ist es die Besonderung des Fraktals selbst, die den pragmatischen Aspekt der Kommunikation problematisch erscheinen läßt.

Alle positiven Seiten der Selbstorganisation von Arbeit, Kommunikation, Distribution etc. im Fraktal beruhen weitgehend auf der Effizienz von face-to- face Beziehungen in dieser überschaubaren Einheit. Der Erfolg des Fraktals ist ursächlich für den Erfolg der Fraktalmitglieder und umgekehrt. Es gibt eine direkte materielle Verwiesenheit der Mitglieder aufeinander und auf die Gruppe.

Ohne hier auf die verschiedenen Motivationstheorien in der Arbeitspsychologie einzugehen, sollte klar sein, daß gerade fraktale Unternehmensorganisationen Mitarbeitermotivation nur über ein Anknüpfen an deren wirklichen Interessen herstellen können.

Das gilt sowohl für die Ebene des Fraktals selbst, als auch für die Ebene des Gesamtunternehmens.

Materielle Interessen der Mitarbeiter wie Arbeitsplatzsicherheit, Arbeitslohn, Arbeitszeit, Arbeitssicherheit etc. müssen ebenso sinnvoll mit dem Unternehmenszweck integrierbar sein wie »immaterielle« Interessen nach interessanter Arbeit, gutem Betriebsklima, sozialem Status etc.

Im Idealfall sind wesentliche Mitarbeiterinteressen mit dem Unternehmensziel identisch; damit wäre eine wesentliche Voraussetzung für adäquate Interpretation der o.a. Kommunikation und entsprechendes Arbeitshandeln gegeben: Die Bereitschaft der Mitarbeiter, im Unternehmenssinn zu denken und zu handeln.

Allerdings wäre es realitätsfern anzunehmen, diese Interessenidentität läge in jedem Fall vor bzw. ließe sich immer herstellen.

Arbeitsplatzgarantien gibt es in der marktvermittelten Ökonomie nicht und die Lohnhöhe steht in Konkurrenz zum Gewinnstreben des Unternehmens etc. Aus diesen Gründen ist die dauerhafte Konvergenz von Unternehmens- und Mitarbeiterinteressen fraglich.

Eher realisierbar sind die immateriellen Interessen. Hier gibt es sicher organisatorische Probleme, aber keine prinzipiellen Hinderungen. Gerade die bottom-up Strategie des neuen Unternehmenstypen ermöglicht interessante, kommunikative und herausfordernde Arbeitsaufgaben. Das Fraktal organisiert die Verteilung der Anstrengungen (Arbeit etc.), aber auch der materiellen Resultate (Lohn etc.).

Es ist einsichtig, daß aus diesen Zusammenhängen starke soziale Beziehungen erwachsen inklusive Normen- und Wertesystemen. Diese informellen Beziehungen sind ja durchaus erwünscht als Motivatoren und als Nährboden für Kreativität und Innovation.

Andererseits resultieren hieraus nahezu notwendig neue in-group/out-group Verhältnisse, die eigenes und fremdes u. U. dysfunktional trennen. Ist am Ende die eigene Produktivität gefährdet, wenn »Zuliefererfraktale« Fehler machen? Ist die Strategie des Gesamtunternehmens eine Beschränkung für die Entfaltung einzelner Fraktale? Wird gar die Existenz eines Fraktals vor dem Hintergrund des Unternehmensinteresses zur Disposition gestellt?

Die Autonomie der Fraktale, die gerade Mittel für größere Flexibilität und damit Überlebensfähigkeit des Gesamtunternehmens sein soll, beinhaltet naturgemäß eine Tendenz zur Besonderung der Fraktale mit allen Risiken eines Auseinanderdriftens des Unternehmens. Dieser mögliche Zerfall von Unternehmen mag vor dem Hintergrund des Modells fraktaler Organisationen kein Problem sein – er beweist den quasinatürlichen Verlauf von Entstehung und Vergehen von Systemen. Sehr wohl erweisen sich derartige Tendenzen als Problem einer Unternehmensstrategie fraktaler Unternehmen.

Hier zeigt sich auch, daß die vordergründig elegante »Ableitung« des fraktalen Unternehmens aus der Analogie zu Vorgängen in der Natur an der Wirklichkeit vorbeigeht. Fraktale Organisationsformen im Unternehmen sind bewußt eingesetzte Mittel zur Sicherung des Unternehmenserfolgs und nicht »freigesetzte Natur«, deren Wirken »en passant« auch den Unternehmenserfolg sichert.

Deshalb sind die selbstorganisatorischen Kräfte der Fraktale immer auch prekäres Mittel, deren Mittelcharakter durch Unternehmensstrategie jederzeit gesichert werden muß.

Die adäquate Pragmatik im Umgang mit Kommunikation, der navigierende Charakter der Kommunikation in der horizontalen Vernetzung ist Bestandteil dieser Strategie.

3. Ansätze zur Bearbeitung des Organisationsdilemmas fraktaler Unternehmen

Bereits die Überschrift macht deutlich, daß keine verbindlichen Problemlösungen angeboten werden können. Dies aus zwei Gründen: Einmal gibt es viel zu wenig Erfahrungen mit diesem Strategiekonzept, um hier bereits gesicherte Resultate vorzuweisen. Zum anderen ist bereits heute klar, daß je nach Unternehmenszielen, Marktumgebungen und Organisationsbesonderheiten recht verschiedene Ausprägungen des o.a. Organisationsdilemmas möglich sind, die unterschiedliche Lösungen verlangen.

Deshalb verstehen sich die folgenden Anregungen eher als Beginn denn als Abschluß einer Debatte.

3.1 Der vernetzte Computer als Kommunikationswerkzeug des Fraktals bzw. der Arbeitsgruppe

Zunächst scheint es sinnvoll, die geforderte horizontale Vernetzung der Fraktale durch ein neu definiertes technisches Werkzeug zu unterstützen, welches am Arbeitsplatz multifunktional eingesetzt werden kann.

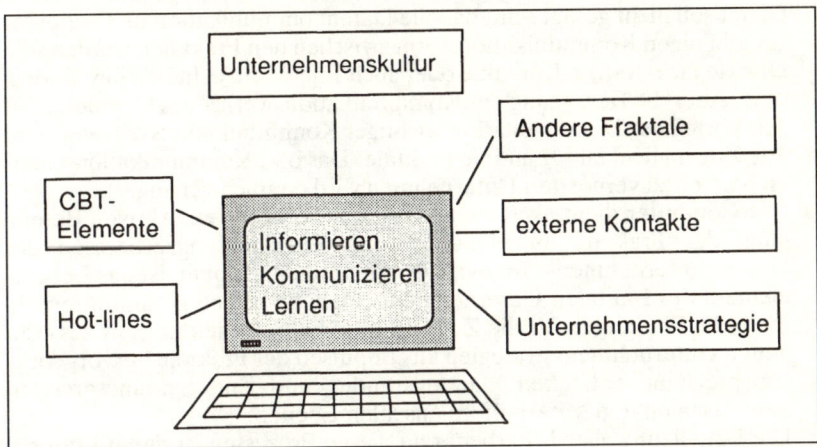

Das Kommunikationswerkzeug Computer muß im Fraktal für alle Mitarbeiter jederzeit verfügbar sein, es muß von allen Mitarbeitern kompetent gehandhabt werden können und soll für folgende Zwecke genutzt werden:

- Alle Informationen, die zur fachlich und betriebsökonomisch adäquaten Abwicklung der Arbeitsaufgaben im Fraktal benötigt werden, müssen jederzeit abrufbar sein. Hierzu zählen Informationen zur Konstruktion und zum Material der Werkstücke, zur Terminierung der Arbeit, zu den Lagerbeständen, zur Kalkulation etc. Diese Informationen werden durch andere Fraktale in das Datennetz eingespeist, aber auch durch externe Kanäle gewonnen (Kunden, Lieferanten etc.).
  Die Unternehmensleitung hat die technische Möglichkeit, den Zugang auf diejenigen Informationen zu beschränken, die für die Arbeitsfähigkeit des Fraktals einschlägig sind. Weitere Beschränkungen sind durch Bestimmungen des Datenschutzes etc. geboten.
- Alle Informationen, die im engeren und weiteren Sinne Unternehmenskultur und Unternehmensstrategie betreffen und für die Mitarbeiter des Fraktals von Interesse sind, sollten ebenfalls jederzeit abrufbar sein. Diese Informationen betreffen Überlegungen zu neuen Marktstrategien ebenso wie die Spiele der Fußballmannschaft des Betriebes. Hier ergibt sich eine wesentliche Möglichkeit der Betriebsleitung, Identifikationspunkte für

alle Fraktale zu schaffen, die gemeinsamen Ziele und Mittel hervorzuheben, um einem Auseinanderdriften der Fraktale vorzubeugen.

- Der Computer ist gleichzeitig Mittel des aktiven Kommunizierens zur Erledigung der Arbeitsaufgabe. D. h. hier werden die Informationen für andere Fraktale und für den Gesamtbetrieb abgelegt, die für deren Funktionen wichtig sind. Es werden Anfragen an die betriebsinternen und externen Partner formuliert. Es wird Hilfe über hot-lines angefordert etc. Damit soll nicht gesagt sein, daß die Datenkommunikation im Computer zur alleinigen Kommunikationsform zwischen den Fraktalen werden soll. Direkte face-to-face Kontakte oder auch Telefonate behalten ihre Bedeutung. Aber die Benutzung des Kommunikationswerkzeugs Computer hat den Vorteil der Dokumentation wichtiger Kommunikationsvorgänge und ihre Zugänglichkeit für andere Fraktale. Das o.a. Kommunikationschaos im horizontal vernetzten Unternehmen wird deutlich verringert.
- Der Computer dient als Kommunikationswerkzeug zur aktiven Beteiligung der Fraktale an Planungs- und Entscheidungsprozessen des Gesamtunternehmens. Innovation von unten nach oben ist das Lebenselement des fraktalen Unternehmens. D. h. aber, daß gesamtunternehmerische Planungen für die Zukunft und die Entscheidungsprozesse zu neuen Unternehmensstrategien aus Impulsen der Fraktale hervorgehen. Entsprechend entstehen Planungsrunden und Entscheidungsgremien aus Fraktalen und Mitarbeitern aus allen Ebenen. Die Beteiligung aller Mitarbeiter an diesen Prozessen ist durch Informationen und durch bottom-up Kommunikationskanäle sicherzustellen. Das Kommunikationswerkzeug Computer im Fraktal ermöglicht diese beständige Kommunikation zur Unternehmensinnovation sehr ökonomisch.
- Schließlich ist der Computer arbeitsplatznahes Lernmedium. Über CBT-Elemente, Simulationen und einfache Stichwortdateien können individuelle Kompetenzlücken direkt im Arbeitsprozeß bzw. in den Pausen ausgeglichen werden. Die Akzeptanz des Computers als Lernmedium am Arbeitsplatz steigt in dem Maße, wie er zugleich Informations- und Kommunikationswerkzeug wird. Arbeiten und Lernen lassen sich unmittelbar verzahnen, Lernen wird Bestandteil des Arbeitens und umgekehrt.

3.2 »Two-step-flow of communication«: Nutzung informeller Sozialstrukturen im Fraktal

Die Stärke fraktaler Organisationsstrukturen ist sicher die aktive Nutzung informeller Strukturen in den Arbeitsgruppen und deren Einbindung in die formelle Organisation. Existenz und Beweggründe für informelle Sozialstrukturen in Betrieben werden seit ihrer »Entdeckung« in den Hawthorne-Studien vielfach nachgewiesen und diskutiert (Roethlisberger, Dickson, 1939).

Aus einer Vielzahl empirischer Belege ergibt sich, daß die Reduktion von Menschen auf Funktionsträger im tayloristischen Betrieb notwendig das Entstehen alternativer Sozialbeziehungen nach sich zieht, in denen sich Mitarbeiter auch während der Arbeitszeit als »ganze Person« entfalten können. Resultat waren Sozialstrukturen neben den offiziellen Organisationsbeziehungen, die eher zufällig mal schädlich, mal nützlich und meist gar nicht auf das Betriebsgeschehen wirkten.

Charakteristisch war die autonome Entstehung dieser Strukturen. Nachdem Selbstorganisation und Autonomie bestimmend für fraktale Organisationen sind, lassen sich unschwer Instrumentalisierungen und Umwandlungen von informellen Strukturen in formelle vorstellen. Die Dokumente aus der Organisationsform der teilautonomen Arbeitsgruppen beweisen dies mit allen Licht- und Schattenseiten, die diese neuen betrieblichen Sozialstrukturen mit sich bringen (vgl. Köppl, 1979). Für alle drei Aspekte von Kommunikation im fraktalen Unternehmen sind die Sozialstrukturen im Fraktal von Interesse.

Zentral werden die informellen/formalisierten Sozialstrukturen naturgemäß für die Pragmatik, also für die handlungsleitende Interpretation von Kommuniqués vor dem Hintergrund der eigenen »Betroffenheit«.

Die weiter oben skizzierten drei möglichen Interpretationsebenen (Mitarbeiter, Fraktal, Gesamtunternehmen) haben im Fraktal, genauer im Fraktal als sozialem System, einen wichtigen Zensor.

Das dort entstehende System sozialer Normen mit ihren Auswirkungen auf Sichtweisen und praktisches Handeln der Fraktalmitglieder wirkt als entscheidender kommunikativer Filter und beeinflußt damit nicht nur die Art und Weise der Binnen- und Außenkommunikation, sondern vor allem das Arbeitshandeln als Ausfluß dieser Kommunikation.

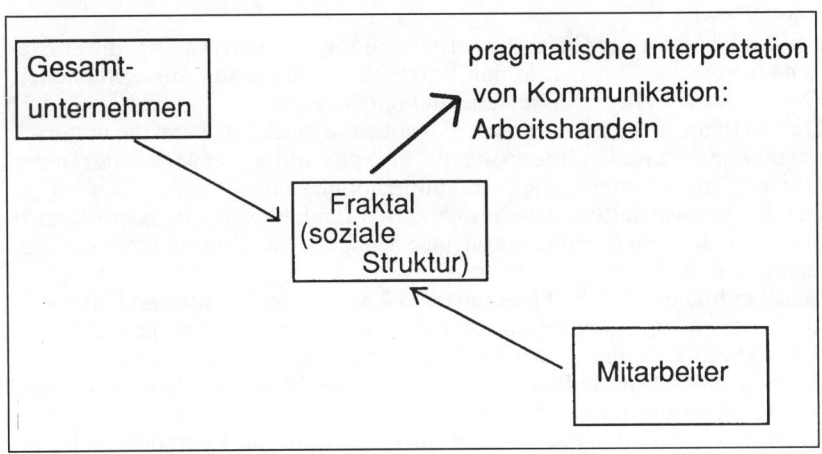

Sowohl aus dem Interesse des Gesamtunternehmens als auch aus der Interessenlage der Mitarbeiter erweist sich die Sichtweise des Fraktals als kritisch bezüglich der Interpretation von betrieblichen und außerbetrieblichen Kommuniqués und den hieraus entstehenden Handlungen der Fraktalmitglieder.

Aus der Kommunikationssoziologie ist der Mechanismus des Two-step-flow of communication bekannt (Lazarsfeld, Berelson, Gaudet, 1948), der auf Kommunikationsprozesse im fraktalen Unternehmen anzuwenden ist:

- In einem ersten Kommunikationsakt wird das gruppenexterne Kommuniqué empfangen (entweder von allen Gruppenmitgliedern oder von einem Spezialisten (gate-keeper)). Dieser Empfang der Nachricht bleibt zunächst folgenlos für das Handeln der Mitarbeiter.
- Im zweiten Schritt wird die Nachricht von einem Meinungsführer (opinion-leader) vor dem Hintergrund der Gruppennormen »entschlüsselt« (interpretiert) und erst dann wird sie folgenreich für das Handeln der Mitglieder.

Nun wirkt dieser zweistufige Kommunikationsprozeß in der Realität nicht notwendig immer über einen personellen Filter Meinungsführer. In der Regel haben die Gruppenmitglieder die sozialen Normen verinnerlicht und sind derart in der Lage, Alltagskommunikation normgerecht zu interpretieren und entsprechend zu handeln.

Dennoch bleibt der Zweistufenprozeß erhalten. Das Gruppenmitglied hat gewissermaßen den »Meinungsführer« im Kopf und wird selbst bei abweichender eigener Sichtweise die Gruppeninterpretation antizipieren und entsprechend handeln.

Hinter dieser »Interpretationsmacht« der Gruppennormen und der »Meinungsführung« steht die Sanktionsmacht der informellen Sozialstruktur, die durchaus drastische Konsequenzen hat (vgl. Roethlisberger, Dickson, 1939, S. 490 ff.).

Für das Interesse des Gesamtunternehmens ist es lebenswichtig, die entstehenden sozialen Normen in den Fraktalen im Sinne der angesprochenen »Navigation« zu beeinflussen und zu kontrollieren.

Dies ist dann am ehesten und am elegantesten machbar, wenn die materiellen und immateriellen Interessen des Fraktals und seiner Mitglieder in der Unternehmensstrategie insgesamt aufgehoben sind.

Bei der Lohngestaltung haben sich z. B. Prämienlösungen als erfolgreich erwiesen, die dem Gesamtfraktal nach Maßgabe des Unternehmenserfolgs zugute kommen.

Darüber hinaus muß die Planungs- und Entscheidungskultur im Unternehmen bottom- up Prozesse aus den Fraktalen vorsehen und gezielt befördern. Diese Beteiligung der Fraktale sichert hohe Akzeptanz gegenüber den »eigenen« Entscheidungen, sie ist darüber hinaus »Frühwarnsystem«, falls Fraktale aus dem Ruder laufen.

Trotz aller Bemühungen, die Selbstorganisation von Fraktalen zu befördern, muß die informationelle und die materielle Verwiesenheit der Fraktale auf den gesamten Unternehmenserfolg immer gegeben sein. Dies läßt sich durch geeignete Logistik, durch geeignete Wahl der Teilprodukte und durch andere organisatorische Maßnahmen sichern, die ein völliges Loslösen des Fraktals vom Unternehmen verhindern.

Auf der Mitarbeiterebene kommt dem o.a. Rotationsverfahren neben Weiterbildungseffekten auch die Rolle zu, eine emotionale Abschottung von in- group-Normen zu verhindern etc. Für die Unternehmensleitung wird es zentral sein, die produktiven Kräfte der sozialen Normen im Fraktal freizusetzen und sie im Sinne der Unternehmensziele zu bündeln.

Daß diesen Normensystemen eine latent destruktive Potenz gegenüber anderen »Fremdfraktalen« sowie gegenüber dem Gesamtunternehmen innewohnt, sollte bewußt sein, entsprechende Gegenstrategien sind zu entwickeln.

3.3 Kommunikationsfähigkeit der Mitarbeiter: Zur Herausbildung einer Schlüsselkompetenz im fraktalen Unternehmen

Zentral für die Kommunikationskultur im Fraktal wie im Gesamtunternehmen sind die individuellen Kompetenzen, die den Mitarbeiter zu adäquater Kommunikation und zum sozialen Handeln befähigen.

- Mitarbeiter müssen in der Lage und Willens sein, sowohl direkte »face to face«-Kommunikation als auch mediatisierte Formen der Kommunikation (Computer, Telefon, etc.) aktiv zu betreiben.
- Mitarbeiter müssen in der Lage und Willens sein, die fachlichen Inhalte betrieblicher Kommunikation zu verstehen und in entsprechende Arbeitshandlungen umzusetzen.
- Mitarbeiter müssen in der Lage und Willens sein, eigene Interessen, die Belange des Fraktals und das Unternehmensziel so zu vereinbaren, daß die Interpretation betrieblicher Kommuniqués und die entsprechenden Handlungen die Unternehmensziele vorantreiben helfen.

Nun sind diese Kompetenzen zur adäquaten betrieblichen Kommunikation keineswegs trivial. Dies wird durch viele Berichte zu Organisationsveränderungen in modernen Unternehmen drastisch dokumentiert. Abgesehen von den Fähigkeiten zum Umgang mit neuen Kommunikationsmitteln, die einfach erlernt werden können, sind fachlich/semantische und vor allem pragmatisch/psychologische Probleme zu lösen. (Daß zur Lösung dieser Probleme weit differenziertere Sichtweisen und unterschiedliche Strategien notwendig sind (wegen der Verschiedenheit der Gruppen etc.), skizziert Brigitte Seyfried: Seyfried, 1994, S. 23 ff.).

Das Erlernen der »technischen« Kommunikation ist vor den geforderten Kompetenzen sicher am einfachsten zu organisieren. Neben den vielfältigen Weiterbildungsangeboten der externen Bildungsträgerlandschaft zu den entsprechenden Kommunikationstechniken via EDV oder Telefon/

Telefax bieten sich hier arbeitsplatznahe Lernformen, Coaching am Arbeitsplatz oder auch Multiplikatorenmodelle an.

Dabei ist es wünschenswert, daß alle Mitglieder des Fraktals die grundlegenden Kommunikationswerkzeuge einschließlich Computernetz und mail-box beherrschen. Für seltener genutzte Kommunikationswege (z. B. spezifische Datenbanken etc.) genügen einzelne Experten in der Gruppe.

Generell wird die notwendige »technische Kommunikationskompetenz« leichter herstellbar werden vor dem Hintergrund der heranwachsenden Generation, die mit derartigen Kommunikationstechniken aufgewachsen ist. Bei älteren Mitarbeitern finden sich gelegentlich Reserven bei der Bedienung der Kommunikationstechniken, was zu problematischem Vermeidungshandeln führen kann. Hierdurch können sich unerwünschte Kommunikationsmonopole im Fraktal aufbauen. Ein besonderes Augenmerk muß entsprechend auf die Verbesserung der Akzeptanz, auf Weiterbildung von Älteren im Umgang mit den Kommunikationstechniken gelegt werden.

Zur *fachlichen Kompetenzverbreiterung* wurde weiter oben bereits einiges gesagt. Adäquate Semantik im Kommunikationsprozeß der Fraktale ist zentral, und damit werden berufliche Aus- und Weiterbildungsprozesse im fachlichen Bereich zur Voraussetzung für Kommunikations- und Arbeitshandeln im Betrieb.

Insbesondere kognitive Kompetenzen (Mathematik, Physik, Deutsch etc.), die klassischen Kompetenzen in der jeweiligen Materialbearbeitung bzw. Sachbearbeitung, aber auch Kompetenzen in angrenzenden Produktions- bzw. Verwaltungsbereichen sowie Werkzeug-/Maschinenkenntnisse gehören zum Umkreis der fachlichen Kompetenzen, die im fraktalen Unternehmen auf der Facharbeiter- bzw. Sachbearbeiterebene bedeutsam werden.

Aus dieser knappen Auflistung von fachlichen Kompetenzen, die für die Mitarbeiter im fraktalen Unternehmen zur Voraussetzung ihrer Arbeitstätigkeit und ihrer Kommunikationstätigkeit über die Fraktalgrenzen hinaus werden, lassen sich die weitreichenden Aus- und Weiterbildungsnotwendigkeiten abschätzen.

Nachdem zu diesen Fragen inzwischen viele praktive Erfahrungen dokumentiert sind und sich eine breite berufspädagogische Diskussion in der Literatur findet (vgl. u. a. Feldmann, Kluger, Langenbeck, 1993, S. 112 ff.), soll hier ein Verweis darauf genügen.

Fachliche Ausbildung und vor allem die permanente fachliche Weiterbildung mit dem Ziel einer hybriden Fachkompetenz wird zur zentralen Aufgabe des fraktalen Unternehmens – auch zur Schaffung der individuellen Kommunikationsfähigkeit in selbstorganisierten Systemen.

Ist dergestalt die individuelle Kommunikationsfähigkeit über syntaktische und semantische Kompetenzen der Mitarbeiter gesichert, bleibt noch die

Aufgabe, das Individuum zu befähigen und zu motivieren, die erhaltenen und fachgemäß verstandenen Kommuniqués im Unternehmenssinn zu interpretieren und entsprechend zu handeln. Diese Aufgabe an Kompetenzentwicklung der Mitarbeiter im fraktalen Unternehmen ist sicher die schwierigste, weil hier der Erwerb von Kenntnissen kombiniert werden muß mit psychischen Dispositionen, Interessenlagen, Motiven, etc. (praktische Vorschläge hierzu vgl. Geißler, 1992, S. 94 ff.).

Die Einordnung einer technischen Frage (z. B. zur Materialwahl) in ökonomische Zusammenhänge im Unternehmen fällt dem Facharbeiter im Fraktal u. U. schwer; er kann jedoch lernen, damit umzugehen, wenn er grundlegende betriebswirtschaftliche Vorgänge im Unternehmen kennt. Daß er dann auch im Sinne der Unternehmensökonomie handelt, setzt mehr voraus: Es setzt voraus, daß der Mitarbeiter sich mit den Unternehmensinteressen identifiziert oder diese zumindest als gutes Mittel für seine Interessen wahrnimmt.

Aus diesem einfachen Sachverhalt, der über Weiterbildung nur schwer erreichbar ist, speisen sich eine Reihe der häufig geforderten Schlüsselkompetenzen wie »Verantwortungsbereitschaft«, »Entscheidungsfähigkeit«, »Selbstdistanz« etc.

Die umfangreiche Literatur zur »Herstellung« derartiger Schlüsselkompetenzen verweist auf die doppelte Bedingtheit von Lernprozessen hierzu:

• Fachliche Lernprozesse müssen in ihrer Methodik derartige Kompetenzen befördern. D. h., fachliche Aus- und Weiterbildungszwecke stellen methodisch die Eigenverantwortung, die Selbstorganisation der Lernenden ins Zentrum (Leittext, Projektlernen sind Bezeichnungen dafür).

• Die Organisation der Arbeit im Unternehmen muß diese Schlüsselkompetenzen erlauben und fördern. D. h., Mitarbeiter müssen praktisch erkennen können, daß ihre Entscheidungen, ihre Ideen folgenreich für das Unternehmen und für sie selbst sind (vgl. Bittmann, Erhard, Fischer, Novak, 1992, S. 39 ff.).

Die unmittelbare Verknüpfung von Arbeiten und Lernen wird hier ganz handgreiflich. Nur dort, wo das persönliche Engagement des Mitarbeiters, sein »unternehmerisches« Mitdenken und -handeln zu positiven Veränderungen im Unternehmen führt, werden sich die »unternehmerischen« Schlüsselkompetenzen auf Dauer bestätigen.

Zentral für die positive Bestätigung der o.a. Schlüsselkompetenzen ist erneut die mehrfach angesprochene Bedingung, daß Mitarbeiter die Unternehmensziele positiv in ihre eigenen Lebensentwürfe integrieren können. Dies gilt für die materielle Seite ebenso wie für ihre Wertewelt.

Literatur

Bittmann, A./Erhard, H., Fischer/H.-P.; Novak, H.: Lerninseln in der Produktion als Prototypen und Experimentierfeld neuer Formen des Lernens und Arbeitens. In: Dehnbostel, P.; Holz, H.; Novak, H. (Hg.); Lernen für die Zukunft durch verstärktes Lernen am Arbeitsplatz. Berlin 1992, S. 39 ff.

Feldmann, B./Kluger, J./Langenbeck, J.: Neue Ansätze für eine europäische Berufsausbildung. In: Nyhan, B.; Entwicklung der Lernfähigkeit. Brüssel 1993, S. 112 ff.

Geißler, H.: Die »Lernende Organisation« als »Lebendiges Kunstwerk«. In: Geißler, H.: Neue Qualitäten betrieblichen Lernens. Frankfurt am Main 1992 (Betriebliche Bildung – Erfahrungen und Visionen, Bd. 3).

Herzberg, F.: One more time: How do you motivate employees? Harvard Business Review, 1–2, 1968.

Kern, H./Schumann, M.: Das Ende der Arbeitsteilung? Rationalisierung in der industriellen Produktion. München 1986.

Köppl, B.: Intensivierung kontra Humanisierung, Frankfurt am Main 1979.

Lazarsfeld, P. F./Berelson, B./Gaudet, H.: The people's choice. New York 1948.

Roethlisberger, F. J./Dickson, W. J.: Management and the Worker. Cambridge, Mass. 1939.

Senge, P.: The Fifth Disziptine: The Art and Practice of the Learning Organization. London 1992.

Seyfried, B.: Team und Teamfähigkeit. In: Berufsbildung in Wissenschaft und Praxis (BWP), bibb (Hrsg.) 23/1994/3, S. 23 ff.

Sonntag, K.: Qualifikationsanforderungen im Werkzeugmaschinenbereich. In: Ders. (Hg.): Neue Produktionstechniken und qualifizierte Arbeit. Köln 1985.

Warnecke, H. J.: Revolution der Unternehmenskultur. Das fraktale Unternehmen. Berlin, Heidelberg 1993.

Wobbe, P.: Anthroprocentric Production Systems. Brüssel 1991.

Womack, B.: The Machine that changed the World. MIT Press 1991.

V. Organisationslernen und Kooperative Arbeit – Einsatzmöglichkeiten von Groupware-Systemen?!

Jörg Wilmes

---

1. Schlanke Organisationen in Theorie und Praxis und ihre Anforderungen an die kommunikativen Rahmenbedingungen

Dem aufmerksamen Leser einschlägiger Managementzeitschriften wird es vorkommen, als ob die Wortschöpfungen der »Lean« – Diskussion ein inflationäres Eigenleben führen. Beinahe jede Woche erscheinen neue Begriffe, die irgendeinen wertschöpfungsrelevanten Kernbereich schlank, effizient, effektiv, eben lean machen wollen. Während einerseits Lean Management als unternehmensstrategischer Ansatz entwickelt wurde, reduziert die Praxis den komplexen Anspruch auf ein modernes Kostensenkungsinstrument unter der Prämisse »von allem die Hälfte«. Lean Management ist jedoch ein Führungs- und Organisationsprinzip hinter dem sich erheblich mehr verbirgt als die bei uns diskutierten Facetten wie Gruppenarbeit, Hierarchieabbau, Just-in-Time, Simultaneous Engineering usw. Der eigentlich innovative Beitrag des Lean-Managements ist, daß die Kooperation, d. h. die Arbeit in Gruppen, mit größerer Eigenverantwortlichkeit und geringerer disziplinarischer Führung in den Vordergrund gerückt wird. Die organisatorische Integration von IuK-Technik ist letztendlich die Kernfrage zukunftsorientierter Unternehmensführung. Die in diesem Zusammenhang wichtigsten Bereiche verdeutlicht Abb. 1.
Auf der Ordinate sind verschiedene Stufen der informationstechnischen Integration von Informationen und Prozessen abgetragen, die von singulären Arbeitsplätzen bis zur vollständigen Integration logischer und zeitlicher Vorgänge reicht. Die Abszisse beschreibt die systembezogene und organisatorische Reichweite bis zur unternehmensübergreifenden Integration in virtuellen Unternehmen und der Einbeziehung der Endverbraucher.

1.1 Organisationsentwicklung, Informationstechnik und Organisationslernen

Das Ziel der Existenzsicherung des Unternehmens im Sinne einer dynamischen Sicherung der Entwicklungsfähigkeit anstelle einer statischen Bewahrung der Überlebensfähigkeit kann m. E. nur erreicht werden, wenn

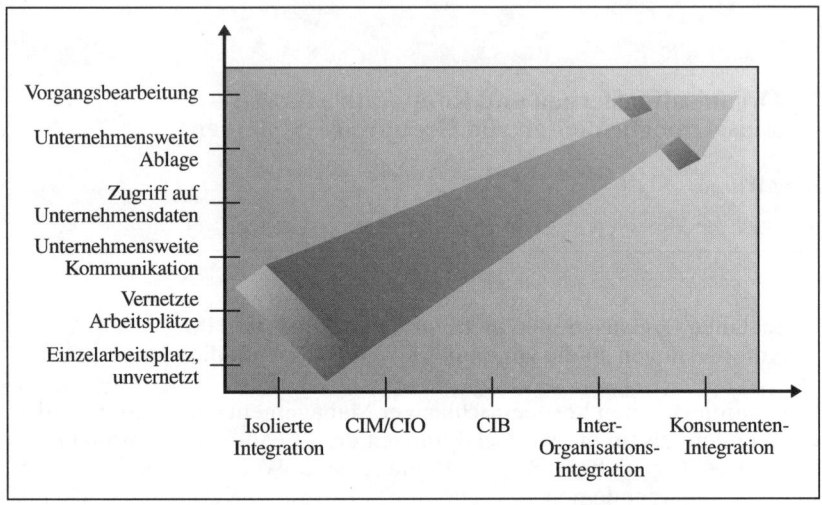

Abb. 1: *Integrationsbereiche des Unternehmens (eigener Entwurf 1994)*

sich das im Unternehmen [latent] vorhandene Wissen über Markt- und Wettbewerbsstärke im koordinierten Zusammenwirken von Technologie, Organisation und den Humanressourcen manifestiert. Geißler schreibt 1991, daß es für Organisationslernen gelingen muß, »(. . .) eine ›größere Masse‹ an Organisationsmitgliedern zu finden und zu entwickeln, die zum Promotor und Träger des Organisations-Lernen werden, indem sie auf dieses Organisations-Lernen hin ihr eigenes Lernen in der Organisation zentrieren« (Geißler 1991, S. 83).
Abb. 2 verdeutlicht zweierlei:
• Kooperierende,»Wissen austauschende« Organisationssubjekte können tradierte Strukturen aufbrechen sowie Normen und Werte verändern.
• Wichtige Determinanten zur Erreichung dieses Ziels sind
  – die zur Verfügung stehende Technologie sowie
  – das »Wollen« und »Dürfen« der Mitarbeiter.
Für die technikwissenschaftlichen Aspekte des Organisationslernen ist zu fordern, daß geeignete Informationstechnologie die koordinierte und kooperative Leistungserstellung sowie individuelle und teambezogene Lernprozesse in den Mittelpunkt stellt. Das Wissenspotential der Mitarbeiter muß im Rahmen eines flexiblen und kommunikationsorientierten Organisations- und Technikgefüges genutzt werden.
Im Hinblick auf organisationale Lernprozesse, verstanden als Änderung des Steuerungspotentials, das eine Organisation bezüglich ihres Umgangs mit internen und externen Aufgaben und Problemen hat (vgl. Geißler 1991,

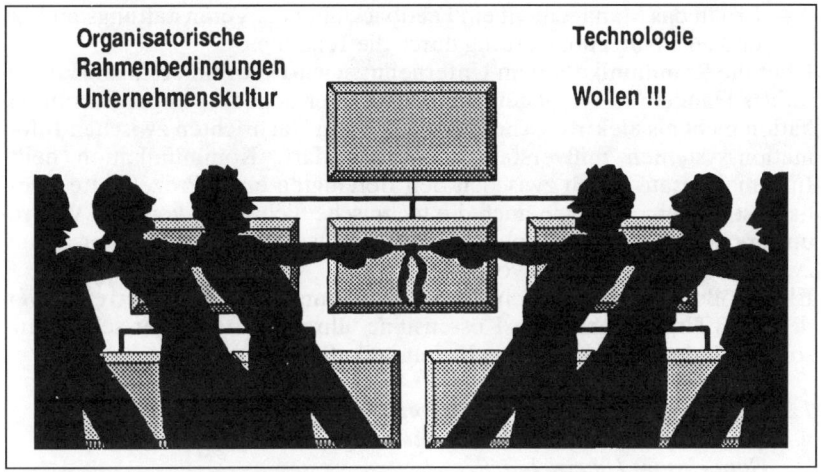

Organisatorische   Technologie
Rahmenbedingungen
Unternehmenskultur   Wollen !!!

Abb. 2: Organisationslernen und organisatorische Rahmenbedingungen
(eigener Entwurf 1994)

S. 82), sind sowohl das individuelle Verhalten der Träger von Wissen in konkreten Situationen als auch die unternehmerischen Rahmenbedingungen zu hinterfragen:

- Sind die Abteilungsleiter zum interdisziplinären, kreativen Arbeiten überhaupt fähig?
- Blockieren Tagesgeschäft und Abteilungsdenken cross-funktionale Problemlösungen?
- Läßt das organisatorische Klima »Querdenker« und Innovatoren zu oder werden sie im betrieblichen Regelwerk erstickt?
- Unterstützen vernetzte Computersysteme kooperative Zusammenarbeit und informellen Informationsaustausch?
- Werden die Mitarbeiter offen über Unternehmenspolitik und -ziele informiert?
- Wird das Wissenspotential der Mitarbeiter direkt genutzt oder werden gute Ideen über das betriebliche Filtersystem der Hierarchie abgewürgt?
- In welcher Weise wird Wissen als »Herrschaftswissen« und Machtfaktor benutzt bzw. mißbraucht?
- Welche Möglichkeiten der Weiterbildung haben die Mitarbeiter bzw. welche inhaltliche Fokussierung weisen die Schulungen auf?
  - Geht es um fachliche Qualifizierung oder auch um Persönlichkeitsentwicklung (Problemlösungstechniken, soziale Kompetenz etc.)?
  - Können sich die Mitarbeiter die Weiterbildungsveranstaltungen weitgehend frei aussuchen oder gibt es strikte Vorgaben?

– Erhält das Management ein Feedback über die Veranstaltungsqualität und eine Nutzenbewertung durch die Teilnehmer?
Über die Kommunikation im Unternehmen wird koordiniertes und kooperatives Handeln in arbeitsteiligen Abläufen ermöglicht, wobei Kommunikation nicht als elektronischer Austausch von Nachrichten zwischen Informationssystemen mißverstanden werden darf. Kommunikation heißt Informationsaustausch zwischen den Beteiligten einer Prozeßkette. Deshalb ist in meinen Augen auch die technische Sichtweise von CSCW/Groupware der falsche Ansatzpunkt. Dazu wird weiter oben eine Abgrenzung zwischen diesen Begriffen vorgestellt.
Eine größere organisatorische Flexibilität kann nicht dadurch erreicht werden, daß Unternehmen im Kostensinne »ihren Gürtel enger schnallen«, sondern indem sie ihre interne Kommunikation verbessern.

1.2 Organisatorische und informationstechnische Rahmenbedingungen zur Nutzung des individuellen und kooperativen Wissens und Handelns im Unternehmen

Unternehmen können sich nur dann weiterentwickeln, wenn die Organisationsmitglieder ihr Wissen und ihre Kenntnisse in die betrieblichen Leistungserstellungs- und Entscheidungsprozesse wirksam einfließen lassen können. Damit das Wissen der Organisationsmitglieder in ein der Organisation verfügbares Wissen übertragen werden kann, ist der Einsatz geeigneter Informationssysteme notwendig, die die zur koordinierten und kooperativen Aufgabenerfüllung benötigten Informationen schnell und aufbereitet zur Verfügung stellen, und die Verarbeitung dieser Informationen innerhalb der logischen Prozesse ermöglichen. Merkmale solcher Organisationen sind:
● Offene, hierarchieübergreifende Informationssysteme,
● eine kommunikationsfördernde Unternehmenskultur,
● das Wollen der Mitarbeiter und nicht zuletzt
● die Förderung selbständiger und selbsorganisierter Arbeit durch Vorgesetzte sowie das »Zulassen« duch das organisatorische Regelwerk.
Als zentrale Forderung möchte ich formulieren: Die Arbeitsorganisation muß den Möglichkeiten der Informationstechnik nachfolgen, und die Informationstechnik muß dem Gedanken der Prozeßorientierung Rechnung tragen.
Die temporäre, aufgaben- bzw. projektorientierte und logische Zuordnung von Mitarbeitern und Ressourcen kann nur funktionieren, wenn der hierarchieunabhängige horizontale und vertikale Informationsaustausch aller relevanter Informationen gewährleistet ist. Damit beschreibt nicht mehr das Unternehmensorganigramm den zulässigen Informationsfluß, sondern der prozessuale Bedarf, der durch die Prozeßkette definiert wird.
Organisatorische Netzwerke sind mit flexiblen informationstechnischen

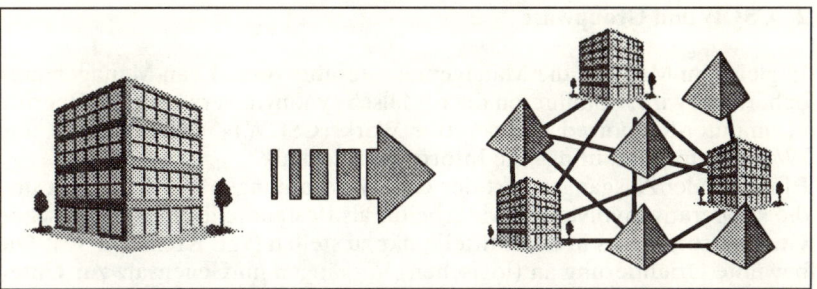

Abb. 3: Entwicklungsrichtung organisatorischer und informationstechnischer Gestaltung (eigener Entwurf 1994)

Netzwerken zu koppeln, um die aus organisatorischer Sicht notwendigen Rahmenbedingungen für innovationsfähige Unternehmen zu schaffen.

- Stabile (bürokratische) Strukturen müssen zu flexiblen, problemorientierten »Zelt-Organisationen« verändert und entwickelt werden.
- Starre inter-organisationelle Verknüpfungen werden zu intensiv kommunikativen »virtuellen« Konstruktionen ohne strikte strukturelle Abgrenzungen.

Die Selbstorganisationskompetenz der Mitarbeiter mit den Facetten, daß

- die Mitarbeiter die notwendigen Freiräume für selbständige, selbstorganisierte Arbeit bekommen (*»Dürfen«*), die
- Führungskräfte eigenständiges Verhalten nicht nur tolerieren, sondern fördern (*»Zulassen«*) und
- die Mitarbeiter auch dieses neue Umfeld erkennen und ausnutzen, also *»Wollen«*,

ist entsprechend in den informationstechnischen Werkzeugen zu berücksichtigen. Auch wenn vielfach Potential und Bereitschaft gegeben sind, individuelles Wissen »öffentlich« zu machen und andere partizipieren zu lassen, verhindern andererseits betriebliche Machtaspekte und der formale Rahmen der Organisationsrichtlinien und -handbücher die Realisierung. Organisatorisches Regelwerk und persönliches Machtstreben verhindern die Nutzung der brachliegenden Potentiale zur Steigerung der Innovationsfähigkeit des Unternehmens. Im weiteren wird diskutiert, ob durch geeignete Informationstechnik nicht diese hemmenden Strukturen aufgebrochen werden können, um letztendlich leichter zu Organisationslernen zu gelangen.

2. CSCW und Groupware

In gleichem Maß wie die Managementliteratur vom »Lean Management« beherrscht wird, dominieren die oft falsch synonym verwendeten Begriffe »Computer-Supported Cooperative Work (CSCW)«, »Groupware« und »Workgroup Computing« die Informationstechnik.
Ein zentraler Ausgangspunkt der CSCW-Forschungen ist, die Arbeit und die kooperativ involvierten Mitarbeiter als Bestandteile eines spezifischen Geschäftsprozesses in den Mittelpunkt zu stellen (vgl. Krcmar 1992). Die bewußte Orientierung an (logischen) Vorgängen im Gegensatz zur Unterstützung einzelner Tätigkeiten zielt auf die Steigerung der Produktivität der Gruppenarbeit, also des Gruppenergebnisses als Ganzes.
Ich verstehe Groupware (GW) und Computer Supported Cooperative Work (CSCW) als Gattungsbegriffe mit unterschiedlichen Schwerpunkten, unterhalb derer sich verschiedene Einsatzgebiete herauskristallisiert haben. Beide Bezeichnungen vermitteln zusammengefaßt den Grundgedanken der Arbeitsgruppenunterstützung. M.E. liegt jedoch der inhaltliche Schwerpunkt von GW auf den informationstechnischen Realisierungsmöglichkeiten, während CSCW die Gruppenunterstützung umfassender betrachtet und überwiegend losgelöst ist von Fragen der technischen Realisierbarkeit. Zusammengefaßt verdeutlicht die Abb. 4 die von mir gewählte Klassifizierung:

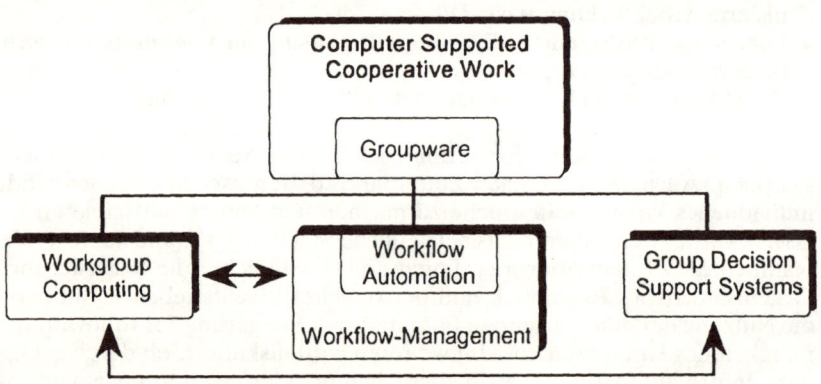

Abb. 4: CSCW-Kategorisierung (eigener Entwurf 1994)

Zwischen den einzelnen Anwendungskategorien bestehen unterschiedlich starke Interdependenzen. So sind insbesondere die Grenzen zwischen Workgroup Computing und Workflow-Management (WFlM) sowie Workgroup-Computing (WGC) und Group Decision Support Systems (GDSS) fließend. M.E. drückt Computer Supported Cooperative Work wesentlich besser, differenzierter und klarer als Groupware die Zielrichtung des Computereinsatzes in Arbeitsgruppen aus, nämlich die der Koordination der Zusammenarbeit mehrerer Personen, die gemeinsam eine Aufgabenstellung bearbeiten. Als Werkzeuge können hierzu Computer eingesetzt werden.

Mit der Betonung kooperativen und koordinierten Handelns von Personen (nicht von Computern) werden in dieser weiten Fassung neben entscheidungsrelevanten »harten Fakten« ebenso persönliche Einstellungen erfaßt. Oberquelle sieht Groupware- Systeme als technische Realisierungsmöglichkeit für kooperative Arbeit an und versteht darunter »(...) Mehrbenutzersoftware, die zur Unterstützung kooperativer Arbeit entworfen und genutzt wird und die es erlaubt, Information und (sonstige) Materialien auf elektronischem Wege zwischen den Mitgliedern einer Gruppe koordiniert auszutauschen oder gemeinsame Materialien in gemeinsamen Speichern koordiniert zu bearbeiten« (Oberquelle 1991, S. 3).

Zur Klassifizierung von CSCW dient neben den örtlichen und zeitlichen Synchronität von Kooperationssituationen auch die prozessuale bzw. informatorische Integration. Korrespondierend mit Abb. 4 zeigt Abb. 5 zwei Hauptdimensionen der Unterstützung von Gruppenarbeit. Die Plazierung der Funktionalität E-Mail verdeutlicht, daß das Verschicken von Informationen zentraler Baustein jedes Groupware-Systems ist. Alleine hat es jedoch für den gruppendynamischen Prozeß der kooperativen und koordinierten Aufgabenerledigung einen vergleichsweise geringen Nutzen.

Informationsintegration meint vor allem die Verknüpfung und Verbindung aller Informationsarten, die zur Lösung [kooperativer] Arbeitsaufgaben erforderlich sind. Hier sehe ich an erster Stelle Workgroup-Computing Lösungen, wie sie beispielsweise auf der Basis von Lotus NOTES realisiert werden. »Verteilte Datenbanken« weist auf die räumliche Entkopplung (Asynchronität) der Aufgaben in Anwendungsgebieten hin und damit auf die physische Verteilung eines logischen Datenbestandes auf mehrere Rechner in einem Server-Verbund. Zu berücksichtigen ist hier die Sicherstellung der Datenkonsistenz bei Änderungs- und Löschoperationen in dem verteilten Datenbestand.

Prozeßintegration beschreibt die zeitliche Straffung einer Folge von Aufgaben und Tätigkeiten innerhalb eines logischen Ablaufs. Hierein fallen Workflow-Management-Systeme, die, hoffentlich nach einer Reorganisation der Organisation, den Informationsfluß ereignisgesteuert regeln und beschleunigen sollen. Verteilte Editoren ermöglichen in der stärksten Ausprägung beider Achsendimensionen die zeitgleiche Bearbeitung von Dokumenten (Grafiken, Texte, etc.) über räumliche Grenzen hinweg. Sie beschleunigen und integrieren damit den Ablauf, stellen aber auch alle benötigten Informationsarten zur Verfügung.

Wagner schreibt zur Komplexität des Groupware-Anspruchs, daß sich Workgroup-Computing in einem Spannungsfeld aus Transparenz und Kon-

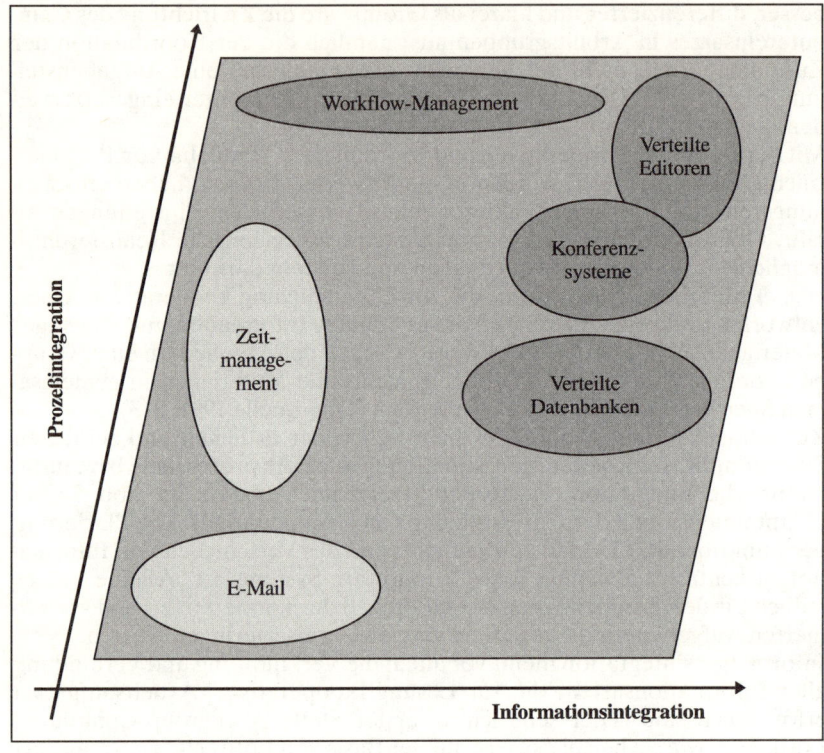

Abb. 5: Groupware-Bewertung nach prozessualer und informatorischer Integration
Quelle: Eigener Entwurf 1994, angelehnt an Wagner, M.: Groupware entwickelt sich
zu einer strategischen Waffe; in: Computerwoche Nr. 47 vom 20.11. 1992,
S. 37.

trolle entfalten soll, wobei menschliche Qualitäten der sozialen Interaktionsfähigkeit vorausgesetzt, aber auch »im Sinne einer von der jeweiligen Gruppe erwünschten sozialen Kontrolle« systemimmanent gefördert werden können (vgl. Wagner 1992).

Im folgenden sollen nochmal die Zusammenhänge zwischen kooperativer Arbeit und Kommunikation verdeutlicht werden.

Soergaard definiert kooperative Arbeit als autonome, aufgabenorientierte Zusammenarbeit mit gemeinsamer Zielsetzung und ohne Konkurrenz in einer informalen, nicht-hierarchischen Organisation (vgl. Soergaard 1987). Die wichtigsten hier genannten Aspekte dieser Klassifizierung sind Aufgabenorientierung, Selbstorganisation der Gruppe und nicht-hierarchische Organisationsstrukturen mit Möglichkeiten des lateralen Informationsaustauschs.

Kommunikation ist ein der Koordination zugrundeliegender Prozeß. Die Zusammenhänge zwischen Kommunikation und Kooperation wird in Abb. 6 visualisiert. Deutlich wird in dieser Darstellung:

- Kommunikation koordiniert Kooperation
- Kommunikation ist selbst ein Kooperationsprozeß, der durch metakommunikative Koordination koordiniert wird.

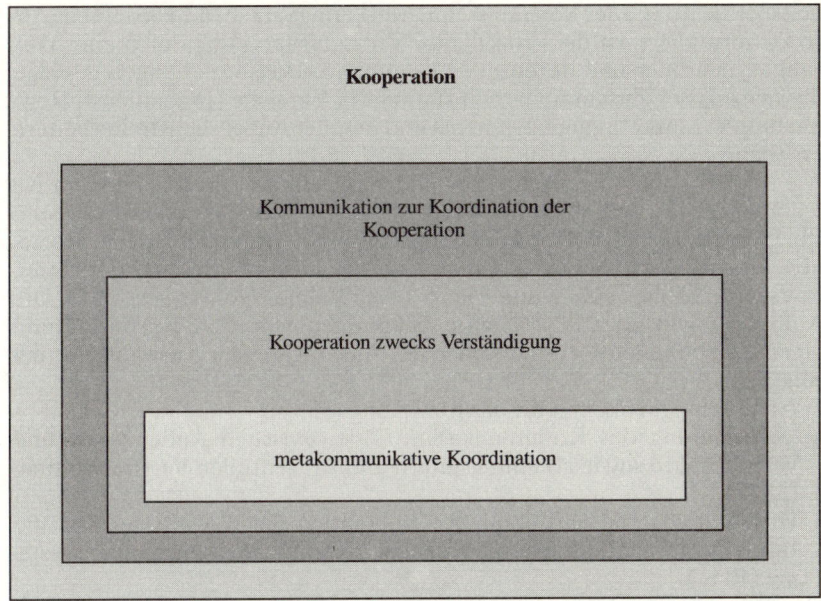

Abb. 6: Zusammenhänge zwischen Kooperation, Koordination und Kommunikation

Quelle: Eigener Entwurf 1994; in Anlehnung an Oberquelle, H.: Kooperative Arbeit und Computerunterstützung, Stuttgart 1991, S. 73 (Abb. 1).

Im Hinblick auf die Forderung von Geißler nach einer breiten Basis zur Änderung des organisationsweiten Steuerungspotentials ergibt sich hier m. E. eine Deckung mit den CSCW-Optionen. In der Praxis läßt sich über verteilte Datenbanken und Funktionen der Vorgangssteuerung dieses Ziel von der kommunikationstechnischen Seite her gut erreichen. Im weiteren werden operative Lösungen für die Prozeßkette Vertrieb und Marketing in Form von Computer-Aided- Selling – Systemen (CAS) vorgestellt und diskutiert.

3. Anforderungen an CSCW-Systeme für Vertrieb und Marketing und ihre Eignung für das Organisationslernen

Ähnlich wie in anderen betrieblichen Funktionsbereichen läßt sich auch für den Vertrieb eine Interessenverschiebung von der fokussierten elektronischen Abwicklung einzelner in sich geschlossener Bereiche und der Automatisierung einfacher, repetitiver Erfassungsarbeiten, hin zu einer Ganzheitsbetrachtung aller Vertriebs- und Marketingaufgaben beobachten. Abstrakt formuliert, ist die Prozeßkette Vertrieb/Marketing durch eine Vielzahl asynchroner und dezentraler Kommunikationsbeziehungen geprägt, die sich aus der Zusammenarbeit stationärer Bereiche (Innendienst, Regionalbüros, Marketingmanagement) und mobiler Außendienstmitarbeitern ergeben.

Wie eigene Erhebungen gezeigt haben, rücken sowohl die kooperative teambezogene Aufgabenerledigung, z. B. zwischen Außendienst und Innendienst oder zwischen Außendienstmitarbeitern verschiedener Regionen, als auch Aspekte der Vorgangssteuerung in den Mittelpunkt des Interesses (vgl. Wilmes 1994 a und 1994 b sowie Wilmes/Hohberger 1994). Die Anforderungen an CAS-Systeme bekommen vor diesem Hintergrund einen neuen Stellenwert, der sich in der Ausprägung der Auswahlkriterien zeigt:

- Analysemöglichkeiten für das Marketing (33 %)
- Verbesserung der Kommunikationsflüsse zwischen Außendienst und Vertriebsbüro sowie abteilungsintern und zur zentralen Vertriebsleitung (33 %)
- Host-Schnittstelle und damit die Integration des CAS-Systems in die Infrastruktur vorhandener betriebswirtschaftlicher Anwendungssysteme (10 %)

Damit kommt der Wunsch nach einer umfassenden Prozeßunterstützung und informationstechnischen und organisatorischen Integration der eingesetzten Werkzeuge zum Ausdruck. Die angestrebte umfassende Form von Vertriebsinformation und -steuerung sowie das Auswahlkriterium »Kommunikation der Mitarbeiter« zeigt, daß die Unternehmen die Erfolgswirksamkeit von Kommunikation, Koordination und Kooperation der Mitarbeiter erkannt haben. Insgesamt geht es darum, die Vertriebsprozesse zu straffen, Zeitverzögerungen und Pufferzeiten zu minimieren und den Vorgang transparenter zu machen, um auf dieser Grundlage effektiver und effizienter alle vertriebsbezogenen Aufgaben lösen zu können. Von entscheidender Bedeutung ist aus meiner Sicht eine kooperative Zusammenarbeit im CAS-Team, das sich nicht an Abteilungsgrenzen sondern am Vorgang orientiert und nachgelagerte Stellen als Kunden begreift. Der Ansatz des Team-Selling beschreibt diesen Anspruch ausführlich. Dazu gehört auch die Freigabe »persönlichen« Wissens in eine allen zugängliche Form und die Abkehr vom Bild des »zu steuernden« Außendienstlers. Vielmehr

Abb. 7: Team-Selling im Vertriebs- und Marketing-Team (eigener Entwurf 1994)

wird der Innendienst zum Dienstleister, der die ADM mit aktuellen Informationen zur Selbststeuerung versorgt.
Die Anforderungen an Informationssysteme bekommen vor den oben skizzierten Zielstellungen im Vertrieb und der Neuorientierung in der Organisationstheorie einen neuen Stellenwert mit veränderten Ansprüchen an die Kommunikationsmöglichkeiten von CAS-Systemen. Dies gilt sowohl für die interne Kommunikation der Mitarbeiter als auch für die Integration und Verdichtung von Daten aus betriebswirtschaftlichen Systemen und zu Geschäftspartnern durch unternehmensübergreifende elektronische Kommunikation. Groupware-basierte CAS- Systeme können in besonderer Weise dazu beitragen Team-Selling zu verwirklichen, weil sie von der zugrundeliegenden Philosophie auf teambezogene, kooperative Aufgabenerledigung fokussiert sind.

3.1 Groupware-CAS-Projekte in der Praxis

Die Betrachtung abgewickelter Groupware CAS-Projekte macht deutlich, daß die Optionen des Team-Selling nur selten bewußt genutzt werden. Vertriebsleitung und EDV-Abteilungen, die für die Systementscheidung die wichtigste Rolle spielen, stellen weiterhin Kontroll- und Steuerungsmöglichkeiten bzw. die technische Leistungsfähigkeit und -vielfalt in den Vordergrund. Betriebswirtschaftliches Know-how und Know-why und damit verbundene Veränderungen in der Arbeitsorganisation und Machtstruktur werden häufig vernachlässigt. Daß die Implementierung von CAS-Systemen als strategische Entscheidung begriffen werden muß, wird nicht erkannt.

Als marktführendes Groupware-System hat sich LOTUS NOTES am Markt etabliert. NOTES ist eine dokumentenorientierte Datenbank auf deren Basis Applikationen für eine Vielzahl betrieblicher Einsatzfelder entwickelt werden können. Darüberhinaus ist das Produkt mit komfortablen Kommunikationsfunktionen ausgestattet, die den Nachrichtenaustausch und die Replikation (automatische Aktualisierung von Datenbeständen) in einer dezentralen Client-Server-Umwelt sicherstellen. NOTES erlaubt innerhalb seiner Datenbankstruktur die Vergabe individueller Ordnungskriterien, die die Suche nach bestimmten Informationen erleichtert und diese in ihrem sachlichen Kontext (logischer Vorgang) darstellt. Darüber hinaus können mit der E-Mail-Komponente direkt Nachrichten an Kollegen oder Kollegengruppen versandt werden.

LOTUS NOTES bietet eine Fülle von Möglichkeiten zur Optimierung betrieblicher Prozeßketten durch die konsequente Unterstützung der gesamten Aufgabenpalette der beteiligten Mitarbeiter. Durch die Sammlung, Aufbereitung, Auswertung und erneute zur Verfügungstellung verteilten individuellen Wissens kann eine Verbesserung der Entscheidungsgrundlage erreicht und damit die Grundlage für bessere Vertriebs- und Marketingarbeit geschaffen werden.

Eine Reihe von Vorteilen groupware-basierter CAS-Systeme beruht auf den umfassenden Kommunikationsmöglichkeiten und der Plattformoffenheit von Lotus NOTES. Hinzu kommt die von Groupware-Systemen implizit unterstützte Prozeßorientierung mit Aufgabendelegation, Wiedervorlage sowie einem gemeinsamen Terminkalender. Gerade in komplexen Vertriebsorganisationen mit umfangreicher Reisetätigkeit und/oder internationaler Orientierung sind die Client-Server-Struktur und der unkomplizierte Replikationsmechanismus wichtige Erfolgsfaktoren.

Es darf dabei nicht übersehen werden, daß NOTES ein Werkzeug zur Entwicklung teamorientierter Applikationen ist und per se keine Lösung darstellt. Vielmehr ist eine umfassende projektorganisatorische Begleitung und systemanalytische Vorgehensweise zwingend erforderlich. Um eine optimale Implementierung zu gewährleisten, muß den organisatorischen Parametern große Aufmerksamkeit gewidmet werden. Auch wenn die Programmierschnittstelle leicht zu bedienen ist, muß immer wieder auf eine kompetente und umfassende Systemanalyse (Ist-Aufnahme, Soll-Konzept, etc.) hingewiesen werden.

Die erfolgreiche Realisierung eines NOTES-CAS-Systems darf nicht aufs Spiel gesetzt werden, indem der organisatorischen Integration nur geringe Aufmerksamkeit gewidmet wird. Gerade für das Team-Selling ist meist eine umfassende Änderung der persönlichen Arbeitsweise erforderlich. Das gilt sowohl für die Mitarbeiter mit ihren »persönlichen« Informationen als auch für Vorgesetzte, die ihren Mitarbeitern ein höheres Maß an Freiheit, Eigenständigkeit und Selbstorganisation einräumen müssen. Letztendlich müssen sich auch Außen- und Innendienst als korrespondierende Stationen in der Prozeßkette betrachten und nicht als Konkurrenten, die die jeweils andere Seite für falsche, fehlende oder schlecht aufbereitete Informationen und daraus resultierende Entscheidungen verantwortlich machen.

3.2 Groupware-basierte CAS-Systeme und Organisationslernen

Kooperations- und Koordinationsaspekte sind für das Organisations-Lernen von größter Bedeutung. Groupware-Systeme unterstützen kooperative Arbeit vor allem durch ihre Kommunikationsfunktionen und, im Beispiel NOTES, den Replikationsmechanismus verteilter Datenbanken. Dadurch wird die Aktualität auch verteilter Datenbestände in dezentralen Organisationen gewährleistet. Indem individuelles Wissen öffentlich gemacht wird und in die Entscheidungsprozesse einfließen kann, wird ein Anstoß zum Organisations-Lernen gegeben.

Greift man die Forderung nach der Transformation individueller Lern- und Selbstorganisationsprozesse in einen organisationalen Wissensbestand heraus, zeigt sich eine Vielzahl von Überschneidungen zwischen CSCW und Organisationslernen.

- Groupware-Systeme stellen den an einer Prozeßkette beteiligten Mitarbeitern die benötigten Informationen zur gemeinsamen Nutzung, Manipulation und Verteilung zur Verfügung, d. h. sie optimieren nicht einzelne Tätigkeiten sondern den kompletten Arbeitsablauf.
- Entscheidendes Merkmal ist, daß die Beiträge Einzelner dem Erkenntnisfortschritt der gesamten Arbeitsgruppe dienen und die Gruppe selbst wesentlich selbständiger arbeitet.

Die Umsetzung dieses Gedankens in entsprechenden unternehmensindividuellen Applikationen auf geeigneten Basisarchitekturen ermöglicht heute eine völlig neue Dimension der prozeßorientierten Optimierung von Unternehmensbereichen. Piepenburg stellt heraus, daß »CSCW (...) ein Teil der Gestaltung betrieblicher sozialer Beziehungen (ist)« (Piepenburg 1991, S. 97):

Die Wechselwirkungen zwischen dem Nutzen von Groupware und einem prinzipiellen Wandel im Organisationsverständnis und im Management betont auch Keen, indem er feststellt, daß der Einsatz der für teambasierte Netzwerkstrukturen notwendigen Informationstechnologie [Groupware-Systeme; Anm. d. Verf.] nicht hinreichend für eine effektive Organisationsform ist, sondern in traditionell-hierarchischen Unternehmungen vielmehr zu einer weiter steigenden Komplexität führt und damit sogar kontraproduktiv wirken kann (vgl. Keen 1991, S. 95 ff., ebenso Savage 1990, S. 93).

3.3 Design der empirischen Untersuchung

Wenn sich der Vertriebsbereich, wie oben ausgeführt, durch eine dezentrale Kommunikationsstruktur auszeichnet, die auf der
- Aggregation individuellen Wissens,
- seiner Veränderung durch individuelle Lern- und Verarbeitungsprozesse,
- seiner Weitergabe und Nutzung durch andere Mitarbeiter und schließlich
- der Transformation in eine organisationale Form

basiert, kann m. E. eine Nutzenevaluierung kooperativer Lernprozesse über die Veränderung individuellen Verhaltens im Umgang mit den handlungsrelevanten Informationen nachgewiesen werden. Das nach Duncan/ Weiss notwendige handlungsrelevante Wissen läßt sich dafür in einem groupware-basierten CAS- System abbilden. Wenn Verhaltensänderungen feststellbar sind, bleibt zu prüfen, ob das »Wertekonstrukt« der Organisation stabil bleibt oder im Sinne von double- loop-learning auch organisationale Werte und Normen hinterfragt werden. Ein Nutzen kann im Hinblick auf das Organisationslernen postuliert werden, wenn das System
- kommunikativ offen, leicht bedienbar und intuitiv nutzbar ist,
- neben »harten« Daten auch »weiche« Informationen beinhaltet,
- die Qualität der Informationen sowie die Unterstützungsqualität der Aufgabenbereiche positiv bewertet,
- hierarchieunabhängige Informationsweitergabe ermöglicht und
- das System stark genutzt wird.

Über Kennziffern soll die Transformation individuellen in organisatorisches Wissen nachgewiesen werden kann. Neben der quantitativen Ebene wird durch Interviews auch eine qualitative Betrachtung vorgenommen. Folgende Fragekategorien werden dazu genutzt:
- Beurteilung der Qualität der im System verfügbaren Daten
- Selbsteinschätzung persönlicher technisch-beruflicher Kompetenz (Methoden-, Fach-, Sozialkompetenz, Lernbereitschaft- und -fähigkeit)
- Formen und Intensität der Zusammenarbeit im Vertriebs- und Marketing-Team
- Informationsverhalten gegenüber Kollegen
- Bewertung der Systemfunktionalitäten im »Vorher-Nachher-Vergleich« über Aufgabenblöcke. Beurteilung der Unterstützungsqualität des Systems
- Quantitative und qualitative Nutzenbetrachtung des Systems
- Beurteilung der Problembereiche im Umgang mit dem System (Hard- und Software, Erlernbarkeit, Schulung)
- Umgang mit Problemen (kooperatives Verhalten?)
- Interesse an Weiterbildung

Die Gruppenbildung wird in der statistischen Auswertung nach den Kriterien Alter, Dauer der Betriebszugehörigkeit, Zuordnung im Vertrieb (Außen-, Innendienst, Management), Führungsverantwortung und Qualifikation vorgenommen.
Wichtig ist neben dem Versuch, Double-loop-learning zu identifizieren, das Herausarbeiten von Barrieren des Organisationslernens. Einige zu diskutierende Fragen sind:

- Welche Gründe sind verantwortlich, wenn zwar die Optionen des Systems erkannt und positiv bewertet werden, aber kein entsprechendes Verhalten daraus resultiert?
- Welchen Nutzen hat für das Individuum kooperatives Verhalten und die Annahme der kooperationsbezogenen Systemmöglichkeiten?
- Behindern bestehende Entlohnungs- oder Fördersysteme kooperatives Verhalten?
- Erlaubt der formale Rahmen der Organisation die Institutionalisierung von Double-loop-learning-Prozessen?
- Gibt es signifikante Ergebnisse, gruppiert nach Funktion, Alter und Qualifikation der Befragten?

3.4 Erste Ergebnisse

Die Rückläufe des ersten Fallbeispiels lassen erste überblickartige Analysen im Bezug auf individuelle und organisationale Lerneffekte sowie kooperative Arbeit zu:

- Die Art der Projektrealisierung (Support durch die Geschäftsleitung, inhaltliche Schwerpunkte der Schulung etc.) deutet darauf hin, daß das CAS-System als Instrument zur Unterstützung der vertrieblichen Kerntätigkeiten unter technischen Gesichtspunkten und der Prämisse eines schnelleren Informationsflusses implementiert wurde.
- Die ausgefüllten Fragebögen vermitteln eine durchweg positive Grundeinstellung zum System und den gebotenen Möglichkeiten. Die geringe Rücklaufquote (20 %) – und dies wurde durch persönliche Gespräche mit dem Projektleiter verifiziert – zeigt jedoch, daß der überwiegende Teil der Nutzer das System nur sehr widerwillig oder gar nicht nutzt. Diese Haltung zieht sich von Führungskräften bis zur Außendienstorganisation, wobei in den Reihen des Mittelmanagements die Ablehnung größer ist. Bei der detaillierten Interpretation der Befragungsergebnisse ist dies zu berücksichtigen.
- Möglichkeiten und Nutzenpotentiale des Team-Selling werden von den Nutzern nur ansatzweise erkannt. Sie schätzen ihre eigene Teamfähigkeit und Sozialkompetenz hoch ein und sind sich auch der Bedeutung dieser Faktoren bewußt. Gerade in der Außendienstorganisation steht jedoch die individuelle, nicht kooperative Arbeit im Vordergrund.
- Das Qualifikations- und Kompetenzprofil der Mitarbeiter deutet auf

157

eine gute Basis für individuelles Lernen hin. Die Bereitschaft, sich weiterzuentwickeln, wird durch das Schulungsinteresse und die Selbsteinschätzung der Lernbereitschaft dokumentiert.

• Eine Veränderung individuellen Verhaltens im Umgang mit handlungsrelevanten Informationen läßt sich aus der bisherigen quantitativen Analyse noch nicht ableiten. Dieser Aspekt und auch mögliche Hindernisse müssen in Interviews qualitativ erhoben werden.

Die Bewertung des Systems aus Nutzersicht ergibt folgendes Bild:

• Die Informationsqualität der systemseitig verfügbaren Informationen wird mit »gut« bewertet. Die benötigten Informationen lassen sich aus der Datenbank »gut« selektieren.

• Das implementierte CAS-System wird weitestgehend als nützliches Werkzeug akzeptiert, das die Erfüllung einzelner Aufgaben erleichtert. Im Vorher-Nachher-Vergleich wird die Einführung als Verbesserung empfunden, wobei die deutlichsten Verbesserungen bei den kundenbezogenen Aufgaben festgestellt werden.

• Am meisten anerkannt und auch nutzenmäßig quantifiziert werden Funktionen, die keine Änderung der persönlichen Arbeitsorganisation erfordern, wie das Erstellen von Besuchsberichten. Die Verbesserungsmöglichkeiten für die Besuchsvorbereitung (z. B. weniger benötigte Zeit, Kundenselektion zur Selbststeuerung u. a.) werden nicht in gleichem Maße bewertet.

• Auch ein quantifizierbarer Nutzen wird festgestellt, der sich in einer Zeitersparnis zwischen 10 und 50 % und in Einzelfällen in einer höheren Kundenorientierung manifestiert. Auswirkungen auf den Umsatz werden nicht genannt.

• Fragen nach einem besseren Kontakt zu Kollegen und Vorgesetzten bzw. nach der Änderung des Führungsklimas ergeben, daß keine Änderungen stattgefunden haben.

• In der Selbsteinschätzung technisch-beruflicher Kompetenz werden alle Bereiche (Fach-, Methoden-, Sozialkompetenz und Lernfähigkeit) positiv beurteilt. Trotzdem wurde mehrfach angegeben, daß manchmal »wichtige Informationen zurückgehalten« werden.

• Die Befragten haben konkrete Vorstellungen über weitergehende Marktanalysen. So wird der Wunsch nach Analysen über »Eigene und Konkurrenzanteile im Marktsegment« und »Portfolioanalysen« geäußert.

• Die Zusammenarbeit im Vertrieb- und Marketing-Team läßt klare Schwächen erkennen. E-Mail (Einzel- und Gruppen-Mails) sowie die Platzierung der Informationen in der CAS-Datenbank als Optionen der Informationsweitergabe werden überwiegend genannt. Die genauere Betrachtung der persönlichen Informationsweitergabe (»Informiere Kollegen per E-Mail über aktuelle Angelegenheiten« und «. . . werde von Kollegen informiert«) zeigt jedoch deutliche Defizite. Persönliche

Gespräche und auch »klassische« schriftliche Kurzmitteilungen spielen weiterhin eine wichtige Rolle.
● Aufgetretene Probleme sind primär technischer Natur (PC, Modem). Bei Problemen werden häufig Kollegen gefragt oder auch allein Lösungen gesucht. Massiv wird der Support durch die technische Hotline kritisiert. Davon unbenommen bleibt der vollständige Boykott des Systems aus anderen Gründen.
● Die Bereitschaft zur Erweiterung der Kenntnisse durch Schulungen ist hoch, aber nicht ausdifferenziert. Wenn vereinzelt Wünsche genannt werden, beziehen sie sich auf eingesetzte Software. teilweise werden auch Programme gewünscht, die funktionell auch vom CAS-System abgedeckt werden.

Die Nutzerbewertung des Systems und ihr Qualifikationsprofil bilden gute nominelle Rahmenbedingungen, in denen kooperative Arbeit und, daraus folgend, individuelle und organisationale Lerneffekte stattfinden können. Die Bewertung des Systems weist auf die notwendige Handlungsfähigkeit der Vertriebsmitarbeiter und die Verfügbarkeit handlungsrelevanter Informationen, ihre Qualifikation auf ihr Problembewußtsein und Lösungsverständnis hin. Jedoch sehen sie sich primär als individuelle Funktionsträger im Vertrieb und nicht als integraler Bestandteil des vertrieblichen Informationsnetzwerks. Ihr Lernen dient in erster Linie der Verbesserung der individuellen Aufgabenerfüllung. Der organisationsweite Nutzen kooperativer Arbeit wird nur sekundär gesehen. Als Hindernisse zeichnen sich ab:

● *Strategischer Faktor Führung:*
Wenn seitens der Führung die Nutzung des Systems und kooperatives Verhalten nicht gefördert bzw. verlangt wird, sind Motivation und Akzeptanz entsprechend niedrig, was u. a. auf Substitutionsängste zurückzuführen ist.
● *Strategischer Faktor Prozeßorientierung:*
Wenn die geschäftsprozeßweite Unterstützung nicht in den Mittelpunkt gestellt und dieses Ziel auch nicht den Mitarbeitern vermittelt wird, bleiben die Potentiale des Team-Selling-Gedankens ungenutzt.
● *Strategischer Faktor Unternehmenskultur und »Kommunikationsklima«:*
Als weiche Faktoren ist das kommunikative Umfeld zu nennen, das interdependent die beiden oben genannten Bereiche ergänzt.

Literatur

Duncan, R./Weiss, A.: Organizational Learning: Implications for Organizational Design. In: Research in Organizational Behavior, Vol. 1, S. 75 ff. 1979.
Garvin, D. A.: Building a Learning Organization In: Harvard Business Review July-August, S. 78 ff. 1993.

Geißler, H.: Vom Lernen in der Organisation zum Lernen der Organisation. In: Sattelberger, Th. (Hrsg.): Die lernende Organisation. S. 79 ff. Wiesbaden 1991.

Geißler, H.: Grundlagen des Organisationslernens. Weinheim 1994.

Keen, P. G. W.: Shaping the future. Boston 1991.

Krcmar, H.: Computerunterstützung für die Gruppenarbeit – Zum Stand der Computer Supported Cooperative Work Forschung, in: Wirtschaftsinformatik 4/1992, S. 426.

Malik, F.: Management-Systeme. Bern 1981.

Malik, F.: Strategie des Managements komplexer Systeme. 3. Aufl. Bern/Stuttgart 1989.

Oberquelle, H.: Kooperative Arbeit und menschengerechte Groupware als Herausforderung für die Software-Ergonomie. In: Oberquelle, H. (Hg.): Kooperative Arbeit und Computerunterstützung. Stuttgart 1991.

Piepenburg, U.: Ein Konzept von Kooperation und die technische Unterstützung kooperativer Prozesse. In: Oberquelle, H. (Hg.): Kooperative Arbeit und Computerunterstützung. Stuttgart 1991.

Sattelberger, Th. (Hg.): Die Lernende Organisation. Wiesbaden 1991.

Savage, Ch. M.: 5th Generation Management. Bedford 1990.

Soergaard, P.: A cooperative work perspective on use and development of computer artifacts (DAIMI PB–234). Aarhus University, Department of Computer Science, 1987.

Wagner, M.: Groupware entwickelt sich zu einer strategischen Waffe. In: Computerwoche Nr. 47 vom 20. 11. 1992.

Wilmes, J.: Integrierte Geschäftsprozeßintegration mit Electronic Data Integration (EDInt). In: zfo 2/1993, S. 112–115.

Wilmes, J.: CAS-Systeme im Anwendertest. In: Acquisa 6/1994 a.

Wilmes, J.: Groupwarebasierte Vertriebsunterstützungssysteme. In: zfo 5/1994 b.

Wilmes, J./Hohberger, P. 1994: Team Selling mit groupware-basierten CAS- Systemen. In: Acquisa 7/1994.

Wilmes, J./Hohberger, P. 1994 a: Groupware für den Vertrieb – Team- Selling in komplexen Organisationen. In: NetWorks 8/1994.

Kapitel B

Organisationslernen und der Paradigmenwechsel im Management

I. Organisationales Lernen und die Bewältigung von Wandel[1]

Gilbert Probst

1. Übersicht

»Die einzige Konstante im Leben ist der Wandel« schrieb ALVIN TOFF-
LER in seinen Büchern »Future Shock« und »The Third Wave«. Kaum ein
Bereich im politischen, technologischen, sozialen oder wirtschaftlichen
Leben ist von ständigen Veränderungen ausgenommen, erfährt nicht auch
höhere Geschwindigkeiten in seinen Abläufen und Geschehnissen und
sieht sich nicht mit zunehmenden Flexibilitätsanforderungen konfrontiert.
Zwei Möglichkeiten bieten sich in solchen Situationen an: Wir bewältigen
durch unsere Denkstrukturen, Gestaltungs- und Lenkungsmaßnahmen
den Wandel oder der Wandel lenkt uns.
Den Wandel bewältigen bedeutet für uns aber Situationen diagnostizieren,
zukünftige Entwicklungen erdenken, Notwendigkeiten für Veränderungen
erkennen, Handlungsspielräume eröffnen, Lösungsansätze evaluieren und
umsetzen können. Wandel ist zeitabhängig. Veränderungen passieren
(einem System) schnell oder fast heimlich über längere Zeiträume. Die
Erfassung des Zeitphänomens spielt deshalb eine wesentliche Rolle (vgl.
Bleicher 1989). Im Umgang mit Wandel müssen wir (potentielle) Veränderungen frühzeitig erkennen, im richtigen Zeitpunkt agieren und die
Aktions- und Reaktionszeiten einschätzen können. Nur so können entsprechende Handlungsfähigkeiten und -theorien zur Bewältigung des Wandels
aufgebaut und bereitgestellt werden. Dabei stellt sich nun die Frage, wie
wir diese Fähigkeiten im Unternehmen auf den Wandel ausrichten können.
Wie können wir dafür sorgen, daß Wandel im ganzen Unternehmen
erkannt und bewältigt wird? Es fehlt uns kaum an Führungsinstrumenten
im strukturellen, strategischen, kulturellen oder personellen Bereich. Aber
die Umsetzung und Verankerung gelingt häufig nicht oder zeigt nur geringe
Wirkungen. Dabei ist es meist nicht so, daß etwa ein strategischer Entscheid oder eine neue Arbeitsorganisation nicht geeignet wären, um den

---

[1] Dieser Beitrag ist bereits erschienen in: Gomez/Hahn/Müller-Stewens/Wunderer
(Hg.): Unternehmerischer Wandel. Konzepte zur organisatorischen Erneuerung.
Wiesbaden 1994. Wir bedanken uns beim Gabler Verlag für die freundliche Geneh-
migung zum Abdruck.

Wandel zu bewältigen. Vielmehr ist es in der Regel so, daß diese Instrumente schlecht in der Organisation als Ganzes verankert sind, kein Verständnis vorliegt, neue Handlungstheorien nicht getragen werden und kein »Committment« seitens der Führung vorliegt und damit auch kein systemischer Kontext für neue Verhaltens- und Denkweisen entstehen kann. Damit wir Wandel bewältigen können, müssen Organisationen als Ganzes lernen, neue Handlungstheorien zu erarbeiten und zu gebrauchen. Auf diese Frage des organisationalen Lernens soll hier näher eingegangen werden. Nun soll und kann dieser Beitrag nicht die bestehenden Lücken im Bereich des organisationalen Lernens füllen und offene Fragen beantworten. Er soll jedoch zu Überlegungen anregen, in forschungsorientierte und praxisrelevante Richtungen weisen und Führungskräfte auf ein mögliches neues Selbstverständnis hinführen.

2. Wandelsaspekte erfordern Organisationales Lernen

Immer häufiger wird von der Unternehmensführung und der Gesellschaft eine lernende Organisation gefordert. Institutionen müssen lernorientiert sein, um langfristig überleben zu können, meinen die einen, nur eine lernfähige Organisation kann mit komplexen Problemen umgehen, meinen andere, oder mit zunehmender Änderunggeschwindigkeit muß die Lernflexibilität erhöht werden, so drücken es dritte aus. Knut Bleicher hat bereits frühzeitig darauf hingewiesen, daß Veränderungen, Diskontinuität, Turbulenzen, Zeitdruck und kürzere erforderliche Reaktionszeiten unsere Welt prägen und an die Führungskräfte neue Anforderungen stellen. »Gesellschaftlicher, ökonomischer und technologischer Wandel muß durch sie erkannt, verkraftet und im Miteinander in zukunftsführende Aktionskurse umgesetzt werden, die nicht nur das Überleben, sondern auch die Entwicklungsfähigkeit eines Unternehmens sichern« (Bleicher 1989, S. 21). Führung heißt, kurz gesagt, Bewältigung von Wandel. Aber damit sich soziale Gebilde anpassen und ihre Umwelt mitgestalten können, müssen sie als ganze Einheiten lernen. Was jedoch meint man mit organisationalem Lernen? Und warum ist es heute so aktuell geworden, daß wir in der Praxis offen über Lernfähigkeit reden und in der Forschung neue Projekt und Programme ins Leben rufen? Intuitiv ist der Begriff des organisationalen Lernens leicht zu akzeptieren. Aber meist erfährt man dann, daß er eine Metapher bleibt, ein verständliches Bild, das eine feststellbare Lücke anspricht, eine Schwäche oder eine notwendige, wünschenswerte Fähigkeit, oder ein vages Phänomen ausdrücken soll. Immer häufiger sind jedoch die Situationen, in denen ein Lernen (überlebens- und entwicklungs-)notwendig wird.

2.1 Globalisierungstendenzen und Wachstum

Ökonomische und wettbewerbsbezogene Sachzwänge haben dazu geführt, daß wir Wirtschaftsräume ausweiten, Technologien, Menschen, Materialien in neue Gebiete transferieren und eine globale Marktpräsenz anstreben. All dies führt zu einem geographischen, produkt-, mitarbeiter- und kapitalbezogenen Ausdehnen oder Wachstum. Gleichzeitig mit diesem quantitativen Wachstum wird zunehmend auch eine qualitative Veränderung erforderlich, die erlaubt, mit komplexeren Umfeldern umzugehen, sie zu verstehen und kulturell zu akzeptieren. Es genügt daher nicht mehr, sich in Wachstumsstrategien, Economies of Scale, strategischen Allianzen, Akquisitionen und Fusionen, Konzerngesellschaften, usw. auszukennen. Gleichzeitig müssen Institutionen lernen, mit komplexeren Situationen, mit deren neuen, besonderen und sich wandelnden Eigenschaften, umzugehen, größere Handlungskompetenzen und Problemlösungsfähigkeiten aufzubauen und Verantwortung zu übernehmen.

2.2 Redimensionierung und Revitalisierung

Der geplante Abbau von Arbeitskräften und die gleichzeitige Restrukturierung sind seit der zweiten Hälfte der 80er Jahre bekannte Maßnahmen. Diese laufen häufig auch unter Begriffen wie Redimensionierung, Downsizing, frühzeitige Pensionierung, Transitionsmanagement. Damit sollen meist Gemeinkosten abgebaut (Overhead), ökonomische Verbesserungen in den Abläufen, schnellere Kommunikationswege durch Ebenenabbau oder weniger Hierarchie erzielt werden. Empirische Erhebungen zeigen folgende häufig erwartete Resultate (Heenan 1989): Tiefere Gemeinkosten; Weniger Bürokratie; Schnellere Entscheidungen; Bessere Kommunikation; mehr Unternehmertum; Produktivitätszuwachs.

Mehr als 85 % der Fortune 1000 Unternehmen haben zwischen 1987 und 1991 Redimensionierungen im ihrem Administrationsbereich durchgeführt, mehr als 50 % im Jahre 1991. Aber wie Wayne Cascio auch zeigt, bleiben die langfristig erwarteten Erfolge häufig aus, weil Redimensionierungen schlecht oder zu wenig durchdacht und geplant, Folgeprobleme nicht proaktiv erfaßt und die Realisierung zu wenig reflektiert geführt wird (vgl. Cascio 1993, S. 100). Mehr als die Hälfte der Firmen begannen mit dem Stellenabbau, ohne ein eigentliches Programm oder eine Politik zu besitzen. Negative Effekte schlugen damit voll auf das Unternehmen durch, organisationales Lernen fand nicht statt oder wurde gar verhindert. Die erfolgreich durchgeführten Redimensionierungen zeichnen sich dagegen durch Charakteristiken aus, die Lernprozesse ausgelöst und genutzt haben.

2.3 Zunahme von Wissen und dessen Verteilung über Vernetzungen

Nicht nur die Vernetzungen von Wirtschaftsräumen und (kulturellen) Gesellschaftssystemen, sondern auch die rasante Vergrößerung der Wissensbasis in Gesellschaft und Institutionen erfordert eine ständige Auseinandersetzung mit neuen Situationen und eine Entwicklung der Managementfähigkeiten und Handlungsmöglichkeiten. Es wird in den sich beschleunigenden Halbwertzeiten unseres Wissens immer schwieriger, individuell wie institutionell die entsprechenden Qualifikationen, Fachwissen und Sozialkompetenzen aufzuweisen. Ein dauerhafter und bleibender Erwerb einer Wissensbasis oder eine Anpassung, die ein für alle mal gut ist, sind nicht mehr genügend. Immer schneller und häufiger ist mit kürzeren Innovationszeiten zu rechnen (vgl. Thom 1992; Probst 1993) und wir müssen lernen, diese zu erkennen und zu bewältigen.

2.4 Beschleunigter Wertewandel und Forderungen im Führungsbereich

Immer häufiger entstehen aus den sich rascher verändernden Werthaltungen Konfliktpotentiale, sei es im Rahmen einer Wirtschaftsethik – in welcher Firma arbeite ich, was tut sie, wie verhält sie sich gegenüber der Umwelt, usw.-, sei es im Rahmen des Arbeitsumfeldes und der hier anerkannten Pflichten und der Akzeptanz traditioneller Werte, sei es im Rahmen des Führungsverhaltens. Untersuchungen weisen auf einen beschleunigten Wandel, verstärkte Verunsicherung und eine erhöhte Vielfalt der Wertstrukturen hin (vgl. Demoscope 1991; Höhler 1991; Lutz 1992). Institutionen müssen daher fähig sein, (mögliche) Veränderungen der Werte zu reflektieren, neue gesellschaftliche und mitarbeiterbezogene Erwartungen aufzunehmen und selbst aktiv Sinnzusammenhänge über Wertstrukturen, Visionen, Strukturformen, usw. zu schaffen.

2.5 Bedeutung der Zeit in allen Prozessen des Unternehmens

Zeit ist schlicht zum bedeutendsten Wettbewerbsfaktor in diesem Jahrzehnt geworden. Dies hängt mit vielen obengenannten Phänomenen zusammen. Die Studie der Wettbewerbsfähigkeit von Ländern zeigt u. a. auch, daß verpaßte Chancen manchmal kaum mehr wieder gut zu machen sind (vgl. IMD 1992), weil die Zeitverzögerungen oder Lernprozesse für Umkehrmaßnahmen zu lange sind (Reversing-Time-Problematik). Ein McKinsey-Report sowie Untersuchungen von Arthur D. Little zeigen, daß eine um wenige Monate verspätete Markteinführung verheerende Gewinnverluste bedeuten kann, so daß sich eine Beschleunigung trotz höheren Kosten im Entwicklungsbereich auszahlt (ADL-Studie, vgl. Sommerlatte 1992). Die wohl bekannteste Zeitstudie in der Automobilproduktion hat schlagend gezeigt, daß es sich nicht einfach um eine Frage der

Geschwindigkeit in der Produktion handelt, sondern daß in eklatanter Weise gleichzeitig Entwicklung, Design, Distribution, usw. betroffen sind (Dumaine 1989; Stalk/Hout 1991). Vergleichende Studien zeigen, daß die Innovationszeiten ungeahnte Verkürzungen in ihren Zyklen erfahren haben und hier Reaktionszeiten in der Unternehmensführung erforderlich werden, die in keiner Weise mit den traditionellen Strukturen, Prozessen und Verhaltensweisen zu bewältigen sind. Trotzdem ist der Zeitaspekt in der Managementtheorie konzeptionell nur wenig behandelt und allenfalls in Ansätzen vorhanden (vgl. Bleicher 1992).

2.6 Organisationales Lernen im Rahmen des Wandels

Diese obgenannten Beispiele mögen genügen, um zu zeigen, daß soziale Institutionen heute zunehmend schneller quantitative und qualitative Veränderungen einleiten und bewältigen müssen. Es wird immer schwieriger, die notwendigen Anpassungen rechtzeitig vorzunehmen; es wird bedeutungsvoller, im voraus Veränderungsmöglichkeiten erfassen und abschätzen zu können und entsprechend zu agieren (und nicht reagieren zu müssen); es wird immer schwieriger, mit der wachsenden Änderungsgeschwindigkeit umzugehen; die Konflikte und Problembereiche werden komplexer und vielfältiger (vgl. Bleicher 1989). Dieser Tatbestand erfordert eine erhöhte Problemlösungs- und Handlungskompetenz der Unternehmen und somit ein organisationales Lernen. Das Überleben eines Unternehmens, seine Lebensfähigkeit, sein langfristiger Erfolg und die qualitative Entwicklung sind damit stark abhängig von der Responsiveness des Unternehmens, seiner Anpassungsfähigkeit und der Lernfähigkeit im Sinne der Erarbeitung und Beurteilung seiner Handlungsfähigkeiten und der Sinnhaftigkeit. Lernen kann damit folgendermaßen definiert werden:

Unter organisationalem Lernen verstehen wir die Prozesse einer Institution als Ganzes, Fehler zu entdecken, diese zu korrigieren sowie die organisationale Wert- und Wissensbasis zu verändern, so daß neue Problemlösungs- und Handlungsfähigkeiten erzeugt werden. Einzuschließen ist auch die Fähigkeit, Handlungskriterien und -strategien auf ihre Sinnhaftigkeit zu überdenken.

3. Individuelles und organisationales Lernen

Daß Individuen lernen können, ist unbestritten. Dies geschieht auf dieser Ebene auch in Unternehmen. Daß nun Institutionen als Ganzheiten lernen sollen und können, ist bereits bedeutend schwieriger zu verstehen und zu erklären. Denn letztlich sind es doch die Menschen, die eine Institution, eine Organisation, bilden und die damit lernen (müssen). Deshalb sind heute wohl auch die meisten Ansätze in Theorie und Praxis nur eine Metapher. Natürlich sind die individuellen Lernprozesse notwendig, damit eine Institution sich verändert und handelt. Die Mitglieder eines Unternehmens lernen für sich, für ihre Leitvorstellungen, Ideen, Werte, usw., kurz ihren Bezugsrahmen, und in Abhängigkeit ihrer Erfahrungen. Wie H. Trocmé-Fabre schrieb: »Wir werden geboren, um zu lernen und im Laufe der Zeit unser Potential zu entdecken« (Trocmé-Fabre 1987).

Nach den klassischen Lerntheorien kann man sagen, daß Lernen auf eine Veränderung des beobachteten Verhaltens abzielt. Neuere Theorien beziehen jedoch nicht nur das beobachtbare Verhalten mit ein, sondern auch die geistige, reflexive Auseinandersetzung mit der Umwelt auf der Grundlage bereits erworbener kognitiver Strukturen. Diese kognitiven Lerntheorien betrachten also nicht nur die Handlungen und Handlungsmöglichkeiten, sondern auch die Veränderungen tieferliegender kognitiver Strukturen. Wir wollen uns hier jedoch nicht mit den individualbezogenen Lerntheorien auseinandersetzen, sondern uns fragen, ob ein organisationales Lernen sich davon unterscheidet und inwiefern es sich abhebt.

Will man, daß ein Individuum lernt, so setzt man ihm Ziele, gibt Richtungen vor, bespricht mit ihm den Zweck und schafft einen Kontext, der ihm erlaubt, ein neues Verhalten zu erfassen, zu akzeptieren und sich anzueignen. Ein solcher Lernkontext erlaubt ihm, Erkenntnisse, Einsichten und Erfahrungen, sei es im Rahmen einer Schulungsveranstaltung, eines on-the-job-training, von Workshops, usw., zu erwerben. Aus der Interaktion und dem Zusammenspiel der Individuen kann ein Gesamtwissen und -verhalten einer Gruppe oder einer Institution entstehen, die jedoch nicht auf die individuellen Lernergebnisse zurückgeführt werden können.

Die Frage nach der Unterscheidung zwischen individuellem und organisatorischem Wissen läßt sich wohl am deutlichsten bei der Aufzeichnung von Wissen unabhängig von Organisationsmitgliedern darstellen. Ein Mitarbeiter in der Lohn- und Gehaltsabrechnung erarbeitet am Ende jedes Monats die Werte nach bestimmten, vom Management festgelegten Regeln. Diese werden in Form von Beschreibungen und Arbeitsverfahren festgelegt und registriert. So erlangt die Organisation Wissen, das unabhängig von den Individuen existiert. Diese Aneignung von Wissen durch die Organisation ermöglicht dessen Replikation unabhängig von bestimmten Individuen. Anhand dieser Speicherung von Wissen in organisationalen Systemen werden Handlungskompetenzen abstrahiert und replizierbar gemacht. Nun ist diese Speicherung nicht nur in einem technischen Sinne zu verstehen, sondern auch im Sinne von Tradition, Leitbildern, Brauchtum, usw., indem sie nicht von einzelnen, bestimmten Individuen abhängig ist.

> Organisationen können Wissen und Fähigkeiten, die für das Ganze sinn-
> voll und nützlich sind, unabhängig von ihren Mitgliedern speichern.

Das Resultat der Organisation hat eine andere Qualität, als die »Summie-
rung« der individuellen Lernergebnisse »errechnen« ließe. Haben wir nicht
alle bereits solche Erfahrungen gemacht, die uns erahnen ließen, daß organisationales Lernen eine eigene Qualität darstellt, die nicht rückführbar ist
und die ein mehr oder ein weniger an Lernergebnissen darbieten kann?
Wir haben etwa in einem industriellen Unternehmen alle Beteiligten inter-
viewt, Marktverhalten besprochen, Zielsetzungen erarbeitet und Schulungen durchgeführt. Trotzdem verhält sich das Unternehmen als Ganzes
nicht so wie wir uns das von den Individuen her vorausdenken möchten.
Die neuen Verhaltensweisen im Markt oder beim Kunden sind nicht zu
beobachten, im Reporting werden die Ergebnisse nicht entsprechend prä-
sentiert, usw. Das Lernergebnis des Ganzen ist verschieden, weil durch die
Interaktionen, den Erfahrungsaustausch, die verschiedenen Interpretatio-
nen und Diskussionen ein Gesamtverhalten entsteht, das die Einzelnen so
nicht erwartet hätten. Sehr klar geht dieses Phänomen aus einer Geschichte (des organisatorischen Nicht-Lernens) von Argyris und Schön (1978)
hervor, die wir durchaus als Väter des Begriffs des Organisationalen Lernens bezeichnen können: Sie berichten, wie ein Produkt, das sich als Fehl-
schlag erwies, in das Produkteprogramm aufgenommen und auch im Programm belassen wurde, obwohl verschiedene Personen die Situation sehr
klar erkannten, auch die Verluste kannten und wußten, daß sich die Probleme nicht ohne großen Kostenaufwand bewältigen ließen. Als die Führungsspitze zu informieren war, verhinderten Annahmen darüber, daß die
Geschäftsleitung sich sehr stark für dieses Produkt engagiert hatte, ein
offenes Gespräch, wurden Berichterstattungen verzögert, Informationen
wurden über mehrere Führungsebenen aufbereitet (Beschönigung) und
Zeitverzögerungen produziert, weil man doch vorher Alternativvorschläge
erarbeiten und mitgeben wollte. Das Zusammenspiel der Handlungen und
Denkweisen führte dazu, daß eine an sich für viele Mitglieder bekannte
Problematik nicht zum Thema des Gesamtsystems wurde. Die Informationen, die schließlich in die Unternehmensleitung gelangten, waren auch so
bruchstückhaft, daß sie nicht mehr die Tragweite des Problems widerspie-
gelten. Die Führungsspitze fuhr also fort, sich für das bestimmte Produkt
einzusetzen, was wiederum eine völlige Orientierungslosigkeit bei den
Angehörigen des unteren Managements bewirkte. Die Meinung wurde verstärkt, daß »die da oben« das Produkt ja unterstützen... Ihre Berichte
wurden daraufhin immer seltener und weniger alarmierend. Wenn Werksmeister und Angestellte den Werkleiter fragten, wie es um ihre Abteilung
und ihre Tätigkeiten bestellt sei, antwortete er, daß sich die Unternehmensleitung damit beschäftige, aber sie weiterhin hinter dem Produkt stehe. So

169

fühlten sich die Werksmeister schließlich auch nicht mehr von der Problematik betroffen. Es handelt sich bei diesem Beispiel nicht einfach um eine Frage des Informations- oder Reportingsystems. Die Interaktionen und gegenseitigen Erwartungen, die Normen des Unternehmens und die strukturellen Konfigurationen, verhinderten, daß das System als Ganzes lernte, Fehler zu entdecken, Entscheide zu überdenken, alternative Handlungsmöglichkeiten abzuklären und zu diskutieren oder (inter-) aktiv tätig zu werden (geschweige denn die Lernprozesse selbst zu diskutieren).

Ein anderes Beispiel aus der französischen Politik soll nochmals die Unterscheidung und den (fehlenden) Sprung vom individuellen zum organisationalen Lernen demonstrieren: Die Erfahrungen seit Beginn der Fünften Republik – dominierende Stellung des Staatspräsidenten gegenüber den beiden Kammern der Nationalversammlung – veranlassen Politiker einschließlich der Präsidentschaftskandidaten seit über 15 Jahren dazu, sich für eine Verkürzung der Amtszeit des Staatsoberhauptes von sieben auf fünf Jahre auszusprechen. Diese Ansicht wird auch von der Mehrheit der Bevölkerung geteilt. Doch gerade wegen dieser Machtkonstellation hat sich das politische System in Frankreich bisher nicht in diese Richtung entwickelt. Das System hat nicht gelernt, was aus den ihm angehörigen Mitgliedern und Teilsystemen geschlossen werden könnte. In der Innenpolitik hat aber im Laufe der Jahre zumindest teilweise ein Machttransfer vom Staatspräsidenten auf den Premierminister stattgefunden.

> Organisationales Lernen erfolgt über Individuen und deren Interaktionen, die ein Ganzes mit eigenen Fähigkeiten und Eigenschaften schaffen.
>
> Das Lernen eines sozialen Systems ist also nicht mit der Summe der individuellen Lernprozessen und Ergebnissen gleichzusetzen, auch wenn diese Voraussetzung und wichtige Basis für ein institutionelles Lernen sind.

4. Wie wird Lernen in Organisationen ausgelöst?

Wir haben bereits gesehen, daß Individuen wie Institutionen einen Bezugsrahmen benötigen, der die Handlungen leitet, aber auch selbst wieder durch die Handlungen kreiert oder gefestigt wird. Ein solcher Rahmen kann nun aus den *offiziell vereinbarten Handlungstheorien* bestehen, d. h. den Leitbildern, Organigrammen, Stellenbeschreibungen, Strategiepapieren, Projektplänen, usw., die auf der Grundlage vorausgegangener Lernprozesse und Diskussionen entstanden und als allgemeingültiger Rahmen deklariert worden sind. Diese können formell festgehalten sein, in Form der bekannten Organisationsinstrumente, oder informeller Art sein, etwa indem Handlungsweisen, die über eine lange Zeit erfolgreich wirksam waren, in Form von Ritualen, Geschichten, kulturellen Aussagen, usw. ihren Niederschlag finden und sich (meist unbewußt) dann als Selektionskriterien in der Informationsbeschaffung, der Entscheidungsfindung und den Aktivitäten auswirken.

Organisationen lernen, wenn sie ihre Wert- und Wissensbasis verändern. Nun bestehen zwar offiziell vereinbarte Handlungsmuster (oder Theorien), jedoch handeln wir häufig nicht nach dem, was wir sagen oder denken. Dies wird am deutlichsten, wenn wir mit einer Situation konfrontiert werden, die wir als solche oder in ihren Auswirkungen kaum abschätzen können. In diesem Fall handeln wir »instinktiv« und entwerfen dabei unsere Gebrauchstheorien. Entsprechend definiert Argyris (1989) die Gebrauchstheorien als diejenigen Handlungstheorien, die sich aus den effektiven Aktivitäten ableiten lassen und die die gelebten Werte in sich vereinen. Wir sind uns ihrer nur selten bewußt, was es schwierig macht, sie zu erkennen und zu diskutieren. Stimmen nun die Handlungsergebnisse einer Organisation mit den Handlungserwartungen nicht überein, so werden diese in Frage gestellt und eventuell korrigiert. Diese Konflikte lösen organisationales Lernen aus.

Nun ist es nicht so, daß nur aus Krisen heraus Lernen ausgelöst werden kann. Leider ist es jedoch häufig so, daß erst die Bewußtwerdung eines Konfliktes in einer Krise die Auslösemechanismen freisetzt. Unternehmen, die erfolgreich sind, können aber durchaus auch (redundante oder freie) Ressourcen darauf verwenden, neue Verhaltens- und Entwicklungsmöglichkeiten zu simulieren, ihre erfolreichen Handlungen zu hinterfragen, kreativ nach neuen Werten, Zielen und Aktivitäten zu suchen. In diesem Sinne sind beispielsweise Projekte von Hewlett Packard zu interpretieren, wenn Früherkennungssysteme in Wachstumszeiten erstellt werden, flexible Arbeitszeitmodelle entworfen werden oder Intrapreneurship gefördert wird (vgl. Deiss/Dierolf 1989; Liebhäuser 1986; Probst 1993; Probst/Büchel 1994).

> Wenn zwischen den Handlungsergebnissen und den Erwartungen, wie sie aus den Handlungstheorien abzuleiten sind, Abweichungen und damit Konflikte entstehen oder durch geistige Simulation kreiert werden, so werden Lernprozesse ausgelöst.

5. Welcher Art ist organisationales Lernen?

Betrachten wir zunächst ein Beispiel: Wenn die Mitglieder der Aus- und Weiterbildungsabteilung einer Firma versuchen, sich mit ihrem internen Schulungsprogramm auseinanderzusetzen, um die Ziele der Personalstrategie zu erfüllen, und im folgenden das angesprochene Schulungsprogramm erneuern, so daß sich die internen Handlungen und Programme verändern und die Ziele nun besser verwirklicht werden können, so hat eine Anpassung auf ein bestimmtes Ziel stattgefunden. Die Mitglieder der Abteilung handeln entsprechend der offiziell ausgearbeiteten Ziele. Wenn hingegen die gleiche Abteilung sich mit den zugrundeliegenden Hypothesen und Annahmen ihrer Umwelt sowie ihrer eigenen Betrachtung auseinandersetzt und ein neues Programm zusammenstellt, das vielleicht der Personalstrategie entspricht, jedoch auch andere Zielsetzungen verfolgen kann, so hat eine grundsätzliche Auseinandersetzung mit den Werten der Organisation stattgefunden. Das Resultat dieser Auseinandersetzung kann zu veränderten Werten der Zusammenarbeit führen. Beide Beispiele repräsentieren organisationales Lernen.

Ausgangspunkt des Lernprozesses bildet die Unterscheidung von Lernmodellen, die sich auf verschiedenen Ebenen ansiedeln lassen. Die Interaktion zwischen Organisationsmitgliedern und ihrer internen sowie externen Umwelt führt ständig zu einer Veränderung der wahrgenommenen Wirklichkeit, da neue Informationen hinzukommen bzw. alte verloren gehen. Dadurch werden die Stimulus-Response-Ketten (Hedberg 1981) aufgebrochen und eventuell neu konstruiert. Wenn die Veränderungen, also neue Informationen, relativ gering sind und als Fehler in der Interpretation oder Anwendung der im Gebrauch befindlichen Handlungstheorie (Argyris/Schön 1978) aufgefaßt werden und diese Handlungen oder Verhaltensweisen korrigiert werden, dann hat eine Anpassung stattgefunden. Es handelt sich gewissermaßen um eine instrumentelle, verhaltensbezogene Korrektur (vgl. Cyert/March 1963). Diese Ebene des Lernprozesses wird hier als *Anpassungslernen* bezeichnet, da eine Adaption oder Verbesserung im Rahmen der bestehenden Gebrauchstheorie an die Umwelt stattgefunden hat. Mitglieder der Organisation sind als Kollektiv in der Lage, Störungen ihrer Umwelt herauszufinden und Strategien ihrer Handhabung und Implementation zu entwickeln. Damit stellt Anpassungslernen innerhalb der Organisation nichts anderes dar als die effektive Adaption an vorgegebene Ziele durch Bewältigung von Umwelteinflüssen.

> Anpassungslernen bedeutet die Reaktion der Organisation auf die interne sowie externe Umwelt, in dem Abweichungen von der Gebrauchstheorie so korrigiert werden, daß sie wieder im Einklang mit bestehenden Normen und »alten, bewährten Gewohnheiten« sind und diese möglicherweise besser verwirklichen.

Auf einer höheren Ebene werden außer dieser oben genannten Lernart der Verhaltensanpassung auch kognitive Prozesse miteinbezogen, denn substantielle Veränderungen in der Umwelt-Organisations-Beziehung erfordern mehr als lediglich Anpassung. Diese Ebene des *Veränderungslernens* macht eine interne Konfliktoffenlegung notwendig, bei der scheinbar unüberwindbare organisationale Normen und Werte hinterfragt werden, neue Prioritäten und Gewichtungen gesetzt werden oder sogar die Restrukturierung von Werten herbeigeführt werden muß. Nur durch die Veränderung bestehender Denkstrukturen und die Modifikation des Verhaltensrepertoires kann sich der Bezugsrahmen der Organisation weiterentwickeln. Dabei entstehen neue Handlungstheorien, die durch kritische Überprüfung von Werten und Normen das Bild und die Tiefenstruktur der Organisation verändern. Während Argyris und Schön (1978) offene Informationsdarstellung als wichtigste Voraussetzung für Veränderungslernen auslegen, macht Hedberg (1981) den Prozeß des Verlernens von Lernzyklen verantwortlich für die Erreichung dieser höheren Lernebene. Beide Alternativen sind jedoch kein leichter Prozeß.

Veränderungslernen ermöglicht die Erschließung, Bewertung und Verbreitung von neuem Wissen sowie die eigenständige Entwicklung neuer Voraussetzungen für Handlungstheorien. Institutionelle Bezugsrahmen werden in Frage gestellt und Normen und Ziele neu festgelegt und die Qualität der Problemlösungsfähigkeit erhöht.

6. Das Verbessern der Lernprozesse

Die meisten Autoren sind sich über die Schwierigkeit des Prozesses der Veränderung von »cognitive maps« oder einem sogenannten »reframing« einig (vgl. Hedberg 1981; Watzlawick 1988; Argyris 1990), denn Organisationen haben bereits sogenannte »defensive routines« aufgebaut, die es höchst unwahrscheinlich erscheinen lassen, daß Individuen, Gruppen oder Organisationen ihre Routinen oder auch Fehler entdecken (vgl. Argyris 1990). Dies folgt daraus, daß (auch potentielle) Veränderungen Verunsicherungen mit sich bringen und deshalb bestehende Strukturen begünstigen. Als Resultat sind fundamentale Regeln aufgebaut worden, die zum Ignorieren von Fehlern führen, diese Fehler nicht diskutierbar werden lassen sowie über die Nicht-Diskutierbarkeit nicht diskutiert wird. Des weiteren werden Inkonsistenzen bei Handlungen schlicht ignoriert (vgl. Argyris 1978, S. 43). Organisationstrukturen zeigen (gerade dann) ein erhöhtes Beharrungsvermögen, je erfolgreicher sie waren, je stärker kulturell sie geprägt sind, je länger (historisch) sie verwurzelt sind, oder je stärker sie sich isolieren konnten (Kartelle, Nischen, Öffentliche Institution, u. a.).

Hemmnisse für organisationales Lernen sind:
- Bedarf an Sicherheit oder Angst vor Unsicherheit, Unbestimmtheit, Unbekanntem
- durch Erfahrungen, die Geschichte und die Vergangenheit geprägte Denk- und Handlungsmuster
- fehlendes Problembewußtsein, Ignoranz von Abweichungen, Inkonsistenzen, usw.
- Isolation, Schließung,
- fehlende Kommunikationsmöglichkeiten und -bereitschaft

Die Theorie des Veränderungslernen im oben dargestellten Sinne wird von der Organisation allgemein und ihren Organisationsmitgliedern verstanden, aber wegen diesen »defensive routines« in der Praxis meist nicht realisiert. Da eine Intervention auf dieser Ebene des Lernens aus oben angeführten Gründen oft fruchtlos bleibt, müßten zunächst die Prozesse des Lernens verdeutlicht werden. Dem Organisationsmitglied muß der Prozeß des Anpassungs- sowie Veränderungslernens und der damit verbundenen Problematik aufgezeigt werden, um überhaupt zu einer fruchtbaren Anwendung des Lernprozesses zu kommen. Dieser Prozeß des Lernens zu lernen stellt auch gleichzeitig die höchste Ebene des Lernprozesses dar, da hier nicht nur »etwas« gelernt wird, sondern die Prozesse des Lernens selbst im Vordergrund stehen. Dieser Lernvorgang, den wir bezeichnenderweise als Prozeßlernen vorstellen, besteht aus den Erkenntnissen über die Vorgänge von Anpassungs- und Veränderungslernen. Der zentrale Bestandteil dieser Lernebene ist die Verbesserung der Lernfähigkeit, indem Lernen selbst zum Gegenstand des Lernens wird. Durch die Erkennung der Muster, die in ähnlichen Situationen das Lernen ermöglicht haben, kann eine gänzliche Restrukturierung der Verhaltensregeln und -normen herbeigeführt werden.

Prozeßlernen macht Lernen zum Objekt seiner Reflexionen. Es geht darum, zu erkennen, wie Lernprozesse ablaufen, welche Hindernisse und Abwehrmechanismen eine Rolle spielen, welche Denkweisen, Kommunikations- oder Dialogfähigkeiten verbessert werden müssen. Voraussetzungen für ein Prozeßlernen sind Selbstreflexion und Selbstkritik, zur Infragestellung unserer kognitiven Strukturen und Prozesse und des Sinnbezugs der Handlungen.

Die Erkenntnis der Systemzusammenhänge durch die Veränderung der Situationsbetrachtung ermöglicht erst die Transformation der Organisation. Die Muster der Verflechtung innerhalb der Organisation werden erkannt und erlauben damit eine Veränderung des Charakters der Organisation in der Tiefenstruktur (vgl. dazu Bleicher 1989, S. 194 ff.; ders. 1991). Durch die Betonung der Bewußtwerdungsprozesse, Reflexion sowie Mustererkennung wird deutlich, daß es nicht um Verfahren, Prinzipien oder auch Ziele geht, sondern um die Einsicht in den Sinn der Organisation. Erst dadurch kann Lernen fruchtbar gemacht werden und über das Überleben hinausgehen.

7. Perspektiven für Lernkontexte und lernfähige Organisationen

Die Frage, die sich jede Führungskraft stellen muß, ist nun, mit welchen Instrumenten und Strukturen ein geeigneter Lernkontext zur Bewältigung von Wandel geschaffen und unterstützt werden kann. Gibt es Strukturen, die für ein Lernen von Organisationen offener sind als andere? Gleichzeitig müssen wir auch hier erst einmal von den Individuen her uns fragen, ob sie lernbereit und lernfähig sind. Bestehen auch gemeinsame symbolische Strukturen und Wahrnehmungsraster, die erlauben, die Handlungstheorien zu hinterfragen und Handlungsfähigkeiten kreativ zu erweitern? Und schließlich stellt sich die Frage, ob im strategischen Bereich, in den Denk- und Zielsetzungsprozessen, Wandel erfaßt und erklärt werden kann und notwendige Energien mobilisiert und fokussiert werden. Wir sehen Möglichkeiten und Instrumente in den folgenden 4 Bereichen, um organisationales Lernen in Wandelprozessen auszulösen und zu fördern (vgl. Probst/Büchel 1994).

- Strategieentwicklungsprozesse
- Kulturentwicklungsprozesse
- Personalentwicklungsprozesse
- Strukturentwicklungsprozesse

Bei den *Strategieentwicklungsprozessen* geht es vor allem um den Umgang mit Opportunitäten, die Auseinandersetzung mit langfristigen Zielsetzungen und möglichen Verhaltensweisen, usw. Strategieentwicklung stellt gewissermaßen einen praxisnahen Lernprozeß dar, bei dem die Zukunft zur Ursache der Gegenwart gemacht wird (vgl. Lessing 1991). Zum Umgang mit der Zukunft sind instrumental dabei besonders Umweltanalysen, Leitbilder, Entrepreneurkonzepte, Strategische Positionierungen, Erarbeiten von Nutzenpotentialen, stategisches Controlling usw. zu verzeichnen.

Im Rahmen von *Kulturentwicklungsprozessen* geht es um die gemeinsame Konzeptualisierung, die Gestaltung eines kollektiven Wahrnehmungsrasters, eines Sprachspiels oder grundlegender Einstellungen und Werte. Kultur ist ein im Rahmen von Lernprozessen erworbenes Wissens- und Erkenntnissystem, das der Interpretation und der Genese von Handlungen (Aktionswissen) dient (vgl. Klimecki/Probst 1990). Die Instrumente für Kulturprozesse stellen damit Rahmen, Kontexte und Prozeßbedingungen

175

bereit. Als Instrumente dienen etwa bestimmte Sprachformen, Leitbilder, Image- und Selbstbildanalysen.

Bei *Personalentwicklungsprozessen* geht es einerseits darum, individuelle, andererseits interpersonelle, interaktive, Fähigkeiten zu Lernen zu fördern. Wesentliche Faktoren sind dabei etwa ein freier und informierter Umgang mit Konflikten, der Abbau von Ängsten und Barrieren, die Beseitigung von Nicht- diskutierbarkeiten und »Self-sealing-Prozessen«, effektive Kommunikation, u. a. m. Die Instrumente sollen Denk- und Handlungskompetenzen fördern, die organisationale Lernprozesse im Sinne des interaktiven Austauschs begünstigen. Im Vordergrund stehen deshalb partizipative, gruppenorientierte Ansätze, kommunikative und interaktive Formen der Entwicklung wie Coaching, Mentoring, Lernpartnerschaften, Teamarbeit.

Bei den Strukturentwicklungsprozessen geht es im wesentlichen um die Ordnungsmuster, die eine Konfliktoffenlegung und -bewältigung, eine Diversität, kreative, kognitive Vielfalt und verteilte Macht bei gleichzeitiger Einheit, konzertierter Aktion und Zusammenschluß gewährleisten. Strukturen erlauben, beschränken oder fördern Handlungsmöglichkeiten. Es geht nun darum, Strukturformen zu kreieren, die organisationales Lernen eröffnen und fördern, um Innovationen, weiterführende Kompetenzen und Reflexionen zu ermöglichen. Solche Instrumente gehen besonders in Richtung temporärer, netzwerkartiger Strukturen, flacher Hierarchien, Reduzierung von Arbeitsteilung, Teamorganisation, Projektorganisation usw. Diese strukturellen entwicklungsorientierten Formen, um Entwicklung von sozialen Systemen zu erlauben, haben Knut Bleicher besonders beschäftigt (1991; 1989; 1979).

8. Die Grundlagen lernfreundlicher Organisationsstrukturen

Wir wollen im folgenden einige organisatorische Perspektiven näher betrachten und gewissermaßen stellvertretend darlegen (vgl. im Detail Probst/Büchel 1994). Uns interessiert dabei, welche Voraussetzungen maßgeblich organisationale Lernprozesse beeinflussen. Ich möchte mich hier auf drei Perspektiven beschränken, die wesentlich für lernfreundliche strukturelle Kontexte sind (vgl. Klimecki/Probst/Büchel 1994; Probst/Büchel 1994; Probst 1987).

Anforderungen an lernfreundliche Unternehmensstrukturen:

- Autonomie
- Heterarchie
- Flexibilität

8.1 Autonomie

Wir können nicht machen, daß ein Individuum oder eine Institution lernt. Lernen ist das Resultat des Systems selbst. Es bestimmt selbst, ob es lernen will und ob es lernt (Energie aufbringt; Potential aufbaut, usw.) (vgl. zu Autonomie und Lernen auch Probst/Naujoks 1993). Wir können nur einen geeigneten Kontext schaffen, damit sich die SELBST-Prozesse entwickeln können. Wenn wir einmal akzeptieren, daß wir nicht für ein System lernen können und auch nicht im Sinne des Machens Lernen bestimmen können, dann stellt sich die Frage, wie wir Freiräume und ein Potential fördern können, damit Lernen geschehen kann. Es geht folglich um ein kontextuelles Management (vgl. Klimecki/Probst/Eberl 1992), das hilft, die Identität des Systems bewußt zu machen und aufrecht zu erhalten, die Qualität der Beziehungen zur Umwelt und die Qualität der autonomen Prozesse zu verbessern. Welche Prozesse sind erforderlich und zu unterstützen, damit die Wisssensbasis des sozialen Systems, die kognitive Landkarte, sich ausbilden kann? Insbesondere für ein Veränderungslernen stellen sich hier Fragen der Ausgestaltung des symbolischen Managements, womit besonders das Hinterfragen des Sinn und Zwecks der Strukturen, der dahinterstehenden Werte, der Bedeutung von Vorschriften, Empfehlungen und Normen, das Überdenken der Prämissen für das organisatorische Gestalten angesprochen sind (vgl. Morgan 1986; Sackmann 1992; Probst 1987).

> Es geht bei Autonomie und Lernen um das Reflektieren und die Gestaltung des Bezugsrahmens durch diejenigen, die auch in und mit diesem Bezugsrahmen leben müssen. Die Öffnung dieses Rahmens, die Infragestellung der Ziele, die Überprüfung der Leitmotive und die potentiellen Inkohärenzen können Lernprozesse auslösen und so zu einer Unternehmensentwicklung beitragen.

In vielen Reorganisationen können wir heute eine Ausrichtung auf autonome Teilsysteme feststellen, die eine gute Basis für Lernprozesse sein können. Digital Equipment bildet eine Entrepreneurstruktur, ABB setzt sich aus hunderten von Profit Centers zusammen, die lose gekoppelt sind, Hewlett Packard teilt ein wachsendes Unternehmen bei einer bestimmten Größe (über 1000 Mitarbeiter) in zwei kleinere autonome Unternehmen, Swissair gliedert in sich geschlossene unternehmerische Einheiten aus. Damit werden häufig die Interaktion, Information und Kommunikation gefördert, ein gemeinsames, kollegiales Arbeiten für einen bestimmten Zweck verstärkt, Ergebnisse erkennbar und diskutierbar gemacht, verkrustete Strukturen aufgebrochen und über neue Führungsstrukturen Neuorientierungen ermöglicht.

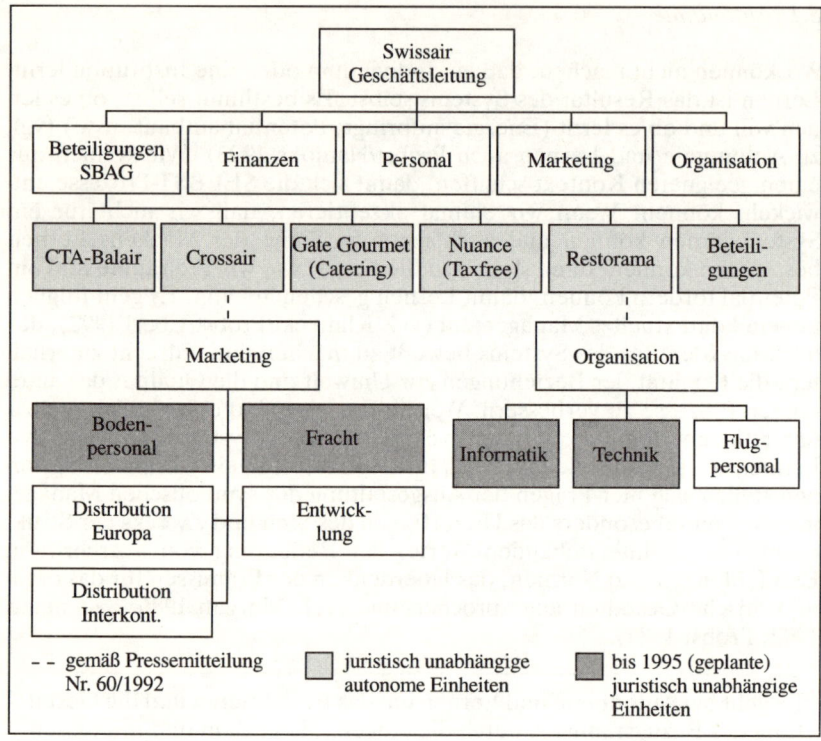

Abb. 1: Die Strukturierung nach autonomen Einheiten am Beispiel von Swissair

Mit der Ausgestaltung von Strukturen, und insbesondere der Ausgestaltung von autonomen Subeinheiten, erhebt sich gleichzeitig die Frage der Ausbildung und Unterstützung von Subkulturen. Gerade in der Gestaltung neuer internationaler Strukturen entsteht dann die Gelegenheit, kulturelle Lernfelder zu schaffen, unter der Voraussetzung, daß Offenheit und Konfliktfähigkeit gegeben sind (vgl. Klimecki/Probst 1993). Es geht im Rahmen der Globalisierung dabei darum, kulturelle Divergenzen zu erfassen und in die Handlungen miteinzubeziehen und über die Handlungstheorien und die interkulturellen Lernprozesse zu reflektieren.

8.2 Heterarchie

In komplexen Situationen können wir kaum mehr mit statischen, hierarchisch geprägten Ordnungskonzepten überleben. Es wird dabei unmöglich, die Umwelt und das zu leitende Unternehmen genügend zu kennen,

Entwicklungen abzuschätzen, die lenkenden Eingriffe zu beherrschen, auch wenn ein hervorragendes Potential vorhanden ist. Bestimmten Situationen ist nun einmal der eine oder der andere Mensch aufgrund seiner Fähigkeiten, Informationen, Machtgegebenheiten, usw. eher gewachsen. Jeder gestaltet durch sein Verhalten mit, und genauso wird das System auch befähigt, sein Handlungspotential zu vergrößern oder besser zu nutzen.

Unter Heterarchie versteht man das Prinzip fluktuierender hierarchischer Beziehungen. Je nach Situation und Bedarf lassen sich die Hierarchien verändern, ja sogar umkehren, und Kompetenz, Status und Ansehen ändern sich mit (vgl. Probst 1993; Klimecki/Probst/Eberl 1991, 1992; Hedlund 1986). Lernen findet seinen Nährboden darin, daß neue Kontexte auch neue Kompetenzen erfordern und aufbauen, über lose Kopplungen Informationen ausgetauscht werden und eine Vielfalt und Redundanz an Wissen und Fähigkeiten ermöglicht wird.

Dies setzt nicht nur eine große Akzeptanz verschiedener Machtstrukturen voraus, sondern auch eine ständige Bewegung, eine gewisse Fluktuation und eine Redundanz der Kompetenzen. Heterarchien sind aus mehreren, voneinander relativ unabhängigen »Akteuren«, »Entscheidungsträgern« oder »Kompetenzen« zusammengesetzte Handlungssysteme, in denen es keine immer gleichlautende zentrale Kontrolle gibt, sondern die Führung des Systems situativ, in Konkurrenz und Konflikt, in Kooperation und Dominanz, in Sukzession und Substitution sozusagen immer wieder neu ausgehandelt wird und von Subsystem zu Subsystem bzw. von Potential zu Potential wandert (vgl. Probst 1993; Bühl 1987). Wir können uns diese Organisationsform wie eine Amöbe vorstellen, die ihre Form ständig ändert und das Zentrum nicht immer an demselben Ort erscheint. In dieser Richtung finden wir bereits verschiedene konkrete Realisierungsansätze: Schläpfer Stickereien praktiziert eine Netzorganisation, in der je nach notwendigen Kompetenzen sich die hierarchischen Beziehungen verändern. Mettler-Toledo hat sich als »fraktales Unternehmen« in heterarchischer Weise einen Weg zu Kompetenzerhöhung und Lernen geschaffen. Aber auch in Großfirmen sind heterarchische Strukturansätze möglich, wie etwa bei ABB mit einer weitgehenden Dezentralisierung, globalen und lokalen Aktivitäten, der Schaffung konzerninterner Konkurrenz, transparenter Information und vernetzten, prozeßorientierten und flexiblen Strukturen. In ähnlicher Weise hat Honda das Konzept der Heterarchie bereits vor langer Zeit als Basis genommen (vgl. Likudo 1990).

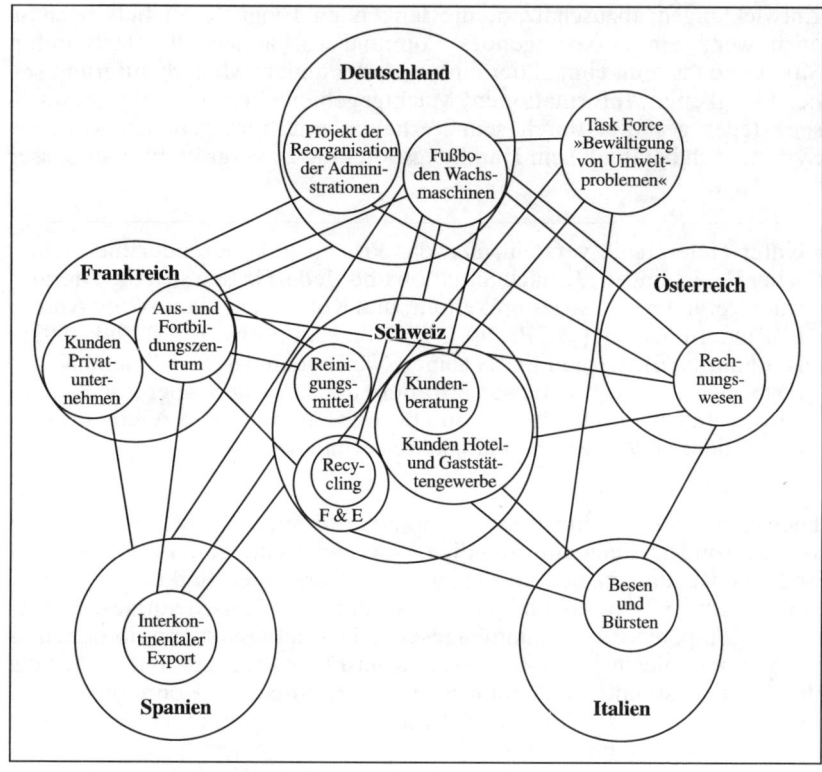

Abb. 2: Strukturbeispiel nach dem Heterarchieprinzip (Probst 1993)

8.3 Flexibilität

Bei einer Organisationstruktur kann von Flexibilität gesprochen werden, wenn sie dem System erlaubt, sich immer wieder neu zu positionieren. Sie schließt gewissermaßen eine Ko-evolution der strukturellen und der geistig-sinnhaften Rahmenbedingungen mit der Systemumwelt ein.

Flexibilität kann auf verschiedenen Ebenen gefördert werden: Verhalten, Ziele, Werte und Normen. Wenn mit einer Flexibilisierung Handlungsmöglichkeiten eröffnet werden, so geschieht dies über Entkopplung. Kopplungsmuster, die Verhalten, Ziele oder Werte einschränken, werden aufgelöst oder lockerer gestaltet. Dies kann natürlich immer nur bis zu einem bestimmten Grad erfolgen und bedeutet meist auch eine gleichzeitige Kopplung auf einer anderen Ebene.

> Flexibilität erlaubt, Veränderungen wahrzunehmen und zu realisieren, Strukturen und Routinen aufzubrechen, Handlungsmöglichkeiten zu erhöhen und zu nutzen. Flexibilität schafft damit immer wieder neue Gebrauchstheorien, läßt uns diese den Wirklichkeiten gegenüberstellen und löst so Lernprozesse aus.

Werden beispielsweise Strukturen entkoppelt, indem relativ autonome Einheiten geschaffen werden, mit eigenen Ressourcen, Entscheidungskompetenzen, Verantwortungsbereichen, usw., so findet gleichzeitig etwa eine stärkere Kopplung auf einer wertbezogenen oder strategischen Ebene statt (bspw. über Kulturmanagement, Leitbilder, Unternehmungspolitik). Aufgabe eines Flexibilisierungsmanagements ist es daher, diese Balance zwischen Entkoppeln und Koppeln (Identität schaffen) zu generieren (vgl. Klimecki/Probst/Gmür 1993).

Holdingstrukturen, Profit Centers, Produktdivisionen (und die oft damit verbundenen flachen Hierarchien) sind auf der Gesamtunternehmensebene Beispiele dafür, wie Handlungspielräume eröffnet und Lernprozesse gefördert werden. Diese Maßnahmen sind jedoch nicht immer durchgängig von Vorteil und über heterarchische Strukturen ist häufig eine neue Kopplung zu schaffen, die eine Zentralisierung für bestimmte Situationen oder Funktionen notwendig machen. In ähnlicher Weise werden heute immer häufiger flexible Arbeitsorganisations- und - zeitmodelle oder flexible Unternehmensstrukturen (Zelt- statt Palaststrukturen, etwa i. S. von Sekundär- und Tertiärstrukturen) entwickelt, die darauf zielen, Handlungsmöglichkeiten zu schaffen, Freiräume zu ermöglichen und Kopplungen zu lockern, um Lernprozesse zu fördern.

9. Führung heißt Bewältigung von Wandel

Knut Bleicher hat nicht zu Unrecht nach einem neuen Führungsverständnis im Rahmen der Bewältigung von Wandel verlangt. Mit Veränderungen und Krisen in der (Um-)Welt sind auch Krisen im Management aufgetaucht. Unsere Instrumente, Modelle und Denk- und Handlungsweisen sind nicht mehr angepaßt. »Alte – und zunehmend dogmatisch gewordene – Vorstellungen von der Art und Weise zweckgerechter Unternehmensführung geraten unter dem Druck beschleunigten Wandels in Widerstreit zu neuen, sich erst undeutlich entwickelnden Konzepten« (Bleicher 1989, S. 26). Die Grenzen der Machbarkeit, der harten materiellen Faktoren, des Gleichgewichtsstrebens, der Generalisierung von Aufgaben und Verantwortung und der asymmetrischen, isolierten Einflußgestaltung zeigte Bleicher in seinen »Chancen für die Zukunft Europas« auf. Die Konsequenz dieser Grenzen ist nicht etwa Resignation, ein Loslassen oder Delegieren

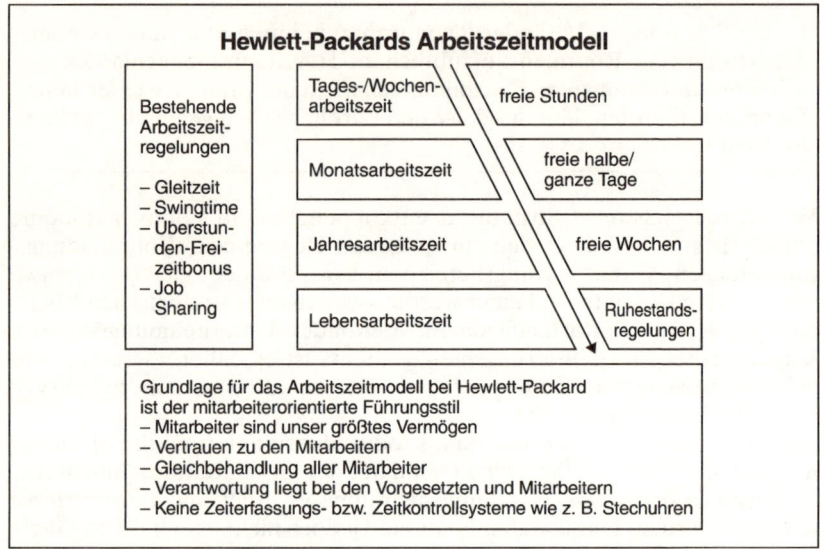

Hewlett-Packards Arbeitszeitmodell

Bestehende Arbeitszeit-regelungen – Gleitzeit – Swingtime – Überstun-den-Frei-zeitbonus – Job Sharing	Tages-/Wochen-arbeitszeit	freie Stunden
	Monatsarbeitszeit	freie halbe/ ganze Tage
	Jahresarbeitszeit	freie Wochen
	Lebensarbeitszeit	Ruhestands-regelungen

Grundlage für das Arbeitszeitmodell bei Hewlett-Packard
ist der mitarbeiterorientierte Führungsstil
– Mitarbeiter sind unser größtes Vermögen
– Vertrauen zu den Mitarbeitern
– Gleichbehandlung aller Mitarbeiter
– Verantwortung liegt bei den Vorgesetzten und Mitarbeitern
– Keine Zeiterfassungs- bzw. Zeitkontrollsysteme wie z. B. Stechuhren

Abb. 3: Das Arbeitszeitmodell von Hewlett Packard als Flexibilisierungsbeispiel (vgl. Probst 1993)

der Verantwortung. Die Antworten finden sich vielmehr in evolutorischen Managementansätzen und Führungsphilosophien, immateriellen, humanen Aktivierungen von Energien, Entdecken, Produzieren und Nutzen von Ungleichgewichten im Unternehmerischen, der Handhabung von Informationen und lateraler Kooperation. Zusammenfassend kann man auch sagen, daß die Lösung in der *Prozeßorientierung* liegt. Wir müssen Kontexte schaffen, die (Selbst-)Prozesse auslösen, deren Verwirklichung erlauben und nutzen, sie kanalisieren und unterstützen. Solche Prozesse des Lernens können in den obengenannten Bereichen der Strategieentwicklung, der Strukturentwicklung, der Kulturentwicklung und der Personalentwicklung realisiert werden (vgl. Probst/Büchel 1994). Dabei geht es einerseits um die Kenntnisse der Instrumente, d. h. das WISSEN, die nützlich und sinnvoll für Lernprozesse eingesetzt werden können. Dazu müssen wir aber auch fähig werden, das KÖNNEN für die Anwendungen zu schaffen, um uns mit den Prozessen zu beschäftigen, damit umzugehen, darüber zu kommunizieren und interaktiv zu interpretieren und entwickeln. Und wir müssen aus uns selbst heraus lernen WOLLEN, denn man kann nicht machen, daß ein Mensch oder eine Institution etwas lernt. Wir können es nur in uns selbst entdecken, meinte schon Galileo Galilei.

Literatur

Arthur D. Little-Studie (1992): vgl. Sommerlatte 1992.

Argyris, C.: Defensive Routines. Boston 1989.

Argyris, C.: Overcoming Organizational Defenses. Boston 1990.

Argyris, C.; Schön, D.: Organizational Learning. Reading 1978.

Bleicher, K.: Zeitkonzeptionen der Gestaltung und Entwicklung von Unternehmungen. In: Gaugler, E./Meissner, H.G./Thom, N. (Hg.): Zukunftsaspekte der anwendungsorientierten Betriebswirtschaftslehre. Stuttgart 1992, S. 75 ff.

Bleicher, K.: Organisation – Formen und Modelle, Strategien-Strukturen- Kulturen. 2. Aufl., Wiesbaden 1991.

Bleicher, K.: Chancen für Europas Zukunft. Wiesbaden 1989.

Bleicher, K.: Strukturen und Kulturen der Organisation im Umbruch. Herausforderungen an den Organisator. In: Zeitschrift Führung + Organisation, 1984, 53. Jahrg., Nr. 8.

Bleicher, K.: Mißtrauensorganisation. Vor dem Ende der Mißtrauensorganisation? In: Office Management, 1982, Nr. 4, S. 400–404.

Bleicher, K.: Unternehmensentwicklung und organisatorische Gestaltung. Stuttgart 1979.

Bühl, W.: Grenzen der Autopoiesis. In: Kölner Zeitschrift für Soziologie und Sozialpsychologie 39. Jahrg., 1987, S. 225–254.

Cascio, W.: Downsizing: What Do We Know? What Have We Learned? In: Academy of Management Executive, 1993, Vol. 7, No. 1, S. 95 ff.

Cyert, R./March, J.: A Behavioral Theory of the Firm. Englewood Cliffs 1963.

Deiss, G./Dierolf, K.: Strategische Planung und Frühwarnung durch Netzwerke bei Hewlett Packard. In: Probst, G./Gomez, P./Vernetztes Denken. Wiesbaden 1989, S. 211–226.

Demoscope: Der Weg der Schweiz 1974–1991. Das psychologische Klima der Schweiz. Adligenswil 1991.

Dumaine, B.: How Managers Can Succeed Through Speed. Fortune, 13. 2. 1989, S. 30–35.

IMD: World Competitiveness Report. Lausanne und Genf 1992.

Hedberg, B.: How Organizations Learn and Unlearn. In: Nystrom, P./Starbuck, W. (Hg.): Handbook of Organizational Design 1, Oxford 1981, S. 3–27.

Heenan, D.A.: The Downside of Downsizing. In: The Journal of Business Strategy, 1989 Nov./Dec., S. 18 ff.

Hedlund G.: The Hypermodern MNC – A Heterarchy? In: Human Resource Management, 1986, Nr. 25.

Höhler, G.: Spielregeln für Sieger. 1991.

Klimecki, R.Probst, G.: Entstehung und Entwicklung der Unternehmungskultur. In: Lattmann, C. (Hg.): Die Unternehmungskultur. Heidelberg 1990, S. 41–65.

Klimecki, R./Probst, G.: Interkulturelles Lernen. In: K. Bleicher et al. (Hg.): Globalisierung der Wirtschaft – Einwirkungen auf die Betriebswitschaftslehre. Bern 1993.

Klimecki, R./Probst, G./Eberl, P.: Systementwicklung als Managementproblem. In: Staehle, W.; Sydow, J. (Hg): Managementforschung 1. Berlin und New York 1991, S. 103–162.

Klimecki, R./Probst, G./Eberl, P.: Perspektiven eines entwicklungsorientierten Managements. Diskussionspapier, Nr. 5, Universität Genf 1992, COMIN.

Klimecki, R./Probst, G./Gmür, M.: Flexibilisierungsmanagement. Schweiz. Volksbank, Die Orientierung, Nr. 102, Bern 1993.

Lessing, R. J.: Strategische Planung als Lernprozeß –»Von mir aus nennt es Körper, Geist und Seele«. In: Sattelberger, T. (Hg.): Die lernende Organisation. Wiesbaden 1991, S. 263–272.

Liebhäuser, P.: Arbeitszeit – Flexibilität und Selbstbestimmung. In: Personalführung 1986, Nr. 2, S. 83–86.

Likudo, H.: Innovation in Japan am Beispiel Honda. In: Bulletin der Schweiz. Kreditanstalt, Nr. 1/2, Zürich 1990.

Morgan, G.: Images of Organization. Beverly Hills 1986.

Probst, G.: Organisation. Landsberg 1993.

Probst, G.: Selbstorganisation. In: Frese, E. (Hg.): Handwörterbuch der Organisation. Stuttgart 1992, S. 2255–2269.

Probst, G.: Selbst-Organisation. Berlin 1987.

Probst, G./Büchel, B.: Organisationales Lernen. Wiesbaden 1994.

Probst, G./Naujoks, H.: Autonomie und Lernen im entwicklungsorientierten Management. In: Zeitschrift für Organisation + Management, 1993, Nr. 6.

Pümpin, C.: Unternehmensdynamik. In: Schweiz. Volksbank, Schriftenreihe »Die Orientierung«, Nr 98, Bern 1992.

Rühli, E./Sauter, S. (Hg.): Strukturmanagement in schweizerischen Industrieunternehmen. Bern 1992.

Sackmann, S.: Culture and Subcultures: An Analysis of Organizational Knowledge. In: Administrative Science Quarterly 1992.

Stalk, G./Hout, T.M.: Zeitwettbewerb: Schnelligkeit entscheidet auf den Märkten der Zukunft. Frankfurt 1991.

Thom, N.: Innovationsmanagement. Schweiz. Volksbank, Schriftenreihe »Die Orientierung«, Bern 1992.

Trocmé-Fabre, H.: J'apprends, donc je suis. Paris 1987.

Watzlawick, P.: Die erfundene Wirklichkeit. München 1988.

II. Organisationslernen und Wissensmanagement

Jürgen Schüppel

---

1. Paradigmenwechsel im Management?

Auch wenn wir es vielleicht schon nicht mehr hören können: In allen Lebensbereichen (politisch, ökonomisch, sozial, etc.) zeigen sich dramatisch veränderte Bedingungen, die sich aus der wachsenden Komplexität der Lebensverhältnisse und der fortschreitenden Dynamik der Umfeldparameter ergeben. In diesem Zusammenhang wird auch von einem Paradigmenwechsel gesprochen, der diesen zum Teil dramatischen Veränderungen zu Grunde liegt. Wir wollen nun weder die allgemeinen Begründungen diskutieren, die diesen Paradigmenwechsel plausibilisieren (vgl. dazu z. B. Capra 1988, Naisbitt 1984), noch danach fragen, ob es in Anlehnung an die wissenschaftstheoretische Sicht von Kuhn (1967) gerechtfertigt erscheint, die Veränderungen tatsächlich als Paradigmenwechsel zu bezeichnen. In diesem Abschnitt suchen wir dagegen nach mehr oder weniger konkreten Hinweisen, die für den Bereich der Ökonomie allgemein, bzw. für die Managementlehre im speziellen, eine Neuorientierung in der Betrachtungsweise mit der wir »Organisationen« begreifen, erforderlich machen.

Knut Bleicher, von dem auch die Überschrift zu diesem Abschnitt stammt, beschreibt in seinem Einleitungskapitel zum Konzept »Integriertes Management« die einzelnen Aspekte des Paradigmenwechsels umfassend und betont dabei besonders die »Öffnung einer Zeitschere« (Bleicher 1991 a, S. 17 ff.). Demnach steht dem progressiven Verlauf der Wissensvermehrung keine entsprechende Veränderung der menschlichen Perzeptions- und Problemlösungskapazität gegenüber. In Organisationen manifestiert sich diese permanent größer werdende Lücke in einer steigenden Reaktionsgeschwindigkeit aufgrund zunehmender Komplexität, bei gleichzeitig abnehmender verfügbarer Reaktionszeit aufgrund der hohen Umfelddynamik. Damit stoßen aber Organisationen, die nach dem Weber'schen Bürokratiemodell konstruiert sind (vgl. Weber 1976) deutlich an die Grenzen ihrer prinzipiellen Komplexitätsverarbeitungs-Kapazität:

»Zukunftsweisende Strukturen und Kulturen, die geeignet sind, schnellen Wandel zu bewältigen, müssen vor allem den Kriterien der *Offenheit* und *Dynamik* genügen« (Bleicher 1991 a, S. 19, Hervorhebungen im Original).

Wenn wir in diesem Zusammenhang nun tatsächlich von einem Paradigmenwechsel sprechen, müssen neben den allgemeinen Begründungen auch
Parameter benannt werden, die den Paradigmenwechsel konkret bezeichnen und damit die veränderten Rahmenbedingungen für Organisationen
abstecken. Wir wollen im folgenden den sicherlich gewagten Versuch unternehmen, anhand von drei Stichworten die zum Teil dramatisch veränderten
Umweltvoraussetzungen für Organisationen zu charakterisieren.

(1) Im technologischen Bereich herrschte bis in die achtziger Jahre eine in
tayloristischem Sinne spezialisierte, Schritt für Schritt hintereinanderge-
schaltete Produktion mit zum Schluß hochdifferenzierten Maschinen-
parks. Die dadurch zunehmend komplexen Konfigurationen mußten aber
aufgrund der zu dieser Zeit noch fehlenden Informationstechnologie weitgehend »menschengesteuert« bleiben. Außerdem war die gesamte Produktion auf lange Produktionszyklen ausgerichtet, was sich nicht zuletzt aus
der »Logik der Massenproduktion« (vgl. dazu die Beschreibung dieser
»Logik« in Womack et al. 1992) mit den daraus resultierenden langen und
erst mit hohen Stückzahlen erreichbaren Amortisationszeiten ergab. Heute bestimmen hingegen flexible und integrierte Produktionskonfiguratio-
nen mit computergesteuerter Koordination und kurzen Produktionszyklen
die Technologielandschaft.

(2) Die Logik der Massenproduktion ist dabei nicht per se als »schlecht« zu
klassifizieren. Sie war vielmehr die konsequente Antwort auf *Marktbedingungen,* die einen stabilen Massenmarkt mit stark regulierten Umfeldbe-
dingungen, hoher Produktorientierung und weitgehend nationalem Wettbewerb repräsentierten. Heute allerdings kann »der Markt« in nahezu
allen Branchen als dynamisch, global und fast vollständig dereguliert
bezeichnet werden. Eine Differenzierung im Wettbewerb ist zudem nicht
mehr über die beinahe austauschbaren Produkte, sondern vorwiegend
durch damit verbundene Service- und Dienstleistungen möglich.

(3) Die veränderten Produktions- und Marktbedingungen führten in den
Organisationen, also hinsichtlich der dort arbeitenden *Mitarbeiter,* ebenfalls zu einem deutlichen Shift. Lange Zeit hielt ein Arbeitsleben nur einfache und hochspezialisierte Anforderungen parat, die man mit einer einzigen Basisausbildung am Beginn seines Beruflebens weitgehend problemlos
meistern konnte. Die heutige Berufspraxis ist demgegenüber von pausen-
los wechselnden und meist anspruchsvollen Anforderungen gekennzeichnet, die eine erheblich breitere Ausbildung erfordern und vor allem permanentes Lernen induzieren. Mit der sinkenden »Halbwertzeit des Wissens«
steigt die Erfordernis, die eigene Wissensbasis immer wieder neu zu bele-
ben, will man im Wettbewerb um die derzeit knappen Arbeitsplätze bestehen.

Für Organisationen als soziale Systeme ergeben sich aus diesen veränderten Rahmenbedingungen ebenfalls gewandelte Gestaltungsprinzipien.
Standen bislang Abgrenzung, Stabilität und Kontrolle im Vordergund, sind

jetzt Offenheit, Flexibilität und selbstgesteuertes Lernen gefragt. Organisationen stehen dabei vor der Herausforderung, historisch gewachsene innere und äußere »Grenzen« zu überwinden und beinahe alle wesentlichen Konstanten und Relationen neu zu gestalten. Das bedeutet z. B. eine Neubetrachtung struktureller und hierarchischer Merkmale, die Redefiniton von Rolle, Größe und Funktion der Zentraleinheit, die Ausrichtung der Organisation auf die jeweils spezifischen Kernprozesse, neue Führungsmodelle, innovative Modelle gemeinsamer Ressourcennutzung, die Erzielung von Synergien, etc. (vgl. zu diesen Punkten z. B. Bleicher 1991 b, Gomez/Zimmermann 1992, Henzler 1994, Hammer/Champy 1993, Wunderer 1994).

Bleicher (1991 a, S. 39 ff.) beschreibt diesen fundamentalen Wandel in sechs »Megatrends des Managements«, die seiner Ansicht nach die Weiterentwicklung von Organisations- und Managementkonzepten prägen werden:

* Das technokratische Verständnis eines Managements mit Machbarkeitsansprüchen wird ersetzt durch eine evolutorische Unternehmensphilosphie des Kultivierens einer spontanen sozialen Ordnung.
* Bei Investitionen wird der Fokus zunehmend von den harten, materiell-physischen auf weiche, inmaterielle und humane Aktiva gerichtet.
* Das Gleichgewichtsstreben der rationalen Optimierung strukturellen Managements wird zugunsten des visionären Endeckens und Produzierens von Ungleichgewichten im Unternehmerischen zurückgehen.
* Die ausdifferenzierte Arbeitsteilung und Spezialisierung wird hinsichtlich der Generalisierung von Aufgaben und Verantwortung abgebaut.
* Organisatorische Rahmenbedingungen richten sich zunehmend auf die Handhabung von Informationen aus. Wissen wird damit zur zentralen Größe jeder Organisation, Wissensmanagement vordringliche Aufgabe jeder Unternehmensführung.
* In der Führung läuft der Trend von asymmetrischer Einflußgestaltung zu symmetrischer, lateraler Kooperation.

Im Rahmen dieses Beitrags können natürlich nicht alle Aspekte des konstatierten Paradigmenwechsels erschöpfend behandelt werden. Wir werden daher als Schwerpunkt die Perspektive des »Wissens« als zentrale Grösse jeder Organisation und den darauf gerichteten Veränderungs- bzw. Lernprozeß näher betrachten.

2. Zur Notwendigkeit eines Wissensmanagements in Organisationen

2.1 Organisation als wissensbezogener Prozeß

Als Ausgangspunkt einer paradigmatisch veränderten Betrachtungsweise von Organisationen nehmen wir stellvertretend die in den vergangenen zehn bis fünfzehn Jahren deutlich sichtbare Stagnation der organisatorischen Leistungsfähigkeit westlicher Produktionsunternehmen[1]. Zwar unternahmen alle Organisationen mehr oder weniger vielfältige Anstrengungen zur Steigerung der eigenen Leistungsfähigkeit, die Produktivitätslücke, vor allem im Vergleich zu fernöstlich geführten Unternehmen, wurde aber dennoch immer größer[2].

Personalentwicklungsmaßnahmen, als eine Möglichkeit zur Steigerung organisatorischer Effizienz, wie z. B. Trainings in Gesprächs-, Arbeits-, Visualisierungs- und Moderationstechniken, die Diskussion und Implementierung alternativer Führungsstile und umfassende Team- und Konflikt-Trainings zielten auf veränderte Einstellungen und Verhaltensweisen innerhalb der Organisation. Hinzu kamen, als zweite Möglichkeit, strukturelle Maßnahmen »klassischer« *Organisationsentwicklung,* wie die Einführung von Gruppenarbeit in der Produktion, systematische Rationalisierungs- und Verbesserungsverfahren, Simultaneous Engeneering, Projektmanagement, Cost- und Profit-Center-Strukturen und Lean-Organization-Konzepte. Doch trotz der oft erreichten Verbesserungen im Bereich der organisatorischen Effizienz, blieben die erforderlichen »Quantensprünge«, die zur Schließung der Lücke erforderlich gewesen wären, aus. Der Grund dafür ist darin zu finden, daß alle diese Maßnahmen *nur Veränderungen innerhalb eines bestehenden Konzeptes waren: das der organisatorischen Hierarchie.*

Die Hierarchie wurde zwar anders, meistens flacher, gestaltet, keinesfalls aber abgeschafft (vgl. zu dieser Thematik z. B. Mill und Weissbach 1993 und Ochsenbauer 1989). Die eigentlich intendierten diskontinuierlichen Sprünge sind im bestehenden, hierarchisch geprägten Organisationsmuster aber offensichtlich nicht mehr möglich:

»Mittlerweile ›wissen‹ die Mitarbeiter nämlich, daß ›die Hierarchie‹ ausgereizt ist, nicht mehr ergänzt oder flexibilisiert werden kann und zum eigentlichen Entwicklungs- und Effektivitäts-Hemmnis geworden ist« (Schmidt 1993, S. 42).

Aktuelle Trends der Organisationspraxis zu konsequenter Gruppenarbeit, zu vernetzten autonomen Einheiten, Projektgruppen, Projektmanagement- Organisationen, die Orientierung auf Kernprozesse, etc. weisen

---

[1] Besonders eindrucksvoll ist uns die sinkende organisatorische Leistungsfähigkeit der westlichen Produktionssysteme in der Automobilindustrie vor Augen geführt worden. Hier hat die drastische Beschreibung von Womack et al. (1992) die Initialzündung zu beinahe »revolutionären« Produktivitätssteigerungen der amerikanischen, mittlerweile auch der deutschen Automobilproduzenten geliefert. Vgl. allgemein auch Schmidt (1993).

[2] Die Produktivitätslücke entstand dabei eben nicht allein aus den geringeren Lohnkosten. Vielmehr bewiesen die japanisch geführten »Transplants« in England und USA, daß auch mit vergleichbaren Faktorkosten eklatante Produktivitätsvorteile erzielt werden konnten.

bereits die Richtung zu einem »neuen« Organisationsmuster im Sinne eines Netzwerkes selbststeuernder Gruppen innerhalb der eigenen Organisation und über die Organisationsgrenzen hinaus (vgl. dazu z. B. Gomez 1992, Gomez/Zimmermann 1992, Bleicher 1991 b, Rall 1993). Ursprung der autonomen Teams sind die zu erfüllenden Primäraufgaben, um die herum sich die Gruppen jeweils neu organisieren. Die Organisation als Ganzes fokussiert dabei insgesamt auf die eigentlichen Kernprozesse der eigenen Wertschöpfungsaktivitäten[3]. Es gibt nicht mehr eine Organisation für alle Aufgaben, sondern für jede Aufgabe eine Organisation. Die Ressourcenallokation erfolgt also bereits bei Bildung der Gruppen problem- und prozeßorientiert. Jenseits aller weiteren Gestaltungsmerkmale derartiger Organisationsmuster, z. B. der Bildung von interagierenden Netzwerken zwischen den selbsteuernden Gruppen[4], den Arbeitsmethoden und Denkstrukturen innerhalb der Gruppen[5], der Funktion der immer noch notwendigen Support-Systeme[6], etc., ist es vor allem das hinter dem Muster stehende Verständnis, »was eine Organisation ist«, das zum Nachdenken zwingt.

---

[3] Die Kernprozesse eines Unternehmens sind dabei von Branche zu Branche und innerhalb einer Branche von Unternehmen zu Unternehmen unterschiedlich. In der Computerbranche kommt es z. B. vor allem auf die Prozesse der Technologievermarktung, der Auftragsbeschaffung und der integrierten Logistik an, während im Bankenbereich die Generierung von Spareinlagen, die Kreditbeschaffung und -gewährung, das Management der Geldströme und die Kundenbetreuung im Vordergrund stehen. Die organisatorische Gestaltung erfolgt um die identifizierten Kernprozesse mit dem Leistungsziel die Prozesse selbst zu optimieren. Bei einem Computerbauer sind z. B. die Verkürzung der Entwicklungszeiten in der Technologievermarktung, die Verkürzung der Durchlaufzeiten im Auftragsprozeß und die Kostensenkung in der integrierten Logistik vom Prozeßverantwortlichen und seinen Teams zu leisten (vgl dazu z. B. Stewart 1993 als Fallbeispiel ähnlich Leonard-Barton 1994).

[4] Die Vernetzungen, wechselseitigen Beziehungen und Prozesse zwischen den einzelnen Einheiten sind dabei das eigentlich entscheidende in dieser Sichtweise (vgl. dazu auch Senge 1990), wobei die Perspektive über die eigenen organisatorischen Grenzen hinaus reichen muß (vgl. dazu Rall 1993).

[5] Einen bereits ausgereiften Ansatz bietet hier das »vernetzte Denken« als Methodik des ganzheitlichen Denkens und Problemlösens. Vgl. dazu Gomez/Probst 1987, Ulrich/Probst 1988 und Probst/Gomez 1989.

[6] Ein gewisses Maß an zentralen Funktionen zur Unterstützung der lokalen Geschäftstätigkeit wird auch weiterhin notwendig sein. Diese Zentralfunktion wird aber eher als »Corporate Center« zu strukturieren sein, die an den Stellen unterstützende Dienstleistungen für die autonomen Tochtergesellschaften erbringen, wo ein hohes Maß an Synergie tatsächlich realisierbar ist (z. B. im Finanzmanagement zur Optimierung der Geldströme).

In unserem allgemeinen Verständnis tun wir so, als ob es »die Organisation« in einem körperlichen Sinne gibt – man denke nur an die zahlreichen Metaphern zur Illustration von Organisationsmodellen, beispielsweise die Metapher der »Palastorganisation« (vgl. Hedberg 1984). Wir können in »die Organisation« hinein- und herausgehen wie in ein Haus und die Organisation hat eine greifbare »Kästchenstruktur«, die auch die Zuordnung komplexer Arbeitsprozesse scheinbar mühelos garantiert. Dies ist aber nur unsere verdinglichte Vorstellung von Organisation und macht deren eigentlichen Kern nicht transparent.

Organisationen bestehen aber eigentlich aus *informationellen* bzw. geistigen Prozessen, also aus Wissen, Gefühlen und Verhaltensmustern (vgl. zu dieser Betrachtung Senge 1990 und Schmidt 1993). Die Organistion wird damit täglich von den Trägern dieser Prozesse, eben allen Mitgliedern der Organisation[7], hervorgebracht. »Die Organisation« als Netzwerk geistiger bzw. wissensgesteuerter Prozesse *organisiert* dabei hauptsächlich *die Beziehungen zwischen den Mitgliedern*. Sieht man sich die formalen und informellen Organisationsstrukturen, die Führungs- und Kommunikationsmuster heute an, dann erkennt man als Hauptzweck eigentlich immer: die möglichst optimale Gestaltung der Beziehungen, um ein effektives und effizientes Zusammenarbeiten zu ermöglichen. Die Ansatzpunkte, nach denen die Beziehungen gestaltet werden können, liegen dabei in einer Art *Tiefenstruktur*[8], in der sich die Identität der einzelnen Abhängigkeitsmuster spiegeln.

Eine Organisation ist also die *Summe der geistigen Prozesse,* die durch Organisationsmitglieder[9] mit ihrem Wissen, der Bereitschaft zu Lernprozessen, ihren Gefühlen und Verhaltensmustern sowie die durch die Organisationsmitglieder verinnerlichten Machtstrukturen entstehen. Ansatzpunkt für Veränderungen und Wandelprozesse ist somit immer die Identität der einzelnen Organisationsmitglieder bzw. die Summe der kollektiv vor-

---

[7] Wenn wir nunmehr im folgenden von Organisationsmitgliedern sprechen, sind zum einen die »echten« Mitglieder einer Organisation gemeint. Zum anderen müssen wir aber auch an die temporär »angedockten« Mitglieder anderer Organisationen, z. B. aus Zulieferbetrieben, an Kunden etc. denken.

[8] Als Oberflächenstruktur kann man die »sichtbaren« organisatorischen Regelungen und Strukturen bezeichnen, denen aber auch eine nicht sofort erkennbare Tiefenstruktur zugrunde liegt. In der Tiefenstruktur sind die heute als Unternehmenskultur bezeichneten Normen, Werte und Weltbilder sowie die kollektiv geteilten kognitiven Strukturen enthalten. Vgl. zur Unterscheidung dieser Begriffe Kirsch 1992, S. 133 f. und Gomez/Müller- Stewens 1994, S. 145 ff.

[9] Wenn wir nunmehr im folgenden von Organisationsmitgliedern sprechen sind zum einen die »echten« Mitglieder einer Organisation gemeint. Zum anderen müssen wir aber auch an die temporär »angedockten« Mitglieder anderer Organisationen, z. B. aus Zulieferbetrieben denken.

liegenden Identitäten. Egal ob im Rahmen eines Personalentwicklungs-
prozesses (z. B. in einem Seminar über Kommunikation (die Identität
eines oder mehrerer Mitarbeiter im Vorderung steht – die Veränderungen,
die man hier bewirkt, schlagen in jedem Fall (wenn auch nur marginal) auf
die Identität der Organisation durch. Und umgekehrt bleiben Maßnahmen
der Organisationsentwicklung (z. B. die Installation einer Projektgruppe)
nicht ohne Auswirkung auf die Identität der an diesen Maßnahmen beteiligten Personen. Die damit angeschnittene wechselseitige Verstrickung der
individuellen und kollektiven kognitiven Systeme werden wir weiter unten
in einem integrierten Modell vertiefen.

2.2 Wissensmanagement im organisatorischen Prozeß

Zuvor greifen wir aber noch einmal das *Wissen als zentrale Größe* im organisatorischen Prozeß heraus. Wissen und die mit dem Erwerb von Wissen
verbundenen Lernprozesse sind neben Verhaltensroutinen und Emotionen
konstitutiv für »die Organisation«. Die organisatorischen Kernprozesse für
die Produktion und den Absatz der eigenen Leistungen[10] einerseits und der
organisatorische Veränderungsprozeß[11] andererseits, sind ohne kreative
Kombination der individuellen und kollektiven Wissenspotentiale nicht
möglich. Das Ziel jeder Managementintervention muß es demnach sein,
die notwendigen Potentiale aufzubauen, die Nutzung vorhandener Potentiale möglichst optimal zu gewährleisten und damit möglicherweise bestehende Nutzungsbarrieren zu eliminieren. Management wird aus dieser Perspektive zu einem *Wissensmanagement* individueller und kollektiver Wis-
senbausteine, durch das die *Weiterentwicklung der organisatorischen Wissensbasis* sichergestellt werden soll.
Mobilisierung, Verarbeitung und Integration der organisationsweit vorhandenen bzw. noch zu entwickelnden Wissenspotentiale sind also entscheidende Parameter für das Management im allgemeinen und für organisatorische Transformations- und Wandelprozesse im speziellen. Nur wenn
es gelingt, das unternehmensinterne Wissen – gebunden durch die einzelnen Organisationsmitglieder, die spezialisierten Funktionsbereiche und

---

[10] Eine Organisation braucht für das »organisatorische Überleben« ausreichende
Wissenspotentiale hinsichtlich der unmittelbar marktrelevanten Forschungs-,
Beschaffungs-, Produktions-, Absatz-, Finanzierungs-, Personal- und Führungsprobleme.
[11] Wissen ist in dieser Perspektive nicht allein lebensnotwendige Voraussetzung für
das Produzieren und Verkaufen von Produkten und Dienstleistungen einer Organisation, sondern auch Basis für die Bewältigung organisatorischer Transforma-
tionsprobleme. Organisatorische Veränderungsprozesse – egal ob intendiert oder
zufällig – sind also ebenfalls an individuelle und kollektive Wissenspotentiale rückgebunden.

den kulturellen Kontext der Gesamtorganisation – und in Zukunft auch vermehrt das unternehmensextern vorliegende Know-how-Potential so zu konzentrieren, daß es zum »richtigen Zeitpunkt am richtigen Ort« vorliegt, sind die intendierten Organisationsziele erreichbar. Das darauf abgestimmte Wissensmanagement wird allerdings durch die Tatsache erschwert, daß jedes Kombinations- und Transformationsvorhaben ein interaktiver Prozeß der Wissensaktivierung und -verarbeitung ist. Zu jedemZeitpunkt des Wandels kann in diesem offenen, dynamischen Prozeß »neues Wissen« entstehen (bzw. Wissen verloren gehen) und den Verlauf beeinflussen. Die *Veränderung des Wissens als Lernvorgang* kommt als zweite relevante Größe ins Blickfeld[12]. Für die Steuerbarkeit des Wandels ebenso wie für die Steuerbarkeit des Produktionsprozesses ergibt sich daraus insgesamt das Problem, die jeweils relevanten *Wissenspotentiale ziel- und zeitadäquat aufzubauen, zu aktivieren und einzusetzen.* Daß genau dies in den seltensten Fällen gelingt, liegt leider auf der Hand.

Damit ist der Blick auch bereits auf mögliche *Wissens- und Lernbarrieren* gerichtet. In einer Organisation werden überall dort, wo Wissen und Lernen existieren, auch entsprechende (potentielle) Schranken existieren. Diese Barrieren wirken auf individueller und kollektiver Ebene gleichermaßen, die empirische Evidenz ist allerdings abhängig vom Beobachtungszeitpunkt. Besonders deutlich werden sie aber bei organisatorischen Veränderungsprozessen: Gegen den massierten Widerstand der am Wandel Beteiligten, gegen strukturelle, politische und kulturelle Barrieren hat keine Veränderung Aussicht auf Erfolg. Eine vordringliche Aufgabe des Wissensmanagements wird es demnach auch sein, Wissens- und Lernbarrieren sowie die daraus resultierenden Pathologien zu identifizieren und handhabbar zu machen.

Die Notwendigkeit eines auf individuelle und kollektive Wissenspotentiale, die damit verbundenen Lernprozesse und diesystematisch wirkenden Barrieren gerichteten Wissensmanagements gewinnt auch aus einer weiteren Sicht Plausibilität. In einer Zeit, in der Produkt-, Produktions- und Marketingvorteile eine immer geringere Rolle spielen, wird das organisatorische Wissen und der darauf gerichtete Mobilisierungs- und Lernprozeß zum *entscheidenden Wettbewerbsvorteil.* »Kompetenzintensität« (vgl. Henzler und Späth 1993, S. 51 ff.) bzw. professionell ausgelegtes »Manage-

---

[12] Wissen ist eine *Bestandsgröße,* zeigt also die Summe der zum Zeitpunkt t_0 prinzipiell vorhandenen Wissensbestandteile. Jedes Individuum und jedes Kollektiv verfügt über ein spezifisches Wissenspotential – zum einen in aktivierter, zum anderen in passiver Form. Der Begriff »Lernen« bezeichnet dagegen die Prozeßkomponente, also den Zuwachs (mit dem »Entlernen« aber auch die Abnahme) an Wissen im Zeitraum zwischen t_0 und t_1.

ment des Wissens« (Fohmann 1990) in dafür geeigneten organisatorischen Strukturen sind die vielversprechenden Perspektiven. Für eine Organisation wird es in Zukunft verstärkt darum gehen, eine auf ihr Wissen gerichtete dynamische Entwicklung voranzutreiben. Ziel ist eine »Spirale des Wissens« (Nonaka 1992), die eine fruchtbare Evolution der organisatorischen Wissensbasis und der daraus resultierenden Produkte, Dienstleistungen und Problemlösungen ermöglicht.

Damit wir uns die Anforderungen an ein derart konzipiertes Wissensmanagement besser vor Augen führen können, ist es notwendig, zunächst die Frage zu klären, was denn im einzelnen unter organisatorisch relevantem Wissen und den darauf gerichteten Lernprozessen zu verstehen ist. Zu diesem Zweck werden wir zunächst die Begriffe »Wissen« und »Lernen« schärfer konturieren und anschließend ein Modell entwickeln, das ein idealtypisches, integriertes Muster individuellen und kollektiven Lernens umfaßt und die in derartigen Prozessen immer auch vorhandenen Barrieren und Pathologien lokalisiert.

3. Begriffsstrategische Überlegungen zum Wissensmanagement

Wenn wir die einschlägigen Definitionen zum Wissensbegriff näher betrachten (die Begriffsbestimmungen finden sich z. B. in: Kluwe 1990, Sarges 1990, Pautzke 1989, Sackmann 1991, Pawlowsky 1992, Perich 1992, Lullies et al. 1993 und Bower/Hilgard 1983), können wir hinsichtlich der Erscheinungsform als individuelles und kollektives Wissen verschiedene Definitionssubstrate zusammenstellen. Die im Anschluß daran getroffene begriffliche Festlegung übernehmen wir dann im nächsten Abschnitt für ein integriertes organisationales Lernmodell.

3.1 Der Wissensbegriff

3.1.1 Individuelles Wissen

● Wissen fällt in jedem Fall unter die Kategorie *menschlicher Kognition* (Erkenntnis) und ist demnach seit jeher ein Objekt philosophischer, in neuerer Zeit psychologischer und neuro-physiologischer Forschung.

● Wissen liegt in der Regel in zwei Ausprägungsformen vor: Zum einen gibt es eine Art *»Oberflächen-Wissen«*, das die jeweils subjektive Speicherung der Realität und der darin vorkommenden Objekte, Fakten, Personen, etc. beinhaltet. Zum anderen existiert ein »Tiefen-Wissen«, das die Prozessierung der Realitätswahrnehmung steuert. Beides zusammen ergibt eine individuell sehr spezifisch geprägte Wissensbasis.

● Individuelles Wissen bzw. die individuelle Wissensbasis als zentrales Element menschlicher Kognition ist *interdependent verwoben* mit allen anderen Bereichen menschlicher Psyche (z. B. Motivation, Triebstruktur, Affektion, Emotion, Bedürfnisse, etc.).

- Wissen steht offensichtlich ebenso in einem eng verzweigten Zusammenhang mit der individuellen *Problemlösungskapazität* und dem eher senso-motorischen Konstrukt des Könnens.
- Der Aufbau neuer bzw. die »Entsorgung« alter Wissensbestandteile – allgemein formuliert: die Veränderung der individuellen Wissensbasis als Lernprozeß – ist *wesentlich an die Struktur der »alten« Wissensbasis rückgebunden.*

3.1.2 Kollektives bzw. organisatorisches Wissen

- Kollektives Wissen wird grundsätzlich stark in Analogie an Definitionen individuellen Wissens aufgefaßt und beschrieben.
- Kollektives Wissen teilt sich (ebenso wie individuelles Wissen) in eine Art »Oberflächen-Wissen« die näherungsweise das »Faktenwissen« über die Realität bezeichnet und eine Art *»Tiefen-Wissen«,* das für die Prozessierung des Wissens insgesamt verantwortlich ist und die mit der Wissensrepräsentation verbundenen Handlungen und Verhaltensweisen kodeterminiert. In Korrespondenz zur individuellen Wissensbasis kann von einer jeweils spezifisch geprägten kollektiven Wissensbasis gesprochen werden.
- Kollektives Wissen trägt die *Problemlösungsfähigkeit von Kollektiven.*
- Es existieren *diverse Speicher- und Transformationsmedien* für kollektives Wissen im Rahmen der Unternehmenskultur.
- Kollektive können auch als *»Wissen-Systeme«* bzw. *»wissensbasierte* Systeme«* beschrieben werden. Organisationen wie z. B. Unternehmen verlieren damit den oft implizit unterstellten quasi-physischen Charakter.
- Innerhalb der kollektiven Wissensbasis können *diverse Wissensgruppen* identifiziert werden.

Wenn wir diese Begriffsbausteine nunmehr zusammenfügen, ergibt sich ein umfassender *Wissensbegriff,* den wir im folgenden weiter verwenden werden.

Wissen ist die deklarative und symbolische Repräsentation von Informationen im Sinne subjektiver Kenntnisse über die Realität und die damit zusammenhängenden prozeduralen Verarbeitungsmechanismen für Informationen. Die Konstruktion einer individuellen bzw. kollektiven Wissensbasis kann damit in eine Art »Oberflächen- Wissen« und »Tiefen-Wissen« differenziert werden. Wissen ist dabei zunächst immateriell, grundsätzlich wahrheitsfähig, zu jedem Zeitpunkt produzierbar und kopierbar, wobei das – positive wie negative – Wissenswachstum in der Regel von der vorhandenen Wissensbasis abhängig bleibt. Lernen und Wissen stehen dabei in einer ähnlichen Beziehung wie allgemein ein Prozeß zu seinen Ausgangsbedingungen und dem resultierenden Ergebnis[13].

3.2 Der Lernbegriff

Wie beim Wissensbegriff unterscheiden wir auch beim Lernbegriff zunächst eine individuelle und eine kollektive Ebene. Diese Differenzierung führt uns dann zur Unterscheidung einer individuellen und kollektiven Wissensbasis, die wir ebenfalls im nächsten Abschnitt für das intergrierte Modell individuellen und kollektiven Lernens weiterverwenden werden.

3.2.1 Individuelles Lernen

Die Frage, wie Menschen lernen, beschäftigt die Wissenschaft seit Jahrhunderten, ohne daß sie letztlich geklärt werden konnte. Heute existieren in der Lernpsychologie mit den »Behavioristen« und den »Kognitivisten« zwei Erklärungsvarianten, die aus zwei verschiedenen Perspektiven individuelles Lernen analysieren.

Die Gruppe der *Behavioristen* beschäftigt sich mit der Perspektive des beobachtbaren Verhaltens sowie dessen intendierten Modifikationen. Lernprozesse werden im Lichte der klassischen Konditionierung als eine Frage der geeigneten Reiz-Konstellation bzw. der *operanten Konditionierung* (zur Übersicht über die Formen der Konditionierung vgl. Bower/Hilgard 1983) als eine Frage verhaltensbestärkender Nachfolgebedingungen gesehen. Diese ausschließliche Betrachtung von weitgehend stabilen Reiz-Reaktionsmustern menschlicher Handlungen wird von den Neobehavioristen um die Möglichkeit intervenierender Variablen erweitert, ohne allerdings den eigentlichen Theoriehintergrund zu verlassen. Insgesamt sind für die Behavioristen erfahrungsbedingte Verhaltensänderungen im Rahmen des Signallernens (klassische Konditionierung) und des Bekräftigungslernens (instrumentelle Konditionierung) Grundpfeiler individueller Lernvorgänge. Die Lernvorstellung der Behavioristen basiert dabei auf den Gedanken des *Empirismus,* nach dem *Erfahrung* die einzig mögliche Quelle von Erkenntnis und Wissen ist (vgl. hierzu Bower/Hilgard 1983, S. 19 ff.).

Kognitivistische Ansätze (als typische Vertreter vgl. z. B. Tolman 1932 und Lewin 1921–1934) stellen das »Bewußtsein« und die damit verbundenen kognitiven Prozesse (z. B. Wahrnehmen, Denken, Urteilen, Folgern, Problemlösen, etc.) in den Fokus der Theoriebildung. Der Mensch ist in dieser

---

[13] Die Begriffe »Wissen« und »Lernen« stehen insofern bereits in einem grundlegenden Zusammenhang, als der Erwerb von Wissen (aber ebenso der »Verlust« von Wissensbestandteilen) an bereits vorhandene Wissenstrukturen rückgebunden ist. Die Lernfähigkeit ist demnach vom bereits vorhandenen Wissen und der prinzipiellen Verknüpfbarkeit mit diesem abhängig (vgl. Kluwe 1990, S. 180).

Sicht zu weitgehend rational begründbaren Einsichten in komplexe Problemzusammenhänge fähig. Es geht um das »*Einsichtslernen*«, also um den Erwerb *von bestimmten kognitiven Strukturen,* die »vernünftiges« Handeln der Individuen ermöglichen. So wie sich die Position der Behavioristen weitgehend auf den Empirismus zurückführen lassen, bildet der *Rationalismus* die Grundlage für die Gedankengebäude der Kognitivisten (vgl. nochmals Bower/Hilgard 1983, S. 21 ff.). Nicht »Erfahrung«, sondern *»Denken«* steht im Fokus und ist Hauptquelle des Wissens. Erfahrungsbezogene Sinnesinformationen sind zwar auch hier Ausgangsmaterial, stehen aber nur undifferenziert und unstrukturiert als »Rohprodukt« zur Verfügung. Dieses Material wird dann letztlich im Hinblick auf bestimmte Klassen teilweise angeborener Wahrnehmungshypothesen interpretiert. Vor diesem Hintergrund beschäftigen sich viele Kognitivisten konsequent mit der Frage, innerhalb welcher *kognitiver Rahmenbedingungen* der Erwerb und die Prozessierung des Wissens geschieht.

Besonders hervorzuheben ist das *Lewin'sche Modell* eines zirkulären Verlaufs des Lernens, das er im Zuge seiner Erforschung von Gruppenprozessen (»T-Group«) herausfilterte und mit dem Lewin auf eine Integration von Beobachtung und Handlung in einem zielgerichteten Lernprozeß abhebt (vgl. Lewin 1963 und Kolb 1984). Das Modell von Lewin ist vielfach übernommen und modifiziert worden und taucht daher in verschiedenen Variationen immer wieder auf – nicht zuletzt als Grundmodell im Zuge der auch hier angestellten Überlegungen zum »organisatorischen Lernen« (vgl. z. B. Kolb 1984, Pautzke 1989, Reinhardt 1993, Kim 1993 a und b, Geißler 1993 und 1994). In der Vorstellung Lewins bzw. in den daran anschließenden Substraten formiert sich individuelles Lernen als ein *Vier-Phasen-Kreislauf* aus den Elementen konkret erfahrener Realität, der Reflexion und Analyse des Erfahrenen, der Entwicklung von Abstraktion und Generalisierung sowie dem Überprüfen der gezogenen Schlußfolgerungen in neuen Handlungssituationen (vgl. dazu die ausführlichere Beschreibung dieses Modelltyps weiter unten).

In der hier vertretenen Betrachtungsweise spielen bei individuellen Lernprozessen *sowohl kognitivistische, als auch behavioristische* Elemente eine Rolle. Die angestrebte Modellierung eines organisatorischen Lernmodells und die Identifizierung von Wissens- und Lernbarrieren auf individueller Ebene sollte daher auf Basis einer *umfassenden* Lerntheorie stattfinden. Eine plausible Verknüpfung der beiden Sichtweisen leistet hier v. a. die *systemtheoretische* Argumentation, die wir später vertiefen. Zunächst werden wir uns aber einige Gedanken zu kollektiven Lernprozessen machen.

3.2.2 Kollektives und organisatorisches Lernen

Nachdem nunmehr feststeht, unter welchen Aspekten individuelles Lernen in diesem Beitrag betrachtet wird, ist es an der Zeit, auf dieser Basis weiterführende Gedanken zum Lernen eines Plurals von Individuen (vgl.

zum Verständnis des »Mensch im Plural« Hofstätter 1957) anzustellen. Es ist dabei zunächst nicht von Bedeutung, ob dieser Plural eine »übersichtliche« Gruppe, oder eine weitverzweigte Organisation bezeichnet[14]. Die folgenden Überlegungen beziehen sich auf *Kollektive* allgemein, gelten prinzipiell ebenso für die *Mesoebene* organisatorischer Gruppen, wie für die *Makroebene* einer Gesamtorganisation[15].

Wenn wir vor diesem Hintergrund versuchen, jenseits der bloßen Übertragung von Erkenntnissen aus der Lernpsychologie, bereits vorhandene Ansätze zur Erklärung kollektiver Lernprozesse zu finden, sind insbesondere die sozialpsychologischen bzw. soziologischen Modellvorstellungen von Bandura und Miller hervorzuheben. Als zweite Gruppe zur Auslegung kollektiver Lernprozesse tauchen zunehmend Bausteine zu einer Theorie organisatorischen Lernens auf, zu dem wir auch diesen Beitrag rechnen könnten.

3.2.2.1 Sozialpsychologische und soziologische Erklärungsmodelle kollektiven Lernens

Bandura (1976) betont in seiner Theorie »sozial-kognitiven Lernens« die Möglichkeit des Modellernens, d. h. das Potential durch Beobachtung anderer zu lernen. Dabei muß die Verhaltensreproduktion nicht unmittelbar auf den Stimulus des Modells erfolgen, vielmehr kann sie auch zu verzögerten Nachahmungen führen. Darüberhinaus kann durch die Verknüpfung verschiedener beobachteter Verhaltenselemente auch ein *neues Verhaltensmuster* generiert werden. Ob die so gelernten Handlungsweisen aber auch tatsächlich angewandt werden, hängt stark von den entsprechenden (im behavioristischen Sinn: bekräftigenden) Folgebedingungen ab.

Miller (1986) betont das Primat von kollektiven gegenüber individuellen Lernprozessen. Danach sind bereits Kinder zu *fundamentalem Lernen* fähig, wenn diese an bestimmten kollektiven oder kooperativen Aktivitä-

---

[14] Als Definitionskriterien beziehe ich mich dabei auf Rosenstiel (1987, S. 230 f.): Eine *Gruppe* liegt demnach vor, »bei einer Mehrzahl von Personen, in direkter Interaktion über eine längere Zeitspanne bei Rollendifferenzierung und gemeinsamen Normen, verbunden durch ein Wir-Gefühl«. Eine *Organisation* ist »ein gegenüber der Umwelt offenes System, das zeitlich überdauernd existiert, spezifische Ziele verfolgt, sich aus Individuen und Gruppen zusammensetzt und somit ein soziales Gebilde ist, das eine bestimmte Struktur aufweist, die meist durch Arbeitsteilung und Hierarchie gekennzeichnet ist« (S. 303).

[15] Zur Unterscheidung einer Mikroebene (= Individuum), Mesoebene (= Gruppen) und Makroebene (= Gesamtorganisation) in der Organisationslehre vgl. z. B. Steinle (1985). Die Betrachtung dieser Ebenen werden wir später noch vertiefen. Der wesentliche Unterschied in der Betrachtung gruppenbezogener und organisatorischer Lernprozesse ist die Anzahl der jeweils involvierten Systemmitglieder und damit die Gesamtkomplexität des Lernprozesses. Mit steigender Komplexität entstehen bestimmte Phänomene neu, andere werden redundant.

ten teilnehmen. Auch »erwachsene« Individuen orientieren sich bei autonomen Lernprozessen an dem Ideal kollektiver Argumentationen. Letztlich können solche kollektiven Sprachhandlungen zur Erklärung von »Neuem« herangezogen werden, wenn es gelingt, eine objektiv gegebene Problemsituation im Rahmen einer »neuen allgemeinen Regel« zu lösen. Das gilt auch für Organisationsgesamtheiten z. B. in Phasen »radikalen Wandels«, in der kollektive Argumentationen eine sehr wesentliche, wenn nicht entscheidende Rolle spielen. Bei »gelungenen Wandelprojekten« sind die drei universalen Argumentationsprinzipien (Verallgemeinerungs-, Objektivitäts-, Konsistenzprinzip) im Sinne nur abstrakt und prinzipienhaft formulierter Regeln allgemein anerkannt und als »geteiltes Wissen« zu identifizieren. Festzuhalten bleibt aber in jedem Fall die prominente Rolle, die »Kommunikation« in diesem Zusammenhang einnimmt.

3.2.2.2 Erklärungsmodelle organisatorischen Lernens

Zum Themenkreis des »organisatorischen Lernens« (als Form des kollektiven Lernens) liegt mittlerweile eine unübersehbare Flut an Beiträgen vor – eine umfassende Theorie bleibt aber dennoch ein Desiderat. Der Arbeit von Pautzke (1989) ist ein Überblick zu verdanken, der die fragmentarischen Bausteine der einzelnen Ansätze schlaglichtartig referiert. Die einzelnen Beiträge stehen dabei nach Ansicht Pautzkes nicht in grundsätzlichem Widerspruch, sondern liegen vielmehr »quer« zueinander, ergänzen sich also weitgehend.

Was macht in diesem Zusammenhang das *Lernen* von Organisationen als Kollektiv aus (vgl. Pautzke 1989, S. 108 ff.)?

- Lernen wird mit einer Erhöhung der organisatorischen *Handlungseffizienz* bzw. des Problemlösungspotentials identifiziert.
- Lernen ist die *Anpassung an Umweltbedingungen* und somit in einem passiven Sinne »Erfahrungslernen«.
- Lernen bedeutet *Veränderung von Wissen und Wissensstrukturen* im Sinne der oben erläuterten Wissensbasis.
- Lernen ist die Bildung oder *Veränderung formaler organisatorischer Systeme,* die entweder evolutionär herausgebildet oder bewußt geplant werden.

Was ist aus dieser Perspektive das spezifisch *organisatorische* der kollektiven Lernprozesse (vgl. dazu Pautzke 1989, S. 104 ff.)? Grundsätzlich gibt es eine Begriffsstrategie, nach der organisatorisches Lernen als das stellvertretende Lernen von Personen in Organisationen aufgefaßt wird. Daneben wird aber auch versucht, von den einzeln identifizierbaren Organisationsmitgliedern zu abstrahieren und Lernprozesse *der* Organisation zu beschreiben. Zumeist werden diese Strategien gleichzeitig verfolgt, wobei allerdings unterschiedliche Gewichtungen vorgenommen werden. Im einzelnen isoliert Pautzke folgende Aspekte:

- Organisatorisches Lernen ist das *stellvertretende Lernen einer Elite.* Die Analyse solcher Prozesse bezieht sich folgerichtig auf Probleme von Führung und Macht.
- Organisatorisches Lernen ist die *Veränderung des von allen Organisationsmitgliedern geteilten Wissens.* Damit steht auch die Veränderung von Organisationsparadigmen im Vordergrund.
- Organisatorisches Lernen ist die *Nutzung, Veränderung und Fortentwicklung der organisatorischen Wissensbasis.* Diese Definition ist an Kirschs Ausführungen (1992) angelehnt und bezieht sich auf Wissenspotentiale, die prinzipiell für die Organisation verfügbar sind. Damit wird es nach Pautzke aber auch möglich, die spezifische Arbeitsteilung im Lernbereich einer Organisation zu erfassen: Nicht jedes Organisationsmitglied muß alle relevanten Wissensteile aufnehmen (und könnte dies auch nicht), sondern es reicht, wenn immer nur diejenigen lernen, die dieses Wissen in entsprechenden Entscheidungsprozessen anwenden können.
- Schließlich kann organisatorisches Lernen auch jenseits der bisher betrachteten Personenengruppen in *objektiv beobachtbaren Veränderungen der Organisation* bestehen. Dabei ist es allerdings problematisch, zu entscheiden, wann die Organisation sich tatsächlich geändert hat. Pautzke schlägt im Anschluß an Jelinek (1979) vor, die Formalisierung und Kodifizierung von Verhaltensweisen als Kriterium heranzuziehen.

Als eine Art Synthese der vorgestellten Aspekte formuliert Pautzke insgesamt *fünf mögliche Lernarten* kollektiver Systeme (vgl. Pautzke 1989, S. 113 f.): (1) Organisatorisches Lernen als Überführung eines der Organisation bereits zugänglichen Wissens der Mitglieder in ein von allen geteiltes Wissen, (2) als Transfer eines bisher noch nicht zugänglichen Mitgliederwissens in ein von allen geteiltes Wissen, (3) als nunmehr prinzipiell abrufbares Wissen, (4) als Aneignung von »kosmischen« Wissen durch die Organisationsmitglieder und (5) als Paradigmenwechsel in der Organisation, also als Lernprozeß höherer Ordnung.

4. Zur Konstruktion einer individuellen und kollektiven Wissensbasis

Zum Abschluß dieser kurzen Betrachtung des Lernens von Individuen und Kollektiven wenden wir uns nun der bereits angesprochenen systemtheoretischen Argumentation zu, die in vielfältiger Weise die bisherigen Ausführungen verknüpft und als Basis für die folgende Modellbildung dient.

4.1 Die individuelle Wissensbasis

Folgt man dieser Argumentation, dann können zwei verschiedene System-
typen unterschieden werden: Psychische und soziale Systeme[16] (vgl. zum
folgenden Luhmann 1984 und Geißler 1993 und 1994). Psychische Systeme
haben eine durch vier Elemente gekennzeichnete innere Struktur aus Wissen, Können, Wollen und Glauben. Diese Elemente existieren dabei nicht
an sich, sondern im Prozeß ihrer Anwendung. Das Wissen wird z. B. immer
dann erkennbar, wenn es in entsprechenden Handlungssituationen angewendet wird. Das bedeutet aber gleichzeitig, daß dieses Wissen nach seiner
Anwendung nicht mehr das gleiche Wissen ist wie vor der Anwendung,
denn es ist nunmehr erprobt und damit bewährt bzw. veränderungsbedürf-
tig. Analoges gilt für die anderen drei Elemente des psychischen Systems.
Wissen und Können bilden gegenüber den Elementen des Wollens und
Glaubens eine Einheit[17] und können in einem Funktionszyklus beschrieben
werden. Die Einheit aus Wissen und Können besteht demnach aus fallbe-
zogenem Erfahrungswissen, systematisiertem *Konzeptwissen,* verhaltens-
anleitendem *Planungswissen* und konkretem *Handlungswissen.*
Das *Lernen eines psychischen Systems* vollzieht sich im Anschluß an diese
Vorstellung als Lernzirkel (vgl. die Modellbildung von Kolb 1984 und den
Überblick in Abbildung 1) und reguliert dabei die Beziehung des Subjekts
zu seinem Kontext durch *vier zirkulär verflochtene Lernaktivitäten.* Auf
Basis der subjektabhängigen *Realitätswahrnehmung* wird das solchermaßen *Erfahrene analysiert,* was wiederum die Grundlage für die *Entwicklung
von Verhaltensorientierungen* bildet und schließlich zur *Generierung von –*
allerdings situationsbedingten – *Verhaltensweisen* führt. Diese vier Aktivitäten erzeugen dabei als Produkt die zuvor angesprochenen Wissenstypen
(Erfahrungswissen, Konzeptwissen, Planungswissen, und Handlungswissen), die zugleich aber auch Ausgangsbasis für den Vollzug der Lernaktivitäten sind. Der Lernprozeß ist damit ein autopoietischer.
Die vier Elemente des Lernzirkels können dabei in zwei Lernkategorien
geschieden werden (vgl. dazu Kim 1993 a und 1993 b). Realitätswahrnehmung und Verhaltenserzeugung repräsentieren die *operationale Lernebene,* in der Erfahrungswissen und Handlungswissen aufgebaut werden.
Typisch für derartige Lernprozesse sind inkrementale und »einfache« Lern-

---

[16] Beide Systeme sind eigenständig, indem sie sich nicht aus dem jeweils anderen
ableiten lassen. *Psychische Systeme* konstituieren sich dabei durch *strukturiertes
Bewußtsein, soziale Systeme* durch *regelhafte Kommunikation.* Beide Systeme
sind *autopoietischer Natur.* Das bedeutet, daß Bewußtsein und Kommunikationsregeln jeweils sowohl Bedingung und Ausgangspunkt, als auch Ergebnis der Entwicklung des Systems sind.
[17] Geißler spricht in diesem Zusammenhang von einer *Trias* aus Wissen/Können,
Wollen und Glauben (vgl. Geißler 1994 a, S. 4).

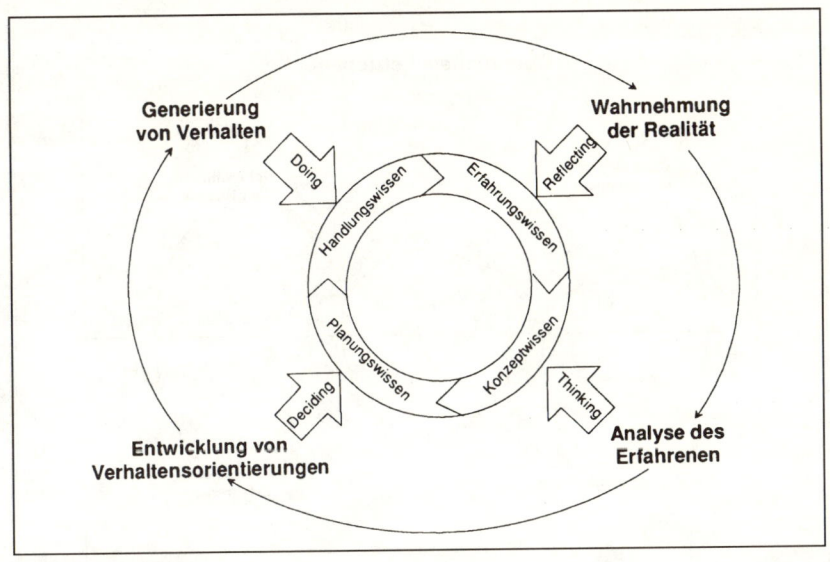

Abb. 1: Lernzirkel des Individuums (in Anlehnung an: Geißler 1994, S. 211 bzw. Kolb 1984, S. 21)

leistungen, die weitgehend auf experimentellem Ausprobieren (dem Modus des »learning by doing«) basieren, wie z. B. die Bedienung einer Produktionsmaschine. Erfahrungsanalyse und die Entwicklung von Verhaltensorientierungen bilden die *konzeptionelle Lernebene,* auf der letztlich die Lösung komplexer Problemzusammenhänge basiert. Umgangssprachlich ausgedrückt, überlegt man sich hier, ob man die »richtigen Dinge tut«, ob also die vorliegende Problemsituation mit den zur Verfügung stehenden Lösungsstrategien adäquat gehandhabt werden kann (vgl. Abbildung 2).

Die Zweiteilung der Lernebenen darf allerdings nicht mißverstanden werden. Es handelt sich lediglich um eine *analytische Trennung* der in der Realität verflochtenen Lernelemente. Die zirkuläre Verbindung ist aber situationsabhängig unterschiedlich stark ausgeprägt, und so kann für bestimmte Konstellationen von der *Dominanz* einer der beiden Ebenen ausgegangen werden. In Abbildung 2 wird diesem Umstand durch die Beibehaltung der Kreisdarstellung Rechnung getragen.

Der Lernprozeß des Individuums ist aber nicht allein durch den immer wiederkehrenden Ablauf des Lernzirkels determiniert. Vielmehr erscheint es sinnvoll, ein weiteres Element individueller Psyche hinzuzufügen: den individuellen *Kognitionsrahmen.* Der Mensch ist in der Lage, kognitive Ordnungsschemata anzulegen bzw. angeborene rudimentäre Muster durch Reifung

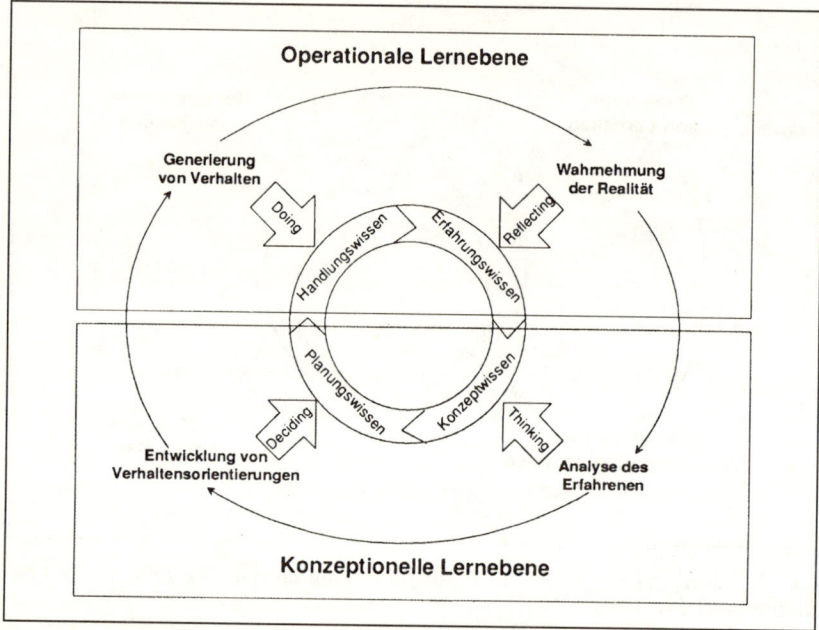

Abb. 2: Operationale und konzeptionelle Lernebene beim Individuum

und Lernprozesse auszubilden, die seine jeweils eigene Sicht der Welt und seiner Person begründen. In diesem Kognitionsrahmen sind die strukturellen und funktionalen Begründungszusammenhänge enthalten, die die Wahrnehmung und die Erzeugung von Handlungen zu großen Teilen bestimmen. In der Literatur wird in diesem Zusammenhang auch von der *»cognitive map«* bzw. *»mental map«*[18] eines Individuums gesprochen (vgl. auch Senge 1990).

Mit derartigen »geistigen Landkarten« gewinnen Individuen Kenntnisse, die für die Bearbeitung und den Vollzug künftiger Handlungen wesentlich sind und die die Prozessierung des Lern- und Handlungsvorganges maßgeblich steuern. Dies bedeutet in letzter Konsequenz, daß die Auslösung menschli-

---

[18] Ursprünglich geht der Ausdruck auf Tolman (1930 und 1932) zurück, der bei seinen Versuchen zum Lernverhalten von Ratten, diesen eine »cognitive map« zuschrieb. Durch die Ausbildung einer derartigen »geistigen Landkarte« konnten Ratten in einem Labyrinth mit drei unterschiedlichen Wegen zum Ziel (= Futterkammer) nach vorheriger Erkundung sofort den günstigsten Weg zur gefüllten Kammer wählen, ohne daß umfangreiche »trial-and-error«-Versuche notwendig waren. Die Tiere eigneten sich eine Gesamtkonstruktion des Labyrinths an, anhand derer sie sich sinnvoll im Raum orientierten.

cher Verhaltensweisen weitgehend unabhängig von den (i.d.R. kontingen-
ten) Umweltreizen wird. Der Mensch ist aber versucht, Wissen bzw. Kontexte
zur Erweiterung des potentiell möglichen Handlungsraumes also seiner eigenen Weltsicht innerhalb seines Kognitionsrahmens zu proliferieren. Damit
erhöht sich nämlich die Chance, Veränderungen und Verbesserungen der
eigenen Verhaltensorientierungen beurteilen und vornehmen zu können.
Kim veranschaulicht die Vorstellung der »geistigen Landkarte« durch eine
Analogie zu Computersystemen:
»Mental models represent a persons's view of the world, including explicit
and implicit understandings. Mental models provide the context, in which
to view and interpret new material, and they determine how stored information is relevant to a given situation. They represent more than a collec-
tion of ideas, memories, and experiences – they are like the source code of
a computer's operating system, the manager and arbiter of acquiring,
retaining, using, and deleting new information. But they are much more
than that because they are also like the programmer of that source code
with the know-how to design a different source code as well as the know-
why to choose one over the other« (Kim 1993 b, S. 39).
Der individuelle Kognitionsrahmen reflektiert damit letztlich die grundlegende Fähigkeit zur erfolgreichen Planung und Ausführung von individuellen Handlungen bzw. allgemein ausgedrückt: die *Handlungskompetenz.*
In der Konzeption eines derartigen Kognitionsrahmens kann man zwei
Hilfskonstruktionen unterscheiden, wobei auch hier die Trennung eine rein
analytische ist. Vorgänge der *operationalen Lernebene* mit den Elementen
der Wahrnehmung und Verhaltensgenerierung finden ihren Niederschlag
in *Handlungsroutinen* (auch: »routines«)[19]. Auf dieser Ebene werden weitgehend standardisierte Tätigkeiten vollzogen, bei denen die quasi-automa-
tisierte Handlungsdurchführung mit großer Erfolgswahrscheinlichkeit das
gewünschte bzw. geforderte Ergebnis bringt. Die Abhängigkeit der Erzeugung von entsprechendem Verhalten durch gespeicherte Handlungsroutinen, die nurmehr »abgerufen« werden müssen und dem Aufbau bzw. der
Veränderung der Handlungsroutinen durch abweichende Lernergebnisse
geht hier aber in beide Richtungen. Handlungsroutinen, die durch positive
Rückmeldung, also dem mehr oder weniger erfolgreichen Ergebnis der
Handlung, immer wieder bestätigt werden, verfestigen sich und können
stärker »unterbewußt« ablaufen. Umgekehrt führen dauerhaft negative
Rückmeldungen, also nicht-erfolgreiche Handlungsergebnisse im Sinne
der Handlungsintention, auch zur Veränderung, in ausgeprägten Fällen
auch zum Abbau vorhandener Handlungsroutinen[20]. Im vorliegenden Zu-

---

[19] Es existiert aber auch eine – weniger stark ausgeprägte – Verbindung mit der konzeptionellen Lernebene.
[20] Die wechselseitige Abhängigkeit gilt im übrigen auch für angeborene und durch
Reifung (einer Unterart des Lernens) ausgebildeten Handlungsroutinen.

sammenhang können derartige Handlungsroutinen auch als *Oberflächen-Wissen* der »cognitive map« bezeichnet werden.

Die zweite Ebene des Kognitionsrahmens ist demgegenüber das *Tiefen-Wissen*[21] der »geistigen Landkarte«. Hier lassen sich die *kognitiven Verarbeitungsmuster und Handlungsstrategien* (auch: frameworks«) lokalisieren, die die charakteristische Welt- und Selbstsicht des Individuums ausmachen. Im Gegensatz zu den stark aktionsorientierten Handlungsroutinen ist dieser Teil des Kognitionsrahmens für die generelle Informationswahrnehmung und Informationsprozessierung verantwortlich und stellt die eigentliche Basis der Handlungskompetenz. Während also Handlungsroutinen eher den *senso-motorischen* und nach ausreichender Übung weitgehend automatisierbaren Handlungsbereich abdecken, repräsentieren die Verarbeitungsmuster und Handlungsstrategien eher die *perzeptiv-begriffliche*[22] und *intellektuelle*[23] Handlungsebene.

Aufbau und Weiterentwicklung dieser Tiefenstruktur resultieren zu großen Teilen aus Vorgängen der *konzeptionellen Lernebene* mit den Elementen der Erfahrungsanalyse und Herstellung von Verhaltensorientierungen, wobei auch hier eine wechselseitige Relation festzustellen ist. Nicht vergessen werden darf zudem der interdependente Einfluß zwischen Verarbeitungsmustern und operationeller Lernebene, der allerdings in den meisten Fällen weniger deutlich zum Tragen kommt, wie die Verbindung zwischen Verarbeitungsmustern und konzeptioneller Ebene. Schließlich bestehen auch Beziehungen zwischen den beiden Ebenen des Kognitionsrahmens selbst. Handlungsroutinen und Verarbeitungsmuster sind aufeinander bezogen und bedingen einander.

Zusammenfassend bezeichnen wir die Verstrickung zwischen dem individuellen Lernprozeß – dargestellt auf der Basis des Lewin'schen Lernzirkels aus Wahrnehmung, Analyse, Verhaltensorientierungen und Verhaltengenerierung – und dem individuellen Kognitionsrahmen – bestehend aus den Handlungsroutinen und allgemeinen kognitiven Verarbeitungsmustern – als *individuelle* Wissensbasis. Die Wissensbasis des psychischen Systems ist dabei Ausgangspunkt und Produkt einer permanent laufenden Evolution

---

[21] Damit keine Begriffsverwirrung entsteht: Die »cognitive map« bezeichnen wir insgesamt als Tiefenstruktur des menschlichen Handelns, die beobachtbaren Handlungen als Oberflächenphänomene definiert. Die Tiefenstruktur kann nunmehr zusätzlich in Oberflächen-Wissen und Tiefen-Wissen geschieden werden.

[22] Auf dieser Ebene wird die Einordnung wahrgenommener Signale (Informationen) in ein begriffliches Schema möglich. Aber auch die Selektion (Wahrnehmung bzw. Nicht-Wahrnehmung) der Informationen ist hier zu nennen.

[23] Auf dieser Ebene entstehen Handlungsstrategien und Handlungspläne. Zur Trennung von Handlungen in die drei eben genannte Ebenen – senso-motorisch, begrifflich-perzeptiv und intellektuell – vgl. Hacker (1973).

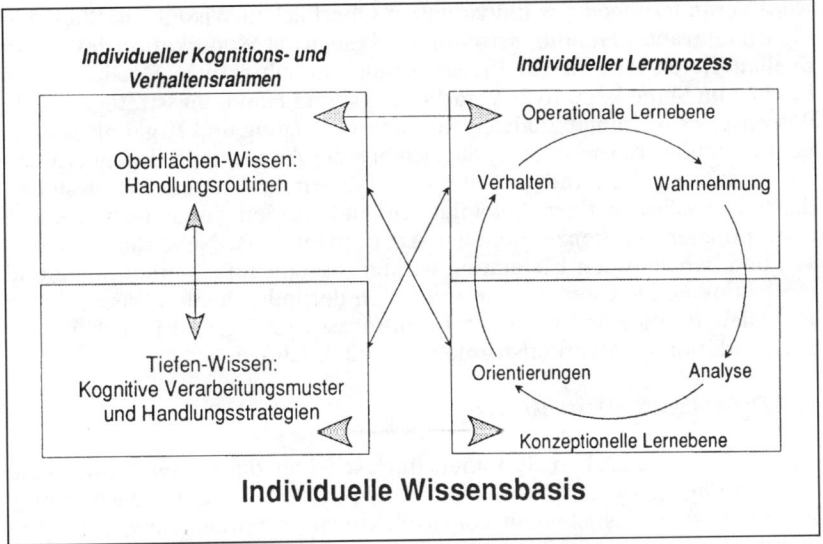

Abb. 3: Individuelle Wissensbasis

im Sinne eines autopoietischen Lernprozesses. Abbildung 3 verdeutlicht diese Sichtweise noch einmal.

Abschließend muß aber noch darauf verwiesen werden, daß die Betrachtung individuellen Wissens und Lernens im Rahmen der eben beschriebenen Wissensbasis zwar umfassend kognitive und verhaltensbezogene Elemente verarbeitet. Weitgehend ausgeblendet bleibt aber die Betrachtung *emotionaler* und *motivationaler* Aspekte.

Diese beiden Parameter beruhen überwiegend auf den diversen menschlichen Bedürfnissen, Trieben und Motiven und führen die verhaltensnotwendige psychophysische Erregtheit bzw. Aktiviertheit im Individuum herbei. Insofern ist in (fast) jedem menschlichen Verhalten auch eine emotional-motivationale Komponente enthalten. Wir werden diesen Themenkreis für die vorliegenden Überlegungen nicht weiter vertiefen, müssen aber im Gedächtnis behalten, daß immer dann, wenn von kognitiven und behavioralen Aspekten individuellen Verhaltens gesprochen wird, zugleich auch die Aktiviertheit eine wesentliche Rolle spielt (vgl. zum Themenkreis Emotion/Motivation z. B. Ulich 1982 und Heckhausen 1980).

Wenn wir alle bis jetzt diskutierten Aspekte zusammenfassen, kommen wir zu folgender Definition:

Individuen sind psychische Systeme und konstituieren sich durch Bewußtsein. Individuelles Lernen bezeichnet die evolutorische Weiterentwicklung der individuellen Wissensbasis. Die Weiterentwicklung umfaßt dabei sowohl Veränderungen des individuellen Oberflächen-Wissens im Sinne alltäglich relevanter Handlungsroutinen, als auch die Modifikation des individuellen Tiefen-Wissens zur Prozessierung der subjektiven Realitätsverarbeitung im Sinne kognitiver Verarbeitungs- und Handlungsstrategien. Die Wissensbasis ist immer zugleich Ausgangsbedingung und Ergebnis permanent laufender Lernprozesse, die sich aus der Anwendung des individuellen Wissens ergeben. Individuelles Oberflächen- und Tiefen-Wissen stehen dabei in wechselseitiger Abhängigkeit und werden durch Lernprozesse operationaler und konzeptioneller Art transformiert. Neben den kognitiven und behavioralen Elementen wirken zusätzlich noch emotionale und motivationale Faktoren auf die Evolution der individuellen Wissensbasis. Bei allen Formen individueller Lernprozesse sind grundsätzlich immer auch pathologische Verlaufsformen zu berücksichtigen.

4.2 Die kollektive Wissensbasis

Neben den psychischen Systemen unterscheidet die systemtheoretische Betrachtung als zweite Ebene die sozialen Systeme, in der die Kommunikation als zentrales Element von Kollektiven im Vordergrund steht (vgl. hierzu wieder Luhmann 1984 und Geißler 1994, 1994 a).

Die Kommunikationsregeln bestehen dabei zum einen aus Regeln für die *innersystemische Kommunikation*. Die Kommunikationsregeln sind zumeist nicht geplant oder kodifiziert, sondern entstehen im Erleben und Handeln der Individuen in sogenannten Kommunikationsepisoden (vgl. zum Episodenkonzept Kirsch 1988). Innerhalb dieser Episoden, z. B. im wöchentlichen »jour fixe« der Geschäftsleitung, bildet die Kommunikation eine gewisse Regelhaftigkeit aus, die der Episode eine innere Struktur verleiht. Neben diesen *intraepisodischen Regeln*[24] tauchen aber auch *interepisodische Kommunikationsregeln*[25] auf, die daraus resultieren, daß in sozialen Systemen verschiedene Kommunikationsepisoden miteinander in Beziehung stehen. Neben diesen beiden Arten innersystemischer Regeln spielen zum anderen auch die *extrasystemischen Kommunikationsregeln* eine Rolle für den Beginn, den Verlauf und das Ende einer Episode.

---

[24] Geißler (1994 a, S. 101) nennt hier (a) Regeln mit Bezug auf das Bild, das der einzelne von der Situation hat (Situationsinterpretation), (b) Regeln mit Bezug auf die Erwartung, die der einzelne bei den anderen Beteiligten im Hinblick auf seine Verhaltensweisen vermutet (Erwartungserwartung) und (c) Regeln mit Bezug auf die eigenen Interessen.

[25] Dazu zählt Geißler (1994 a, S. 101 f.) Regeln (a) wer mit wem und mit wem nicht kommuniziert, (b) wer welche Sprechakte vollzieht bzw. vollziehen darf, (c) wann miteinander kommuniziert wird und wann nicht, (d) wie miteinander kommuniziert wird und (e) welche Themen in der Kommunikation behandelt bzw. ausgeklammert werden.

Ergebnis der im sozialen System geltenden Regeln sind zum einen Koalitionen in Form von Zweckbündnissen, zum anderen die Vermittlung sozialer Identität. Damit wird in einem sozialen System der wechselseitige Umgang mit individuellen Interessenlagen und die Stiftung eines intersubjektiven Sinnzusammenhangs ermöglicht.

Wie stellt sich vor dem Hintergrund der Systembetrachtung nun das *Lernen sozialer Systeme* dar? Prinzipiell unterscheidet sich der Lernmodus aus systemtheoretischer Perspektive nicht vom Lernen des psychischen Systems. Genauso wie das Individuum, hat das soziale System einen äußeren Kontext, mit dem es sich auseinanderzusetzen gilt. Das soziale System verfügt ergo über bestimmte Kompetenzen, und das Steuerungspotential im Umgang mit dem inneren und äußeren Kontext ist durch das Wissen/ Können, Wollen und Glauben festgelegt. Der Unterschied besteht aber darin, daß das »Innere« aus einem Plural eben dieser psychischen Systeme zusammengesetzt ist und nicht das Bewußtsein, sondern die Kommunikationsregeln konstitutiv für das System sind.

Die Kommunikationsregeln bestehen dabei nicht an sich, als quasi unveränderbares Gesetz, sondern nur im Zuge ihrer jeweiligen Anwendung. Sie sind demnach zugleich Ausgangsbasis und Produkt von systemisch laufenden Kommunikationen – nota bene: ständigen *Veränderungen* unterworfen. Die *Veränderungen* können dabei *inkrementaler* oder *fundamentaler*[26] Natur sein. Das Lernen sozialer Systeme stellt sich demnach als ein elementares Kennzeichen dieser Systeme dar und vollzieht sich in der permanent laufenden Transformation der konstitutiven Kommunikationsregeln.

Überträgt man diese Überlegungen nunmehr auf Organisationen bzw. allgemein auf organisatorische Kollektive sind einige zusätzliche Modellvorstellungen einzubauen. Organsationen als soziale Systeme (vgl. dazu vertiefend Ulrich/Probst 1984 und Probst 1987) sind von den herausragenden Strukturmerkmalen der Arbeitsteilung und Hierarchie gekennzeichnet. Daraus resultieren aber Besonderheiten der Kommunikationsregeln[27], die

---

[26] *Inkrementale* Veränderungen resultieren aus (a) dem kommunikativem Austausch bereits vorhandenen Wissens, (b) der Anwendung bereits vorhandenen Wissens, (c) der Aufnahme relevanten Wissens aus den umliegenden Kontexten und (d) der inkrementalen Veränderung der Kommunikationsregeln selbst. Fundamentale bzw. essentielle Veränderungen resultieren aus dem Wandel der den Kommunikationsregeln zugrundliegenden Vorannahmen. Dies geschieht zumeist dann, wenn diese Hypothesen im Zuge von Metakommunikationen ausdrücklich thematisiert und problematisiert werden (vgl. Geißler 1994 a, S. 106 f.).

[27] Geißler nennt hier v. a. die besonderen Regelungen des personellen Zugangs zu Kommunikationsepisoden, die weitgehende zeitliche Festlegung der Episoden, die Chancenverteilung der Interessensdurchsetzung, die kommunikativen Modalitäten der Kommunikation und die Vordetermination der thematischen Relevanz (vgl. Geißler 1994 a, S. 108).

mittels spezieller organisatorischer Medien (Aufgabenverteilung, Stellen-beschreibung, Organigramm, Anreizsysteme, Manuals, etc.) sichergestellt werden. Die Medien legen explizit fest, welcher Input von wem erwartet werden kann, welcher Output gefordert ist, welche Hilfsmittel verwendet werden können und welche Sanktionen bereitstehen. Allein diese Festle-gungen bedingen bereits eine Asymmetrie der interindividuellen Interes-sensverteilung und der anderen Modi inner- und extrasystemischer Kom-munikationsregeln.

Man kann die eben genannten »organisatorischen Medien« auch als *mate-riale Bedingungen* der Organisation bezeichnen, die auf die interpersonel-len Kommunikationsregeln strukturierend Einfluß haben. Die Abhängig-keit geht aber in beide Richtungen, denn die Kommunikationsregeln pro-duzieren auch die materialen Organisationsbedingungen. Damit ist aber wiederum (wie bereits beim psychischen System) ein wechselseitiger Ver-weisungszusammenhang gegeben, der ein autopoietisches System charak-terisiert (vgl. dazu Kirsch 1992).

Die materialen Bedingungen einer Organisation als soziales System sind damit zugleich Ausgangsbedingung und Ergebnis der Herausbildung und Anwendung basaler Kommunikationen (Kommunikationsregeln) – eben-so wie die Kategorien individuellen Wissens (Erfahrungswissen, Konzept-wissen, Planungswissen, Handlungswissen) Ausgangsbedingung und Ergebnis der zirkulär verflochtenen Lernaktivitäten (Realitätswahrneh-mung, Erfahrungsanalyse, Entwicklung von Verhaltensorientierungen, Verhaltensgenerierung) des psychischen Systems sind.

Organisationen sind darüberhinaus immer auch durch die Ausbildung von kulturellen und politischen Phänomenen gekennzeichnet. Daraus folgt in aller Regel eine weitere Verzerrung oder Asymmetrie der Kommunika-tionsregeln aus Macht-induzierten Gründen[28]. Zumeist überlagern die kul-turell-politischen dabei die materialen bzw. strukturellen Organisationsbe-dingungen, was zu überaus *dysfunktionalen* Kommunikationsverläufen führen kann. Mit dieser Feststellung sind wir wie bei der Betrachtung psy-chischer Systeme bei Wissens- und Lernbarrieren und deren pathologischer Folgephänomene angelangt.

Bevor wir aber diesen Aspekt weiter vertiefen, können wir die bis hier vor-getragene Diskussion kollektiven Lernens zu einer Definition zusammen-fassen.

Ein Kollektiv ist ein soziales System und konstituiert sich durch Kommuni-kation. Kollektives Lernen bezeichnet die evolutorische Weiterentwick-lung der kollektiven Wissensbasis. Die Weiterentwicklung umfaßt dabei

---

[28] Als Beispiele nennt Geißler (1994 a, S. 110) folgende Regeln: (a) sich nicht hinrei-chend zu informieren (»Wissen ist Macht«), (b) sich wechselseitig falsche Interpre-tationen zu unterstellen, (c) Dominanzansprüche zu stellen, (d) wechselseitiges Mißtrauen zu produzieren und (e) notwendige Initiativen zu unterlassen.

sowohl Veränderungen des kollektiven Oberflächen-Wissens im Sinne kollektiver Handlungsroutinen, als auch die Modifikation des kollektiven Tiefen-Wissens zur Prozessierung der kollektiv geprägten Realitätsverarbeitung im Sinne kollektiver Verarbeitungsmuster bzw. organisatorischer Weltanschauung. Die Wissensbasis ist immer zugleich Ausgangsbedingung und Ergebnis permanent laufender inner- und extrasystemischer Kommunikationen (Kommunikationsepisoden) und stellt zugleich auch die materialen Bedingungen des Kollektivs her. Neben den materialen (strukturellen) Bedingungen eines Kollektivs spielen auch politisch-kulturelle Faktoren eine Rolle für die Fortentwicklung der kollektiven Wissensbasis. Kollektives Oberflächen- und Tiefen-Wissen stehen dabei in wechselseitiger Abhängigkeit und werden durch individuelle Lernprozesse unterschiedlicher Ausprägung mitbeeinflußt. Bei allen Formen kollektiver Lernprozesse sind grundsätzlich immer auch pathologische Verlaufsformen zu berücksichtigen.

5. Ein integriertes Modell individuellen und kollektiven Lernens

Nachdem die vielfältigen Aspekte individuellen und kollektiven Wissens/ Lernens mehr oder weniger ausführlich diskutiert und unter den Begriffen einer individuellen und kollektiven Wissensbasis subsummiert sind, ist es an der Zeit, diese Bausteine in ein integriertes Lernmodell zu sortieren. Die Modellbildung basiert dabei auf dem »Integrated Model of Organizational Learning« (Kim 1993 a und 1993 b), das in kreativer Weise die Ansätze von Kolb (1984), March und Olson (1975), Daft und Weick (1984), Argyris und Schön (1978) sowie Senge (1990) verbindet.

5.1 Die Modellbestandteile im einzelnen

Ausgangspunkt ist der weiter oben schon ausführlich dargestellte *Lernzirkel individuellen Lernens.* Lernen findet demnach in einer zirkulären Verflechtung der Elemente »Wahrnehmung der Realität«, »Analyse des Erfahrenen«, »Entwicklung von Verhaltensorientierungen« und »Generierung von Verhalten« statt und ist ein permanent laufender Prozeß der Bewußtseinsbildung von Individuen. Die Elemente der Wahrnehmung und Verhaltensgenerierung zeigen die Ebene des eher »operationalen«, die Elemente der Erfahrungsanalyse und Verhaltensentwicklung die Ebene des eher »konzeptionellen« Lernens von Individuen. Die operationale Lernebene steht dabei in Zusammenhang mit den stark erfahrungsabhängigen individuellen Handlungsroutinen, die konzeptionelle Ebene mit den kognitiv-strukturellen Denkmustern, in unserer Diktion auch als »Oberflächen-« und »Tiefen-Wissen« unterschieden. Die Verstrickung des Kognitionrahmens mit dem Lernzirkel bildet solchermaßen die *individuelle Wissensbasis* als erstes Modellelement, für die aber zusätzlich noch emotionale und motivationale Aspekte eine Rolle spielen.

Ein *Kollektiv* (Gruppe, Organisation) als soziales System konstituiert sich, wie wir gesehen haben, durch die Ausbildung regelhafter Kommunikation als Folge der Interaktion von Individuen. Diese Kommunikationsregeln sind dabei aber nicht endgültig fixiert oder kodifiziert, sondern innerhalb eines ständig laufenden Lernprozesses zugleich Ausgangsbedingung und Ergebnis eben der durch sie vorstrukturierten Kommunikationen. Das soziale System besteht dabei »an sich«, d. h., es kann nicht aus dem Vorhandensein eines anderen Systems, z. B. eines psychischen Systems abgeleitet werden. Erst die Interaktion bzw. Kommunikation diverser psychischer Systeme konstituiert das soziale System. Im Modell wird das Kollektiv als eine Art Klammer um diverse Individuen dargestellt, wobei es eben auf die Ausbildung der Kommunikationsregeln zwischen diesen (prinzipiell austauschbaren) Menschen ankommt.

Im Modell wird konsequent zwischen *individuellen* und *kollektiven* Handlungen unterschieden, auch wenn kollektive Handlungen durchaus individuellen Aktoren zugerechnet werden können. Ein Kollektiv bildet im Zuge der spezifischen Kommunikationsregeln bestimmte Deutungsmuster heraus, durch die die Wahrnehmung der Realität in charakteristischer Weise geprägt ist und die auch das kollektive Handeln beeinflussen. Solche Deutungs- und Handlungsmuster können im Anschluß an Senge (1990) auch als »shared mental models« bezeichnet werden. Der Aktionsradius individueller Handlungen wird durch diese kollektiv geteilten Kognitionsmuster eingeschränkt bzw. erweitert, zumindest aber, was das individuelle Handeln in und für die Organisation angeht, in Teilen geprägt. Umgekehrt kann auch die jeweils individuelle Wissensbasis der kollektiven Aktoren einen Einfluß auf die kollektiven Deutungsmuster ausüben.

Damit sind wir aber bereits bei der für kollektive Lernprozesse relevanten Möglichkeit angelangt, die ein Kollektiv *jenseits der statischen Option*[29] zur Speicherung und Prozessierung von Kommunikationen bzw. Wissen/Können hat. Es sind dies die *Elemente der individuellen und kollektiven Wissensbasis,* also die jeweils spezifischen Deutungs-, Verarbeitungs- und Handlungsmuster[30]. Aus individueller Sicht haben wir dabei bereits die

---

[29] Dazu kann man z. B. die Archivierung von Dokumenten zählen, die Verfahrensvorschriften in Manuals, die EDV-technischen Verarbeitungsprocederes etc.

[30] Als Beispiel dafür, welche der beiden Elemente wichtiger für die Existenz und Entwicklungsmöglichkeit von Kollektiven ist, stellt Kim (1993 b, S. 44) eine rhetorische Frage: »Imagine an organization in which all physical records disintegrate overnight. Suddenly there are no reports, no computer files, no employee record sheets, no operating manuals, no calendars – all that remain are the people, buildings, capital equipment, raw materials, and inventory. Now imagine an organization where all the people simply quit showing up for work. New people who are

Unterscheidung in eine eher operationale Ebene der Handlungsroutinen sowie eine eher tiefer liegende Ebene der kognitiven Verarbeitungsmuster getroffen. Dies können wir nunmehr auch auf dem Niveau der Kollektive versuchen, ohne daß damit eine unangemessene »Psychologisierung sozialer Phänomene« (vgl. Reinhardt 1993 a, S. 238) verbunden sein soll.

Eine erste Form kollektiv gebildeter und weitgehend geteilter Muster sind die »standard operating procedures« (Kim 1993 b, S. 45), in Form *kollektiver Handlungsroutinen*. Auf dieser Ebene existieren gleichsam Regeln und Vorgehensvorschriften für die Behandlung alltäglicher bzw. in ihrem Auftreten häufig erwarteter inner- und extrasystemischer Kontextfaktoren. Analog zur individuellen Wissensbasis sprechen wir hier von einer Art *»Oberflächen-Wissen«*, die das Wissen und Können des Kollektivs vor allem auf der sichtbaren und beobachtbaren Ebene ausmacht.

Die zweite Form kollektiver Muster bezeichnet Kim (1993 b, S. 45) als »Weltanschauung« und meint damit die eigentümliche »Sicht der Welt«, die ein Kollektiv im Zuge der Aggregation individueller Realitätswahrnehmung und der spezifischen historischen Entwicklung ausbildet. Die »Weltanschauung« kann dabei auch als eine Art *»Tiefen-Wissen«* beschrieben werden, das die *kognitiven Verarbeitungsmuster* enthält. Ebenso wie beim Individuum steuert diese Schicht die Prozessierung der einzelnen Wahrnehmungsbestandteile[31]. Natürlich stehen dabei kollektives Oberflächen- und Tiefen-Wissen sowie individuelles Oberflächen- und Tiefen-Wissen in wechselseitiger Abhängigkeit. Und selbstverständlich ist jedes einzelne dieser Elemente permanenter Veränderung unterworfen.

---

similar in many ways to the former workers but who have no familarity with that particular organization, come to work instead. Which of these two organizations will be easier to rebuild to its former status?« An dieser Stelle muß zugleich der Hinweis erfolgen, daß Individuen zwar ohne das fokale Kollektiv lernen können, Kollektive aber nicht ohne Individuen (auch wenn es für den kollektiven Lernprozeß nicht auf bestimmte Individuen angewiesen ist).

[31] Als Beispiel erläutert Kim (1993 b, S. 45): «(...) Procter & Gamble's *weltanschauung* can be characterized as one in which the company has a sense of community responsibility and believes in the importance of corporate and brand image. Its *weltanschauung* is also a reflection of its culture, deep-rooted assumptions, artifacts, and overt behavior rules. All of these things moderate its decision making as it encounters unpredictible, nonroutine events. Its SOP's (= Standard Operating Procedures, J.S.) on the other hand, may include things like a marketing plan to launch a new product, procedures for paying suppliers, employee performance reviews, and hiring criteria. These SOP's allow the organization to respond to routine needs in predictible ways.«

5.2 Das Gesamtmodell im Überblick

Wenn wir nun alle diese Elemente zusammenfügen, erhalten wir eine erste *Übersicht, wie individuelles und kollektives Lernen modellhaft abgebildet werden kann:* Ein Kollektiv konstituiert sich aus der Interaktion bzw. Kommunikation diverser Individuen mit einer jeweils eigenen individuellen Wissensbasis. Das fokale Kollektiv bildet im Zuge dieser Kommunikationen eine ebenfalls spezifische und historisch bedingte kollektive Wissensbasis aus. Handelt eine dem Kollektiv in irgendeiner Weise zugehörige Einzelperson nicht mehr ausschließlich im eigenen Kontext und damit nur für sich[32], sondern als kollektiver Aktor, ist sein Handeln potentiell auch durch kollektiv Geltendes geprägt. Die darauf möglicherweise folgenden Reaktionen bzw. Aktionen der extrakollektiven Kontexte (Umwelt) auf die kollektive Handlung werden – wenn überhaupt – zunächst durch die Wahrnehmung einzelner und damit stellvertretend für das Kollektiv geleistet.

Dabei geschieht die Wahrnehmungsinterpretation vor dem Hintergrund der jeweils charakteristischen individuellen Wissensbasis[33], die durch diese Anwendung bereits verändert sein kann. Im Zuge weiterer Kommunikationen bzw. Interaktionen wird die Realitätswahrnehmung dann gegebenenfalls – individuell geprägt oder nicht – wieder in das Kollektiv eingespeist. Dadurch kann die kollektive Wissensbasis verändert und weitere kollektive und individuelle Reaktionen/Aktion ausgelöst werden. Abbildung 4 zeigt das *integrierte Lernmodell* nochmals in der Übersicht.

5.3 Wissens- und Lernbarrieren im Modell

Schließlich – und das ist der Kristallisationspunkt weiterer Überlegungen des Autors (Schüppel i. V.) – können auch die bereits festgestellten *Wissens- und Lernbarrieren* nunmehr *konkretisiert* und *in das Modell umsortiert* werden. Als Beispiel dafür, sehen wir uns die von Kim selbst in seinem Modell identifizierten Lernbarrieren an (vgl. Kim 1993 b, S. 46).

Die erste Barrierengruppe resultiert aus dem Lernzirkel von March und Olson (1975 und 1976). In dieser Sicht vollzieht sich das Lernen eines Kollektivs durch eine kreisförmig verknüpfte Folge aus individueller Handlung (»individual action«), organisationaler Handlung (»organizational action«), den Reaktionen der Umwelt (»environmental response«) und der Wahrnehmung dieser Reaktionen im Rahmen der individuellen Überzeugungen (»individual beliefs«). Zwischen diesen vier Elemente bauen March und Olson bereits potentielle Brüche ein.

---

[32] Diese Möglichkeit des singulären Handels ist im Modell mit abgebildet.

[33] Dabei ist mitgedacht, daß die individuelle Wissensbasis auch von der kollektiven mitgeprägt ist, vor allem dann, wenn das Individuum als kollektiver Aktor gehandelt hat.

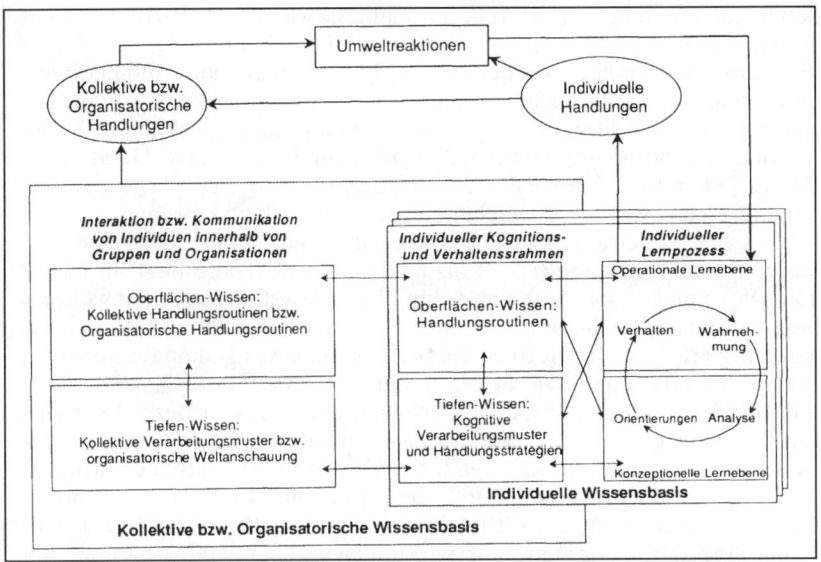

*Abb. 4: Integriertes Modell individuellen und kollektiven Lernens
(in Anlehnung an: Kim 1993 b, S. 44)*

Zwischen den individuellen Überzeugungen und der individuellen Handlung steht das *»role-constrained learning«,* das in Abbildung 5 mit Nummer 1 gekennzeichnet ist. Eine solche Barriere liegt dann vor, wenn einzelne aufgrund ihrer Rollenzwänge nicht anders handeln können oder wollen, als sie es tun (rollenrestringiertes Verhalten) und damit die Chance auf Erprobung alternativer Verhaltensweisen vergeben. In diesem Fall ist es möglich, daß das Individuum auf kognitiver Ebene bereits alternative Verhaltensoptionen generiert hat, der Lernfortschritt aber nicht in tatsächliches Verhalten umschlägt, weil kollektive oder auch extrasystemische Rollenvorschriften[34] dies verhindern. Individuell vorhandenes Wissen läuft damit quasi im »Leerlauf«, es wird kollektiv nicht umgesetzt.

Die Barriere zwischen der Verbindung der individuellen und organisatorischen Handlungen nennen March und Olson *»audience learning«* (Nr. 2). Die Wirkung einzelner auf organisatorische Handlungen ist im Extremfall vollkommen blockiert, zumindest aber ist der individuelle Partizipationsanteil an kollektiven Handlungen beschränkt. Die Barriere ergibt sich

---

[34] Damit sind konkret z. B. Handlungsvorschriften in Manuals, strategische Vorgaben etc. gemeint, die die Anwendung des individuellen Verhaltensrepertoires auf die kollektiv autorisierten Programme reduzieren.

dabei zum einen aus strukturellen Aspekten, wenn z. B. Partizipationsregeln den Zugang zu Kommunikations- und Entscheidungsarenen definieren. Zum anderen auch aus der zumeist historisch und kulturell bedingten unterschiedlichen Weltsicht verschiedener beteiligter Aktoren und Aktorengruppen[35]. Die oftmals gegensätzlichen und widersprüchlichen Ansichten finden dann nicht gleichermaßen Eingang in kollektive Handlungen. Die in jedem einzelnen Fall neu zu überprüfende empirische Frage ist dabei, welche Sicht (bzw. welcher Aktor und welche Aktorengruppe) sich dabei jeweils durchsetzt und was im einzelnen die Gründe dafür sind.

»Superstitious learning« (Nr. 3) als nächste Lernbarriere liegt im Modell von March und Olson dann vor, wenn die extrasystemischen Umweltreaktionen auf individuelle bzw. kollektive Handlungen nicht unmittelbar und eindeutig erfolgen. Insofern ist die in Abbildung 5 angedeutete Feedback-Schleife unterbrochen. Das bedeutet einerseits, daß tatsächlich keine bzw. nur vage Reaktionen der Umwelt erfolgen. Andererseits bezeichnet diese Barriere auch den »Aberglauben« eines Individuums oder Kollektivs (vgl. zu dieser Interpretation Sorg 1982, S. 178 ff.) an vermeintliche Umweltreaktionen. Eine Einwirkung durch die ausgeübte Handlung ist dann nur unterstellt und vermutet, statt faktisch gegeben. Das führt letztlich zur Mißinterpretation der Handlungswirkungen und der damit zusammenhängenen Ursache-Wirkungs- Beziehungen.

Schließlich existiert noch das *»learning under ambiguity«* (Nr. 4), das auf die individuelle Wahrnehmung der Umwelteffekte zielt. Die Feedback-Schleife zwischen individuellen und/oder kollektiven Handlungen und der Wahrnehmung durch die handelnden und/oder beobachtenden Aktoren ist hier zwar grundsätzlich intakt, jedoch durch Mehrdeutigkeit verschleiert. Das bedeutet erstens, daß »objektive« Reaktionen durch die individuell geprägten Wahrnehmungsmuster aufgenommen und entsprechend interpretiert werden. Dabei kann es im Extremfall auch zur vollständigen Uminterpretation der Sachverhalte kommen: Die Umweltreaktion wird »passend« gemacht und in das bestehende Weltbild eingefügt. Das eigene Paradigma erhält damit eine »positive« Verstärkung und wird weiterhin unreflektiert aufrechterhalten. Zweitens können die Umweltreaktionen tatsächlich mehrdeutig vorliegen und somit ein »eindeutiges« Feedback zur Handlung verhindern.

Kim selbst fügt noch drei weitere Lernbarrieren hinzu. *»Situational learning«* (Nr. 5) bezeichnet dabei den Fall, daß ein Individuum in bezug auf ein auftauchendes Problem alternative Verhaltensweisen ausprobiert, es aber versäumt, diese »Improvisation« zu verinnerlichen. Das Verhalten bleibt ein flüchtiger Ansatz ohne langfristige Kodifizierung im Kognitionsrahmen.

---

[35] Als Beispiel wird hier meist auf die eher technikdominierte Sicht der (Entwicklungs-) Ingenieure und die eher marktdominierte Sicht der Vertriebsmannschaft verwiesen.

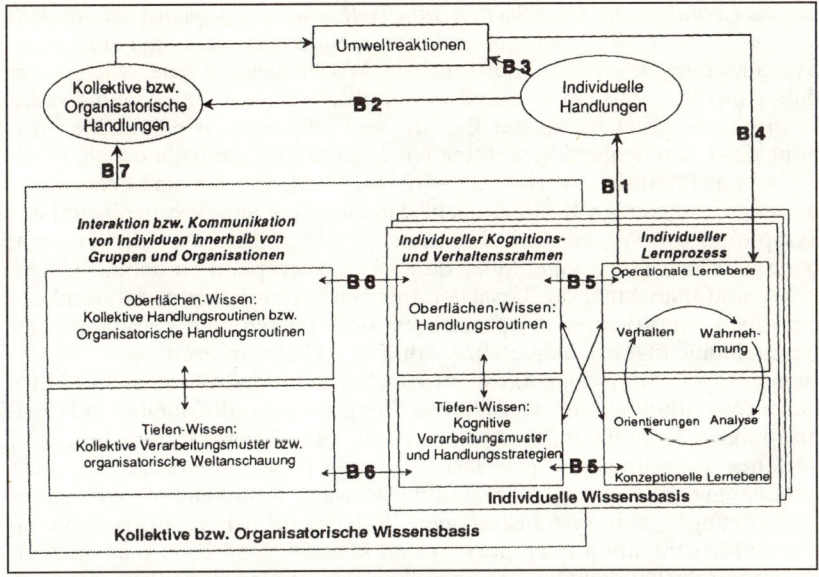

Abb. 5: Lernbarrieren im Modell individuellen und kollektiven Lernens
(in Anlehnung an: Kim 1993 b, S. 47)

Wenn die Überführung individuell bereits gelernter Inhalte in kollektives »Gemeingut« gestört ist, spricht Kim vom *»fragmented learning«* (Nr. 6). Inhalte der individuellen Wissensbasis bleiben damit in exklusivem Besitz des einzelnen und werden nicht Teil der gemeinsam geteilten kollektiven Wissensbasis.

Als letzte Barriere wird dann das »opportunistic learning« (Nr. 7) lokalisiert. Hier handelt die Organisation bewußt an den geteilten »mental models« vorbei und verläßt sich weitgehend auf einen individuellen Aktor bzw. eine kleine Gruppe von individuellen Aktoren mit ihren jeweils spezifischen Wissensfragmenten.

6. Die Wissens- und Lernbarrieren im Überblick

Im Anschluß an diese Betrachtung können nunmehr systematisch viele weitere individuelle und kollektive Barrieren in das Modell übertragen werden. Diese Brüche existieren dabei in unterschiedlicher Weise auf struktureller und politisch-kultureller Ebene (vgl. dazu ausführlich Schüppel i.V.).

Die Wissens- und Lernbarrieren wirken in jedem dieser Fälle *behindernd auf die Evolution des Oberflächen- und Tiefen-Wissens psychischer und kollektiver Systeme.* Sie beschränken Aufbau, Nutzung und Abbau der für die Systeme relevanten und konstitutiven Wissensbestandteile. Man kann dabei insofern gleichbedeutend von *pathologischen Erscheinungen* im Lernprozeß sprechen, als der Begriff der Pathologie als Sammelbezeichnung der Ursachen und Symptome von krankhaften (und eben nicht idealtypischen) Phänomen verwendet wird. Das bedeutet für die Verwendung im hier vorliegenden Kontext auch, daß zuweilen lediglich beobachtbare Symptome von Wissens- und Lernbarrieren identifiziert werden können, ohne gleichzeitig Aussagen über deren Ursachen parat zu haben. Umgekehrt sind manchmal die Ursachen der Barrieren bekannt, während die einzelnen empirischen Ausprägungen und Folgen der pathologischen Erscheinung ungewiß bleiben bzw. von Fall zu Fall variieren.

In der Regel wird jedoch davon auszugehen sein, daß Wissens- und Lernbarrieren pathologische »Verhaltensstörungen« auf individueller und organisationaler Handlungsebene produzieren. Eine Konzentration auf derlei »offene« Verhaltenstörungen darf aber nicht dazu führen, daß die, auch unabhängig von gezeigten Handlungsweisen, bestehenden defizienten Ausprägungen von Systemstrategien Widersprüchlichkeiten, Ambiguitäten und Inkompatibilitäten hervorrufen können. Und ebenso ist auch an die immer vorhandenen »pathologischen Potentiale« zu denken, die zwar latent vorhanden sind, aber noch keine »Störungen« zeitigen konnten. Schließlich sind im Rahmen einer umfassend-systemischen Betrachtungsweise auch diejenigen Wirkungszusammenhänge zu beachten, die zu Barrieren bzw. Pathologien zweiter Art führen, indem sie außerhalb des betrachteten organisatorischen Zusammenhangs zu Störungen führen, z. B. in anderen sozialen Systemen, in denen der einzelne zusätzlich agiert (vgl. dazu auch Türk 1976, S. 108).

Literatur

Argyris, C./Schön, D.: Organizational Learning. A Theory of Action Perspective, Reading 1978.

Bleicher, K.: Das Konzept Integriertes Management, Frankfurt und New York 1991 a.

Bleicher, K.: Organisation: Strategien – Strukturen – Kulturen, 2. Aufl., Wiesbaden 1991 b.

Bower, G. H./Hilgard, E. R.: Theorien des Lernens, 5. Aufl., Stuttgart 1983.

Bredenkamp, K./Weinert, F.: Lernprozesse Band 1: Soziales Lernen, Tübingen 1976.

Capra, F.: Wendezeit – Bausteine für ein neues Weltbild, München 1988.

Daft, R. L./Weick, K. E.: Toward a Model of Organizations as Interpretation Systems, in: Academy of Management Review, Nr. 9/1984.

Wissensmanagement

Fohmann, L.: Wissensmanagement ist ein Schlüssel zum Unternehmenserfolg. In: Computerwoche Nr. 20/1990, S. 8.

Geißler, H.: Wie Betriebe und Schulen (nicht) lernen. In: Beiler, J./Lumpe, A./ Reetz,L. (Hg.): Schlüsselqualifikation, Selbstorganisation, Lernorganisation. S. 96 ff. Hamburg 1994 a.

Geißler, H.: Grundlagen des Organisationslernens. Weinheim 1994.

Gomez, P.: Neue Trends in der Konzernorganisation. In: Zeitschrift für Führung und Organisation, Nr.3/1992, S. 166–172.

Gomez, P./Hahn, D./Müller-Stewens, G./Wunderer, R. (Hg.): Unternehmerischer Wandel: Konzepte zur organisatorischen Erneuerung, Knut Bleicher zum 65. Geburtstag, Wiesbaden 1994.

Gomez, P./Müller-Stewens, G.: Corporate Transformation: Zum Management fundamentalen Wandels großer Unternehmen, in: Gomez, P./Hahn, D./Müller-Stewens, G./Wunderer, R. (Hg.), S. 135–198.

Gomez, P./Probst, G.: Vernetztes Denken im Management. Methodik des ganzheitlichen Problemlösens. In: Die Orientierung Nr. 89, Bern 1987.

Gomez, P./Zimmermann, T.: Unternehmensorganisation – Profile, Dynamik, Methoden, Frankfurt 1992.

Hacker, W.: Allgemeine Arbeits- unf Ingenieurpsychologie. Berlin 1973.

Hammer, M./Champy, J.: Business Reengineering: die Radikalkur für das Unternehmen. Frankfurt 1993.

Heckhausen, H.: Motivation und Handeln. Berlin 1980.

Hedberg, B.: Organizationa as Tents – Über die Schwierigkeiten, Organisationsstrukturen flexibel zu gestalten. In: Hinterhuber, H./Laske, S. (Hg.), Zukunftsorientierte Unternehmungspolitik, Freiburg 1984, S. 13–47.

Henzler, H.: Integration: Die Aufgabe der Zentrale. In: Zeitschrift für Betriebswirtschaft, Ergänzungsheft Nr. 1/1994, S. 51–59.

Henzler, H./Späth, L.: Sind die Deutschen noch zu retten? Von der Krise in den Aufbruch. Gütersloh 1993.

Hofstätter, P. R.: Psychologie. Frankfurt 1957.

Jelinek, M.: Institutionalizing Innovations. A Study of Organizational Learning Systems. New York u. a. 1979.

Kim, D. H.: A Framework and Methodology for Linking Individual and Organizational Learning: Application in TQM and Product Development. Cambridge 1993.

Kim, D. H.: The Link between Individual and Organizational Learning. In: Sloan Management Review, Fall 1993, S. 37–50.

Kirsch, W.: Die Handhabung von Entscheidungsproblemen. München 1988.

Kirsch, W.: Kommunikatives Handeln, Autopoiese, Rationalität. Sondierungen zu einer evolutionären Führungslehre. München 1992.

Kluwe, R. H.: Wissen. In: Sarges W. (Hg.): Management Diagnostik. Göttingen 1990, S. 174–181.

Kolb, D. A.: Experiental Learning: Experience as Source of Learning. Englewood Cliffs 1984.

Kuhn, T. S.: Die Struktur wissenschaftlicher Revolutionen. Frankfurt 1967.

Leonard-Barton, D.: Die Fabrik als Ort der Forschung. In: Harvard Business Manager Nr. 1/1994, S. 87–99.

Lewin, K. (Hg.): Untersuchungen zur Handlungs- und Affektpsychologie: Psychologische Forschung Bde. 1–19, 1921–1934.

Lewin, K.: Die Feldtheorie in den Sozialwissenschaften. Bern und Stuttgart 1963.

Luhmann, N. (1984), Soziale Systeme. Frankfurt 1984.

Lullies, V./Bollinger, H./Weltz, F.: Wissenslogistik: Über den betrieblichen Umgang mit Wissen bei Entwicklungsvorhaben, Frankfurt und New York 1993.

March, J. G./Olson, J. P.: The Uncertainty of the Past: Organizational Learning under Ambiguity. In: European Journal of Political Research, Nr. 3/1975, S. 147–171.

March, J. G./Olson, J. P. (Hg.): Ambiguity and Choice in Organizations, Bergen usw. 1976.

Mill, U./Weissbach, H.-J.: Netzwerkwirtschaft: Funktionsprinzipien. In: gdi impuls 1/1993, S. 30–38.

Miller, M.: Kollektive Lernprozesse. Studie zur Grundlegung einer soziologischen Lerntheorie. Frankfurt 1986.

Naisbitt, J.: Megatrends – Ten New Directions Transforming Our Lives. Bern und Stuttgart 1984.

Nonaka, I.: Wie japanische Konzerne Wissen erzeugen. In: Harvard Business Manager Nr. 2/1992, S. 95–103.

Ochsenbauer, C.: Organisatorische Alternativen zur Hierarchie in Theorie und Praxis der betriebswirtschaftlichen Organisation. München 1989.

Pautzke, G.: Die Evolution der organisatorischen Wissensbasis. Bausteine zu einer Theorie des organisatorischen Lernens. München 1989.

Pawlowsky, P.: Betriebliche Qualifikationsstrategien und organisationales Lernen. In: Staehle, W./Conrad, P. (Hg.), Managementforschung. Berlin 1992, S. 177–237.

Perich, R.: Unternehmungsdynamik. Zur Entwicklungsfähigkeit von Organisationen aus zeitlich-dynamischer Sicht. Bern u. a. 1992.

Probst, G.: Selbstorganisation, Berlin 1987.

Probst, G./Gomez, P. (Hg.): Vernetztes Denken. Unternehmen ganzheitlich führen. Wiesbaden 1989.

Rall, W.: Flexible Formen internationaler Organisations-Netze. In: Schmalenbach-Gesellschaft – Deutsche Gesellschaft für Betriebswirtschaft e. V. (Hg.): Internationalisierung der Wirtschaft – Eine Herausforderung an Betriebswirtschaft und Unternehmenspraxis, Kongress-Dokumentation 46. Deutscher Betriebswirtschafter-Tag 1992. Stuttgart 1993, S. 73–93.

Reinhardt, R.: Das Modell Organisationaler Lernfähigkeit und die Gestaltung Lernfähiger Organisationen. Frankfurt 1993 a.

Reinhardt, R.: Organisationslernen: Ein trojanisches Pferd? In: GBO- Netzwerk 1/1993 b, S. 25–37.

Rosenstiel, L. v.: Grundlagen der Organisationspsychologie: Basiswissen und Anwendungshinweise, 2. Aufl. Stuttgart 1987.

Sackmann, S.: Cultural Knowledge in Organizations: Exploring the Collective Mind. Newbury Park 1991.

Sarges, W. (Hg.): Managementdiagnostik. Göttingen 1990.

Schmidt, J.: Von »der Linie« zu Netzwerken – Design für einen ungeplanten »Sprung« in der Organisationsentwicklung. In: Organisationsentwicklung Nr. 1/1993, S. 40–51.

Schüppel, J.: Integrierte Personal- und Organisationsentwicklung – Wissensmanagement im Spannungsfeld von Wissens- und Lernbarrieren. Dissertation St. Gallen in Vorbereitung.

Senge, P.: The Fifth Discipline. New York 1990.

Sorg, S.: Informationspathologien: Erkenntnisfortschritt in Organisationen. München 1982.

Spinner, H.: Die Wissensordnung: Ein Leitkonzept für die dritte Grundordnung des Informationszeitalters. Opladen 1994.

Steinle, C.: Organisation und Wandel: Konzepte – Mehr-Ebenen-Analyse (MEA) – Anwendungen. Berlin und New York 1985.

Stewart, T. A.: The Search for the Organization of Tomorrow. In: Fortune 18. 5. 1992, S. 92–98.

Tolman, E. C.: Purposive behavior in animals and men. New York 1932.

Türk, K.: Grundlagen einer Pathologie der Organisation. Stuttgart 1976.

Ulich, D.: Das Gefühl: Eine Einführung in die Emotionspsychologie. München 1982.

Ulrich, H./Probst, G.: Anleitung zum ganzheitlichen Denken und Handeln. Ein Brevier für Führungskräfte. Bern 1988.

Weber, M.: Wirtschaft und Gesellschaft. Grundriß der verstehenden Soziologie. 5. Aufl., Tübingen 1976.

Womack, J. P./Jones, D. T./Roos, D.: Die zweite Revolution in der Autoindustrie. Frankfurt 1991.

Wunderer, R.: Der Beitrag der Mitarbeiterführung für unternehmerischen Wandel: Ansätze zur unternehmerischen Mitarbeiterführung. In: Gomez, P./Hahn, D./ Müller-Stewens, G./Wunderer, R. 1994 (Hg.), S. 229–272.

III. Die Professionalisierung und Rationalisierung der Führung von Unternehmen

Werner Kirsch/Max Ringlstetter

---

1. Einleitung

Zum Dekadenwechsel zwischen den sechziger und siebziger Jahren forderten H. Ulrich (1968, 1971) und Heinen (1969, 1971) eine verstärkte Orientierung der betriebswirtschaftlichen Forschung an den (tatsächlichen) Problemen der Führungspraxis (vgl. Ringlstetter 1988). Damit wurde eine Entwicklung eingeläutet, die zu einer zunehmenden Annäherung der Betriebswirtschaftslehre an die Vorgehensweise der angelsächsischen Managementlehre führte. Dies war unter anderem mit einer mehr oder weniger starken Öffnung gegenüber sozialwirtschaftlichen Nachbardisziplinen verbunden.

Selbst wenn man (vereinfachend) davon ausgeht, daß dieser erste »Paradigmawechsel« mehr oder weniger vollzogen ist, bestehen gegenwärtig zwei gegenläufige Sichtweisen der Betriebswirtschaftslehre. Die Abgrenzung dieser beiden Sichtweisen kann in einem ersten Zugriff anhand von zwei Dimensionen erläutert werden (vgl. Abbildung 1). Dabei bezieht sich die erste Dimension auf die Annahme, ob es so etwas wie *die* Betriebswirtschaftslehre im Sinne eines homogenen Ansatzes gibt oder nicht. Hier steht die Frage nach dem Erkenntnispluralismus im Vordergrund (1). Mit der zweiten Dimension wird geklärt, inwieweit die jeweilige Sichtweise einen Objektbereich konstituiert, in dem auch die Wissenschaften und damit die spezifischere Sichtweise mitthematisiert wird oder nicht (2).

(1) Die deutsche Betriebswirtschaftslehre behandelt heute eine Vielzahl von Themen. Dennoch wird in der entsprechenden (klassischen) betriebswirtschaftlichen/wissenschaftstheoretischen Literatur immer noch von *der* Betriebswirtschaftslehre gesprochen. Man geht davon aus, daß mehrere *»betriebswirtschaftliche Ansätze«* darum konkurrieren, das zum Ausdruck zu bringen, was die Betriebswirtschaftslehre tatsächlich ist oder sein sollte.

Eine andere Sichtweise, die auch wir vertreten, geht davon aus, daß diese vielfältigen Forschungsbemühungen nicht konkurrierend im Sinne eines »Verdrängungswettbewerbs« sind, sondern in ihrer Summe eine zwar mehr oder weniger inhomogene, aber doch sehr sinnvolle Einheit darstellen. Die einzelnen Forschungskernübungen sind gewiß für sich betrachtet sinnvoll. Sie sind zum einen höchst sinnvoll aufgrund der spezifischen Standards, die diesen Forschungsbemühungen von den jeweiligen Forschern selbst zugrundegelegt werden. Darüber hinaus sind sie sinnvoll, weil sie geeignet sein können, einen Beitrag für die Bewältigung von Problemen zu leisten, die bei der Führung von Unternehmen auftreten und vielleicht gerade im Kontext einzelner Forschungsbemühungen überhaupt erst erkannt werden. Und dies gilt wiederum unabhängig davon, ob diesen Forschungsbemühungen auf seiten der jeweiligen Forscher die Intention zugrunde liegt, einen Beitrag zu dieser Problembewältigung leisten zu wollen.

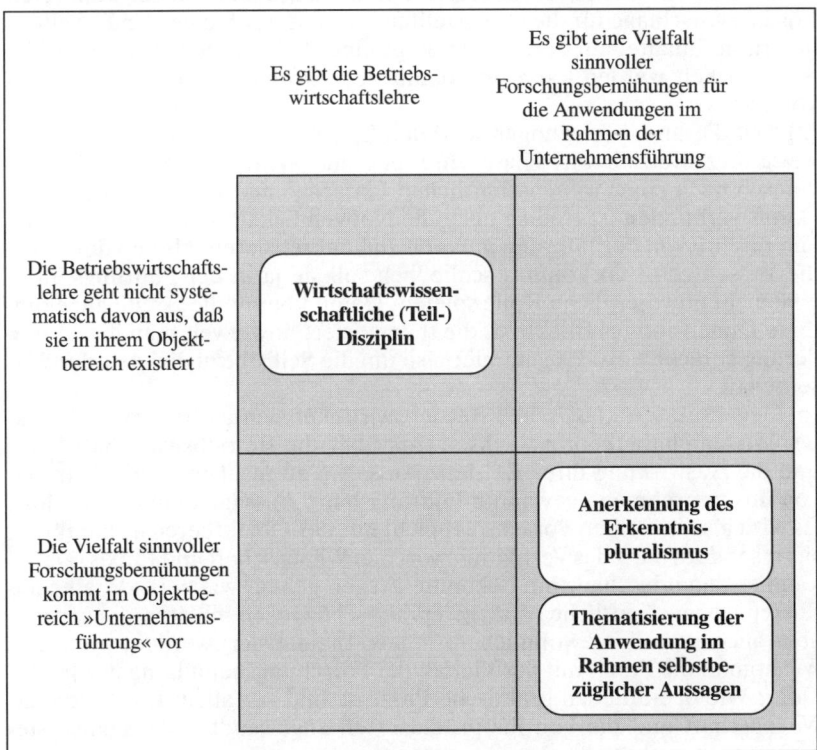

Abb. 1: Die zwei Sichtweisen der Betriebswirtschaftslehre

Wir gehen also von der Grundannahme aus, daß alle Fachvertreter der Betriebswirtschaftslehre a priori relevante wissenschaftliche Beiträge leisten, die immer auch für die Bewältigung praktischer Probleme von Bedeutung sind. Dies schließt natürlich nicht aus, daß sich der eine oder andere

Beitrag im nachhinein unter Umständen als weniger fruchtbar erweisen mag. Die grundsätzliche Akzeptanz der ganzen Pluralität von wissenschaftlichen Traditionen bleibt hierdurch jedoch unberührt.

Trotz dieses bewußt akzeptierten Pluralismus wollen wir die vielfältige Tradition zwei Klassen zuordnen: Eine Gruppe konzentriert sich darauf, (gegebene) Führungsprobleme in ihrer spezifischen Perspektive zu »lösen«. Man kann diese Gruppe als Ganzes mit einer »Lehre für die Führung« in Zusammenhang bringen. Die andere versucht dagegen, Führungsprobleme zu explizieren bzw. neue zu »entdecken« (Lehre von der Führung). Dabei werden die Führungsbemühungen einer Lehre für die Führung in zweifacher Hinsicht relevant: Erstens liefern sie die konkreten Lösungsvorschläge für die dargestellten Führungsprobleme. Und zweitens liefern sie Inhalte, auf deren Grundlage einer Lehre von der Führung weiterentwickelt werden kann und damit neue Probleme expliziert werden können usw.[1]

(2) Mit diesen Überlegungen wird deutlich, daß eine pluralistische Sichtweise der Betriebswirtschaftslehre eng mit dem (wissenschaftlichen) Wunsch nach einer wissenschaftlichen Unternehmensführung zu tun hat. Damit verbunden ist freilich auch die Notwendigkeit, den Objektbereich einer Lehre von der Führung insoweit zu konkretisieren, als daß dort auch die Wissenschaft vorkommt; schließlich soll sie ja in der Führungspraxis eine nicht unwesentliche Rolle spielen. Damit kommt die zweite angekündigte Dimension ins Blickfeld, die thematisiert, inwieweit man dieser Forderung gerecht wird. Es geht hier also um die Selbstbezüglichkeit der Wissenschaft.

Im Gegensatz zur klassischen Betriebswirtschaftslehre, die in die Sprache der Wissenschaftstheorie wechselt, um über die Betriebswirtschaftslehre und die Auswirkung ihrer Existenz Aussagen zu machen, ermöglicht die von uns vertretene angewandte Führungslehre Aussagen über sich selbst. Es wird also im selben Sprachspiel nicht nur der Objektbereich charakterisiert, sondern auch das Verhältnis zwischen Wissenschaft und Praxis. Dabei kann es dann durchaus um bekannte Fragen gehen, wie z. B.: Wie beeinflussen wissenschaftliche Aussagen praktische Gegebenheiten. Es können aber auch etwas ungewöhnlichere Fragen thematisiert werden, wie z. B.: Wie kommt die Praxis mit der Vielfalt der Forschungsbemühungen zurecht. Oder: Wie beeinflussen praktische Prozesse und vor allem Interessen die Wissenschaft und die von ihr produzierten angewandten Aussagensysteme.

Es geht also um eine pluralistische Lehre für die Führung (auf der Grundlage einer Lehre von der Führung), die ihre Anwendung selbstbezüglich mitthematisiert. Geprägt ist eine solche Vorstellung nicht nur vom Pluralismus

---

[1] Nicht zuletzt dieser wechselseitige Verweis hat uns dazu bewogen auch von »evolutionärer Führungslehre« zu sprechen (vgl. Kirsch 1992, Ringlstetter 1988).

(als letztendlich empirisches Phänomen), sondern auch vom Wunsch nach einer wissenschaftlichen Unternehmensführung. Letzteres führt zu dem Anspruch, im Rahmen einer solchen Führungslehre einen Beitrag zur Professionalisierung bzw. Rationalisierung der Führungspraxis zu leisten.

Um dies erläutern zu können, ist im 2. Abschnitt zunächst zwischen Führung und Management begrifflich zu differenzieren. Dies bildet die Grundlage, um im 3. Abschnitt, welcher in Form einer Zwischenbetrachtung gehalten sein wird, Management als professionalisierte Form der Führung zu charakterisieren. Dabei kann auch gezeigt werden, daß es sinnvoll sein kann, zwischen Professionalisierung und Rationalisierung zu unterscheiden. Die Verwendung des Begriffs »rational« bringt ja immer auch eine besondere Wertung zum Ausdruck, und man kann sich Formen der Professionalisierung vorstellen, die man nicht unbedingt als Ausdruck einer besonders rationalen Praxis ansehen möchte. Im 4. Abschnitt steht dann die Rationalisierung vor dem Hintergrund der spezifischen Sichtweise einer angewandten Führungslehre im Mittelpunkt. Abschließend möchten wir dann kurz aufzeigen, daß der durch unsere Konzeption möglicherweise signalisierte Paradigmawechsel eine Sichtweise konstituiert, bei der sich Führungslehre und Betriebspädagogik in sinnvoller Weise interdisziplinär befruchten können (Abschnitt 5).

2. Führung und Management

Die einleitende Skizze einer angewandten Führungslehre kann nun weiter spezifiziert werden. Dazu ist es sinnvoll zwischen Führung und Management bzw. Managementsystemen begrifflich zu differenzieren. Voraussetzung dafür ist die Einführung von zwei zusätzlichen Begriffen: der Begriff der *Aufgabe* und der der *Rollenreflexion* (2.1). Vor dem Hintergrund dieser Überlegungen ist es dann möglich, die angekündigte Unterscheidung zwischen Führung und Management sinnvoll darzustellen (2.2) und die in diesem Zusammenhang besondere Bedeutung von Managementsystemen zu erläutern (2.3).

2.1 Die Reflexion von Führungsrollen

»Aufgaben« und »Rollen« sind schon seit langem zentrale Begriffe organisationstheoretischer Bemühungen. Wenn man von einer »Aufgabe« spricht, möchte man normalerweise die Notwendigkeit eines Tuns bzw. die Bedeutung bestimmter (Führungs-) Rollen besonders hervorheben. Die Verwendung des Terminus »Aufgabe« signalisiert also eine besondere Reflexion des erforderlichen Tuns; er ist Ausdruck von *Rollenreflexionen,* genauer: von *nachhaltigen* Rollenreflexionen in der Organisation. Das soll im folgenden ausführlicher erläutert werden:

Der *Aufgaben*begriff steht im Mittelpunkt der (betriebswirtschaftlichen) Organisationslehre. Kosiol (1976) kennzeichnet die Tätigkeit des Organisierens durch die Aufgabenanalyse und die Aufgabensynthese. Jede Unternehmung hat eine komplexe Gesamtaufgabe zu erfüllen, die es zunächst zu analysieren gilt. Dies bedeutet, daß man nach einer Reihe von Gesichtspunkten die Gesamtaufgabe in immer kleinere Teilaufgaben zerlegt. In der anschließenden Aufgabensynthese werden dann die auf diese Weise gewonnenen Teilaufgaben nach verschiedenen Gesichtspunkten wieder zu Stellenaufgaben, Stellenaufgaben zu Abteilungsaufgaben, Abteilungsaufgaben zu Hauptabteilungsaufgaben usw. zusammengefaßt. Der Begriff der Rolle ist demgegenüber eher ein zentraler Begriff der sozialwissenschaftlichen Organisationstheorien. Natürlich hat die Aufgabensynthese im Sinne der Organisationslehre in besonderem Maße mit der Definition von Rollen zu tun. »Rollen« gibt es aber auch in jenen sozialen Systemen und Organisationen, in denen niemals explizite organisatorische Tätigkeiten der Aufgabenanalyse und Aufgabensynthese auftreten. Bringt man – wie oben geschehen – den Lebensweltbegriff mit Lebens- und Sprachformen in Verbindung,[2] so lassen sich letztere auch als Rollengefüge begreifen. Wie der Ausdruck bereits andeutet, handelt es sich hierbei um einen Komplex von Rollen bzw. individuenübergreifenden Verhaltenserwartungen[3].

Bereits in Kirsch (1971) wurde ein Versuch unternommen, »Rollen« und »Aufgaben« in den organisationstheoretischen Bezugsrahmen einzubeziehen. Ausgangspunkt war dabei ein Vorschlag von Biddle (1964), der in die Fülle von Begriffen der Organisationsanalyse dadurch eine Ordnung zu bringen versucht, daß er mehrere, zur Organisationsanalyse gleichermaßen erforderliche Begriffssysteme unterscheidet: das »öffentliche System«, das »kognitive System« und das »offizielle System«. Dieser Vorschlag wurde in etwas modifizierter Form auf die organisatorischen Informationsbzw. Wissensstrukturen angewandt. Mit dem Begriff der Rolle werden

---

[2] Geht man hingegen von einer Lebensweltbetrachtung à la Habermas (1981 a/b) aus, so ist der Rollenbegriff vor allem im Zusammenhang mit den institutionellen Ordnungen (der Gesamtheit der handlungsleitenden Normen in einem sozialen »System«) von Bedeutung, die immer auch als Rollengefüge interpretiert werden können. Aber auch die »Persönlichkeit« und die »Kultur« (als die beiden anderen Komponenten des Habermasschen Lebensweltkonzeptes) sind mit dem Rollenbegriff sicherlich eng verbunden.

[3] In der neueren Rollentheorie wird hierfür auch der Begriff »Programm« gebraucht (vgl. Kiss 1989, S. 128 ff., Luhmann 1984, S. 432 ff.). Solche »Sozioprogramme« sind analog der klassischen Rollenanalyse auf organisatorische Positionen der Basisorganisation bzw. von Managementsystemen und nicht auf Personen bezogen. Seitz (1993) schlägt zur besseren Unterscheidung dieser soziologischen Programme von z. B. Entscheidungsprogrammen vor, nicht nur von »Programmen«, sondern besser von »Sozioprogrammen« zu sprechen.

Aspekte der kognitiven Informationsstrukturen erfaßt, d. h. Aspekte jener Informationsstrukturen, die zunächst nur in den Köpfen der Menschen gespeichert sind. Der Aufgabenbegriff bezeichnet dagegen Aspekte der öffentlichen Informationsstrukturen. Damit handelt es sich zum einen um eine kognitive Interpretation des Rollenbegriffs; zum anderen wird von »Aufgaben« in einer Organisation nur gesprochen, wenn explizite, sprachlich vermittelte und damit prinzipiell einer Beobachterperspektive zugängliche Kommunikationen entsprechenden Inhaltes vorliegen. Prinzipiell ist der Umkehrschluß nicht ausgeschlossen: Immer wenn beispielsweise explizit in bezug auf eine Rolle kommuniziert wird, liegt bereits eine »Aufgabe« vor. Im vorliegenden Zusammenhang bietet es sich jedoch an, hier eine etwas engere Begriffsfassung zu wählen.

Im folgenden wird nun relevant werden, wie es überhaupt zu »(Führungs-) Rollen« kommt und inwieweit hierbei sprachliche Interaktionen einen Beitrag liefern können. Wir werden dabei sehen, daß es sinnvoll sein kann, nur genau dann von »Aufgaben« zu sprechen, wenn die (erlernten) Rollen einer Reflexion, d. h. einer zusätzlichen Kommunikation über sie selbst, unterzogen werden.

Das Lernen und die laufende Reproduktion der Rollen einer organisatorischen Lebenswelt erfolgt ebenso mit Unterstützung sprachlicher Interaktionen. In Kirsch (1971, S. 180 ff.) wird ein Kommunikationsmodell des Rollenlernens skizziert. Die sprachliche Kommunikation, die das Rollenlernen prägt, ist zunächst eng mit dem laufenden Prozeß der organisatorischen Aktivitäten »verwoben«. Man kommuniziert Erwartungen, Enttäuschungen, Bestrafungen, Belohnungen usw. Dabei wird in der Alltagssprache der Organisation sicherlich bisweilen statt von »Erwartungen« auch von »Aufgaben« gesprochen, ohne daß damit aber bereits der Tatbestand erfüllt ist, an dem im hier vorliegenden Zusammenhang das Auftauchen von »Aufgaben« festgemacht werden soll. Dies ist erst der Fall, wenn in dem betrachteten sozialen System auch Kommunikationen darüber auftauchen, was in welcher Weise kommuniziert werden soll. Im Falle der Rollen bedeutet dies, daß nunmehr explizit darüber kommuniziert wird, wie Rollenerwartungen, aber auch Belohnungen und Bestrafungen kommuniziert werden sollen. Man könnte dann sagen, daß nicht nur in bezug auf Rollen kommuniziert (bzw. nicht-sprachlich interagiert) wird, sondern daß nunmehr über Rollen selbst kommuniziert wird – und dies mit Mitteln der menschlichen Sprache. In diesen zusätzlichen Kommunikationen werden Rollen »reflektiert«. Man kann solche zusätzlichen Kommunikationen also auch als »Reflexionen« bezeichnen. Von »Aufgaben« soll nur dann gesprochen werden, wenn in diesem Sinne explizit Reflexionen über Rollen auftauchen und diese Reflexionen in der Organisation auch eine gewisse Nachhaltigkeit besitzen.

Der Begriff der Reflexion wird auch in der Systemtheorie von Luhmann (1984, S. 617 ff.) an prominenter Stelle diskutiert. Seiner Interpretation

225

zufolge liegt eine Reflexion dann vor, wenn die Kommunikation explizit oder implizit auf die Einheit bzw. die Identität der Organisation (oder eines ihrer Subsysteme) Bezug nimmt. Wenn vorhin von einer Rollenreflexion gesprochen wurde, so war dieser Bezug zur Identität noch nicht unmittelbar mitgegeben. Trotzdem mag die empirische Hypothese naheliegen: Wann immer Reflexionen von Führungsrollen, z. B. zum Thema »Personal«, auftauchen, werden die diese Rollen thematisierenden Kommunikationen mit großer Wahrscheinlichkeit auch berücksichtigen, daß das Thema »Personal« in der eigenen Organisation nicht genauso angegangen werden kann wie in einer beliebigen anderen Organisation. Es geht dann um die Reflexion unseres Personals und um die Forderung, die durch Rollenreflexionen generierten Aufgaben auch als die für unsere Organisation spezifischen Aufgaben zu sehen. Insofern entsteht also auch ein Bezug zur Identität der Organisation. Und in dem Maße, wie dann diese Aufgaben von den Führungskräften tatsächlich beachtet bzw. erfüllt werden, orientiert das System seine Operationen an der eigenen Einheit – um hier eine Formel von Luhmann (1984, S. 617) aufzunehmen. Natürlich kann eine solche Rollenreflexion auch die Notwendigkeit mitthematisieren, daß die gewachsene Identität der Organisation fortzuentwickeln sei. Und dies mag sich dann gerade auch darin äußern, daß man bei der Rollenreflexion bzw. bei der Beschreibung von Aufgaben Konzepte aufgreift, die der Ökologie der Ideen entnommen sind. In dem Maße, wie dann solche (durch Ideen von »außen« inspirierte) Aufgaben effektiv erfüllt werden, manifestiert sich hierin auch ein gewisser Wandel der Organisationsidentität selbst.

Die explizite Einbeziehung der Identität in die Rollenreflexion kann sicherlich als Ausdruck eines höheren Reflexionsniveaus interpretiert werden. In einem etwas anderen Sinne äußert sich demgegenüber ein gesteigertes Niveau der Rollenreflexion, wenn diese selbst systematisch und methodisch angegangen wird. Die klassische betriebswirtschaftliche Organisationslehre mit ihrer »Aufgabenanalyse« bzw. »Aufgabensynthese« liefert hierfür den prototypischen Anwendungsfall. Hier werden letztlich ganze Komplexe von Führungsrollen angegangen. Man läßt sich durch Kriterien und Faustregeln einer »richtigen« Strukturierung der Gefüge von Führungsrollen leiten. Man berücksichtigt, daß es für viele Führungsrollen professionelle Praktiken gibt usw. Dabei geht die betriebswirtschaftliche Organisationslehre »immer schon« davon aus, daß man in Unternehmen auch die Führungsrolle des Organisators reflektiert und als (letztlich von jedem Mitarbeiter zu erfüllende) »Aufgabe« sieht. Die klassische Organisationslehre ist ja letztlich eine Art Technologie für die adäquate und professionelle Definition und Bewältigung der Aufgaben eines Organisators, der seine Meta-Aufgabe unter anderem in der Verwirklichung einer Analyse und Synthese von Objekt-Aufgaben zu sehen hat. Eine empirisch orientierte Organisationstheorie, die ihrerseits – wie hier vorgeschlagen – die Möglichkeit des Auftauchens von Rollenreflexionen bzw. »Aufgaben« einbezieht, muß natürlich nicht gleichzeitig davon ausgehen, daß in der jeweiligen Organisation auch »Organisatoren« existieren, deren Meta-Aufgabe in der systematischen Rollenreflexion (Aufgabenanalyse und Aufgabensynthese) besteht. Auch wenn Rollenreflexionen und damit »Aufgaben« zusätzliche (eben reflektierende) Kommunikationen voraussetzen, so können diese Kommunikationen alle (oder die meisten) Akteure einbeziehen. Mit anderen Worten: Wie schon das Auftauchen von Rollenreflexionen selbst, so ist auch das Reflexionsniveau einer Organisation ein empirisch zu klärendes Phänomen.

Eine wichtige Frage besteht natürlich auch darin, wie *nachhaltig* die Rollenreflexionen sind, ob sie also im Rahmen des laufenden Prozesses der Organisation und den damit in Verbindung stehenden Kommunikationen stets von neuem reproduziert und gegebenenfalls fortentwickelt werden. Man kann sich hier durchaus vorstellen, daß solche Rollenreflexionen zwar Gegenstand von Kommunikationen in der Organisation sind, dennoch aber keine effektiven Einflüsse auf die Führungsrollen selbst ausüben, keine »operative Wirksamkeit« entfalten und damit keine beobachtbaren Veränderungen der Führungsstrukturen feststellbar sind.

Allerdings wäre es kurzschlüssig, jede beobachtbare Änderung der Führungsstrukturen auf Rollenreflexionen und -fortentwicklungen zurückzuführen. Nur aus einer Teilnehmerperspektive ist also beurteilbar, ob ein verändertes Verhalten sich im Rahmen der etablierten Rollen bewegt oder Ausdruck von nachhaltigen Rollenreflexionen ist. Um wiederum am Beispiel »Personal« zu argumentieren: Zwar mag es in der Organisation Kommunikationen darüber geben, wie Führungskräfte ihre Führungsrolle in bezug auf Personalprobleme eigentlich sehen sollten. Die betrieblichen Führungskräfte mögen sogar an solchen Kommunikationen (etwa im Rahmen von Weiterbildungsseminaren) intensiv beteiligt sein; dennoch bleibt ihr tatsächliches Verhalten innerhalb ihrer Führungsrollen und damit natürlich auch ihr eigenes Verständnis der Führungsrollen weitgehend unberührt. Es bleibt also eine empirisch zu klärende Frage, unter welchen Bedingungen »Aufgaben« tatsächlich zu »Rollen« bzw. »Führungsrollen« werden. Geht man von Habermas' Konzeption der Lebenswelt aus, dann mögen die Rollenreflexionen zwar dem Bereich der Organisationskultur (als Komponente der Lebenswelt) zuzurechnen sein; die institutionellen Ordnungen und damit die Führungsrollen selbst bleiben jedoch unbeeinflußt, was sich letztlich auch in den hierdurch unberührten Motivationsstrukturen der Persönlichkeiten niederschlägt. Von einer nachhaltigen Verankerung der Rollenreflexionen in der Organisation kann dann keine Rede sein. Dies allerdings darf nicht im Sinne eines »alles oder nichts« interpretiert werden; denn Erfahrungen zur Etablierung eines Strategischen Managements und entsprechender Managementsysteme in Unternehmen legen nahe, unterschiedliche Eskalationsstufen einer lebensweltlichen Verankerung besagter Reflexionen der Führungsrollen zu unterscheiden.

2.2 Die Konstitution von Führung als »Management«

Die vorstehenden Ausführungen haben letztlich schon all das zusammengetragen, was notwendig ist, um den von uns vorgeschlagenen Begriff des· Managements zu charakterisieren. In einem ersten Zugriff und auf einen kurzen Nenner gebracht kann, folgendes festgehalten werden: Führung nimmt in dem Maße den Charakter von »Management« an, wie in der betrachteten Organisation nachhaltige Reflexionen von Führungsrollen auftauchen und darüber hinaus auch operativ wirksam werden. Eine Organisation oder einer ihrer Teile wird also »gemanagt«, wenn operativ wirksame Reflexionen der jeweiligen Führungsrollen existieren, die insofern nachhaltig sind, als sie im Zuge der organisatorischen Kommunikationen immer von neuem reproduziert (und natürlich fortentwickelt) werden. Wechselt man in eine Beobachterperspektive so läßt sich folgendes feststellen: Derartig nachhaltige Rollenreflexionen manifestieren sich in beobachtbaren Veränderungen bzw. Ausdifferenzierungen der Führungsstrukturen einer Organisation. Allerdings können von einem Beobachter solche – auf Reflexionen zurückzuführenden – Führungsstrukturänderungen nicht oder nur schwerlich von eher zufälligen unterschieden werden.

Diese Begriffsstrategie impliziert, daß Führung nicht gleichsam vollständig den Charakter von »Management« annimmt. Man muß wohl davon ausgehen, daß die Führungsrollen (als Elemente der kognitiven Informationsstrukturen) erheblich reichhaltiger sind als das, was nachhaltig im Rahmen sprachlich vermittelter Kommunikationen hierüber reflektiert werden kann, auch wenn sich diese Rollenreflexionen des ganzen Arsenals der »Ökologie der Ideen« in den Wissenschaften (und vielleicht auch anderswo) bedienen sollten. In einem gewissen Sinne sind Rollenreflexionen bzw. Aufgaben und damit »Management« immer auch Ausdruck von Abstraktionen, die nur erheblich vereinfachende Modelle der tatsächlichen Führungsrollen bzw. Rollengefüge darzustellen vermögen – gleichgültig ob diese Abstraktionen eher Rekonstruktionen bestehender Führungsrollen oder Konstruktionen für neuartige Führungsrollen bzw. Rollengefüge sind. Andererseits können die angesprochenen Abstraktionen der Rollenreflexion bzw. der »Aufgabenbeschreibungen« Elemente einbeziehen, die in den »naturwüchsigen« Führungsrollen nicht oder nur begrenzt enthalten sind. Dies ist etwa der Fall, wenn die Rollenreflexion noch die zusätzliche Aufgabe fordert, als Rolleninhaber immer auch an der eigenen Rollenreflexion zu arbeiten und so selbst in der Organisation für einen kulturellen Vorlauf der Adaption und Diskussion einschlägiger Konzepte aus der »Ökologie der Ideen« – man denke hier etwa an die Gestaltungsvorschläge der Betriebswirtschaftslehre! – zu sorgen. Die oben skizzierten Überlegungen zu einem gesteigerten Reflexionsniveau können dann selbst Elemente von Rollenreflexionen werden und zu einem anspruchsvollen Selbstverständnis der Rollenträger führen.

Die Begriffsstrategie, »Management« mit operativ wirksamen Rollenreflexionen in der Organisation selbst in Verbindung zu bringen, die sich
dabei des Repertoires der »Ökologie der Ideen« bedienen können, eröffnet eine Reihe von theoretischen Optionen, die im vorliegenden Rahmen
natürlich nur sehr kurz angesprochen werden können. Verfeinerungen
ergeben sich beispielsweise schon aus der Nutzung der modernen Rollen-
theorien. So mag insbesondere auch die begriffliche Unterscheidung von
Role Taking und Role Making (vgl. Turner 1962, Krappmann 1982) weitere Analysemöglichkeiten der bereits in Punkt 3.1 angesprochenen Frage
eröffnen, wie sich denn im einzelnen die Konstitution von Führung als
Management vollziehen mag. Dabei sollte auch berücksichtigt werden,
daß das begriffliche Repertoire der Rollentheorie nicht nur auf die Rollen
einzelner Rollenträger bezogen werden kann. Es ist auch möglich und
sinnvoll, von (Führungs-) Rollen ganzer Organisationseinheiten zu sprechen und in diesem Zusammenhang die Reflexionen dieser Rollengefüge
als kollektive Aktivität der an dieser Einheit Beteiligten und/oder von ihr
Betroffenen anzusehen (vgl. Ringlstetter 1995). So haben wir es uns selbst
im Rahmen von Beratungsprojekten zum Thema »Reorganisation« ange-
wöhnt, die hierbei gebildeten Bereiche zur Formulierung eines Selbstver-
ständnisses anzuregen, was nicht selten den Charakter eines Leitbildes
annimmt. Es liegt dann auf der Linie der bisherigen Argumentation,
wenn im Zuge solcher Reorganisationen ganz neue Organisationseinheiten gebildet bzw. deren Führungsstrukturen beobachtbar werden, welche
letztlich Ausdruck von Konzepten der Ökologie der Ideen sind, die in
der bisherigen Lebenswelt der Klientenorganisation allenfalls im kulturellen Vorlauf rudimentär zu finden waren (darauf wird im nächsten
Abschnitt noch zurückzukommen sein). Im Grunde ist dies wiederum
ein Beispiel dafür, daß die Konstitution von Führung als Management oftmals erst das Fenster zu Ideen und Konzepten öffnet, die bislang noch
keinen Eingang in die Lebenswelt einer spezifischen Organisation gefunden haben.
Da die angewandte Führungslehre gleichsam das Vehikel für die »Pflege«
der Ökologie der Führungskonzeptionen und für deren »Anwendung« in
der Praxis darstellt, ist diese wissenschaftliche Konzeption geradezu darauf
angewiesen, daß die relevante Führungspraxis Ansätze zu einem »Management« aufweist. Gleichzeitig mag dies plausibel machen, weshalb wir die
hier umrissene Begriffsstrategie zum Thema »Führung« und »Management« vorschlagen. Letztlich werden damit im Rahmen der Lehre von der
Führung weitere metatheoretische Voraussetzungen zu schaffen versucht,
die eine adäquate Problematisierung von Fragen der Anwendung all dessen
ermöglichen, was die Konzeption einer angewandten Lehre für die Führung repräsentiert. Die Diskussion von Fragen der Anwendung einer angewandten Führungslehre zeigt dabei deutlich den selbstbezüglichen Charakter einer solchen Führungslehre auf. Der von uns vorgeschlagene Manage-

mentbegriff ist auf diesen selbstbezüglichen Charakter abgestellt und ist insofern Ausdruck einer ambitionierten Gesamtkonzeption der angewandten Führungslehre.

2.3 Die Ausdifferenzierung von Managementsystemen

Der Einsatz von Managementsystemen ist nun Ausdruck einer besonders anspruchsvollen Rollenreflexion. Die begriffliche Differenzierung zwischen Führung und Management legt es aber eben nahe, daß solche Managementsysteme nicht gleichsam »automatisch« vorhanden sind, sondern sich schrittweise ausdifferenzieren. Die folgenden Überlegungen sollen diese Sichtweise veranschaulichen.

Managementsysteme werden als zusätzliche, die Basisorganisation überlagernde Organisationsschichten begriffen. Die weitere Betrachtung kann dann sowohl die System- als auch die Lebensweltanalyse im Sinne von Habermas (1981 a/b) einschließen. Der Ausdruck »Managementsystem« ist etwas verfänglich, weil er den lebensweltlichen Aspekt zu unterdrücken scheint; seine Verwendung entspricht aber der betriebswirtschaftlichen Sprachkonvention, an die wir uns hier halten wollen. Ein »Managementsystem« weist demnach arteigene Führungsstrukturen auf (aus der systemischen Außenperspektive betrachtet); andererseits ist es aber (aus der Binnenperspektive gesehen) auch Ausdruck spezifischer Praktiken und Kondensat einer Selbstbeschreibung all dessen, was »Führung« in dem betreffenden Unternehmen ausmachen soll.

Natürlich gibt es auch in der Wissenschaft zahlreiche Konzeptionen und Typen von Managementsystemen. Zu unterscheiden ist beispielsweise zwischen Planungs- und Kontrollsystemen, Anreiz- und Sanktionssystemen, Informations- und Berichtssystemen sowie Management-Development- bzw. Bildungssystemen.

Wir selbst haben ein Denkmodell für eine Gesamtarchitektur von Managementsystemen umrissen, das seinerseits sehr stark durch die Philosophie eines Strategischen Managements als Ausdruck einer evolutionären Führungskonzeption geprägt ist (vgl. z. B. Kirsch/Knyphausen/Ringlstetter 1994). Mit dieser Führungskonzeption ist die Grundaussage verbunden, daß Probleme der strategischen Unternehmensführung im Unternehmen zur »Aufgabe« gemacht werden sollen und daß es eine Reihe von Ideen darüber gibt, worin der damit verbundene Aufgabenkomplex im einzelnen besteht und wie man an die Bewältigung dieser Aufgaben herangehen sollte. Wenn in diesem Zusammenhang von Erfolgspotentialen, von strategischer Mobilisierung der operativen Führungskräfte, von geplanter Evolution usw. die Rede ist, dann sind dies Ideen, die beispielsweise ein »Organisator« (im Sinne der betriebswirtschaftlichen Organisationslehre) als Grundlage einer Aufgabenanalyse und Aufgabensynthese heranziehen kann. Sofern die damit verbundenen Rollenreflexionen operativ wirksam werden, konstituiert sich, im Einklang mit der oben vorgeschlagenen Begriffsstrategie, die (mehr oder weniger in rudimentärer Form allgegenwärtige) strategische Führung einer Organisation als »strategisches Management«.

Es mag einer realistischen Einschätzung der Wirkungen angewandter Wissenschaftsdisziplinen (und insbesondere der angewandten Führungslehre) entsprechen, daß der Terminus »Strategisches Management« zunächst nur als Bestandteil eines kulturellen Vorlaufes außerhalb der betriebswirtschaftlichen Organisationen angesehen werden kann. Die Ideen werden in erster Linie im Wissenschaftssystem und in Bildungsinstitutionen kommuniziert und sind durch ihre Sprache und ihre Konstruktion für viele Unternehmen so gut wie »geheim«. Freilich gibt es auch Unternehmen, in denen im Zuge des Aufgreifens von Ideen eines Strategischen Managements über die strategischen Aufgaben etwa in Weiterbildungsveranstaltungen und »Festvorträgen« kommuniziert wird, ohne daß aber die Führungsrollen der Hauptleistungsträger dieser Unternehmen hierdurch schon erkennbar verändert würden.

Immerhin zeigt dies, daß man in diesen Unternehmen dabei ist, strategische Führungsprobleme unter dem Einfluß einer ganzen Reihe externer Ideen zu reflektieren, und die eine oder andere Idee dürfte – freilich in erheblich reduzierter Form – auch operativ wirksam werden. In den »normalen« Kommunikationen des laufenden Geschäftes tauchen dann schon einmal typische Begriffe und Konzepte auf, die zum Beispiel in der Wissenschaft vor dem Hintergrund der verschiedenen Philosophien des strategischen Managements diskutiert werden. Die Geschäftsführungssitzungen werden etwas anders strukturiert, der Vorsitzende der Geschäftsführung wird vielleicht sogar ein strategisches Positionspapier verfassen und innerhalb und außerhalb der Unternehmung verkünden, daß er seine Aufgabe in Zukunft im Bereich der strategischen Führung und weniger im operativen Tagesgeschäft sieht. Zu diesem Zwecke wird er möglicherweise einen neuen Mitarbeiter einstellen und von seinen Vorstandskollegen erwarten, daß diese innerhalb ihrer Ressorts Ansprechpartner für die einschlägigen strategischen Probleme benennen. All dies kann aber noch als Modifikation existierender Rollen bzw. Ausdifferenzierung einzelner neuer Rollen innerhalb der Basisorganisation interpretiert werden. Man wird im betrachteten Unternehmen möglicherweise sogar selbst großen Wert darauf legen, zu sagen, daß man sich zwar der strategischen Aufgaben nunmehr vermehrt und expliziter zuwendet, daß man aber bewußt kein strategisches Planungs- und Kontroll*system* einrichtet. Das bedeutet allerdings nicht, daß deshalb die beschriebene Anlagerung neuer (Führungs-)Rollen weniger bedeutsam sein müßte. Die Einrichtung einer Abteilung »Unternehmensentwicklung« ebenso wie die Ausdifferenzierung der klassischen Funktionalbereiche (Personal, Finanzen etc.) zeigt, welches Gewicht bestimmte Aufgaben in einer Organisation besitzen und welche Konsequenzen damit für die Organisationsstruktur verbunden sein können.

Sofern innerhalb einer Basisorganisation eine neue Rolle (z. B. durch Einstellung eines neuen Mitarbeiters, der bislang nicht explizit vorhandene Aufgaben zu erfüllen hat, aber eben auch durch die Einrichtung eines eigenen »Bereichs Unternehmensentwicklung«) entsteht, liegt gleichsam eine horizontale Ausdifferenzierung neuer Rollen vor. Von ihr kann die *vertikale* Ausdifferenzierung von (Führungs-) Rollen und damit von Managementsystemen unterschieden werden.

Die Ausdifferenzierung von Managementsystemen ist im Normalfall mit einer ausgedehnten methodischen Unterstützung verbunden. Hierzu leistet gerade auch die Betriebswirtschaftslehre umfangreiche Beiträge. So sind etwa in vielen Arbeiten zum Personalmanagement heute Vorschläge zu finden, wie ein strategisches Personalmanagement aussehen sollte (vgl. neben Staehle 1989, S. 730 ff. etwa Scholz 1989). Von besonderem Interesse scheint uns hier die Idee zu sein, analog zur Geschäftsfeldplanung auch im Personalbereich nach strategischen Kriterien Betätigungsfelder abzugrenzen und damit einer arteigenen Behandlung zugänglich zu machen. Auch diese Vorgehensweise zeigt nämlich, in welchem Ausmaß man einmal erkannte Aufgaben auch systematisch zum Gegenstand einer fortlaufenden Neustrukturierung, einer sophistizierten Rollenreflexion machen kann. Dabei kann man sich natürlich wiederum der Hilfe von Lehrbüchern als Fundus der Ökologie der Ideen zum Personalmanagement bedienen. Freilich wird man wohl davon ausgehen können, daß die dort vorzufindenden Segmentierungen häufig zu allgemein und zu wenig auf die spezifischen – strategischen – Belange des Unternehmens zugeschnitten sind. Wie überall ist auch hier eine ausgedehnte Auseinandersetzung mit den Eigenheiten des betrachteten Unternehmens (mit dessen Identität) unumgänglich.

Allzu oft wird die Entwicklung und Implementierung von Managementsystemen von (internen oder externen) Spezialisten unter einer voluntaristischen Machbarkeitsvorstellung angegangen, in der die Individualität einer Organisation außer acht bleibt. Diese Individualität äußert sich in den gewachsenen Rollenstrukturen der Basisorganisation, zu denen von außen herangetragene Managementsysteme und die damit implizierten naheliegenden Rollenstrukturen nicht unbedingt passen. Die Konsequenz sind Immunreaktionen gegenüber diese von außen übergestülpte Managementsysteme. Deshalb ist es für eine erfolgreiche Implementierung notwendig, daß besagte Spezialisten (auch) aus einer Teilnehmerperspektive heraus agieren und sich mit dem Rollengefüge der jeweiligen organisatorischen Lebenswelt vertraut machen. Damit sind die Voraussetzungen für Kommunikationen bzw. Übersetzungen und nachhaltige Rollenreflexionen vor allem auf Seiten der Betroffenen geschaffen, die zu institutionell und motivational verankerten *Fortentwicklungen oder Anreicherungen* der

Rollengefüge einer organisatorischen Lebenswelt führen mögen. Die Etablierung von Managementsystemen kann so zur Rationalisierung einer organisatorischen Lebenswelt beitragen.

3. Zwischenbetrachtung: Management als professionalisierte Form der Führung

Bei der Charakterisierung des Konzepts der Professionalisierung knüpfen wir an den Überlegungen zur Rollenreflexion an, wodurch eine Begriffsreihe von der »Rollenreflexion« über die »Professionalisierung« bis hin zur »Rationalisierung« entstehen wird. Im Mittelpunkt dieser Zwischenbetrachtung steht jedoch die nähere Charakterisierung von Management als *professionalisierte* Form der Führung. Professionalisierung steht dabei sozusagen zwischen dem Auftauchen von Rollenreflexionen und einer Rationalisierung: Das Auftauchen von (wirksamen) Rollenreflexionen bedeutet nicht automatisch, daß damit die (strategische) Führung auch schon als »professionalisiert« zu gelten hat. Und es mag Formen der Professionalisierung der Führungspraxis geben, die man – zumindest aus einer aufgeklärteren wissenschaftlichen Sicht – nicht von vornherein so ohne weiteres als »Rationalisierung« der Praxis bezeichnen möchte. Es mag hilfreich sein, die theoretischen Überlegungen anhand eines Beispiels zu verdeutlichen.
Da die Aussagen der Theorie der strategischen Führung neben Unternehmensverbindungen auch für Klein- und mittelständische Unternehmen gelten sollen, wollen wir im folgenden von einem Handwerksmeister ausgehen, der abends in einem Bräustüberl sitzt, seine Maß Bier trinkt und währenddessen über seinen Betrieb, seine Lehrlinge und Angestellten und die weitere Geschäftsentwicklung nachdenkt. Indem er über sich und seine Schwierigkeiten mit den Meistern, Buchhaltern und Verkäufern »philosophiert«, betreibt er nichts anderes als eine Rollenreflexion. Allerdings dürfte es verständlich sein, wenn diese Rollenreflexion noch nicht als Professionalisierung bezeichnet wird. Hierzu müßte der Handwerksmeister für seine Rollenreflexionen als erstes auf die Ökologie der Ideen zurückgreifen, und zum Teil aktiv suchend nach neuen Reflexionskontexten Ausschau halten. Dabei kann davon ausgegangen werden, daß es Ideen über Führung gibt, die als Lehren kommuniziert werden, sei es z. B. in Form von Führungslehren oder auch in Form von unterschiedlichen Praxen und Praktiken, die Aussagen über Führung in ihrem Objektbereich enthalten. Sofern also die Rollenreflexionen unter Bezugnahme auf Ideen als Bestandteile von Lehren und Führungslehren im weitesten Sinne des Wortes Bezug nehmen, und sofern diese Reflexionen nachhaltig und operativ wirksam sind, kann von einer Professionalisierung gesprochen werden.
Die Lehren, die zu einer Professionalisierung der Praxis beitragen, werden

bei genauerer Betrachtung sehr unterschiedlich verfeinert sein. Einerseits ist natürlich an (in engerem Sinne) »wissenschaftliche« Führungslehren zu denken, die an Institutionen gelehrt werden. Andererseits dürfen insbesondere die vielfältigen »Kunstlehren«[4] nicht von der Betrachtung ausgeschlossen werden. Der Begriff »Kunstlehre« impliziert, daß innerhalb des Unternehmens selbst spezifische Kunstlehren gepflegt werden, innerhalb derer ein System sich selbst beobachtet. Man denke an innerbetriebliche Ausbildungsinstitutionen, aber auch an sonstige ausdifferenzierte Reflexionen und Kommunikationen darüber, wie »in unserem Unternehmen« richtige Führung gesehen wird. Daneben wird unserer Handwerksmeister seinen Mitarbeitern rekonstruierend erzählen, wie man etwas in seinem Unternehmen macht, indem er einige Praktiken erläutert. Diese Praktiken wird er jedoch nur durch Sätze wie »dies hat sich bei uns bewährt« oder »das haben wir schon immer so gemacht« begründen. Auch diese Artikulationen können bereits als (minimale) professionalisierte Form der Führung angesehen werden.

Andererseits können Lehren, vor deren Hintergrund reflektiert wird, sehr weitreichend sein, da es beispielsweise durchaus denkbar ist, daß der Handwerksmeister das Unternehmerseminar der Industrie- und Handelskammer belegt. In diesem Kurs wird er mit sehr spezifischen Lehren zur strategischen Führung konfrontiert, was dazu führen mag, daß er bei einer späteren Rollenreflexion, unter Bezugnahme auf diese Lehren und Ideen den Versuch unternimmt, sein Unternehmen mit Hilfe sophistizierter Methoden zu analysieren. Mit anderen Worten: im Zuge dieser Professionalisierung treten Aktivitäten auf, die auch als ausdifferenzierte und reflektierende Beobachtung bezeichnet werden können. Sofern im Rahmen des Professionalisierungsprozesses Rollenreflexionen im Kontext von »nichttrivialen« Lehren stattfinden, beobachtet man sich in diesem Kontext selbst.

Die Traditionen in deren Kontext Rollenreflexionen stattfinden, können auf ganz unterschiedlichen Niveaus angesiedelt sein. Rationalisierung kann in Anlehnung an Habermas (1981 a/b) mit »hypothesengesteuerten argumentativ gefilterten Lernprozessen« in Verbindung gebracht werden. Solchen Standards genügen freilich nicht alle denkbaren Führungslehren. Man denke nur an »astrologische Führungslehren«, die empfehlen, bestimmte Strategien von der jeweiligen Konstellation der Sterne abhängig zu machen.

Doch kehren wir zu unserem Handwerksmeister zurück. Es ist anzuneh-

---

[4] Unter Kunstlehre kann in einem ersten Zugriff eine in der Praxis angewandte Lehre verstanden werden, die sich in Auseinandersetzung mit der Praxis konstituiert und fortentwickelt. Eine solche Kunstlehre wird sich immer in einem Spannungsfeld zwischen einer grundlagenorientierten Forschung und den spezifischen Anforderungen des einzelnen Anwendungsfalls in der Praxis bewegen.

men, daß seine professionalisierten Rollenreflexionen, die er auf der Grundlage des Unternehmerseminars tätigt, mit einer Entfaltung der Rationalität einhergehen. Dies wird vor allem dann der Fall sein, wenn mit einer zunehmenden Professionalisierung auch in steigendem Umfang (Selbst-) Beobachtungen vorgenommen werden. Beispielsweise beginnt der Handwerksmeister in professionalisierter Weise mit der Datenerhebung bei seinen Kunden, indem er wenigstens teilweise die Regeln der empirischen Forschung berücksichtigt. Diese Daten verdichtet er in einer Portfoliomatrix, und durch die Positionierung des eigenen Betriebes fertigt er somit eine Selbstbeobachtung an. Diese Beobachtungen sind Ausdruck der Professionalisierung. Und wenn diese Beobachtungen mit Hilfe von Praktiken und Methoden durchgeführt werden (die ebenfalls wieder Bestandteil von entsprechenden Führungslehren sind), dann besteht die Möglichkeit, daß mit dem Auftauchen solcher (professionalisierter) Beobachtungen eine Entfaltung der Rationalität verbunden ist. Bedingung hierfür ist, daß in diesem Prozeß der Rationalisierung tatsächlich hypothesengesteuerte und argumentativ gefilterte Lernprozesse auftauchen. Die Professionalisierung schlägt sich dann in einer Anreicherung des Ausgangskontextes nieder und ist untrennbar mit einer spezifischen Lebensform verbunden.

In bezug auf die Begriffsreihe der »Rollenreflexionen, Professionalisierung, Rationalisierung« kann damit bereits festgehalten werden, daß Rollenreflexionen zwar die notwendige Voraussetzung für Professionalisierungen darstellen, aber noch keineswegs hinreichend sind. Diese besondere Ausprägung erreichen die Beobachtungen erst, wenn die internen Akteure sich gegenüber der Existenz und der Nutzbarkeit anderer (sekundärer) Traditionen öffnen und diese als Beschreibungssprachen für ihre Beobachtungen heranziehen. Der Qualitätsunterschied äußert sich hierbei aber nur zum einen in einer *erweiterten* Beobachtungssprache. Zum anderen resultiert er aus der *veränderten Sprache,* welche es erlaubt, Probleme der Führungspraxis distanziert, weil verfremdet, zu rekonstruieren. Es erscheint damit als sinnvolle Begriffsstrategie, den Übergang von Rollenreflexionen auf Professionalisierung auch an der verfremdenden Selbstbeobachtung unter Zuhilfenahme sekundärer Traditionen festzumachen. Erst bei diesem Übergang bezeichnen wir die Unternehmensstrategie als professionalisiert bzw. ein strategisches Management als existent.

Fassen wir den bisherigen Gedankengang zusammen: Eine Rollenreflexion wird zur Professionalisierung, sofern sie insbesondere anhand von kommunizierten (Führungs-) Lehren erfolgt, die an Institutionen gelehrt werden. Diese Lehren können als sekundäre Traditionen verstanden werden, wobei unbestritten ist, daß es sekundäre Traditionen sehr unterschiedlicher Art gibt (es soll nur nochmals an die astrologische Führungslehre, an wissenschaftliche Lehren oder auch an rudimentäre Kunstlehren im Sinne von bewährten »Rezeptsammlungen« erinnert werden). Aufgrund des unterschiedlichen Niveaus der (Führungs-) Lehren, kann Professionalisierung nicht mit der Rationalisierung einer Praxis gleichgesetzt werden. Es ist durchaus denkbar, daß unser Handwerksmeister eines Abends wieder im Bräustüberl sitzt und aufgrund der anregenden Atmosphäre oder eines kräftigen Schluckes Doppelbock einen Gedankenblitz hat, der es ihm ermöglicht, seinen Betrieb in einem ganz neuen, die bisherigen sekundären Traditionen transzendierenden Kontext zu reflektieren. Aufgrund des Gedankenblitzes mag er in kreativer und genialer Weise im Sinne eines Role Making ganz neue Beschreibungskategorien für seine Rollenreflexion entwickeln. Da diese offensichtlich höchst sinnvoll sind, finden sie über den am Nachbartisch sitzenden Professor Eingang in die entsprechenden Lehren und dienen späteren »Handwerksmeistergenerationen« im Rahmen des Professionalsierungsprozesses als sekundäre Tradition zur Rollenreflexion. Innerhalb dieser Begriffsstrategie ist es somit gerechtfertigt, Professionalisierung mit (Selbst-)Beobachtung und Rollenreflexion in Verbindung zu bringen. Dabei weist die Professionalisierung auf eine Kontextanreicherung hin, sei es durch die Reflexion innerhalb bestehender sekundärer Traditionen oder durch die kreative Transzendierung bestehender Kontexte aufgrund eines genialen Role Making.

Die Untersuchung des Prozesses der Professionalisierung, bei dem es in gewisser Weise um die Frage geht, unter welchen Voraussetzungen Ideen aus der Ökologie der Ideen aufgegriffen und operativ wirksam werden, wirft eine Reihe theoretischer Fragen auf. So sollen im folgenden die Unterschiede zwischen einer professionalisierten und einer wissenschaftlichen Führung näher betrachtet werden.

Wenn man den Zusammenhang zwischen Professionalisierung und Rationalität vor diesem Hintergrund thematisiert, dann stellt sich die Frage nach den Möglichkeiten einer wissenschaftlichen Unternehmensführung (insbesondere natürlich im Zusammenhang mit der strategischen Führung). Artikuliert man die Forderung an die internen Akteure (wie z. B. unseren Handwerksmeister), ihre Rollenreflexionen zu professionalisieren und die daraus gewonnenen Ideen und Erkenntnisse in der Unternehmenspraxis anzuwenden, so könnte man dieser Forderung entgegenhalten, daß dies zu einer »Verwissenschaftlichung« der Unternehmenspraxis führen würde. In der Tat wird derartigen Überlegungen gegenüber oftmals diese Kritik geäußert und auf den ersten Blick erscheint sie auch durchaus angebracht. Die »Wissenschaftliche Unternehmensführung« tayloristischer Prägung wies tatsächlich dahingehende Defizite auf, indem sie für sich einen absoluten Erklärungsanspruch und universelle Geltung beanspruchte. Unsere hier referierte Theoriekonstruktion ist jedoch von deutlich größerer Offenheit geprägt. Die »Wissenschaftliche Unternehmensführung« – wie sie hier verstanden wird – erhebt aber trotzdem (oder vielmehr gerade deshalb) den Anspruch, zu einer Entfaltung der Rationalität der Unternehmenspraxis beitragen zu können. Dabei mag sich diese Rationalität gerade darin äußern, daß der Handwerksmeister für sich ein »Recht auf Freiheit vor der Wissenschaft« in Anspruch nimmt (vgl. Kirsch 1984).

Diese Entfaltung der Rationalität zeigt sich in einer zunehmenden Bedeutung sogenannter »hypothesengesteuerter und argumentativ gefilterter Lernprozesse« (Habermas 1981 a, S. 109), die sich der Mittel der menschlichen Sprache bzw. der expliziten Kommunikation bedienen. Man kann auch sagen, daß das Lernen die Form rationaler Erkenntnisprozesse annimmt, wie sie insbesondere die Wissenschaften kennzeichnen. »Wissenschaftliche Unternehmensführung« in diesem neueren Sinne hat also mit dem Auftauchen solcher rationalen Erkenntnisprozesse zu tun und äußert sich in einer spezifischen Erkenntnispraxis. Aus der Sicht einer wissenschaftlichen Unternehmensführung zeigt sich diese Erkenntnispraxis dann natürlich insbesondere auch darin, daß man wissenschaftliche Ergebnisse und Methoden, darüber hinaus aber auch umfassendere »wissenschaftliche« Kontexte und Konzepte der Welterschließung, allgemein: »Ideen« anwendet.

Mit dem Handwerksmeister wurde bislang hauptsächlich die Rolle der *internen* Akteure thematisiert. Doch auch andere Gruppen von *externen* Akteuren haben einen nicht zu vernachlässigenden Stellenwert im Verlauf des Professionalisierungsprozesses. Die besondere Stellung des internen Akteurs ergibt sich aus der Tatsache, daß er kompetenter Teilnehmer der Lebens- und Sprachformen des Unternehmens ist und somit am ehesten in der Lage ist, seine Rolle im Unternehmen nachhaltig und operativ wirksam zu reflektieren. Im vorliegenden Fall sind als externe Akteure insbesondere Wissenschaftler und Berater bedeutsam. Ihnen zuzurechnen ist zunächst eine entscheidende Rolle bei der Verbreitung und der Fortentwicklung der (Führungs-) Lehren, vor deren Hintergrund die jeweiligen Rollenreflexionen erfolgen. Man denke nur an den Handwerksmeister auf dem Unternehmerseminar, der an spezifischen unternehmensinternen Bildungssystemen teilnimmt, die speziell zu dem Zweck entwickelt wurden, um von Wissenschaftlern und Beratern produzierte sekundäre Traditionen etwa durch Vorträge an die internen Akteuren zu vermitteln. Darüber hinaus ist auch denkbar, daß sie auch den Professionalisierungsprozeß in einem fokalen Unternehmen fördern können. Hierzu müssen sie kompetente Teilnehmer an den Lebens- und Sprachformen des Unternehmens werden, und zudem über einen dauerhaften Zugang zu dem Unternehmen verfügen. Beides wird wohl nicht in jedem Fall gegeben sein.

Ein derartiger Ausnahmefall läge beispielsweise vor, wenn ein Wissenschaftler im Rahmen eines längeren Projektes einer »Aktionsforschung« die Möglichkeit hat, die Lebens- und Sprachformen seines Partnerunternehmens zu erlernen. Dies wäre beispielsweise der Fall, wenn der Professor im Bräustüberl von den Rollenreflexionen unseres Handwerksmeisters so überzeugt wäre, daß er eine Untersuchung über »Strategische Führung von mittelständischen Unternehmen am Beispiel von XY« starten würde.

Zur Anfertigung dieser Studie würde er sich natürlich lange in dem Betrieb aufhalten, um so die spezifischen Denkkategorien dieses Betriebes zu rekonstruieren. Aufbauend auf diesem verstehenden Zugang wäre er dann in der Lage, Beobachtungen und Beschreibungen dieses Unternehmens anzufertigen und diese selbst wiederum im Unternehmen zum Gegenstand von Reflexionen werden zu lassen. Analoges gilt natürlich auch für den Berater, sofern dieser nicht lediglich versucht, existierende Erfolgskonzepte und Normstrategien im Unternehmen zu implementieren, sondern sich in ähnlicher Weise wie der Wissenschaftler zunächst einen Zugang in der Teilnehmerperspektive erschließt. In beiden Fällen könnte somit auch den Wissenschaftlern und Beratern die Rolle des Trägers der Professionalisierung attribuiert werden. In beiden Fällen erscheint jedoch fragwürdig, inwieweit von einer Nachhaltigkeit der Rollenreflexionen gesprochen werden kann. Zwar kann der Wissenschaftler in einer konkreten Beobachtungsepisode die Rolle des Trägers übernehmen, nachhaltig – im Sinne von über diese Episode hinausreichend – werden die initiierten Prozesse wohl aber nur dann sein, wenn es bereits während des Reflexionsprozesses gelingt, die internen Akteure mit der Handhabung des verwendeten (sprachlichen wie methodologischen) Instrumentariums vertraut zu machen.

Ähnliches gilt natürlich auch für den Fall, daß die Wissenschaftler im Unternehmen Prozesse initiieren, die zu einer Ausdifferenzierung von Managementsystemen führen. In diesem Fall könnte dann davon gesprochen werden, daß die Wissenschaftler die Entwicklung eines kollektiven internen Akteurs angeregt haben, dessen primäre Aufgabe darin besteht, die Prozesse der Basisorganisation aus einem strategischen oder operativen Kontext heraus zu reflektieren. Auch diesem Argumentationsstrang folgend können wiederum nur die internen Akteure die eigentlichen Träger der Professionalisierung sein. Den Wissenschaftlern und Beratern fällt in dieser Konstruktion aber die Rolle zu, durch ihre Beobachtungen und Beschreibungen die Professionalisierungsprozesse zu initiieren bzw. zu katalysieren.

4. Angewandte Führungslehre und Rationalisierung

Eine Organisation oder eines ihrer Teile wird, folgt man unseren bisherigen Überlegungen, »professionell gemanagt«, wenn operativ wirksame Reflexionen der jeweiligen Führungsrollen existieren, die insofern nachhaltig sind, als sie im Zuge der organisatorischen Kommunikationen immer auch von neuem reproduziert (und natürlich fortentwickelt) werden. Dies alles kann dann auch dahingehend ausgedrückt werden, daß bei Vorliegen der angegebenen Bedingungen Management als professionalisierte Form der Führung betrachtet wird.

Im weiteren wollen wir nun die Zusammenhänge zwischen einer angewandten Führungslehre und einer Rationalisierung der Führungspraxis näher untersuchen. Dabei nehmen wir zunächst die Perspektive der angewandten Führunglehre ein und stellen exemplarisch an der »Funktion der Führung« deren Einfluß auf die Führungspraxis dar (4.2). Dabei ist es zweckmäßig, sich auf einen spezifisch organisationstheoretischen Bezugsrahmen zu stützen, der anhand von »Sinnmodellen« die Entwicklung einer Organisation thematisiert. Dieser bildet dann auch die Grundlage zur Erläuterung der Bedeutung der »Basisfähigkeiten« einer Organisation, nicht zuletzt auch in Hinblick auf eine Rationalisierung der Führungspraxis. Bevor wir jedoch mit dieser Argumentation beginnen können, ist es zweckmäßig einige Überlegungen zur Rolle einer angewandten Führungslehre anzustellen (4.1).

4.1 Vorüberlegungen zu einer angewandten Führungslehre

Betrachtet man Management als professionalisierte Form der Führung, können Forschungsaktivitäten der Betriebswirtschaftslehre als eine angewandte Wissenschaft wie folgt erläutert werden: Wer im Sinne einer angewandten Führungslehre zur Professionalisierung bzw. Rationalisierung der Führungspraxis beitragen möchte, kann ohne ein Vorverständnis der Probleme nicht auskommen, die mit der Führung von Organisationen oder einzelnen Teilbereichen verbunden sind. Im Zusammenhang mit der Explikation typischer Probleme und der Charakterisierung typischer Problemfelder bei der Führung von betriebswirtschaftlichen Organisationen muß der betriebswirtschaftliche Forscher Leistungen erbringen, die letztlich immer auch dahingehend interpretiert werden können, daß er typische (problematische) Aufgaben bzw. typische Aufgabenkomplexe präzisiert, zu denen er dann wissenschaftlich angeregte Verbesserungsvorschläge macht. Mit anderen Worten: Der angewandte Forscher muß genau das leisten, was wir im Zusammenhang mit der Explikation des Begriffes »Management« als Reflexion von Rollen bezeichnet haben. Geschieht dies im Zuge einer Aktionsforschung, so leistet der beteiligte Wissenschaftler sogar unmittelbar Beiträge zu einer solchen Aufgaben-Reflexion, wie wir sie oben herausgestellt haben. Denn der Aktionsforscher ist ja für die Dauer der Forschungsepisode selbst Teilnehmer der spezifischen organisatorischen Lebenswelt. Man könnte dies auch wie folgt ausdrücken: Ein Vertreter einer angewandten Führungslehre kann nicht umhin, Führung im Sinne von »Management« (zumindest tendenziell) zu konstituieren. Angewandte Führungslehre ohne Rekonstruktionen und Explikationen von Führungsaufgaben (oder Aussagen, die als Kandidaten für »Aufgaben« herangezogen werden können) ist letztlich nicht denkbar. Wenn man so will, ist angewandte Führungslehre immer auch Managementlehre.

Dennoch vermeiden wir es, von »Managementlehre« zu sprechen (es sei denn, der spezifische Kommunikationszusammenhang läßt es im Hinblick auf den Adressaten opportun erscheinen). Diese Vermeidung steht im Einklang mit der Hervorhebung einer deskriptiven Lehre von der Führung innerhalb der Gesamtkonzeption der angewandten Führungslehre. Die Überlegungen zum Bezugsrahmen des vorliegenden Beitrages sind ja letztlich vor dem Hintergrund einer solchen deskriptiven Lehre von der Führung zu sehen, die wir als Organisationstheorie betrachten. Im Bezugsrahmen einer solchen Organisationstheorie erscheint es uns sinnvoll, die begriffliche Möglichkeit einer Differenzierung von Führung und Management zu eröffnen, um die Möglichkeit des Auftauchens von Reflexionen von Führungsaufgaben und deren Rückwirkungen auf die sich entwickelnden Führungsstrukturen besser problematisieren zu können. Gleichzeitig soll dieser organisationstheoretische Bezugsrahmen aber auch die Möglichkeit eröffnen, die möglichen Dysfunktionen gesteigerter Reflexionen bzw. einer damit verbundenen Überprofessionalisierung zu analysieren. Eine solche »Überprofessionalisierung« kann möglicherweise auf den »Output« einer angewandten Lehre für die Führung zurückgeführt werden. Untersucht man vor dem Hintergrund dieser Vorstellung die genannte Dysfunktion, betrachtet man letztlich, inwieweit sich »Anwendungen« verschiedener Traditionen der Führungslehre auf die Führung von Organisationen auswirken. Die Führungslehre untersucht schließlich ihre eigenen Auswirkungen und ist in diesem Sinne selbstreferentiell.

4.2 Angewandte Führungslehre und Sinnmodelle einer Organisation

Die Forschungsbemühungen im Rahmen einer angewandten Führungslehre prägen (direkt oder über ihre Beiträge zur Ausbildung von Führungskräften) die Vorstellungen darüber, worin die vielfältigen Führungsaufgaben zu sehen sind und wie man diese Führungsaufgaben in adäquater Weise bewältigen kann. Wann immer zum Beispiel in einem konkreten Fall rekonstruiert wird, was in einer bestimmten historischen Situation als professionelle (oder rationale) Bewältigung von Aufgaben angesehen wird, stets wird man in diesen Sichtweisen Spuren früherer wissenschaftlicher und außerwissenschaftlicher Auseinandersetzungen mit den damit angesprochenen Fragen rekonstruieren können. Ein (wenigstens für uns) wichtiges Beispiel sind die »Funktionen der Führung«.
Erläutern läßt sich das anhand eines organisationstheoretischen Bezugsrahmens (vgl. Abb. 2), der Organisationen als entwicklungsfähige, evolvierende Systeme begreift, die unter anderem auch zu einer Höherentwicklung durch den Wandel der Sinnmodelle fähig sind (vgl. ausführlicher Kirsch 1992). Dabei wird von der Nullhypothese ausgegangen, daß Organisationen sich im Zeitablauf verändern und in eine »offene«, nicht prognostizierbare Zukunft evolvieren; jeder Stillstand in dieser Evolution wäre ein erklärungsbedürftiges Phänomen. Dabei muß unterstellt werden, daß diese Evolution grundsätzlich nicht vollständig kontrollier- bzw. steuerbar ist.

Mit dem Begriff der Entwicklungsfähigkeit wird aber betont, daß sich im Zuge dieser Evolution Fähigkeiten der Organisation entfalten können, und die mangelnde Kontrollierbarkeit nicht den völligen Verzicht auf die Beeinflußbarkeit der Organisation bedeutet. Die Organisation kann bis zu einem gewissen Grad ihre eigene Entwicklung mitsteuern.

Die Entwicklung einer Organisation kann mit einer Art »Paradigmenwechsel« verbunden sein, d. h. mit einer »revolutionären« Veränderung des Sinnmodells im Sinne eines »Weltbildes«, das »hinter« der Tiefenstruktur von Regeln (Rollenstrukturen) steht, nach denen sich das Handeln der Aktoren in Organisationen immer wieder (re-) produziert. Die jeweilige Organisationssicht bringt nicht zuletzt auch die Vorstellungen zum Ausdruck, was »Sinn und Zweck« einer Organisation sind bzw. sein sollen. Insofern erscheint es auch gerechtfertigt, davon zu sprechen, die Entwicklung der Organisation sei mit einer paradigmatischen Veränderung des »Sinnmodells« der Organisation verbunden. »Sinnmodelle« konstituieren also jene Weltbilder (Organisationssichten), auf deren Grundlage Probleme definiert, Situationen beschrieben, Lösungen gesucht werden usw.; sie sind in der Kultur der Organisation verankert und können als Inbegriff der in der Unternehmenspraxis vorhandenen Annahmen, Denkweisen und Vorstellungen aufgefaßt werden.

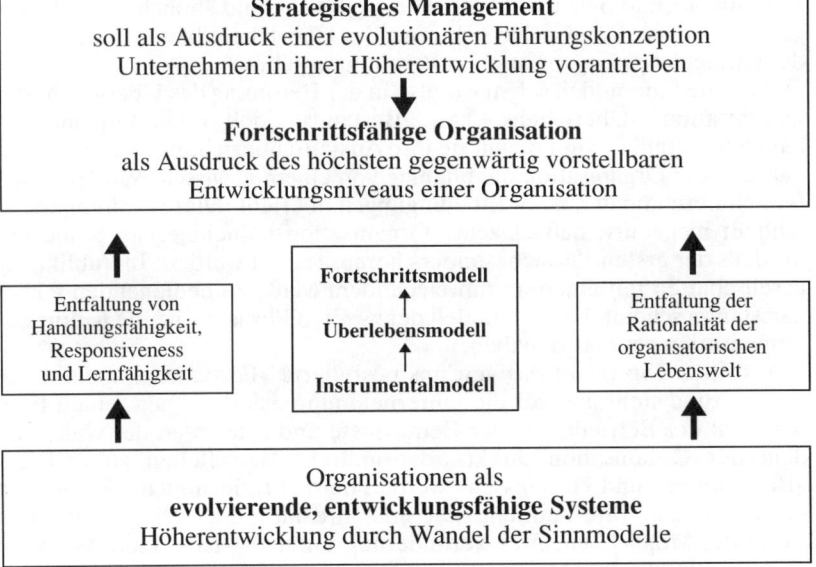

Abb. 2: Ein organisationstheoretischer Bezugsrahmen

In dem Maße, wie sich diese Sinnmodelle verändern, ist mit der Evolution eine Art »Höherentwicklung« verbunden. Es steht im Einklang mit dieser Sichtweise, daß die Sinnmodelle bzw. Organisationssichten von literarischen (nicht nur wissenschaftlichen) Werken der gesellschaftlichen Kultur geprägt sind. In stark vereinfachter Form könnte man die Vielfalt solcher kultureller Annahmen auf drei Grundtypen reduzieren, hinter deren Reihenfolge wir auch eine gewisse geschichtliche Entwicklung vermuten.

Das erste dieser Sinnmodelle ist das »Instrumentalmodell«. Die Organisation wird hier in allererster Linie als Instrument zur Erfüllung bestimmter, mehr oder weniger vorgegebener Ziele und Aufgaben angesehen. Unternehmungen sind beispielsweise dazu da, Einkommen für die Eigenkapitalgeber zu erzielen; die Tätigkeit des Organisierens soll hier Strukturen schaffen, die im Hinblick auf diesen Zweck möglichst »optimal« sind (im Bereich der Organisationslehre findet sich diese »klassische« Sichtweise etwa bei Kosiol 1976, Nordsiek 1961, Grochla 1975 und Gutenberg 1962). Die Funktionen sind damit eindeutig auf diese monodimensionale Zwecksetzung ausgerichtet. Anders ist dies bei einem erweiterten Sinnmodell. Prototypisch ist hierbei das berühmte Werk Barnards »The Functions of the Executives« (1938) zu nennen, in dem die Funktionen der Führung in einem engen Bezug zur Wahrung des Anreiz-Beitrags-Gleichgewichts der Organisation gesehen werden. Thompson (1967) fügt die Wahrung des sogenannten Co-Alignments (Entsprechung) von Domäne, Strategie, Struktur, Technologie und Umfeld hinzu. Solche und ähnliche Überlegungen werden letztlich mit der Sicherung des Überlebens bzw. des Bestandes der betrachteten Organisation in Verbindung gebracht.

Das zweite Sinnmodell sehen wir also in der Betonung des Überlebens der Organisation (»Überlebens-« bzw. »Bestandsmodell«). Die Organisation hat viele Beteiligte, mit denen sie ihre Austauschbeziehungen so zu regeln hat, daß die Organisation unabhängig von einem gewissen Wandel in den Teilnehmern und den Umweltbedingungen überlebt. Dieses »Sinnmodell« schließt nicht aus, daß einzelne Organisationsteilnehmer im Sinne des Modells der ersten Phase besonders herausgestellt werden. In Publikumsgesellschaften mit einem in hinreichendem Maße zu bedienenden Aktionärsstamm scheint das Sinnmodell der zweiten Phase zuerst die Kultur der Organisation geprägt zu haben.

Den dritten Typ bildet das von uns postulierte »Fortschrittsmodell«. Im Vordergrund steht hier für die Unternehmung das Bemühen, einen Fortschritt in der Befriedigung der Bedürfnisse und Interessen der vom Handeln der Organisation direkt oder indirekt Betroffenen zu erzielen. »Bedürfnisse« und »Interessen« werden hierbei freilich nicht als gegeben hingenommen. Ihre Authentizität und ihre moralische Begründbarkeit sowie die Möglichkeit ihrer Veränderung unter diesen beiden Aspekten stellen vielmehr Problemstellungen dar, denen sich die fortschrittsfähige Organisation in expliziter Weise zuwendet.

Freilich wird nicht behauptet, daß es eine fortschrittsfähige Organisation in diesem Sinn in der Realität bereits gibt. Spuren, finden sich allenfalls in Subkulturen von Unternehmen, deren dominierende Kultur ansonsten durch das Überlebensmodell geprägt ist. Mit anderen Worten: Die Vorstellung einer fortschrittsfähigen Organisation stellt ein kontrafaktisches Modell dar. Wenn die Frage nach dem Fortschritt dennoch in unserer theoretischen Konstruktion in den Vordergrund gestellt wird, so ist diese nicht zuletzt auch ein Ausdruck einer kritischen Funktion der angestrebten Führungslehre. Interessiert man sich nun für die lebensweltliche Kommunikation über Führung und für die lebensweltlichen Selbstbeschreibungen von Führung, dann wird man ideengeschichtlich bzw. dogmengeschichtlich vorgehen und so etwas ähnliches wie eine Entwicklungslogik rekonstruieren können. Und es wird dann nicht überraschen, daß wir eine solche Entwicklungslogik von Führungskonzeptionen und möglichen Selbstbeschreibungen von Führung auch dadurch konstituiert sehen, daß wir diese eng mit den generellen Organisationssichtweisen in Verbindung bringen. Das Instrumentalmodell gibt eine andere Klasse von Führungskonzeptionen wieder als das Bestandsmodell.

4.3 Basisfähigkeiten einer Organisation und Organisationslernen

Die Entwicklung, zu der eine Organisation grundsätzlich fähig ist, die aber nicht automatisch stattfinden muß, äußert sich in der Entfaltung von drei Basisfähigkeiten: der Handlungsfähigkeit, der Lernfähigkeit und der Responsivenes:
Die *Handlungsfähigkeit* ist einerseits dadurch gekennzeichnet, daß genügend Ressourcen vorhanden sein müssen, um den »Ongoing-Process« der Organisation hinreichend zu alimentieren. Die »Identität« der Organisation muß aufrechterhalten werden können. Andererseits kann aber Handlungsfähigkeit wohl auch gerade darin bestehen, eine gewachsene Identität aus eigenem Antrieb verändern zu können.
Neben der Handlungsfähigkeit ist die *Lernfähigkeit* (vgl. ausführlich Pautzke 1989) zu nennen. Dabei kann man sicherlich zunächst an die Fähigkeit denken, systematisch Wissen über die Welt zu erwerben; das Stichwort einer »wissenschaftlichen Unternehmensführung« bringt jedenfalls genau diese Vorstellung zum Ausdruck. Vor dem Hintergrund der durch Habermas (1981 a,b) angeregten Überlegungen zu einem Konzept der kommunikativen Rationalität bietet es sich freilich an, auch den Erwerb moralisch-praktischen und ästhetisch-expressiven Wissens in die Lernfähigkeit mit einzubeziehen. Neben den traditionell als relevant erachteten Wissenschaften (Betriebswirtschaftslehre, Rechts- und Ingenieurswissenschaften usw.) sind dann etwa auch Ethik und Kunsttheorie/Kunstkritik potentiell interessierende Wissenschaftsdisziplinen.
Schließlich verbinden wir die Entwicklung einer Organisation mit einer

Entfaltung bzw. Steigerung der Responsiveness gegenüber Bedürfnissen und Interessen von Betroffenen. Bedürfnisse und Interessen können nur berücksichtigt werden, wenn die Organisation sich sensibel gegenüber den verschiedenen Lebens- und Sprachformen zeigt, in deren Kontext die Bedürfnisse und Interessen jeweils artikuliert werden. Das kann man sich in einer eher passiven Variante vorstellen; Responsiveness ist dann eine Art von »Empfänglichkeit«, die viel mit dem Erwerb eines Wissens über die verschiedenen Lebens- und Sprachformen zu tun hat. In einer eher aktiven Variante besitzen die vom Handeln der Organisation jeweils betroffenen Lebens- und Sprachformen dagegen einen direkten Zugang zu den relevanten Entscheidungssystemen. Statt »Marketing« ist »Partizipation« das Leitprinzip (vgl. Kirsch und Mitarbeiter 1984). Die einzelnen Basisfähigkeiten können nun jeweils für sich eine Steigerung erfahren. Einige Beispiele machen dies plausibel:

- Veränderungen von Organisationsstrukturen können vormals vorhandene Informationspathologien mindern und in diesem Sinne die Lernfähigkeit des Systems steigern. Dabei muß nicht unterstellt werden, daß diese Strukturveränderungen das Ergebnis willentlicher Handlungen darstellen.
- Die Handlungsfähigkeit eines Systems wird möglicherweise gesteigert, wenn aufgrund von Veränderungen zusätzliche Ressourcen für das System verfügbar werden oder die Mobilisierung solcher Ressourcen erleichtert wird.
- Auch bezüglich der Responsiveness können strukturelle Veränderungen der Oberflächenstruktur des Systems Steigerungen hervorrufen. Geraten (aus welchen Gründen auch immer) die Aktoren des betroffenen Systems in eine räumliche Nähe irgendwelcher Betroffener, und werden sie durch diese räumliche Nähe (und andere Einflußgrößen) zu Interaktionen mit diesen Betroffenen »genötigt«, so wird dies u. U. die Responsiveness des Systems erhöhen.

Im vorliegenden Zusammenhang kommt nun der Lernfähigkeit eine besondere Bedeutung zu. Wir gehen davon aus, daß die Analyse des Lernens einer Organisation an Vorstellungen einer organisatorischen Wissensbasis anzuknüpfen hat. Organisatorisches Lernen äußert sich in der Art und Weise, wie die Wissensbasis einer Organisation nutzbar gemacht, verändert und fortentwickelt wird. Die organisatorische Wissensbasis wird durch das den Aktoren der Organisation prinzipiell erreichbare Wissen konstituiert. Dabei müssen wir uns auf das intuitive Vorverständnis des Lesers bezüglich des Wissensbegriffes verlassen. Bereits erwähnt wurde weiter oben, daß es sich hier nicht nur um kognitiv-instrumentelles Wissen (wie es etwa durch Theorien und Technologien repräsentiert wird), sondern auch um moralisch-praktisches und ästhetisch- expressives Wissen (wie es sich etwa in Ethiken bzw. in Kunsttheorien äußern man) handelt.
Betrachtet man die Lernfähigkeit einer Organisation ist zunächst auf die

Lernfähigkeit individueller Aktoren zu rekurrieren. Andererseits ist die Lernfähigkeit auch dadurch gekennzeichnet, daß die Organisation die Fähigkeit besitzt, eventuelle Informations- und Kommunikationspathologien abzubauen, was freilich wohl auch ein Lernen bezüglich der Existenz solcher Pathologien und eine entsprechende Handlungsfähigkeit voraussetzt. Die Lernfähigkeit einer Organisation muß also selbstreferentiell und vor dem Hintergrund anderer Basisfähigkeiten gesehen werden, die ihrerseits durch systemische Gegebenheiten im organisatorischen Feld geprägt sind.

Eine Vertiefung der Zusammenhänge zwischen den verschiedenen Basisfähigkeiten kann erreicht werden, wenn man in vereinfachender Form zwischen einem passiven und einem aktiven Lernen unterscheidet. Im Falle des aktiven Lernens handeln einzelne Aktoren, um zu lernen. Im Falle des passiven Lernens ist das Lernen »Outcome« des Handelns, das sich von der Intention her auf andere Tatbestände richtet. Wenn es so etwas wie »aktives Lernhandeln« gibt, so kann auch von der Handlungsfähigkeit des Systems in bezug auf dieses Lernen gesprochen werden. Eine Steigerung der »Lernhandlungsfähigkeit« fördert dann selbstverständlich auch die Lernfähigkeit des Systems.

In analoger Weise kann man annehmen, daß Organisationen bzw. ihre Aktoren auch ein aktives Handeln an den Tag legen können, mit dem sie sich »empfänglicher« machen wollen. Auch in diesem Falle muß also die Empfänglichkeit bzw. das »Empfangen« nicht als die (rein passive) Folge anderer Ereignisse bzw. Handlungen gesehen werden. Eine mögliche Dimension der Handlungsfähigkeit eines Systems besteht also u. a. darin, daß das System in der Lage ist, sich durch aktives Handeln »empfänglicher« zu machen. Man könnte dies wohl auch dahingehend ausdrücken, daß das System aktiv handelnd Potentiale der Empfänglichkeit entwickelt. Dies kann selbstverständlich verallgemeinert werden, denn man kann annehmen, daß Systeme unter Umständen auch in der Lage sind, sich aktiv handelnd »handlungsfähiger« zu machen. Auch dies würde dann bedeuten, daß sich die Handlungsfähigkeit darin äußert, daß in aktiver Weise Handlungspotentiale entwickelt werden können. Die Lernfähigkeit kann also durch einen Ausbau der »aktiven Lernhandlungsfähigkeit« gesteigert werden. Es bereitet keine Schwierigkeit, dann in einem zweiten Schritt anzunehmen, daß sich die Lernfähigkeit des Systems auch auf Faktoren erstrecken kann, die die genannte »Lernhandlungsfähigkeit« beeinflussen: Die Organistion hat damit die Fähigkeit, auch etwas über seine eigene Lernfähigkeit zu lernen.

Fassen wir die bisherigen Darlegungen bezüglich der Basisfähigkeiten zusammen. Es liegt nahe, daß eine Organisation lernen kann, wie sich die verschiedenen Basisfähigkeiten wechselseitig positiv oder negativ beeinflussen. Und damit lernt die Organisation, auch zu lernen bzw. seine eigene Lernfähigkeit zu verbessern. Dies wird – so unsere These – gefördert, wenn die Basisfähigkeiten ein Pendant in der Begrifflichkeit der Lebenswelt der

Organisation besitzen und die Aktoren insofern diese Fähigkeiten der Organisation selbst reflektieren. Je weiter man aber diese Überlegungen vorantreibt, desto mehr nähert man sich dem Punkt, an dem die Einbeziehung von Rationalisierungstendenzen im Rahmen der organisatorischen Lebenswelt erforderlich wird.

In einfachster Form läßt sich das daran erläutern, daß mit einer Erweiterung der organisatorischen Wissensbasis auch immer das Erlernen »sekundärer«, bestimmter Standards genügender Traditionen verbunden sein kann, die zur Reflexion der Führungsrollen genutzt werden können. Weitergehend bedeutet die Ausrichtung einer spezifischen Begrifflichkeit für die hier in Frage stehenden Problemzusammenhänge eine Rationalisierung der organisatorischen Lebenswelt: Erst jetzt ist Wissen in einer Weise explizit geworden, daß man die Problemzusammenhänge thematisieren und strittige Wissensbestandteile einer Kritik unterziehen kann. Das gilt insbesondere für die systematische Evaluierung eben dieser Zusammenhänge; hier spielen nämlich Wissensfragmente eine Rolle, welche eigentlich nur durch spezifische »Forschungen« gewonnen werden können, die einzelne Aktoren in objektivierender Einstellung und unter Verwendung geeigneter Methoden zu relevanten Fragestellungen durchführen. Unsere generelle Hypothese lautet also, daß eine zirkuläre Verflechtung der Basisfähigkeiten im Sinne eines Ausbaus wechselseitiger Steigerungsbeziehungen und eines Abbaus von kontraproduktiven Konkurrenzbeziehungen eng mit der Rationalisierung der organisatorischen Lebenswelt zusammenhängt, und diese Rationalisierung ihrerseits ganz wesentlich durch die Überführung eines möglicherweise nur diffus vorhandenen Wissens in (kritikfähige) Erkenntnis charakterisiert werden kann. Rein »naturwüchsig« sich einstellende Konditionierungsverhältnisse stoßen im Hinblick auf die Entfaltung der Basisfähigkeiten des Unternehmens an Grenzen, die nur durch Rationalisierungsschübe in diesem Sinne überwunden werden können. Freilich können und sollen über diese »Schübe« die »naturwüchsigen« Aspekte nicht völlig eliminiert werden. Es gilt somit allzu voluntaristische Nutzbarkeitsvorstellungen bereits im Ansatz zu vermeiden.

Habermas hat nun, wie bereits angedeutet, den Versuch unternommen, die Bedingungen etwas genauer zu spezifizieren, unter denen sich eine Rationalisierung der (zunächst einmal: originären) Lebenswelt vollziehen kann (vgl. zum folgenden Habermas 1981 a, S. 109). Danach muß die Lebenswelt erstens eine Art Koordinatensystem mit Geltungsansprüchen (propositionale Wahrheit, normative Richtigkeit, subjektive Wahrhaftigkeit) bereitstellen, die die Ja/Nein-Stellungnahmen von Argumentationen zu strukturieren helfen. Die Lebenswelt muß zweitens ein reflexives Verhältnis zu sich selbst in der Weise gestatten, daß »interne Sinnzusammenhänge systematisch bearbeitet und alternative Deutungen methodisch untersucht werden«; es muß, mit anderen Worten, »hypothesengesteuerte und argumentativ gefilterte Lernprozesse in Bereichen des objektivierenden Denkens, der moralisch-praktischen Einsicht und der ästhetischen Wahrnehmung« geben. Diese müssen sich, drittens, soweit (in Wissenschaft, Moral und Recht) institutionalisieren lassen, daß einerseits die Verflüssigung von Wissensbeständen aufrechterhalten, andererseits aber ihre spezialisierte und professionell abgesicherte Bearbeitung sichergestellt werden kann.

Habermas führt noch eine vierte Bedingung ein, nämlich die Möglichkeit einer wenigstens partiellen Entkoppelung einzelner gesellschaftlicher Teilbereiche von den anspruchsvollen Rationalisierungsanforderungen der Lebenswelt. Hierzu zählt auch die Wirtschaft: Für die dort agierenden (uns ja besonders interessierenden) Organisationen gelten dann die drei Bedingungen nur in beschränkter Weise. Gegen diese These ist nicht nur in der soziologischen Habermas-Rezeption heftige Kritik erhoben worden (vgl. etwa Berger 1982, Bader 1983). Auch wir sind beispielsweise über die (im Anschluß an Habermas vorgenommene) Unterscheidung mehrerer Wissensarten (technisch und strategisch verwertbares, empirisch- theoretisches, moralisch- und ästhetisch-expressives Wissen) davon ausgegangen, daß auch Wirtschaftsorganisationen sehr wohl unter allen diesen Aspekten rationalisierungsfähig sind (vgl. Kirsch und zu Knyphausen 1988, S. 498 ff.).

Wenn wir dies als Ausgangspunkt nehmen, besitzen also auch die Bedingungen zwei und drei für Überlegungen zur Rationalisierung der (nunmehr) organsisatorischen Lebenswelt Bedeutung. Die These geht dahin, daß es auch in einer Organisation »hypothesengesteuerte und argumentativ gefilterte Lernprozesse« (bzw. wie man nun auch sagen kann: Erkenntnisprozesse) gibt und deren Institutionalisierung (z. B. in Form von Forschungs- und Entwicklungsabteilungen oder Rechtsabteilungen) sichergestellt sein muß. Nur auf diesem Wege kann die Rationalisierung der Lebenswelt vorangetrieben werden.

5. Ausblick: Angewandte Führungslehre und Betriebspädagogik

Vor dem Hintergrund der vorangegangenen Ausführungen rückte die Konzeption der »lernenden Organisation« in den Vordergrund. Diese Grundkonzeption spielt nicht nur in zunehmenden Maße in der Betriebswirtschaftslehre bzw. der Managementlehre, sondern auch im Bereich der Betriebspädagogik eine zentrale Rolle. In der Konzeption der lernenden Organisation manifestiert sich nicht zuletzt eine Konvergenz betriebspädagogischer und betriebswirtschaftlicher Ansätze. Die für Betriebspädagogik immer schon charakteristische interdisziplinäre Ausrichtung gewinnt dadurch zusätzliche Qualität.

Knüpft man an die These von der Rollenreflexion und der damit verbundenen Professionalisierung an, dann kann man die Aufgabe der Betriebspädagogik auch darin sehen, derartige Rollenreflexionen im Unternehmen zu initiieren, aufrechterhalten und in geeigneter fachdidaktischer Form mit

Ideen zu unterfüttern, die der Entfaltung der Professionalität dienlich sind. Die damit verbundenen Reflexionen können vor dem Hintergrund unterschiedlicher Traditionen durchgeführt werden. Es ist natürlich Aufgabe der Betriebspädagogik, schwerpunktmäßig auf solche Traditionen zu verweisen, die den genannten Standards entsprechen und so nicht nur zu einer Professionalisierung, sondern auch zur Rationalisierung der Führungspraxis führen.

Bei der Erfüllung dieser Aufgaben muß auf die individuelle Situation eines Unternehmens, insbesondere auf deren Entwicklungsstand Rücksicht genommen werden. So hängen die jeweiligen aktuellen Möglichkeiten zu einer Professionalisierung bzw. Rationalisierung eines Unternehmens nicht zuletzt vom Entfaltungsgrad der Basisfähigkeiten ab. Eine Mißachtung dieser Restriktionen würde letztlich zu Immunreaktionen und damit zu den bekannten Dysfunktionen allzu voluntaristischer Machbarkeitsvorstellungen führen.

Damit ist freilich nicht ausgeschlossen, daß (auch) betriebspädagogische Bemühungen zu einer (langfristigen) Steigerung der Basisfähigkeiten eines Unternehmens beitragen. Dies kann an einem bestimmten Punkt zu einem »Paradigmawechsel« im Unternehmen führen. Damit verbunden ist insbesondere auch das Bemühen, die Unternehmensführung zu neuartigen Selbstbeschreibungen der Unternehmung bzw. ihrer Führung zu bringen, die ihrerseits wiederum an den Sinnmodellen anknüpfen können. Insbesondere in den »revolutionären« Phasen des Übergangs kann die Betriebspädagogik Beiträge zur Absicherung des Wandels und Stabilisierung des neuen Sinnmodells leisten.

Literatur

Bader, V. M.: Schmerzlose Entkopplungen von System und Lebenswelt? Engpässe der Theorie des kommunikativen Handelns von Jürgen Habermas. In: Kennis en methode 7/1983, S. 329–355.

Barnard, C. I.: The Functions of the Executive. Cambridge/Mass. 1938.

Berger, J.: Die Versprachlichung des Sakralen und die Entsprachlichung der Ökonomie. In: Zeitschrift für Soziologie 11/1982, S. 353–365.

Biddle, B. J.: Roles, Goals and Value Structures in Organisations. In: Cooper et al. (Hg.): 1964, S. 150–172.

Cooper, W. W./Leavitt, H. J./Shelly II, M. W.(Hg.): New Perspectives in Organisation Research. New York u. a. 1964.

Grochla, E.: Organisationstheorie. Band 1. Stuttgart 1975.

Gutenberg, E.: Unternehmensführung – Organisation und Entscheidungen. Wiesbaden 1962.

Habermas, J.: Theorie des kommunikativen Handelns. Band 1: Handlungsrationalität und gesellschaftliche Rationalisierung. Band 2: Zur Kritik der funktionalistischen Vernunft, Frankfurt am Main 1981.

Heinen, E.: Zum Wissenschaftsprogramm der entscheidungsorientierten Betriebswirtschaftslehre. In: Zeitschrift für Betriebswirtschaftslehre 39/1969, S. 207 ff.

Heinen, E.: Der entscheidungsorientierte Ansatz der BWL. In: Zeitschrift für Betriebswirtschaft 1971, S. 430–444.

Kirsch, W.: Entscheidungsprozesse. Band 3: Entscheidungen in Organisationen. Wiesbaden 1971.

Kirsch, W.: Wissenschaftliche Unternehmensführung oder Freiheit vor der Wissenschaft? Studien zu den Grundlagen der Führungslehre. 2 Halbbde. München 1984.

Kirsch, W.: Kommunikatives Handeln, Autopoiese, Rationalität – Sondierungen zu einer evolutionären Führungslehre. München 1992.

Kirsch, W./Knyphausen, D. zu: Unternehmen und Gesellschaft. Die »Standortbestimmung« des Unternehmens als Problem des Strategischen Managements. In: Die Betriebswirtschaft 48/1988, S. 489–507.

Kirsch, W./Knyphausen, D. zu/Ringlstetter, M.: Grundideen und Entwicklungstendenzen im strategischen Management. In: Riekhof 1994, S. 3–19.

Kirsch, W./Scholl, W./Paul, G.: Mitbestimmung in der Unternehmenspraxis. Eine empirische Bestandsaufnahme. München 1984.

Kiss, G.: Evolution soziologischer Grundbegriffe. Stuttgart 1989.

Kortzfleisch, G. V. (Hg.): Wissenschaftsprogramm und Ausbildungsziele der Betriebswirtschaftslehre. Berlin 1971.

Kosiol, E.: Organisation der Unternehmung. 2. Auflage. Wiesbaden 1976.

Krappmann, L.: Soziologische Dimensionen der Identität, Strukturelle Bedingungen für die Teilnahme an Interaktionsprozessen. 6. Auflage, Stuttgart 1982.

Luhmann, N.: Soziale Systeme. Grundriß einer allgemeinen Theorie. Frankfurt am Main 1984.

Nordsiek, F.: Betriebsorganisation. Lehre und Technik. Stuttgart 1961.

Pautzke, G.: Die Evolution der organisatorischen Wissensbasis. Bausteine zu einer Theorie des organisatorischen Lernens. München 1987.

Riekhof, H.-C.: Praxis der Strategieentwicklung: Konzepte – Erfahrungen – Fallstudien. 2. überarbeitete und erweiterte Auflage, Stuttgart 1994.

Ringlstetter, M.: Auf dem Weg zu einem evolutionären Management – Konvergierende Tendenzen in der deutschsprachigen Führungs- bzw. Managementlehre. München 1988.

Ringlstetter, M.: Konzernentwicklung – Rahmenkonzepte für Strategien, Strukturen und Systeme. München 1995.

Rose, A. M. (Hg.): Human Behavior and Social Process. London 1962.

Scholz, C.: Personalmanagement. Informationsorientierte und verhaltenstheoretische Grundlagen. München 1989.

Staehle, W.: Management – Eine verhaltenswissenschaftliche Einführung. 4. neub. und erw. Aufl., München 1989.

Thompson, J. D.: Organizations in Action – Social Science Basis of Administrative Theory. New York u. a. 1967.

Turner, R. H.: Role-Taking-Process versus Conformity. In: Rose 1962, S. 20–40.

Ulrich, H.: Die Unternehmung als produktives soziales System. Bern und Stuttgart 1968.

Ulrich, H.: Der systemorientierte Ansatz in der Betriebswirtschaftslehre. In: Kortzfleisch 1971, S. 43–60.

IV. Reflexives Management und Managementbildung – Möglichkeiten und Grenzen

Dieter Wagner / Heike Nolte

1. Problemstellung und thematische Einordnung

In dem nachfolgenden Beitrag möchten wir mit dem »Reflexiven Management« und der »Managementbildung« auf zwei begriffliche Konstrukte eingehen, die jeweils unterschiedliche wissenschaftliche Traditionen in sich vereinen.

Im Zusammenhang mit der Entwicklung der Betriebswirtschaftslehre zu einer modernen Managementlehre, die Antworten auf die vielfältigen Herausforderungen im ökonomischen, soziokulturellen und technologischen Umfeld zumindest ansatzweise und in Ordnungsmustern bereitstellen muß, steht das Management vor vielfältigen Herausforderungen. Dabei geht es z. B. um die Entwicklung glaubwürdiger und realistischer Visionen der (strategischen) Unternehmensführung (Scholz 1991). Es geht auch um die Konkretisierung nachvollziehbarer Erscheinungsformen von Unternehmenskultur und symbolischer Führung (Dierkes u. a. 1993) ohne alte Führungsprobleme in neuer Form »aufzuwärmen« bzw. noch weiter zu komplizieren und zu ideologisieren. Interkulturelles Management stellt eine weitere Herausforderung dar, denn am »Wesen« eines bestimmten Landes kann »nicht die ganze Welt genesen« und was für Multi N. N. »gut« ist, muß nicht für alle Unternehmen gut sein. Ökologie und Management sind ebenso als problematisches Beziehungsgeflecht zu nennen, wie die Unternehmensethik von gesellschaftlich verantwortlichen Managern nicht nur in Sonntagsreden beschworen werden sollte.

Wir sind der Meinung, man sollte sich diesen Herausforderungen glaubwürdig stellen. Häufig handelt es sich um Konflikte, denen man nicht ausweichen kann, wenn man bedenkt, daß z. B. Umweltschäden eines Tages doch zu Kosten führen. Manager sollten also mehr über ihr Handeln reflektieren und sich intersubjektiv intern und extern austauschen. Hierzu kann wiederum die Managementbildung einen institutionalen wie auch einen funktionalen Beitrag leisten.

Das Anliegen unseres Beitrages liegt zunächst darin, in verschiedene begriffliche und theoretische Zusammenhänge einzuführen, die selbst noch des weiteren Reflektierens bedürfen. Konstruktive Kritik würde uns auf diesem Wege sicherlich unterstützen.

2. Reflexives Management

2.1 Begriff und Einordnung

Management läßt sich zumindest vorläufig definieren als die Planung, Steuerung und Kontrolle komplexer Systeme. Typisch für ein komplexes System wie für die moderne Unternehmung ist z. B. ein hohes Maß an Probabilismus. Die Elemente dieses Systems verändern sich ständig, sowohl bezüglich ihrer Zustände als auch, grundlegender, bezüglich ihrer Art und Zahl. Manche hiermit einhergehende Eigendynamik bewirkt, daß es häufig nur schwer und häufig mit unerwünschten Nebenwirkungen beeinflußt werden kann (vgl. Malik 1984; Probst 1987; Bleicher 1993). Das Systemverhalten kann auch als chaotisch bezeichnet werden. Daß hier ein neuartiges Managementverhalten notwendig ist, bezweifelt wohl niemand ernsthaft (vgl. z. B. Albach 1987; Priesmeyer 1992). Statt dessen wird häufig in tradierten Gewohnheiten gedacht und nicht rechtzeitig erkannt, wenn sich wichtige Voraussetzungen für erfolgreiches Handeln verändert haben. Dabei ist das Problem der Beherrschung von Komplexität zugleich das Kernproblem des modernen Managements. Komplexität bezieht sich entweder auf Systemveränderungen (System-Umwelt-Bezug) oder auf unterschiedliche Systemzustände oder Systemkonfigurationen. Sowohl die Varietät als die Anzahl möglicher Zustände als auch die Konnektivität als das Ausmaß der Vernetzung zwischen Systemelementen und Systembeziehungen (vgl. Beer 1979) sind kennzeichnend für die Komplexität eines Systems. Die Übertragung dieser Überlegungen auf die moderne Unternehmung ist wohl unmittelbar einleuchtend.

Komplexitätsbeherrschung setzt voraus, daß das jeweilige Metasystem eines Systems eine höhere Komplexität aufweist: »Variety absorbs variety« (Beer 1979, S. 86; vgl. Ashby 1958). Dabei kann es immer nur um eine höhere Komplexität bezogen auf einen bestimmten Funktionsbereich gehen (vgl. Luhmann 1988). Hier steht dabei die Funktionserfüllung eines Mitarbeiters innerhalb des Unternehmens im Mittelpunkt. Auch schon dieser enge Ausschnitt beinhaltet erhebliche Komplexität. Um seine Aufgaben erfüllen zu können, muß der Mitarbeiter eine hoch komplexe kognitive Struktur besitzen. Vieles spricht dafür, daß dies häufig nicht der Fall ist. Ob und wie eine Erhöhung der Fähigkeit, komplexe Systeme zu lenken, möglich ist, wird jedenfalls noch zu behandeln sein.

Wieso wird die daraus resultierende Form des Managements als reflexiv bezeichnet? Um diese Frage zu klären, soll kurz auf den Begriff der Reflexivität – oder auch Reflexion – eingegangen werden. Etymologisch besteht ein enger Zusammenhang zwischen »Flexibilität« und »Reflexivität«. Ihr Ursprung liegt im lateinischen Verb »flectere«: beugen, biegen, wenden, lenken. Die Bedeutung von »reflectere« ist entsprechend rückwärtsbiegen, zurückbiegen, drehen, wenden, umkehren (vgl. Akademie der Wissenschaft der DDR 1989; Drosdowski 1989). Heute heißt reflektieren »zurückstrahlen, spiegeln; nachdenken, grübeln, erwägen; etwas in Betracht ziehen, erstreben, im Auge haben« (vgl. Drosdowski 1989).

Der Begriff der Reflexivität läßt sich sowohl auf Personen als auch auf Systeme anwenden. So kommt von Bülow von dem amerikanischen Philosophen Dewey ausgehend zu folgender Definition »Zusammenfassend ist festzuhalten, daß mit dem Begriff der Reflexion das gedankliche *Suchen nach nachvollziehbaren Argumenten* gemeint sein soll, die für ein die Situation veränderndes Handeln angeführt werden können, und auch deren *kritische Prüfung.*« (von Bülow 1989, S. 17).

Damit wird hier nicht – wie z. B. bei Luhmann (vgl. Luhmann 1991, S. 600 ff.) – zwischen basaler und prozessualer Selbstreferenz (»Reflexivität«) sowie Reflexion unterschieden. Unter »Reflexivität« versteht Luhmann «(. . .) wenn ein Prozeß als das Selbst fungiert, auf das die ihm zugehörige Operation der Referenz sich bezieht.« (Luhmann 1991, S. 601). Selbstreferenz kann als »Operationsweise eines Systems, bei welcher die Reproduktion der Einheit des Systems die Bedingung der Möglichkeit von Umweltkontakten (Fremdreferenz) abgibt« (Willke 1993, S. 281) definiert werden.

»Reflexion« bedeutet bei Luhmann die Fähigkeit sozialer Systeme »(. . .) sich selbst zu thematisieren und sich selbst als (geeignete) Umwelt anderer sozialer Systeme zu verstehen.« (Willke 1993, S. 110; vgl. auch Luhmann 1991, S. 601 bzw. die explizite Übertragung auf den Wirtschaftsbereich in Luhmann 1989). Reflexion bedeutet die Berücksichtigung der Interessen anderer Systeme, wenn die Reflexion zu einer Handlungsmaxime des gesamten Systems geworden ist (vgl. Willke 1993, S. 111). Auf entsprechende Auswirkungen von Managementbildung auf die Ethik des unternehmerischen Handelns wird später noch eingegangen.

Anstatt der Unterscheidung von Luhmann zu folgen, erscheint es in einem inhaltlichen Zusammenhang, der auf Selbstreferenz von Personen auf der einen Seite und Selbstreferenz von Organisationen auf der anderen Seite abhebt, sinnvoller, zwischen den unterschiedlichen kognitiven Prozessen innerhalb von Personen (Managementbildung) und den Prozessen innerhalb sozialer Systeme zu differenzieren (Reflexives Management). Ob die selbstreferentielle Operation auf einen Prozeß oder auf ein System zurückverweist, ist vor dem Hintergrund dieser Unterscheidung letztendlich von geringer Bedeutung.

Management beinhaltet in vielfacher Hinsicht prozessuale Selbstreferenz (vgl. z. B. Schertler 1993). Übernimmt man z. B. der Einfachheit halber das Schlagwort des »Making things happen« (Megginson et al. 1989), so zeigt sich, daß Management das Auslösen von Handlungen ist, wobei das Auslösen auch wieder eine Handlung ist. Die ausgelöste Handlung wiederum wirkt durch ihre Ergebnisse auf die auslösende Handlung zurück. Besonders deutlich wird die prozessuale Selbstreferenz bei dem Phänomen der Flexibilität. Ein Unternehmen kann sich nach außen nur flexibel, also innovativ oder anpassungsfähig, verhalten, wenn es auch intern flexibel ist. Interne flexible Prozesse beziehen sich auf in das Umsystem wirkende Prozesse, die dadurch erst flexibel werden können. Prozessuale Selbstreferenz – oder wie ansonsten gesagt wird – Reflexivität ist das für Managementfragen spannendste Konstrukt, weshalb sich unsere Überlegungen auch hierauf konzentrieren.

Ein Beispiel für die Bedeutung reflexiven Managements bezieht sich auf die Erreichung von Synergieeffekten nach Unternehmenszusammenschlüssen. Im Voraus ist kaum endgültig abzusehen, welche Konsequenzen ein solcher Zusammenschluß alles in allem hat. Reflexives Management führt jedoch u. U. zu einer jeweils momentanen Abschätzung möglicher Probleme und Möglichkeiten in den unterschiedlichen Phasen dieses Prozesses.

Ordnet man das Konzept des reflexiven Managements in ein Gesamtmodell der Betriebswirtschaftslehre ein, so ist es im Hinblick auf handlungsrelevante Modelle auf einer eher derivativen und damit relativ unteren Abstraktionsstufe anzusiedeln (vgl. Abb. 1). Auf der allgemeinsten (Abstraktions-) Ebene sind die relevanten Metatheorien und Nachbardisziplinen zu finden. Bei den Metatheorien ist hier in erster Linie die Systemtheorie in ihren vielfältigen Erscheinungen (insbesondere die Kybernetik, z. B. Ashby 1958, Beer 1972, 1979) zu nennen.

Die wichtigsten Nachbardisziplinen sind neben der Ökonomie die Psychologie, die Soziologie und die technologischen Disziplinen. Aber auch der Pädagogik kommt eine nicht zu unterschätzende, wenn auch bislang nur ansatzweise genutzte Bedeutung zu. Auf einer relativ mittleren Ebene sind die Grundmodelle anzutreffen. Solche Grundmodelle beziehen sich insbesondere auf relevante Annahmen über Menschen, Gruppen, Institutionen und die Gesellschaft. Im Hinblick auf ein reflexives Management ist hier insbesondere das Epistemologische Subjektmodell zu erwähnen. Hierunter ist ein Menschenbild zu verstehen, daß sich eben durch Reflexivität, Konstruktivität und Autonomie (vgl. Groeben 1986, S. 50 ff.) skizzieren läßt. Auf der unteren Ebene finden sich wiederum Modelle, aus denen Handlungsanweisungen abgeleitet werden können. Hier sind z. B. auch die handlungsorientierte (Koch 1992) und die entscheidungsorientierte Betriebswirtschaftslehre (Heinen 1989, Kirsch 1971) eingeordnet.

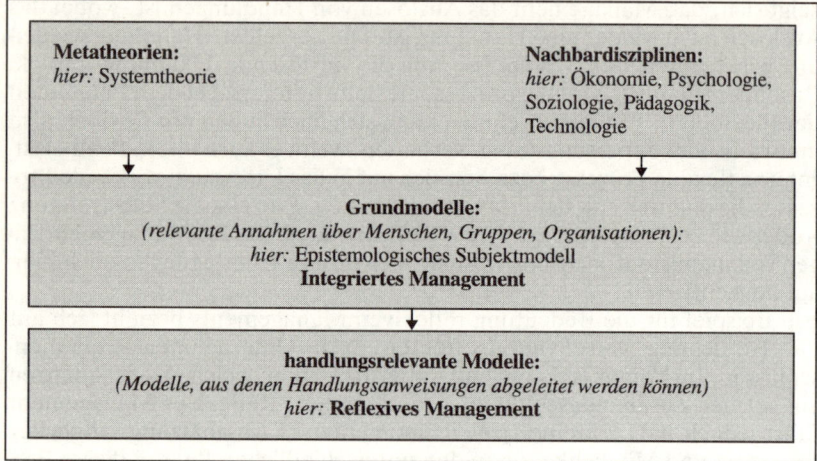

Abb. 1: Einordnung des Reflexiven Managements

2.2 Das Spannungsfeld zwischen Reflexivität und Handeln

Beim reflexiven Management handelt es sich grundsätzlich um eine evolutionäre Strategie. Zum ersten kann es auch dann angewendet werden, wenn planvolles Handeln an vorher festgelegten Zwecken nicht möglich ist (vgl. Hinterhuber 1991, Malik 1984). Zum zweiten handelt es sich um ein evolutionäres Konzept, weil sich das Management dadurch, daß es sich auf seinen unterschiedlichen Ebenen immer wieder auf sich selbst bezieht, ständig weiterentwickelt. Allerdings schaukeln sich Fehler auf diese Weise auch auf: Chaos entsteht.

Diese *Selbstreferenz* ist wiederum eine wesentliche Voraussetzung zur Binnendifferenzierung eines Systems und zur Erhaltung seiner eigenen Organisation (Maturana 1985, S. 35). Betrachtet man dabei in diesem strukturellen Kontext eine Person als Subsystem, so läßt sich diese personale Binnendifferenzierung als kognitive Struktur bezeichnen. Es gibt eine Vielzahl kognitiver Prozesse, die hier nicht in ihrer Gänze untersucht werden können, wobei bereits kognitionsbiologische Vorüberlegungen zu einem Kommunikationsverständnis führen, daß Kommunikation nicht sogleich »als Ideal, sondern als Problem begreift« (Bardmann 1994, S. 92). Allerdings kommt der Konditionierung eine besondere Bedeutung zu.

Konditionierung läßt sich definieren als die Erkennung und Unterstellung einer bestimmten Relation zwischen Elementen, sofern sich z. B. eine bestimmte Veränderung ergeben hat (vgl. z. B. Luhmann 1991). In »kognitiver« Terminologie bedeutet das die Annahme von bestimmten Wirkungszusammenhängen. Wieso ist die Einführung von »Konditionierung« aber notwendig? Der Grund liegt in dem bereits erwähnten Zwang zur Reduktion von Komplexität. Er entsteht dadurch, daß mehr Kombinationen von Elementen möglich sind und auch auftreten, als letztendlich für das personale System von Bedeutung sind. Annahmen über Wirkungszusammenhänge steuern dabei die Wahrnehmung der Relevanz von Relationen. Dabei wird jeweils die individuelle (subjektive) Realität vereinfacht abgebildet. In einem solchen Fall kann somit von Reduktion der Komplexität gesprochen werden. Ein scheinbarer Widerspruch wird jetzt deutlich: Einerseits sollte das Metasystem komplexer als das Basissystem sein, andererseits soll dieses aber auch Komplexität reduzieren, d. h. Zusammenhänge vereinfacht darstellen.

Dieser Scheinwiderspruch löst sich allerdings auf, wenn die jeweiligen Ebenen benannt werden. Wenn das Metasystem Komplexität reduzieren soll, handelt es ggf. auch kognitiv: »verdeckt«. Es vereinfacht. Hierzu ist das Metasystem umso besser in der Lage, je besser es das Basissystem »versteht«, also je besser es in der Lage ist, die sich wandelnden Relationen und Systemkonfigurationen nachzuvollziehen. Komplexität des Basisystems wird also auf höherer Ebene durch Aktion reduziert und hierzu ist das Metasystem durch sein Verständnis fähig. Dabei stehen Planung und Vertrauen zueinander in einem engen Zusammenhang (Krystek 1993).

Ein weiteres Problem, das in diesem Zusammenhang auftaucht, ist zunächst die Frage, ob die jeweilige Auswahl von Elementen, die bei der Komplexitätsreduktion berücksichtigt werden, immer zweckdienlich ist. Hinzu kommt, daß eine Auswahl von Elementen bedeutet, daß diese u. U. aus ihrem Zusammenhang gerissen werden. Dabei können sie ihre Bedeutung verändern oder es wird ein Element ausgewählt, das häufig gemeinsam mit einem wirksamen auftritt, aber selber keine Bedeutung hat. Hier können Organisationsstrukturen und andere Managementsysteme (z. B. Planung, Information) sowohl erkenntnisfördernd als auch erkenntnishindernd wirken.

Management bedeutet nicht zuletzt auch in diesem Kontext, daß Informationen zu sammeln, zu verarbeiten und Konsequenzen aus ihnen zu ziehen sowie Resultate der Verarbeitung zu vermitteln sind. Im systemorientierten Managementansatz wird die Tätigkeit einer Führungskraft als ein jahrelanger komplexer Lernprozeß betrachtet, in welchem sie sich immer wieder veränderten Situationen und Problemen anpasssen und vorhandenes mit neuem Wissen verbinden muß (vgl. Ulrich & Krieg 1973). Diese Beschreibung der Tätigkeiten von Führungskräften entspricht grundsätzlich dem aufgeführten Verständnis von Reflexivität.

In der angeführten Definition von Ulrich & Krieg wird Unternehmensführung ausdrücklich als informationsverarbeitendes Teilsystem bezeichnet. Dazu ist eine Struktur notwendig, die Komplexität wahrt, aber auch reduzieren kann. Dieses Strukturprinzip gilt idealerweise sowohl auf der personalen als auch auf der Organisationsebene und damit auf der institutionalen Systemebene. Ansätze, die Reflexivität beinhalten können, finden sich z. B. im Konzept des integrierten Managements. Die Dimensionen des modernen St. Galler Managementmodells sind nicht nur aufeinanderbezogen, es gibt auch vielfältige Vor- und Rückkopplungsprozesse zwischen ihnen (vgl. Bleicher 1991). Insofern gibt es auch hier Ansatzpunkte für ein epistemologisches, verständigungsorientiertes Menschenbild.

Nachdem nun die Bedeutung von Reflexivität in dem von uns entwickelten Sinne, wie sie auch in der jüngeren Managementliteratur immer häufiger diskutiert wird (vgl. im Überblick: Schwaninger 1994), auf den wesentlichen Aggregationsstufen des Managements erläutert wurde, soll jetzt gezeigt werden, daß Reflexivität auch ihre Grenzen hat.

2.3 Grenzen des reflexiven Managements

Sicherlich gibt es Situationen, in denen reflexives Handeln an Grenzen stößt. »There ist not time to reflect when we are on the firing line; if we stop to think, we may be dead.« (Schön 1983, S. 277). Das heißt, wo sofortiges (Re-) Agieren gefordert ist, ist Reflektieren nicht sinnvoll. Weiterhin birgt Reflektieren über das Handeln die Gefahr in sich, daß die Komplexität bewußt wird und zur Lähmung führt. Wo ist die Grenze des angemessenen Reflektierens zu ziehen? Schließlich könnte auch Reflektieren selber zum Gegenstand des Reflektierens werden (vgl. Schön 1983).

Andererseits kann Reflektieren aber auch die Effektivität erhöhen. So ist z. B. beobachtet worden, daß durch Selbstbeobachtung die Selbstüberwachung verbessert werden kann (vgl. v. Cranach 1983). Diese Ausführungen bedeuten, daß bei der Reflexivität ein Optimum existiert, das je nach Situation differieren kann.

Untersuchungen legen die Vermutung nahe, daß Handelnde sich umso mehr an Alltagstheorien orientieren, je schneller sie handeln müssen und je stärker sie dabei emotional belastet sind (vgl. Wahl 1991). Das heißt, daß in Belastungssituationen Alltagstheorien eher als wissenschaftliche Theorien zumindest auf den ersten Blick in der Lage sind, das Handeln zu steuern. Da Alltagstheorien »Gewißheiten« darstellen, verringern sie den Aufwand an Informationssammlung und Informationsverarbeitung und damit an Reflexion.

Die Auswahl der jeweils relevanten Alltagstheorien wird dadurch erleichtert, daß sie in situationsübergreifende Ziele und Pläne eingebettet sind (vgl. Wahl 1991). In Situationen, in denen schnelles (Re-) Agieren gefordert ist, muß nicht die Gesamtheit aller unter Umständen relevanten Alltagstheorien aktiviert werden, sondern nur die, die nach der subjektiven Einschätzung zu einem übergeordneten Ziel beitragen können.

Zusammenfassend kann gesagt werden, daß Alltagstheorien
- die Informationssammlung lenken und
- das notwendige Reflektieren verringern.

Damit wird der Aufwand verringert: »Lieber ungefähr richtig entscheiden als präzise falsch« (Simon 1993). Problematisch und auch theoretisch noch ungelöst sind dabei in mehrerlei Hinsicht die intersubjektive Vergleichbarkeit und die Art der Abstimmung zwischen den einzelnen subjektiven Vorgehensweisen.

Wenn man sich vergegenwärtigt, daß Handeln zielorientiertes Verhalten bedeutet, und Management auch als »Making things happen« (Megginson et al. 1989), also als sehr handlungsorientiert verstanden wird, so kann im ersten Moment zwar eine Antinomie zwischen Reflexivität und Management gesehen werden. Aber, da im Handlungsbegriff die Zielfindung und damit das Abwägen und Bewerten verschiedener Alternativen für die Person enthalten ist, ist Reflektieren auch dem Handeln immanent. Nur wenn der Manager oder das Management als vollkommen außengesteuert angesehen wird (sich also nur »verhält«, wie man es z. B. von einem erfolgreichen »Macher« erwartet), wären Reflexivität und Management ein Widerspruch. In einem solchen Fall würde es sich jedoch nach allen gängigen Managementdefinitionen oder Managementfunktionsbeschreibungen ohnehin nicht mehr um »richtiges« Management handeln. Oder sieht die Praxis hier anders aus als die Theorie?

Abschließend betrachtet, muß die Beziehung zwischen Reflexivität und Handeln als äußerst fruchtbar angesehen werden: Reflexivität ist notwendig, um Handeln zu ermöglichen, das Komplexität meistert, hat aber ein Optimum, ab dem dieser Sachverhalt nicht mehr gewährleistet ist. In manchen Situationen muß auch auf vorhergegangenes (evtl. nicht mehr aktuelles) Reflektieren zurückgegriffen werden.

2.4 Möglichkeiten der Erhöhung der individuellen Reflexivität im Management

Wenn die Operationalisierung individueller Reflexivität evtl. sinnvollerweise durch Alltagstheorien erfolgt, ist zunächst auch der Austausch von subjektiven gegen »objektive« Theorien von Bedeutung. Gmür (1991, S. 9) spricht dabei im Zusammenhang mit dem hergebrachten, dem technisch-konstruktivistischen Managementverständnis vom »Marsmännchen-Mythos«: »Manager neigen dazu, sich innerhalb ihres Betätigungsfeldes, der Unternehmung, wie Wesen von fremden Planeten zu bewegen, mit einer eigentümlichen Nicht-Betroffenheit, die sie ihrer eigenen Person zusprechen.« (Gmür 1991, S. 12). Dahinter steht eine Sichtweise von Managern zur Unternehmung, die einer Subjekt-Objekt-Relation entspricht. Daß dies weder zeitgemäß noch sinnvoll ist, wurde bereits gezeigt. Sie ist vielleicht eher durch eine Subjekt-Subjekt-Beziehung zu ersetzen, in der der Manager als genauso von seiner Institution beeinflußt verstanden wird, wie er auch selber auf sie einwirkt. Allerdings muß diese Reflexivität auch intersubjektiv kommentiert werden können.

Herkömmliches Managementtraining geht ebenfalls vom »Marsmännchen-Mythos« aus. Ein ideales Training in dieser Tradition umfaßt das Üben der Analyse von Situationen und das Einüben der Reaktion auf diese Situationen. Diese kann durchaus variieren, die Menge der »erwünschten« Reaktionen ist aber begrenzt. Sie werden meistens anhand der (aber auch letztlich subjektiven) Wahrscheinlichkeit bewertet, mit der ein im voraus festgelegter Zweck erreicht werden soll. Im Fußball trainiert man Standardsituationen. Dort ist es auch nicht viel anders.

Reflexives Management erfordert allerdings eine andere Personalentwicklung. Im Rahmen von systemisch-evolutionären Managementtheorien gibt es eben eine andere Art von positivem Wissen. Hier stehen Verhaltensregeln im Vordergrund, die primär (generell) der Aufrechterhaltung eines Ordnungstyps adäquat sind (vgl. Malik 1984) und nicht nur der Vorbereitung auf bestimmte Situationen, wo man gedrillt und getrimmt werden kann.

Dies betrifft letztlich das Problem der kognitiven Komplexität von Personen und Personenmehrheiten auf unterschiedlichen institutionellen Ebenen. Wenn es nicht möglich ist, eine mechanistische »Wenn-dann«-Beziehung zu etablieren, dann geht es darum, eine kognitive Struktur aufzubauen, die auch bei Unkenntnis aller relevanten Variablen zu Ergebnissen führt, die das System aufrechterhalten bzw. weiterentwickeln. *Statische* Alltagstheorien helfen dabei auch nicht weiter. Eine Kontrollschleife muß immanent sein.

Nach den bisherigen Ausführungen kann das bewußte Anregen von Reflektieren über Managementprozesse in seiner Bedeutung nicht hoch genug eingeschätzt werden. Hierbei können Managementtrainings durchaus auch reflexive Elemente enthalten, da es sinnvoll ist – um die »neue« Verhaltensweise stabil zu gestalten – Reflektieren über Verhaltensmöglichkeiten hervorzurufen. Entsprechend müßte zum Beispiel vernetztes Denken (Probst 1987) reflektiert werden.

Als sinnvolle Erhebungsmethode mit Trainingseffekt gilt etwa die *Strukturlegetechnik* (z. B. Scheele/Groeben 1988). Hierbei werden, möglichst von der befragten Person selber, Aussagensysteme (subjektive Theorien) mit Hilfe von Aussage- und Logikkärtchen entwickelt. Das Vorgehen erfordert allerdings eine Einarbeitung der befragten Person von ca. 40 Minuten (mündl. Auskunft von B. Scheele, 4. 3. 1993), da es eine ganze Reihe verschiedener logischer Symbole beinhaltet. Das Verfahren mag für die wissenschaftlich oder therapeutisch orientierte Rekonstruktion subjektiver Theorien geeignet sein. Für einen Austausch über subjektive Theorien in Gruppensituationen ist es aber zu kompliziert. Zudem widerspricht der Aufbau von Kausalketten dem geforderten Denken in Systemen.

Ein Verfahren, das Ähnlichkeiten zur Strukturlegetechnik aufweist, sich aber in *Gruppensituationen* bewährt hat, ist die *Metaplantechnik*. Hier werden Abhängigkeiten zwischen Inhaltskarten durch wenige Symbole verdeutlicht. Das Verfahren mag weniger differenzierte Ergebnisse bringen. Es stellt aber eine geringere Hemmschwelle für denjenigen dar, der seine Annahmen über Wirkungszusammenhänge explizieren soll. Aber auch verschiedene Kreativitätstechniken und andere *Moderationsformen* sind geeignet, den intersubjektiven Austausch subjektiver Kriterien zu fördern. Daneben können auch Feedback-Diagramme (vgl. Probst 1987) zur Reflexivitätssteigerung beitragen. Daß eine Verständigung über solche subjektiven Konzepte grundsätzlich schwierig ist, zeigt u. a. Kirsch (1993). Reflexives Handeln und reflexives Management sind letztlich die logische Konsequenz des vernetzten, nicht in einfachen Ursache-Wirkungs-Ketten verhafteten und eventuell noch statischen Denkens. Modernes Management muß sich dieser Herausforderung stellen. Sonst werden z. B. überholte Massengut- und Wachstumsstrategien nahtlos auf jede Situation übertragen. Eingefahrene Wege in der Personalpolitik, etwa bei der Personalfreisetzung, gehen in eine ähnliche Richtung. Reflexives Handeln muß nicht nur gelernt und trainiert werden. Über Grenzen hinaus denken, um z. B. durch Erkennen intersystemischer Analogien Komplexität im eigenen, unmittelbaren Systemzusammenhang zu reduzieren, setzt auch eine entsprechende *Bildung* voraus. Sonst bleibt Handeln auf den »Sachzwang« fixiert. Bildung sollte man auch nicht mit weltfremd oder idealistisch assoziieren. Wir vertreten vielmehr die These, daß ein Unternehmen nur dann lebensfähig bleiben kann, wenn es sich weiterentwickelt. Dies kann sowohl durch Wachstum als auch durch geschickte Metamorphosen und intelligente Redimensionierungen erfolgen. Auch hier ist die Kreativität und die Intelligenz eines gebildeten Managers gefragt (Wagner/Nolte 1993).

3. Managementbildung als Konstrukt

Unter Managementbildung (Wagner/Nolte 1993, S. 20) verstehen wir die in einer Institution oder beim einzelnen Mitarbeiter vorhandene »Disposition zur reflexiven Auseinandersetzung mit sich und seinem Managementhandeln«. Sie mündet zugleich in Handlungen, die auf diesen Erkenntnissen beruhen. Durch das Reflektieren über die Arbeit und die Umsetzung der Ergebnisse – natürlich unter Berücksichtigung übergeordneter Ziele – bekommt die Arbeit Managementqualität, sofern ausreichend Spielraum für Disposition vorhanden ist.
Management und Managementbildung gleichermaßen beziehen sich sowohl auf institutionale wie auch auf funktionale Aspekte. Bildung erhält in diesem Zusammenhang den Charakter einer wichtigen Schlüsselqualifikation. Sie wird u. E. zunehmend erforderlich sein, damit Management-Entscheidungen fundierter getroffen und Management-Handlungen besser akzeptiert werden können.

Obwohl »Bildung« ein deutsches Konstrukt ist, gibt es im amerikanischen Raum verwandte Überlegungen, auch wenn der Begriff als solcher nicht existiert. Dafür kommt der Reflexivität eine größere, unmittelbare Bedeutung für das Handeln der Manager zu: »Since they have not learned how to observe their environment firsthand or to access feedback from their actions, they are poorly prepared to learn and grow as they gain experience.« (Livingston 1971, S. 89).

Reflektieren über das Managementhandeln führt insofern eher zu ethisch verantwortlichen Managemententscheidungen, wenn nicht nur mögliche Auswirkungen bzw. Nebenerscheinungen des Handelns stärker beachtet werden, sondern auch die Interessen der potentiell Betroffenen stärker mitbedacht werden. Es leuchtet wohl unmittelbar ein, daß Allgemeinbildung und Berufsbildung vor diesem Hintergrund nicht als Gegensätze behandelt werden können (vgl. Knoll 1981). Bei der Managementbildung sind deshalb beide Aspekte notwendigerweise integriert. Es besteht keine schematische Trennung zwischen allgemeiner Menschenbildung und Spezial- oder Berufsbildung. Bei Managementbildung werden außerfachliche Inhalte zu fachlichen, da es – mit steigender Hierarchiestufe zunehmend, aber zunehmend alle Hierarchiestufen erfassend – zu den beruflichen Anforderungen an Manager gehört, bei ihren Handlungen alle Umsystemeinflüsse in ihrer ganzen Komplexität und Dynamik hinreichend zu berücksichtigen.

Dies kann jedoch nur geleistet werden, wenn die Umsystemeinflüsse wahrgenommen und verstanden werden. Die Kenntnis oder das Wissen um relevante Entwicklungstendenzen technologischer, sozio-kultureller oder rechtlich- politischer Natur gehört eben nicht zum spezialisierten Fachwissen eines Managers.

Bemerkenswert ist hier der Ansatz von Schön (1983), der vom »reflexiven Praktiker« spricht. Damit hebt Schön hervor, daß der Praktiker, wenn er versucht, sinnvoll zu handeln, über seine Handlungen reflektiert (Reflection-In- Action). Hierin sieht Schön auch das Geheimnis der »Kunst« des Praktikers, mit komplexen Situationen umzugehen.

Obwohl Bildung in diesem Sinne wichtig wird für die Managementlehre, so ist dennoch zu erkennen, daß es sich um eine nach wie vor recht problematische Beziehung handelt:

Bildung wird vielfach als zweckfrei definiert, Management jedoch als zielgerichtet. Hierzu ist zu bemerken, daß letztlich jede Bildung einem Zwecke dient, z. B. der Persönlichkeitsentfaltung. Diese kann sich wiederum positiv auf das Unternehmen als auch auf private Zusammenhänge auswirken.

Es wird häufig eine (unüberbrückbare?) Zielantinomie behauptet zwischen dem nach Selbständigkeit strebenden, sich bildenden Individuum und der durch (einseitig) auf ökonomische Interessen ausgerichteten Unternehmensführung. Ohne derartige Konstellationen in der Praxis in Abrede stellen zu wollen, wird hierbei jedoch übersehen, daß sich die moderne

Management- und Betriebswirtschaftslehre in vielfältiger Weise darum bemüht, sich nicht nur mit diesen, sondern auch noch mit anderen zielantinomischen Problemfeldern auseinanderzusetzen (Bleicher 1987).

Insofern gibt es im Bereich der Managementbildung vielfältige Antinomieprobleme, die noch einer konzeptionellen und praktisch durchführbaren Aufarbeitung bedürfen (»Utopie-Problem«). Während es dabei z. B. in Fragen der Persönlichkeitsentwicklung und der Management-Diagnostik schon eine recht intensive Zusammenarbeit zwischen Betriebswirten und Psychologen gibt, ist von der Pädagogik bzw. den Erziehungswissenschaften hier von einer viel stärkeren Zurückhaltung auszugehen. Grundlage unserer Überlegungen ist, daß eine in Teilbereichen bestehende Zielantinomie zwischen »Management« und »Bildung« überwindbar und gewinnbringend für beide Seiten ist. Dies ist auch dringend erforderlich, weil die Managementbildung eine wichtige Voraussetzung für reflexives Handeln und das reflexive Management darstellt. Dabei geht es zugleich nicht nur um den individuellen, sondern auch um den übergeordneten, institutionellen Systemzusammenhang.

4. Managementbildung und die »lernende Organisation«

Ansatzpunkte zur Managementbildung sind vielfältig vorhanden. Ein systemorientiertes, d. h. ganzheitlich ausgerichtetes Management erfordert insofern reflexives Management, weil neuartige Problemstellungen häufig die Abkehr vom traditionellen, linearen Ursache-Wirkungs-Denken erfordern.

Strategisches Denken, das in immer mehr hierarchischen Ebenen notwendig ist, ist eine Spielart von Managementbildung, sofern dabei quasi vorgegebene Lösungen und Zusammenhänge hinterfragt werden. Symbolische Führung erfordert darüber hinaus, daß sich die Führungskraft in die Mitarbeiter hineinversetzt. Die Bereitschaft und die Fähigkeit, einen solchen Perspektivenwechsel vorzunehmen, ist ebenfalls ein Aspekt von Managementbildung.

Der diskursive Austausch kann insofern auch die Personalführung erleichtern (vgl. Wagner 1991). Personalführung kann definiert werden als die »(...) Konstruktion und Erhaltung eines Systems geteilter Meinungen (shared meanings) und einer geteilten Sprache, die Erzeugung eines allen Mitgliedern einer Organisation gemeinsamen Denk- und Verhaltensmusters, die Stiftung gemeinsamer Werte und Normen« (Lasser 1987, Sp. 1030 f.). Dieses Verständnis von Führung als Symbolischer Führung setzt einen Austausch der Organisationsmitglieder über ihre Auffassungen und eine Entwicklung gemeinsamer Auffassungen voraus. Dabei werden die individuellen Alltagstheorien, wie schon weiter oben beschrieben, zu Theorien der Organisation.

Das Verstehen andersartigen Denkens und Handelns ist ein weiterer Aspekt von Managementbildung. Dadurch erlaubt Managementbildung erst sinnvolles interkulturelles Management. Da Managementbildung dazu führt, daß bei Entscheidungen auch ethische Fragen durchdacht werden, steigt die Wahrscheinlichkeit ökologisch und gesellschaftlich verantwortlichen Managementhandelns.

Um Managementbildung muß sich jeder individuell bemühen. Bildungsabteilungen können diese Bemühungen unterstützen, indem sie Foren anbieten, auf denen ein Austausch über bestimmte Problemfelder stattfindet.

Durch den Austausch individueller Sichtweisen von Problemen erfolgt zweifellos ein Beitrag zur Unternehmensentwicklung. Managementbildung ist somit eine grundlegende Voraussetzung für lernfähige Individuen und für die »lernende Organisation«. Im Gegensatz zu manchen Vorurteilen ist es u. E. möglich, Management-Fähigkeiten zu verbessern, sofern »the need to manage«, »the need for power« und die »capacity for empathy« (Livingston 1971, S. 85) vorhanden ist. Die Befriedigung des Bedürfnisses zu managen und des Bedürfnisses nach Macht ist also nach Livingston eine wichtige Verstärkung bei Management-Lernprozessen. Das bedeutet, daß Personen intrinsisch motiviert sein müssen, wenn effektives Managen erlernt werden soll. Alleinige extrinsische Motivation »to earn high salaries and to attain high status« (Livingston 1971, S. 85) reicht nicht aus. Somit muß der Managementbildungsprozeß letztendlich auch selbst organisiert werden.

»Bildung« hat drei Bedeutungen: Machen, Haben und Sein. Auch eine Managementbildung hat diese drei Richtungen zu berücksichtigen. Unter Managementbildung kann daher zunächst der Vermittlungsaspekt (»Machen«) verstanden werden. Nach den bisherigen Ausführungen kann dies aber nur das bewußte Anregen von Reflektieren über Managementprozesse bedeuten. Grundlage ist wiederum ein systemisch-evolutionärer Managementansatz. Dieses Verständnis von Managementbildung ist vom Management-Training dadurch abzugrenzen, daß Training primär das Einüben von Verhaltensweisen bedeutet. Diese Art von Management-Training basiert wiederum auf einem konstruktivistisch-technomorphen Management-Verständnis. Dabei können Management-Trainings, wie schon erwähnt, durchaus Bildungselemente enthalten, da es sinnvoll ist – um die »neue« Verhaltensweise stabil zu gestalten – Reflektieren über Verhaltensmöglichkeiten hervorzurufen.

Der Wissensaspekt (»Haben«) entspricht der materialen Bildung. Ein solcher Bildungsbegriff wird z. B. von Becker (1993, S. 75) benutzt, wenn er von »Zutrittsmechanismen« in die Unternehmenskultur spricht. Bei Managementbildung sind unter diesem Aspekt die Ergebnisse abgeschlossener Reflexionsprozesse über Management-Phänomene zu verstehen, die im Rahmen der Lebenswelt des Managers seine Erfahrung erweitern. Auch Qualifikation kann ein Ergebnis von Reflexionsprozessen sein. Sie reicht jedoch allein nicht aus, um das Kernproblem von Management, das Beherrschen von Komplexität, zu lösen.

Die bedeutendste Variante von Managementbildung betrifft allerdings das »Sein«. Hiermit wird die Disposition beschrieben, sich reflexiv mit Management- Phänomenen zu beschäftigen. Anhand dieser Ausführungen wird Managementbildung, wie eingangs erwähnt, als Disposition definiert, sich reflexiv mit dem Gestalten und Lenken von Unternehmungen auseinanderzusetzen und sich gemäß der gewonnenen Einsichten zu verhalten.

Managementbildung ist ein Konstrukt, das bisher noch nicht theoretisch aufgearbeitet wurde. Je mehr reflexives Handeln erforderlich wird und die Bedeutung der sozialen Kompetenz in der betrieblichen Bildung hervorgehoben wird (z. B. Birkle et al. 1992), um so mehr wird Managementbildung zu einer wichtigen Bestimmungsgröße für die (post-) moderne Managementlehre: »ManagerInnen müssen Menschen verstehen können (. . .), sie müssen Organisationen verstehen und sie müssen lernen, mit all dem umzugehen, daß sie dem, was sie erreichen sollen oder wollen, schrittweise näherkommen« (Gmür 1991, S. 44).

Managementbildung setzt somit beim lernenden Individuum an, das seine Managerrolle reflektiert und kultiviert. Erst auf diesem Wege ist es möglich, daß soziale Systeme lernen. Mit dem (natürlich wichtigen) Erwähnen von Schlüsselqualifikationen, dem Problematisieren der »lernenden Organisation« und der Betonung der Notwendigkeit vernetzten Denkens in Netzwerken von Institutionen ist solange kein substantieller Fortschritt erreicht, solange die damit zusammenhängenden intra- und interindividuellen Lernprozesse und Bildungsvorgänge im Rahmen der Management-Lehre nicht angemessen berücksichtigt werden.

In diesem Zusammenhang wird deutlich, daß Managementbildung in hohem Maße auch der Selbstorganisation bedarf. Bildungsabteilungen können allerdings unterstützend helfen (z. B. Seminare über Fragen des Umweltschutzes, Training im ganzheitlichen, vernetzten Denken).

Das hier vertretene Verständnis von der Entwicklung eines Unternehmens ist den ergebnisorientierten Wandlungsansätzen (vgl. Steinle 1985) zuzuordnen. Dort findet sich auch das Konzept der »lernenden Organisation«. Der Unterschied zwischen unserem Ansatz des reflexiven Managements und diesem Konzept der »lernenden Organisation« liegt allerdings darin, daß Institutionen und ihre Mitglieder nicht nur »lernen«, sondern ihr Handeln – in der hier dargestellten individuellen Sichtweise – sehr häufig selbständig hinterfragen und weiterentwickeln, eben reflektieren.

Lernen zielt auf zeitlich überdauernde Veränderungen. Reflexivität bedeutet hingegen die Disposition zum ständigen, momentanen Hinterfragen – als reflexives Management natürlich auch mit einer entsprechenden Handlungskomponente. Gemeinsam ist dem Konzept der lernenden Organisation und dem des reflexiven Managements jedoch, daß sie beide als Ziel die Erhöhung des Problemlösungspotentials im jeweiligen Unternehmen haben.

Bei Veranstaltungen, die dem Komplex »Managementbildung« und »Reflexives Management« zuzuordnen sind, steht, um es noch einmal zu betonen, der Austausch im Mittelpunkt. Erkennt man grundsätzlich an, daß die Fähigkeit zur Reflexion vorhanden ist, kann es nicht »die« Wahrheit geben, sondern vielmehr eine Vielzahl von Erkenntnissen. Es ist somit unmöglich, z. B. auf einem Seminar allgemeingültige Weisheiten zu vermitteln. Statt dessen sollten die unterschiedlichen Sichtweisen eines Problems herausgearbeitet und auf ihre Plausibilität hin überprüft werden. Mit Hilfe des Austauschs über ein Problem kann sowohl das individuelle Reflektieren über ein Problem ein neues Niveau erreichen (und dadurch bessere Ergebnisse erzielt werden), als auch eine gemeinsame Sichtweise der Teilnehmer entstehen. Quasi als »Nebeneffekt« wird somit die Kultur des Unternehmens gestärkt. Spätestens seit Peters & Waterman (1984) wird eine starke Unternehmenskultur als Erfolgspotential angesehen.

Die herkömmlichen Trainingsaktivitäten einer Bildungsabteilung beziehen sich also nicht automatisch auf Managementbildung in dem von uns so verstandenen Sinne (im Gegensatz zu Stiefel 1987). Managementbildung aus unserer Sicht kann ebenso wie die Aktivitäten zur Personalentwicklung on-the-job oder off-the-job erfolgen. Letztlich geht es um eine Neubestimmung traditioneller ökonomischer Prinzipien beim Managementhandeln ebenso wie um die Einbeziehung der Ökonomie in die angeblich so zweckfreie Bildung. Dabei ist ein gründliches Abwägen der Beziehung von traditionell oftmals als gegensätzlich dargestellten Handlungsfeldern von Bedeutung. Aber sicherlich werden wir unsere existentiellen Probleme nur mit Hilfe beider Bereiche lösen können. Insofern hilft die Bildungsferne technokratischen Managements ebenso wenig weiter wie übertriebener Ökonomismus in der betrieblichen Bildungspolitik (vgl. Strunk 1992).

Im systemorientierten Management stehen Verhaltensregeln anstelle des positivistischen Faktenwissens im Vordergrund (vgl. Malik 1984). Diese Verhaltensregeln dienen auch zur Vermeidung von Entropie (vgl. Luhmann 1985) im Sinne unterschiedlicher Wertvorstellungen und Verhaltensweisen. Das bedeutet hier, daß eine Person, die neue Aufgaben übernimmt, nach den selben Mustern handelt wie ihr Vorgänger. Ein Austausch über Alltagstheorien kann also zur Vermeidung von Entropie beitragen, sofern ähnliche Theorien auch von anderen Mitarbeitern geteilt werden.

Hier spielt wiederum die *Unternehmenskultur* eine wichtige Rolle. »Unter Kultur läßt sich allgemein ein System von Wertvorstellungen, Verhaltensnormen sowie Denk- und Handlungsweisen verstehen, welches von einem Kollektiv von Menschen erlernt und akzeptiert worden ist und welches bewirkt, daß sich diese soziale Gruppe deutlich von anderen Gruppen unterscheidet (. . .)« (Bleicher 1991, S. 732). Werden die Werte und Normen, Artefakte und Symbole und grundsätzliche Annahmen (vgl. Schein 1988) und damit auch die in der Organisation vertretenen Alltagstheorien einander angenähert – was auf der Basis eines Epistemologischen Subjektmodells nur durch Explikation der Fall sein kann – so bietet eine ausgearbeitete Kultur in diesem Sinne ein überlebenskritisches Minimum an Vorhersagbarkeit und somit an Verhaltenssicherheit nach innen und außen.

5. Ausblick

Es ist noch in vieler Hinsicht unklar, in welcher Richtung und in welchem Ausmaß ein Unternehmen lernt und Reflexivität und Bildung hier einen wesentlichen Beitrag leisten können. Bemerkenswert ist, daß z. B. im Rahmen eines von uns betreuten Praxisprojektes über »Culture Change« folgender Zusammenhang betont wird: »Wenn wir in der Lage sind, unsere Weltanschauungen und die Weltanschauungen anderer zu verstehen, ist es einfacher für uns, unsere Einstellungen und Wertvorstellungen zu überdenken und gegebenenfalls zu ändern« (Meyer 1993, o. S.). Dabei stehen im selben Zusammenhang folgende Fähigkeiten im Zentrum der Personal und der Organisationsentwicklung:
- Die *Selbstbeobachtung* ist die Fähigkeit, in jeder Situation und zu jeder Zeit die Muster des eigenen Denkens und Handelns zu identifizieren. Dieses beinhaltet auch die Fähigkeit zu erkennen, woher diese Denk- und Verhaltensmuster kommen.
- Die Fähigkeit, *in Systemen zu denken,* bietet jedem die Möglichkeit, sich als Teil von Systemen zu sehen. Jeder ist sich während seiner täglichen Arbeit bewußt, daß er ein Teil anderer Systeme ist. Er ist Teil eines Teams, dessen Leistung und Arbeitsklima von ihm beeinflußt wird und ihn selbst auch beeinflußt. Auf der nächsthöheren Ebene ist das Team Teil einer Abteilung.
- Die Fähigkeit, die *persönliche Entwicklung mit der Leistungsverbesserung zu verbinden,* ist die Fähigkeit, alle Arbeiten zur Verbesserung der Leistung im Team oder der Abteilung zu nutzen und somit sich selbst weiterzuentwickeln.
- Die Fähigkeit, das »große Ganze zu sehen«, ist die Fähigkeit, bei jeder Entscheidung, die jeder für sich selbst oder die das Team trifft, alle wichtigen Einflußfaktoren in Gedanken zu haben (ebenda).

Sicherlich ist es ein steiniger Weg, Bildung und Reflexivität nicht nur im Management, sondern auch bei den anderen Unternehmensmitgliedern in diese Richtung weiterzuentwickeln. Unglaubwürdiges und widersprüchliches Verhalten des Top Managements, insbesondere in Rezessionsphasen, kann z. B. dazu beitragen, einmal erreichte Entwicklungsfortschritte in kurzer Zeit wieder zunichte zu machen. Insofern können Ziel-Antinomien dann kontraproduktiv wirken, wenn die betroffenen und die beteiligten Personen sie (noch) nicht verstehen und mit ihnen nicht umgehen können. Dies sollte jedoch kein Grund sein, den eben beschriebenen Weg nicht weiterzuverfolgen.

Literatur

Akademie der Wissenschaft der DDR, Zentralinstitut für Sprachwissenschaft: Etymologisches Wörterbuch des Deutschen. Berlin 1989.
Albach, H.: Geburt und Tod von Unternehmen. Vortrag, gehalten auf der Wissenschaftskonferenz Berlin am 8. Oktober 1987. ifm-Materialien Nr. 55. Bonn 1987.
Ashby, W. R.: Requisite variety and its implications for the control of complex systems. Cybernetica 1958 vol1, p. 83 ff.
Bardmann, Th. M.: Wenn aus Arbeit Abfall wird, Aufbau und Abbau organisatorischer Realitäten. Frankfurt/Main 1994.
Becker, M.: Personalentwicklung. Bad Homburg v.d.H. 1993.
Beer, St.: Brain of the firm. London 1972.
Beer, St.: The heart of enterprise. Chichester et al. 1979.
Birkle, W./Buchwald, Ch./Faix, W./Stoller, J.: Soziale Kompetenz in Betrieblicher Bildung. Grundlagen der Weiterbildung. Heft 1., 1992, S. 13–18.
Bleicher, K.: Das Konzept Integriertes Management, 2. Aufl. Frankfurt a. M./New York 1992.
Bleicher, K.: Strategisches Personalmanagement. In: Glaubrecht, H./Wagner, D. (Hg.): Humanität und Rationalität in Personalpolitik und Personalführung. Freiburg i. Br. 1987, S. 17–38.
Bleicher, K.: Organisation. Strategien – Strukturen – Kulturen. 2. überarb. Aufl., Wiesbaden 1991.
Bülow, I.: Systemgrenzen im Management von Institutionen. Der Beitrag der Weichen Systemmethodik zum Problembearbeiten. Heidelberg 1989.
Cranach, M. v.: Über die bewußte Repräsentation handlungsbezogener Kognitionen. In: Montada, L. et al. (Hg.): Kognition und Handeln. Stuttgart 1983, S. 64–76.
Dierkes, M./Rosenstiel, L. v./Steger, M. (Hg.): Unternehmenskultur in Theorie und Praxis. Frankfurt a. M./New York 1993.
Drosdowski, G.: Duden. Etymologie. Herkunftswörterbuch der deutschen Sprache. 2. überarb. Auflage. Mannheim u. a. 1989.
Gmür, M.: Managementlehre: post- oder noch modern? Abschiedsvorstellung eines Teilprojektes der Moderne. Universität Konstanz. Lehrstuhl für Management. Diskussionsbeiträge Nr. 2, 1991.
Groeben, N.: Handeln, Tun, Verhalten als Einheiten einer verstehend-erklärenden Psychologie. Wissenschaftstheoretischer Überblick und Programmentwurf zur Integration von Hermeneutik und Empirismus. Tübingen 1986.
Groeben, N.: Explikation des Konstrukts »Subjektive Theorie«. In: Groeben, N./Wahl, O./Schlee, J./Scheele, B: Das Forschungsprogramm Subjektive Theorien. Eine Einführung in die Psychologie des reflexiven Subjekts. Tübingen 1988, S. 17–24.
Heinen, E.: Grundlagen betriebswirtschaftlicher Entscheidungen. Das Zielsystem der Unternehmung. 2. Aufl. Wiesbaden 1989.
Hinterhuber, H. H.: Strategische Unternehmensführung. 2 Bände. Berlin, New York 1991.
Kirsch, W.: Entscheidungsprozesse Band I–III. Wiesbaden 1971.

Kirsch, W.: Kommunikatives Handeln, Autopoiese, Rationalität. München 1992.

Knoll, J. H.: Erwachsenenbildung – zurück zur kulturellen Bildung? In: Kürzdörfer, K. (Hg.): Grundpositionen und Perspektiven in der Erwachsenenbildung. Bad Heilbrunn 1981, S. 140–150.

Koch, H.: Institutionelle Mikrotheorie und betriebswirtschaftliche Handlungstheorie. ZfB 1992, S. 807–824.

Krystek, U./Zumbrock, St.: Planung und Vertrauen. Stuttgart 1993.

Livingston, St. J.: Myth of the well-educated manager. Harvard Business Review 1971, Heft 1, S. 79–89.

Lasser, R.: Symbolische Führung. In: Kieser, A./Reber, G./Wunderer R. (Hg.): Handwörterbuch der Führung. Stuttgart 1987, Sp. 1927–1938.

Luhmann, Niklas: Ökologische Kommunikation. Kann die moderne Gesellschaft sich auf ökologische Gefährdungen einstellen? 2. Aufl., Opladen 1988.

Luhmann, Niklas: Die Wirtschaft der Gesellschaft. 2. Aufl., Frankfurt/Main 1989.

Luhmann; Niklas: Soziale Systeme. Grundriß einer allgemeinen Theorie. 4. Aufl. Frankfurt/M. 1991.

Malik, F.: Strategie des Management komplexer Systeme. Ein Beitrag zur Management-Kybernetik evolutionärer Systeme. Bern & Stuttgart 1984.

Maturana, H. R.: Biologie der Kognition. In: Ders.: Erkennen: Die Organisation und Verkörperung von Wirklichkeit. Braunschweig & Wiesbaden 1985, S. 32–80.

Megginson, L. C.; Mosley, D. C. & Pietri, P. H.: Management concepts and applications. 3. Aufl. New York 1989.

Meyer, B.: Begriff »Culture Change«. unv. Arbeitspapier. CP. Hamburg 1993.

Peters, Th. J. & Waterman, R. H. jun.: Auf der Suche nach Spitzenleistungen. Was man von den bestgeführten US-Unternehmen lernen kann. Landsberg-Lech 1984.

Priesmeyer, H. Richard: Organizations and Chaos. Defining the Methods of Nonlinear Management. Westport, CT 1992.

Probst, G.: Selbstorganisation. Ordnungsprozesse in sozialen Systemen aus ganzheitlicher Sicht. Berlin und Hamburg 1987.

Scheele, B. & Groeben, N.: Dialog-Konsens-Methoden zur Rekonstruktion subjektiver Theorien. Tübingen 1988.

Schein, E. H.: Organizational Psychology. 3rd edition. Englewood Cliffs/N. J. 1988:

Schertler, Walter: Unternehmensorganisation. Lehrbuch der Organisation und strategischen Unternehmensführung. 5. durchgesehene Auflage, München & Wien 1993.

Scholz, Ch.: Visionäres Personalmanagement. Die Unternehmung. 1991, S. 241–254.

Schön, D. A.: The reflective practitioner. New York 1983.

Steinle, C.: Organisation und Wandel. Konzepte – Mehr-Ebenen-Analyse – Anwendungen. Berlin & New York 1985.

Stiefel, R. Th.: Praktische Management-Andragogik. Personal – Mensch und Arbeit. 1987 Heft 2, S. 50–55.

Strunk, G.: Wider den Ökonomismus in der Bildungspolitik, Grundlagen der Weiterbildung. 1992 Heft 3, S. 125–127.

Schwaninger, M.: Managementsysteme. Frankfurt/Main & New York 1994.

Ulrich, H. & Krieg, W.: Das St. Galler Management-Modell. St. Gallen 1973.

Varela, F. J.: A Calculus for Self-Reference. In: International Journal of General Systems 2, 1975. S. 5–24.

Wagner, D.: Organisation, Führung und Personalmanagement. Neue Perspektiven durch Flexibilisierung und Individualisierung. 2. überarb. Aufl., Freiburg i. Br. 1991.

Wagner, D. & Nolte, H.: Management-Bildung. management revue. 4. Jg. 1993 (1), S. 5–22.

Wahl, D.: Handeln unter Druck. Der weite Weg vom Wissen zum Handeln bei Lehrern, Hochschullehrern und Erwachsenenbildnern. Weinheim 1991.

Willke, H.: Systemtheorie. Eine Einführung in die Grundprobleme der Theorie sozialer Systeme. 4. überarb. Aufl., Stuttgart & Jena 1993.

Wissenschaftszentrum Berlin: Bericht 1990–1991. Berlin 1992.

V. Lernfähige Organisationen: Systeme ohne Grenzen? Theoretische Rahmenbedingungen und praktische Konsequenzen

Rüdiger Reinhardt/Ulrich Schweiker

---

1. Zielsetzung des Beitrags

Die »lernende Organisation« erfreut sich in den letzten Jahren großer Beliebtheit: Tagungen und Kongresse (zum Beispiel in München, 1991, in Hamburg oder Brüssel, 1993) führen diesen Titel ebenso wie Fachartikel in einschlägigen Zeitschriften (zum Beispiel De Geus 1988; Stata 1989; Kiernan 1993) und Buchveröffentlichungen (zum Beispiel Senge 1990 a; Sattelberger 1991; Pedler Burgoyne/Boydell 1991, 1994; Probst/Büchel 1994). In der Schaffung »lernender Organisationen« wird der »letzte Wettbewerbsvorteil« in einer zunehmend komplexer werdenden dynamischen Weltwirtschaft gesehen (De Geus 1988). Allerdings stellt sich zum gegenwärtigen Zeitpunkt die Frage, ob eine solche lernende bzw. sich »kontinuierlich selbsterneuernde« Organisation (Handy 1992) lediglich als *Vision* oder – schlechtestenfalls – als *Fiktion* einiger innovativer Managementpraktiker und -theoretiker sowie ihrer Berater aufgefaßt werden muß.
Für diese kritische Perspektive lassen sich sowohl theoretische als auch praktische Argumente anführen: So liegt weder eine allgemein akzeptierte Theorie lernender Organisationen vor (zum Beispiel Fiol/Lyles 1985; Pautzke 1989; Reinhardt 1993), noch können die bislang am stärksten diskutierten Konzepte (zum Beispiel Senge 1990 a; Sattelberger 1991) den Anspruch erheben, sich grundsätzlich zu bereits bestehenden Unternehmenstransformationskonzepten zu unterscheiden: Es existieren eine Reihe unübersehbarer Gemeinsamkeiten zu dem Konzept der fortschrittsfähigen Organisation (Kirsch 1979, 1988), dem der entwicklungsfähigen Organisation (Probst 1987; Klimecki, Probst/Eberl 1991) und dem der organisationaler Gesundheit (Beer 1980).
Untersucht man zusätzlich den Realisierungsgrad der bislang vorliegenden Konzepte zum Gegenstandsbereich, so muß man sich wegen der *unübersehbaren Diskrepanz* zwischen theoretischem Anspruch und konkreter Umsetzung verwundert die Augen reiben: Im Gegensatz zu anderen strategie- und gesamtsystembezogenen »large scale change management approaches«, wie zum Beispiel bei japanogenen Ansätzen wie »Total Quality

Management« oder »Lean Management« oder beim neuen Konzept des »Business Reengineering« – haben Ideen zur lernfähigen Organisation nur wenig zu einer konkreten Gestaltung beigetragen. Damit stellt sich allerdings die Frage des konkreten Stellenwerts solcher – weitestgehend theoretischer – Konzepte, wenn man davon ausgeht, daß organisationale Selbsttransformations- bzw. Lernfähigkeit der Schlüssel zu künftigen Wettbewerbsvorteilen darstellen soll.

Die bislang vorliegenden theoretischen und praktischen Schwierigkeiten können sicherlich unterschiedlich erklärt werden: So kann man sich unter anderem vorstellen, daß sowohl der »relative« Neuigkeitscharakter der zugrundeliegenden Überlegungen als auch die Verkaufsorientierung geschäftstüchtiger Berater, die »neuen Wein in alten Schläuchen« zu verkaufen beabsichtigen, zum Mode- bzw. Visionscharakter lernfähiger Organisationen beitragen.

Wir wollen daher im vorliegenden Beitrag untersuchen, welche Schwierigkeiten bei einem *angemessenen* Umgang mit dem Thema lernfähige Organisation auftreten können bzw. zwangsläufig auftreten müssen. Dabei wird verdeutlicht, daß der bislang geringe Umsetzungs- bzw. Realisierungsgrad lernender Organisationen maßgeblich darauf zurückzuführen ist, daß die zugrundeliegenden Veränderungsprozesse zum Teil einen *qualitativ* anderen Charakter aufweisen als diejenigen, die bei den o.g. »large scale change management approaches« umgesetzt werden müssen. Dabei wollen wir allerdings auf den Begriff des »Paradigmenwechsels« verzichten, da dieser im Kontext von Managementtheorie und -praxis bereits etliche Male überstrapaziert wurde (Kuhn 1992; s. auch Abschnitt 2.2.5.).

Da die Frage der Systemdefinition bzw. der Festlegung der Grenze zwischen System und Umwelt bei jeder systemtheoretischen Argumentation ein zentrale Rolle spielt (Luhmann 1984), orientieren wir uns bei unseren folgenden Ausführungen maßgeblich an der Frage der Identifikation sinnvoller Systemgrenzen für lernfähige Organisationen: *(1) Können theoretische Kriterien und somit Systemgrenzen definiert werden, die für die Lern- bzw. Transformationsfähigkeit von Organisationen konstitutiv sind – und (2) welche Konsequenzen haben solche theoretisch identifizierten Systemgrenzen für die Unternehmensführung bzw. -entwicklung?*

Der Beantwortung dieser beiden Fragen möchten wir die folgenden drei Klarstellungen voranschieben:

Begriffsklärung: Ebenso, wie Lehrer bei der Ausübung ihres Berufs keine »lernenden Schüler« als Ziel haben (sollten), sondern die Vermittlung von Wissen sowie seiner Anwendung und somit den »wissenden Schüler« oder, besser noch, die Schaffung von Rahmenbedingungen zur Förderung der »Lernfähigkeit von Schülern« (zum Beispiel von Glasersfeld 1987), kann es auch nicht Ziel von Managern und Beratern sein, eine »lernende Organisation« – sondern lediglich Rahmenbedingungen zu schaffen, in denen die »Lernfähigkeit« oder die »Fähigkeit zur Selbsttransformation« von Organisationen blühen und gedeihen kann. Wir haben uns daher dafür entschieden, den Begriff der »lernfähigen Organisation« dem der »lernenden Organisation« vorzuziehen.

Die »lernfähige Organisation« als theoretisches Konstrukt: Wenn wir von einem *»angemessenen«* Umgang mit dem Thema »lernfähige Organisation« reden, dann orientieren wir uns bei der Erarbeitung der theoretischen Grundlagen am Kanon wissenschaftlicher Methodik, womit wir gleichzeitig eine Reihe der bislang vorliegenden theoretischen Probleme zu lösen beabsichtigen: Wir engen den Begriff »lernfähige Organisation« insoweit ein, als daß ihm der Charakter eines *eigenständigen theoretischen Konstrukts* zugeschrieben werden kann. Diese Überlegung verbietet es dann auch, eine lernfähige Organisation maßgeblich bzw. ausschließlich auf der Basis einer Integration bereits vorhandener »change management«-Konzepte zu definieren (vgl. die integrativen Ansätze[1] von Senge 1990 a oder Sattelberger 1991).

Subjektivität der Argumentation: Schließlich und endlich erheben wir trotz der eben vorgenommenen Einschränkung in bezug auf die theoretische Analyse des Gegenstandsbereichs nicht den Anspruch, allgemeinverbindliche Aussagen zum Thema »lernfähige Organisation« zu machen: Aufgrund der eigenen systemtheoretischen Position sind wir uns bewußt, daß es ausschließlich unsere eigenen[2] Unterscheidungen bzw. Konstruktionen sind, die unserer Argumentation zugrundeliegen. Trotz der unterschiedlichen Leitdifferenzen zwischen wissenschaftlichem und ökonomischen System (»wahr vs. falsch« bzw. »Zahlung« vs. »Nicht-Zahlung«, Luhmann, 1988) sind wir davon überzeugt, daß die Idee der »lernfähigen Organisation« nur dann ein hilfreiches Konzept für die Managementpraxis darstellt, wenn es auf einer gründlichen theoriegeleiteten Reflexion basiert.

---

[1] Eine autorenübergreifende« Integration führt beispielsweise zu folgendem Erzeugungsmechanismus lernfähiger Organisationen: Man redefiniere die Aufgaben des Top-Managements (Garratt, 1990), sorge dafür, daß die »Leader« (im Gegensatz zu den »Managern«) in der Lage sind, die Aufgaben eines Designers, Lehrers und Stewards (Senge, 1990 b) zu übernehmen, wozu man Weiterbildung (Pawlowsky, 1992), die Sicherung des Lerntransfers (Heinecke, 1993) und Personalentwicklung (Sattelberger, 1991) benötigt, und ergänze diese Bestandteile mit innovativen Konzepten strategischer Unternehmensführung, wie z. B. dezentralen Strukturen, einer partizipativen Strategieumsetzung, extensivem Markt- und Kundenfeedback (Pedler et al., 1991; Simon & Tacke, 1991) sowie mit der Entwicklung gemeinsamer Visionen, dem Lernen in Teams und schließlich mit Persönlichkeitsentwicklung (Senge, 1990 a).

[2] Daher haben wir uns auch für einen »wir-Stil« entschieden – der entgegen den »herkömmlichen« akademischen Gepflogenheiten die Subjektgebundenheit von Aussagen verdeutlichen soll.

2. Theoretischer Rahmen

Bislang liegen eine Reihe unterschiedlicher Definitionen einer lernenden Organisation vor[3], die trotz einiger Unterschiede eine zentrale Gemeinsamkeit aufweisen, nämlich den Gedanken, *daß die Fähigkeit zur kontinuierlichen Selbsttransformation der Organisation die zentrale Voraussetzung für einen künftigen und nachhaltigen Wettbewerbsvorteil darstellt.* Eine tiefergehende theoretische Analyse verdeutlicht, daß eine solche Fähigkeit zur Selbsttransformation nur sinnvoll als selbstreferentieller Prozeß gedacht werden kann und somit zur theoretischen Konsequenz führt, Organisationen als sich selbststeuernde und sich selbsterhaltende soziale Systeme (= autopoietische Sozialsysteme; Luhmann 1984, 1988) zu modellieren.

Wir *definieren* daher, daß eine Organisation soll *nur* dann als lernfähig bezeichnet werden soll, wenn sie in der Lage ist, (a) selbständig[4] festzulegen, wer was wie in welchem Umfang und Zeitraum auf wessen Veranlassung hin und in bezug auf welches Ziel lernen soll, und (b) wenn die Identifikation und Realisierung dieser sieben Komponenten wiederum in Form eines (organisationalen) Lernprozesses erfolgt (vgl. Reinhardt 1993). Konsequenterweise kommt der Fähigkeit zur *individuellen und kollektiven Selbstreflexion* eine zentrale Bedeutung bei der Gestaltung lernfähiger Organisationen zu.

2.1 Systemtheoretische Ausgangsposition

»Systemtheoretisches Denken und Handeln« wird in der Management- und Organisationstheorie aus zwei unterschiedlichen Richtungen behandelt:

»Klassische Systemtheorie«: Auf der Basis des »open systems approach« (von Bertalanffy 1968) oder der »system dynamics«-Perspektive (Ashby 1970) wird verdeutlicht, daß »alles mit allem verknüpft ist«, und daß sich das Systemverhalten deswegen nicht aus der Kenntnis seiner Komponen-

---

[3] »A learning organization is an organization which facilitates the learning of all its members and continually transforms itself« (Garratt, 1990, S. 77); »A learning organization is an organization that is continually expanding its capacity to create its future« (Senge, 1990, S. 14); oder Handy (1992, S. 3): «(...) we are going to need organizations that are continually renewing themselves, reinventing themselves, reinvigorating themselves. These are the learning organizations, the ones with the learning habit«.

[4] Dieser Autonomiegedanke widerspricht nicht der Anerkennung existierender Interdependenzen im Hinblick auf Lieferanten, Kunden, Investoren etc. Vielmehr geht es um das Herausstellen einer prinzipiellen systeminternen Verantwortlichkeit für diese Prozesse.

ten vorhersagen läßt. Vielmehr ist hierzu auch das Wissen um die Beziehung zwischen den einzelnen Systemkomponenten nötig. Prominente Vertreter dieser Denkweise finden sich in der St. Gallener-Schule (zum Beispiel Hans Ulrich, Gilbert Probst) oder am M.I.T. (zum Beispiel Peter Senge). Eine wichtige theoretische Vorannahme ist hier, daß sich die Komplexität einer Organisation zumindest soweit reduzieren läßt, daß sie sich prinzipiell von »oben« steuern läßt. Konkret bedeutet dies, daß diese Systemauffassung die betriebswirtschaftlichen Auffassungen von Zweckrationalität und Kontrollierbarkeit bzw. *Steuerung/Führung* in und von Organisationen unterstützt: (a) Ordnung muß durch Organisation geschaffen werden; ohne Organisation herrscht Chaos; (b) für die zu schaffende Ordnung wird eine einheitliche Idee oder ein oberster Wert benötigt, an dem sich alle Ordnung ausrichten muß; (c) die Ordnung muß hierarchischen Prinzipien folgen: Die »Spitze« muß entscheiden, hat prinzipiell recht und trägt die Verantwortung (vgl. Schmidt 1987, S. 45 f.).

»Neuere Systemtheorie«: Desweiteren liegen eine Reihe unterschiedlicher systemtheoretischer Überlegungen aus verschiedenen wissenschaftlichen Disziplinen vor, die in der Managementtheorie seit neuester Zeit unter den Stichworten »Selbstorganisation« oder »Autopoiese« diskutiert werden (vgl. Luhmann 1984, 1988; Willke 1987). Eine Organisation ist demnach ein System, das sich dadurch selbst herstellt und selbst erhält, daß es sich (a) in seinen Handlungen und Kommunikationen ausschließlich auf sich selbst bezieht und daß (b) ausschließlich durch seine eigene Struktur festgelegt wird, mit welchen Ereignissen seiner Umwelt es interagiert und wie es sich aufgrund dieser Interaktion verhält. Innerhalb der systemtheoretischen Diktion kann die Steuerung von Organisationen wie folgt charakterisiert werden: *Steuerung* ist eine (a) Differenzminimierung bzw. Konstruktion neuer, zu verringernder Differenzen; wobei (b) diese Differenzminimierung als rein systeminterne Operation aufgefaßt wird. Für Organisationen (soziale Systeme) und Menschen (personale Systeme) existieren zwei weitere bedeutsame Aspekte, nämlich daß (c) ihre Steuerung durch eine Verringerung von Sinndifferenzen stattfindet, wozu (d) eine Beobachtung des Systems bzw. der Differenzen vorliegen muß. Damit kann soziale Steuerung zusammenfassend als beobachtbare systeminterne Operation definiert werden, bei der es für das steuernde System um die Reduktion sinnhafter Differenzen geht, die für andere Beobachter nicht unbedingt sinnvoll sein müssen (vgl. Bardmann 1992, S. 18).

Wenn wir im folgenden von systemischen Denken und Handeln sprechen, so orientieren wir uns an der neueren systemtheoretischen Variante[5]. Eine

---

[5] In Anlehnung an von Foerster (1985) basieren solche neueren systemtheoretischen Überlegungen auf einem nicht-trivialem Menschen- bzw. Weltbild (vgl. hierzu auch Fischer 1993). Wir werden die Begriffe »systemtheoretisch« und »nicht-trivial« daher synonym verwenden.

solche Orientierung hat eine Reihe tiefgreifender Konsequenzen in bezug auf die Vorstellung, ob bzw. wie Organisationen kontrolliert bzw. gesteuert und somit verändert werden können. Da mittlerweile eine Vielzahl von Übertragungen bzw. Anwendungen systemtheoretischen Gedankenguts auf unterschiedliche Phänomenbereiche, wie zum Beispiel Familienthera- pie (vgl. Stierlin 1989; Simon 1990), Management (vgl. Königswieser/Lutz 1990; Kasper 1991; Klimecki/Probst/Eberl 1991) oder Organisationsbera- tung (Exner/Königswieser/Titscher 1988; Wimmer 1991, 1992; König/Vol- mer 1993) und sogar zum Thema »lernfähige Organisation« (vgl. Schmitz/ Gester/Heitger 1992; Gester/Heitger/Schmitz 1993; Reinhardt 1993) vor- liegen, verzichten wir auf eine erneute Darstellung dieser Argumente und verweisen unsere Leser an die entsprechende Literatur – letztlich würde eine angemessene Synopse dieser Schriften auch den Rahmen des vorlie- genden Beitrags sprengen.

2.2 Die Tiefenstruktur lernfähiger Organisationen

Anhand der Gegenüberstellung ausgewählter theoretischer Konzepte zu den Themenbereichen »Unternehmenskultur«, »Organisationslernen« und »lernende Organisation« wird verdeutlicht, daß die aktuelle Diskus- sion in bezug auf die Gestaltung lernfähiger Organisationen zu kurz bzw. nicht »tief genug« greift. Die Konsequenz daraus lautet, daß die Gestal- tung lernfähiger Organisationen maßgeblich mit einer Veränderung der organisationalen »tacit assumptions« bzw. ihres Weltbildes einhergehen muß.

2.2.1 Unternehmenskultur

Spätestens seit dem Beginn der Unternehmenskulturdiskussion (Peters/ Waterman 1982; Deal/Kennedy 1982) wurde deutlich, daß nachhaltige Unternehmensveränderungen nicht nur durch eine Veränderung der beob- achtbaren Aspekte der Organisation, d. h. dem Verhalten der Organisa- tionsmitglieder (insbesondere Führungsverhalten) oder der Artefakte (Stichwort: »Corporate Identity«), zu erreichen sind, sondern daß es hier- zu notwendig ist, die zugrundeliegenden Normen und Werte zu verändern. In diesem Zusammenhang lassen sich sowohl »hard factors«-orientierte Aspekte (zum Beispiel die Veränderung der strategischen Orientierung »von der Produktorientierung zur Kunden- bzw. Marktorientierung«) identifizieren, wie auch die »human resources«-orientierten Konzepte symbolischer (Sievers 1986; Neuberger 1990) oder transformationaler Füh- rung (Tichy/Devanna 1986; House/Singh 1987) oder die Einführung von Partizipationssystemen (Quarrey/Rosen 1986). Allerdings ist darauf hinzu- weisen, daß diese angestrebte Veränderung von organisationalen Normen und Werten *nicht* auf der plötzlichen Einsicht beruht hat, daß die Humani- sierung des Arbeitslebens und des Managements per se sinnvoll sind, sondern auf die schmerzliche Erfahrung zurückzuführen war, daß das Nicht-Ernstnehmen von Mitarbeitern zu Produktivitäts- und somit Gewinneinbußen geführt hat (vgl. die Unterscheidung zwischen Mißtrauens- und Vertrauenskultur bei Bleicher 1989).

Schein (1984) differenziert zwischen drei Stufen der Unternehmenskultur, die sich durch den Grad ihrer Bewußtheit und somit Veränderbarkeit unterscheiden (s. Abbildung 1): Die *Oberflächenstruktur* einer Organisation besteht aus beobachtbaren Artefakten, wie Verhaltensweisen, Sitten und Gebräuchen, Umgangsformen der Organisationsmitglieder sowie Büroeinrichtungen usw. Der *Tiefenstruktur* können Werthaltungen – Präferenzen für bestimmte Ziele und Zustände – sowie Normen, in denen sich Handlungsvorschriften und Verhaltensmaximen ausdrücken, zugeordnet werden. Die *Tiefenstruktur* enthält die am schwersten zugänglichen Annahmen über Sinn und Zweck des Unternehmens aus der Sicht ihrer Mitglieder, sowie prinzipielle Weltbildannahmen über die Natur der Dinge.

Untersucht man die neueren »large scale change management approaches« hinsichtlich ihrer »Veränderungstiefe«, so wird deutlich, daß hier versucht wird, die *Veränderung der Oberflächenstruktur und der Tiefenstruktur* zu verzahnen: So wird beispielsweise im TQM- oder »lean«-Ansatz mit Hilfe einer Vielzahl von Methoden versucht, (a) direkt das Verhalten der Organisationsmitglieder und die Prozesse in der Organisation zu beeinflussen bzw. zu verändern, wobei (b) sich die entsprechenden Interventionen zusätzlich dadurch charakterisieren lassen, daß die Notwendigkeit der Entwicklung neuer Normen und Werte betont wird, wie zum Beispiel bei der Veränderung von der Fließband- in Richtung Gruppenfertigung oder bei der Vermittlung der Einsicht, daß Kundenzufriedenheit eine Zufriedenheit der eigenen Mitarbeiter voraussetzt.

2.2.2 Organisationslernen

Die bisherige Literatur zum Thema Organisationslernen greift trotz ihrer unterschiedlichen Bezugspunkte und der daraus resultierenden Heterogenität im allgemeinen auf den theoretischen Ansatz der organisationalen Lernhierarchien von Argyris/Schön (1978) zurück: Diese Autoren unterscheiden zwischen zwei unterschiedlichen Zielen des organisationalen Lernens, (a) dem der Verbesserung *interner Anpassungsprozesse* innerhalb gegebener und nicht zu verändernder Normen und Standards (»single-loop learning«), und (b) dem der überlebensnotwendigen Re-Orientierung bzw. Anpassung an eine sich *verändernde externe Umwelt,* was im allgemeinen eine Veränderung bestehender Normen und Werte voraussetzt (»double-loop learning«). Hinzu kommt eine zweite, *übergeordnete Ebene organisationalen Lernens* (»deutero learning«), mit deren Hilfe die beiden anderen organisationalen Lernprozesse kritisch reflektiert, falls erforderlich verändert und somit selbst zum Gegenstand *eines organisationalen Lernens höherer Ordnung* werden. Die Realisierung von organisationalem »deutero learning« stellt somit die Voraussetzung für die Gestaltung lernfähiger Organisationen dar.

Handy (1992) geht davon aus, daß in einer lernfähigen Organisation ein *vollständiger* Lernzyklus des Organisationslernens realisiert werden muß, der folgende ineinandergreifende Schritte umfaßt: Um Probleme lösen zu können, müssen (a) angemessene Fragen gestellt werden, woran sich (b) die Erstellung eines theoretischen Konzepts, (c) dessen Umsetzung und (d) die anschließende gemeinsame Reflexion dieser Aktivitäten anschließt (s. Abbildung 1). Die Zentralität des »Vollständigkeitsarguments« kann wie folgt verdeutlicht werden: (a) Ohne die Wahrnehmung von Problemen bzw. Zielen entsteht kein Handlungsbedarf (Stichworte: »innere Kündigung«, »Dienst nach Vorschrift«); (b) Stabsstellen beschäftigen sich meist mit den Lösungen von Problemen anderer Abteilungen (Stichworte: »Konzepte für den Schreibtisch oder Papierkorb« und »nicht zur Umsetzung geeignet bzw. eingesetzt«, »Alibifunktion«); (c) »Macher« bzw. »erfolgreiche« Manager lösen aufgrund ihrer langjährigen Erfahrung solche Probleme gut, für die sie bereits wirkungsvolle Heuristiken erworben haben (Stichworte: »bias for action«, Peters/Waterman 1982; »tacit knowledge«, Wagner 1991 – und scheitern häufig bei dem Lösen qualitativ neuartiger Probleme, weil sie gemäß der Heuristik »mehr desselben« (Watzlawick 1974) verfahren und (d) nicht gelernt haben bzw. nicht dabei unterstützt werden, die Lösungen bisherige Probleme (gemeinsam) zu reflektieren und aus diesem Reflexionsprozeß zu lernen, um gegebenenfalls in Zukunft andere Problemlösungen anzuwenden.

Die Realisierung von (Selbst-)Reflexionsmethoden zur Förderung von »deutero learning«-Prozessen in Unternehmen ist bislang nur wenig fortgeschritten: Auf individueller Ebene sind hier Coaching-Ansätze zu nennen – deren Qualität sich vor dem Hintergrund der vorliegenden Fragestellung allerdings nicht beurteilen läßt, wohingegen auf Teamebene erste Ansätze zu identifizieren sind, wo mit Hilfe von Computerunterstützung versucht wird, kollektive Reflexions- und Lernprozesse anzuregen (sog. »learning laboratories«; vgl. Forrester 1990; Bergin/Prusko 1990; Sattelberger 1993).

2.2.3 Die analytischen Ebenen lernender Organisationen

Untersucht man den zur Zeit prominentesten Ansatz zum Thema lernende Organisation, so werden drei unterschiedliche Komponenten deutlich: Senge (1990 a) unterscheidet in seinem Ansatz zwischen (1) fünf zentralen Bausteinen (»disciplines«), (2) drei führungsbezogenen Schlüsselkompetenzen sowie (3) drei analytische Ebenen organisationaler Prozesse:

(1) Die *fünf »disciplines«* beinhalten folgende Aspekte: (a) die Fähigkeit zum systemischen Denken, die dazu führt, Muster bzw. Beziehungen zu erkennen sowie isoliertes Eingreifen bei einzelnen Prozessen zu vermei-

den; (b) die Explikation *mentaler Modelle* führt zu einer kritischen Überprüfung der eigenen Hypothesen, und schließlich zu einer – durch Gruppenprozesse gestützten – Veränderung; (c) die *Förderung und Gestaltung einer gemeinsamen Vision* ist notwendig, um die Identifikation des Großteils der Führungskräfte und Mitarbeiter mit den Unternehmenszielen zu erreichen; (d) *persönliche Reife und Verantwortungsfähigkeit* ist die Voraussetzung, um Klarheit in die eigenen Ziele und Bedürfnisse zu bringen, und stellt die »spirituelle« Komponente lernender Organisationen dar; (e) das *Lernen von Gruppen* führt schließlich zu einer größeren Offenheit, zu effektiverem Problemlösen und schließlich zu einer Veränderung der Organisationskultur.

(2) Die *drei Schlüsselkompetenzen* beinhalten eine Reformulierung der Kompetenzen von Führungskräften, die eine lernende Organisation dann gestalten können, wenn sie die Rollen eines Designers, eines *Lehrers* und eines *Stewards* beherrschen: (a) Das *Design* einer Organisation beginnt bei der Formulierung einer Vision, der Formulierung von Geschäftsinteressen, Strategien zu ihrer Realisierung, die Schaffung entsprechender Aufbau- und Ablaufstrukturen, und schließlich die Umsetzung von Strategien samt Erfolgskontrolle; (b) die *Lehrerrolle* bezieht sich auf die Schaffung und Definition allgemeinverbindlicher Realitäten – insbesondere sind Führer in der Lage, ihren Mitarbeitern die Welt auf drei unterschiedlichen Ebenen zu erklären: Ereignisse, Muster von Verhaltensweisen, Systemstruktur – was schließlich dazu beträgt, daß auch der einzelne eine effektivere »Ursachenforschung von Problemen« betreiben kann; (c) schließlich beinhaltet die Rolle des Stewards zwei Aspekte von Dienstleistung: Der erste Aspekt bezieht sich auf die Gestaltung solcher Kontexte, in denen die Mitarbeiter in der Lage sind, eine angemessene Leistung zu erbringen; der zweite darauf, daß die Führungskräfte ihre eigenen Ziele denen des Unternehmens unterordnen.

(3) *Analytische Ebenen:* Schließlich wird bei der Ableitung der Kernkompetenzen lernfähiger Organisationen verdeutlicht, daß die bisherige Managementtheorie und -praxis eine unangemessene Beschreibung organisationaler Prozesse beinhaltet: »Wahre« Problemursachen lassen sich nur mit Hilfe der den Ereignissen (»events«) und Interaktionsmuster (»patterns«) zugrundeliegende Struktur (»structure«) identifizieren und somit verändern.

2.2.4 Konsequenzen

In Abbildung 1 werden die in den letzten drei Abschnitten skizzierten theoretischen Elemente integriert dargestellt (siehe Abb. 1).

Mit der Gegenüberstellung der drei theoretischen Modelle in Abbildung 1 kann verdeutlicht werden, daß sich die bisherige Argumentation innerhalb der Konzepte »lernende Organisation« bzw. »Organisationslernen« lediglich auf Aspekte bezieht, die eine Änderung der Oberflächenstruktur (Ver-

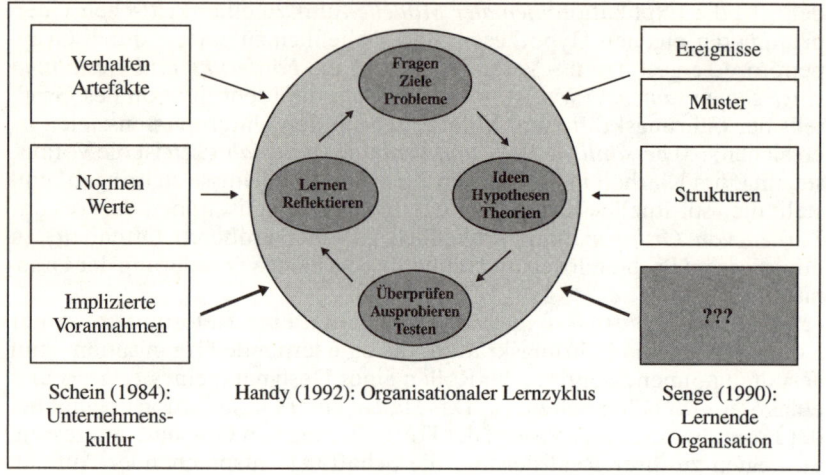

Abb. 1: Gegenüberstellung des Unternehmenskulturmodells von Schein (1984, S. 4), des organisationalen Lernzyklus von Handy (1992, S. 7) und der Analyseebenen organisationaler Prozesse in einer lernenden Organisation (Senge, 1990 a, S. 52)

halten, Artefakte) und der Tiefenstruktur (Normen und Werte) der Unternehmenskultur beinhalten.

Es stellt sich allerdings die Frage, inwiefern es *gerechtfertigt* ist, davon auszugehen, daß eine Veränderung der beiden ersten Organisationskulturebenen ausreicht, um die Lernfähigkeit von Organisationen nachhaltig zu fördern. Macht man sich nämlich die Anforderungen klar, die mit einem »tatsächlichen« systemischen Denken und Handeln im Management (und in der Beratung) einhergeht, so wird leicht deutlich, daß dies nur dann möglich ist, wenn es gelingt, auch die Tiefenstruktur, die Ebene der Welt- und Menschenbilder, nachhaltig zu ändern. Folgende Übersicht gibt einen Einblick in die Probleme, die mit einer Veränderung des »klassisch-mechanistischen« in ein »systemisches« bzw. »nicht- triviales« Managementverständnis einhergehen (vgl. Königswieser 1990; Malik 1987; Ulrich/Probst, 1989):

● Die Veränderung des eigenen Weltbildes bedeutet zunächst eine Änderung der Wahrnehmungsprozesse und damit der sie steuernden *Werthaltungen und Überzeugungen.*

● Das Anerkennen des »Teil-des-System-Seins« führt zu einem Verzicht auf »objektive« Wahrheiten und der Gültigkeit von Expertenmeinungen und somit zu Verunsicherungen.

● Damit einher geht der Verzicht auf die Machbarkeits- und Kontrollillusion gegenüber ihren Mitarbeitern, was dem Selbstverständnis von erfolgreichen Managern widerspricht.

- Hinzu kommt, daß Manager Vertrauen in die Prinzipien der Selbstorganisation und in die Kompetenzen und Selbstverantwortung der Mitarbeiter haben müssen.

- Der in unserer westlichen Kultur tief verwurzelte Individualismus behindert die Anerkennung, daß keine »Helden« oder »great men« die Geschicke des Unternehmens lenken, sondern daß Handlungs- und Kommunikationsmuster und die ihnen zugrundeliegenden Normen den »Unterschied machen, der einen Unterschied macht« (Bateson 1985, S. 582; vgl. auch Luhmann 1990)[6].
Letztlich wird das neue Weltbild mit dem Hinweis abgelehnt, daß es ein »Luxus sei, den man sich in Krisenzeiten nicht leisten kann« (Königswieser 1990, S. 5).

Neben diesen systemtheoretischen Aspekten verdeutlichen eine Reihe weiterer sozialpsychologischer Argumente[7], daß die Veränderung eines Weltbildes *nicht* durch Trainings oder herkömmliche Weiterbildungs- bzw. PE-Methoden geleistet werden kann. Vielmehr *muß* die lernfähige Organisation als umfassendes Unternehmensveränderungskonzept gedacht und realisiert werden, in dem die Entwicklung individueller Kompetenzen und organisatorischer Voraussetzungen so aufeinander abgestimmt werden, daß die Lern- und Entwicklungsfähigkeit des Gesamtsystems gefördert wird.

Zusammengefaßt bedeutet dies, daß tatsächlich ein »Paradigmenwechsel« vom mechanistischen zum systemischen Denken vonstatten gehen muß, der ein Hinterfragen und Verändern von Wahrnehmungs-, Denk-, Handlungs- und Erlebensgewohnheiten beim Individuum impliziert und sich in der Gestaltung des organisationalen Kontexts niederschlägt. Damit kann hier die Hypothese formuliert werden, daß die Gestaltung lernfähiger Organisationen maßgeblich mit der Kompetenz des Systems einhergeht, Aspekte der Tiefenstruktur (implizite Vorannahmen) in einem kollektive Reflexionsprozeß durch die Organisationsmitglieder zu identifizieren, zu hinterfragen und gegebenenfalls zu verändern (vgl. Reinhardt 1994).

---

[6] Letztlich besteht hier ein nicht endgültig entscheidbares Interpunktionsdilemma: Aus individualistischer bzw. personaler Perspektive sind es gerade die »Helden«, die für Unternehmenserfolge verantwortlich sind – wohingegen aus systemischer Perspektive Interaktions- und Kommunikationsmuster die zentralen Variablen darstellen (vgl. aber hierzu die Unangemessenheit der Diskussion um »Nieten in Nadelstreifen« (Ogger 1992) aus systemischer Sicht).

[7] Hier ist insbesondere auf folgende Phänomene hinzuweisen: »Group think« (Janis 1972), Konformität (Witte 1983); »risky shift«-Phänomen (insbesondere in seiner »Umkehrung« in Richtung »Risiko-Abwehr; Myers 1982); »social facilitation« (Zajonc 1965).

2.2.5 Meta-theoretischer Exkurs: Zur »Bedeutung« des Begriffs »Paradigmenwechsel in Managementtheorie und -praxis

Da im Zusammenhang mit dem Thema »lernfähige Organisation« und anderen neueren Managementkonzepten häufiger der Begriff »Paradigmenwechsel« auftaucht, möchten wir die Gelegenheit nutzen, hier einige Klarstellungen aus Kuhnscher Perspektive zu nutzen[8]. Der Begriff »Paradigmenwechsel« impliziert nach Kuhn (1962) eine Inkommensurabilität zwischen »alter« und »neuer« Theorie, d. h. eine Unvereinbarkeit zwischen bisherigen und neuen Basisannahmen und deren Interpretationskonsequenzen[9].

Untersucht man die Verwendung dieses Begriffs in der neueren Managementtheorie, so findet man häufig die drei folgenden Beispiele: (1) Systemisches Denken und Handeln im Management (zum Beispiel Malik 1987; Bleicher 1991) wird genauso als Paradigmenwechsel ausgegeben wie (2) die Veränderungen in der Produktionsphilosophie (zum Beispiel Womack/Jones/Roos 1990) – beginnend bei der Einzelfertigung über die Massenfertigung bis hin zur Orientierung an Kundenwünschen, was eine hohe Flexibilität, Qualität und Gruppenarbeit in der Produktion voraussetzt. Desweiteren verwendet Senge (1990 a) den Begriff »metanoia« (= »shift in mind«, Senge 1990 a, S. 21) im Sinne eines Paradigmenwechsels.

Aus unserer Sicht weist die originäre Bedeutung von »*metanoia*« (= Sinnesänderung, Reue, Buße; Langenscheidts Taschenwörterbuch Altgriechisch, 37. Auflage, 1981, S. 286) wesentlich präziser auf die Notwendigkeit eines vorzunehmenden Paradigmenwechsels hin, der sich in Anlehnung an Stolzenberg (1985) wie folgt präzisieren läßt: Dem Paradigmenwechsel geht die Einsicht voraus, sich in einer *kollektiven Denkfalle* zu befinden. Von einer solchen kollektiven Denkfalle kann dann gesprochen werden,

---

[8] Wir befürchten nämlich, daß der Begriff »Paradigmenwechsel« innerhalb der Managementtheorie (und nicht nur dort) schon seit längerer Zeit Opfer einer »semantischen Umweltverschmutzung« (Stegmüller 1979) geworden ist – ein Problem, daß sich in bezug auf die Verwendung des Konzepts »lernende« bzw. »lernfähige Organisation« ebenfalls bereits abzeichnet.

[9] Im Zusammenhang mit McGregors (1962) Konzepten »Theorie X« und »Theorie Y« wurde bereits in unterschiedlichen Schriften verdeutlicht, daß die Beurteilung desselben Mitarbeiterverhaltens aus unterschiedlichen »Perspektiven« zu unterschiedlichem Verhalten der Führungskraft führt. Aus systemischer Perspektive impliziert der Begriff »Paradigmenwechsel« aber nicht nur den Wechsel zwischen den einzelnen Deutungsmustern (hier im Sinne der »naiven« Theorien X bzw. Y), sondern macht auch das Eingeständnis notwendig, generell selbst für die Wahl des eigenen Bezugsrahmens verantwortlich zu sein – und somit für die Wahrscheinlichkeit der eigenen Zielerreichung.

wenn (a) institutionalisierte Einstellungen, Glaubensvorstellungen und Denkgewohnheiten ein geschlossenes System bilden, wenn (b) diese nachweisbar zum Teil unrichtig (im Sinne von zielführend oder -vermeidend) sind und wenn (c) einige dieser fixierten Einstellungen und Denkgewohnheiten verhindern, daß dies erkannt wird.

Und genau dieses Eingeständnis ist unserer Meinung die unabdingbare Voraussetzung dafür, systemisches bzw. nicht-triviales Denken und Handeln flächendeckend in einer Organisation entwickeln und fördern zu können[10]. Zur Ehrenrettung der Manager und Berater möchten wir nicht versäumen, darauf hinzuweisen, daß die Veränderung liebgewordener und größtenteils erfolgreicher Gewohnheiten kein managementspezifisches, sondern ein allgemein menschliches Problem ist.

2.3 Die lernfähige Organisation als gesellschaftliches Subsystem

Die letzten Ausführungen verdeutlichen, daß das Thema »Paradigmenwechsel« nur schwer auf einzelne Organisationen beschränkt werden kann, da jede Organisation in einer Vielzahl von Wechselbeziehungen zu anderen gesellschaftlichen Subsystemen steht. Daher werden in diesem Abschnitt einige grundlegenden Überlegungen angestellt, mit deren Hilfe die Grenze zwischen systemischen Denken und Handeln in einer Organisation und von Handlungen außerhalb einer Organisation präzisiert werden kann.

2.3.1 Theoretische Vorüberlegungen

Wir haben bislang dargelegt, daß organisationale Lern- bzw. Transformationsfähigkeit maßgeblich von der Fähigkeit zur organisationalen Selbstreflexion abhängt, wobei hier dem Hinterfragen des organisationalen Welt- und Menschenbildes eine besondere Bedeutung zukommt. Auf der Basis der Entwicklung eines führungsspezifischen kollektiven Reflexionsmechanismus' werden wir jetzt weitere Konsequenzen für die Gestaltung lernfähiger Organisationen ableiten. Wir schlagen vor, vier unterschiedliche Reflexionsebenen in Abhängigkeit des jeweiligen Reflexionsniveaus bzw. -objekts zu unterscheiden, wodurch sich dann vier Stufen lernfähiger Organisationen definieren lassen: (1) Symbole, (2) Führung, (3) Organisation, (4) Sprache, Kultur und Gesellschaft. Diese vier Stufen organisatio-

---

[10] Mit dem Märchen »Des Kaiser's neue Kleider« kann die Existenz einer kollektiven Denkfalle sehr gut verdeutlicht werden. Leider existieren im organisationalen Alltag zu viele – lernhemmende – Tabus, die es verhindern, Äußerungen wie »Der Kaiser ist ja nackt!« zu machen und dadurch Lernprozesse höherer Ordnung anzustoßen.

naler Lernfähigkeit lassen sich mit Hilfe einer *Reflexionsoperation*[11] ableiten und allgemein wie folgt beschreiben:
Stufe 0: Geht man von Ansätzen symbolischer Führung aus, so wird deutlich, daß hier der Anspruch besteht, daß die Führungskraft die Bedeutung
von Symbolen festlegt, um somit das Verhalten der Mitarbeiter auf diese
Bedeutung zu orientieren. Aufgrund der Überlegungen zur Bedeutung
kollektiver Reflexionsprozesse führt dies aus unserer Perspektive *nicht* zur
Erhöhung der organisationalen Lernfähigkeit[12].
Stufe 1: Die erste Stufe organisationaler Lernfähigkeit wird dadurch definiert, daß dieser Bedeutungszuweisungsprozeß von Symbolen *gemeinsam*
– durch Vorgesetzte und Mitarbeiter – reflektiert wird. Das bedeutet, daß
Führungskräfte und Mitarbeiter *gemeinsam* die Bedeutung von Symbolen
festlegen und daraus Verhaltenskonsequenzen ableiten.

---

[11] Der Rekursivität dieses Reflexionsmechanismus liegt die Annahme zugrunde,
daß sich Lernen innerhalb einer lernfähigen Organisation prinzipiell nicht – im
Sinne einer externen Kontrolle unterliegend – beschränken läßt: »Real learning
gets to the heart of what it means to be human. Through learning we re-create our-
selves. Through learning we become able to do something we never were able to
do. Through learning we reperceive the world and our relationship to it. Through
learning we extend our capacity to create, to be part of the generative process of
life« (Senge 1990 a, S. 14).

[12] Die Idee des symbolisches Managements – als Bereitstellung »sinnhafter Kontex-
te« von Führungskräften für ihre Mitarbeiter – muß aus unserer Perspektive im
Zusammenhang mit dem Begriff der »Herrschaft dritter Ordnung« (Neuberger/
Kompa 1987) diskutiert werden. Mit Hilfe des folgenden Zitats von Skinner (1972,
im Original 1948) kann das Ausmaß an Manipulationsabsicht von trivialisierenden
Führungskonzepten wie dem des symbolischen Managements oder dem der trans-
formationalen Führung besonders gut verdeutlicht werden:
»Nun, wo wir wissen, wie positive Verstärkung funktioniert und warum die negati-
ve Verstärkung nicht funktioniert, können wir zielbewußter und daher auch nach-
haltiger in unserem Plan einer Gesellschaft vorgehen. Wir können eine Art Aufsicht ausüben, unter der die Beaufsichtigten sich frei fühlen, obgleich sie einem
Kodex gehorchen, der viel genauer ist, als es zuvor im alten System der Fall war.
Dennoch fühlen sie sich frei. Sie tun, was sie zu tun wünschen, nicht, was ihnen zu
tun auferlegt wird. Das ist die Wurzel der ungeheuren Kraft, die in der positiven
Verstärkung liegt – hier gibt es kein Sträuben und keine Revolte. Durch einen
sorgsam ausgearbeiteten Plan überwachen und lenken wir nicht das definitive Verhalten, sondern die Voraussetzungen dazu – die Motive, Wünsche, Neigungen.
Das Seltsame ist, daß sich dabei die Frage der Freiheit nie stellt« (Skinner, 1972;
kursiv im Original).
Im Gegensatz hierzu kann für uns eine lernfähige Organisation nur auf der Voraussetzung aufgebaut werden, daß die Integrität des Individuums, seine Kreativität, Spontaneität und Emotionalität bzw. die Sinnsteuerung sozialer Systeme in
den organisationalen Kommunikationen und Handlungen genauso berücksichtigt
wird wie die der Erreichung von ökonomischen Zielen.

Stufe 2: Die zweite Stufe organisationaler Lernfähigkeit wird dadurch erreicht, daß der Prozeß, der zur Erzeugung von Symbolen führt, nämlich der Führungsprozeß selbst, einer gemeinsamen Reflexion unterzogen wird. Das bedeutet, daß sich Führungskräfte und Mitarbeiter gemeinsam über die Bedeutung von Führung einigen und daraus Konsequenzen ableiten.

Stufe 3: Entsprechend resultiert die dritte Stufe organisationaler Lernfähigkeit aus der gemeinsamen Reflexion von Führung, im Sinne der Gestaltung, Lenkung und Entwicklung der Organisation, und somit des Zweckes der Organisation.

Stufe 4: Die letzte und vierte Stufe organisationaler Lernfähigkeit wird dadurch erreicht, daß gemeinsam über die Vorannahmen reflektiert wird, die zur Festlegung des Zweckes und damit der Existenz von Organisationen führen. Das bedeutet, daß letztlich über die Prinzipien reflektiert wird, durch die Organisationen erzeugt werden: Kultur, Gesellschaft und letztlich Sprache.

2.3.2 Die vier Klassen lernfähiger Organisationen

Diese vier Stufen organisationaler Lernfähigkeit sollen nun – anhand entsprechender exemplarischer lernfähiger Organisationen – etwas ausführlicher erläutert werden:

Lernfähige Organisation – *die gemeinsame Definition von Symbolen:* Im Sinne einer nicht-trivialisierenden Weiterentwicklung symbolischer Führung können Prozesse implementiert werden, die eine gemeinsame Definition der Bedeutung bisheriger oder neuer Symbole beinhalten. Dabei ist zu berücksichtigen, daß die Entstehung solcher neuen Symbole durch den Führungsprozeß selbst erzeugt bzw. vorgegeben und in dieser Stufe *nicht* hinterfragt werden. Ein Beispiel hierfür besteht in der Verabschiedung einer Strategie durch die Unternehmensführung, deren Konsequenzen für die einzelnen Mitarbeiter gemeinsam mit ihren Vorgesetzten im Sinne eines »was bedeutet das für uns bzw. mich?« erarbeitet werden.

Lernfähige Organisation – die gemeinsame Definition eines Führungsverständnisses: Geht es im ersten Prozeß noch um die gemeinsame Erarbeitung der Konsequenzen von Führungsentscheidungen, so wird in einer nächsten Stufe auf der Basis einer gemeinsamen Reflexion gerade dieses Führungsverständnis hinterfragt und re-definiert. Dabei wird deutlich, daß (a) Führung kein einseitiger Prozeß ist und beide Rollen – Vorgesetzter und Mitarbeiter – zur Erreichung des (Führungs-)Erfolgs benötigt werden, daß (b) diese Rollen lediglich durch den Zweck der Zielerreichung, aber nicht in einem apriorischen Sinne definiert sind, und daß deshalb (c) Verabredungen über die Methoden zur Zielerreichung gemeinsam getroffen werden (können) bzw. auch darauf verzichtet werden kann, wenn diesem Verzicht eine gemeinsame Einigung vorausgeht. Führt man das oben erwähnte Beispiel fort, so ist hier von Bedeutung, daß die von der Unternehmensleitung formulierten Strategien lediglich als *Vorschlag* aufgefaßt werden können, der durch den »Input« der Mitarbeiter modifiziert werden kann und an die Unternehmensleitung incl. eventueller Ergänzungen/Verbesserungsvorschläge/Ablehnungen zurückgemeldet wird. Dieser Prozeß läßt sich mit Hilfe des folgenden Mottos beschreiben: »Wenn wir gemeinsam Ziele erreichen sollen, so bedeutet das, daß euer Vorschlag zur Zielerreichung durch unsere Vorschläge ergänzt werden kann«. Auf allgemeiner Ebene lassen sich für die Realisierung der ersten beiden Stufen – mit Einschränkungen – bisherige Ansätze systemischer Führung identifizieren.

Lernfähige Organisation – die gemeinsame Definition des Zweckes der Organisation: Wird in der 2. Stufe noch die Akzeptanz des Zweckes der Organisation und der sich daraus ableitbaren Ziele vorausgesetzt, so wird hier dieser Zweck zum Gegenstand eines gemeinsamen Reflexionsprozesses. Berücksichtigt man den Sachverhalt, daß sich der Zweck einer Organisation aus den Interessen unterschiedlicher Bezugsgruppen ableiten läßt (zum Beispiel Gesellschaft, Aktionäre/Eigentümer, Unternehmensleitung, Mitarbeiter, Gewerkschaften), so wird leicht deutlich, daß ein solcher Einigungsprozeß gesellschafts- und unternehmenspolitischer Natur ist, und sich nicht auf Prozesse innerhalb der Organisation beschränken läßt. Das bedeutet für diese Ebene, daß die Realisierung von Stufe 3 an ein *lernfähiges ökonomisches System* gebunden ist. Erste Ansätze hierfür findet man zumindest bei Konzepten zur »systemischen Beratung«, deren angemessene Umsetzung meist an den »Trivialisierungsinteressen« der beteiligten Parteien scheitert. Als aktuelle Beispiele für das *Fehlen* einer solchen Lernfähigkeit lassen sich die Veränderungen unternehmenspolitischer Zielsetzungen von – ehemaligen – Rüstungsfirmen nennen, die in »Zivilbranchen« überleben müssen. Aber gerade diese Beispiele zeigen auch, daß solche Re-Definitionen des Unternehmenszwecks durch politischen Druck außerhalb des Unternehmens – und nicht durch Änderungen der Zielsetzung des Systems selbst – zu lösen versucht werden. Eine ähnliche Prognose läßt sich unserer Ansicht nach für das zukünftige Verhalten von Automobilfirmen erstellen, deren Zweck der Herstellung von Autos sich wegen der immer stärker werdenden Restriktionen des Umweltschutzes und der Verkehrspolitik nicht – zumindest nicht in der herkömmlichen Form – aufrechterhalten läßt.

Lernfähige Organisation – die gemeinsame Definition von Kultur und Gesellschaft: Schließlich läßt sich auf einer weiteren Stufe gemeinsam untersuchen, inwiefern Sprache zur Erzeugung von Phänomenen wie Führung und Macht und zu den sich daraus ergebenden Dysfunktionalitäten beiträgt, da solche Phänomene – und somit auch Kultur und Gesellschaft – durch sprachliche Unterscheidungen erzeugt werden. Dieser Aspekt verdeutlicht nochmals, daß die Entwicklung der Lernfähigkeit von Organisationen nicht sinnvoll auf Organisationen beschränkt werden kann, sondern vielmehr mit der Veränderung des entsprechenden Umfelds bzw. der

Lebenswelt sensu Habermas einhergeht. Daher kann Stufe 4 auch als *lernfähige Gesellschaft* aufgefaßt werden. Ansätze hierfür finden sich in »feministischen« Bemühungen zur Durchsetzung einer geschlechtsneutralen bzw. nicht-diskriminierenden Sprache, oder auch in wissenschaftlichen Ansätzen zur reflexiven Beschreibung der Wirkung von Sprache und Kommunikation, wie beispielsweise durch Maturana, Von Foerster, Von Glasersfeld oder Luhmann, deren lebensweltlichen Konsequenzen sich bislang lediglich im Bereich »systemische Familientherapie« nachweisen lassen. Demgegenüber scheint die Entwicklung einer *lernfähigen Politik und Kultur* seit dem Altertum lediglich die Fiktion von Idealisten zu sein.

In Abbildung 2 werden die vier Stufen organisationaler Reflexions- und Lernfähigkeit gezeigt:

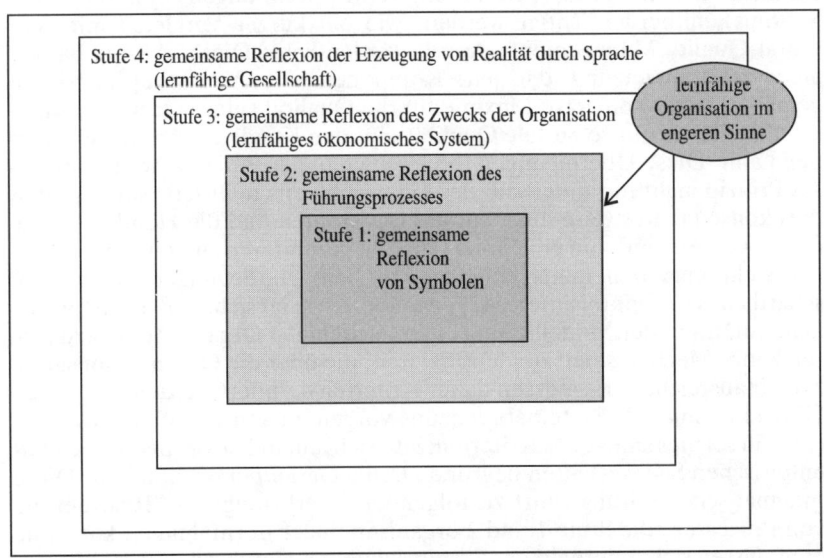

Abb. 2: Die vier Stufen organisationaler Lernfähigkeit (aus Reinhardt, 1993, S. 297)

2.3.3 Konsequenzen des rekursiven Reflexionsmechanismus
Zunächst kann eine Trennung zwischen den vier Reflexionsprozessen vorgenommen werden, die für uns gleichermaßen eine »Sinngrenze« für die Gestaltung solcher Prozesse in Organisationen konstituiert: Spielen sich die für die Generierung von Stufe 1 und 2 relevanten Prozesse innerhalb der Organisation ab, so implizieren die beiden anderen, zu Stufe 3 und 4 zuordenbaren Prozesse die Möglichkeit, die Existenz der Organisation auf der Basis kultureller und gesellschaftlicher Aspekte außerhalb der Organisation zu hinterfragen.

Damit stellt sich vor dem Hintergrund des rekursiven Reflexionsmechanismus' die Frage nach der Einschränkung des Konzepts organisationaler Lernfähigkeit: Sollen im Sinne eines »engen Verständnisses« hierunter lediglich Prozesse verstanden werden, die zum System »Organisation« selbst gehören, oder aber im Sinne eines »weiten Verständnisses« darüber hinausgehende, lebensweltliche Aspekte berücksichtigt werden? Aus systemtheoretischer Perspektive bedeutet dies, die Frage nach der Systemgrenze zu beantworten, innerhalb der sich organisationale Lernfähigkeit sinnvoll beschreiben läßt. Diese Frage läßt sich *nicht* eindeutig beantworten:

(1) Geht man von der – ursprünglichen – managementpraktischen Intention der Erreichung von Wettbewerbsvorteilen aus, so müssen sicherlich Prozesse der 3. Stufe (Gestaltung eines lernfähigen ökonomischen Systems) mitberücksichtigt werden, wie ein kurzer Vergleich mit dem »Total Quality Management«-Ansatz verdeutlicht: Dieser Ansatz basiert auf der Voraussetzung, daß jede Komponente der Wertschöpfungskette gemäß der »zero defects«-Maxime für die Qualität seines Outputs verantwortlich ist, da nur so »totale Qualität« für den Kunden gewährleistet werden kann. Diese Überlegungen führen auch in der Praxis so weit, daß dieses Prinzip nicht nur innerhalb des Unternehmens realisiert, sondern daß dies konsequenterweise auch auf die Lieferanten und die Händler ausgedehnt werden muß, um eine hohe Qualität garantieren zu können[13].

(2) Stellt man den managementpraktischen Überlegungen ein wissenschaftliches Erkenntnisinteresse gegenüber, so zeigt sich, daß die ursprüngliche Intention der Modellierung einer lernfähigen Organisation dazu führen kann, Mechanismen zu identifizieren, die über die Organisationsgrenzen hinausreichen. Es müssen daher Kriterien definiert werden, mit deren Hilfe eine sinnvolle Systemabgrenzung vorgenommen werden kann.

(3) Ein solches sinnvolles Kriterium läßt sich anhand des Aspekts der – mit empirischen Sachverhalten begründbaren – *Gestaltbarkeit* ableiten. Diese pragmatische Haltung führt zu folgender Überlegung: Die Realisierung von Prozessen, die Stufe 1 und 2 organisationaler Lernfähigkeit konstituieren, lassen sich innerhalb des Systems dadurch einführen und realisieren, daß sich Unternehmensleitung und Mitarbeiter gemeinsam darauf einigen. Demgegenüber müssen bei der Umsetzung der beiden weiteren Stufen wesentlich mehr Bezugsgruppen berücksichtigt werden, was vermutlich eine geringere Erfolgswahrscheinlichkeit bei der Generierung lernfähiger Organisationen der dritten und vierten Stufe zur Folge hat.

---

[13] Allerdings ist auf eine aus der Perspektive organisationaler Lernfähigkeit einschränkende Bedingung dieses TQM-Ansatzes hinzuweisen: Wenn die Bedürfnisse des Kunden als Hauptkriterium wirtschaftlicher Anstrengungen aufgefaßt werden, so können solche Umweltfaktoren übersehen werden, die für Kunden (noch) keine Relevanz besitzen; ein Beispiel hierfür bilden ökologische Gesichtspunkte.

3. Praktische Konsequenzen für die Gestaltung lernfähiger Organisationen

Im diesem Kapitel orientieren wir uns zunächst an der engeren Definition organisationaler Lernfähigkeit – und untersuchen, inwiefern die bislang dargestellten Überlegungen praktikabel sind – oder lediglich als theoretische Spekulation bezeichnet werden müssen. Abschließend werden weiterführende, sich an der dritten Stufe organisationaler Lernfähigkeit orientierende Managementprobleme diskutiert[14].

3.1 Vorüberlegungen zur lernfähigen Organisation im engeren Sinne

Die bisherigen Ausführungen lassen vermuten, daß eine Realisierung lernfähiger Organisationen auf der Basis einer kollektiven Reflexion der Tiefenstruktur zum gegenwärtigen Zeitpunkt schwierig ist: Verkürzt setzt eine solche Realisierung (a) *Machtverzicht* durch die Führungskräfte und (b) *Verantwortungsübernahme* durch die Mitarbeiter voraus. Diese Annahmen werden zwar von einer Reihe weiterer Autoren geteilt, dennoch muß festgehalten werden, daß diese beiden Aspekte Voraussetzungen darstellen, die mit gegenwärtigen Normen und Werten weitestgehend konfligieren: Handy (1992) arbeitet das Prinzip der *Kompetenz* als notwendige Vorannahme (im Sinne einer »tacit assumption« bei Schein, 1984) zur Gestaltung lernfähiger Organisationen heraus: »The assumption of competence means that each individual can be expected to perform to the limit of his or her competence, with the minimum of supervision (. . .) and promotes flat organizations, with fewer checkers checking checkers« (Handy 1992, S. 4). Das Kompetenzkonzept wird von folgenden vier Säulen getragen: Der *Neugier,* die richtigen Fragen zu stellen und somit zu den richtigen Antworten zu gelangen; der Bereitschaft, *Fehler zu verzeihen,* da das Machen von Fehlern als notwendiger Bestandteil des Lernprozesses anerkannt wird;

---

14 Wir möchten darauf hinweisen, daß es uns für den weiteren Verlauf des Beitrags nicht sinnvoll erscheint, eine rein systemische Perspektive beizubehalten (im Sinne einer ausschließlichen Orientierung an sozialen Systemen), die von einer personalen Argumentation losgelöst ist. Wir denken, daß die neuere Systemtheorie einen Ansatz darstellt, mit dessen Hilfe Probleme angemessener *beschrieben* und somit einer angemesseneren Lösung zugeführt werden können. Das darf allerdings nicht zur Folge haben zu fordern, personale Argumente aus der weiteren Diskussion zu verbannen oder schlicht als »falsch« zu bezeichnen (persönliche Mitteilung von G. Schreyögg 1993). Zusätzlich möchten wir in diesem Zusammenhang auf das Interpenetrationskonzept von Luhmann (1984) hinweisen, mit dessen Hilfe die Interaktion zwischen personalem und sozialem System beschrieben werden kann.

dem *Vertrauen* in andere Menschen[15]; dem *Gefühl der Zusammengehörig-keit:* Erst durch das Teilen von Neugier, von der Bereitschaft Fehler nachzu-sehen und von Vertrauen kann die notwendige Synergie erreicht werden, die ein Unternehmen zum Erfolg führt. Als besonders bedeutsam für die Gestaltung lernfähiger Organisationen stellt Handy das *Subsidiaritätsprin-zip* heraus:

»Subsidiarity means giving away power. While no one does that willingly in most organizations, the idea is at the heart of the learning organization. *Subsidiarity* is written in capital letters at the head of its statement of values and beliefs. In these organizations power is given to those who are closest to the action. (. . .) Those in power have to rely on control after the event, which can at times be embarrassing and even expensive. These mistakes are an inevitable part of trust. In good organizations, the mistakes are rare because the people are good; and they are good because they know that they will be entrusted with big responsibilities, including the chance to make mistakes« (Handy 1992, S. 8 f.).

Pedler et al. (1991) argumentieren ähnlich, wenn sie – neben anderen Aspekten – die Entwicklung einer gemeinsamen Unternehmenspolitik für die Gestaltung lernfähiger Organisationen hervorheben:

»Participative policy making requires (. . .) fundamental attitudes towards (. . .) diversity, namely: that all diverse groups have the right to take part, for their values and so on to be taken into account – this is the *ethical or moral* dimension of the Learning Company; and that such diversity, altho-ugh complicated, is, in fact, valuable in that it leads to creativity, to better ideas and solutions« (Pedler et al. 1991, S. 17).

Weitere Hinweise in bezug auf die Notwendigkeit, das Machtgefälle in Organisationen zu reduzieren, um somit eine zentrale Voraussetzung für die Erhöhung der organisationalen Lernfähigkeit zu erreichen, finden sich zum Beispiel auch bei Stata (1989) oder bei Senge (1990 a). Wichtig hierbei ist, daß diese Art von Machtausgleich *nicht* ausschließlich durch strukturelle Maßnahmen, wie zum Beispiel durch die Reduktion von Hie-rarchien erreicht werden kann, sondern daß hierzu eine innere Haltung seitens der Führungskräfte notwendig ist, die Senge (1990 a) »personal mastery« nennt und die, in Anlehnung an Rogers oder Maslow, auch als »Selbstaktualisierung« oder »Authentizität« genannt werden kann: Das bedeutet letztlich, daß Vertrauen, Offenheit, Machtverzicht usw. als »tacit assumption« des jeweiligen Individuums bezeichnet werden können. Die daraus resultierenden Verhaltensweisen sind dann von einer größeren Echtheit oder Authentizität geprägt als ein Verhalten, das in Personal-entwicklungsmaßnahmen mühsam antrainiert wurde. Damit steigt aber

---

[15] Machtverzicht basiert notwendigerweise auf der Voraussetzung von Vertrauen: »While a person may be highly competent, you will not allow him to be competent unless you trust him« (Handy 1992, S. 5).

auch die Wahrscheinlichkeit, daß wegen dieser »Symbole des Machtverzichts« die Mitarbeiter eher bereit sind, mehr Verantwortung zu übernehmen.
Die Notwendigkeit des Machtausgleichs in lernfähigen Organisationen führt unmittelbar zur Frage, inwiefern erwartet werden kann, daß eine solche neue soziale Norm eines – zunächst zielorientierten –»Machtverzichts« eine breite Gefolgschaft finden kann.

3.2 Organisationale Lernfähigkeit als Hinterfragung organisationaler Vorannahmen – ein Fallbeispiel

Es existieren zwei Argumente, die trotz aller Skepsis *für* eine prinzipielle Gestaltbarkeit und auch Ausbreitungsmöglichkeit lernfähiger Organisationen sprechen: Ein *theoretisches* Argument, das für die Möglichkeit der Realisierung einer lernfähigen Organisation spricht, läßt sich direkt aus der Gesellschaftstheorie Luhmanns ableiten: Aufgrund der zunehmenden funktionalen Differenzierung der Gesellschaft läßt sich eine Entwicklung gesellschaftlicher »Nischen« vermuten, in denen sich ein entsprechendes nicht-triviales Normen- und Wertegefüge entfalten kann. Das zweite Argument ist empirischer Natur: Nach unseren Recherchen lassen sich zum gegenwärtigen Zeitpunkt bereits lernfähige Organisationen identifizieren, bei denen die Existenz der dargestellten Mechanismen beobachtet werden kann. Wir möchten ein solches Fallbeispiel[16] etwas ausführlicher beschreiben, nämlich das internationale, in Kanada beheimatete Unternehmen CASCADES Inc.[17].
Über CASCADES Inc. liegt eine detaillierte Dokumentation der Unternehmenskultur und des Führungsstils aus den Jahren 1987 und 1992 vor (Aktouf/Chretien 1987; Aktouf 1992), die nach dem Prinzip der »teilnehmenden Beobachtung« durchgeführt und durch eine Vielzahl von Tiefeninterviews über alle Hierarchieebenen hinweg ergänzt wurden. Diese Kulturmerkmale können als stabil aufgefaßt werden, da sie auch fünf Jahre später nachgewiesen werden konnten (Aktouf 1992). Zunächst sollen einige Beispiele der CASCADES-*Kultur* unkommentiert vorgestellt werden, bevor der Zusammenhang mit unseren Überlegungen zur lernfähigen Organisation hergestellt wird (s. Tabelle 1 a,b).

---

[16] Desweiteren möchten wir auf den SEMCO-Konzern verweisen, dessen »revolutionäres Führungsmodell« in dem kürzlich in Deutschland erschienen Bestseller »Das SEMCO-System: Management ohne Manager« ausführlich dargestellt wird (Semler 1993).

[17] CASCADES Inc. ist ein Papierhersteller und wurde 1964 in Quebec gegründet. Der Umsatz im Jahr 1972 betrug 25 Millionen Dollar, im Jahr 1985 300 Millionen Dollar, im Jahr 1989 bei 1 Milliarde Dollar (Holdingergebnis, 30 Unternehmen weltweit, bei insgesamt 4000 Mitarbeitern).

»Es ist eine übliche und gestattete Praxis, die Wege in der Hierarchie sehr kurz zu halten. So kann ein Arbeiter durchaus ins Hauptquartier gehen und sein Problem direkt mit dem Präsidenten oder Vizepräsidenten besprechen.

Titel und Positionsbezeichnungen sind vage und gelten als unwichtig. Man ist in der Regel »verantwortlich für . . .« oder einfach, man »kümmert sich um . . .« und wird durchaus von verschiedenen Leuten unterschiedlich benannt.

Stellenbeschreibungen als solche existieren nirgends. Man erklärt einfach das wesentliche der Arbeit jeder Person.

Die Türen sind prinzipiell offen für jedermann. Es ist eine generelle Anweisung, daß man es »wie die Pest« vermeiden soll, ein Gespräch mit irgend jemand anderem in der Firma zurückzuweisen. Bernard Lemaire, der Präsident, nennt als eine Leitlinie, daß es Grund genug sei, einem Mitarbeiter zuzuhören, wenn dieser es selbst als wichtig erachtet, was er zu sagen hat.

Es gibt keine Vertraulichkeit in bezug auf Informationen, die die Mitarbeiter angehen. Außer einigen wenigen technischen Details sind alle Informationen über Produktion, Gewinn, Umsätze usw. für sie zugänglich. Die Mehrzahl dieser Informationen wird einmal monatlich in den Fabriken ausgehängt.

Außerhalb der Bürostunden von Freitag bis Montag sind die Mitarbeiter ohne Aufsicht. Der Mitarbeiter, der die Gesamtverantwortung für die Anlage hat, ist »verantwortlich« für diejenigen, die an der Anlage arbeiten, ohne daß er mit irgendeiner offiziellen Macht ausgerüstet ist.

Die Gehälter gehören zu den höchsten in der Branche, sie sind zum Teil doppelt so hoch wie in ähnlich gelagerten Fabriken anderer Hersteller in Montreal. Ein substantieller Teil der Gewinne wird unter allen Mitarbeitern verteilt. Dieser Betrag kann bis zu 7 % des jährlichen Gehaltes ausmachen.

1982 erhielt anläßlich der ersten Aktienemission der CASCADES-Gruppe jeder Mitarbeiter für jedes Jahr der Betriebszugehörigkeit fünf Aktien geschenkt. Jeder Mitarbeiter kann für persönliche Zwecke jedes Werkzeug, jede Einrichtung oder jedes Fahrzeug der Firma kostenlos benutzen, auch während der Wochenenden.

Alle Mitarbeiter können beim Bau eines eigenen Heims die Baumaterialien, die die Firma selbst herstellt, auf Anforderung hin kostenlos erhalten. Desweiteren ist die Firma bereit, Aktienkäufe der Mitarbeiter für zwei Jahre ohne Zinsen vorzufinanzieren, und zwar bis zu einem Maximum pro Jahr von 20 % des Gehaltes des Mitarbeiters. Diese Grenze wurde gesetzt, weil einige Mitarbeiter so viele Anteile kauften, daß sie in finanzielle Schwierigkeiten kamen.

Jeder hat das Recht, Fehler zu machen. Er wird ermutigt, »Dinge auszuprobieren«, unabhängig von seiner Arbeit oder von der Hierarchiebene[18]. Desweiteren wird jeder ermutigt, seine Sichtweise bekannt zu machen und Vorschläge zu entwickeln. Es wird jedem zugehört«.

Tab. 1 a: Charakteristika der Unternehmenskultur von CASCADES Inc. (nach Aktouf/Chretien 1987, S. 14 ff.)

Aufgaben und Arbeiten sind nicht rigide geteilt. Jeder Mitarbeiter wird ermutigt, sich auch für andere Aufgaben zu qualifizieren und die Aufgaben von anderen zu übernehmen, wobei das in der Regel unter den Arbeitern selbst abgesprochen wird.

Das Topmanagement betrachtet eine Entlassung als eine sehr ernste Angelegenheit, die es auf jeden Fall zu verhindern gilt. Man geht sehr weit, um das zu vermeiden. Man nutzt alle anderen Möglichkeiten, einschließlich der Versetzung von einem Unternehmen der Gruppe zu einem anderen. Das kann übrigens auch auf Wunsch eines Mitarbeiters geschehen, der eine Veränderung möchte oder der mit den Kollegen seines Teams nicht klarkommt.

Das Unternehmen beteiligt sich aktiv am öffentlichen Leben. Es unter-

---

18 Das folgende Beispiel kann diese Haltung eindrucksvoll illustrieren: »Die Firma hatte eine gebrauchte Papiermaschine gekauft und überholt. Spät nachts, während der Startphase gab es Probleme mit einem Heizelement. Bernard Lemaire (Präsident der CASCADES-Gruppe) arbeitete mit den Arbeitern, die die Anlage bedienten, an dem Problem. Als er nach Hause ging, fragte ihn einer der Mitarbeiter, wieviel Hitze sie ohne Sicherheitsprobleme unter der Haube schaffen könnten. Lemaire antwortete: »So viel, wie sie können, denke ich«, und ging. Mit einiger Kreativität und Geschicklichkeit schafften es die Arbeiter, genügend Hitze zu erzeugen, jedoch mit der Folge, daß die 1 Million Dollar teure Maschine schwer beschädigt wurde. Am nächsten Morgen kam Lemaire lachend an die Anlage und sagte zu dem Arbeiter: »Ich bin mitten in der Nacht aufgewacht und realisierte, warum Sie diese Frage gestellt haben. Dann schaute ich auf meine Uhr, sah, daß es fünf Uhr morgens war, und wußte: Es war zu spät. Da habe ich mich wieder schlafen gelegt.« Bernard Lemaires Politik war immer, die Arbeiter zum Experimentieren zu ermutigen und ihnen die Angst vor Fehlern zu nehmen. Seiner Meinung nach werden die kurzfristigen Kosten von solchen Fehlern auf längere Sicht mehr als aufgewogen durch die Produktivitätsgewinne, die autonome, enthusiastische Mitarbeiter und Gruppen machen, die ständig nach Verbesserungen suchen. Das Beispiel und seine Reaktion am nächsten Morgen zeigen ganz gut die Kongruenz zwischen Denken und Handeln« (Aktouf/Chretien 1987, S. 16).

stützt Feiern und Sportanlässe, es beteiligt sich an Gemeindeprojekten und es stellt der Gemeinde sogar gewisse Dienstleistungen zur Verfügung: Die nächtliche Wachmannschaft macht die Runde nicht nur in der Fabrik, sondern im ganzen Dorf, vor allen Dingen zur Brandverhütung.

Persönliche Initiative und Eigenverantwortung werden überall gefördert. Das Grundprinzip lautet: »Warte nicht, bis jemand kommt, um Dir zu sagen, was Du tun sollst – finde es selbst heraus und tue es.« Es gibt das ungeschriebene Recht zum Fehler-Machen.

Es wird praktisch niemand überwacht. Kooperation und Unterstützung sind die einzigen Dinge, die zählen. Jeder sollte seine eigenen Fehler erkennen und die notwendigen Anpassungen vornehmen. Wenn das nicht geschieht, so die Aussage der Vorgesetzten, dann »diskutieren wir es unmittelbar von Angesicht zu Angesicht«. In der Regel lösen die Arbeiter die Probleme durch gemeinsame Diskussion untereinander. Aussprüche wie die folgenden waren keine Seltenheit und keine Show: »Unser wichtigstes Kapital sind die Mitarbeiter. Wir wären verrückt, wenn wir nicht sehr sorgfältig damit umgingen . . . .. Ohne unsere Arbeiter würden wir niemals so weit gekommen sein . . . .. Es ist wichtig, daß die Mitarbeiter dieses Unternehmen wie ihr eigenes ansehen . . . . Wir stellen sicher, daß unser Verhalten, unser Umgang mit den Mitarbeitern ihren Umgangsformen entspricht . . . . Es ist das Recht der Arbeiter, von jedem von uns jederzeit gehört zu werden.«

Diese typischen Bemerkungen des Managements bei Cascades sind Ausfluß des Grundsatzes, daß « . . . unsere Mitarbeiter uns auf der Basis dessen beurteilen, was wir für sie tun. Worte und Versprechen allein sind nicht ausreichend. Wenn ein neuer Vorgesetzter seine Türen verschlossen hält, dann heben wir sie aus den Angeln . . .«.

Das gesprochene Wort, der mündliche Austausch wird ermutigt und unterstützt. Ein Manager sagte uns: »Ein Arbeiter, der nicht redet, ist ein Arbeiter, der Probleme hat.«

Die organisatorischen Strategien erlauben es jedem Team, jeder Werkstatt, jeder Fabrik, als eine eigene, zusammenhängende Ganzheit zu leben. Jede Fabrik ist juristisch selbständig und stellt ein kleines Unternehmen dar, das einige Dienste der zentralen Holding nutzt, ansonsten aber völlig autonom im Hinblick auf das Management, die Umsätze, die Gewinne etc. ist.

Tab. 1 b: Charakteristika der Unternehmenskultur von CASCADES Inc. (nach Aktouf/Chretien 1987, S. 14 ff.)

Aktouf (1992) identifiziert zwei zentrale erfolgsbestimmmende Faktoren des *Führungsstils* bei CASCADES Inc., nämlich die Integration zwischen

»charismatischen« und »traditionellen« Führungselementen sowie die Legitimation der Macht von Führungskräften. Der das Modell organisationaler Lernfähigkeit wohl am stärksten bestätigende Aspekt stellt die Möglichkeit dar, Managemententscheidungen jederzeit durch die Mitarbeiter hinterfragen zu können (sog. »appelatives Management«):
Diese Möglichkeit zum Hinterfragen von Entscheidungen führt zur breiten Anerkennung und Akzeptanz der Führung bzw. ihrer Legitimationsgrundlage durch die Mitarbeiter: Macht wird durch die Möglichkeit ihres Hinterfragens legitimiert. Aktouf (1992, S. 55) faßt den Erfolg von CASCADES wie folgt zusammen:
»Ein allgemeines Gefühl der Bejahung, des Teilens, der Nähe und Verbundenheit, der Bescheidenheit; Raum für Gefühle, Hinterfragung und Verstoß gegen die klassischen Regeln des Managements: Dies sind die mächtigen Symbole eines starken verinnerlichten, zutiefst anerkannten Top-Managements bei CASCADES. (...) Das Geheimnis von CASCADES liegt im Übergang von einem Konzept, bei dem Mitarbeiter als reagierende Organismen »motiviert« werden müssen, zu einem Konzept, das die Mitarbeiter als Menschen betrachtet, die sich von ihrem Urteilsvermögen und ihren Wünschen leiten lassen: CASCADES liefert ihnen die »Gründe«, sich zu mobilisieren und mitzumachen«.
Stellt man diese Charakteristika von CASCADES Inc. mit den oben dargestellten theoretischen Überlegungen zur Lernfähigkeit von Organisationen gegenüber, so wird deutlich, daß CASCADES als *lernfähige Organisation* bezeichnet werden kann:

(1) Hierarchie- und abteilungsübergreifende Kommunikation und Dialogbereitschaft ist der Dreh- und Angelpunkt des Unternehmenserfolgs bei CASCADES Inc.. Dieser Aspekt verdeutlicht – zumindest implizit – die bei CASCADES gelebte Einsicht, daß Realität gemeinsam durch Kommunikation definiert wird.

(2) Das prinzipielle Ernstnehmen der Gesprächspartner und die entsprechende Offenheit bei gleichzeitigem Verzicht auf Status und auf den Einsatz formaler Machtmittel ist ein deutliches Merkmal für ein nichttriviales Menschenbild bei CASCADES Inc.

(3) Das ständige Hinterfragen-Können aller Entscheidungen stellt einen bedeutsamen Aspekt für die Re-Symmetrisierung der Beziehung zwischen Management und Mitarbeitern in einer lernfähigen Organisation dar, die die zentrale Voraussetzung dafür ist, Realität konsensuell zu definieren.

(4) Die Verhaltensgrundlagen bei CASCADES Inc. zeichnen sich durch ein hohes Ausmaß an Verantwortungsbewußtsein bei allen Organisationsmitgliedern aus. Diese weitestgehend als ethisch bezeichenbare Verhaltensgrundlage reproduziert sich durch Einhaltung von Normen und Werten, die fest in der Tiefenstruktur der Unternehmenskultur verankert sind. Dazu gehören beispielsweise auch die explizite Verlet-

zung von »traditionellen« Management- regeln, das ständige Hinter-
fragenkönnen von Entscheidungen etc. Aktouf (1992) gibt folgende
Übersicht über die Mißachtung bzw. Re-Definition geläufiger Managementregeln bei CASCADES Inc. (s. Tabelle 2):

Die Hierarchie wird nach Belieben mißachtet.

Die Exklusivität von Kapital und Gewinn ist hier nicht – entgegen der
Tradition – die alleinige Angelegenheit des Eigentümers.

Die Weitergabe von Informationen über die finanzielle und wirtschaftliche Lage ist gang und gäbe – sie gilt hier nicht als Waffe in den Händen
der Leitenden.

Die Exklusivität von Besitz wird verletzt: Die Mitarbeiter und ihre
Angehörigen dürfen Fahrzeuge, Material, Produkte, Betriebsmittel,
Räumlichkeiten, Turnhalle, sogar das private Schwimmbecken oder den
Hubschrauber des Präsidenten benutzen.

Es erfolgt keine Unterscheidung des Mitarbeiterstatus durch eine klare
Abgrenzung der Stellen untereinander – es existieren keine exklusive
Privilegien für bestimmte Gruppen, zum Beispiel Reservierung von
Räumlichkeiten.

Die Mitarbeiter sind an Entscheidungen, Konzeption und Ausrichtung
beteiligt und haben die Möglichkeit, nach eigenem Gutdünken zu handeln.

---

*Tab. 2: Mißachtung geläufiger Managementregeln bei CASCADES Inc.
(nach Aktouf 1992 S. 52)*

3.3 Vorüberlegungen zur Lernfähigkeit des ökonomischen Systems

Wir haben verdeutlicht, daß die Reduktion des Machtgefälles einen zentralen Dreh- und Angelpunkt für die Gestaltung lernfähiger Organisationen
darstellt. Vor diesem Hintergrund stellt sich unter anderem die Frage,
inwiefern erwartet werden kann, daß in Organisationen bzw. in der Gesellschaft auf solche Einflußmöglichkeiten verzichtet wird.
Die Berücksichtigung kultureller bzw. gesellschaftlicher Rahmenbedingungen trägt zur Aufklärung der Stabilität von Machtbeziehungen bei.
Faßt man Kultur als Manifestation »mentaler Programme« auf, die die
Individuen in der frühen Kindheit erwerben und die während späterer
Sozialisationsphasen zusätzlich verstärkt werden (vgl. Hofstede 1980,
1993; Schein 1984), so stellt sich die Frage, inwiefern die dem Konzept der
lernfähigen Organisation inhärenten Werte denen unseres Kulturkreises
entsprechen. Orientiert man sich an dem Kulturkonzept von Hofstede
(1993), so kann leicht gezeigt werden, daß die dem Konzept organisationaler Lernfähigkeit zugrundeliegenden Werte und Vorannahmen denen

der drei führenden Industrienationen Japan, Deutschland, USA deutlich widersprechen[19] (ausführlich hierzu Reinhardt 1993).

Denkt man die Idee des Widerspruchs zwischen kultureller Programmierung und der angestrebten Gestaltung lernfähiger Organisationen mit einer entsprechenden Unternehmenskultur weiter, so führt dies zu folgendem – dialektischen – Konflikt: Untersucht man die gesellschaftlichen Voraussetzungen in bezug auf die oben skizzierten zentralen Vorannahmen (Machtverzicht der Führungskräfte, Verantwortungsübernahme durch die Mitarbeiter), so zeigt sich, daß diese nur wenig verbreitet sind. Vielmehr wird deutlich, daß sich die gesellschaftlichen Subsysteme wie zum Beispiel Wirtschaft, Politik, Wissenschaft etc. dadurch reproduzieren, daß sie asymmetrische bzw. hierarchische Normen und Werte bzw.

---

[19] Machtausgleich bzw. Re-Symmetrisierung bedeutet, daß die bisherigen Positionen, die durch Führungskräfte im System vertreten wurden, nicht nur hinterfragt werden können, sondern sogar hinterfragt werden *sollen*. Dieses »In-Frage-stellen« von Autoritäten legt nahe, daß die Realisierung einer lernfähigen Organisation mit einer geringen Ausprägung an *»power distance«* einhergeht. Die Theorie autopoietischer Systeme legt einen Verzicht auf die Vorannahme einer Kontrollierbarkeit bzw. Plan- und Prognostizierbarkeit des Verhaltens von Individuen und Organisationen nahe. Das führt zur Annahme, daß die Wertestruktur einer lernfähigen Organisation eine geringe Ausprägung an *»uncertainty avoidance«* beinhalten sollte. *»Individualism vs. collectivism«:* Auf der einen Seite schränkt ein hohes Ausmaß an Individualismus die Bereitschaft zur Zusammenarbeit und die Fähigkeit zur Akzeptanz anderer Positionen ein; auf der anderen Seite erhöht ein hohes Maß an Kollektivismus die Wahrscheinlichkeit für Traditionsbildung. Beide Extreme können für die Realisierung lernfähiger Organisationen hinderlich sein, da die Aufrechterhaltung der Lernfähigkeit zum einen auf einen permanenten – auch neuen – Input von Organisationsmitgliedern angewiesen ist, deren Umsetzungsgrad zum anderen allerdings konsensuell vereinbart wird. Daher scheint eine *mittlere* Ausprägung zwischen Individualismus und Kollektivismus der angemessenste Beitrag zur Wertestruktur eines lernfähigen Unternehmens zu sein. *»Masculinity vs. Femininity«:* Auf der einen Seite besitzt der Zweck der Generierung lernfähiger Organisationen eine eindeutig »maskuline« Wertekomponente, da es schließlich um die Erreichung und Aufrechterhaltung von strategischen Wettbewerbsvorteilen geht. Auf der anderen Seite verfügen die Elemente, die für die Realisierung des Modells organisationaler Lernfähigkeit in Frage kommen, wie zum Beispiel die Gestaltung der Beziehung zu den anderen Organisationsmitgliedern, einen eindeutigen »femininen« Charakter. Eine eindeutige Entscheidung zwischen beiden Aspekten fällt schwer, da bei der Vertretung der Organisation nach außen eher »maskuline«, bei der Umsetzung der systeminternen Lernprozesse eher »feminine« Wertestrukturen von Vorteil sind. Daher sollte die Wertestruktur der Organisation ein »sowohl – als auch« beinhalten (vgl. das Androgynitätskonzept von S. Bem 1976).

Strukturen aufrechterhalten. Das bedeutet, daß die gesellschaftliche Reproduktion der Stabilität von Machtbeziehungen in einem nicht auflösbaren Widerspruch zu den intendierten Normen und Werten einer lernfähigen Organisation stehen.

3.4 Relevante Praxisprobleme aus der Perspektive des lernfähigen ökonomischen Systems

Nachdem wir im vorherigen Abschnitt untersucht haben, ob bzw. inwiefern sich lernfähige Organisationen tatsächlich gestalten lassen – und eben nicht nur eine Vision bzw. Fiktion darstellen, wollen wir jetzt einige praxisbezogene Problembereiche skizzieren, die sich aus der Perspektive der Lernfähigkeit des ökonomischen Systems ergeben. Dabei beschränken wir uns hier[20] maßgeblich auf die existierenden Macht- bzw. Kontrollbedingungen von und in Organisationen. Wir wollen zeigen, daß aufgrund der unterschiedlichen handlungsrelevanten Sinngrenzen[21] von Aufsichtsrat, Vorstand und den – zumindest nach »offizieller Schreibweise« – mit Veränderungsaufgaben betrauten Personalentwicklern zum Teil nicht miteinander

---

[20] Eine solche Beschränkung muß zwangsläufig aus Platzgründen erfolgen. Eine vollständigere Analyse müßte sich unserer Meinung nach vor allem auf die bislang nur stark unzureichend gelösten Probleme zwischen betriebs- und volkswirtschaftlicher Perspektive beziehen. Wenn beispielsweise Willke (1993, S. 55) feststellt, daß »die Logik preisorientierter Zahlungen keine Rücksicht darauf nimmt – und es auch gar nicht kann – daß Menschen arbeiten ›wollen‹ oder Arbeit brauchen oder daß Regionen mangels produktiver Nutzung veröden«, dann verdeutlicht dies unserer Meinung nur einmal mehr, daß der oben skizzierte Paradigmenwechsel nicht auf Organisationen beschränkt bleiben darf, sondern sich – aus der Perspektive der Lernfähigkeit – auch auf das ökonomische System ausweiten muß. Diese Notwendigkeit kann nicht nur anhand des Arbeitsmarktproblems, sondern auch anhand der Diskussionen zum Thema »ökologisches Management« verdeutlicht werden: Wenn man schon so einsichtig ist und erkennt, daß das unserer Marktwirtschaft inhärente Wachstumsprinzip langfristig ökologischen Prinzipien widerspricht, so genügt es eben nicht, »ressourcenschonende« Produktionsweisen zu entwickeln, sondern die Ursachen des »Wachstumszwangs« zu identifizieren und zu verändern: Entgegen marxistischer Argumentation resultiert dieser eben nicht (nur) aus der Interaktion zwischen Wettbewerb und Mehrwert, sondern insbesondere aus kreditorientierten Investitionen – die Zahlung von Zinsen und Zinseszinsen führt zwangsläufig zur Notwendigkeit des Erzielens eines »Mehrwerts« (vgl. Creutz 1993).

[21] Systemtheoretische Begriffe wie »Sinngrenze« oder »Systemreferenz« wurden – zumindest implizit – schon im Kontext gestaltpsychologischer Überlegungen vor dem Hintergrund des Begriffs »Bezugssystem« eingeführt (vgl. Koffka 1935; zusammenfassend: Witte 1966).

vereinbare Problembeschreibungen entstehen, die der Gestaltung lernfähiger Organisationen schließlich abträglich sind[22].

3.4.1 Die Perspektive des Aufsichtsrats

Die Mitglieder des Aufsichtsrats vertreten die Interessen der »Besitzer« von Organisationen[23]. Die Interessenvertretung der »Besitzer« erfolgt durch die Steuerung des Vorstandes. Dabei existieren unterschiedliche Vorstellungen, wie Organisationen *kontrolliert* (erstes Verständnis von »Controlling« – Controlling[1] – zumeist im Sinne von Kontrolle der Mitarbeiterinnen und Mitarbeiter) bzw. *gesteuert* (zweites Verständnis von »Controlling« – Controlling[2] – zumeist von Controllern im Sinne von Kontrolle des Einhaltens finanzieller Rahmenbedingungen bzw. Vorgaben) oder gar *verändert* werden können (3. Verständnis von Controlling – Controlling[3] – speziell von Change Managern und Sanierern im Sinne von Kontrolle und Überwachung von Veränderungsprozessen hinsichtlich ihrer – finanziellen – Zielerreichung).

In ihren Sitzungen können Aufsichtsräte unterschiedlich intensiv überprüfen, wie erfolgreich das Top-Management die Kontrolle über das Unternehmen ausübt: Beim Controlling[1] reicht es aus, Personaldebatten über zu besetzende Vorstandsposten zu führen und sich einen allgemeinen Eindruck davon zu verschaffen, ob die Zusammenarbeit im Vorstandsteam harmonisch zu sein scheint. Beim Controlling[2] ist es sinnvoll, sich über Investitionssummen und zu erwartende Renditen und eventuelle Risiken, die diese Erwartungen zunichte machen könnten, zu unterhalten. Aus der Perspektive von Controlling[3] ist es unumgänglich, sich über Details der unternehmensinternen Strukturen und Abläufe informieren zu lassen und zu erwartende gewünschte Änderungen und ihre möglichen Nebeneffekte und denkbare Spätfolgen zu diskutieren.

In jedem dieser Fälle ist zudem die Intensität der Auseinandersetzung variabel – an Häufigkeit, Dauer und Menge an Vorbereitungsmaterialien der Aufsichtsratssitzungen meßbar. Wenn man die tatsächlichen Diskussions-

---

[22] Aus der – eingeengten – Perspektive des lernfähigen ökonomischen Systems müßte noch auf die Perspektive von Beratungsfirmen eingegangen werden. Wir möchten hier auf die entsprechende Literatur zum Thema »systemische Beratung« (s. o.) und zum Konservatismus bzw. veränderungshemmenden Charakter von Beratungsfirmen (z. B. Staehle 1990) verweisen.

[23] Die folgenden Aussagen gelten im Prinzip zwar jeweils auch analog für auf den ersten Blick so unterschiedliche Organisationen wie Kirchen, Parteien, Verbände, Gewerkschaften, Umweltschutzorganisationen und Selbsthilfe- Organisationen; da die spezielle Diskussion der jeweiligen Besonderheiten und die Besprechung der Übertragbarkeit den Rahmen unserer Ausführungen sprengen würde, konzentrieren wir uns hier allerdings auf die Unternehmen, deren offizielle Ausrichtung das Erwirtschaften von Gewinn ist.

abläufe von Aufsichtsratssitzungen der meisten Konzerne betrachtet, wird deutlich, daß es in der Regel kein einheitliches Verständnis von »Kontrolle« gibt (Hillebrand, Nölting/Wilhelm 1993; Hennes 1993); die Angebote von Unternehmensberatern, Workshops zum Selbstverständnis von Aufsichtsräten durchzuführen, finden nur selten ein positives Echo – zumal ein Großteil der Aufsichtsräte wiederum nur Interessenvertreter mit zumeist nur vagen Aufträgen und Kompetenzen sind.

Durch die tatsächlichen Beteiligungsverhältnisse bei deutschen Aktiengesellschaften wird in letzter Zeit verstärkt Kritik daran geäußert, daß die gegenseitigen Beteiligungen, speziell zwischen Banken, Versicherungsgruppen, Großunternehmen und ihren Zulieferunternehmen, dazu führen, daß keine »Aufsicht« im Sinne von Kontrolle der Einhaltung von Zielsetzungen und Strategien für ein einzelnes Unternehmen (gemäß enger betriebswirtschaftlicher Sicht) mehr stattfindet – vielmehr gilt: »Eine Krähe hackt einer anderen kein Auge aus«. Da bei Anlegung sehr strenger Maßstäbe alle Aufsichtsräte aller Großunternehmen in diesem Sinne eine große Krähenfamilie darstellen, kann von gegenseitiger Kontrolle – in welchem der oben skizzierten Auffassungen auch immer – tatsächlich keine Rede sein (das gilt allenfalls für die Rolle der Arbeitnehmervertreter in Aufsichtsräten; vgl. Ruess/Student 1993[24]).

Auch inhaltlich ist es einsichtig, daß die Zusammensetzung der Aufsichtsgremien zu unterschiedlichen *unvereinbaren* Teilzielen führt (Baden/Balzer 1993; Bauer 1993; Forbes 1993). Während ein Teil der »Besitzer« lediglich kurzfristige Geldanlage-Interessen vertritt und entsprechend vorübergehende Aktienkursanstiege oder hohe Dividendenausschüttungen als eigentliches Unternehmensziel ansieht, vertreten andere Aufsichtsräte die Besitzer großer Aktienpakete mit einem Interesse an langfristigen, sicheren Anlagen und befürworten entsprechend langsam, aber sicher ansteigende Kurse mit möglichst geringen Schwankungen. Ähnlich ist das Interesse der Arbeitnehmervertreter in Aufsichtsgremien eher auf langfristige Arbeitsplatzsicherung ausgerichtet, was in guten Zeiten für Gewinn-Ausschüttungen an die Mitarbeiterinnen und Mitarbeiter in Form von Gehalt oder Aktien spricht, in schlechten Zeiten für gezielte Investitionen und das Bilden von Rückstellungen für spätere Sozialpläne und Abfindungen bzw. höhere Renten. Die Vertretung politischer Interessen in den Aufsichtsratsgremien wiederum hat in der Regel als Ziel, regionale Standort- bzw. Arbeitsmarkt-Vorteile zu erkämpfen, zu erhalten oder auszuweiten, oder parteipolitische oder föderalistische Einflußsphären zu sichern.

Akzeptiert man diese Heterogenität von Aufsichtsratsinteressen und stellt man die Überlegung an, daß es für solche Aufsichtsräte attraktiv sein muß,

---

[24] Mittlerweile sind zwar erste Ansätze in Richtung Verbesserung zu erkennen (Manager Magazin 10, 1994, S. 120–121), doch steht die Umsetzung der Verbesserungsvorschläge noch aus.

die Vorstände zu bewegen, die Voraussetzungen für lernfähige Organisationen zu schaffen, ist es notwendig, daß eine relativ große Gruppe von Menschen dazu gebracht werden müßte, *gemeinsam* neue Wertmaßstäbe und Prioritätensetzungen zu entwickeln. Wissenschaftler, die sich aus betriebswirtschaftlicher, juristischer, volkswirtschaftlicher oder politikwissenschaftlicher Sicht mit diesem Problem beschäftigen, haben eine Vielzahl von Modellen vorgeschlagen, die an Stelle der bisherigen Gepflogenheiten denkbar wären. Es fehlt also wohl tatsächlich nur an Personen, die neue Wege einzuschlagen versuchen[25].

3.4.2 Die Perspektive des Vorstands

Die Mitglieder von Vorständen sind nach allgemeinem Verständnis diejenigen, die über die Macht und Einflußmöglichkeiten verfügen, die notwendigen Initiativen zu starten, um konkrete Rahmenbedingungen für organisationale Veränderungsprozesse bzw. für die Gestaltung lernfähiger Organisationen zu schaffen. Sie haben in der Regel befristete Zeitverträge, deren Verlängerung von Mehrheitsentscheidungen der Aufsichtsräte abhängt. Damit besitzen sie ein vitales Interesse daran, die Machtverteilungen im Aufsichtsrat zu beobachten und für die eigene Position möglichst positiv zu beeinflussen. Da die Aufsichtsräte wiederum in ein System von Bezugspersonen und Bezugsgruppen eingebettet sind, ist es auch für Vorstände empfehlenswert, sich ebenfalls in solche Netzwerke einzufügen, um im Falle von Problemen alternative Optionen wahrnehmen zu können. Hilfreich dafür ist in vielen Fällen ebenfalls die – indirekte – Image-Pflege über eine gute Selbstdarstellung in den Medien[26] (vgl. Noll/Bachmann 1987).

---

[25] Wir denken, daß es aus dieser Sicht nicht zufällig ist, daß Reinhard Mohn als Unternehmer und einflußreicher und unabhängiger Aufsichtsrat beim Bertelsmann-Konzern sowohl eine Vorreiterrolle bei Belegschafts-Beteiligungsmodellen als auch bei der Reflexion der Rolle des Aufsichtsrat spielt (vgl. Mohn 1986, 1993; Palass 1993).

[26] Damit wird ein erster Hinweis gegeben, daß das Thema »lernfähige Organisation« auch aus der Perspektive »lernfähige Gesellschaft« zu beleuchten ist. Für uns ist die Tatsache bezeichnend, daß in der wirtschaftswissenschaftlichen Literatur die Rolle von Vorständen in Bezug auf ihre Unternehmensführung sehr gründlich definiert wird, ihre darüber hinausgehende Rolle – z. B. im Netzwerk von Politik, Verbänden und Öffentlichkeit – allerdings kaum Erwähnung findet. Eine mögliche Erklärung hierfür könnte darin liegen, daß der Großteil der Management-Literatur dem systematischen Handicap der »Binnenperspektive« unterliegt: Sie wird von Wissenschaftlern, Unternehmensberatern und Ex-Vorständen verfaßt, deren Klientel gerade die Gruppe der Vorstände darstellt – und daher zwangsläufig dem Problem der Reproduktion von Binnenperspektiven unterliegen muß. Demgegenüber wird im Management die Literatur von »Außenseitern« wie Soziologen, Psychologen o. ä. entweder erst spät, und dann meist verkürzt oder sogar verfälscht zur Kenntnis genommen (vgl. z. B. die vielfach vorgenommene »Rezeption« der Bedürfnispyramide von Maslow in der Managementtheorie – für

Die Rolle der Vorstände, darüber besteht einigermaßen Einigkeit, liegt vor allem darin, den betriebswirtschaftlichen Erfolg ihres Unternehmens zu sichern, wobei der Entwicklung und Umsetzung von Strategien seit zwei Dekaden eine besondere Bedeutung zukommt. Dabei stehen die schon skizzierten, von Aufsichtsräten, ihnen selbst und ihren Beratern sowie den relevanten Bezugsgruppen, gesellschaftlichen Interessengruppen und Berichterstattern, gemeinsam getragenen Macht-, Kontroll-, Verantwortungs- und Steuerungsvorstellungen zur Verfügung. Vorstände sind somit diejenigen, die von ihrer Rolle her an exponierter Position stehen: Wenn sie sich dem Ziel der Schaffung lernfähiger Organisationen zuwenden, laufen sie entsprechend Gefahr, gemäß den geltenden Maßstäben *negativ* beurteilt zu werden. Ein Großteil ihrer Aktivitäten wird sich auf die Förderung von selbstorganisierten Teams und deren Zusammenarbeit konzentrieren sowie einen intensiven internen Diskussionsprozeß über Werte und Normen, eigene Handlungsorientierungen und gemeinsame Ziele sowie die Beseitigung bzw. Klärung unterschiedlicher Sichtweisen zwischen Sub-Einheiten ihres Unternehmens.

Diese Aktivitäten führen zu einer reduzierten Außensichtbarkeit; die Einzelaktivitäten, sofern sie überhaupt nach außen berichtet werden, erscheinen einfach und banal, und Großartiges gibt es bei einem alltäglichen schrittweisen Veränderungsprozeß nicht zu berichten. Da der Automatismus der Berichterstattung in den Medien darin besteht, bevorzugt Besonderes und Auffälliges zu multiplizieren, entsteht somit für Vorstände, die lernfähige Organisationen gestalten wollen, ein Nachteil für ihre Position (und ihre persönliche Zukunft). Auf kurzfristige spektakuläre Wirkung zielende Maßnahmen können sich des Echos sicherer sein.

Die Stars unter den Vorständen, die nach Ansicht von »Kollegen« exzellente Unternehmen geführt haben oder von »Kollegen« mit dem Ehrentitel »Manager des Jahres« ausgezeichnet wurden (vgl. Solman/Friedman 1986), sind in der Regel nach kurzer Zeit wieder »vom Sockel kurzfristiger Berühmtheit« gestürzt (worden). Ausnahmen sind in den wenigen Vorständen zu sehen, die als geschäftsführende (Mehrheits-) Gesellschafter oder als Vorstände mit eigenem (Super-) Vermögen eine relative Autonomie besitzen und deswegen ziemlich unabhängig von der Angst, ihre Verträge nicht verlängert zu bekommen, handeln können. Allerdings auch nur dann, wenn nicht die Angst vor dem Verlust der (vermeintlichen) Macht oder der Publizität genauso hemmenden Einfluß ausübt.

Neben diesen Aspekten wollen wir noch kurz auf zwei weitere Einflußfaktoren hinweisen, die sich aus der Beziehung zwischen Aufsichtsrat und Vor-

---

uns einmal mehr ein Hinweis dafür, daß Maslow (1954) nur sehr oberflächlich bzw. mit hauptsächlichem »Trivialisierungsinteresse« gelesen wurde, und daß die systemtheoretische Betrachtung des Wirtschaftssystems auf der Basis ihres Codes »Zahlung vs. Nicht-Zahlung« (Luhmann 1988) sehr sinnvoll ist).

stand ergeben und die unserer Meinung nach die Gestaltbarkeit von lernfähigen Organisationen unmittelbar berühren – allerdings bislang auch zuwenig diskutiert wurden: Zum einen ist die *Dauer von Vorstandsverträgen* zu diskutieren, die in der Regel unter dem Gesichtspunkt geführt wird, daß für strategische Ausrichtungen von Großunternehmen längere Zeiträume notwendig sind. Der Aspekt, daß dadurch zugleich auch eine größere Unabhängigkeit – aus Vorstandsperspektive betrachtet – und schlechtere Kontrollmöglichkeit und Austauschbarkeit bei Mißfallen – aus der Perspektive der Kontrollorgane – entsteht, wird dagegen nicht in den Mittelpunkt der Argumentation gerückt (Kappeller 1993). Zum anderen ist auf das Problem der *zeitlichen Perspektive* hinzuweisen: Selbst wenn ein Vorstand die Umgestaltung des eigenen Unternehmens in eine lernfähige Organisationen für eine sinnvolle langfristige Zielvorstellung hält, wird er sich gegenüber dem Auftrag des Aufsichtsrats nach einem – kurzfristigen – »maximizing shareholder's value« nur schlecht behaupten können.

Zusammenfassend können wir feststellen, daß lernfähige Organisationen mit großer Wahrscheinlichkeit nur dort entstehen können, wo einzelne Vorstände den Willen dazu haben *und* sich in einer Position – besser: Netzwerk-Konstellation – befinden, daß eine langfristig mühsame und wenig spektakuläre Umsetzungsarbeit erlaubt.

3.4.3 Die Perspektive der Personalentwicklung

In den Vorstellungen vieler Experten wird davon ausgegangen, daß die Personalentwicklungsfunktionen oder Weiterbildungszuständigen diejenigen sind, die für die Initiative und Steuerung von Veränderungen in Unternehmen prädestiniert sind.

In der Tat werden die Ideen zur umfassenden Veränderung der Unternehmen von diesem Personenkreis gerne aufgegriffen, oft sogar selbst entwickelt. Darin ist eine folgerichtige Weiterentwicklung dieser Funktion zu sehen. Geschichtlich betrachtet stand zunächst die Erstausbildung von Fachleuten, denen firmenspezifisches Know-how vermittelt wurde, im Mittelpunkt. Mit zunehmender Geschwindigkeit der fachlichen Kompetenzen entstand daraus die fachbezogene Fortbildung. Mit dem Wachstum der Unternehmen und der zunehmenden Bedeutung von Führungs- und Koordinationsaufgaben kam es dann zur überfachlichen Weiterbildung, bei der soziale und kommunikative Kompetenzen im Mittelpunkt stehen. Alle diese Ansätze waren zunächst noch auf *individuelles Lernen* ausgerichtet.

Mit der zunehmenden Komplexität der Arbeitsabläufe und der benötigten Zusammenarbeit, auch von Personen, die bisher nicht in den Genuß von fachübergreifender Qualifikation kamen, richtete sich in der Folgezeit das Augenmerk der Personalentwickler auf Team- und *Organisationsentwicklung*, d. h. die systematische Verbesserung der Zusammenarbeit auf Gruppenebene sowie zwischen Organisationseinheiten. All diese Aktivitäten waren weiterhin unter der Überschrift »Bildung« konzipiert; die Federführung lag entsprechend beim Personalressort oder, bei Großunternehmen, in eigenen Bildungsressorts. In Zeiten des Wachstums, der (nahezu) unbegrenzten finanziellen Möglichkeiten und eines Arbeitsmarktes, der die benötigten personellen Bedürfnisse der Unternehmen stillen konnte (gegebenenfalls ergänzt durch zusätzliche »Gastarbeiterpotentiale«), existierte im Bildungsbereich *keine* Orientierung an der Unternehmensstrategie. Erst in Zeiten des begrenzten Wachstums und des nur noch vorsichtigen Einsatzes von Finanzen – sofern sie noch ausreichend zur Verfügung standen – wird auch »Personal« und dessen »Pflege« zu einem unter strategischen Gesichtspunkten zu betrachtenden Faktor (vgl. die Übersicht zur Diskussion des Themas »human resources management« bei Wächter 1992).

Bedauerlicherweise ist festzustellen, daß den meisten Personalentwicklern dazu das Know-how fehlt: Dies ist zum einen durch ihre eigene Sozialisation zu erklären, die zumeist im sozialwissenschaftlichen Kontext stattgefunden hat, sowie zum anderen durch ihre bisherige Funktion im Unternehmen, die sich eher durch betreuende, begleitende, pflegende, dienstleistende Tätigkeiten für und im Interesse der Belegschaft ausgezeichnet hat, während die strategische Orientierung mit steuernden, entscheidenden, führenden Aufgaben für und im Interesse des Unternehmens in den Händen der Manager der anderen Ressorts lag.

Außerdem fehlt ihnen in der Regel die Macht bzw. die Fähigkeit und Bereitschaft, Macht entsprechend auszufüllen. Üblicherweise untersteht die Personalentwicklungsfunktion der Gesamt-Personalfunktion. Im Zusammenspiel der unternehmerischen Funktionen kommt dieser Funktion jedoch traditionell eine dienstleistende Rolle zu, die durch Einzelfallarbeit (Einzelverträge mit wenigen wichtigen Personen) oder Standards (Tarifregelungen oder Betriebsvereinbarungen möglichst für alle) gekennzeichnet ist. Damit steht sie im Gegensatz zur Zielsetzung der Personalentwicklung, die eher Vielfalt (jeder und jedem, allen(!), ein spezifischer Qualifizierungs- und Karriereweg) und Nicht- Festlegung von Standards, sondern Pflege der (ungesteuert) entstehenden »Kultur« fördert. Auch die Berater und Trainer, mit denen Personalentwickler extern zusammenarbeiten, haben in der Regel eine ähnliche Mentalität – viele davon sind ja auch ehemalige und/oder zukünftige Personalentwickler und vice versa.

Machtausübung in unserer Kultur erfolgt in der Regel durch Ranghöhere (Positionsinhaber), Fachautoritäten oder persönliche Ausstrahlung (zur Schau gestelltes Machtbewußtsein). Personalentwickler, die in Top-Positionen aufsteigen wollen und es tatsächlich schaffen, sind bisher seltene Ausnahmen. Aufgrund der historischen Entwicklung unserer Industrie (aber auch der Ausbildungswege) sind bei uns technisches, wirtschaftliches oder juristisches Know-how bessere Voraussetzungen, um Zugang zu Top-Positionen zu bekommen, worin ein weiterer Nachteil für Personalentwickler liegt. Die eigenen Kriterien der Personalentwickler, an denen sie sich orientieren, sind eher persönlicher, offener, direkter Kontakt und ehrliche Kommunikation: Das sind zwar auch für die Gestaltung lernfähige Organisationen wesentliche Komponenten, aber nicht für die Positionen, in denen die Macht zur Gestaltung der Rahmenbedingungen für solche Organisationen liegt; dort sind diplomatisches Taktieren, zielgruppenspezifische pointierte Darstellung (und Weglassung) wesentlicher.

4. Zusammenfassung

Zum Schluß unseres Beitrages möchten wir festhalten, daß lernfähige Organisationen durchaus entstehen können (und werden). Jedoch wird bei einem konsequent verfolgten systemischen Blick – auch nur in Facetten – deutlich, daß die meisten Erwartungen, die durch populäre Management-Literatur geweckt werden, hoffnungslos überzogen sind. Eine sachgerechtere Darstellung der auf dem Weg zur lernfähigen Organisation zu lösenden Probleme durch Berater und in der Literatur erscheint uns wegen der von uns aufgezeigten Schwierigkeiten unumgänglich – ansonsten muß man sich tatsächlich den Vorwurf gefallen lassen, mit dem Konzept der lernenden bzw. lernfähigen Organisation doch nur »alten Wein in neuen Schläuchen zu verkaufen«[27].

---

[27] An anderer Stelle haben wir bereits dargestellt (Schweiker/Reinhardt, 1993; Reinhardt/Schweiker, 1994), daß die jeweils »gefeierten« Management-Konzepte akute Probleme hauptsächlich aus Vorstandssicht aufgreifen und – nur vorübergehend – brauchbare Lösungen vorschlagen. Bei einem Perspektivenwechsel lassen sich Nebeneffekte und Langzeitwirkungen in der Regel schon frühzeitig erkennen, diese sind jedoch für die jeweilige Leserschaft bzw. Beratungsklientel im Moment (noch) nicht relevant (Schweiker 1993; Lentz 1993). Als Beispiel hierfür läßt sich auch die Diskussion um das Thema »strategisches Management« anführen, das in den 60er Jahren als ausschließliches Planungskonzept konzipiert war. Sozialwissenschaftlich geschulten Beobachtern muß schon frühzeitig klar gewesen sein, daß ein Planungskonzept ohne entsprechenden Implementierungsansatz »eigentlich« sinnlos oder doch zumindest problematisch sein muß – zumal schon seit Beginn der 50er Jahre umfangreiche Erfahrungen mit Schwierigkeiten vorlagen, die sich lediglich bei teambezogenen Veränderungsprozessen ergeben (z. B. Lewin 1952). Desweiteren möchten wir hier als Beispiel die im Zuge der »lean«-Diskussion entstandene »Team-Euphorie« nennen und gleichzeitig darauf hinweisen, daß der Nutzen von Teamarbeit schon zwanzig Jahre vorher (!) wissenschaftlich belegt wurde (vgl. Emery/Emery 1974).

Literatur

Aktouf, O.: Der Fall CASCADES: Die Hinterfragung der Führung und die Teilung der Macht. In: Zeitschrift für Organisationsentwicklung 2/1992, S. 44–57.

Aktouf, O./Chretien, M.: Die Entfremdung abbauen: Wie eine Unternehmenskultur »erlebt« und nicht künstlich konstruiert wurde. In: Zeitschrift für Organisationsentwicklung, 2/1987, S. 11–28.

Argyris, C./Schön, D. A.: Organizational Learning. Reading 1978.

Ashby, W. R.: An Introduction to Cybernetics. London 1970.

Baden, K./Balzer, A.: Gute Besserung. Konzerne im Shareholder-Value-Test. Wer Aktionärsvermögen mehrt, wer es vernichtet. In: manager magazin 5/1993, S. 166–185.

Bardmann, T. M.: Der zweite Doppelpunkt: Systemtheoretische und gesellschaftstheoretische Anmerkungen zur politischen Steuerung. In: Bardmann, T. M., Kersting, H. J., Vogel, H. C., Woltmann, B. (Hg.): Irritation als Plan: Konstruktivistische Einredungen. Aachen 1992, S. 10–31.

Bateson, G.: Ökologie des Geistes. Frankfurt 1985.

Bauer, S.: Aktionärsschützer. Heikler Drahtseilakt. In: TopBusiness, 3/1993, S. 142–148.

Beer, M.: Organization Change and Development. Glenview 1980.

Bem, S. (1976): Sex Role Adaptability: One Consequence of the Psychological Androgyny. In: Journal of Personality and Social Psychology 33/1976, p. 634–643.

Bergin, R. S./Prusko, G. F.: System Thinking in Action. Learning Laboratories give Hanover Insurance a Competitive Edge. The System Thinker, 1(1990), p. 4–5.

Bleicher, K.: Chancen für Europas Zukunft. Frankfurt 1989.

Creutz, H.: Geld. Wiesbaden 1993.

Deal, T. W./Kennedy, A. A.: Corporate Cultures. Reading 1982.

De Geus, A.: Planning as Learning. In: Harvard Business Review, 3/1988, p. 70–74.

Emery, F. E./Emery, M.: Participative Design: Work and Community Life. Canberra 1974.

Exner, A./Königswieser, R./Titscher, S.: Unternehmensberatung – systemisch. In: Zeitschrift für Organisationsentwicklung 3/1986, S. 23–45.

Fiol, C. M./Lyles, M. A.: Organizational Learning. In: Academy of Management Review, 10 (4) 1985, p. 803–813.

Fischer, H. R.: Die unsichtbare Hand in Organisationen. In: P.-W. Gester/B. Heitger,/G. Schmitz (Hg.): Managerie: 2. Jahrbuch für systemisches Denken und Handeln im Management. Heidelberg 1993, S. 16–48.

Forbes (o. V.): Verraten und verkauft. Forbes 4/1993, S. 108–110.

Forrester, J. W.: System Dynamics as a Foundation for Pre-College Education. Proceedings of 1990 International System Dynamics Conference. Chestnut Hill, 10.–13. Juli 1990, p. 345–354.

Garratt, B.: Creating a Learning Organization. Cambridge 1990.

Gester, P.-W./Heitger, B./Schmitz, G. (Hg.): Managerie: 2. Jahrbuch für systemisches Denken und Handeln im Management. Heidelberg 1993.

Handy, C.: Managing the Dream: The Learning Organization. Gemini Consulting Series on Leadership. London 1992.

Lernfähige Organisationen

Heinecke, J.: Lerntransfer – Ein hilfreiches Konzept für die Gestaltung der betrieblichen Qualifizierungsarbeit. Trojaner, 1/1993, S. 4–8.

Hennes, M.: Quasselbude. Vergreist, inkompetent und unkritisch – viele Firmenaufseher in Deutschland sind ihren Aufgaben nicht gewachsen. WirtschaftsWoche 12/1993, S. 128–134.

Hillebrand, W./Nölting, A./Wilhelm, W.: Aufsichtsräte. Club der Amateure. manager magazin 8/1993, S. 32–45.

Hofstede, G.: Kultur und Organisation. In: E. Grochla (Hg.): Handwörterbuch der Organisation. Stuttgart 1980, Sp. 1169.

Hofstede, G.: Interkulturelle Zusammenarbeit. Wiesbaden 1993.

House, R. J./Singh, J. V.: Organizational Behavior: Some New Directions for Industrial and Organizational Psychology. Annual Review of Psychology, 38/1987, p. 669–718.

Janis, I. L.: Victims of Groupthink. Boston 1972.

Kasper, H.: Neuerungen durch selbstorganisierende Prozesse. In: W. H. Staehle/J. Sydow (Hg.): Managementforschung Bd. 1. Berlin 1991, S. 1–74.

Kiernan, M. J.: The New Strategic Architecture: Learning to Compete in the 21st Century. Academy of Management Executive, 7(1) 1993, p. 7–21.

Kirsch, W.: Die Idee der fortschrittsfähigen Organisation. Über einige Grundlagenprobleme der Betriebswirtschaftslehre. In: R. Wunderer (Hg.): Humane Personal- und Organisationsgestaltung. Berlin 1979, S. 3–24.

Kirsch, W.: Die Handhabung von Entscheidungsprozessen. München 1988.

Klimecki, R./Probst, G. J. H./Eberl P.: Systementwicklung als Managementproblem. In: W.H. Staehle/J. Sydow (Hg.): Managementforschung Bd. 1, Berlin 1991, S. 103–162.

König, E./Volmer, G.: Systemische Organisationsberatung – Grundlagen und Methoden. Weinheim 1993.

Königswieser, R.: Widerstände gegen die systemische Unternehmensführung. In: R. Königswieser/C. Lutz (Hg.): Das systemisch-evolutionäre Management. Wien 1990, S. 1–9.

Königswieser, R./Lutz, C. (Hg.): Das systemisch-evolutionäre Management. Wien 1990.

Koffka, W.: Principles of Gestalt Psychology. New York 1935.

Kuhn, T. S.: Die Struktur wissenschaftlicher Revolutionen. Frankfurt 1962.

Kuhn, T.: Zum 70. Geburtstag – Interview mit der Neuen Zürcher Zeitung vom 22. 7. 1992, S. 18.

Lentz, B.: Deutsche Konzerne auf Diät. Capital 9/1993, S. 206–215.

Lewin, K.: Group Decision and Social Change. In: G. E. Swanson/T. N. Newcomb/E. L. Hartley (Hg.): Readings in Social Psychology. New York 1952, p. 459–473.

Luhmann, N.: Soziale Systeme. Grundriß einer allgemeinen Theorie. Frankfurt 1984.

Luhmann, N.: Die Wirtschaft der Gesellschaft. Frankfurt 1988.

Luhmann, N.: Soziologische Aufklärung, Bd. 5. Opladen 1990

Malik, F.: Strategie des Managements komplexer Systeme. St. Gallen 1987.

Maslow, A.: Motivation and Personality. New York 1954.

McGregor, D.: The Human Side of the Enterprise. New York 1962.

Mohn, R.: Erfolg durch Partnerschaft. Eine Unternehmensstrategie für den Menschen. Berlin 1986.
Mohn, R.: Man ist nett zueinander. In: manager magazin 8/1993, S. 45–51.
Myers, D. G.: Polarizing Effects of Social Interaction. In: H. Brandstätter/J. H. Davis/G. Stocker-Kreichgauer (Hg.): Group Decision Making. London 1983, p. 125–161.
Neuberger, O.: Führen und geführt werden. Stuttgart 1990.
Noll, P./Bachmann, H. R.: Der kleine Machiavelli: Handbuch der Macht für den alltäglichen Gebrauch. Zürich 1987.
Ogger, G.: Nieten in Nadelstreifen. München 1992.
Pautzke, G.: Die Evolution der organisatorischen Wissensbasis. München 1989.
Pawlowsky, P.: Betriebliche Qualifikationsstrategien und organisationales Lernen. In: W. H. Staehle/P. Conrad (Hg.): Managementforschung Bd. 2, Berlin, S. 177–238.
Pedler, M./Boydell, T./Burgoyne, J.: The Learning Company. London 1991(deutsche Übersetzung: 1994).
Peters, T./Waterman, R. H.: In Search of Excellence. New York 1982.
Probst, G. J. B.: Selbstorganisation: Ordnungsprozesse in sozialen Systemen aus ganzheitlicher Sicht. Berlin 1987.
Probst, G. J. B./Büchel, B. S. T.: Organisationales Lernen. Wiesbaden 1994.
Quarrey, M./Rosen, C.: Employee Ownership and Corporate Performance. The National Center for Employee Ownership. Oktober 1986.
Reinhardt, R.: Das Modell Organisationaler Lernfähigkeit und die Gestaltung Lernfähiger Organisationen. Frankfurt 1993.
Reinhardt, R./Schweiker, U.: Sieben Schritte zur lernfähigen Organisation. In: Trojaner, 4/1994 (im Druck).
Sattelberger, T.(Hg.): Die lernende Organisation. Wiesbaden 1991.
Sattelberger, T.: Unternehmensentwicklung als Lernprozeß: Robuste Schritte zur lernenden Organisation wagen. In: P.-W. Gester/B. Heitger, B./G. Schmitz (Hg.): Managerie: 2. Jahrbuch für systemisches Denken und Handeln im Management. Heidelberg 1993, S. 63–103.
Schein, E.: Coming to a New Awareness of Corporate Culture. In: Sloan Management Review, Winter 1984.
Schmidt, J.: Von der Organisationsentwicklung zur Selbstorganisation: Prozessbeschreibung und pragmatische Konsequenzen. In: ZOE, 6/1987, S. 43–61.
Schmitz, C./Gester, P.-W./Heitger, B. (Hg.): Managerie: 1. Jahrbuch für systemisches Denken und Handeln im Management. Heidelberg 1992.
Schweiker, U.: Warum in Deutschland alles anders ist: Management – Unternehmensberatung – Personal. Vortrag auf dem 2. Psychologen-Tag/17. Kongreß für Angewandte Psychologie, Universität Bonn, 23.–26. 9. 1993.
Schweiker, U./Reinhardt, R.: Lernende Organisationen – mehr als eine Modeerscheinung! In: Trojaner, 2/1993, S. 27–32.
Semler, R.: Das SEMCO-System: Management ohne Manager. München 1993.
Senge, P.: The Fifth Discipline. New York 1990 a.
Senge, P.: The Leader's New Work: Building Learning Organizations. In: Sloan Management Review, Fall 1990, p. 7–23.
Sievers, B.: Beyond the Surrogate of Motivation. In: Organization Studies, 7(4) 1986, p.335–351.

Simon, F. B.: Meine Psychose, mein Fahrrad und ich. Heidelberg 1990

Simon, H./Tacke, G.: Lernen von Kunden und Konkurrenz. In: T. Sattelberger (Hg.): Die lernende Organisation. Wiesbaden 1991, S. 176–182.

Skinner, B.: Futurum II – Walden Two. Reinbek 1972 (im Original 1949).

Solman, P./Friedman, T.: Gewinner, Verlierer, Überlebende: Erfahrungsberichte über Aufstieg und Fall von Unternehmen. Landsberg 1986.

Staehle, W.: Organisatorischer Konservatismus in der Unternehmensberatung. In: Gruppendynamik, 22 (1) 1991, S. 19–32.

Stata, R.: Organizational Learning – The Key to Management Innovation. Sloan Management Review, 30 (3) 1989, p. 63–74.

Stegmüller, W.: Rationale Konstruktion von Wissenschaft und ihrem Wandel. Stuttgart 1979.

Stierlin, H.: Individuation und Familie. Frankfurt 1989.

Stolzenberg, G.: Kann die Untersuchung der Grundlagen der Mathematik uns etwas über das Denken verraten? In: P. Watzlawick (Hg.): Die erfundene Wirklichkeit. Frankfurt 1985, S. 236–294.

Tichy, N. M./Devanna, M. A.: The Transformational Leader. New York 1986.

Ulrich, H./Probst, G. J. B.: Anleitung zum ganzheitlichen Denken und Handeln. Bern 1990.

Von Bertalanffy, L.: General Systems Theory. New York 1968

Von Foerster, H.: Sicht und Einsicht. Braunschweig 1985.

Von Glasersfeld, E.: Wissen, Sprache und Wirklichkeit. Braunschweig 1987.

Wächter, H.: Vom Personalwesen zum Strategic Human Resources Management: Ein Zustandsbericht anhand der neueren Literatur. o. O. 1992.

Wagner, R. K.: Managerial Problem Solving. In: R. J. Sternberg/P. A. Frensch (Hg.): Complex Problem Solving: Principles and Mechanisms. Hillsdale 1991, p. 159–183.

Willke, H.: Systemtheorie. Stuttgart 1987.

Wimmer, R.: Organisationsberatung – Eine Wachstumsbranche ohne professionelles Selbstverständnis: Überlegungen zur Weiterführung des OE-Ansatzes in Richtung systemischer Organisationsberatung. In: M. Hoffmann (Hg.): Theorie und Praxis der Unternehmensberatung. Heidelberg 1991, S. 45–136.

Wimmer, R.: Der systemische Ansatz – mehr als eine Modeerscheinung? In: C. Schmitz/P.-W. Gester/B. Heitger (Hg.): Managerie: 1. Jahrbuch für systemisches Denken und Handeln im Management. Heidelberg 1992, S. 70–104.

Witte, E. H.: Konformität. In.: D. Frey/S. Greif (Hg.): Sozialpsychologie. München, S. 209–213.

Witte, W.: Das Problem der Bezugssysteme. In: W. Metzger (Hg.): Handbuch der Psychologie. Band 1, Halbband 1. Göttingen 1966, S. 1003–1027.

Womack, J. P./Jones, D. T./Roos, D.: The Machine that Changed the World. New York 1990.

Zajonc, R. B.: Social Facilitation. In: Science 1/1965, p. 71–88.

VI. Architektur des Wandels – Designprinzipien für lernende Organisationen

Roland Deiser

Nur wenige Jahre nach Erscheinen des Bestsellers von Peter Senge (1990), der das Konzept des »Organizational Learning« in vielen Unternehmen populär gemacht hat, besteht die Gefahr, daß dieses Thema zu einer Modeerscheinung verkommt. Schon heute fühlt sich der Durchschnittsmanager zwischen einer Fülle von mehr oder weniger populären Heilslehren wie Just in Time Management, Total Quality Management, Kaizen, Lean Management oder Business Process Reengineering verloren. Und nicht wenige stellen sich die Frage, ob es sich bei der »lernenden Organisation« nicht einfach wieder um ein neues Schlagwort handelt, das dem Erfinder und seinen Epigonen für kurze Zeit Prominenz und lukrative Consulting-aufträge einbringt?[1].

Je nach dem. Wenn man sich vom Thema »Organisationslernen« ein neues Rezeptbuch erwartet, ist die Gefahr der Enttäuschung mit ziemlicher Sicherheit vorprogrammiert. Was aber über die Kurzlebigkeit einer Modeerscheinung hinaus Gültigkeit haben sollte, sind die Eckpfeiler eines Verständnisses von organisationsweiten Lernprozessen, die nicht nur das Individuum als Lernsubjekt betreffen, sondern die Transformation des gesamten Unternehmens einschließlich seiner Strukturen, Systeme und Geschäftsaktivitäten – kurz: seiner strategischen Orientierung beinhalten. So gesehen ist das Thema so neu nicht, und es sind die konkurrierenden Erfolgsrezepte der Gurus nicht als sich gegenseitig ausschließende zu ver-

---

[1] Mit britischer Trockenheit und treffendem Humor kommentierte etwa kürzlich der »Economist« den Lebenszyklus von Modekonzepten: »The average management fad, like the average love affair, goes through a fairly predictable cycle from infatuation to disillusionment. First, a management guru comes up with an idea, coins a buzzword, and sweet-talks the press. Next, one or two big companies, threatened with bankruptcy or desperate to seem with-it, give the idea a go. Stories are published about sensational results, the corporate world clamours for advice, and the guru forms a million-dollar consultancy. Finally, some business-school professor produces an authoritative report arguing that the fad is a fraud; the press discovers a raft of sensational failures; and the guru, mutering that he was misunderstood, comes up with another idea.« (The Economist, July 2, 1994, S. 66).

stehen. Im Gegenteil: Fast alle beinhalten wertvolle Instrumente und Methoden, die Organisationslernen befördern, wenn sie im Kontext eines organisationsumfassenden Transformationsmanagements interpretiert und angewendet werden. Und es sieht so aus, daß das Thema des erfolgreichen Managements unternehmerischen Wandels die Mehrzahl der Menschen in den Unternehmen in den nächsten Jahren weiter und vielleicht sogar mehr als bisher beschäftigen wird.

Die folgenden Notizen zur Architektur für eine lernende Organisation richten sich vor allem an Spitzenmanager, die mit der Leitung eines mittleren bis großen Unternehmens oder einer entsprechend differenzierten Division betraut sind. Sie richten sich an diejenigen Führungskräfte, die für die Steuerung komplexer Veränderungsprozesse verantwortlich sind, und die sich immer mehr dem Problem gegenübersehen, daß die *Umsetzung* an sich sinnvoller und von intelligenten internen oder externen Experten ausgearbeiteten Strategie- und Organisationskonzepte einfach nicht rasch genug – oder überhaupt nicht – funktioniert.

Unternehmen, in denen kluge Analysen und bis ins Detail ausgearbeitete Aktionspläne in den Schubladen verstauben, sind Legion. In den gängigen Debatten über diese allseits nur zu schmerzhaft bekannte Implementationsproblematik wird meistens sehr schnell mit dem »Faktor Mensch« argumentiert. Beklagt werden die Widerstände von Mitarbeitern ganz allgemein, die als uneinsichtig, unflexibel, immobil angesehen werden. Und als besondere Hürde entpuppt sich zumeist das Mittelmanagement, das sich – besorgt um materielle und immaterielle Pfründe – scheinbar grundsätzlich gegen jeden Wandel wehrt. Jeder, der einmal mit einem größeren Veränderungsprojekt betraut war, wird diese – durchaus berechtigten – Klagen aus eigener Praxis bestätigen können. Rezepte zur Lösung des Problems sind auch meist zur Hand: Man muß eben die Mitarbeiter an den Entscheidungsprozessen beteiligen (partizipative Führung!), die strategischen Ziele gehören durch eine gut kommunizierte Vision transparent gemacht (Leadership!), Entgelt- und Incentivesysteme müssen auf die Logik des angestrebten Ziels ausgerichtet werden und breit angelegte Trainingsaktivitäten sollen in kürzester Zeit ein entsprechendes Wissen und damit auch Commitment schaffen (Personalentwicklung!). Alles richtig – nur warum funktioniert es so oft trotzdem nicht?

Ein wichtiger Grund für das Scheitern so vieler Veränderungsinitiativen liegt darin, daß die durchaus durchdachten und logisch sinnvollen Implementationspläne auf einer *ungeeigneten organisatorischen Architektur* aufsetzen. Bei einer internationalen Konferenz[2] wurden kürzlich die anwesenden Spitzenmanager aufgefordert, ihr Rollenverständnis in einer Analogie zu Funktionsbereichen einer Schiffsbesatzung darzulegen. Die in den Antworten vorherrschenden Metaphern waren »Steuermann«, »Kapitän« oder

---

[2] Jahreskonferenz (1993) der Strategic Management Society, Chicago.

Paradigmenwechsel im Management

– bei besonders operativen Herren – durchaus auch der Griff zum Ruder. Doch was macht heute, bei den immer stürmischeren und unberechenbareren Winden und den immer unsicherer werdenden und auf keiner Seekarte verzeichneten Gewässern den Erfolg des Überlebens eines Schiffes samt Besatzung aus? Sicher ist es wichtig, Instrumente lesen zu können, ein klares Ziel vor Augen zu haben und über eine gut trainierte, motivierte und richtig eingesetzte Mannschaft zu verfügen. Doch alle diese Faktoren nützen wenig, wenn das *Design* des Schiffes fehlerhaft ist. Die Bauweise und die Architektur geben letztlich den Ausschlag zum Erfolg, und die beste Mannschaft mit der besten Ausrüstung ist auf einem schlecht gebauten Kahn dem Risiko des Untergangs ausgesetzt, speziell eben, wenn es stürmisch wird. Es ist sicher viel verlangt, in turbulenter See während voller Fahrt das Schiff grundsätzlich umzubauen, aber genau das ist es, was sich als zentrale Herausforderung für mehr und mehr Unternehmen herausstellt.

In diesem Sinne ist die Gestaltung von organisatorischen Rahmenbedingungen, in denen ein permanentes Lernen nicht nur von Individuen, sondern auch von komplexeren Einheiten, wie etwa Abteilungen, ganzen Divisionen, letztlich dem gesamten Unternehmen stattfinden kann, zu einer zunehmend prominenten und nicht delegierbaren Aufgabe für die Unternehmensleitung geworden. In vielen Firmen fehlt heute noch das Bewußtsein über die Bedeutung dieser Managementfunktion, und wenn sie überhaupt gesehen wird, wird ihr in der Regel zuwenig Aufmerksamkeit geschenkt. Verbreitet wird das Thema »Lernen« als Stabsaufgabe von Aus- und Weiterbildungsabteilungen betrachtet, als Schonraumaktivität in Seminaren, die außerhalb des eigentlichen Organisationslebens stattfindet, und die auch von den Teilnehmern entweder als an Schulerfahrungen erinnernde lästige Pflicht oder als »Urlaub« vom harten Alltagsstreß erlebt wird. Und es ist bezeichnend, daß vielfach »schwache«, eben nur für eine Stabsfunktion geeignete Manager mit der Leitung der Trainingsaktivitäten betraut werden, und daß im ernsthaften Organisationsleben (Linie) nicht mehr einsetzbare Mitarbeiter in diese Stäbe abgeschoben werden.

Wie in der Folge zu zeigen sein wird, ist dies aber nicht der Auftakt zu einem Plädoyer für das Stärken von leidenden Stabsfunktionen oder für das Aufstocken von Aus- und Weiterbildungsbudgets. Und es ist kein Lamento darüber, daß Personalentwicklung oft nicht ernst genug genommen wird. Es geht auch nicht darum, daß das Top- und das Linienmanagement ihre Einstellung zu diesen Stäben ändern (oder wenn, dann eher in Richtung Abschlankung!). Es geht vielmehr um eine ganzheitliche Betrachtungsweise der Zusammenhänge von Lernen und Wandel im Unternehmen; eine Betrachtungsweise, die nicht nur eine Redefinition der Kernaufgaben und des Rollenverständnisses der Unternehmensleitung beinhaltet, sondern auch alle mit der Steuerung und Exekution von Unternehmenszielen und -aufgaben befaßten Mitarbeiter – ja, eigentlich auch Kunden und Lieferanten – betrifft.

1. Kognitive Landkarten

Eine der wesentlichsten Herausforderungen für erfolgreiches Veränderungsmanagement sind die verfestigten »kognitiven Landkarten« oder »mentalen Modelle«, die in den Köpfen der Mitarbeiter und des Managements festsitzen. Diese Modelle sind grundsätzlich nützlich und notwendig, denn sie dienen der Reduktion der ansonsten nicht bewältigbaren Komplexität der Welt. Sie erklären relativ einfach und in sich stimmig, wie der Markt und der Wettbewerb funktionieren, welche die Schlüsselfaktoren für den Unternehmenserfolg sind, und wie man sich dementsprechend zu organisieren und »aufzustellen« hat. Die kognitiven Landkarten geben Orientierung in der verwirrenden Vielfalt von Ereignissen. Sie liefern die »richtigen«, weil in der Vergangenheit bewährten, strategischen und organisatorischen Antworten auf externe und interne Herausforderungen, und sie produzieren und reproduzieren damit immer wieder Wirklichkeiten. Diese Brillen (oder besser »Linsen«), mit denen die Realität und entsprechende Bewältigungsroutinen produziert werden, sind nicht sichtbar, und sie sind tief in das Werte- und Glaubenssystem eines Unternehmens eingegraben. Sie manifestieren sich nicht nur als »soft facts« (im Sinne von Einstellungen, Werthaltungen, Kultur etc), sondern auch in den historisch gewachsenen und auf Grund bestimmter »Linsen« entstandenen Organisationsstrukturen, Berichtslinien oder Informationssystemen. Sie finden sich in der Philosophie und im Design des Entgelt- und Belohnungssystems, in den Planungs- und Budgetierungsroutinen und in strategischen Marktinformationssystemen. Kurz – Struktur, Strategie und Kultur einer Unternehmung sowie ihr Selbstverständnis und ihre Identität sind Ausdruck und Ergebnis ihrer »Linsen«.

Eine wirksame Architektur für permanentes Organisationslernen muß neben vielen anderen Faktoren auch und vor allem die systematische und unternehmensweite Infragestellung dieser Linsen beinhalten. Sie benötigt Strukturen und Mechanismen, die sicherstellen, daß die kognitiven Landkarten als beschränkte Perspektiven, die die Welt immer wieder in der bereits bekannten Weise interpretieren, erkannt werden. Und sie muß auch bei Bedarf für einen entsprechenden Wechsel oder eine Anpassung dieser Linsen sorgen. Dabei haben wir es nicht nur mit Individuen zu tun; jede Abteilung, jede Division, ja das gesamte Unternehmen trägt seine wirklichkeitsproduzierenden Brillen. Und diese Wahrnehmungsmuster verstellen die Sicht auf alternative Welten und behindern die klare Sicht auf gegenwärtig nicht realisierte Möglichkeiten. Das, was uns als selbstverständlich erscheint, thematisieren wir nicht, weil es sich eben »von selbst« versteht. Die Landkarten in unseren Köpfen, die einerseits so hilfreich bei der Orientierung in einer unübersichtlichen Welt sind, sind zugleich die Feinde fundamentalen Wandels, sind die Gegner innovativer Transformation. Innovationsmanagement – und damit ist nicht nur Produktinnovation, son-

dern das Management umfassender strategisch-organisatorischer Erneuerungsprozesse gemeint – wird zu einer immer prominenteren Aufgabe für
das Spitzenmanagement einer Firma (vgl. Ansoff 1991). Verzichtet ein
Unternehmen auf die permanente Infragestellung der Erfolgsfaktoren seiner Branche und seiner eigenen Handlungsroutinen, werden seine ange-
stammten Wettbewerbsvorteile angesichts der sich immer rascher verändernden Rahmenbedingungen in zunehmend turbulenten Umwelten sehr
bald zu Schwächen verkommen. Darum ist ja auch Erfolg so sehr sein eigener größter Feind: Er führt zur Selbstüberschätzung, macht blind für andere Möglichkeiten, und er liefert die besten Argumente für das Festhalten
am Bestehenden. Aber die hervorragenden Schreibmaschinenmechaniker,
die im Verein mit einem ausgezeichneten Servicenetz einst den Kern des
Unternehmenserfolgs von Triumph-Adler ausgemacht haben, nützen in
Zeiten der elektronischen Textverarbeitung nichts mehr. Sie sind vielmehr
zu einer schier unüberwindlichen Bürde für eine erfolgreiche Transformation in neue Geschäftsfelder und Kompetenzportfolios geworden. Oder:
Die auf Mainframearchitekturen und (beinahe schon arrogante) Welt-
marktführerschaft in der Informationsverarbeitungsbranche verfestigten
»Linsen« bei IBM sind teilweise auch heute noch – Jahre nach den offen-
sichtlichen Markterfolgen von Apple oder Compaq – für eine verzerrte
Realitätssicht verantwortlich. Es ist nicht zuletzt dieses in sich geschlossene
Glaubenssystem von Selbstwahrnehmung und Umweltinterpretation, das
IBM so unbeweglich gemacht und in eine gefährliche, potentiell letale Kri-
se geführt hat. Oder: Auf Grund ihrer linsenbedingten Blindheit für andere
Wirklichkeiten hat die amerikanische Automobilindustrie mehr als ein
Jahrzehnt völlig hilflos auf die japanische Redefinition der Branchenspiel-
regeln gestarrt, und sie hat sich lange geweigert zu akzeptieren, daß ihre
Landsleute gerne kleine Autos mit solider, an Kundenbedürfnissen orien-
tierter Qualität kaufen. Die Beispiele sind beliebig fortsetzbar.
Aber wie soll man sich von verfestigten Interpretationsmustern und damit
verbundenen Handlungsroutinen trennen, die *zu ihrer Zeit* ja tatsächlich
das Erfolgsgeheimnis der Firma und die Kernfaktoren von Markterfolg,
Profitabilität und Prestige gewesen sind? Wie kann man sich von Glau-
bensbekenntnissen und den damit verbundenen Organisationsstrukturen
und -systemen verabschieden, die die Grundlage für Wachstum und
Machtentfaltung gewesen sind und die nachhaltig Kultur und Identität der
Firma geprägt haben? Die Infragestellung von strategisch-organisatori-
schen Selbstverständlichkeiten gleicht auf den ersten Blick der Mün-
chhausenschen Aufgabe, sich am eigenen Schopf aus dem Sumpf zu ziehen.
In ihrem eben erschienenen Buch über den »Wettbewerb um die Zukunft«
beschreiben Gary Hamel und C.K. Prahald recht plastisch die Gefahren
des Verharrens in alten Wahrnehmungsmustern, zeigen aber auch einen
Weg auf, aus diesen Mustern auszusteigen. Sie vergleichen dabei ein erfolg-

reiches Unternehmen mit einem Fahrzeug, das mit vollem Schwung auf einer geraden Straße – eben der Erfolgsstraße – unterwegs ist. Aber – so die Autoren – jeder Lenker, der vorwärts fährt, dabei aber nur in den Rückspiegel blickt – sich also auf seine bisherigen Erfolgsfaktoren verläßt – läuft Gefahr, früher oder später in eine Mauer zu rasen oder von einer Kurve in der Straße überrascht zu werden.

Es ist eine der wichtigsten Aufgaben des Top-Managements, den Blick vom Rückspiegel zu lösen und mögliche Mauern und Kurven vorauszusehen. Der exponierte Platz an der Spitze des Unternehmens ermöglicht strukturell mehr Weitsicht, und es liegt in der Verantwortung der Unternehmensleitung, die vorausliegenden Gefahren den Mitarbeitern drastisch vor Augen zu führen[3]. Dabei geht es aber nicht darum, ein Gefühl der Angst oder gar Panik zu erzeugen, denn Angst macht immobil und paralysiert. »(...) Das Ziel ist vielmehr, das Gefühl von Dringlichkeit hervorzurufen. Angst kommt aus dem Gefühl der Hilflosigkeit und des Ausgeliefertseins, wenn jeder realisiert, daß die Firma zu wenig unternimmt bzw. zu spät reagiert und daß der Zusammenstoß mit der Mauer unvermeidlich ist. Dringlichkeit hingegen entsteht, wenn jeder weiß, daß es da draußen eine Mauer gibt, sie aber noch so weit entfernt ist, daß man das Steuer herumdrehen und den Zusammenstoß vermeiden kann. Es ist die Kunst des Top-Managements sicherzustellen, daß die Mauer den Mitarbeitern immer etwas näher erscheint als sie tatsächlich entfernt ist.« (Hamel/Prahald 1994, S. 70; Übersetzung und Hervorhebung RD).

Die Infragestellung und gegebenfalls Neufassung der existierenden kognitiven Landkarten verlangt also von der Unternehmensleitung – und in der Folge auch von allen Organisationsmitgliedern – eine starke Vorstellungskraft hinsichtlich alternativer, heute noch nicht existierender Möglichkeiten, und eine kritische und grundsätzliche Konfrontation dieser Möglichkeiten mit den gegenwärtig als selbstverständlich erscheinenden Automatismen des Unternehmens und der Branche. Damit sind wir bei einer der Kernherausforderungen für das Management organisatorischer Lernprozesse angelangt. Wer innerhalb der etablierten Grenzen seiner Wahrnehmung bleibt, und wer sich ausschließlich im Rahmen bewährter Spielregeln und Verhaltensmuster bewegt, verfügt über keine Arena für Lernerfahrungen. Eine Architektur für Organisationslernen muß Strukturen und

---

[3] Es benötigt freilich unternehmerischen Weitblick, die Gefahr von Stagnation gerade in Zeiten des Erfolgs vorauszusehen und das Hoch zu nutzen, fundamentalen Wandel *antizipatorisch* anzugehen, statt sich auf (in Wirklichkeit bereits welkenden Lorbeeren) auszuruhen. Eine der erfolgreichsten und vielbeachtetsten »large-scale«-Transformationen, nämlich der radikale Wandel bei General Electric von einem hochdiversifizierten, bürokratischen Apparat zu einer relativ fokussierten, lernenden Organisation, wurde von Jack Welsh bei hohen Börsenkursen und einer dominierenden Marktstellung des Unternehmens initiiert.

Mechanismen bereitstellen, die Wege aus dem Gefängnis gewachsener Wahrnehmungsmuster und selbstverständlicher Alltagsroutinen weist.

2. Systemgrenzen als Orte organisatorischen Lernens

Besondere Bedeutung haben in diesem Zusammenhang die inneren und äußeren Grenzen eines Unternehmens. Grenzen sind deswegen für Lernprozesse so wichtig, weil sie Orte der Begegnung mit anderen Denkweisen und damit mit anderen Wirklichkeitssichten sind. Ohne diese Grenzen wären wir in einem undifferenzierten Kontinuum von »Gleichsein« gefangen, ohne die Differenz zum »Fremden« und »nicht in das eigene Muster Passende« hätten wir keine Chance zur Veränderung und zum Lernen. Dort, wo das Anders-Sein und Anders-Denken von »Außenstehenden« mit unseren eigenen Denk- und Handlungsmustern zusammentrifft, ist der Ort potentiellen Wandels. Ein bewußtes gegenseitiges Abtasten und Überschreiten dieser Grenzen führt zum systematischen Kennenlernen anderer Perspektiven und ermöglicht das Einholen und Integrieren »fremder« Erfahrungen und Wirklichkeitsmuster in die etablierte Struktur erprobter Praxis. Die didaktisch organisierte Begegnung mit »Fremdem«, mit anderen kulturellen und strukturellen Mustern erlaubt das Erkennen der Begrenztheit der eigenen Perspektive, und das Erkennen der Brille ist der erste Schritt zu ihrer Relativierung.

Der Schlüssel für die Auflösung des Paradoxons, verinnerlichte Selbstverständlichkeiten sichtbar zu machen, besteht also im aktiven Grenzenmanagement, oder, mit anderen Worten, im bewußten Herstellen von reflektierter Differenz. Dabei geht es nicht nur um die permanente Nutzung bestehender Unterschiede, sondern auch um die systematische Einführung von »Andersartigkeit« in die zentralen Routinen der Unternehmung. Zugleich muß entsprechend Zeit und Raum für eine institutionalisierte Reflexion der aus den Differenzen entstehenden (Lern)erfahrungen bereitgestellt werden.

In jeder Organisation existieren gewollt oder ungewollt unzählige Orte von Differenz. Es gibt die Unterschiede in den Wirklichkeitssichten von einzelnen Mitarbeitern, aber auch von Abteilungen, Funktionsbereichen, hierarchischen Ebenen, Geschäftsfeldern usw. Fast noch wichtiger für Organisationslernen ist das Management der Grenze zwischen dem eigenen Unternehmen und externen Akteuren, wie Kunden, Lieferanten, aber auch Mitbewerbern und Regulatoren. Eine integrierte Lernarchitektur muß dafür sorgen, daß nicht nur die Mitarbeiter voneinander lernen und sich entlang der sich wandelnden Unternehmensziele entwickeln, sondern daß auch die vertikalen und horizontalen Barrieren innerhalb der Organisation sowie die Grenzen zu Kunden und Lieferanten durchlässig werden.

Neben einem bewußten Management der bereits existierenden Orte der

Differenz ist aber auch die bewußte Konfrontation bestehender Routinen mit völliger »Andersartigkeit« eine mindestens ebenso wertvolle Quelle zur Aufweichung verfestigter Denk- und Handlungsmuster. Auch hier liegen die Möglichkeiten sozusagen »auf der Straße« und warten nur auf die Einbettung in eine umfassende Lernarchitektur. Beispiele sind ein reflektiertes Benchmarking mit Branchenfremden[4], die Verankerung von Competitor's Intelligence-Systemen[5], ein lernorientiertes Management von Joint Ventures, von Mergers und von strategischen Allianzen. Oder aber – und hier zeigt es sich, wie ernst das Top-Management Organisationslernen nimmt – es wird bewußt eine mit Macht ausgestattete Gegenkultur im eigenen Unternehmen eingerichtet und gepflegt, die nicht nur als eine »Spielwiese von Spinnern« konzipiert ist, sondern eine hohe Aufmerksamkeit der Unternehmensleitung erhält und mit einem entsprechenden Budget ausgestattet ist, um mächtige Alternativen zur bestehenden Routine zu entwickkeln.

In der Folge sollen einige Beispiele illustrieren, wie in manchen Unternehmen das Prinzip der Herstellung von Systemdifferenz im Interesse von Lern- und Veränderungsprozessen genutzt wird:

- Die Bestellung von Lou Gerstner an die Spitze von IBM etwa ist nichts anderes als eine bewußte Nutzung von Systemdifferenz. Gerstners Branchenfremdheit wird allgemein nicht als Nachteil, sondern notwendige Voraussetzung zum Management des nötigen fundamentalen Wandels gesehen[6]. Ganz allgemein kommt dem »neuen Besen« im Sinne externer Besetzung von Schlüsselpositionen eine wichtige Funktion beim Management strategischen Wandels zu[7]. Der Austausch der Spitze

---

[4] Benchmarking oder »best practice«-Analysen werden vielfach leider nur innerhalb der eigenen Branche durchgeführt. Aber auch Branchen sind Systeme, die verinnerlichte Selbstverständlichkeiten aufweisen, die nur durch die Herstellung von Branchendifferenz – sprich branchenexternem Benchmarking – enthüllt werden können (vgl. Pryor, L.S.: Benchmarking: A Self-Improvement Strategy. In: The Journal of Business Strategy 10, Nov.-Dez. 1989, S. 28–32).

[5] Es handelt sich dabei um eine systematische Beobachtung der relevanten bzw interessanten Mitbewerber (einschließlich möglicherweise vorwärtsintegrierender Lieferanten und rückwärtsintegrierender Kunden), in deren Rahmen laufend Informationen über sämtliche ökonomische, technologische, organisatorische und strategische Bewegungen der beobachteten Unternehmen gesammelt und verwertet werden.

[6] Vor seiner Bestellung zum Chef von IBM war Gerstner Vorstandsvorsitzender des Nahrungsmittelriesen RJ Nabisco. Gerade bei IBM war man lange der Ansicht, daß Technologie- und Branchen-Know How für eine interne Managerkarriere unabdingbare Voraussetzung sei.

[7] Als empirische Studie und ausführliche Fallanalyse zu diesem Thema vgl Greiner, L. E., & Bhambri, A.: New CEO Intervention and Dynamics of Deliberate Strategic Change. Strategic Management Journal Vol. 10 (1989), 67–86.

ist aber nur eines von vielen Elementen, die erfolgreiches Organisationslernen befördern. Wie das Scheitern des von außen gerufenen Finanz-
chefs von Kodak-Eastman zeigt, haben auch Spitzenpositionen bei
einem völligen Fehlen einer unterstützenden Architektur oft nur geringe
Chancen.

- Im Bewußtsein der Wichtigkeit einer dauernden Begegnung mit »Fremdem« pflegt Shell über 1000 Joint Ventures[8]. Diese dienen einerseits der
Realisierung der strategischen Absichten des Unternehmens, werden
aber andererseits auch konsequent auf ihr Potential hinsichtlich »Lernen« ausgeschlachtet. Kulturdifferenzen aus den Joint Ventures werden
nicht im einseitigen Interesse von Shell »ausgebügelt« sondern werden
bewußt für die eigene Entwicklung und die Erhöhung von Flexibilität
benutzt.

- Shell liefert uns auch ein gutes Beispiel für die Nutzung bestehender
Differenzen, ein weiterer Baustein im Gebäude der beachtenswerten
Lernarchitektur des Unternehmens: Managemententwicklung bei Shell
folgt dem Prinzip des »Rösselsprungs«. Dieses Prinzip bedeutet, daß
jeder Karriereschritt nach »oben« zugleich einen Schritt »auf die Seite«
beinhaltet. In den meisten Unternehmen geschehen Beförderungen
vertikal: ein guter Verkäufer wird Regionalverkaufsleiter, ein guter
Regionalverkaufsleiter Verkaufsleiter und später vielleicht auch noch
Vertriebsvorstand. Dieses vertikale Karriereprinzip zementiert unternehmensinterne Mauern und produziert scheuklappenähnliche Brillen. Es birgt in sich die Logik des beschränkten Kästchendenkens, das
einer funktionsübergreifenden Sichtweise des Unternehmens entgegen-
steht und damit Organisationslernprozesse behindert. Der typische
Karriereplan eines Shell-Managers gewährleistet hingegen, daß die
(künftigen) Schlüsselakteure des Hauses permanent über den eigenen
Zaun schauen müssen. Dieses simple Prinzip eines diagonalen Auf-
stiegs produziert automatisch Führungskräfte, die vernetzt denken
und handeln können, und die die komplexen Zusammenhänge zwischen den einzelnen Funktionsbereichen aus eigener Erfahrung verstehen.

- Im Rahmen seines inzwischen über die Unternehmensgrenzen ausge-

---

[8] Shell Corporation, das größte Unternehmen der Welt, agiert in vielen Bereichen
als Pionier für Organisationslernen. So kommt die inzwischen als Standardme-
thodologie genutzte Szenariotechnik (eingesetzt als Lerninstrument zur Flexibilisierung des Denkens und Handelns) aus dem Strategischen Planungsstab von
Shell. Die hier verwendeten Beispiele stammen aus einer Podiumsdiskussion
des Autors mit Basil South, dem Leiter des Corporate Organization Develop-
ments (South, B.: Organizational Learning at Shell Corporation. Panel-Präsentation bei der Strategic Management Society Conference 1992, London/UK (Working Paper).

dehnten Work- Out-Programms[9] nützt General Electric die Schnittstellen mit seinen Schlüsselkunden, seinen Lieferanten und seinen Regulatoren als Orte institutionalisierten Lernens zur gegenseitigen Optimierung organisationsübergreifender Kerngeschäftsprozesse. Die Idee dabei ist, sämtliche beteiligte Akteure als ein einziges System zu begreifen, das in einen gemeinsamen Lernprozeß eingebunden ist. Diese Betrachtungsweise ermöglicht GE (und auch den Kunden) das Infragestellen der jeweils eigenen Alltagspraxis und das Ausprobieren neuer Verfahren, Prozesse, Spielregeln, Policies, von denen alle Beteiligten profitieren sollen. So resultierte z. B. aus der gemeinsamem Reflexion der Buchhaltungsrichtlinien mit der Finanzbehörde eine *gemeinsame* Einsparung von mehr als 60 Prozent des Aufwandes, und ein erhöhtes Verständnis der jeweilig »anderen Welt« hat zu einer bedeutenden Verringerung der bisherigen Reibungsverluste geführt.

- Die in der Produktentwicklung für Kleinlieferwagen beschäftigten Ingenieure aus dem F&E-Bereich von Toyota verbringen bis zu einem halben Jahr auf der Straße mit ihren Schlüsselkunden (nicht den Händlern, sondern den Endbenutzern!), um möglichst genau deren Bedürfnisse und Probleme kennenzulernen. Diese Ingenieure formen dann den Kern des Entwicklungsteams für Produktinnovation.

3. Lernen ist Praxis

Die obigen Beispiele sind beliebig fortsetzbar. Sie alle zeigen, daß Organisationslernen aufs engste mit den ureigensten Aufgaben der Unternehmung – den Kerngeschäftsprozessen – verbunden ist. Lernen im Sinn der Entwicklung und Anwendung innovativer Praxis durch die Begegnung mit »Fremdem« geschieht nicht in der Isolation von Trainingslabors oder Seminarhotels. Es geschieht in Form von reflektiertem Alltagshandeln gemeinsam mit den für das Unternehmen relevanten Akteuren.

Genau genommen sind sämtliche Alltagsaktivitäten im Leben einer Organisation potentielle Orte des Lernens, weil sie immer Begegnungen mit

---

[9] General Electric, einer der vielbeachtetsten »Fälle« erfolgreicher Transformation, hat mit seinem Work-Out-Programm in den letzten 5 Jahren eine vorbildhafte Lernorganisation installiert, die Benchmarker aus der ganzen Welt Schlange stehen lässt. Es ist hier nicht der Raum, die Architektur und den Prozeß der Implementation des Work-Out Konzepts im Detail zu beschreiben. Wer sich dafür interessiert, dem sei die ausführliche Schilderung von N. Tichy, dem langjährigen Leiter der unternehmensinternen Universität »Crotonville« empfohlen: Tichy, N.: Control Your Destiny or Someone Else Will. Lessons in Mastering Change – The Principles Jack Welsh is Using to Revolutionize General Electric. Doubleday, 1993.

Möglichkeiten, Dinge »anders« zu tun, enthalten. Nur sind sie meist nicht als solche definiert oder gar strukturiert. Wenn überhaupt »Praxis« als »Lernen« gesehen wird, so fehlen zumeist doch die Transmissionsriemen, die die Praxiserfahrungen systematisch für einen unternehmensweiten Lernprozeß nutzbar und damit erst wirksam machen. Es bedarf zweifellos eines gewissen Umdenkens, Orte des Lernens auch außerhalb der traditionellen Lerninstitutionen zu sehen. In der Regel weisen wir dem Lernen Schonräume zu. Schulen, Universitäten, Seminare sind die Orte, in denen »für das Leben da draußen« gelernt werden soll und die entsprechend didaktisch strukturiert sind[10]. Organisationslernen findet aber zum größten Teil außerhalb dieser strukturierten Lernsituationen statt. So gesehen stellt das traditionelle Aus- und Weiterbildungsprogramm eines Unternehmens zwar ein wichtiges, aber eben nur ein unterstützendes Element einer umfassenden Lernarchitektur dar.

Das Thema »Qualitätsmanagement« ist gutes Beispiel, daß ein bereits etwas verstaubtes Konzept durchaus als Angelpunkt praxisgeleiteten Organisationslernens fungieren kann, wenn die damit verbundenen Aktivitäten unter einem entsprechenden Licht gesehen werden. Gerade Qualitatsanstrengungen verlangen die *Institutionalisierung eines offenen Ohrs für Kundenerwartungen,* und sie verlangen die Einrichtung von *Meßinstrumenten zur permanenten Kalibirierung der eigenen Leistung.* De facto produziert ein Qualitätssystem nach den Kriterien des European Quality Awards die Institutionalisierung einer parallelen Rahmenorganisation, die laufend um kundenorientierte Innovation bemüht ist und zugleich die Rahmenstrategie und das Selbstverständnis des Unternehmens reflektiert[11]. Damit sind wir aber bei wesentlichen Eckpfeilern einer Lernarchitektur: Sowohl die systematische Öffnung der Organisationsgrenzen nach außen, als auch eine systematische Selbstreflexion sind, wie erwähnt, unverzichtbare Kernelemente für die permanente Infragestellung bestehender Weltsichten (»Linsen«).

Qualitätsprojekte werden heute in zahlreichen Unternehmen durchge-

---

[10] Traditionelle didaktische Strukturen unterstützen übrigens in der Regel fast ausschließlich fachliches Lernen und vernachlässigen sträflich die sozial-emotionale Komponente von Lernen. Gerade diese Komponente nimmt aber bei Veränderungsprojekten einen zentralen Stellenwert ein: Wandel ist fast angstbesetzt, weil er per definitionem die Sicherheit bestehender kognitiver Landkarten in Frage stellt und in der regel auch eine Redefinition von Rollen, ja der gesamten Identität einschließt.

[11] Im Unterschied zu den Kriterien der ISO-9000 Zertifizierung legt der EQA über die traditionellen Qualitätsmerkmale hinaus auch besonderen Wert auf horizontale und vertikale Kommunikationsstrukturen, auf funktionsübergreifendes Projektmanagement zur Optimierung von Geschäftsprozessen, und auf ein institutionalisiertes System zur Messung von Kundenzufriedenheit.

führt, und sie stehen zumeist in der Tradition von TQM[12] oder Kaizen[13], die zu höherer Effizienz und Effektivität insbesondere bei der Kundenbetreuung führen. Die typische Architektur eines solchen Programms verbindet eine qualitätszirkelähnliche Workshopmethode mit selektiven Weiterbildungs- und Reorganisationsmaßnahmen. (vgl. Abbildung 1).

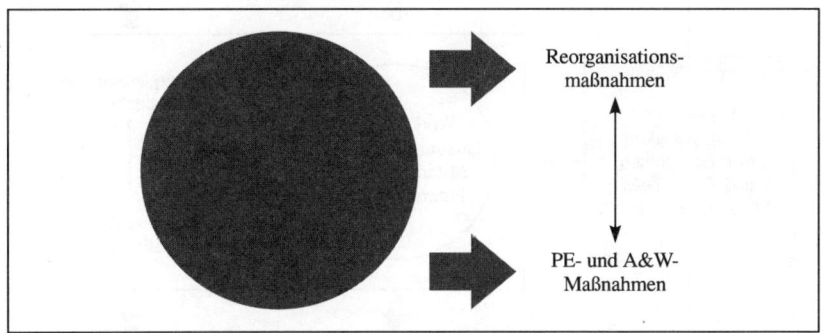

Reorganisations-
maßnahmen

PE- und A&W-
Maßnahmen

Abb. 1: Architektur eines traditionellen Qualitätsprojekts

Will man ein solches Projekt zur Einleitung eines organisationsweiten Lernens nutzen, so muß der Qualitätsprozeß in einen *unternehmensweiten* Kontext eingebunden werden. Mit anderen Worten: Die jeweilig vor Ort erarbeiteten Ergebnisse müssen systematisch und bewußt für einen unternehmensweiten Lern- und Reflexionsprozeß genutzt werden. Damit wird nicht nur der Qualitätsprozeß auf alle Unternehmenbereiche ausgedehnt, sondern die Architektur ermöglicht auch die konsequente Verknüpfung operationaler Verbesserungsaktivitäten mit Fragen der Leitbildentwicklung und Strategie. Diese systemische Sicht ist ein kritischer Erfolgsfaktor für den Erfolg und die Effizienz von Qualitätsprogrammen. Organisatorische Subsysteme können nur dann Qualität leben,

---

[12] Total Quality Management (TQM) betrachtet Abteilungen oder Funktionsbereiche wie kleine Unternehmen, die ihre internen und externen Kunden bedienen. Die Sicherstellung von Qualität erfolgt so nicht durch eine außerhalb der Linie stehende Kontrollfunktion, sondern durch die Verankerung des Qualitätsgedankens und der Kundenorientierung in jede Unternehmensfunktion.

[13] Kaizen (oder »continuous improvement«) ist eine japanische Managementtechnik, die durch eine permanente Selbstreflexion in Verbindung mit der Analyse von »best practices« unablässig an einer Verbesserung der bestehenden Abläufe und Arbeitsroutinen arbeitet. Ziel von Kaizen ist Dantotsu – best of the best – zu werden und zu bleiben. Vgl. Imai, M.: Kaizen – The key to Japans Competitive Success. Random House, 1986.

wenn auch die wichtigen horizontalen und vertikalen Schnittstellen mitspielen[14].

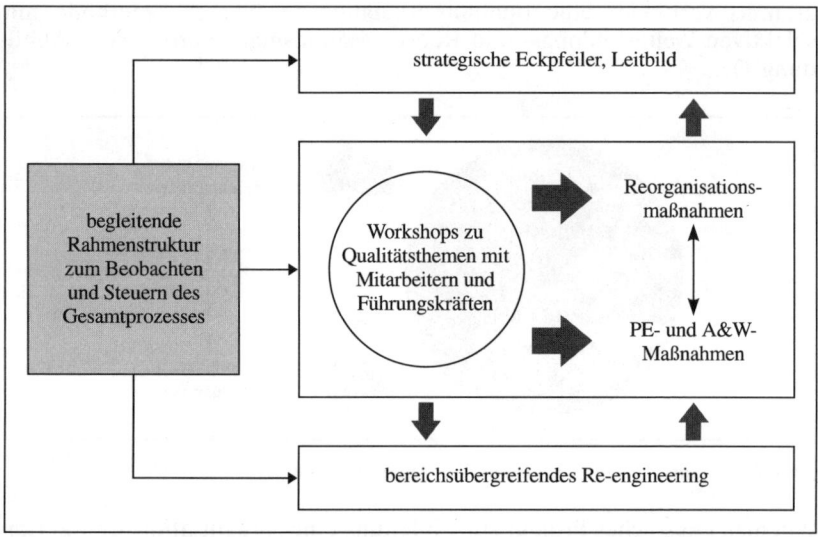

Abb. 2: Verknüpfung eines Qualitätsprojekts mit organisationsweiten Lernprozessen

Die Verknüpfung von Qualitätsaktivitäten und unternehmensweiten Lernprozessen kann nur durch die Einrichtung einer *begleitenden Rahmenstruktur* erfolgen, die die permanente Reflexion und Abstimmung aller Elemente des Veränderungsprozesses garantiert (vgl. Abb. 2). Erfolgskritisch für das Funktionieren einer solchen Rahmenstruktur ist die klare Definition und Ausdifferenzierung der Rollen und Aufgaben der einzelnen Akteure.

Im Mittelpunkt der Struktur stehen hier Workshops zu Qualitätsthemen mit Mitarbeitern und Führungskräften. Die Mitarbeiterebene ist in allen Lernarchitekturen von zentraler Bedeutung. Dies nicht nur, weil die Mitarbeiter als Schnittstelle zum Markt für den unmittelbaren operativen Unternehmenserfolg verantwortlich sind – es wurde oben schon erwähnt, wenn die Mitarbeiter nicht mitspielen wollen oder können, nützt kein wie immer von der Unternehmensleitung oder von Beratern ausgetüfteltes Strukturkonzept, und es bleiben die klügsten Strategien wirkungslos. Aber die Ebene der Basismitarbeiter ist vor allem auch der Ort, wo das Unternehmen seiner Umwelt begegnet. *Die Mitarbeiter leben an der Grenze.* Es ist der Verkäufer,

---

[14] Dies schließt auch die Notwendigkeit des Managements externer Schnittstellen (Kunden und Lieferanten) ein.

der seine Kunden am besten kennt, es ist der Servicetechniker, der die Wehwehchen der Produkte (und den Ärger der Kunden) am unmittelbarsten erfährt, es ist der Facharbeiter an der Maschine, der Spezifikationsprobleme erlebt, und es ist der Ingenieur, der das Design entwirft, mit dem weitergearbeitet werden soll. Es sind die *Tentakel* und nicht das Hirn des Unternehmens, die spüren, was am Markt vor sich geht und wie sich Erfolgsfaktoren ändern. Eine organisationsweite Lernarchitektur muß Nervenstränge vorsehen, die das Wissen und die Kreativität dieser Tentakel mit einer (strategischen) Steuerungs- und Unterstützungszentrale verbinden.

Die Kernaufgabe der Mitarbeiter im Rahmen der organisatorischen Lernarchitektur besteht im Nachdenken über ihnen »nahestehende« operative Fragen und im gegebenenfalls kreativen Verändern bestehender Routinen. Die Struktur dieser Reflexion sind »Teams« (im Sinne von aufgaben- und zielorientierter Gruppen), wobei diese – je nach Fragestellung – sowohl bestehende Organisationseinheiten (z. B. Abteilungen) als auch bereichsübergreifende Projektgruppen sein können. Der konkrete Mix von Mitarbeitern pro Team erfolgt nach Kriterien der Überschaubarkeit, Abgrenzbarkeit und Relevanz von zusammenhängenden Tätigkeitsbereichen.

Die Teams treffen sich in halb- bis ganztägigen Workshops, die die tägliche Praxis der Leistungserbringung, ihre Einbettung in strukturelle Rahmenbedingungen und die Qualität der Wertschöpfung aus Sicht der Kunden zum Thema haben. Dabei geht es einerseits – im Sinne von Qualitätsmanagement – um die Ausrichtung der Produkte und Dienstleistungen an die Erwartungen und Bedürfnisse der Kunden, wobei unter »Kunden« neben den traditionellen Abnehmern sämtliche »Stakeholder« wie Lieferanten, Aktionäre oder Regulatoren, aber auch alle horizontalen und vertikalen Schnittstellen im eigenen Unternehmen zu verstehen sind. Optimale Qualität zu liefern, ist aber nicht ausreichend. Ebensowichtig ist das kosten- und ergebnisoptimale Design der Strukturen, Systeme und Instrumente, die den Wertschöpfungsprozessen zugrundeliegen. Nicht nur das Ergebnis der Arbeit (marktgerechte Produkte und Dienstleistungen), sondern auch die grundsätzliche Art und Weise, wie die Arbeit gemacht wird, ist hier Gegenstand von Reflexion und Lernprozessen[15].

---

[15] Nicht zufällig erinnern diese Prinzipien an Elemente des Re-engineering von Geschäftsprozessen (vgl. dazu Hammer, M./Champy, J.: Reengineering the Corporation. A Manifesto for Business Revolution. Harper, 1993). Ähnlich wie ein Qualitätsprojekt läßt sich natürlich auch das Prozeßreengineering als Trigger für Organisationslernen benützen – es ist, wie gesagt, nur eine Frage der Perspektive. Das Scheitern eines Großteils der bisherigen Reengineeringprojekte verweist meiner Meinung nach weniger auf eine Schwäche des Konzepts als auf eine eingeschränkte Interpretation des Reegineeringansatzes als neues Schlagwort zur blinden Kostensenkung à la REFA oder GWA ohne Einbindung der Reengineeringaktivitäten in eine umfassende Lernarchitektur.

Aus der Workshoparbeit resultieren nun einerseits operative Lösungen für die Reorganisation oder gar Reorientierung des unmittelbar eigenen Arbeitsbereichs, die bei entsprechendem Empowerment der Mitarbeiter von ihnen selbst umgesetzt werden können. Zum anderen wird es viele Themen geben, die nur unter Einbeziehung von horizontalen und/oder vertikalen Schnittstellen sinnvoll angegangen werden können. Die Reflexion über Organisationsroutinen produziert automatisch Vorschläge und Hinweise zur Minimierung von Reibungsverlusten bzw. zur Optimierung von Abläufen an die zuständigen horizontalen und vertikalen Schnittstellen.

Genau an dieser Stelle macht sich in der Regel das Fehlen einer integrierten Rahmenstruktur für Organisationslernen schmerzhaft bemerkbar. Ohne geeignete »Metaorganisation« zur kritischen Nutzung der Workshopergebnisse für eine Reflexion und Revision des übergeordneten, bereichsübergreifenden Organisationshandelns bleibt ein wertvoller Teil der Mitarbeiterperspektiven ungenutzt. Ja, schlimmer noch: Die Mitarbeiter erleben die internen horizontalen und vertikalen Mauern nur umso drastischer, und statt daß sich die Arbeit an Effizienz, Effektivität und Identität kulturell positiv auswirkt, führt ein Mangel an Management der Workshopergebnisse zu Frustration und Demotivation. Wenn nur Teile eines Systems lernen, und wenn diese Lernerfahrungen nicht umgesetzt werden können, lernt das Gesamtsystem nicht.

Um dieser Gefahr zu begegnen, bedarf es einer sorgfältigen Koordination aller Qualitätsaktivitäten und der damit verbundenen Lernprozesse. Ergebnisse aus den einzelnen Workshops müssen auf ihre Wirkung für das Gesamtunternehmen untersucht und bewertet werden, Ergebnisse müssen entsprechend aufbereitet und vom oberen Management verarbeitet werden. Zugleich ist dafür zu sorgen, daß eine dynamische Verbindung zwischen Workshopergebnissen und strategischen Zielen hergestellt und aufrechterhalten wird, und daß es für die Mitarbeiter klare Ansprechpartner für all die Fragen gibt, die im Rahmen des Lern- und Veränderungsprozesses auftauchen.

In einer institutionalisierten Lernorganisation ist diese Rolle typischerweise von einem Team von Mittelmanagern wahrzunehmen, das einen Geschäftsbereich über die traditionellen Bereichsgrenzen hinweg koordiniert. In diesem Koordinationsteam sind alle für die Leistungserbringung notwendigen Funktionen enthalten[16]. Es ist damit eine strukturierte Bege-

---

[16] Bei fundamentalen Transformationsprozessen kann ein einzelnes Koordinationsteam in der Regel aus Gründen der Komplexität und Arbeitsfähigkeit nicht sämtliche betroffene Funktionen ausreichend repräsentieren. In diesem Fall empfiehlt es sich, eine den einzelnen Kernprozessen des Unternehmens entsprechende Trennung in »Subkoordinationsteams« vorzunehmen, die von der Unternehmensleitung entsprechend eingesetzt und gesteuert werden.

gnungsstätte von üblicherweise getrennt agierenden Wirklichkeitsperspektiven und trägt entscheidend zur Aufweichung unternehmensinterner Barrieren bei. Je nach Empowerment des Koordinationsteams kann im Rahmen dieser Struktur der größte Teil der operativen Themen selbständig bearbeitet und entschieden werden.

Oft wird übrigens übersehen, daß die Arbeit an den *operationalen* Fragen der Arbeitsorganisation und der Verhaltensstandards eng mit den durch den Lernprozeß ausgelösten *emotionalen* Herausforderungen zusammenhängt. Neben operativen Lösungen und verhaltensorientierten programmatischen Aussagen muß ja auch emotional (und nicht nur rational) ein neues Selbstverständnis für Personen, Aufgaben und bereichsübergreifende Zusammenarbeit erworben werden. Aus diesem Grund muß die Arbeit an qualitäts- und effizienzorientierten Strukturen, Instrumenten und Systemen *zugleich und integriert* mit der Arbeit an soziokulturellen Fragen erfolgen. Gefragt ist die Reflexion und gegebenenfalls auch Veränderung individueller Verhaltensmuster, Werthaltungen, Einstellungen aber auch die Reflexion und Veränderung von abteilungsinternen Spielregeln und der damit einhergehenden »Gruppenkultur«.

Es geht also darum, Fragen der Kultur (»weich«) und der Strukturen bzw. Systeme (»hart«) nicht nur isoliert, sondern unter Berücksichtigung des Organisationsganzen zu bearbeiten, wobei die permanente Ausrichtung an die sich wandelnden Erfolgsfaktoren am Markt Maßstab und Richtlinie sein muß. (vgl. Abb. 3)

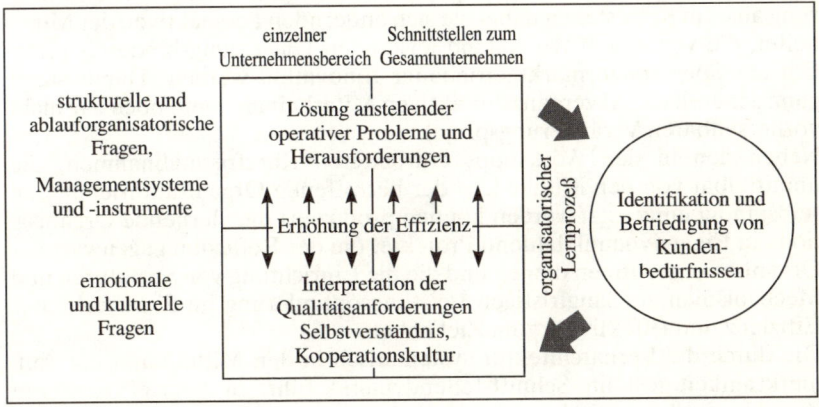

Abb. 3

Schließlich spielt bei all diesen Fragen das Top-Management eine wesentliche Rolle. Als »Chefdesigner« kommt ihm die Aufgabe zu, durch entsprechende Strukturen und Mechanismen, aber auch durch eine entsprechende

Kultur und »Leadership« eine organisatorische Architektur bereitzustellen, die ein zielgerichtetes, die Unternehmensstrategie und die Schlüsselkompetenzen der Organisation unterstützendes und pflegendes Lernen nicht nur ermöglicht, sondern auch als permanentes *Momentum des Wandels* institutionalisiert. Kleine und scheinbar ganz simple Maßnahmen haben dabei große Wirkung. So ordnete Jack Welsh im Rahmen des erwähnten Work-Out-Programms an, daß jede Zurückweisung eines Mitarbeitervorschlags durch einen unmittelbaren Vorgesetzten von diesem schriftlich begründet und Welsh persönlich vorgelegt werden mußte. Diese simple Umkehr traditioneller Managementgepflogenheiten (normalerweise muß die Neuerung genehmigt werden!) führte zu einer gewaltigen Entlastung von Welsh und zu einem dynamischen Sprießen von Veränderungsinitiativen, da die Vorgesetzten wirklich nur bei schwerwiegenden Einwänden den Mut hatten und sich die Arbeit machten, Welsh einen ihm gut begründeten Einwand zukommen zu lassen.

4. Ergebnisse

In einer implementierten Lernorganisation ist die kontinuierliche Auseinandersetzung mit »Fremdem« Gewohnheit und damit zentrales Kulturelement geworden. Die Ergebnisse eines solchen umfassenden, als *permanentes Momentum* installierten Lernprozesses wirken sich in allen Bereichen des Unternehmens in Form geringerer Kosten und größerer Marktorientierung aus. Im Kern stehen dabei die sich ändernden Perspektiven der Mitarbeiter, die von einem Widerstand leistenden Umsetzungshindernis plötzlich zur Speerspitze marktgetriebener Innovation werden. Damit steigt ganz generell die Akzeptanz zur aktiven Mitarbeit an heute noch gar nicht vorhersehbaren Veränderungsprojekten.

Neben den in den Workshops erarbeiteten Kurzfristmaßnahmen, die unmittelbar von den Mitgliedern der betroffenen Organisationseinheiten selbständig umgesetzt werden können produziert die »lernende Organisation« in Eigendynamik laufend Projekte, die der Reflexion gegenwärtiger Organisationsroutinen dienen und die die Einrichtung von Strukturen und Mechanismen zur langfristigen Leistungsoptimierung im Sinne erhöhter Effizienz und Effektivität zum Ziel haben.

Die durch die Lernarchitektur systematisch in den Mittelpunkt der Aufmerksamkeit gestellte Schnittstellendynamik führt zu einer effizienteren Zusammenarbeit zwischen verschiedenen voneinander abhängigen Bereichen und dehnt den Lernprozess quasi »natürlich« auf andere Unternehmensbereiche aus. Schließlich erhöht die kontinuierliche Arbeit mit externen Akteuren das Verständnis kritischer Erfolgsfaktoren am Markt, was nicht nur zu einer erhöhten Sensibilität für die Veränderungsdynamik der Branche beiträgt, sondern auch langfristig die Kreativität der gesamten

Organisation hinsichtlich der Bewältigung der Herausforderungen sich wandelnder Umwelten erhöht.

Literatur

Ansoff, I. H.: Strategic Management in a Historical Perspective. In: International Review of Strategic Management Vol 2, No 1, 1991, S. 3–72.

Greiner, L. E./Bhambri, A.: New CEO Intervention and Dynamics of Deliberate Strategic Change. Strategic Management Journal Vol. 10 (1989), S. 67–86.

Hamel, G./Prahald, C. K.: Competing for the Future. Harvard Business Press 1994.

Hammer, M./Champy, J.: Reengineering the Corporation. A Manifesto for Business Revolution. Harper 1993.

Imai, M.: Kaizen – The key to Japans Competitive Success. Random House 1986.

Pryor, L. S.: Benchmarking: A Self-Improvement Strategy. In: The Journal of Business Strategy, 10, Nov.-Dec. 1989, S. 28–32.

Reengineering Reviewed. The Economist, July 2, 1994, S. 66.

Senge, P.: The Fifth Discipline. Art and Practice of the Learning Organization. Doubleday 1990.

South, B.: Organizational Learning at Shell Corporation. Panel-Präsentation bei der Strategic Management Society Conference 1992, London/UK (Working Paper).

Tichy, N.: Control Your Destiny or Someone Else Will. Lessons in Mastering Change – The Principles Jack Welsh is Using to Revolutionize General Electric. Doubleday 1993.

Kapitel C
Bildung und systemisches Lernen

I. Die bildungstheoretische Begründung des Organisationslernens bei Wilhelm von Humboldt

Uwe Hartmann

Wie paßt das zusammen? Diese Frage wird sich dem Leser der Überschrift unverzüglich aufdrängen. Stellen die idealistische, auf das Subjekt zentrierte Bildungstheorie W. von Humboldts und die moderne, am Lernen eines Kollektivs orientierte Theorie des Organisationslernens nicht zwei gegensätzliche Kulturen dar? Zwar wird der Leser noch zustimmen, wenn W. von Humboldt als der Mitbegründer der neuzeitlichen Bildungstheorie betrachtet wird (Benner 1990, S. 21). Geht man aber davon aus, daß »(. . .) die Rede vom Subjekt nur noch eine romantische Reminiszenz bzw. die Imagination eines schönen Scheins ist, der die ganz andersartige Wirklichkeit ideologisch verschleiern soll« (H. Geißler 1994, S. 8), dann unterliegt auch Humboldts Bildungstheorie dem Ideologieverdacht. Aus dieser Sicht stellt der ›sich bildende Mensch‹ im Humboldtschen Sinne nur noch das Ideal einer längst vergangenen Epoche dar, auf das der ›organisierte Mensch‹ mit Wehmut zurückblicken mag, das für ihn aber unwiderruflich verloren ist.

Bevor das Ideologieverdikt ausgesprochen und die Auseinandersetzung mit der Humboldtschen Bildungstheorie als bloße Zeitverschwendung verurteilt wird, fordert die hermeneutische Redlichkeit die Beantwortung der Frage, mit welchem Zeitgeist Humboldt sich kritisch auseinandergesetzt hat. Hier kommt schon eine erste Übereinstimmung mit der aktuellen Diskussion über das Organisationslernen zum Vorschein. Humboldt wendet sich in seinen bildungstheoretischen Frühschriften, die er zu Beginn der 90er Jahre des 18. Jahrhunderts verfaßt und teilweise veröffentlicht hat, gegen den ›pädagogischen Optimismus‹ der Aufklärung. Dieser findet seinen Ausdruck in der Entwicklung des absolutistischen Staates zu einer ›Erziehungsdiktatur‹, die »(. . .) dem Menschen seine Deutung von Glückseligkeit aufzudrängen versucht und ihn gerade dadurch in seinem Freiheitsstreben unterdrückt« (Menze 1980, S. 330). Der neuhumanistische Bildungsbegriff wendet sich also gegen die Funktionalisierung und Objektivierung (zu diesem Begriffspaar vgl. Schulz 1979, S. 23 ff.) des Individuums durch den ausgreifenden Dirigismus des Staates und seiner Organisationen (von Humboldt 1791/21969, S. 39 f.). Unter Bildung wird nun die Befreiung des Menschen aus dem Zustand des funktionierenden Teil-

chens innerhalb eines ›*Objektkollektives*‹ verstanden, indem sie auf den
Selbstand des Individuums bezogen und an die Verantwortung des erwachsenen Subjektes verwiesen wird. Das neuhumanistische Bildungsverständnis geht also von dem ›sich bildenden‹ Subjekt aus. Bildung ist Selbstbildung und eben nicht ein ›gebildet werden‹ nach einer vorgegebenen, vermeintlich allgemeinen Vernunft. Insofern stellt Humboldts Bildungstheorie eine Kritik am zeitgenössischen Bildungsbegriff dar. Er kritisiert die
Funktionalisierung des Menschen zu einem Objekt innerhalb eines Kollektivs, d. h. seine Depravierung zu einem *Kollektivobjekt*. Daran anschließend kritisiert er das Modell einer Organisation, in dem die Kollektivob-
jekte nach einer vermeintlich allgemeinen Vernunft lernen und die Organisation so auf ein ›*lernendes Objektkollektiv*‹ reduziert wird. Humboldts Bildungstheorie – und das ist der neue Interpretationsansatz – bezieht den Bildungsbegriff also nicht nur auf das Individuum, sondern auch auf das Organisationslernen.

Humboldt hatte während einer Bildungsreise nach Paris im Jahre 1789 konkrete Erfahrungen mit der Französischen Revolution gesammelt und diese
anschließend bildungstheoretisch beurteilt. Seine Auseinandersetzung mit
der Revolution und ihren grausamen Folgen legt die Vermutung nahe, daß er
ein Alternativmodell zum Organisationslernen der Aufklärung entwickelt
hat, das die revolutionäre Umwälzung gesellschaftlicher Verhältnisse verhindern und eine kontinuierliche Reform ermöglichen sollte. Humboldt
erkannte, daß die in der Französischen Revolution inkorporierte Idee von
Freiheit die absolutistischen Staaten und traditionalistischen Gesellschaften
mit einem gewaltigen Modernisierungsdruck belegte. Das Verhältnis zwischen Bürger und Staat bzw. zwischen Organisationsmitglied und Organisation mußte über kurz oder lang neubestimmt werden. Am Umbau von Staat
und Gesellschaft wollten die Bürger beteiligt werden. Wird diese Beteiligung verwehrt, besteht die Gefahr einer Revolution. Das Beispiel des revolutionären Frankreichs hat aber auch deutlich gezeigt, daß die gewährte
Freiheit den in seinen Traditionen befangenen Menschen nicht überfordern
darf. Reformen müssen dem Bildungsniveau der zu beteiligenden Menschen entsprechen und demzufolge ›von oben‹ geleitet werden. Humboldt
fordert also dazu auf, den Zusammenhang von Bildung und Beteiligung in
der Theorie und Praxis des Organisationslernens zu beachten.

Humboldt hat das Modell des Organisationslernens am Beispiel des Staates entwickelt. Es läßt sich aber auch auf einzelne Organisationen, seien es
öffentliche oder private, übertragen (von Humboldt 1791/1969², S. 34).
Humboldt selbst hat in seiner ›Ideenschrift‹ aus dem Jahre 1792 das Organisationslernen für das preußische Militär fruchtbar gemacht. Als Leiter
der ›Section für Cultus und Unterricht‹ von 1809–1810 hat er schließlich seine bildungstheoretischen Grundsätze in die Reform des militärischen
Erziehungs- und Bildungswesens eingebracht (vgl. Hartmann 1994,
S. 166 ff.; Hartmann/Sanders/Lowin 1995).

Im folgenden wird die These begründet, daß Humboldt in seinen Frühschriften eine *bildungstheoretische* Begründung des *Organisationslernens*
geleistet hat. Bildung und Organisationslernen thematisiert er hinsichtlich
der individuellen, organisatorischen und gesellschaftlichen Dimension.
Das Lernen des Individuums steht mit dem Lernen in und von Organisationen in Beziehung; beides ist wiederum eingebunden in die umgebende
Gesellschaft. Aufgrund dieses Wechselwirkungszusammenhanges zwischen Individuum, Organisation und Gesellschaft definiert Humboldt die
Organisation als ein sich *kontinuierlich selbsterneuerndes System.*
Bevor nun die Grundzüge der Humboldtschen Bildungstheorie dargestellt
und für das Organisationslernen fruchtbar gemacht werden, soll die Interpretation dieser Theorie zunächst von den Verfälschungen durch den Verfall des Bildungsbegriffes im 19. Jahrhundert befreit werden.

1. Wirkungsgeschichtliche Verfälschungen der Humboldtschen Bildungstheorie

Die Differenzierung des erst im 18. Jahrhundert pädagogisch gewendeten
Bildungsbegriffes vom weitaus älteren Erziehungsbegriff ist eine Eigen-
tümlichkeit der deutschen Sprache. Dahinter steckt die auch von Humboldt verfolgte Absicht, Erziehung als ein sachlich begründetes Herr-
schaftsverhältnis auf den erzieherischen Bezug zwischen einem erwachsenen und einem heranwachsenden Menschen zu beschränken. Der Geistes-
wissenschaftler W. Dilthey führt diese Differenzierung auf die »Deutsche
Bewegung« zurück. Seitdem ließ «(...) die Idee der Selbständigkeit des
Individuums die Aufgabe der Erziehung in den Beziehungen der Mündigen
zueinander zurücktreten (...) und in dem allgemeinen Erziehungsge-
schäfte den Selbstzweck der Individuen in den Vordergrund (...)« (Dilthey 1964, S. 27 f.) stellen. Die Idee der Selbstzweckhaftigkeit des Individuums und der Selbständigkeit des erwachsenen Bürgers hatte jedoch im
restaurativ-reaktionären Deutschland nach 1815 kaum eine Realisierungs-
chance. Das Bildungsbürgertum, dem die angestrebte politische Mitwirkung versagt blieb, nutzte den Bildungsbegriff zur sozialen Abgrenzung
und reduzierte ihn auf eine apolitisch-individualistische Bedeutung. Bildung wurde zu einer ›privaten Angelegenheit‹ des Individuums im Sinne
einer *bloß egoistisch ausgerichteten kontemplativen Ausgestaltung des eigenen Persönlichkeitsideals* innerhalb einer sozialen Enklave. Die ursprünglich auf Freiheit und Verantwortung des Menschen ausgerichtete Bedeutung von Bildung ging verloren; es kam zum Verfall des Bildungsbegriffes
(vgl. Klafki 1986).
Nach dem Ende der nationalsozialistischen Gewaltherrschaft wurde in der
Geisteswissenschaftlichen Pädagogik eine radikale Kritik am Bildungsbegriff geübt. Sie beruhte auf der Erkenntnis, daß der Bildungsbegriff keine

humanistische und gesellschaftskritische Potenz gegenüber der nationalsozialistischen Ideologisierung und zur Verhinderung der barbarischen Verbrechen besaß, die in deutschem Namen begangen worden sind. Mit dem ›deutschen Sonderweg‹ sollte von daher auch der Bildungsbegriff aufgegeben werden (vgl. etwa Wilhelm 1959).

Die berechtigte Kritik am tradierten Bildungsbegriff ist jedoch fälschlicherweise auf die Humboldtsche Bildungstheorie übertragen worden. Diesen Fehler beging auch Th. Litt im Rahmen seiner kritischen Auseinandersetzung mit dem überlieferten Bildungsbegri ff. Er forderte jedoch nicht die Aufhebung des Bildungsbegriffes, sondern begründete die Notwendigkeit seiner Erneuerung für die moderne technologische Zivilisation. Litt selbst leistete zur Neubestimmung des Bildungsbegriffes in mehreren Schriften wichtige Vorarbeiten. Schon in der unmittelbaren Nachkriegszeit erarbeitete er eine bildungstheoretische Analyse des Zusammenhanges von Naturwissenschaft, Technik und Arbeitswelt. Er kam zu dem Ergebnis, daß die naturwissenschaftlichen Erkenntnisse und ihre Umsetzung in technische und arbeitsorganisatorische Verfahren durch ›Sachangemessenheit‹ und ›Alternativenlosigkeit‹ gekennzeichnet seien. Angesichts dieser Stringenz bestehe die Aufgabe des Menschen vor allem darin, den Zweck von Naturwissenschaft, Technik und Arbeit *verantwortungsvoll* zu bestimmen.

Eine verantwortliche Zwecksetzung sei aber nur dann möglich, wenn der Mensch sich durch ›Selbstvergewisserung‹ und ›Wachsamkeit‹ vor den negativen Auswirkungen der technologischen Zivilisation auf sein Verantwortungsbewußtsein schütze. Da, so Litt, »(...) Zwecke zu setzen nicht dem geschulten Sachverstande, sondern dem zur *Entscheidung* aufgerufenen Selbst obliegt, darum muß alles geschehen, damit das Selbst im Bewußtsein der ihm auferlegten Verantwortung befestigt werde, und alles unterbunden werden, was dies Bewußtsein zu schwächen geeignet ist« (Litt 1957, S. 26). Die Reflexion über die Möglichkeiten und Gefahren der technologischen Zivilisation und über die Verantwortung des Menschen sei ein wesentliches Element der Bildung. Dazu müsse die kompromißlose Trennung von ›Innerem‹ und ›Äußerem‹ des überlieferten Bildungsbegriffes aufgehoben werden. Bildung müsse vielmehr den Bezug zum Beruf (Litt 1960², S. 13, 22 f.) sowie die ›dialektische Einheit‹ des Strebens nach Selbstvollendung und der Sachgebundenheit (1959 a, S. 108 f.) systematisch berücksichtigen. Trotz ihres kritischen Ursprungs und wesentlicher, noch heute gültiger bildungstheoretischer Erkenntnisse ist Litts Bildungsverständnis in gesellschaftlich-organisatorischer Hinsicht affirmativ und in pädagogischer Hinsicht seltsam auf das Lernen des Individuums beschränkt. Denn im Vordergrund stehen die ›Einsicht in die Notwendigkeit‹ durch die Erkenntnis der Sachangemessenheit und Alternativenlosigkeit des gegenwärtigen und zukünftigen Zustandes sowie die Selbsterziehung zur Wachsamkeit vor einer ›Selbstverkehrung‹. Dieses affirmativsubjektivistische Bildungsverständnis wird am folgenden Argumentationszusammenhang besonders deutlich: »Es liegt nun einmal«, so postuliert Litt, »im unabänderlichen Wesen der Sachwelt, daß sie den Menschen dahin bringt, ein Arbeitsgefüge zu konstituieren, vor dessen Anforderungen der Mensch *als* Mensch mehr und mehr zu kapitulieren in Versuchung kommt. Was anders soll ihn davor bewahren, dergestalt auf sich selbst Verzicht zu leisten, als die *Einsicht* in die Verwicklungen des fortgeschrittenen Lebens, die einer unaufhörlichen Bedrohung seines Menschseins gleichkommen! Die Selbstbesinnung ist das notwendige Korrektiv der Sachverlorenheit (. . .). Und diese Selbstbesinnung wird fortschreitend in eben dem Maße zur Lebensnotwendigkeit, wie die rationalistische Versteifung seiner Lebensverfassung ihn in Gefahr bringt, sein Menschtum in dem Mechanismus eines ihn für sich einspannenden Arbeitsgetriebes untergehen zu lassen.

Denn nur wenn der Mensch *weiß*, warum, in welcher Hinsicht die ihn umschließende Arbeitsordnung ihn in Versuchung bringt, über aller Sachhingabe seiner selbst zu vergessen, nur dann kann er sich selbst zu der Wachsamkeit erziehen, deren es bedarf, damit er nicht unversehens von den sein Menschtum bedrohenden Mächten des Zeitalters in sich selbst betrogen wird – die ihn fähig macht, im Dienste an der ihm anvertrauten Sache sein Bestes zu tun und doch mehr zu sein und zu bleiben als ein bloßer ›Sach-walter‹« (Litt 1957, S. 23 f.; vgl. auch 1956, S. 15 f.). Diese auf Einsicht beruhende Selbsterziehung sei, so Litt, ein konstitutives Merkmal von Bildung in der Moderne. Trotz der damit verbundenen hohen geistig-sittlichen Anforderungen stellt Litt das lernende Individuum ins Zentrum seiner Bildungstheorie. Das für die ›politische Selbsterziehung des deutschen Volkes‹ zur Demokratie entwickelte Modell einer ›Selbsterziehung in der Gemeinschaft‹ (Litt 1953/1967[8]) hat er nicht für den allgemeinen Bildungsbegriff in der technologischen Zivilisation aufbereitet.

Die folgenden, aus den Frühschriften Humboldts herausgearbeiteten Grundsätze sollen verdeutlichen, daß Litt nicht Humboldts Bildungstheorie, sondern ihre wirkungsgeschichtlich deformierte Version kritisiert hat (vgl. dazu auch Menze 1980; Benner 1990, 25 ff.). In seiner Bildungstheorie bleibt er unter dem Niveau der Humboldtschen Bildungstheorie – mit gewaltigen qualitativen Einbußen auch für die Theorie des Organisationslernens.

2. Grundsätze der Humboldtschen Bildungstheorie

In seinen Frühschriften entwickelt Humboldt die bildungstheoretischen Maximen im Zuge seiner Auseinandersetzung mit der Französischen Revolution, mit der absolutistisch-bürokratischen Staatsmaschinerie und mit der Aufklärungspädagogik. Diese drei Bezugspunkte zeichnen sich durch eine Gemeinsamkeit aus: Sie verdinglichen das Individuum für Zwecke, die aus einer vermeintlich allgemeinen Vernunft abgeleitet sind. Die für den Sachzusammenhang dieser Untersuchung relevanten bildungstheoretischen Maximen Humboldts sollen im folgenden zu Grundsätzen verdichtet werden.

2.1 Der Mensch ist ein unbestimmtes und unbestimmbares Wesen – Von daher ist Bildung immer Selbstzweck

Die anthropologische Basisaussage von der Unbestimmtheit des Menschen stellt das leitende Prinzip der Humboldtschen Bildungstheorie dar (vgl. Benner 1990, S. 52 ff.). Weder Institutionen wie Politik, Religion und Erziehung noch Organisationen wie Staat, Militär, Kirche und Schule dürften den Zweck des Individuums determinieren. Die Zweckbestimmung sei vielmehr als Bildungsaufgabe an das Individuum selbst verwiesen. Bildung sei von daher Selbstzweck. Eine abschließende Selbstbestimmung ist jedoch selbst dem Individuum nicht möglich. Diese im Hermeneutik-Streit zwischen H. G. Gadamer und J. Habermas (vgl. Apel 1971; Hartmann/Jourdan 1987, S. 62 ff.) herausgearbeitete Erkenntnis beschreibt Humboldt mit folgenden Sätzen: »Wie tief man eindringen, wie nah man zur Wahrheit gelangen möchte, so bleibt immer doch Eine unbekannte Grösse zurück: die primitive Kraft, das ursprüngliche Ich, die mit dem Leben zugleich gegebene Persönlichkeit. Auf ihr beruht die Freiheit des Menschen, und sie ist daher sein eigentlicher Charakter« (von Humboldt, Gesammelte Schriften Bd. II, S. 90). Insofern bedeutet Bildung, mit den Worten H. G. Gadamers gesprochen, «(...) nie im Sichwissen aufgehen« (Gadamer 1975, 285; vgl. auch Treml 1993).

2.2 Bildung steht für den Zusammenhang von Selbstbildung und Gemeinwohlorientierung, von Verstandes- und Charakterbildung, von Theorie und Praxis

Humboldts Selbstbildungskonzept fordert nicht den egozentrischen Individualisten, sondern den sich mit seiner Mitwelt reflexiv und produktiv auseinandersetzenden Menschen, der seine Persönlichkeit auf den höchstmöglichen Entwicklungsstand führt, den ihm bestmöglichen Beitrag für das Gemeinwohl leistet und dadurch seine Mitmenschen zur Bildung anregt. In seiner »Ideenschrift« beschreibt Humboldt dieses Ideal mit folgenden Worten: »Wer nun seine Kräfte unaufhörlich zu erhöhen, und durch häufigen Genuss zu verjüngen sucht, wer die Stärke seines Charakters oft braucht, seine Unabhängigkeit von der Sinnlichkeit zu behaupten, wer so diese Unabhängigkeit mit der höchsten Reizbarkeit zu vereinen bemüht ist, wessen gerader und tiefer Sinn der Wahrheit unermüdet nachforscht, wessen richtiges und feines Schönheitsgefühl keine reizende Gestalt unbe-

merkt lässt, wessen Drang, das ausser sich Empfundene in sich aufzunehmen und das in sich Aufgenommene zu neuen Geburten zu befruchten,
jede Schönheit in seine Individualität zu verwandeln, und, mit jeder sein
ganzes Wesen gattend, neue Schönheit zu erzeugen strebt, der kann das
befriedigende Bewusstsein nähren, auf dem richtigen Wege zu sein, dem
Ideale sich zu nahen, das selbst die kühnste Phantasie der Menschheit vorzuzeichnen wagt« (von Humboldt, 1792/1969², S. 140 f.). Ein solcher Weg
des Individuums sei gleichzeitig der beste individuelle Beitrag zum
Gemeinwohl. Dies sei zwar kein allgemeingültiger Grundsatz, gelte aber
für den aktuellen weltgesellschaftlichen Entwicklungsstand. Humboldt
geht davon aus, daß «(...) das Menschengeschlecht jezt auf einer Stufe
der Kultur (sei), von welcher es sich nur durch Ausbildung der Individuen
(im Sinne der höchsten und proportionierlichsten Bildung der Kräfte des
Individuums zu einem Ganzen; U.H.) höher emporschwingen kann; und
daher sind alle Einrichtungen, welche diese Ausbildung hindern, und die
Menschen mehr in Massen zusammendrängen, jezt schädlicher als ehmals«
(von Humboldt, 1792/1969², S. 105). Von daher sei die Selbstbildung des
Individuums auch für wirtschaftliche und militärische Organisationen, für
die Künste und die Wissenschaften sowie für den zwischenmenschlichen
Umgang förderlich (von Humboldt, 1792/1969², S. 108, 129).
Bildung bedeutet bei Humboldt nicht nur Verstandes-, sondern auch Charakterbildung. In gesellschaftlich-organisatorischer Hinsicht geht es nicht
nur um Effektivität und Rationalität, sondern auch um Demokratisierung,
um Freiheit und Frieden. Am Beispiel des ›Staatsbürgers in Uniform‹ stellt
er die Verbindung zwischen dem soldatischen Denken und Handeln einerseits und dem ›höchsten Freiheitsgefühl‹ und den ›schönsten friedlichen
Tugenden‹ andererseits dar. Nur eine ethische Bildung könne ein Fort-
schreiten der Menschheit über den Zustand des Friedens hinaus in Richtung ›Friedlichkeit‹ gewährleisten (von Humboldt, 1792/1969², S. 100 ff.).
Gleichzeitig wird am Beispiel des Bürgersoldaten deutlich, daß der gebildete Mensch ein aktiv handelnder ist. Dieser erscheint, so Humboldt,
»(...) in seiner höchsten Schönheit, wenn er ins praktische Leben tritt,
wenn er, was er in sich aufgenommen hat, zu neuen Schöpfungen in und
ausser sich fruchtbar macht« (von Humboldt, 1792/1969², S. 139). Dazu
gehört neben dem Erhalten auch das Verbessern. Die reformerische Tätigkeit dient zunächst der Sicherstellung der weiteren Selbstbildung, zielt
damit aber auch auf den gesellschaftlich- organisatorischen Fortschritt.
Denn, so Humboldt, es sei »(...) unläugbar, dass gerade daraus sehr heil-
same Folgen entspringen, dass der Mensch in der Gestalt, welche ihm seine
Lage und die Umstände gegeben haben, im Staate selbstthätig wird, und
nun durch den Streit – wenn ich so sagen darf – der ihm vom Staat angewie-
senen Lage, und der von ihm selbst gewählten, zum Theil er anders geformt
wird, zum Theil die Verfassung des Staats selbst Aenderungen erleidet«
(von Humboldt, 1792/1969², S. 105 f.). Selbstbildung und Gemeinwohl,

Selbstorganisation und Organisation, Verstand und Tugenden, Theorie und Praxis stehen damit in einem Wechselwirkungsverhältnis.

2.3 Es besteht eine Dialektik zwischen Freiheit und Bildung

In seiner Auseinandersetzung mit der Französischen Revolution prognostiziert Humboldt das Scheitern der französischen Nationalversammlung aufgrund ihrer Absicht, «(. . .) eine völlig neue Staatsverfassung (zu) gründen (. . .) (und) dieselbe in allen ihren einzelnen Theilen nach der reinen, wenn gleich der individuellen Lage Frankreichs angepassten Grundsäzen der Vernunft (zu) bilden« (von Humboldt 1791/1969[2], S. 35). Die historische Vernunft des immer ›alten‹ Menschen sei geistig-sittlich nicht in der Lage, das ›verknüpfende Band‹ zwischen der traditionellen und der radikalen ›neuen‹, nach allgemeinen Vernunftgrundsätzen konstituierten Staats- und Gesellschaftsordnung herzustellen. Weder Revolutionen von unten noch Revolutionen von oben könnten einen höheren Grad verantworteter Freiheit bewirken, wenn die Kräfte des Individuums überfordert würden. Diese Einsicht mündet in den bildungstheoretischen Grundsatz, daß «(. . .) die Möglichkeit eines höheren Grades an Freiheit immer einen gleich hohen Grad der Bildung (erfordert) (. . .)« (von Humboldt 1792/1969[2], S. 58; vgl. dazu auch Hansmann 1989, S. 191 ff.).
Die Unbestimmbarkeit des Menschen und die Selbstzweckhaftigkeit der Bildung verbieten, so Humboldt, ein *direktes* Eingreifen des Staates (bzw. anderer Organisationen) in den Bildungsgang erwachsener Menschen. Die Wirksamkeit des Staates müsse auf die Gewährung der äußeren und inneren Sicherheit begrenzt werden. »Diese Einsicht aber«, so resümiert Humboldt, »muss überhaupt jedem denkenden Menschen, und vorzüglich demjenigen, der auf andre, vielleicht auf ganze Nationen wirken will, unendlich wichtig sein. Denn wenn sie sich auch nicht anmaassen darf, ihnen die Mittel genau anzuzeigen, welche ihnen die Erreichung ihrer Absichten sichern; so wird sie sie doch hindern, nach dem Unmöglichen zu haschen, ihnen Ehrfurcht für dasjenige einflössen, was sie zum Gegenstande ihrer Thätigkeit machten, und sie vielleicht gar veranlassen, die Zügel aus den Händen zu legen, und selbstthätige Kräfte der Freiheit zu übergeben, die allein ihrer würdig ist« (von Humboldt 1792/1969[2], S. 54 f.). In der Begrenzung der Wirksamkeit des Staates (und anderer Organisationen) und der Gewährung von Handlungsfreiräumen zeigt sich die zweite Dimension der Dialektik von Freiheit und Bildung: Freiheit ist «(. . .) die erste, und unerlassliche Bedingung (. . .)« (von Humboldt 1792/1969[2], S. 64) von Bildung.
Eine eng mit der Freiheit verbundene Voraussetzung für Bildung sei die »Mannigfaltigkeit der Situationen« (von Humboldt 1792/1969[2], S. 64; vgl. auch die Tagebucheintragung vom 9. 12. 1788 in seinen Gesammelten Schriften, Bd. XIV, S. 69). Humboldt bindet die Möglichkeit von Bildung

nicht an die Abgeschiedenheit eines Klosters, sondern an die Erfahrung und Reflexion des Nicht-Identischen in Staat, Gesellschaft und Natur. Ein Leben in der Einsamkeit und Eintönigkeit der Wüste bietet von daher keine guten Voraussetzungen für die Bildung des Menschen. Die Erfahrung des Nicht-Identischen ist z. B. durch die Begegnung mit Menschen des anderen Geschlechts oder anderer Kulturen, durch das Erleben der Natur oder auch durch die Teilnahme an einem militärischen Einsatz möglich. Von daher sollten die äußeren Rahmenbedingungen des Lebens so gestaltet werden, daß ein freier gesellschaftlicher Umgang ohne Standesgrenzen möglich ist, jeder Bürger zum Wehrdienst einberufen und die Natur in ihrer Vielfalt geschützt wird. Die Mannigfaltigkeit des Nicht-Identischen soll erhalten und sogar bewußt und planmäßig gesteigert werden. Von daher ist *vor* politischen und technischen Eingriffen in die Mit- und Umwelt stets nach den möglichen Auswirkungen auf die Bildung des Menschen zu fragen. Entscheidungen sollten nach der Maxime gefällt werden, »(. . .) dass die wahre Vernunft dem Menschen keinen andren Zustand, als cincn solchen wünschen kann, in welchem nicht nur jeder Einzelne der ungebundensten Freiheit geniesst, sich aus sich selbst, in seiner Eigenthümlichkeit, zu entwickeln, sondern in welchem auch die physische Natur keine andre Gestalt von Menschenhänden empfängt, als ihr jeder Einzelne, nach dem Maasse seines Bedürfnisses und seiner Neigung, nur beschränkt durch die Gränzen seiner Kraft und seines Rechts, selbst und willkührlich giebt« (von Humboldt 1792/1969[2], S. 69).

2.4 Der Umgang unter erwachsenen Menschen soll die Selbstzweckhaftigkeit und von daher auch die Selbstverantwortung für die Persönlichkeitsentwicklung zum Ausdruck bringen

Unter erwachsenen Menschen sind pädagogische Herrschaftsverhältnisse wie z. B. der erzieherische Bezug, der auf einer geistig-sittlichen Differenz zwischen einem erwachsenen und einem heranwachsenden Menschen beruht, nicht legitimiert (von Humboldt 1792/1969[2], S. 200 ff.). Humboldt stellt dazu folgendes Postulat auf: »Der bildende Nutzen solcher Verbindungen (zwischen Erwachsenen, U.H.) beruht immer auf dem Grade, in welchem sich die Selbstständigkeit der Verbundenen zugleich mit der Innigkeit der Verbindung erhält« (von Humboldt 1792/1969[2], S. 65). Dieses Postulat gelte auch für pädagogisch motivierte Verbindungen wie etwa in einem Tugendbund. In einem Brief an Henriette Herz vom 11. 11. 1788 weist er dem Tugendbund folgende pädagogische Aufgaben zu: »Weil der Zweck der Loge Beglückung durch Liebe ist, und der Grad des Glücks wahrer Liebe immer im genauesten Verhältnis mit dem Grade der moralischen Vollkommenheit der Liebenden steht; so ist moralische Bildung das, wonach jeder Verbündete am eifrigsten strebt« (wiederzitiert nach Sauter 1989, S. 43). Humboldt wendet sich jedoch gegen den Versuch, die moralische Bildung des Individuums »(...) mit einem Regelsystem abzusichern, was einem Aufpressen vorgegebener Richtlinien auf den Bildungsgang des einzelnen gleichkommt(...)« (Sauter 1989, S. 43). In einem Brief an Karoline von Beulwitz vom 20. 3. 1789 betont er die Selbstzweckhaftigkeit der Bildung, die die Menschen auch während der ›Selbsterziehung in der Gesellschaft‹ garantieren müßten. Die Verbündeten, so Humboldt, werden »(...) kein bestimmtes Ideal eines charakters vor augen haben, dem sie in jedem hervorbringen müsste (...) – sondern Sie werden der richtung folgen, welche die natur dem bestimmten subiecte einmal gegeben hat (...). Sie werden auch nie durch andere wirken wollen, als durch aufklaerung des Verstandes, durch rath, durch beispiel« (wiederzitiert nach Sauter 1989, S. 176; vgl. auch Humboldts Brief an Foerster vom 8. 2. 1790. In: Freese 1986, S. 87). Im Hinblick auf das Erwachsenenlernen in einer Gemeinschaft stellt Humboldt klar, daß jegliche Form einer direkten erzieherischen Gegenwirkung, wie z. B. die Ermahnung, nicht legitimiert sei. Die Selbstzweckhaftigkeit der Bildung verbietet etwa die erweiterte Praxis einer ›kollektiven Selbsterziehung‹ im Sinne Fr. Schneiders. Dabei »(...) handelt es sich um eine Art gemeinschaftlichen Bemühens einer Gruppe von Menschen um Besser- und Reiferwerden. Selbsterziehung ist es, insofern jedes Individuum einen Vorsatz faßt, etwa eine Unart oder einen Fehler abzulegen, eine gute Eigenschaft oder Handlungsweise zu erwerben. Selbsterziehung liegt auch insoweit vor, als die Beaufsichtigung durch die andren Glieder der Gruppe und Bestrafung (evtl. Geldbuße) als Mittel zur Durchführung des Vorsatzes von jedem einzelnen in den Plan der kollektiven Selbsterziehung mit aufgenommen wird« (Schneider 1955, S. 273). Die Selbstzweckhaftigkeit der Bildung schließt die Erteilung eines Rates, das bewußte Setzen eines Beispieles oder das Appellieren an einen Mitmenschen nicht aus, da diese Kommunikationsformen Alternativen offenlassen und von daher die Entscheidungsfreiheit und Selbstverantwortung des Adressaten nicht aufheben (von Humboldt 1792/1969[2], S. 193, 83, 88 f.; zum Unterschied zwischen Rat, Appell und Ermahnung vgl. Bollnow 1984). Der Erwachsene ist sogar dafür verantwortlich, einen Rat oder einen Appell zu erteilen bzw. ein Beispiel zu geben, wenn er dazu die Kraft hat; andererseits ist der Adressat dazu verpflichtet, «(...) den Reichtum des anderen sich eigen (zu) machen« (von Humboldt 1792/1969[2], S. 64 f.). Der Bildungskreislauf ist damit aber nicht beendet; das Individuum ist vielmehr aufgefordert, »(...) das Empfangene in sich zu bilden, und gebildet zurükzugeben (...)« (von Humboldt 1792/1969[2], S. 79). Inhalte und Verfahren dieser Aneignung, dieser (Nach-)Bildung nach einem Vorbilde, müßten jedoch vom Individuum selbst bestimmt werden. Zur Spezifizierung dieses bildungstheoretisch begründeten zwischenmenschlichen Umganges greift Humboldt auf die Unterscheidung zwischen ›leiten‹ und ›lenken‹ zurück: »Was man irgend mit Menschen im Leben vornehmen mag, so besteht es immer entweder darin, sie für sich und aus innerer freier

Kraft zu höherer Vollkommenheit zu leiten, oder sie, mit oder ohne Rücksicht hierauf, zu einer bestimmten Meinung oder Handlung zu lenken, ein Verfahren, das, da es allemal mit physischem oder moralischem Zwange verbunden ist, immer den Namen der Beherrschung verdient« (von Humboldt, Gesammelte Schriften, Bd. II, S. 47 f.).

2.5 Bildung schließt Führung und Ausbildung in Organisationen nicht aus, stellt aber bestimmte Ansprüche daran

Bildung schließt eine lenkende Einwirkung auf den Menschen in seiner Rolle als Mitglied einer Organisation nicht aus, fordert aber ihre Legitimation. So dürften die Führungskräfte lenkend auf die unterstellten Organisationsmitglieder wirken, um legitimierte Organisationszwecke zu erreichen. Humboldt fordert den Menschen auf, die Sinnhaftigkeit und Funktionalität dieser Herrschaft zu erkennen und zu akzeptieren, den Herrschaftsanspruch aber abzulehnen und sich zu emanzipieren, wenn der Zweck erreicht ist. Die Dialektik von Freiheit und Unfreiheit, von Widerstand und Anpassung, von Bildung und Führung erläutert Humboldt mit folgenden Sätzen: »Der Mensch vermag ausser sich zu wirken, und sich in sich zu bilden. Bei dem Ersteren kommt es bloss auf Kraft, und zwekmässige Richtung derselben an; bei dem Lezteren auf Selbstthätigkeit. Daher ist zu diesem Freiheit, zu jenem, da mehrere Kräfte nie besser gerichtet werden, als wenn Ein Wille sie lenkt, Unterwürfigkeit nothwendig. Dieses Gefühl unterwarf die Menschen der Herrschaft, sobald sie wirken wollten; aber das höhere Gefühl ihrer innren Würde erwachte, wenn dieser Zwek nun erreicht war. Ohne diese Betrachtung würde es auch nie begreiflich sein, wie derselbe Römer in der Stadt dem Senat Geseze vorschrieb, und im Lager seinen Rükken willig den Streichen der Centurionen darbot« (von Humboldt 1791/1969[2], S. 38). Der Gehorsam gegenüber den Führungskräften folgt demnach aus der selbsteinsichtigen Legitimation der Zwecke und der zu ihrer Umsetzung notwendigen Führung.

In legitimierten Organisationen ist die Zweckerfüllung und von daher auch die darauf zielende Führung und Ausbildung mit dem Primat versehen. In der Führung und Ausbildung sind die Ansprüche, die die Bildung an den Umgang unter Erwachsenen stellt, jedoch weitestmöglich zu erfüllen. Bildung ist auf ›Freiheit‹ und ›Mannigfaltigkeit der Situationen‹ angewiesen; da aber das Individuum insbesondere in hierarchisch strukturierten Organisationen nicht über die Macht verfügt, die äußeren Rahmenbedingungen dementsprechend zu verändern, folgt daraus ein Anspruch an die mit Macht ausgestatteten Führungskräfte: durch die Gewährung von Freiräumen und die Einrichtung von variablen Situationen so zu führen, daß die Zwecke erfüllt und dabei den Bildungsvoraussetzungen des Individuums systematisch und weitestmöglich Rechnung getragen wird.

Von den Führungskräften ist dazu die Fähigkeit und Bereitschaft zur Feststellung des Bildungsniveaus und zur Einschätzung des Bildungspotentials der unterstellten Mitarbeiter gefordert. Dabei verdient die Gruppe der neu in die Organisation eintretenden Mitglieder besondere Beachtung. Humboldt geht davon aus, daß die aus der Erziehung bzw. allgemeinen Menschenbildung entlassenen jungen Menschen, die sich selbstbestimmt für einen Beruf entschieden haben, mit der Fähigkeit und Bereitschaft zum Erhalten und Verbessern (im Sinne Schleiermachers, vgl. Schleiermacher 1826/1983, S. 31) in die Organisation eintreten. Damit der »(. . .) so gebildete Mensch (. . .) dann in den Staat (oder in andere Organisationen, U.H.) treten, und die Verfassung des Staates (oder anderer Organisationen, U.H.) sich gleichsam an ihm prüfen« könne und «(. . .) bei einem solchen Kampfe (. . .) wahre Verbesserung der Verfassung durch die Nation (oder andere soziale Gruppen) (. . .)« (von Humboldt, 1792/1969², S. 106) erreicht werde, ist von der Führungskraft eine Antizipation des Bildungsfortschritts und der von daher einzuräumenden Handlungsfreiräume zu leisten sowie ihre ständige Überprüfung vorzunehmen. Dies kann im Idealfall bedeuten, daß der Vorgesetzte das Handeln der Selbstorganisation der Mitarbeiter überläßt. Wiederum am Beispiel des Staates stellt Humboldt diesen Idealfall wie folgt dar: »Die einzige Art beinah, auf welche der Staat die Bürger belehren kann, besteht darin, dass er das, was er für das Beste erklärt, gleichsam das Resultat seiner Untersuchungen, aufstellt, und entweder direkt durch ein Gesez, oder indirekt durch irgend eine, die Bürger bindende Einrichtung anbefiehlt, oder durch sein Ansehn und ausgesezte Belohnungen, oder andre Ermunterungsmittel dazu anreizt, oder endlich, es bloss durch Gründe empfiehlt; aber welche Methode er von allen diesen befolgen mag, so entfernt er sich immer sehr weit von dem besten Wege des Lehrens. Denn dieser besteht unstreitig darin, gleichsam alle möglichen Auflösungen des Problems vorzulegen, um den Menschen nur vorzubereiten, die schiklichste selbst zu wählen, oder noch besser, diese Auflösung selbst nur aus der gehörigen Darstellung aller Hindernisse zu *erfinden.* Diese Lehrmethode kann der Staat bei erwachsenen Bürgern nur auf eine negative Weise, durch Freiheit, die zugleich Hindernisse entstehen lässt, und zu ihrer Hinwegräumung Stärke und Geschiklichkeit giebt, auf eine positive Weise aber nur bei den erst sich bildenden (den Heranwachsenden, U. H.) durch eine wirkliche Nationalerziehung befolgen.« (von Humboldt 1792/1969², S. 73 f.). Am Beispiel der preußischen Armee zeigt Humboldt, daß in der Realität viele Abweichungen von dieser Maxime festzustellen sind. Aufgrund der Funktionalisierung und Objektivierung des Individuums in der Militärmaschinerie sei die preußische Armee »(. . .) weit von dem Ideale (. . .), das für die Bildung des Menschen das nützlichste wäre« (von Humboldt 1792/1969², S. 100), entfernt.

Auf der Grundlage dieser bildungstheoretischen Grundsätze soll im folgenden auf das Organisationslernen bei Humboldt eingegangen werden.

3. Die bildungstheoretische Begründung des Organisationslernens

Systematischer Kern der Humboldtschen Bildungstheorie ist die Selbstbildung und Selbstverantwortlichkeit des Individuums. In der gesellschaftlich- organisatorischen Praxis bezweckt sie die Demokratisierung menschlicher Handlungsbereiche und die Steigerung der Rationalität von Entscheidungen. Th. Litts Kritik am tradierten Bildungsverständnis findet am Humboldtschen Bildungsbegriff keine Anschlußstellen. Im Gegensatz zu Litt resigniert Humboldt nicht vor positivistisch begründeten gesellschaftlichen und organisationalen Strukturen, sondern fordert ihre Gestaltung nach der Maßgabe der Bildung der Menschen. Litt hatte diesen kritischen Bezug zur gesellschaftlichen Realität bei Humboldt nicht erkannt. Die technologische Zivilisation steckte damals zwar noch in den Kinderschuhen; die strukturähnliche, bürokratische Staatsmaschinerie des Spätabsolutismus befand sich jedoch auf dem höchsten Entwicklungsstand. Das Modell des ›Staates als Maschine‹ (vgl. Stollberg-Rilinger 1986) war insbesondere in der nach der Ideologie des ›militärischen Positivismus‹ konstruierten preußischen Armee perfektioniert. Die militärische Führung und Ausbildung zielte auf die höchstmögliche Objektivierung und Funktionalisierung des Soldaten (vgl. dazu die sozialgeschichtliche Quellen hinzuziehende Darstellung in Hartmann 1994 und St. Schröder 1993). Humboldts Theorie des Organisationslernens beruht also auf der bildungstheoretischen Kritik am absolutistischen Staat und an der friderizianischen Armee.

Im Hinblick auf die Konstituierung des ›kollektiven Subjektes‹ in Form der ›Bildung bzw. Selbsterziehung in der Gemeinschaft‹ sind Humboldts Ausführungen systematischer als die des Kulturpädagogen Litt. Dieser hat die ›Selbsterziehung in der Gemeinschaft‹ auf die politische Bildung im Nachkriegsdeutschland beschränkt. Die traditionelle politische Erziehung im Sinne eines erzieherischen Bezuges zwischen einem Erwachsenen und einem Heranwachsenden sei weder möglich noch legitim, da auch die Erwachsenen im Hinblick auf das staatsbürgerliche Bewußtsein in der Demokratie ›zu Erziehende‹ seien. Er bezeichnet diese Aufgabe jedoch als »pädagogische Sondersituation« (Litt 1953/1967[8], S. 42) und sieht von daher nicht die systematische Bedeutung der ›Selbsterziehung in der Gemeinschaft‹ in Reformphasen schlechthin.

Humboldt dagegen hat erkannt, daß in modernen Gesellschaften mit Organisationen, die sich aufgrund der Dialektik von Bildung und Freiheit kontinuierlich selbsterneuern, ein hoher Bedarf an Selbsterziehungsgemeinschaften unter Erwachsenen besteht. In einer Gesellschaft mit ›permanenten Reformen‹ ist das vereinzelte Subjekt mit der Aufgabe, sein Personsein zu bewahren und die ihm mögliche Verantwortung für das Allgemeinwohl wahrzunehmen, oftmals überfordert. Der erwachsene Mensch benötigt nicht nur kommunikative Impulse durch die Mitmenschen, sondern

1. die Teilhabe an Gemeinschaften, in denen durch die Kommunikation über die relevanten Probleme ein ›kommunikatives Mehr‹ (vgl. Schaller 1978) erzielt wird (›Selbsterziehung in der Gemeinschaft‹) und
2. die Gewährung von systematisch gestalteten Handlungsfreiräumen zur reflektierten Einübung von Verantwortung (indirekte Erziehung und Bildung).

3.1 ›Selbsterziehung in der Gemeinschaft‹ und Organisationslernen

Die Möglichkeiten der ›Selbsterziehung in der Gemeinschaft‹ werden von Humboldt nicht überschätzt. Diesen Fehler begeht etwa K. Schaller in seiner ›Pädagogik der Kommunikation‹ (Schaller 1978). Schaller geht nun selbst davon aus, daß in der traditionellen Pädagogik wie etwa bei Litt die Möglichkeiten des Subjektes nicht realistisch gesehen worden sind. Er bindet die Entwicklung des ›Selbst‹ an die Teilnahme des Menschen »(. . .) am kommunikativen Prozeß fortgesetzter Aufklärung über die ›Lage der Dinge‹, in dem stets Neues ans Licht gebracht und ins Werk gesetzt wird« (Schaller 1978, S. 104; im Original fett). Dieses kommunikativ-emanzipatorische Verständnis des Selbst könne, so Schaller, einen Beitrag dazu leisten, den Hiatus zwischen Wissen und Handeln zu überwinden. Er geht davon aus, daß das Individuum, das an der symmetrisch-rationalen Kommunikation über die ›Lage der Dinge‹ teilgenommen hat, nach Maßgabe des dabei erzielten ›Ver-Handlungsergebnisses‹ handeln wird, um sein Selbstsein nicht zu verlieren. Damit verfängt sich Schaller jedoch in seiner eigenen Subjektkritik. Das Individuum mag sich zwar während und nach der Teilnahme an der symmetrischen Kommunikation innerlich an das ›Ver- Handlungsergebnis‹ gebunden fühlen. Ob es indessen tatsächlich so handeln wird, ist von vielfältigen Faktoren abhängig. In der Regel muß sich ein Selbsterziehungsprozeß an die symmetrische Kommunikation anschließen, in dem das Individuum sich bewußt und planmäßig erzieht, ohne sich selbst vollständig reflexiv und proflexiv erfassen zu können und ohne vor irrationalen Motiven geschützt zu sein. Dabei ist auch die Möglichkeit zu bedenken, daß das Individuum an einem Diskurs zur Wahrheitsfindung teilnehmen möchte, ohne die Bereitschaft zu einem wahrhaftigen Handeln mitzubringen. Von daher *kann* die Selbsterziehung während der symmetrischen Kommunikation beginnen; sie ist damit in der Regel noch nicht abgeschlossen. So verbleibt Schallers Konzept der Selbstverwirklichung durch symmetrische Kommunikation im *Vorhof* der Selbsterziehung.

Im Gegensatz dazu hat Humboldt diesen Zusammenhang zwischen dem in einer Gemeinschaft erzielten ›kommunikativen Mehr‹ und der Selbsterziehung des Subjektes als ›harte Arbeit an sich selbst‹ erkannt. Er beschränkt die Kommunikation auch nicht auf symmetrische Kommunikationsformen; gerade der Appell, der Rat und das Beispiel könnten zur Bildung bzw.

Selbsterziehung anregen, ohne die Selbstverantwortlichkeit des Erwachsenen für seine Persönlichkeitsentwicklung in Frage zu stellen.

In bezug auf das Organisationslernen kann diese Gedankenführung folgendermaßen zusammengefaßt werden:

- Die Initiation und pädagogische Praxis von Selbsterziehungsgemeinschaften führt zur Konstituierung eines ›lernenden Kollektiv*subjektes*‹.
- Die Teilnahme an Selbsterziehungsgemeinschaften beruht auf der Einsicht, daß das Subjekt in Gesellschaften und Organisationen, die sich permanent wandeln, auf Selbstbildung angewiesen, dazu aber auf Mitmenschen verwiesen ist, um das Personsein zu bewahren und den ihm möglichen Beitrag für das Gemeinwohl zu leisten.
- Im Mittelpunkt der Selbsterziehungsgemeinschaften steht nicht die Wissensvermittlung zur Durchführung funktionaler Aufgaben, sondern die Veränderung der Wahrnehmungs-, Deutungs-, Planungs- und Handlungsmuster. In die Sprache der Theorie des Organisationslernens übersetzt, geht es also nicht so sehr um ein ›partikularistisches Lernen‹ des Individuums, sondern um sein ›Identitätslernen‹ und «(. . .) das kollektive Lernen intersubjektiver Regeln, die den Rahmen bilden für die Entfaltung der Aktivitäten der Einzelsubjekte und für das, was zwischen ihnen thematisierungsfähig ist« (Geißler 1994, S. 230). Angesichts des Verhaftetseins des Menschen in Traditionen geht es um das Stellen und Beantworten von ›nicht-trivialen Fragen‹ wie z. B.: »Wie lernen wir zu verstehen, wie wir die Umsetzung von Veränderungen, die wir als notwendig erachten, verhindern – und in weiten Teilen noch nicht einmal merken‹, daß wir uns entgegen unseren eigenen Intentionen verhalten?« (Reinhardt 1993, S. 28). Das in der Selbsterziehungsgemeinschaft erreichte kommunikative Mehr kann so zur Steigerung der Handlungsrationalität (in) der Organisation führen.
- Die Selbsterziehungsgemeinschaften bilden die Keimzelle für das Steuerungspotential der Organisation im Umgang mit sich selbst, ohne jedoch das Individuum von der Aufgabe zu entbinden, die Selbsterziehung als ›harte Arbeit an sich selbst‹ selbsttätig durchzuführen. Direkte und personale Unterstützungsleistungen müssen jederzeit die Selbstverantwortlichkeit des Individuums anerkennen und sind von daher auf den Rat, den Appell und das Beispiel zu beschränken. Die Anerkennung der Selbstverantwortlichkeit für die Persönlichkeitsentwicklung ist die grundlegende Kommunikationsregel unter Erwachsenen, die auch für die weitere »(. . .) Entwicklung der eine Organisation konstituierenden sozialen Beziehungen, Regel und Normen (. . .)« (Geißler 1994, S. 241) gilt. In der Selbsterziehungsgemeinschaft gibt es von daher auch keine vorherbestimmte Klassifikation in Lehrende und Lernende. Die Möglichkeit, einen Rat oder einen Appell zu geben und ein Beispiel vorzuleben, ist nicht an ein Vorgesetztenverhältnis oder sonstige Über- und Unterordnungsbeziehungen gebunden.

3.2 Indirekte Erziehung, Bildung und Organisationslernen

Die Konstituierung eines ›kollektiven Lernsubjektes‹ ergibt sich weiterhin aus der ›Anspruch-Verantwortung-Beziehung‹ zwischen dem Menschen, der für seine Selbstbildung auf die Bereitstellung adäquater Rahmenbedingungen angewiesen ist und demjenigen, der aufgrund seiner Machtbefugnisse die Möglichkeit dazu hat und von daher auf den Mitmenschen verwiesen ist. Humboldt thematisiert in diesem Zusammenhang insbesondere die mit bürokratischen Machtbefugnissen ausgestattete Führungskraft in Organisationen. Die Führungskraft ist primär verantwortlich für die Erfüllung der legitimierten Organisationszwecke. Darüber hinaus ist sie aber dafür verantwortlich, die Selbstbildung der Organisationsmitglieder weitestmöglich zu fördern – insbesondere durch die höchstmögliche Gewährung von Handlungsfreiräumen und mannigfaltigen Situationen. Aufgrund dieser ›Anspruch-Verantwortung-Beziehung‹ konstituieren der Vorgesetzte und seine Mitarbeiter ein ›lernendes Kollektivsubjekt‹. Der Vorgesetzte muß das Bildungsniveau und -potential der Mitarbeiter, insbesondere der Neuzugänge, beurteilen und gegebenenfalls die Freiräume und Situationen in der Organisation, aber auch sich selbst in seinem Führungs- und Ausbildungsverhalten, verändern. Die ›Anspruch-Verantwortung-Beziehung‹ verlangt von ihm, seine ›Vorurteile‹ kontinuierlich zu überprüfen und gegebenenfalls zu korrigieren. Der Mitarbeiter trägt die Verantwortung dafür, diese Angebote des Vorgesetzten zu erkennen, zu reflektieren und weitestmöglich für seine Persönlichkeitsentwicklung und damit für seinen Beitrag zum Gemeinwohl fruchtbar zu machen.

Die ›Anspruch-Veranwortung-Beziehung‹ muß *gemeinschaftlich* reflektiert werden, um die Möglichkeit zur Bildung voll zu nutzen und der bildungstheoretisch begründeten Maßgabe zunehmender Demokratisierung der Gesellschaft und ihrer Organisationen gerecht zu werden. Angesichts des ›Anspruches‹ der Mitarbeiter muß der Vorgesetzte seine Führungs- und Ausbildungsmaßnahmen vor seinen Mitarbeitern *verantworten,* während die Mitarbeiter ihr selbständiges Handeln vor dem Vorgesetzten *verantworten* sollen. Dabei müssen sowohl der Vorgesetzte als auch die Mitarbeiter ihre gemeinsame Verantwortung für die Erfüllung der Organisationszwecke beachten. In der Pädagogik wird der Prozeß der Gestaltung der äußeren Rahmenbedingungen nach der Maßgabe pädagogischer Ziele durch den ›Mächtigen‹ als ›indirekte Erziehung‹ bezeichnet (vgl. Hartmann 1994, S. 342 ff.). Dieser indirekten Erziehung hat Humboldt den Bildungsbegriff (im Sinne einer Selbstorganisation) als Orientierungs- und Beurteilungsfunktion vorangestellt. In dieser Funktion fordert die Bildung vom Vorgesetzten, die *gleichberechtigte* ›Ver-Handlung‹ über die Gestaltung der äußeren Rahmenbedingungen im ›lernenden Kollektivsubjekt‹ zu ermöglichen. An das ›Ver-Handlungsergebnis‹ wäre dann jeder Teilnehmer, auch der Vorgesetzte, gebunden.

In bezug auf das Organisationslernen kann diese Gedankenführung folgendermaßen zusammengefaßt werden:

- Die ›Anspruch-Verantwortung-Beziehung‹ zwischen Vorgesetzten und Mitarbeitern führt zur Konstituierung eines ›lernenden Kollektivsubjektes‹.
- Das Lernen beruht auf einer von der Führungskraft oder der Gemeinschaft reflektierten Antizipation des Bildungspotentials und einer daran anschließenden Gewährung ›wohlgeordneter Freiheit‹ (J.J. Rousseau 1987, S. 71) für die Selbstbildung – unter Beachtung der gemeinsamen Verantwortung für die Erfüllung der legitimierten Organisationszwecke.
- Das Lernen wird durch Rahmenbedingungen (an-)*geleitet,* wobei diese Rahmenbedingungen selbst Teil des Lernprozesses sind. Damit ist gemeint, daß die Organisationsstrukturen, die Arbeitsorganisation, die Anreizsysteme, letztlich auch die Zwecke der Organisation, nicht nur Bedingungen, sondern auch Gegenstand des kollektiven Lernens sind.
- Bildung als Leitmaxime für die indirekte Erziehung führt zur Demokratisierung der Organisation. Diese ist ja nicht nur ein Mittel zum Erreichen vorgegebener Zwecke, sondern stellt eine Kultur dar, in der es auch um die Verteilung von Macht geht. Bildung fordert die Reduzierung bürokratischer Macht (im Sinne M. Webers; vgl. Weber 1973, S. 151 ff.) bzw. die Erweiterung politischer Macht (im Sinne H. Arendts; vgl. Breier 1992) innerhalb der Organisation.

Humboldt hat damit ein bildungstheoretisch begründetes, d. h. ein vom Individuum und seiner Selbstbildung ausgehendes und auf das Gemeinwohl zielendes Modell des Organisationslernens vorgelegt, das auf die Bildung des Individuums, die Steigerung der Rationalität sowie die Demokratisierung der Gesellschaft und ihrer Organisationen gerichtet ist. Im Sinne einer ›permanenten Reform von oben‹ nimmt Humboldt die Vorgesetzten in eine besondere Verantwortung für die Ermöglichung von Bildungsprozessen – für das Individuum und für die Organisation.

4. Die preußische Heeresreform unter der Leitung Gerhard von Scharnhorsts als Beispiel für die Praxis des Organisationslernens

Nach der katastrophalen Niederlage der preußischen Armee in der Doppelschlacht bei Jena und Auerstedt am 14. 10. 1806 war eine Heeresreform unausweichlich. Der preußische König Friedrich Wilhelm III. ernannte den Generalmajor von Scharnhorst zum Leiter der Militär-Reorganisationskommission. Dieser war sich darüber im klaren, daß die Umgliederung der Truppenteile nach den Grundsätzen moderner Kriegsführung nicht ausreichen würde. Gefordert war vielmehr ein neuer ›soldatischer

Geist‹, der in der militärischen Führung, Organisation und Ausbildung, aber auch in den Beziehungen der Soldaten zu den Bürgern zum Ausdruck kommen sollte (vgl. Scharnhorst an Clausewitz vom 27. 11. 1807. In: Vaupel 1938/1968, S. 175). In der Rückschau, kurz vor seinem Tod, stellt Scharnhorst den Primat dieser Zielsetzung in einem Brief an seine Tochter vom 19. 3. 1813 heraus: »(. . .) ich habe mein vermehrtes Augenmerk auf die Belebung des Geistes gewandt, und durch die Heranziehung und Enthusiastimierung der jungen Männer meinen Zweck erhalten (. . .)« (In: Linnebach 1914, S. 462).

Die Heeresreform war in eine umfassende Staats- und Gesellschaftsreform eingebettet. Wilhelm von Humboldt wurde dabei die Aufgabe übertragen, das preußische Erziehungs- und Bildungswesen zu vereinheitlichen und auszubauen. Um Unstimmigkeiten mit der Reform des militärischen Erziehungs- und Bildungswesens zu verhindern, hatte der preußische König einerseits die Zuständigkeiten geregelt und andererseits die Zusammenarbeit von Scharnhorst und Humboldt angeordnet. Die Konzepte der beiden Reformer sind durch eine weitestgehende Übereinstimmung gekennzeichnet. Der Grund dafür liegt in gemeinsamen bildungstheoretischen Maximen, die sie unabhängig voneinander noch vor der Jahrhundertwende entwickelt hatten. Die Verwendung des Bildungsbegriffes als Orientierungs- und Beurteilungsmaßstab sollte darauf hinweisen, daß der Mensch und seine Selbstbildung im Mittelpunkt der Reformen steht. In Scharnhorsts militärischer Bildungstheorie kommt die damit verbundene Selbstbestimmung in der Forderung zum Ausdruck, der Offizier müsse »(. . .) in unbestimmten Vorfällen Maßregeln in sich selbst zu finden wissen (. . .)« (Scharnhorst 1872/1983, S. 4). Der Unterschied in der allgemeinen Bildungstheorie Humboldts und der militärischen Bildungstheorie Scharnhorsts besteht demnach nur im Ausgangspunkt. Während Humboldt von der Unbestimmtheit des Menschen ausgeht, rekurriert Scharnhorst auf die Ungewißheit des Soldaten in militärischen Entscheidungssituationen. Die unterschiedlichen Ausgangspunkte hat Clausewitz in seiner ›Theorie des Krieges‹ verklammert, indem er den Krieg als einen menschlich-gesellschaftlichen Akt definiert (von Clausewitz 1832/199119/20). Scharnhorsts Reformmaßnahmen sind mit der Humboldtschen Bildungstheorie und der darin integrierten Theorie des Organisationslernens kompatibel. In gesellschaftspolitischer Hinsicht durchbrach er die Abgeschlossenheit des größtenteils adligen Offizierskorps durch die Öffnung der Offizierlaufbahn für Bürgerliche; in organisatorischer Hinsicht schuf er durch die Einführung der Offizierswahl und des Vorschlagwesens die Freiräume zur Partizipation der Untergebenen; in pädagogischer Hinsicht wurde die militärische Ausbildung nun so gestaltet, daß der Soldat in unterschiedlichen Situationen die Lage selbständig beurteilen und selbsttätig handeln konnte. Die Dialektik von Freiheit und Bildung beachtete Scharnhorst dadurch, daß er für die gebildeten Soldaten aus dem Bürgertum eine Reserve-Armee mit größtmöglichen Freiräumen zur verantwortungsvollen Mitwirkung aufbauen wollte. Diese Maßnahmen beruhen auf der bildungstheoretisch begründeten Erkenntnis, daß der Soldat, der sich für die Zwecke und die Durchführung seiner Aufgaben selbst gebildet hat, in den oftmals ungewissen Situationen des Krieges verantwortungsbewußter und erfolgreicher ist (vgl. dazu die ausführliche, mit vielen Primärquellen versehene Darstellung in Hartmann 1994, S. 179–202).

Das Organisationslernen in der reformierten preußischen Armee soll nun am Beispiel der pädagogischen Theorie und Praxis rekonstruiert werden. Daß durch die gesellschafts-politischen Maßnahmen der ›Integration von Armee und Nation‹ (vgl. Stübig 1971) und durch die Demokratisierung der Organisationsstruktur erst die Möglichkeit für einen kollektiven Lehr-Lernprozeß gegeben worden sind, braucht hier nicht näher ausgeführt werden.

Besonders deutlich wird das ›kollektive Lernen‹ in der Taktikausbildung der Offiziere, die Scharnhorst nach der ›sokratischen Methodik‹ durchgeführt hat. Diese Methodik ist die didaktische Konsequenz der oben genannten Einsicht in die Ungewißheit im Kriege. Ihr primäres Ziel war nicht die Vermittlung von Kenntnissen, Fähigkeiten und Fertigkeiten, sondern die Bildung des Beurteilungsvermögens und des Charakters. Auf dem wichtigen Gebiet der Kriegstaktik sollte der Lehrer den Offizieren die Einsatzgrundsätze nicht vorgeben, sondern in einer lebendigen Diskussion gemeinsam mit ihnen entwickeln. Carl von Clausewitz, ein Schüler Scharnhorsts, hat die Intention und Praxis dieser Lehrmethode so beschrieben: »Indem er für einzelne Begebenheiten (von Feldzügen, U.H.) die umständlichsten Züge mühsam herbeitrug, besonders für solche, die er selbst mit erlebt hatte, suchte er den Vorgang sich vor den Augen seiner Zuhörer gewissermaßen von neuem zutragen zu lassen; – nach Art eines Geschworenen-Gerichts stellte er ein ausführliches Zeugenverhör an, und ließ nun den gesunden Menschenverstand die Resultate darin finden, wobei sein geübtes Urteil bloß leitete. Da er so von wirklichen Begebenheiten in einer breiten Basis ausging, schienen sich in ihm und den Zuhörern zugleich die allgemeinen Grundsätze von selbst zu bilden; – kein wegwerfender Blick auf das Alte, sondern ein unbefangenes ruhiges Aufbauen der Eigenthümlichkeiten verschiedener Zeiten und Verhältnisse« (von Clausewitz 1817/1979, S. 231). Diese von Clausewitz auch so benannte ›sokratische Lehrmethode‹ zielt auf die Selbstbildung des Offiziers in einer Kommunikationsgemeinschaft mit Anspruch auf Asymmetrie und Anstreben von Symmetrie (vgl. dazu die Didaktik-Modelle bei Jourdan 1989, S. 11), in der der Lehrer tradierte Lehrsätze, aber auch sein eigenes Reflexionswissen und das seiner Schüler immer wieder selbst in Frage stellt oder durch den ›unbefangenen gesunden Menschenverstand‹ seiner Schüler in Frage stellen läßt. Sie dient zur Aufklärung und Bildung des Gedankenkreises, in dem der Offizier im Kriege seine Entscheidungen treffen und mit Mut umsetzen soll. Dieses Kommunikationsmodell soll auch die Arbeit

der Generalstabsoffiziere bestimmen. Sie haben die Aufgaben, Führungsentscheidungen vorzubereiten und den kommandierenden General zu
beraten (vgl. Stübig 1986). Die ›sokratische Methodik‹ ist damit die Grundlage für die Konstituierung des lernendes Kollektivsubjektes in der militärischen Ausbildung und Führung.

Das Leitprinzip der Selbstbildung mußte auch die Auswertung von Manövern und Übungen bestimmen. Es ging also darum, an die erlebte und
praktizierte Führung und Ausbildung eine Reflexionsphase anzuschließen.
Daran richteten sich auch die einleitenden Worte des preußischen Königs
zu einem Übungsbericht aus: »Ein jeder Offizier wird die Veranlassung zu
den hier vorstehenden Bemerkungen in den ausgeführten Manövern sich
selbst durch eigenes Nachdenken entwickeln können und diese nun zu
einem Gegenstande seiner Bildung machen, da das Gelingen eines ausgedehnten Manövers nicht immer ausschließlich allein von den Anordnungen
des kommandierenden Offiziers abhängt« (In: Vaupel NL, Nr. 50, S. 68 f.).
Trotz der traditionellen Bildungsfeindlichkeit der Offiziere besitzt der
König das Vertrauen in die Bereitschaft und Fähigkeit seiner Offiziere zur
Selbstbildung. Er gewährt seinen Offizieren einen Vertrauensvorschuß,
den sie auch den ihnen unterstellten Soldaten entgegenbringen sollen. In
der Begründung greift Friedrich Wilhelm III. auf die Scharnhorstsche Einsicht in die Ungewißheit des Krieges zurück.

Die Aufforderung zur Selbstbildung hat dann nicht nur dazu geführt, daß
sich gerade die jungen Offiziere in kurzen Schriften mit der Kriegstaktik
beschäftigt haben (z. B. die ›Bemerkungen des Majors von Krauseneck
über die leichte Infanterie. In: Vaupel NL, Nr. 32), sondern daß Offiziere
gemeinsam neue Verfahren entwickelten (z. B. Friedrich Karl von Schmidt
1909, S. 107 ff.).

Die Konstituierung von Selbsterziehungsgemeinschaften forderte N. von
Gneisenau hinsichtlich der Überwachung des neuen soldatischen Selbst-
verständnisses in der reformierten preußischen Armee. Angesichts eines
angespannten Verhältnisses zur zivilen Bevölkerung appellierte Gneisenau
an die Offiziere der Kolberger Festung, »(. . .) jetzt doppelt über sich zu
wachen, und derjenigen wegen, deren Charakter aus Mangel an Erfahrung
oder an Grundsätzen sich noch nicht auf eine solide Art festgesetzt hat,
möchte es gut sein, diese Wachsamkeit noch mehr auszudehnen und jedem
Offizier die Pflicht aufzuerlegen, auch die Obhut über den Wandel seines
Waffengefährten zu übernehmen« (Gneisenau an die Offiziere der Kolberger Garnison [1808]. In: Vaupel 1938/1968, S. 301).

Das Organisationslernen in der reformierten preußischen Armee zeichnet
sich dadurch aus, daß

- die Selbstbildung des Soldaten zum Prinzip von Führung und Ausbildung
  erhoben wird;
- der Vorgesetzte die Aufgabe hat, dazu Handlungsfreiräume und mannig-
  faltige Situationen bereitzustellen;

- aus der Selbstbildung heraus sich die ›Selbstbildung in der Gemeinschaft‹ ergibt;
- die Förderung der Selbstbildung (in der Gemeinschaft) zur Effektivierung der Militärorganisation und zur Begrenzung auf ethisch legitimierte Zwecke führt;
- in der Führung und Ausbildung die Vorgesetzten ihre Verantwortung für die Persönlichkeitsentwicklung der unterstellten Soldaten zum Ausdruck bringen;
- das Organisationslernen der Maßgabe der Demokratisierung und der Steigerung der Handlungsrationalität innerhalb des hierarchisch strukturierten Militärs dient;
- hierarchische Organisationsstrukturen, insbesondere Vorgesetztenverhältnisse, die Entstehung eines ›kollektiven Lernsubjektes‹ nicht beeinträchtigen dürfen.

5. Schluß

Der Beginn der Restauration im Jahre 1815 beendete die eingeleiteten Reformen des Militär- und Bildungswesens. Damit scheiterte auch die Theorie und Praxis des Organisationslernens, wie sie von Humboldt und Scharnhorst entwickelt wurde. Bis 1945 sollte es in der deutschen Gesellschaft nicht mehr um Demokratisierung und Handlungsrationalität, sondern um unbedingten Gehorsam und Ideologisierung gehen.
Unbedingter Gehorsam und Ideologisierung zielen auf ein ›*lernendes Objektkollektiv*‹ ab, in dem das Individuum auf ein Kollektivobjekt degradiert ist. Das lernende Objektkollektiv ist durch eine lineare Wissensvermittlung von oben nach unten und durch das Anstreben der ›Entpersönlichung‹ des Individuums gekennzeichnet. Es ermöglicht weder die Selbstbildung (im Sinne einer Verstandes- und Charakterbildung) noch schafft es die Bildungsvoraussetzungen der Freiheit und Mannigfaltigkeit der Situationen. Von dieser Tradition, die weite Teile der deutschen Geschichte bestimmt hat und in einzelnen gesellschaftlichen Subsystemen noch heute ihr Unwesen treibt, hatte sich schon vor über 200 Jahren Wilhelm von Humboldt distanziert und dazu das bildungstheoretisch begründete Modell des ›lernenden Kollektivsubjektes‹ entwickelt.

Archive

Berlin. Geheimes Staatsarchiv. Preussischer Kulturbesitz:
Nachlaß Vaupel. (Rep. 92 Vaupel.)

Literatur

Apel, K. O. u.a: Hermeneutik und Ideologiekritik. Frankfurt/M. 1971.

Benner, D.: Wilhelm von Humboldts Bildungstheorie. Weinheim und München 1990.

Bollnow, O. F.: Existenzphilosophie und Pädagogik. Stuttgart 1959 (1984[9]).

von Clausewitz, C.: Verstreute kleine Schriften, zusammengestellt, bearbeitet und eingeleitet von W. Hahlweg. Osnabrück 1979.

von Clausewitz, C.: Vom Kriege. Berlin 1832 (Bonn 1991[19/20]).

Dilthey, W.: Grundlinien eines Systems der Pädagogik, besorgt und eingeleitet von W. Schriever. Heidelberg 1964.

Freese, R. (Hrsg.): Wilhelm von Humboldt. Sein Leben und Wirken, dargestellt in Briefen, Tagebüchern und Dokumenten seiner Zeit. Darmstadt 1986[2].

Gadamer, H. G.: Wahrheit und Methode. Tübingen 1960 (1975[4]).

Geißler, H. (Hg.): Die »lernende Organisation« als »lebendiges Kunstwerk«. In: ders. (Hg.), Neue Qualitäten betrieblichen Lernens. Frankfurt/M. 1992, S. 81–102.

Geißler, H.: Grundlagen des Organisationslernens. Weinheim 1994.

Hansmann, O.: Individualität und Nation. Wilhelm von Humboldt im Spannungsfeld zwischen neuzeitlicher Aufklärung, Französischer Revolution und preußischer Bildungspolitik. In: Herrmann, U./Oelkers, J. (Hg.): Französische Revolution und Pädagogik der Moderne, 24. Beiheft der Zeitschrift für Pädagogik. Weinheim und Basel 1989.

Hartmann, U.: Erziehung von Erwachsenen als Problem pädagogischer Theorie und Praxis. Frankfurt/M. 1994.

Hartmann, U., Lowin, Th., Sanders, D.: Über die Unvermeidlichkeit der Geisteswissenschaften in militärischen Reformphasen. In: BMVG (Hg.), Information für die Truppe, Bonn 1995 (in Vorbereitung).

Hartmann, U./Jourdan, M., Erziehungswissenschaft und Objektivität. Bad Heilbrunn 1987.

Hartmann, U./Strittmatter, M. (Hg.), Reform und Beteiligung. Frankfurt/M. 1993 (1994[2]).

von Humboldt, W.: Werke in fünf Bänden, Bd. 1., hrsg. von A. Flitner und K. Giel. Darmstadt 1969[2].

W. von Humboldts Gesammelte Schriften, hrsg. von der Preussischen Akademie der Wissenschaften, 16 Bde. Berlin 1968.

Jourdan, M.: Pädagogische Kommunikation. Bad Heilbrunn 1989.

Klafki, W.: Die Pädagogik Theodor Litts. Königstein/Ts. 1982.

Klafki, W.: Die Bedeutung der klassischen Bildungstheorien für ein zeitgemäßes Konzept allgemeiner Bildung. In: Zeitschrift für Pädagogik, 32. Jg. (1986), Nr. 4, S. 455–476.

Linnebach, K. (Hg.): Scharnhorsts Briefe, 1. Bd. München und Leipzig 1914.

Litt, Th.: Die politische Selbsterziehung des deutschen Volkes, Schriftenreihe der Bundeszentrale für politische Bildung. Berlin 1953 (1967[8]).

Litt, Th.: Die Erziehung im Zeitalter der Organisation. In: Erziehung wozu? Eine Vortragsreihe. Stuttgart 1956, S. 7–18.

Litt, Th.: Wie versteht unser Zeitalter sich selbst? In: BMVg (Hg.), Schicksalsfragen der Gegenwart, 1. Bd. Tübingen 1957, S. 9–28.

Litt, Th.: Berufsbildung, Fachbildung, Menschenbildung, hrsg. von der Bundeszentrale für Heimatdienst. Bonn 1958 (1960[2]).

Litt, Th.: Das Bildungsideal der deutschen Klassik und die moderne Arbeitswelt. Bonn 1959 a.

Litt, Th.: Naturwissenschaft und Menschenbildung. Heidelberg 1959 b.

Menze, C.: Theodor Litts Kritik am Humanismus. In: Derbolav, J./Menze, Cl./Nicolin, F. (Hg.): Sinn und Geschichtlichkeit. Werk und Wirkungen Theodor Litts. Stuttgart 1980, S. 321–339.

Reinhardt, R.: Organisationslernen. Ein Trojanisches Pferd. In: Netzwerk 1/1993, S. 25–37.

Rousseau, J. J.: Emil oder Über die Erziehung. Stuttgart 1987.

Sauter, Chr.: Wilhelm von Humboldt und die deutsche Aufklärung. Berlin 1989.

Schaller, K.: Einführung in die kommunikative Pädagogik. Freiburg 1978.

von Scharnhorst, G.: Ausgewählte Schriften, ausgewählt von U. von Gersdorff. Osnabrück 1983.

Schleiermacher, F. D. E.: Pädagogische Schriften, Bd. 1, hrsg. von E. Weniger. Frankfurt/M. u. a. 1983.

von Schmidt, F. K.: Erinnerungen aus dem Leben des Generalleutnants Friedrich Karl v. Schmidt, II. Teil, hrsg. vom Großen Generalstab. Berlin 1909.

Schneider, F.: Selbsterziehung. In: Lexikon der Pädagogik, IV. Bd. Freiburg 1955, Sp. 272–277.

Schröder, St.: Eine Rekonstruktion der militärischen Erziehung, Ausbildung und Bildung im preußischen Heer von 1740 bis 1792 unter zusätzlicher Berücksichtigung kritischer Beiträge der Vorreformphase von 1792 bis 1806. Dipl.-Arb. Hamburg 1993.

Schulz, W.: Ich und Welt. Pfullingen 1979.

Stollberg-Rilinger, B.: Der Staat als Maschine. Berlin 1986.

Stübig, H.: Armee und Nation. Frankfurt/M. 1971.

Stübig, H.: Gesellschafts- und bildungspolitische Ziele Scharnhorsts für die Generalstabsausbildung. In: Bald, D. (Hg.): Militärische Verantwortung in Staat und Gesellschaft. Koblenz 1986, S. 31–48.

Treml, A. K.: Über die Unwissenheit. Manuskript Hamburg 1993.

Vaupel, R. (Hg.): Die Reorganisation des Preussischen Staates unter Stein und Hardenberg, zweiter Teil: Das Preussische Heer vom Tilsiter Frieden bis zur Befreiung 1807–1814, Bd. 1, Neudruck der Ausgabe Leipzig 1938. Osnabrück 1968.

Weber, M.: Soziologie, Universalgeschichtliche Analysen, Politik. Stuttgart 1973.

Wilhelm, Th.: Pädagogik der Gegenwart. Stuttgart 1959.

II. Theorie und Praxis des Systemischen Lernens

Rolf Arnold

Die Überschrift des vorliegenden Beitrages enthält bereits eine programmatische Variante: Es geht im folgenden *nicht* im engeren Sinne um »Organisationslernen« (vgl. Geißler 1994), sondern um eine Bestimmung des Systemischen als dem zentralen Merkmal dynamischer Arbeitsorganisation und innovativer Interaktion im Unternehmen (vgl. Peters 1994). Das Systemische erweist sich nämlich immer deutlicher als die eigentlich neue Qualität der betrieblichen Kooperation. Unternehmen müssen in Anbetracht eskalierender Umweltkomplexität und Dynamik ihre interne Binnendifferenzierungsfähigkeit dramatisch steigern. Hierin werden sie den biologischen Systemen immer ähnlicher[1], obgleich die Unterschiede zwischen biologischen und sozialen Systemen nicht einfach eingeebnet werden können (vgl. Hejl 1992). Entscheidend ist jedoch, daß das Systemische viel deutlicher der Spontaneität, Ungesichertheit und Unvorhersagbarkeit der neuzeitlichen betrieblichen Kooperation Rechnung trägt: Ordnung emergiert (,entsteht aus sich heraus«), während der Begriff der Organisation immer durch Konnotationen wie »Regelhaftigkeit«, »Vorgabe«, »Ablaufsicherung« usw. bestimmt ist, eine Unterscheidung, die auch für die Frage nach der Vorbereitung auf das Systemische Lernen von Bedeutung ist (vgl. Krapohl 1987).

Humberto Maturana hat in einem Beispiel verdeutlicht, daß Menschen sich als gesellschaftliche Wesen selbst ein soziales System konstituieren, das auf sie selbst dann wiederum zurückwirkt, und in diesem Bild gleichzeitig den m. E. zentralen Unterschied zwischen Organisation und System angedeutet:

»Stellen Sie sich ein Puppentheater vor. In dem Puppentheater schaut das Publikum dem Spiel der Puppen auf der Bühne zu. Die Puppenspieler selbst sind unsichtbar, sie befinden sich hinter der Bühne. Das aufgeführte Stück kann so beschaffen sein, daß der Text und die Regieanweisungen vollkommen klar festgelegt sind. Dann wird das Stück mehrmals aufge-

---

[1] In diesem Sinne stellt Laszlo fest: »Wie eine lebende Zelle, ein vielzelliger Organismus, ein vollentwickeltes Ökosystem oder eine moderne Gesellschaft ist auch das moderne Unternehmen ein komplexes System, das Materie, Energie und Informationen verarbeitet« (Laszlo u. a. 1992, S. 93).

führt und das Publikum wird sagen können: ›Ja, das ist dasselbe Stück‹. Die aufgeführten Handlungen werden immer auf die gleiche Art und Weise koordiniert und inszeniert. Wenn Sie Kinder als Publikum haben, dann werden Sie feststellen, daß Kinder genau das mögen, sie möchten dasselbe Stück gerne immer wieder sehen. Wenn sich bei den Aufführungen irgend etwas ändert, dann machen sie einen schnell darauf aufmerksam, daß etwas nicht ganz stimmt. Stellen Sie sich nun aber ein Setting vor, bei dem die Puppenspieler während der Aufführung improvisieren. Die Puppenspieler hören ja, was in dem Stück geschieht, das sie auf der Bühne aufführen. Bei der Improvisation werden sie durch das beeinflußt, was sie hören. Unter diesen Umständen entsteht ein Stück, das sich auf der Bühne abspielt, zugleich aber auch auf die Puppenspieler zurückwirkt, denn die Spieler werden ja durch die im Stück stattfindenden Ereignisse beeinflußt. Diese Tatsache bleibt dem Publikum verborgen. Das Publikum sieht das Stück als ein einziges fließendes Phänomen. Bei dieser Improvisation wird das Stück sowohl durch den vorgegebenen Inhalt beeinflußt als auch dadurch, daß in den Puppenspielern bei der Aufführung etwas vor sich geht« (Maturana in: Riegas/Vetter 1990, S. 31).

In diesem Sinne kann auch das systemische Zusammenwirken komplexer Kooperationsstrukturen als eine Art Improvisationsgeschehen bezeichnet werden, obgleich sogleich relativierend auch darauf hingewiesen werden muß, daß das Neuartige nicht in einem Kontextwechsel – gewissermaßen von der Organisation zum System –, sondern in einer Art Kontextparallelität gesehen werden kann: *»Festgefügte« Organisationsstrukturen (z. B. Hierarchien, Dienstwege, Abteilungsgrenzen etc.) werden ergänzt, überlagert, durchwirkt und abgelöst von systemisch-flexiblen Kooperationsmustern, die sich dabei auch oftmals als die »eigentlichen« bzw. die eigentlich bedeutsamen und tragfähigen Strukturmuster erweisen können.* Der entscheidende qualitative Sprung von organisatorischer Regelhaftigkeit hin zu einer – zumindest parallel installierten – Systemik kann darin gesehen werden, daß Systeme zum Individuum werden können, indem sie eine »Vorstellung ihrer Identität« (Luhmann 1985, S. 423) entwickeln, d. h. zur Reflexion bzw. Selbstreflexion fähig werden. In diesem Sinne spricht Luhmann – allerdings im Blick auf die »Autopoiese des Bewußtseins« – von lernenden Systemen und stellt fest:

»Lernen ist Äußerung einer strukturellen Spezifikation, mit der das System seine Autopoiesis handhabt, also vor allem: Mit der es trotz hoher Komplexität ausreichendes Tempo im Anschluß von Gedanken an Gedanken (z. B. beim Reden) erreichen kann« (ebd., S. 418).

Überträgt man diese auf das Bewußtsein bezogene Feststellung auf das Lernen von Organisationen bzw. Systemen, so kann man feststellen, daß ein solches Lernen zum einen eine Individualität des Systems voraussetzt – ein Gesichtspunkt, der im Zusammenhang mit der Unternehmenskultur-Debatte ausführlich diskutiert worden ist –, wobei sich die Individualität eines solchen Systems auch und gerade darin zeigt, daß es zur Reflexion in der Lage ist. Bezogen auf die betriebliche Weiterbildung ergibt sich hieraus die Folgerung, daß diese sich um eine systematische Förderung der Identität des Systems »Betrieb« sowie um eine Förderung seiner Reflexionsfähigkeit zu bemühen habe. In diesem Sinne gibt Luhmann an anderer Stelle deutliche Hinweise darauf, daß eine solche Förderung der Systementwicklung sich von dem Modell zu lösen habe, fertige Lösungen weiterzugeben. In einer systemischen Perspektive muß vielmehr auch die betriebliche Weiterbildung erkennen, daß Unternehmen autopoietische Systeme sind, die nicht durch die Bereitstellung entsprechender Qualifikationen zielorientiert gesteuert werden können, vielmehr muß auch die betriebliche Weiterbildung gewärtigen, daß die Vermittlungen von Lösungen für Probleme sowie die Qualifizierung zur Bewältigung von Problemen »immer wieder neue Probleme erzeugen« (Luhmann 1990 b, S. 14). Solche Überlegungen zum Charakter und den Bedingungen einer systemisch orientierten betrieblichen Weiterbildung verweisen unzweideutig auf die Notwendigkeit, das Paradigma der Berufspädagogik auf die Förderung evolutionsgerechten Verhaltens »einzustellen«.

1. Evolutionäre Berufspädagogik

Die Aspekte systemischer Kooperation und systemischen Lernens sprengen m. E. den traditionellen Rahmen einer eher mechanistisch ausgerichteten Berufspädagogik (vgl. Arnold 1994, S. 142 ff.). Es kann nämlich nicht übersehen werden, daß Kooperation, Qualifizierung und Lernen in eine Vielfalt komplexer systemischer Beziehungen eingebunden sind. Dabei übernehmen die berufliche Bildung und die Erwachsenenbildung als Subsysteme verschiedener Systeme höherer Ordnung wichtige Funktionen zur Bestandssicherung und Entwicklung dieser Systeme. Allen Überlegungen zum Thema der pädagogischen Autonomie zum Trotz sind die Subsysteme Berufsbildung und Erwachsenenbildung nicht »autonom«, und auch das systemische Lernen betrieblicher Organisationen ist funktional angebunden an die Bestandserhaltungserfordernis der übergeordneten Systeme – ein Gesichtspunkt, der auch die Autopoiesis von Systemen in einem veränderten Licht erscheinen läßt. So erfüllt das Berufsbildungssystem z. B. die Funktion des »Herstellens« von benötigten Qualifikationen durch die Bereitstellung qualifizierter Arbeitskräfte, die zudem über Einstellungen und Orientierungen verfügen können, die die Bestandssicherung wichtiger Subeinheiten des Wirtschaftssystems, nämlich der Betriebe, garantieren. Gleichzeitig ist die berufliche Bildung aber auch Bestandteil anderer gesellschaftlicher Subsysteme, wie z. B. des politischen Systems oder des Moral- und Wertesystems unserer Gesellschaft, d. h. sie unterliegt auch den in diesen Subsystemen stattfindenden Wandlungen.

Das System der beruflichen Bildung und damit auch die betriebliche Aus- und Weiterbildung ist dabei durch eine prinzipielle Offenheit gegenüber seinen Umwelten gekennzeichnet. Es unterliegt einerseits einem Anpassungszwang an die Systeme höherer Ordnung, andererseits kann es aber auch aktiv-gestaltend auf diese Systeme einwirken und somit zu deren Weiterentwicklung beitragen. Für die Entwicklung des beruflichen Bildungssystems spielt auch der Gedanke der Reduktion von Komplexität eine wichtige Rolle. Als ein von der Gesellschaft bewußt eingerichtetes zweckgerichtetes System muß berufliche Bildung ihre potentiell unendliche Komplexität so beschränken, daß über ihre Programme und Interventionen die erwarteten Zwecke erreicht werden können. Wichtige Reduktions-Codes sind dabei die Konstruktionen »Beruf« und »Qualifikation«. Gekennzeichnet ist die Entwicklung des Systems beruflicher Bildung durch Selbstorganisationsprozesse und durch Reglements der Ordnungsbildung und -aufrechterhaltung. Eine systemisch-evolutionäre Betrachtung beruflich-betrieblicher Bildung muß deshalb nach der Art und Qualität der Tendenzen zur Selbstregulierung fragen, eine Gestaltung muß deren Potentiale und ordnungsbildende Kräfte nutzen und die selbstregulierende Anpassung an gewandelte Umweltanforderungen gezielt fördern.

In der erziehungswissenschaftlichen Fachdiskussion ist die evolutionäre Perspektive bislang noch nicht sehr stark entwickelt. Einer der Vorreiter einer evolutionären Pädagogik – allerdings ohne deutlichen Bezug auf das Lernen von Systemen und die Qualifizierung für systemförderliches Verhalten – ist A. K. Treml. In seiner Auseinandersetzung mit Luhmann/Schorr (1982) weist Treml überzeugend nach, daß die pädagogische Rationalität nicht auf kausalgesetzlich geordnete Regeln zurückgreifen kann, da die Selbstreferenz der am pädagogischen Prozeß beteiligten Menschen dies nicht zuläßt (Treml 1989, S. 35 ff.). Obgleich Treml nicht verkennt, daß Luhmann/Schorr durch ihre »Fragen an die Pädagogik« deren personalverengte Bezugsperspektive in Richtung auf eine strukturelle Interaktionsperspektive erweitern, enthüllt sich ihm letztlich nicht der spezifische Gehalt einer systemtheoretischen Rekonstruktion der pädagogischen Handlungslogik. Es erscheint ihm vielmehr ausgesprochen trivial, wenn aus systemtheoretischer Perspektive dafür plädiert wird, anstatt von Lernzielen »von Zufallereignissen, Problemeinstellungen und Situationstypisierungen induktiv auszugehen und eine Sensibilität für Zufälle und Chancen von Erziehung aufzubauen« (Treml 1989, S. 36).

Im Anschluß an die konstruktivistische Erkenntnistheorie und die autopoietische Wendung der Systemtheorie, die sich bei Niklas Luhmann (Luhmann 1990 a) seit Mitte der 80er Jahre vollzieht, ist davon auszugehen, daß das, was bei der Erkenntnis als Beobachtetes in den Blick kommt, in entscheidendem Maße davon abhängt, von welcher Leitdifferenz der Beobachter die Kriterien seines Beobachtens ableitet. Als die »wohl folgenreichste theorie-architektonische Weichenstellung in der soziologischen

Systemtheorie« (Willke 1994, S. 99) kann in diesem Zusammenhang die Entscheidung von Luhmann angesehen werden, nicht Individuen, sondern Kommunikationen als die grundlegenden Elemente sozialer Systeme zu begreifen und darüberhinaus festzustellen:
,Sozialität ist kein besonderer Fall von Handlung, sondern Handlung wird in sozialen Systemen über Kommunikation und Attribution konstituiert als eine Reduktion der Komplexität, als unerläßliche Selbstsimplifikation des Systems. Schon auf der Ebene der allgemeinen Systemtheorie spricht man von ›mutualistischer‹ oder ›dialogischer‹ Konstitution. Damit ist gemeint: Selbstreferenz auf der Ebene basaler Prozesse ist nur möglich, wenn mindestens zwei informationsverarbeitende Prozessoren vorhanden sind, die sich aufeinander und übereinander auf sich selbst beziehen können. Selbstreferenz setzt also eine entsprechend diskontinuierliche Infrastruktur voraus« (Luhmann 1991, S. 191).
Diese zentrale Blickveränderung »weg vom Individuum« und »hin zur Kommunikation« ist auch für die Konzeptionierung von Systementwicklung und Organisationslernen von Bedeutung: Geht man davon aus, daß es letztlich die Kommunikationen sind, die als zentrale Elemente eines Systems bzw. einer Organisation fungieren und die Selbstreferenz konstituieren, dann setzt jeder Wandel, jede Entwicklung und mithin auch das Lernen von Organisationen und Systemen den Wandel von Kommunikationsmustern und -regeln voraus: »Es wird dann unumgänglich, für ein Begreifen und Beeinflussen des Systems durch die Personen hindurch zu sehen auf die hinter ihnen sich verbergenden Kommunikationsstrukturen und -regeln« (Willke 1994, S. 99).

2. Deutungsstrukturen – der Stoff, aus dem soziale Systeme sind

Ausgangspunkt einer konstruktivistischen Konzeption von Systemen und Systemlernen ist deshalb die These, daß nicht die Strukturen, Gebäude, Stellen o. ä. »real« sind, sondern die Vorstellungen, die die Beteiligten zu diesen Aspekten systemischer Kooperation entwickelt haben. Aus diesem Grunde ist es für das Management von Organisation sowie für das Systemlernen von zentraler Bedeutung, sich zunächst Klarheit darüber zu verschaffen, von welchen Wirklichkeitsbildern die an einer systemischen Kooperation Beteiligten ausgehen. Ähnlich wie in der erfahrungsorientierten Erwachsenenbildung kommt es dabei darauf an, zunächst die Deutungsmuster der Beteiligten, ihre Erfahrungen und Wirklichkeitssichten selbst »zur Sprache zu bringen« und zu dokumentieren. Dabei geht es darum, dem eigentlichen »Stoff, aus dem soziale Systeme gemacht sind«, auf die Spur zu kommen (vgl. Arnold 1985).
Eine zentrale Voraussetzung dafür, daß man sich in einer solchen dialogischen Form über die mentale Präsentation von Systemen verständigt, ist

die Offenheit von Kooperation und Führung in komplexen Systemen. Während autoritär- hierarchische Führungskonstellationen in der Regel bewußt in Kauf nehmen, daß die Hierarchen ihre Wirklichkeitsdeutungen zum Maßstab der Systementwicklung machen, basiert eine dialogisch-systemische Analyse der vorherrschenden Deutungsstrukturen auf der Überlegung, daß erfolgreiche Kooperation und ein Lernen von Systemen überhaupt nur möglich ist über eine Transformation der Wirklichkeitssichten der Beteiligten. An dieser Stelle ist das systemische Lernen eng mit den biographischen Lernprozessen der beteiligten Menschen verbunden. In der betrieblichen Kooperation überlagern sich Milieus sowie Sozialisationserfahrungen unterschiedlichster Art. Eine evolutionäre betriebliche Weiterbildung, die signifikante systemische Lernprozesse initiieren, begleiten und zum Erfolg führen möchte, kann deshalb nicht im Sinne der überlieferten Lernformen einer Kolonialisierung von Lebenswelten »realisiert« werden. Die Praxis systemischen Lernens ist vielmehr auf eine hinspürende und anknüpfende betriebliche Weiterbildung angewiesen, der es auch gelingt, die kooperationshemmende und Lernen blockierende Wirkung unterschiedlicher Interpretationstendenzen aufzudecken und in reflexiven Lernprozessen zum Thema zu machen.

3. Irritation als Lernanstoß

Ziel einer solchen reflexiven und transformierenden betrieblichen Weiterbildung ist keineswegs die Durchsetzung einer gültigen Wirklichkeitsinterpretation oder die Angleichung und Harmonisierung der unterschiedlichsten Wirklichkeitssichten. Ziel ist vielmehr auch die bewußte Irritation festgefahrener etablierter Deutungen, Bewertungen und Beurteilungen. In diesem Sinne stellt sich die Planung betrieblicher Kooperation als ein permanent iterativer und prinzipiell deutungsmusterabhängiger Prozeß heraus. Dabei werden die über Jahrzehnte bewährten Modelle geplanter Arbeit allmählich verlassen, während sukzessive eine andere Mentalität von Planung und Kooperation entsteht. Hans-Christoph Vogel spricht in diesem Zusammenhang von der »Rekursive(n) Planung« (Vogel 1991, S. 32). Dieses Modell der rekursiven Planung trägt der alltäglich feststellbaren Tatsache Rechnung, daß selbst ein methodisch besonders aufwendiges und hochentwickeltes Planen stets mit ungeplanten und unerwünschten Nebenfolgen einhergeht. Aus diesem Grunde ist es notwendig, sich von einer »auf das Vorne gerichtete(n)« Planungsform zu lösen und einem »rekursiven« Prozeß zuzuwenden, der ständig die ungewünschten Nebenfolgen und die »Logik des Mißlingens« (Dörner 1989) miteinkalkuliert. Eine solche veränderte Form vom Planen und systemischen Lernen baut die Störungen, Irritationen sowie die ungewollten Konsequenzen in ein konstruktivistisches Verständnis von Planung mit ein:

»Sie sind nicht länger Defizite, die mit verfeinerten Methoden zu eliminieren sind, sondern sie gehören dazu, sind untrennbarer Teil jeder Planung, weil Planung Ausdrucksform von Wirklichkeit bedeutet, die, will sie Veränderungen einleiten, Neu-Konstruktion der Wirklichkeit impliziert« (Vogel 1991, S. 35).

Die Bereitschaft zu einer solchen Neu-Konstruktion von Wirklichkeit zu fördern und entsprechende Neu-Konstruktionsprozesse in Gang zu setzen, erweist sich zunehmend als zentrale Aufgabe einer systemisch orientierten betrieblichen Weiterbildung. Das zentrale didaktische Prinzip eines solchen systemischen Lernens ist die gezielte »Irritation«. Vertrautes muß verfremdet, angeblich Bewährtes in Frage gestellt und Überliefertes neu bedacht werden, wenn Systeme, die ja in mentalen Präsentationen ihrer Mitglieder wurzeln, wandlungsbereit und lernfähig bleiben sollen, wie folgende Formulierung zeigt:

»Flachländer reagieren auch auf Hügel immer nur als Flachländer.«

Lassen sie sich ein auf den Austausch unterschiedlicher Sicht in unterschiedlichen Orten werden sie selbst ebenso irritiert wie die, die sie planend beraten sollen. Sie geraten unweigerlich ins Stolpern. Mit diesem Vom-Weg-Abkommen müssen konstruktivistische Planer rechnen, auch wenn es unbequem ist. Sie müssen es sogar einkalkulieren, weil es von unschätzbarem Wert für jedes Weiterkommen ist: Das Stolpern bzw. die Zusammenbrüche offenbaren erst das, was stillschweigend akzeptiert, also bislang nicht gesehen werden konnte« (Vogel 1991, S. 36).

4. Systemische Ethik – eine notwendige Rahmung

In der Diskussion der letzten Jahre ist vielfach gefordert worden, daß »fortschrittsfähige Unternehmen« (Kirsch) eine Unternehmenskultur entwikkeln müßten. Begriffe wie »Leitideen«, »Ethik der Industriearbeit« und »Arbeitsethos« verdeutlichen, daß es dabei nicht nur um die Verkündung von neuen Wertkonzepten und Unternehmensbildern geht, sondern daß Wertsysteme »sichtbar gelebt« (Peters/Waterman) werden müßten. Unternehmenskultur wird somit als zwar normativer doch gleichwohl lebendiger Sinn- und Deutungshorizont der betrieblichen Kooperation verstanden. Damit werden Fragestellungen einer Neukonzipierung betrieblicher Realität angesprochen, die den Kern einer pädagogischen Ethik ebenso berühren wie den einer Wirtschafts- und Produktethik. Letztere sieht sich vor allem mit der grundsätzlichen Frage konfrontiert, ob die möglichen wirtschaftsethischen Ansätze durch das Paradigma der bisher gültigen ökonomischen Theorie des Effiziensdenkens und des ökonomischen Kalküls begrenzt werden? Gefragt werden muß allerdings auch, ob eine Wirtschaftsethik denkbar ist, die als Synthese von ökonomischer und ethischer Vernunft angesehen werden kann? Eine solche Synthese wäre durch ein rei-

cheres Kategoriensystem gekennzeichnet, in dem neben das Effizienskriterium der ökonomischen Theorie auch das Gerechtigkeitskriterium und das Kriterium evolutionsgerechten Verhaltens der ethischen Theorie treten könnte, und zwar in einer Form, daß bei der Gestaltung und Förderung von Systemen Effizienz und Gerechtigkeit gleichzeitig als Kriterien gelten. Im Klartext bedeutet dies, daß normative Unternehmenskulturen ihre »Glaubwürdigkeit« und materiell-ethische Legitimation letztlich nur dadurch zu sichern vermögen, daß sie sich auch in ihrer Produktpolitik um die Entwicklung und Herstellung von Gütern und Dienstleistungen bemühen, die den Gesichtspunkten humaner und ökologischer Gerechtigkeit nicht zuwiderlaufen. »Müssen wir kranke Menschen produzieren, um eine gesunde Wirtschaft zu haben«, so fragt Erich Fromm – »oder können wir unsere Bodenschätze, unsere Empfindungen, unsere Computer zum Nutzen des Menschen einsetzen?« (Fromm 1982, S. 12). Von einer ernsthaften »Prüfung« dieser Frage sind viele, vor allem international tätige sowie im Bereich der chemischen und der Automobilindustrie anzusiedelnde Betriebe noch weit entfernt.
Im Zusammenhang mit dem systemtheoretischen Modell der Selbstorganisation (,Autopoiesis«) gewinnt auch die betriebliche Weiterbildung eine neue Substanz. Betriebliche Weiterbildung übernimmt eine neue Funktion als Instanz zur Mitgestaltung und Verbesserung der Deutungs- und Handlungsfähigkeit betrieblicher Systeme, deren Selbstorganisationspotentiale allerdings nur gefördert werden können durch Selbstorganisation der in diesem System lebenden, arbeitenden und lernenden Menschen. Die Fortschrittsfähigkeit von Betrieben ist somit abhängig von der Lernfähigkeit ihrer Mitarbeiter, wie auch deren Fortschritte wiederum abhängig sind von der Wandlungs- und Lernfähigkeit ihrer Betriebe. Auf diesen Zusammenhang versucht das Konzept des Systemischen Lernens einzugehen. Dabei wird die traditionelle Beschränkung der Pädagogik auf das einzelne Individuum überwunden und das Lernen von Systemen, welches mehr ist als die Summe ihrer individuellen Lernprozesse, zum Ausgangspunkt einer erweiterten pädagogischen Perspektive genommen. Interessant an dieser »Weitung« des traditionellen pädagogischen Blicks ist die Überlegung, daß auch der individuelle Lernprozeß nicht losgelöst von den systemischen Bezügen von Lebenswelt und Biographie gesehen werden kann, in denen der Einzelne steht. Insofern dürfte mit diesem Konzept eine Überwindung der Verengung der traditionellen Individuumszentrierung möglich werden. Ob dabei allerdings auch von einer »Bildung« und »Erziehung« der Organisation gesprochen werden kann, sei dahingestellt. Insofern Bildung auch immer auf einen Reifegrad der moralischen Urteilsfähigkeit verweist, kann ein Anschluß an die Unternehmenskulturdebatte und an die Überlegung zur Entwicklung einer Unternehmensethik bzw. einer Wirtschaftsethik sinnvoll sein.
Doch wie können die Bildungsaspekte der »Reflexion« und der »Selbstre-

flexibilität« auf der Systemebene ihren Ausdruck finden? Gibt es selbstre-
flexive und damit gebildete Systemstrukturen? Und sind diese identisch
mit den Gesichtspunkten, die auch für die Entwicklung humaner und
befriedigender Arbeitsplätze grundgelegt werden? Diese Fragen können
im folgenden nicht behandelt werden; hingewiesen werden kann lediglich
auf einige grundlegende pädagogische und didaktische Implikationen
einer dem Prinzip der Selbstorganisation verbundenen Theorie systemischen Lernens. Erforderlich ist eine subjektive Didaktik, die u. a. durch die
Überzeugung gekennzeichnet ist, daß der naive Glaube an die Veränderbarkeit menschlichen Verhaltens aufgegeben werden muß. Als didaktisch
entscheidende Problemstellung ist die Frage nach der Möglichkeit des
Konstruieren von Wirklichkeiten sowie die Fähigkeit zum »Zulassen«
anderer Wirklichkeitskonstruktionen im Lernprozeß genauer zu analysieren. Denn je nachdem wie ein Problem definiert bzw. ein System abgegrenzt wird, wird auch gehandelt und gelernt. Systemsteuerung und Kulturentwicklung stehen im Unternehmen somit zunehmend gleichrangig
nebeneinander. Die Wirkungszusammenhänge zwischen Kultur und Struktur von Unternehmen sind noch nicht sehr weitgehend erforscht worden.
Gleichwohl kann man davon ausgehen, daß Führungskräfte im Unternehmen nicht nur Strukturen setzen, sondern auch Sinn vermitteln, also Sinn
definieren und kommunizieren.. Sie bezeichnen und erklären, was Wirklichkeit ist und welches Handeln im unternehmerischen Kontext wertvoll,
erwünscht und legitim ist.
Angesichts der wachsenden Komplexität der Unternehmensumwelten
erweisen sich die Verfahren bürokratischer Kontrolle wenig praktikabel,
und man erkennt zunehmend, daß es für große und komplexe Systeme keine adäquaten Steuerungsverfahren und Koordinierungsmodelle gibt:
»Denn die Wissenschaften haben Methoden für Systeme, die klein genug
sind, um mit wenigen Variablen beschrieben werden zu können oder für
große, aber gleichförmige Mengen, mit denen man statistisch arbeiten
kann (Luhmann/Fuchs 1989, S. 210). Betriebswirtschaftslehre und Unternehmen sehen sich deshalb gleichermaßen vor die Herausforderung
gestellt, von strukturorientierten Objektivierungsversuchen »abzulassen«,
Prozesse der Selbstorganisation und des Wachsens von Organisationen
durch das Wachsen der in diesen Organisationen tätigen Menschen zuzulas-
sen und Kultur als den selbstreflexiven Sinnbezirk, in dem diese Prozesse
ihren lebendigen Ausdruck finden, zu ermöglichen, nicht zu erzeugen. Diesem veränderten Blick gelingt es m. E. eher, den pädagogischen Gehalt
und die Gestaltungsspielräume, die mit dem Unternehmenskulturansatz
verbunden sind (bzw. verbunden sein können), auszuloten und auch deutlich zu machen, was Unternehmen (z. B. in ihrer betrieblichen Bildungsarbeit) wirklich tun können, um ihre Unternehmenskultur zu entwickeln.
Erst auf dieser Basis wird es dann auch wirklich möglich sein zu prüfen, ob
sie das auch wirklich tun wollen bzw. ob und wie die Betriebspädagogik die-

sen Prozeß in einer pädagogisch verantwortbaren Weise (mit-)gestalten kann.

Literatur

Arnold, R.: Berufsbildung. Annäherungen an eine Evolutionäre Berufspädagogik. Baltmannsweiler 1994.

Arnold, R.: Deutungsmuster und pädagogisches Handeln in der Erwachsenenbildung. Bad Heilbrunn/Obb 1985.

Dörner, D.: Die Logik des Mißlingens. Reinbek 1989.

Fromm, E.: Die Revolution der Hoffnung. Für eine Humanisierung der Technik. Stuttgart 1982.

Geißler, H.: Grundlagen des Organisationslernens. Weinheim 1994.

Götz, Klaus (Hg.): Theoretische Zumutungen. Vom Nutzen der systemischen Theorie für die Managementpraxis. Heidelberg 1994.

Hejl, P. M.: Selbstorganisation und Emergenz in sozialen Systemen. In: Krohn, W./ Küppers, G. (Hg.): Emergenz. Die Entstehung von Ordnung, Organisation und Bedeutung. Frankfurt a. M. 1992, S. 166–212.

Krapohl, L.: Erwachsenenbildung. Spontaneität und Planung. Aachen 1987.

Laszlo, E./unter Mitarbeit von Laszlo, C./v. Liechtenstein, A.: Evolutionäres Management. Globale Handlungskonzepte. Fulda 1992.

Luhmann, N.: Konstruktivistische Perspektiven. Soziologische Aufklärung 5. Opladen 1990 a.

Luhmann, N.: Was tut ein Manager in einem sich selbst organisierenden System? In: Gottlieb-Duttweiler-Institut für Wirtschaftliche und Soziale Studien (Hg.): GDI-Impuls 1. Rüschlikon 1990 b, S. 11–16.

Luhmann, N.: Soziale Systeme. Grundriß einer allgemeinen Theorie. Frankfurt a. M. 1991.

Luhmann, N.: Die Autopoiesis des Bewußtseins. In: Soziale Welt 36 (1985), S. 402–446.

Luhmann, N./Fuchs, P.: Reden und Schweigen. Frankfurt a. M. 1989.

Luhmann, N./Schorr, H.-E. (Hg:) Zwischen Technologie und Selbstreferenz. Fragen an die Pädagogik. Frankfurt a. M. 1982

Peters, S. (Hg.): Lernen im Arbeitsprozeß durch neue Qualifizierungs- und Beteiligungsstrategien. Opladen 1994.

Riegas, V./Vetter, C.: Gespräch mit Humberto R.Maturana. In: dsbn. (Hg.): Zur Biologie der Kognition.. Ein Gespräch mit Humberto R. Maturana und Beiträge zur Diskussion seines Werkes. Frankfurt a. M. 1990, S. 11–90.

Treml, A.-K. Technologiedefizit der Erziehung oder Reflexionsprobleme einer systemtheoretischen Pädagogik. In: Sozialwissenschaftliche Literatur-Rundschau 6 (1989), 8/9, S. 34–44.

Vogel, H.-C.: Rekursive Planung. Oder: Die aufrechten Planer geraten ins Stolpern. In: Bardmann, T. M. u. a.: Irritation als Plan. Konstruktivistische Einredungen. Aachen 1991, S. 32–63.

Willke, H.: Systemtheoretische Strategien des Erkennens. Wirklichkeit als Konstruktion. In: Götz 1994, S. 97–116.

III. Managementbildung und Organisationslernen für die Risikogesellschaft

Harald Geißler

---

1. Management im Umbruch

Die Organisations- und Managementtheorie sieht sich seit einigen Jahren einem steigenden Erwartungsdruck von seiten der Praxis gegenübergestellt. Denn vieles, was dort noch vor kurzem als unproblematische Routine und als Selbstverständlichkeit galt, über die zu sprechen es keinerlei Veranlassung gab, ist heute zum brennenden Problem geworden, das den Praktiker nicht nur fordert, sondern oft geradezu überfordert. Es gibt kein Erfahrungswissen mehr, auf das er gesichert zurückgreifen könnte; – ja, es gibt nicht einmal zuverlässige Prognosen, wie die Zukunft aussehen wird. Einigkeit herrscht lediglich in der Auffassung, daß es Zeiten *fundamentaler Veränderungen und Umbrüche* sein werden. Sie werden sich – so die Einschätzung von Naisbitt (1984) – in folgenden Megatrends konkretisieren (nach Bleicher 1991, S. 15 ff.):

1. Starke Wachstumsimpulse und rezessive Einflüsse lösen einander ab.
2. Beachtliche Schwankungen von monetären Größen und wirtschaftlichen Werten.
3. Fortschreitende Internationalisierung und Globalisierung.
4. Rasanter technischer Fortschritt.
5. Neue Informatik- und Kommunikationssysteme verändern Wirtschaftsprozesse.
6. Bedeutende demographische Veränderungen.
7. Neue Werthaltungen im sozialen Umfeld.
8. Erhaltung der Umwelt wird zum zentralen Anliegen.
9. Neue Ära der Ost-West-Beziehungen.
10. Das pazifische Becken als zukünftiger Wirtschaftsraum.

Für die Zukunft von Wirtschaftsunternehmen bedeutet das – so die Erwartung von Bleicher (1991, S. 44 ff.):

- Vom technokratischen Verständnis eines Managements mit Machbarkeitsansprüchen zu einer evolutorischen Unternehmungsphilosophie des Kultivierens einer ›spontanen‹ sozialen Ordnung.
- Vom Investment in harte, materiell-physische Aktiva zur zunehmenden

Fokussierung auf weiche, immaterielle und humane Aktiva als kritische Erfolgsfaktoren für Unternehmungen.

- Vom Gleichgewichtsstreben rationaler Optimierung eines strukturellen und systemischen Managements zum visionären Entdecken und Produzieren von Ungleichgewichten im Unternehmerischen.
- Von tiefgreifender Arbeitsteilung und Spezialisierung zur Generalisierung von Aufgaben und Verantwortung.
- Rahmenbedingungen richten sich auf die Handhabung von Informationen aus.
- Von symmetrischer Einflußgestaltung durch Führung zur symmetrischen (lateralen) Kooperation.

Dieser – 1984 prognostizierte – grundlegende Wandel des gesellschaftlichen Umfeldes und der Managementpraxis ist für Fredmund Malik der Anlaß, 1977 in seiner Habilitationsschrift einen grundlegenden Wandel, d. h. einen *Paradigmenwechsel* für die Management- und Organisationstheorie zu fordern, d. h. sich von dem traditionellen »konstruktivistisch-technomorphen Paradigma« zu verabschieden und sich auf die Suche nach einem »systemisch-evolutionären Paradigma« zu machen. Im einzelnen bedeutet das (Malik 1992, S. 49 ff.):

- Management als Gestaltung und Lenkung ganzer Institutionen in ihrer Umwelt statt Menschenführung,
- Management als Führung vieler Menschen statt Führung weniger,
- Management als Aufgabe vieler statt als Aufgabe weniger,
- Management als indirektes Einwirken auf der Metaebene statt direktes Einwirken auf der Objektebene,
- Management unter dem Kriterium der Steuerbarkeit statt Optimalität,
- Management verfügt nie über ausreichendes Wissen statt Management einer ausreichenden Informationsbasis,
- Management mit dem Ziel der Maximierung der Lebensfähigkeit statt Maximierung des Gewinnes.

Diese Impulse möchte ich im folgenden aufnehmen und versuchen, einige Aspekte jenes neuen Paradigmas zu konkretisieren, indem ich mich mit der Ideengeschichte des *Organisationslernens* auseinandersetze und dabei die Frage stelle, ob und in welchen Hinsichten in jenen Theorien ein zukunftsweisendes und -eröffnendes Management- und Organisationsparadigma aufscheint. Diese Überlegungen führen zu dem Problem, wie sich zukünftig die Beziehung des einzelnen zu seinem Unternehmen gestalten wird und was in Zukunft das sein wird, was man heute noch recht arglos als »Organisation« bezeichnet. Ich vermute, daß man diese Frage nicht beantworten kann, ohne auf eine Kategorie einzugehen, die in der traditionellen Management- und Organisationstheorie noch keinen Sinn macht: nämlich *Managementbildung*. Managementbildung ist – so mein Vorschlag – eine Qualität des Lernens von Managern, die sie befähigt, sich und ihr Unternehmen und die unhintergehbare Spannung zwischen beidem, also die Spannung zwischen dem Einzelnen und dem Ganzen, zukunftseröffnend zu entwickeln, – und zwar im Sinne der Entfaltung und Steigerung von *Humanität*. Managementbildung und Organisationsbildung sind dabei zwei Seiten ein und derselben Medaille, – genauso wie Managementlernen und Organisationslernen.

Die heraufziehenden Turbulenzen in der Gesellschaft und speziell der Wirtschaft haben zwei Wurzeln, die eng miteinander zusammenhängen, nämlich eine *technologische* und eine *kulturelle*. Die Komplexität und Dynamik der heutigen Managementpraxis ist zum einen das Resultat einer Entwicklung, die dadurch gekennzeichnet ist, daß in den letzten Jahrzehnten sich die *Informations- und Kommunikationstechnologien* in einem dramatischen Tempo entwickelt haben, so daß der Austausch und die Verarbeitung von Informationen heute kaum noch durch zeitliche und räumliche Restriktionen begrenzt wird. Das bedeutet zweierlei: Erhöhte Komplexität für Analyse-, Planungs- und Entscheidungsprozesse und eine immer schneller werdende Entwicklungsdynamik. Es ist zu erwarten, daß diese Steigerung von Komplexität und Dynamik keine historische Übergangsphase ist, sondern das vielleicht einzig stabile und verläßliche Merkmal der näheren und ferneren Zukunft sein wird. Huber und Glick (1993, S. 6) sehen die letztliche Ursache für diese Entwicklung in einer exponentiellen Steigerung wissenschaftlichen Wissens, das eine Technikentwicklung stimuliert, die ständig wachsende Steigerungsraten managementpraktischen Wissens produziert bzw. verlangt. Management wird deshalb immer mehr zum Wissens- und Lernmanagement. Die organisationale Wissensbasis – einer der Zentralbegriffe in der Theorie des Organisationslernens (siehe v. a. Duncan/Weiss 1979; Pautzke 1989; Schüppel 1995) – wird zu einem zunehmend wichtiger werdenden Schlüsselfaktor der Unternehmensführung.

Die Notwendigkeit fundamentalen Wandels von Organisationen und radikalem Umdenken im Management hat neben der technologischen noch eine zweite, eine kulturelle Wurzel. Denn technologische Entwicklungen haben unsere Welt nicht nur ständig komplexer und dynamischer, sondern sie auch immer gefährlicher gemacht; sie haben sie von einer vorindustriellen zur industriellen Gesellschaft und schließlich zur *Risikogesellschaft* (Beck 1986, 1993) transformiert. Die Denkgrundlage der Industriegesellschaft, der *Fortschrittsglaube der Moderne,* ist spätestens nach Tschernobyl irreparabel erschüttert. Die Reaktion auf diesen kulturellen Einbruch, der häufig auch in den größeren Zusammenhang des sogenannten Wertewandels gestellt wird, ist zwiespältig: Die *Kulturpessimisten* rufen zur Umkehr auf und setzen sich für einen Entwicklungsstopp risikoproduzierender Technologien ein. Ihnen stehen die *Kulturoptimisten* gegenüber. Sie gliedern sich in zwei Lager: Das Gros hält unbeirrt am Fortschrittsglauben der Moderne fest und geht davon aus, daß es in Kürze gelingen wird, jene Risiken wieder in den Griff zu bekommen. Ihre Parole heißt: Durchhalten; – über kurz oder lang wird alles wieder so, wie es bisher war, nämlich planbar, beherrschbar, kontrollierbar! Dieser Optimismus wird nicht nur von den Kulturpessimisten als *unverantwortlich naiv* abgelehnt; Kritik kommt auch aus dem Lager der Kulturoptimisten, nämlich von denjenigen, die davon überzeugt sind, daß man die Entwicklungsdynamik der Technik nicht einfach stoppen und das Rad der Geschichte nicht zurückdrehen kann. Ihre Antwort heißt: Einmischung und Mitgestaltung, aber nicht im Rahmen und auf der Grundlage des industriegesellschaftlichen Fortschrittsglaubens der Moderne, sondern ausgehend vom Standpunkt der *Risikogesellschaft* (siehe v. a. Beck 1986, 1993). Es ist der Standpunkt der Postmoderne, das Unplanbare zu planen, ohne dabei naiv seine Planbarkeit zu unterstellen; – es geht darum, das Unkontrollierbare zu kontrollieren, ohne dabei naiv seine Kontrollierbarkeit zu unterstellen. Kurz: Postmodernes Denken in der Organisations- und Managementtheorie (siehe z. B. Blackler 1992; Bretz 1988; Clegg 1990; Gergen 1992; Götz 1994; Knyphausen 1988) ist ein Denken in Paradoxien, weil nur so die Paradoxien der Risikogesellschaft denkbar, erfaßbar und mitgestaltbar werden. Der von Ulrich Beck (1986, 1993) leidenschaftlich verfolgte Appell dieses neuen Denkens ist der Aufruf zur *konsequenteren Entfaltung von Rationalität.* Seine Kritik an der industriegesellschaftlichen Moderne lautet: Die Moderne fokussiert ihre Rationalität primär auf die Entwicklung und den Einsatz von Mitteln. Technik, Management und Organisationen sind industriegesellschaftlich betrachtet rationale Mittel und Instrumente, deren Einsatz allerdings nur einer halbierten Rationalität (siehe dazu auch Habermas 1981; Ulrich 1986) folgt, weil die Rationalität der letztlichen Ziele und Zwecke, denen sie dienen, ins Dunkel eines unaufgeklärten Glaubens, eben des Fortschrittsglaubens, gehüllt bleiben. Der Aufstieg und Erfolg der Moderne beruhte auf der Entfaltung dieser Rationalität, mit deren Hilfe sie die vorindustrielle Gesellschaftsformation auf den »Kehrrichthaufen der Geschichte« warf. Die Methode dieses Erfolgs war und ist die *Methode des Zweifelns und Fraglichmachens,* – allerdings immer nur beschränkt auf die Sphäre der Mittel und Instrumente. Diese Einsicht gibt den m. E. entscheidenden Hinweis, wie die an die Grenzen ihres Wachstums stoßende Moderne in ein neues zukunftsweisendes und -eröffnendes Paradigma, nämlich dasjenige der Postmoderne zu transformieren ist: Die Methode des Zweifelns und Fraglich-machens muß konsequent auch auf den Bereich der obersten Ziele und der ihnen zugrunde liegenden Vorannahmen angewandt werden.

Mit diesem Gedanken betreten wir kein absolutes Neuland. Denn es gibt bereits seit langem einen Praxisbereich, für den jene Methode konstitutiv ist. Es ist die *pädagogische* Praxis und ihr Bemühen um die *Bildung* des Subjekts. Denn das, was Bildung ist, kann im Gegensatz zur Qualifikation (vgl. Kade 1983; Strunk 1988) nicht vorgegeben und als Vorgegebenes angeeignet werden. Bildung ist vielmehr das immer vorläufige Zwischenergebnis eines Suchens sowohl nach dem richtigen Wissen, Können, Wollen und Glauben. In der neueren Ideengeschichte der Pädagogik (siehe dazu z. B. Marotzki 1990; Musolff 1989) ist dieser Standpunkt und die ihm zugrunde liegende Methode des Zweifelns und Fraglich-machens nicht immer ganz konsequent entfaltet worden. Für mich ist deshalb Ulrich Becks (1993, S. 249 ff.) Rat wichtig, jene Methode auch reflexiv auf sich selbst anzuwenden, also auch den Zweifel in Frage zu stellen, um nicht zu verzweifeln. Diesen Gedanken möchte ich gerne mit der von Benner (1991, S. 25 ff.) gestellten Frage, was *Praxis* sei, und mit seiner Antwort verbinden, daß Praxis sich durch menschliches Handeln konstituiert und daß dieses grundlegend unvollkommen und deshalb bedingungslos entwicklungsbedürftig ist. Der Mensch muß sich sein Leben lang lernend suchen, weil sein Wesen nicht durch die Natur festgelegt ist. Seine unbestimmte Bestimmtheit ist die Offenheit, die Prange (1978, S. 45 ff.) im Anschluß an Loch (1963, S. 82 ff.) als *»offene Frage«* beschreibt. Alles Wissen, Können, Fühlen, Wollen und Glauben des Menschen ist zutiefst fraglich, weil es von Grund auf unvollkommen ist. Diese Unvollkommenheit zwingt den Menschen, offen zu sein für Alternativen und sich lernend mit ihnen auseinanderzusetzen, – eine Erkenntnis der geisteswissenschaftlichen Pädagogik, die heute nicht nur bei der Suche nach dem neuen Paradigma der Postmoderne von Bedeutung ist, sondern die auch in der Diskussion um autopoietische Systeme (Luhmann 1984; Maturana/Varela 1987; Schmidt 1992) rezipiert werden sollte. Denn die Definition, die Benner für das Phänomen »Praxis« gibt, lautet:

»Eine Tätigkeit kann dann als Praxis bezeichnet werden, wenn sie erstens in einer Imperfektheit des Menschen ihren Ursprung, ihre Notwendigkeit hat, diese Not wendet, die Imperfektheit aber als solche nicht aufhebt, und wenn sie zweitens den Menschen in einer Weise bestimmt, daß diese Bestimmung durch die Tätigkeit selbst erst hervorgebracht wird, also nicht unmittelbar aus der Imperfektheit resultiert« (Benner 1991, S. 27).

Anschließend an diese – hier nur andeutungsweise mit wenigen Stichworten umrissene – Skizzierung kann man in dem Aufruf zu einem Paradigmenwechsel der Organisations- und Managementtheorie den Aufruf heraushören, daß die *Organisations- und Managementpraxis aufbrechen und sich auf den Weg machen muß, sich in eine pädagogische Praxis zu transformieren.* Hinter dieser These steht die Auffassung, das *Paradigma der Postmoderne, d. h. der Risikogesellschaft als eine Pädagogisierung aller Lebensbereiche zu konzeptionalisieren,* – und zwar einer Pädagogisierung, die das traditionelle Modernitätsmerkmal der Pädagogik überwindet, nämlich ihre gesellschaftliche Ausgliederung in iterativ differenzierte und entsprechend professionalisierte Spezialpraxen (Schulen, Kindergärten, Sozialeinrichtungen, Volkshochschulen u. a. m.). Postmoderne, d. h. risikogesellschaftliche Pädagogisierung aller Lebensbereiche heißt demgegenüber: Verunsicherung und Lösung aller Lebensbereiche von unzweifelhaften Selbstverständlichkeiten des Wissens, Könnens, Wollens, Fühlens und Glaubens mit der Folge einer zunehmenden Dynamisierung im Sinne eines infiniten Suchens und Zweifelns, d. h. eines ubiquitären lebenslangen Lernens.

Eine solche Auffassung bietet im Rahmen der momentanen Diskussion um Organisation und Management vielfältige Anschlußmöglichkeiten. Hammer und Champy (1993) empfehlen jedem Manager, jede seiner Routinen und die gesamte gewachsene Organisationsstruktur seines Unternehmens zunächst einmal in Gedanken und ggf. auch in Wirklichkeit zu zerschlagen, um mit diesem Trümmerhaufen die einzigartige Chance zu bekommen, noch einmal ganz neu von vorne anfangen und alles besser machen zu können. Die Methode des Zweifelns und Fraglich-machens hat radikal Einzug gehalten in den Bereich des Managements, – und zwar nicht als kulturpessimistische Larmoyanz, sondern als Ausdruck einer neuen Hoffnung und Vitalität. In ihr spiegelt sich eine merkwürdige Paradoxie. Je mehr die Unternehmen unter Druck – von seiten der Konkurrenz, der Kunden, der Öffentlichkeit, der Politik und Gesetzeslage – geraten und je lebensbedrohlicher ihre Lage wird, desto stärker werden – nicht bei allen, aber bei sehr vielen – Kreativität und Vitalität stimuliert. Die engen Käfige der Fach- und Führungsseminare, in die betriebliches Lernen bisher eingesperrt war, öffnen sich und Lernen wird zum Flächenbrand, der alles erfaßt. Die Diskussion um Lean Management (siehe z. B. Pfeiffer/Weiß 1992) und die überall gestarteten Versuche, diese neue Organisationsphilosophie mehr oder weniger gut verstanden und mehr oder weniger konsequent oder bruchstückhaft auf das eigene Unternehmen anzuwenden, belegen diese Auffassung. Die Oberfläche der Organisations- und Managementrealität wird zunehmend komplexer und dynamischer, – stimuliert durch eine tiefenstrukturelle Entwicklungslogik, die zum einen bestimmt wird durch das immer noch vitale Paradigma der industriegesellschaftlichen Moderne mit seiner mittel- und instrumentenfokussierten Rationalität und seinem unerschütterlichen Fortschrittsglauben, der eine rationale Durchdringung der entwicklungsleitenden Ziele und Zwecke substituiert. Dieses Paradigma reibt sich zunehmend stärker mit dem vorrückenden Paradigma der Postmoderne, die dazu aufruft, jenen naiven Fortschrittsglauben aufzugeben und durch Rationalität zu ersetzen, indem alles das, von dem man bisher als quasi-naturwüchsiger Gegebenheit ausging, in Zweifel gezogen und fraglich gemacht und damit für Lernen erschlossen wird.

2. Managementbildung und Organisationslernen als Ansprüche einer zukunftsweisenden Organisations- und Managementtheorie

Diese Lageeinschätzung markiert den Ausgangspunkt, von dem aus ich die Diskussion um ein zukunftsweisendes und zukunftseröffnendes Management zum Aufbau bzw. zur Entwicklung postmoderner Organisationen, d. h. von Organisationen, die sich den Aufgaben der Risikogesellschaft konsequent stellen, einen Schritt weiterführen möchte zu der These: Ein zukunftsweisendes und zukunftseröffnendes Management muß das industriegesellschaftliche Paradigma einer Sozialtechnologie überschreiten; – es muß ein konsequent rationales Management sein, dessen Rationalität sich nicht auf die Sphäre der Mittel und Instrumente beschränkt, sondern auch diejenige der letztlichen Ziele und der ihnen zugrunde liegenden Vorannahmen (basic assumptions) abdeckt. Um die Idee eines solchen – im Sinne der Risikogesellschaft postmodernen – Managements zu entfalten, erscheint es sinnvoll, auf den Begriff der *Bildung* und auf die hinter ihm stehende Ideengeschichte zurückzugreifen und *Managementbildung* in das konzeptionelle Zentrum jenes Vorhabens zu stellen. Das bedeutet, konzeptionell etwas zu integrieren, was seit dem Neuhumanismus als grundsätzlich unintegrierbar erscheint: Management und Bildung. Um eine mit Blick auf die Diagnose der Ausgangslage zukunftsweisende und zukunftseröffnende Vorstellung von Managementbildung zu entwickeln, kann dabei allerdings nicht bruchlos in jeder Hinsicht an die Ideengeschichte der Bildung angeknüpft werden, – denn in ihr spiegelt sich zum Teil auch die Geschichte der Moderne. Eine tragfähige Konzeption von Managementbildung setzt eine kritische Sichtung der verschiedenen Strömungen und Traditionslinien des Bildungsbegriffs voraus und verlangt eine klare Abgrenzung gegen individualistische Engführungen. Bildung ist ein Konzept, das das je einzelne Subjekt in den Mittelpunkt stellt und von ihm erwartet, daß es die Möglichkeiten dessen entfaltet, wozu es konstitutiv in der Lage ist, nämlich das Subjekt seiner individuellen und der gesellschaftlichen Geschichte zu sein (siehe v. a. Benner 1978, S. 18 ff.; Blaß 1978, S. 17 ff.). Bildung ist nicht ein Ergebnis und Zustand, sondern ein permanent Ergebnisse produzierender Prozeß einer individuellen und gesellschaftlichen Entwicklung, in deren Mittelpunkt das die Möglichkeiten seiner Bildsamkeit entfaltende Subjekt steht. Bildlich läßt sich diese Gedankenfigur als ein Kreis darstellen: Bildung ist der Kreis der gesellschaftlichen und individuellen Entwicklung, die an jeder Stelle auf einen bestimmten Punkt weist, nämlich auf den Mittelpunkt, d. h. auf das Subjekt als Herr seiner individuellen und gesellschaftlichen Geschichte. Diese in der Geschichte der Erziehungswissenschaft herausgearbeitete Gedankenfigur ist heute – in der Risikogesellschaft – nicht minder aktuell als zu Beginn dieser Geschichte im 18. und 19. Jahrhundert. Auf der anderen Seite jedoch ist zu prüfen, ob Bedingungen für Bildung heute nicht eine zum Teil grundlegend andere Qualität haben als damals, als die großen Bil-

dungskonzeptionen der Erziehungswissenschaft geschrieben wurden. Denn die Welt Kants, Herbarts, Humboldts und Schleiermachers war – abgesehen von den beiden Großorganisationen Staat und Kirche – noch nicht eine *Welt der Organisationen.*
Die großen Bildungstheoretiker unseres Jahrhunderts, – von Spranger, Litt, Nohl und Weniger bis hin zu Blankertz, Klafki und Mollenhauer – haben das m. E. nicht deutlich genug gesehen bzw. nicht konsequent genug thematisiert. Die Tatsache, daß Organisationen heute eine Bedeutung haben, die eine historisch gänzlich neue Qualität hat, ist für mich der Anlaß, darüber nachzudenken, neben die Kategorie des *Individualsubjekts* diejenige der *Organisation* als Kollektivsubjekt zu stellen und eine Traditionslinie des Bildungsbegriffs aufzunehmen und weiterzuentwickeln, die, so die historische Rekonstruktion von Hartmann (1995), auf Wilhelm von Humboldt zurückgeht, der mit Blick auf die Großorganisation Staat und v. a. Militär einen Bildungsbegriff entwickelt, der das Spannungsverhältnis zwischen Individual- und Kollektivsubjekt ausleuchtet. Es ist eine Konzeption, bei der das Subjekt im Mittelpunkt aller Entwicklung steht, – es ist – zumindest potentiell – das Subjekt seiner individuellen und der gesellschaftlichen Geschichte. Aber neben ihm sehe ich – wie bei einer Ellipse – noch einen zweiten Mittelpunkt, nämlich die Organisation als Kollektivsubjekt. Der damit angesprochene Paradigmenwechsel ist kein völliger Bruch mit dem Alten, sondern eine Blickwinkelveränderung. Um im Bild zu bleiben: Der Kreis ist das Ergebnis einer ganz bestimmten Betrachtung eines Kegels; ändert man geringfügig den Standpunkt, wird aus dem Kreis eine Ellipse.
Es wird zu klären sein, ob das programmatische Vorhaben, neben die Kategorie des Individualsubjekts diejenige des Kollektivsubjekts zu setzen, tragfähig ist, und ob Organisationen sinnvoll als Kollektivsubjekte thematisiert werden können. Das Motiv, eine solche Diskussion zu führen, ist ein Interesse an der Praxis: Ich suche nach einer Gedankenfigur, mit deren Hilfe man die *Qualität betrieblicher Entwicklungsprozesse auf eine höhere Stufe der Humanität heben* kann. Betriebliche Entwicklungsprozesse müssen – so mein Anliegen – zu *betrieblichen Bildungsprozessen* werden. Das allerdings setzt eine Vorstellung von Managementbildung und Organisationsbildung als Bildung einzelner Individualsubjekte und als Bildung von Kollektivsubjekten voraus. Nur wenn eine konzeptionelle Integration beider Kategorien gelingt, wird es m. E. möglich sein, die bisher im Käfig schöner, aber in der Regel weithin folgenloser Führungskräfteseminare gehaltene Managementbildung, der es im Grunde nicht um die Bildung, sondern nur um die funktional stromlinienförmige Qualifizierung von Managern geht (Meueler 1993, S. 161 ff.), zu befreien und ihr implizites Rationalitätspotential zu entfalten. Kurz: Eine Konzeption von Managementbildung, die den Namen Bildung verdient, ist im Rahmen einer bildungstheoretisch begründeten Theorie des Organisationslernens zu entwickeln.

Ein solcher Zugriff impliziert eine Veränderung des Blickwinkels. Es ist nicht mehr angemessen, sich vorrangig auf *Ergebnisse* und ihre Qualität zu konzentrieren, also auf die erstellten bzw. zu erstellenden Produkte, auf die Maschinen, mit deren Hilfe produziert wird, auf die Organisationsstruktur, die der Arbeit einen Rahmen gibt, und auf die Organisationsstrategie, die einen bestimmten Weg in die Zukunft weist. Statt dessen ist auf die *Prozesse* und ihre Qualität zu blicken, d. h. auf die individuellen Arbeitsprozesse, auf deren wechselseitige Abstimmung durch Prozesse des Organisierens, auf den Prozeß der Qualitätssicherung und -verbesserung des Arbeitens und Organisierens, – und zwar sowohl durch individuelles Lernen wie auch durch wechselseitig zwischen den einzelnen abgestimmtes kollektives Lernen, d. h. durch Organisationslernen. Mit dieser Blickwinkelveränderung einer postmodernen Organisations- und Managementtheorie löst sich zunehmend das auf, was man bisher als Organisation bezeichnet hat und von dem man glaubte, es wie ein Ding behandeln zu können. An seine Stelle wird – so meine Einschätzung – eine neue Begrifflichkeit treten müssen, die der Ganzheitlichkeit von Arbeiten, Organisieren und Lernen Rechnung trägt.

3. Desiderate der bisher vorliegenden Ansätze zum Organisationslernen

Betrachtet man die bisher vorliegenden Konzeptionen zum Organisationslernen vom Standpunkt der oben formulierten Ansprüche, präsentieren sie sich als insgesamt noch recht unsichere Versuche, so daß man konstatieren muß: Eine tragfähige Theorie des Organisationslernens gibt es noch nicht; – was vorliegt, sind konzeptionelle Ansätze und Fragmente. Sie im einzelnen vorzustellen und ihre jeweiligen Anschlußmöglichkeiten zu rekonstruieren, ist an anderer Stelle geleistet worden (Geißler 1994 a). Aufbauend hierauf möchte ich versuchen, einen Schritt weiter zu kommen und erste Umrisse einer Bildungstheorie des Organisationslernens zu skizzieren, die dem Anspruch gerecht wird, eine *postmoderne, d. h. risikogesellschaftliche Theorie der Organisation und des Managements* vorzuzeichnen und dabei gleichzeitig eine *systemische Lerntheorie* zu sein.

Über Organisationslernen kann man nicht nachdenken, ohne eine Vorstellung über den Menschen und sein Lernen und über das zu haben, was man *Organisation* nennt. In der Ideengeschichte des Organisationslernens werden jene Vorstellungen nur ansatzweise explizit gemacht. Ein vertieftes Verständnis von Organisationslernen ist m. E. jedoch nur dann möglich, wenn man sie systematisch rekonstruiert. Wegen der hier gebotenen Kürze der Darstellung kann ich dabei nicht auf die gesamte Breite der Ideengeschichte des Organisationslernens eingehen, sondern werde mich vor allem auf drei Ansätze beschränken. Die beiden ersten stehen am Anfang jener Theoriegeschichte und haben sie nachhaltig geprägt. Es sind die 1978 erschienene Monographie von Argyris/Schön: »Organizational Learning: A Theory of Action Perspective« und der von Duncan und Weiss 1979 publizierte Aufsatz: »Organizational Learning: Implications for Organizational Design«. Eine dritte, meiner Vermutung nach nicht minder wegweisende Publikation, die am vorläufigen Ende jener Ideengeschichte steht, ist das von Probst und Büchel verfaßte Werk »Organisationales Lernen«. Obwohl die beiden erstgenannten Schriften breiteste Beachtung und Wertschätzung gefunden haben, sind sie – soweit ich sehe – bis hin zum Werk von Probst und Büchel recht selektiv und häufig philologisch inkorrekt rezipiert worden. So werden Duncan und Weiss als die Väter des Begriffs »organizational knowledge base« und Argyris/Schön als diejenigen zitiert, die zwei bzw. drei Qualitätsebenen des Organisationslernens unterscheiden, nämlich »single-loop learning« und »double-loop learning« sowie – programmatisch eingeführt, aber konzeptionell nicht entfaltet – »deutero learning«. Übersehen wird dabei, daß Duncan/Weiss eine Organisationstheorie zugrunde legen, die vorbehaltlos dem von Max Weber konzeptionell entfalteten Paradigma einer industriegesellschaftlichen Organisation und dem ihr zugrunde liegenden Vernunftmodus der Zweckrationalität folgen. Es ist deshalb nicht unproblematisch, wenn z. B. Pautzke (1989) und Kirsch (1990, S. 500 ff.) und neuerlich auch Probst/Büchel (1994) dem Begriff der organisationalen Wissensbasis eine konzeptionell zentrale Bedeutung geben und gleichzeitig den Anspruch stellen, der Organisations- und Managementtheorie zukunftsweisende Perspektiven zu erschließen. Im Prinzip in der gleichen Weise, wenn auch nicht mit derselben Schärfe, muß auch die Rezeptionsgeschichte der von Argyris/Schön elaborierten zwei bzw. drei Qualitätsebenen des Organisationslernen kritisiert werden. Denn Argyris/Schön legen eine Organisationstheorie zugrunde, die die Organisation im wesentlichen nur als eine empirisch-analytisch die Realität analysierende und entsprechend zweckrational bearbeitende »agency« thematisiert und nur am Rande als eine hermeneutisch die Welt und sich selbst verstehende und kulturell und politisch normativ handelnde »polis« verstehbar macht und deshalb m. E. wenig anschlußfähig ist für Konzeptionen der Unternehmenskultur, - politik und – ethik.

Zu dieser Kritik kommt hinzu, daß beide Konzepte nicht befriedigend die Frage beantworten können, was individuelles von organisationalem Lernen unterscheidet, so daß sie sich nicht gänzlich dem Vorwurf entziehen können, den Begriff »Organisationslernen« metaphorisch zu gebrauchen. So beschränken Duncan/Weiss mit ihrem Zentralbegriff der organisationellen Wissensbasis ihre Überlegungen auf das Produkt organisationell kollektiven Lernens und lassen völlig im Dunkeln, wie es sich jenseits individuellen Lernens konstituiert. Im Ergebnis dieselbe Kritik trifft auch Argyris/Schön. Denn sie wählen einen kognitionspsychologischen Ansatz, der Lernen grundsätzlich nur als Prozeß einzelner Individuen konzeptionalisierbar macht. Was Organisationslernen ist, schimmert nur vage in einigen Formulierungen durch, wie derjenigen, daß der Prozeß des Organisierens und damit stillschweigend auch Organisationslernen ein »cognitive enterprise« (Argyris/Schön 1978, S. 16) sei. Mit diesem Gedanken kommen die Autoren der Auffassung des Konstruktivismus nahe, daß jedes Individuum seine ganz privaten Vorstellungen und Bilder über sich und die Welt entwickelt und daß die Lebensfähigkeit (viability) dieser Vorstellungen und Bilder in der Kommunikation mit anderen permanent getestet und weiterentwickelt wird. Auf diese Weise läßt sich das Phänomen des individuellen Lernens in Organisationen differenziert entfalten, nicht aber eine Organisationstheorie begründen. Denn dazu ist es notwendig, eine Vorstellung darüber zu haben, wie sich überindividuelle Einheiten konstituieren.

4. Drei Ebenen der Vernunftentfaltung durch Organisationslernen

Die Ideengeschichte des Organisationslernens ist nicht nur eine Geschichte gescheiterter Ansätze; – sie ist gleichermaßen auch eine Fortschrittsgeschichte, die zu einem immer besseren Verständnis des Phänomens »Organisationslernens« geführt hat. Unter diesem Aspekt möchte ich zunächst nochmals auf die Theorie von Argyris/Schön und auf die auf sie zurückgehende Rezeptionsgeschichte der Begriffe »single-loop learning«, »double-loop learning« und »deutero learning« zurückgreifen. Die Analyse macht deutlich, daß die meisten Autoren sich genauso wie Argyris/Schön nur auf »single-loop learning« und »double-loop learning« konzentrieren und große Schwierigkeiten mit dem Konzept des »deutero learning« haben, weil sie sich implizit auf das Paradigma eines zweckrationalen Problemlösens festlegen. Ich bin bisher dieser Rezeptionsgeschichte gefolgt und habe »single-loop learning« und »double-loop learning« als zwei Qualitätsstufen zweckrationalen Problemlösungslernens konzipiert: »Single-loop learning« meint in diesem Sinne den rationalen lernstimulierenden Umgang mit Mitteln und Instrumenten bei gegebenen Zielen, Normen und Standards und kann als *organisationelles* Anpassungslernen (Geißler 1993, S. 75 ff.) bezeichnet werden, während »double-loop learning« jene Ziele, Normen und Standards rational ausleuchtet und sie zum Objekt eines, wie ich es nenne, *strategischen Erschließungslernens* (Geißler 1993, S. 77 ff.) macht. Für Reflexions- und Lernprozesse geöffnet werden dabei aber nicht alle Ziele, Normen und Standards, sondern nur diejenigen, die einen abgeleiteten, also keinen letztlichen Stellenwert haben. Auch »double-loop learning« ist deshalb ein Lernen mit beschränkter Reichweite. Sein »blinder Fleck« sind die »underlying basic assumptions« (Schein 1985) des je einzelnen und der gesamten Organisationskultur. Aus diesem Grunde erscheint es sinnvoll, »deutero learning« als die dritte Qualitätsebene von Organisationslernen zu konzeptionieren, die die

Beschränkungen zweckrationaler Vernunft überwindet und ein Lernen im Umgang mit Sinn, d. h. mit Deutungsmustern, Erkenntnis- und Handlungsinteressen ermöglicht (Geißler 1994 a; Sattelberger 1991; Senge 1990). Ich halte diesen Ansatz für sinnvoll, weil er fruchtbare Anschlüsse an die Ideengeschichte des Bildungsbegriffs eröffnet, indem der Bildungstheorie Möglichkeiten aufgezeigt werden, wie sie gewisse Blickwinkelverengungen auf das je einzelne Individuum überwinden kann, und indem der Organisationstheorie mit dem Begriff des *organisationskulturellen Identitätslernens* (Geißler 1993, S. 80 ff.) ein Weg gewiesen wird, das Webersche Paradigma der Moderne zu überwinden und ein die Aufgabenstellung der Risikogesellschaft aufnehmendes postmodernes Paradigma zu elaborieren.

Neben dem Vorschlag, die von Argyris/Schön nur postulierte, aber nicht entfaltete Konzeption von »deutero learning« in dieser Weise weiterzuentwickeln, gibt es aber noch eine zweite Möglichkeit (siehe Klimecki u. a. 1991; Pawlowsky 1992; Probst 1994; Probst/Büchel 1994; Reinhardt 1993). Sie besteht darin, die Traditionslinie aufzugreifen und zu explizieren, an die Argyris/Schön mit ihrem Begriff »deutero learning« anknüpfen, nämlich die Lerntheorie Gregory Batesons (1981). Lernen wird hier aufgefaßt als ein systemisch geschachtelter Prozeß, der aus insgesamt fünf verschiedenen Ebenen besteht. Lernebene O meint ein rigides Reiz-Reaktions-Lernen; Ebene I bezieht sich auf ein problemlösungsfähiges Lernen im Umgang mit Erkenntnis- und Handlungsobjekten; Ebene II hebt auf ein Lernen ab, das sich mit den v. a. durch zwischenmenschliche Beziehungen bestimmten Rahmenbedingungen auseinandersetzt; Ebene III beschreibt das Lernen, wie man mit den Ebenen O – II umgeht, d. h. wie man lernt zu lernen; und die Ebene IV, die von Bateson nur andeutungsweise ausgeführt wird, thematisiert ein Lernen in der existentiellen, spirituellen Dimension des Subjekts (siehe dazu auch die zusammenfassende Darstellung bei Marotzki 1990, S. 34 ff.). Auf diese Lerntheorie, die ausdrücklich eine Theorie individuellen Lernens ist, beziehen sich Argyris/Schön und parallelisieren die Ebene I mit »single-loop learning«, die Ebene II mit »double-loop learning« und die Ebene III mit »deutero learning«. Was damit inhaltlich gemeint ist, führen Probst (in diesem Band) und Probst/Büchel (1994) unter den Begriffen Anpassungs-, Veränderungs- und Prozeßlernen aus. *Anpassungslernen* (Lerntyp 1) ist dabei identisch mit dem, was Argyris/ Schön als »single-loop learning«, Geißler (1993) als »organisationelles Anpassungslernen«, Hedberg (1981) und Senge (1990) als »adaptive learning«, Klimecki/Probst/Eberl (1991) als »Verbesserungslernen« und Sattelberger (1992) als »Organisationsänderung« bezeichnen. Dieser Überblick macht deutlich, daß in der Literatur weitgehende Übereinstimmung über die erste Qualitätsstufe von Organisationslernen herrscht. Ein ähnlicher Konsens liegt bezüglich der zweiten und dritten Stufe nicht vor. Es ist deshalb m. E. irreführend, wenn Probst/Büchel (1994, S. 178) in ihrem tabellarischen Überblick dem Leser den Eindruck vermitteln, daß es bezüglich dessen, was sie als »Veränderungslernen« (Lerntyp 2) und als »Prozeßlernen« (Lerntyp 3) bezeichnen in der scientific community einen unzweifelhaften Konsens gibt. Ich halte es für nicht unproblematisch, *»Veränderungslernen«* (Probst/Büchel 1994) mit »turnover learning« (Hedberg 1981) und »Organisationsentwicklung« (Sattelberger 1992) gleichzusetzen und *»Prozeßlernen«* (Probst/Büchel 1994) mit »turnaround learning« (Hedberg 1981) und »Organisationstransformation« (Sattelberger 1992) konzeptionell zu parallelisieren. Meines Erachtens ist der von Probst und Büchel gewählte Begriff des »Veränderungslernens« nämlich so breit angelegt, daß er sowohl das subsummiert, was ich als strategisches Erschließungslernen bezeichne, wie auch das, was ich »organisationskulturelles Identitätslernen« nenne. Denn Probst/Büchel (1994, S. 36) betonen, »daß Veränderungslernen nicht einfach prospektive Anpassung an problematische Umweltkonstellationen oder Erzeugung von know how zu deren Bewältigung bedeutet, sondern daß es sich hier um eine Veränderung der Interessenslagen und Werthaltungen einzelner Kollektivmitglieder oder Subkollektive handelt (. . .).« Angesichts eines so breit angelegten Verständnisses von »Veränderungslernen« stellt sich die Frage, welcher Bereich von Organisationslernen dann noch für den dritten Lerntyp, also für das dem »Veränderungslernen« kategorial übergeordnete »Prozeßlernen« übrig bleibt. Diese Frage werde ich im nächsten Abschnitt diskutieren.

Im Rückblick auf die bisherigen Überlegungen lassen sich zusammenfassend zwei Zwischenergebnisse festhalten: Die vorliegenden Ansätze zum Organisationslernen markieren zum einen *unterschiedliche Grade der Vernunftentfaltung*. Rationalität im operativen Umgang mit Mitteln und Instrumenten, Rationalität bezüglich der strategischen Erschließung von Zukünftigem und Rationalität im Umgang mit normativen und werthaltigen Vorannahmen. Diese *drei Grade der Vernunftentfaltung* sind für den Bereich der gesamten Organisation wie gleichermaßen auch für jedes einzelne Organisationsmitglied – also auch für den Manager –, d. h. für sein Arbeiten und Lernen von Bedeutung. Organisationstheoretisch sind sie mit Bezug auf Fragen der Unternehmensstruktur, -strategie und -kultur auszulegen und – so mein Vorschlag – als organisationales Anpassungslernen, strategisches Erschließungslernen und organisationskulturelles Identitätslernen zu entfalten. Für das je einzelne Subjekt bedeutet das ein dreifaches Arbeiten und Lernen. Es muß erstens vom Unternehmen vorgegebene Arbeits- und Lernziele erreichen; es muß zweitens in der Lage sein, sich selbst die richtigen Arbeits- und Lernziele zu setzen; und drittens sollte jedes Organisationsmitglied die Fähigkeit haben, die seinem Arbeiten und Lernen zugrunde liegenden Vorannahmen (basic assumptions) kritisch zu reflektieren. Nur so ist ein organisationskulturelles Identitätslernen möglich, das sich erfolgreich gegen die in Theorie und Praxis vorherrschende Tendenz wehren kann, Organisationskultur unternehmensstrategisch zu instrumentalisieren (siehe z. B. Heinen 1987; Kobi/Wüthrich 1986; Peters/ Waterman 1986; Scholz/Hofbauer 1990). Diese drei Grade der Rationalitätsentfaltung konkretisieren sich – und das ist das zweite Ergebnis dieser Zwischenbilanz – in Aktivitäten, deren innere Struktur Bateson mit seinem Vorschlag aufgeschlüsselt hat, mehrere *hierarchisch gegliederte Lernebenen* zu unterscheiden. – Bezieht man diese beiden Erkenntnisse auf die Konzeption von Probst/Büchel, bedeutet das: Ihr Lerntyp 1 und 2, also das Anpassungs- und Veränderungslernen, begründen sich als unterschiedliche Grade der Vernunftentfaltung. Der Lerntyp 3, das Prozeßlernen, hingegen meint ein Lernen des Lernens und begründet sich mit Bezug auf die Erkenntnis verschiedener hierarchisch geschachtelter Lernebenen.

5. Organisationslernen als selbstreferentieller Prozeß

Die gerade vorgetragene Zusammenfassung kann nicht das Schlußwort dieses Beitrag sein. Denn trotz eines unzweifelhaften Erkenntnisfortschritts in der Ideengeschichte des Organisationslernens kann und darf dieser nicht über die oben markierten Desiderate hinwegtäuschen. Als besonders bedrückend muß dabei empfunden werden, daß zwar immer wieder betont wird, daß organisationales Lernen etwas qualitativ anderes sei als individuelles Lernen, bisher aber noch keine elaborierte Konzeption vorliegt, die jenseits programmatischer Worthülsen und metaphorischer Bilder eine stichhaltige Antwort auf die Frage gibt, was denn jene qualitative Andersartigkeit im einzelnen ausmacht. Einen Hinweis, wie dieses Desiderat überwunden werden könnte, hat Rüdiger Reinhardt (1993) mit seinem Versuch gegeben, die neuere Systemtheorie Luhmanns (siehe v. a. Luhmann 1984) für eine aussichtsreiche Theorie des Organisationslernens fruchtbar zu machen. Sein Kerngedanke ist, erstens Organisationslernen konsequent als Prozeßtheorie anzulegen und damit allen Verdinglichungsversuchungen, wie sie z. B. vom Begriff der organisationalen Wissensbasis ausgehen, zu widerstehen, und zweitens Organisationslernen als einen sozialen und nicht nur als einen psychischen Prozeß zu verstehen. Als Ausgangspunkt zum Verständnis der damit angedeuteten Konzeption bietet sich die von Luhmann aufgeworfene fundamentale Frage an, was denn eigentlich das Wesen dessen sei, was man als »Soziales« bezeichnet. Die nicht unkomplizierte Antwort, die er auf diese Frage gibt, operiert mit dem Begriff der »*doppelten Kontingenz*« (Luhmann 1984, S. 148 ff.). Gemeint ist damit der Sachverhalt, daß zwei Subjekte, die miteinander in Kontakt treten, ihr eigenes Verhalten auf dasjenige des anderen ausrichten müssen, ohne es allerdings exakt kalkulieren zu können. Denn der andere kann sich grundsätzlich immer ganz anders verhalten. Diese Kontingenz verkompliziert sich – und wird zur doppelten Kontingenz –, weil auch der andere sein Verhalten am Verhalten seines Gegenüber ausrichten muß, – d. h. an einem

Verhalten, das genauso kontingent ist, wie das eigene. Die sich so konstituierende doppelte Kontingenz ist das Schöpfungsmedium für die Erschaffung von etwas qualitativ Neuem, nämlich des Sozialen. In ihrer individuellen Einsamkeit sind alle Subjekte nur physische und psychische Wesen, d. h. sie reproduzieren sich durch physische und psychische Prozesse. Erst das Problem der doppelten Kontingenz macht sie zu sozialen Wesen.

Es erscheint mir sinnvoll, an dieser Stelle die Unterscheidung kategorial zwischen individuellem und organisationalem Lernen einzuführen und *individuelles* Lernen als einen *psychischen Prozeß* und *organisationales Lernen als einen sozialen Prozeß* auszuweisen. Beide Prozeßebenen heben auf grundsätzlich unterschiedliche Phänomene ab. Es muß deshalb sorgfältigst jede konzeptionelle Verwischung und Vermischung vermieden werden, obwohl in Wirklichkeit natürlich jedes Lernen immer ein individuelles und *soziales* Lernen ist. In der Praxis wird man nämlich niemals und nirgends ein Lernen finden, das nur individuelles und nicht gleichzeitig auch soziales Lernen ist oder das nur soziales ohne individuelles Lernen ist. Unter dieser Prämisse definiere ich *individuelles* Lernen als ein Konstrukt, das das Lernen eines »einsamen« Subjekts in Auseinandersetzung mit materiellen und geistigen Objekten meint. *Soziales* Lernen hingegen ist ein Lernen, mit den Problemen umzugehen, die sich aus dem ubiquitären Phänomen der doppelten Kontingenz ergeben. Organisationslernen ist dementsprechend ein Sonderfall von sozialem Lernen. Es muß dabei betont werden, daß für das Verständnis dessen, was ich hier als soziales Lernen nenne, die vorliegenden psychologischen Theorien zum sozialen Lernen (siehe v. a. Bandura/Walters 1963) wenig hilfreich sind und daß auch der Reformulierungsversuch von Holzkamp (1993), der die konzeptionelle Verengung und Verkümmerung der psychologischen Lerntheorien aufgrund ihrer einseitigen Ausrichtung auf empirisch-methodologische Aspekte anprangert, auch noch nicht den theoretisch-konzeptionellen Elaborationsgrad erreicht, den man mit Blick auf die Ansprüche Luhmanns erwarten muß.

Wenn man sich auf den Gedanken einläßt, Organisationslernen als eine Theorie sozialen Lernens zu begründen, stellt sich die Rückfrage, welche sozialen Aktivitäten, d. h. welche Kommunikationsprozesse es denn sind, die die Eigenschaft haben, soziale Einheiten wie z. B. Organisationen konstituieren zu können. Um diese Frage zu beantworten, kann nochmals der Gedanke von Bateson, mehrere hierarchisch gegliederte Lernebenen zu unterscheiden, aufgenommen werden. In diesem Sinne möchte ich den Vorschlag machen (Geißler 1995), vier Ebenen individueller Aktivitäten zu unterscheiden, nämlich

- Arbeitsprozesse (Lernebene O),
- Arbeitslernprozesse (Lernebene I),
- Lernmanagementprozesse (Lernebene II) und
- Persönlichkeitsentwicklungsprozesse (Lernebene III).

Der letztliche Ausgangs- und Bezugspunkt aller Lernprozesse sind *Arbeitsprozesse.* Um ihre Qualität zu sichern, – ein Anliegen, das in jüngster Zeit unter dem Stichwort »Total Quality Management« (siehe z. B. Bühner 1993; Frehr 1993) höchste Beachtung gefunden hat – ist es notwendig, sie zum Objekt entsprechender Kontrollaktivitäten zu machen. Ihr Ziel ist es, die Qualität der Arbeitsaktivitäten zu optimieren, – und zwar durch *Arbeitslernprozesse.* Auch sie müssen zum Objekt entsprechend übergeordneter Aktivitäten werden, um ihre Qualität zu sichern bzw. zu optimieren. Das ist die Aufgabe von *Lernmanagementprozessen,* die ihrerseits gesteuert werden durch *Persönlichkeitsentwicklungsprozesse.*

In einem nächsten Schritt ist es mit Hilfe des Konstrukts der doppelten Kontingenz möglich, die psychischen Prozesse individuellen Lernens in Prozesse sozialen Lernens zu transformieren. Grundlegend ist dabei die Erkenntnis, daß nicht nur »einsame« Arbeiter, sondern auch »einsame« Lerner im Moment ihrer wechselseitigen Kontaktaufnahme dem Problem der doppelten Kontingenz gegenüber stehen und gezwungen sind, ihre individuellen Lernaktivitäten – auf Lernebene I, II und III – wechselseitig abzustimmen, und zwar durch *kommunikative Abstimmungsprozesse.* Sie sind im Bereich sozialer Prozesse das Gegenstück zu dem, was im Bereich psychischer Prozesse individuelle Lernprozesse sind. Für eine *Theorie des Organisationslernens* bedeutet das, daß man mehrere hierarchisch geschichtete Prozeßebenen unterscheiden muß:

- Lernebene O: Kommunikative Abstimmung individueller Arbeitsprozesse
- Lernebene I: Kommunikative Abstimmung individueller Arbeitslernprozesse
- Lernebene II: Kommunikative Abstimmung individueller Lernmanagementprozesse
- Lernebene III: Kommunikative Abstimmung individueller Persönlichkeitsentwicklungsprozesse.

6. Umrisse einer Bildungstheorie des Organisierens

Vor dem Hintergrund der obigen Ausführungen möchte ich abschließend versuchen, die Umrisse einer Managementbildung und Organisationslernen integrierenden Konzeption zu skizzieren, die ich als Nukleus betrachten möchte für die Entwicklung einer Organisations- und Managementtheorie, die das Paradigma der industriegesellschaftlichen Moderne transzendiert. Der letztliche Aus- und Bezugspunkt dieser Konzeption sind die konkreten *Wertschöpfungsprozesse* der Organisation, die durch *objekt- bzw. inhaltsbezogene Arbeitsprozesse der je einzelnen Subjekte* erbracht werden, wobei diese nicht unbedingt Organisationsmitglieder sein müssen, sondern auch Zulieferer oder sogar Kunden der Organisation sein können.

Das oberste Anliegen einer jeden Organisation muß es sein, Kriterien für die Qualität dieser Arbeitsprozesse zu entwickeln und durchzusetzen. Diese Aufgabe entfaltet sich in drei wechselseitig aufeinander bezogenen Dimensionen:

Die *erste* Dimension zur Entwicklung und Durchsetzung von Qualitätskriterien für die Wertschöpfungsprozesse der Arbeit ist die Dimension des *individuellen Lernens.* Sie beinhaltet mehrere hierarchisch strukturierte Ebenen, nämlich diejenige der Arbeitslernprozesse, der Lernmanagementprozesse und der Persönlichkeitsentwicklungsprozesse. In Gegenüberstellung zur Wertschöpfungsebene der Arbeit kann man diese drei Lernebenen als Qualitätssicherungsebenen bezeichnen. Zwischen ihnen und der Wertschöpfungsebene besteht ein wechselseitiger Implikationszusammenhang. Denn die Arbeitsprozesse sind auf Arbeitslernprozesse verwiesen, um die Qualität ersterer zu gewährleisten, genauso wie die Arbeitslernprozesse auf die sie leitenden Lernmanagementprozesse und diese auf die letzte Rahmungen setzenden Persönlichkeitsentwicklungsprozesse verwiesen sind. Dieser hierarchische Verweisungszusammenhang korrespondiert mit einem entsprechenden Konkretisierungszusammenhang. Er besteht darin, daß erstens die Persönlichkeitsentwicklungsprozesse bestimmter Lernmanagementprozesse bedürfen, daß zweitens diese sich in konkreten Arbeitslernprozessen erproben und entwickeln müssen und daß drittens letztere und damit die Gesamtheit aller Lernprozesse nicht ohne die Konkretisierungsebene der Arbeitsprozesse auskommen können. Die hier vorgeschlagene Differenzierung in drei Lernebenen schließt an die aktuelle erziehungs-, arbeits- und managementwissenschaftliche Diskussion an, in der Lernen ebenfalls kategorial in dreierlei Hinsicht konzeptionalisiert wird, nämlich als fachliche Qualifizierung, als Schlüsselqualifizierung in bezug auf Methodenkompetenz und als Schlüsselqualifizierung in bezug auf Ichkompetenz (siehe z. B. Arnold 1991, S. 69 ff.). Ich möchte diese Differenzierung mit meinen drei Lernebenen konzeptionell parallelisieren und Arbeitslernprozesse als fachliche Qualifizierungsprozesse, Lernmanagementprozesse als schlüsselqualifizierende Prozesse der Methodenkompetenz und Persönlichkeitsentwicklungsprozesse als schlüsselqualifizierende Prozesse der Ichkompetenz interpretieren. Letztere sind, um sich praktisch zu entfalten, auf Lernmanagementprozesse, auf Arbeitslernprozesse und schließlich auf Arbeitsprozesse angewiesen. Für Managementbildung bedeutet das: Managementbildung ist ein schlüsselqualifizierender Prozeß der Entwicklung von Ichkompetenz, d. h. der Persönlichkeitsentwicklung. Zu ihrer Konkretisierung ist Managementbildung dabei auf Prozesse des Lernmanagements angewiesen, deren Objekt Arbeitslernprozesse sind, die sich ihrerseits auf konkrete Arbeits- d. h. Wertschöpfungsprozesse beziehen.

Die zweite Dimension zur Entwicklung und Durchsetzung von Qualitätskriterien für die Wertschöpfungsprozesse der Arbeit ist die Dimension der

Kommunikation. Auch sie beinhaltet mehrere Ebenen, die hierarchisch gegliedert sind. Die erste Ebene ist diejenige der *kommunikativen Abstimmung* sowohl der individuellen Arbeits- wie auch der individuellen Lernprozesse. Dafür bieten sich drei Verfahren an, nämlich die *offiziellen Regelungen der Organisationsstruktur, die informellen, aber gleichwohl feststehenden Regeln der Organisationskultur* (also die ungeschriebenen Gesetze der Organisation) und schließlich *offene Aushandlungen angesichts des Problems der doppelten Kontingenz.* Diese drei Verfahren stehen in einem genetischen Zusammenhang. Offene Aushandlungen sind die Quelle für das Entstehen und für die Veränderung offizieller und informeller Regelungen aller Art. Der Prozeß ihrer Sedimentierung und Verfestigung ist identisch mit der Zurückdrängung bzw. Ausgrenzung offener Verhandlungen. Erstarrung und Veränderung bilden auf diese Weise ein dialektisches Spannungsverhältnis. Es läßt sich auf der Wertschöpfungsebene der wechselseitigen Abstimmung der individuellen Arbeitsprozesse, d. h. der Arbeitskommunikation als Spannungsverhältnis zwischen der offiziellen Organisationsstruktur, den ungeschriebenen Gesetzen des Organisationsverhaltens und den Sphären offener Aushandlungen rekonstruieren. Für den Vollzug derartiger Abstimmungsprozesse ist eine bestimmte Kompetenz notwendig. Sie hat den Status einer Schlüsselqualifikation und wird in der Literatur unter dem Stichwort »Sozialkompetenz« diskutiert.

Operieren Organisationen in dynamischen und komplexen Umwelten, von denen sie stark abhängig sind, ist es notwendig, die Funktionalität der feststehenden offiziellen und informellen Regelungen permanent hochsensibel zu beobachten und ihnen im Falle erkannter Disfunktionalitäten durch Vergrößerung der Sphäre offener Aushandlungen entgegenzutreten. In derartigen Situationen, die in risikogesellschaftlichen Kontexten die Regel sein dürften, stellt sich zunehmend das Problem, wie die Qualität der auf der Wertschöpfungsebene notwendigen Abstimmungen der individuellen Arbeitsprozesse optimiert werden kann. Die Antwort kann nicht darin bestehen, den Bereich der offenen Aushandlungen zu maximieren. Er muß vielmehr optimiert werden, d. h. er muß in einer optimalen Beziehung zu den (offiziell bzw. informell) festgeschriebenen Regelungen stehen. Es ist deshalb notwendig, daß sich die Qualitätssicherungsebenen der Kommunikation mit denjenigen des Lernens verbinden. Das heißt: Die Qualität der Abstimmung der individuellen Arbeitsprozesse, also die Qualität der offiziellen und informellen Organisationsstrukturen und auch die Qualität des Organisierens in Situationen offenen Aushandelns muß dadurch gesichert werden, daß die hinter den individuellen Arbeitsprozessen stehenden und ihre Qualität optimierenden *individuellen Arbeitslernprozesse, d. h. fachlichen Qualifizierungsprozesse wechselseitig abgestimmt werden.* Auch hier gibt es die drei grundsätzlichen Möglichkeiten erstens offizieller Abstimmungsregelungen durch Organisationsstrukturen, zweitens informell festgeschriebener Regeln und drittens offener Aushandlungen. Konkret heißt das: Die Abstimmung individuellen fachlichen Arbeitslernens kann erstens organisationell offiziell festgeschrieben sein durch fachliche Qualifizierungsspezialisten, Spezialabteilungen für fachliche Qualifizierungsprozesse und Spezialveranstaltungen, wie z. B. Fachseminare u. ä. Neben ihnen existieren vielfältige informelle Regeln im Sinne ungeschriebener Gesetze, die bestimmen, wer was zu lernen hat und vor allem wer nichts mehr lernen muß, wann und wo zu lernen bzw. nicht zu lernen ist, wer für das Lernen anderer verantwortlich und vor allem wer dafür nicht verantwortlich ist. Der dritte Abstimmungstyp ist schließlich die offene Aushandlung aller jener Fragen, die als offiziell bzw. informell festgeschrieben angesehen werden. Organisationen, die intensiv in komplexen und dynamischen Umwelten operieren, können sich nicht auf offizielle organisationsstrukturelle Regelungen des fachlichen Lernens beschränken. Eine offene Aushandlung der Regelungen für fachliche Qualifizierungsprozesse wird für derartige Organisationen immer wichtiger. Genau dasselbe trifft für die Organisation des Lernens auf der Ebene schlüsselqualifizierender Prozesse der Methoden- und der Ichkompetenz zu. Die praktische Voraussetzung hierfür ist eine Sozialkompetenz, die sich auf die wechselseitige Abstimmung nicht nur der Arbeits-, sondern auch der Lernprozesse bezieht.

Die wechselseitige Abstimmung der individuellen Arbeits- und Lernprozesse kann bzw. sollte nicht dem Zufall quasi-naturwüchsiger Prozesse überlassen bleiben. Es ist deshalb sinnvoll, sie zum Thema entsprechender Reflexions- und Kommunikationsprozesse zu machen. Für die Ebene der Wertschöpfungsprozesse bedeutet das: Die Qualität der Arbeitskommunikation, d. h. der wechselseitigen Abstimmung der individuellen Arbeitsprozesse kann nur dann gewährleistet sein, wenn sie metakommunikativ beobachtet wird und wenn eventuelle Defizite gemeinsam analysiert und behoben werden. Genau dasselbe gilt für die Qualitätssicherung bzgl. der Organisationsstrukturen und organisationellen Regelungen der fachlichen Qualifizierungsprozesse und der schlüsselqualifizierenden Prozesse der Entwicklung der Methoden- und der Ichkompetenz. Auch sie bedürfen der metakommunikativen Beobachtung, Analyse und Planung. Zu dieser Qualitätssicherungsfunktion kommt noch eine zweite hinzu: Denn die Metakommunikation über die Organisationsstrukturen und Organisationsprozesse betrieblichen Lernens trägt auch – und das ist im Grunde ihre Hauptfunktion – zur metakommunikativen Optimierung der Arbeitskommunikation bei. Zusammenfassend kann man deshalb sagen: Die wechselseitige Abstimmung der individuellen Arbeits- und Lernprozesse sichert deren Qualität, wenn sichergestellt ist, daß auch die Qualität jener Abstimmungsprozesse systematisch thematisiert wird. Das ist die Aufgabe eines Qualitätssicherungssystems I. Es operiert auf der Ebene der Metakommunikation. In Organisationen, die höchste Qualitätsansprüche an ihre Produkte und Dienstleistungen stellen, ist zu prüfen, ob zu diesem Qualitätssicherungssystem I noch ein weiteres übergeordnetes Qualitätssicherungssy-

stem II einzurichten ist. Seine Aufgabe wäre es, die Qualität des Qualitätssicherungssystems I zu optimieren. Um das zu leisten, müßten die oben
beschriebenen metakommunikativen Prozesse systematisch thematisiert
werden.
Die dritte *Dimension* zur Entwicklung und Durchsetzung von Qualitätskriterien für die Wertschöpfungsprozesse der Arbeit ist die Dimension der
Rationalitätsentfaltung. Hier lassen sich drei Stufen unterscheiden: Die
geringste Rationalitätsentfaltung liegt vor, wenn sich Rationalität nur auf
die Mittel und Instrumente des individuellen Arbeitens und Lernens
beschränkt, d. h. wenn die Organisationsstrukturen und Organisationsprozesse, die die wechselseitige Abstimmung des individuellen Arbeitens und
Lernens regulieren, ausschließlich als Mittel und Instrumente konzipiert,
rezipiert und diskutiert werden, und wenn dasselbe auch für die Organisationsstrukturen und Organisationsprozesse des Qualitätssicherungssystem
I und II gilt. Eine derartige Rationalität nenne ich *operative Rationalität.*
Sie grenzt sich ab gegen die zweite Stufe der Rationalitätsentfaltung, die
strategische Rationalität, die sich dadurch auszeichnet, daß die Rationalität
von Zielen, Normen und Standards im Medium strategischen Denkens und
Handelns geprüft wird. Für die Dimension der Kommunikation bedeutet
das, daß die Prozesse des Organisierens (auf der Ebene der kommunikativen Abstimmungsprozesse des individuellen Arbeitens und Lernens und
auf der Ebene des Qualitätssicherungssystmes I und II) nicht als Mittel
betrachtet, sondern als strategische Erschließungsprozesse angelegt werden. Das Resultat, das sie hervorbringen, sind Ziele, Normen und Standards, die in dem Sinne vernünftig sind, daß sie geeignet sind, die Zukunft
der Organisation zu erschließen. Die dritte Entfaltungsstufe der Rationalität schließlich ist die *reflexive Rationalität,* die in der Lage ist, sich selbst zu
überprüfen und zu relativieren und damit das zu leisten, was Ulrich Beck
als Kunst des Zweifels bezeichnet, nämlich ein rationales Hinterfragen des
rationalen Hinterfragens, um in allem Zweifel nicht zu verzweifeln. Reflexive Rationalität distanziert sich gegen jedwede Allmachtsansprüche von
Rationalität und öffnet sich der Sphäre letzter Sinnfragen und damit u. a.
auch dem Bereich des Ästhetischen. Sie ist in der Lage, die Tragfähigkeit
des Sinns strategischer Ziele, Normen und Standards und die paradigmatischen Vorannahmen (basic assumptions), die ihnen zugrunde liege, zu thematisieren. Für die Diskussion um *Bildung* bedeutet das: Der traditionelle
Anspruch von Bildung ist die Entfaltung aller Möglichkeiten des Humanen. Bildung muß deshalb auf eine weitestmögliche Entfaltung von Rationalität zielen. Mit Bezug auf die hier vorgestellte Strukturierung bedeutet
das, daß Bildung als Entfaltung reflexiver Rationalität, die den Umgang
mit der strategischen und operativen Rationalität regelt, ein Prozeß ist, der
sich im Medium ganz verschiedener Aktivitäten vollziehen muß, nämlich in
den Aktivitäten individuellen Arbeitens und Lernens, in den verschiedenen Aktivitäten der wechselseitigen Abstimmung individuellen Arbeitens

reflexive Rationalität

strategische Rationalität

operative Rationalität

individuelle Aktivitäten	wechselseitige Abstimmung	Qualitäts-sicherungs-system I	Qualitäts-sicherungs-system II
Arbeits-prozesse			
Arbeitslern-prozesse			
Lern-management-prozesse			
Persönlichkeits-entwicklungs-prozesse			

und Lernens und in den verschiedenen Aktivitäten der Qualitätssicherung jener Abstimmungsprozesse. Alle diese Aktivitäten sind auf vielfältige Weise miteinander verwoben, so daß es nur eine analytische und nicht eine die Praxis abbildende Trennung ist, von der Bildung des einzelnen Organisationsmitglieds und von der Humanisierung, d. h. Bildung seiner Organisation zu sprechen. Managementlernen läßt sich entsprechend nicht ohne Organisationslernen denken, genauso wie Managementbildung als höchste Form der Vernunftentfaltung von Managern nicht vorstellbar ist, ohne gleichzeitig auch das anspruchsvollste Niveau des Organisationslernens, nämlich die organisationskulturelle Identitätsentwicklung, die in dem Sprachspiel dieses Beitrags identisch ist mit Organisationsbildung, im Auge zu haben.

Der Anspruch, den ich mit dieser Konzeption verfolge, ist nicht bescheiden: Ich verstehe sie als einen Wegweiser auf dem Weg zu einer *postmodernen Theorie des Organisierens,* die die paradigmatisch industriegesellschaftliche Organisations- und Managementtheorie ablöst. Die ins Auge gefaßte Theorie setzt nicht die Existenz postmoderner Organisationen voraus. Ihr Anspruch ist es, der Praxis den Weg zu weisen und dabei bewußt und gewollt das Schicksal in Kauf zu nehmen, das jeden erfolgreichen Wegweiser ereilt: nämlich daß die Praxis, die ihn ernst nimmt, an ihm vorbei ziehend ihren Weg in die Zukunft nimmt, eine kurze Zeit vielleicht noch auf ihn zurückblickt, um ihn dann schließlich ganz aus den Augen zu verlieren.

Literatur

Argyris, Chr./Schön, D. A.: Organizational Learning: A Theory of Action Perspective. Reading 1978.

Arnold, R.: Betriebliche Weiterbildung. Bad Heilbrunn 1991.

Bandura, A./Walters, R. H.: Social Learning and Personality Development. London u. a. 1963.

Bateson, G.: Ökologie des Geistes. Frankfurt/Main 1981.

Beck, U.: Risikogesellschaft. Auf dem Weg in eine andere Moderne. Frankfurt/Main 1986.

Beck, U.: Die Erfindung des Politischen. Frankfurt/Main 1993.

Benner, D.: Hauptströmungen der Erziehungswissenschaft. München, 2. Aufl., 1978.

Benner, D.: Allgemeine Pädagogik. München, 2. Aufl.,1991.

Blackler, F.: Formative Contexts and Activity Systems: Postmodern Approaches to the Management of Change. In: Reed, M./Hughes, M. (Hg.): Rethinking Organizations, S. 273 ff. London u. a. 1992.

Blaß, J. L.: Modelle pädagogischer Theoriebildung. Stuttgart u. a. 1978.

Bleicher, K.: Das Konzept Integriertes Management. Frankfurt/Main 1991.

Bretz, H.: Unternehmertum und Fortschrittsfähige Organisation. München 1988.

Bühner, R.: Der Mitarbeiter im Total Quality Management. Stuttgart 1993.

Clegg, St. R.: Modern Organizations. Organizational Studies in the Postmodern World. London u. a. 1990.

Duncan, R./Weiss A.: Organizational Learning: Implications for Organizational Design. In: Research in Organizational Behavior, Vol. 1, 1979, S. 75 ff.

Frehr, H.-U.: Total Quality Management. München, Wien 1993.

Geißler, H.: Organisationslernen. Gebot und Chance einer zukunftsweisenden Pädagogik. In: GdWZ 1991, S. 23 ff.

Geißler, H.: Bildungsmarketing als Organisationslernen. In: Ders. (Hg.): Bildungsmarketing, S. 59 ff. Frankfurt/Main 1993.

Geißler, H.: Grundlagen des Organisationslernens. Weinheim 1994.

Geißler, H.: Betriebliche Qualifizierungs- und Bildungsprozesse im Spannungsfeld zwischen Individual- und Kollektivsubjekt. In: Arnold, R. (Hg.): Betriebliche Weiterbildung zwischen Bildung und Qualifizierung. Frankfurt/M. 1995, S. 71 ff.

Gergen, K. J.: Organizational Theory in the Postmodern Era. In: Reed, M./Hughes, M. (Hg.): Rethinking Organizations. London u. a. 1992, S. 207 ff.

Götz, K. (Hg.): Theoretische Zumutungen. Heidelberg 1994.

Habermas, J.: Theorie des kommunikativen Handelns. Bd. 1 und 2. Frankfurt/Main 1981.

Hammer, M./Champy, J.: Business Reengineering. Frankfurt/Main, New York 1994.

Hartmann, U.: Die bildungstheoretische Begründung des Organisationslernens bei Wilhelm von Humboldt. In diesem Sammelband.

Heinen, E.: Unternehmenskultur. München 1987.

Holzkamp, K.: Lernen. Subjektwissenschaftliche Grundlegung. Frankfurt/Main, New York 1993.

Kade, J.: Bildung oder Qualifikation. Zur Gesellschaftlichkeit beruflichen Lernens. In: ZfPäd 29, 1983, S. 859 ff.

Kirsch, W.: Unternehmenspolitik und strategische Unternehmensführung. München 1990.

Klimecki, R./Probst, G./Eberl, P.: Systementwicklung als Managementproblem. In: Staehle, W.H./Sydow, J. (Hg.): Managementforschung 1. Berlin, New York 1991, S. 103 ff.

Knyphausen, D. v.: Unternehmungen als evolutionsfähige Systeme. München 1988.

Kobi, J.-M./Wüthrich, H. A.: Unternehmenskultur verstehen, erfassen und gestalten. Landsberg/Lech 1986.

Loch, W.: Die anthropologische Dimension der Pädagogik. Essen 1963.

Luhmann, N.: Soziale Systeme. Frankfurt/Main 1984.

Malik, F.: Strategie des Managements komplexer Systeme. Bern u. a., 4. Aufl.,1992.

Marotzki, W.: Entwurf einer strukturalen Bildungstheorie. Weinheim 1990.

Maturana, H. R./Varela, F. J.: Der Baum der Erkenntnis. Bern u. a. 1987.

Meueler, E.: Die Türen des Käfigs. Stuttgart 1993.

Musolff, H.-U.: Bildung. Weinheim 1989.

Pautzke, G.: Die Evolution der organisatorischen Wissensbasis. München 1989.

Pawlowsky, P.: Betriebliche Qualifizierungsstrategien und organisationales Lernen. In: Staehle, W. H./Conrad, P. (Hg.): Managementforschung 2. Berlin, New York 1992, S. 177 ff.

Peters, Th. J./Waterman, R. H.: Auf der Suche nach Spitzenleistungen. Landsberg/Lech 1986.

Pfeiffer, W./Weiß, E.: Lean Management. Berlin 1992.

Prange, K.: Pädagogik als Erfahrungsprozeß. Stuttgart 1978.

Probst, G./Büchel, B.: Organisationales Lernen. Wiesbaden 1994.

Reinhardt, R.: Das Modell organisationaler Lernfähigkeit und die Gestaltung lernfähiger Organisationen. Frankfurt/Main 1993.

Sattelberger, Th.: Die lernende Organisation im Spannungsfeld von Strategie, Struktur und Kultur. In: Ders. (Hg.): Die lernende Organisation. Wiesbaden 1991, S. 11 ff.

Schein, E.: Organizational Culture and Leadership. San Francisco, London 1985.

Schmidt, S. J. (Hg.): Kognition und Gesellschaft. Frankfurt/Main 1992.

Scholz, Chr./Hofbauer, W.: Organisationskultur. Wiesbaden 1990.

Schüppel, J.: Organisationslernen und Wissensmanagement. In diesem Sammelband.

Senge, P. M.: The Fifth Discipline: The Art and Practice of learning Organization. New York 1990.

Strunk, G.: Bildung zwischen Qualifizierung und Aufklärung. Bad Heilbrunn 1988.

Ulrich, P.: Transformation der ökonomischen Vernunft. Bern, Stuttgart 1986.

IV. Organisationslernen als politisches Lernen in der Organisation und der Organisation

Jendrik Petersen

Das Zusammenleben von Menschen, wie es auch immer organisiert sein mag, wird seit jeher von politischem Denken und Handeln begleitet und geprägt. Nicht zuletzt haben bereits in der Antike und im Mittelalter Philosophen wie Aristoteles und Thomas von Aquin darauf hingewiesen, daß der Mensch als ein Lebewesen anzusehen ist, welches zur Gestaltung seines Daseins *ständig* auf die politische Praxis und Ordnung angewiesen ist (vgl. u. a. Dettling 1993).

Daher liegt es nahe, zu untersuchen, wie (sich aus Menschen zusammensetzende) Organisationen am Beispiel von Unternehmen ihre Politikfähigkeit durch umfassende individuelle und kollektive Lernprozesse ständig verbessern können.

1. Vorbemerkungen

In den meisten Publikationen der (betriebswirtschaftlichen) Organisations- /Managementforschung sowie der Betriebspädagogik lassen sich keine eindeutigen expliziten Anzeichen erkennen, politisches (die Faktoren Macht und Konflikte bewußt integrierendes) Denken und Handeln als Gegenstand kollektiver Lernprozesse zu thematisieren (vgl. dazu auch die Kritik von Stockinger 1989, S. 77, Staehle 1992, S. 155).

Dies ist schon aus dem Grunde erstaunlich, als u. a. Stammen (1991, S. 15), der sich auf die Erkenntnisse Max Webers beruft, feststellte »wenn man von einer Frage sagt, sie sei eine ›politische‹ Frage (. . .), so ist damit immer gemeint: Machtverteilungs-, Machterhaltungs- oder Machtverschiebungsinteressen sind maßgeblich für die Antwort auf diese Frage (. . .). Wer Politik treibt, erstrebt Macht. Macht entweder als Mittel im Dienste anderer Zwecke – idealer oder egoistischer – oder Macht ›um ihrer selbst willen‹, um das Prestigegefühl, das sie gibt, zu genießen« (Hervorhbg. d. T. Stammen).

In der Organisationsforschung mehren sich zunehmend auch die Stimmen, welche die Vernachlässigung der organisationalen Innenpolitik bei einer gleichzeitig zu starken Konzentration auf die Außenmacht der Unternehmen kritisieren (vgl. u. a. Staehle 1992, S. 155), worauf unten erneut eingegangen wird.

Daher ergibt sich zunächst die Frage, was unter politischem Lernen in der und der Organisation überhaupt zu verstehen ist und welche Faktoren damit verbunden sind:

Individuelles und soziales Lernen läßt sich zusammenfassend definieren *als durch den Lernenden im weitesten Sinne selbst initiierte (also nicht durch Wachstum, Alkohol oder Alter bedingte) Veränderung/Erweiterung seines Steuerungspotentials im Umgang mit sich selbst und seinem (kulturell bedingten)* Kontext.

Politik wird *als menschliches Planen und Handeln verstanden, welches auf die Durchsetzung bestimmter Intentionen und Verfahrensweisen abzielt, um für (im Idealfall) alle Gesellschaftsbereiche möglichst gemeinsame Richtlinien zu entwickeln, die das menschliche Miteinander berechenbar gestalten* (vgl. dazu ähnlich Holtmann 1986, Stammen 1991, S. 15 f.).

Unternehmenspolitik *»ist somit die Auseinandersetzung mit den Wertvorstellungen und Interessen aller an der Unternehmung Beteiligten oder von ihren Handlungen betroffenen Gruppen und die permanente Pflege tragfähiger Beziehungen zu diesen Gruppen«* (P. Ulrich/Fluri 1984, S. 65, vgl. dazu auch Brantl 1985), wobei der Machtaspekt unmittelbar angesprochen wird.

Macht *»bedeutet jede Chance, innerhalb einer sozialen Beziehung den eigenen Willen auch gegen Widerstreben durchzusetzen, gleichviel worauf diese Chance beruht«* (Weber 1985, S. 28). Im organisationsinternen Alltag kann dies als Möglichkeit einer oder mehrerer Personen gedeutet werden, auf das Handeln anderer Personen einzuwirken (vgl. Krüger 1977, S. 5), wobei die Stärke dieser Personen darin zu liegen scheint, relevante Problemstellungen anderer zu erkennen und zu lösen oder eben auch diese Hilfestellung zu verweigern (vgl. Friedberg 1992, S. 42 f.).

M.a.W. ist Macht immer *dialogisch* zu sehen und zwar dahingehend, daß ein oder mehrere (Spiel-) Partner entweder über ein bestimmtes Wissen und Können oder den Zugang zu materiellen Ressourcen verfügen, die der oder die andere(n) u. U. gern hätte(n), aber nicht hat bzw. haben. Das diesbezügliche Spektrum reicht über gute Beziehungen zur Unternehmensleitung, den Zugang zu Geldmitteln, ein größeres zur Schau gestelltes Selbstbewußtsein bis hin zu speziellen für die gesamte Unternehmung wichtigen Kenntnissen oder Beziehungen nach außen. Weiterhin ist Macht nicht allgemein übertragbar, sondern ist abhängig von der spezifischen Dialogsituation.

Aus diesem Grunde erscheint der seitens vieler betriebwirtschaftlicher Publikationen (vgl. u. a. Küpper/Ortmann 1992) häufig vertretene Ansatz, Macht ausschließlich mit der Knappheit von und dem angestrebten Zugriff auf Ressourcen in Verbindung zu bringen, auch verkürzt zu sein, da eine derartige Dialogsituation u. U. auch darin begründet sein mag, daß ein

Organisationsmitglied durch andere ohne eigenes Zutun *ermächtigt* wird.

Dieser Aspekt mag auf den ersten Blick für unternehmensinterne Entscheidungsprozesse nicht so entscheidend sein, geht es hier doch hauptsächlich um die Verteilung (knapper) personeller und materieller Ressourcen, spielt aber im Umgang der Organisationsmitglieder mit sich und dem Kontext eine äußerst wichtige Rolle (vgl. u. a. Glasl 1990, S. 14 f.; Glasl 1994, S. 4).

Als Synthese dieser hier zur Diskussion gestellten Definitionen ergibt sich ein (zunächst vorläufiges) Verständnis des politischen (den Faktor Macht bewußt integrierenden) Lernens, in Form einer Erkenntnis, das individuelle und kollektive Steuerungspotential in Wirtschaft und Gesellschaft dahingehend aufzufassen, daß die dementsprechende Durchsetzung bestimmter individueller und kollektiver Intentionen an gewisse Spielregeln und Willensbildungsprozesse innerhalb der Organisationen (ob staatlich oder privatwirtschaftlich organisiert) gebunden ist. Weiterhin gilt es zu berücksichtigen, daß die Machtposition einflußreicher Organisationsmitglieder, sei sie formeller oder informeller Natur, möglicherweise nur darauf beruht, daß diese Organisationsmitglieder die Bedürfnisse der Organisationsmitglieder scheinbar besser als andere interpretieren und deuten können, sowie sich, nunmehr mit einem Expertenstatus versehen, für die Organisation unentbehrlich machen. Da die institutionalisierte Macht der Unternehmen darin besteht, gesellschaftliche Bedürfnisse zu befriedigen (Bereitstellungen von Güter und/oder Dienstleistungen, Funktion als Arbeitgeber und Steuerzahler etc.) kann der Lerngegenstand des politischen Lernens in der Organisation und der Organisation darin liegen, individuelle und kollektive Denk- und Handlungsmodi zu entwickeln, die eine Teilhabe der Organisationsmitglieder sowie Außenstehender an organisationalen Entscheidungsprozessen überhaupt ermöglicht.

Dies erscheint unter dem Aspekt notwendig zu sein, daß die Zukunft des gesamten menschlichen Miteinanders, als dessen wichtiger Bestandteil die Wirtschaft und die Unternehmen anzusehen sind, kaum noch ohne ein über umfassende Lernprozesse ausgestaltetes politisches Bewußtsein im Hause und des Hauses gewährleistet werden kann, da sich hierbei die Unternehmen bereits viel zu sehr in die gesamtgesellschaftliche Entwicklung und die damit verbundenen Anspruchshaltungen eingebunden sehen müssen (vgl. u. a. Ulrich/Probst 1990, Kirsch 1990).

Hierbei erlauben die immer engere Verzahnung des politischen, des kulturellen und des ökonomischen Systems sowie die dynamischen Wandlungsprozesse in Wirtschaft und Gesellschaft kaum noch eine reine Konzentration auf rein ökonomische Fragestellungen und Prozesse, sondern zwingen die Wirtschaft vielmehr, gesamtgesellschaftliche und globale Verantwortung zu übernehmen.

Hierzu gilt es, über *politische Lernprozesse* eine diesbezügliche Innen- und Außenpolitik seitens der Unternehmen auszugestalten.

Mit dieser Thematik, Macht und Politik zum Gegenstand organisationaler Lernprozesse zu erklären, ist allerdings das Problem verbunden, daß über umfangreiche Lernprozesse die bereits bestehenden Machtstrukturen im Unternehmen und des Unternehmens (nach außen) kritisch hinterfragt werden könnten und somit möglicherweise einen Abschied von »liebgewonnen« Positionen bedeuten.

Die Bereitschaft, derartige Lernprozesse im Unternehmen zu ermöglichen und zu gestalten, dürfte folglich nicht überall auf breite Zustimmung stoßen.

Im folgenden soll daher herausgearbeitet werden,

- daß Unternehmen ohne eine *Mikro-Politik* (vgl. Küpper/Ortmann 1992), die letztendlich über Macht und Entscheidungsprozesse innerhalb des Unternehmens den Ausschlag gibt, gar nicht vorstellbar sind und,
- daß der Wandel von der *Industrie- zur Risikogesellschaft* (vgl. Beck 1986, Beck 1993) den Faktor Wirtschaftsorganisation/Unternehmen in einem gesellschaftlich und somit auch politisch völlig »neuen Licht« erscheinen läßt und somit der Aspekt der Unternehmensethik (vgl. Zürn 1991, S. 286, Homann/Blome-Drees 1992) nicht nur als gut zu vermarktender Slogan entscheidend ist, sondern vielmehr erst die politische Glaubwürdigkeit von Unternehmen, ihren Mitarbeitern und deren gemeinsamer Problemlösekompetenz (nach außen hin) ausmacht.

Das *Organisationslernen* wird in Hinblick auf die Gestaltung der organisationalen Innen- und Außenpolitik (bei Zugrundelegung der o. a. Aspekte) als *Ermöglicher* verstanden, mit dem Phänomen Macht bewußter umgehen zu können, um auf diese Weise das Steuerungspotential der Unternehmen im Umgang mit sich und dem Kontext zu erhöhen.

Hierzu bieten innen- und außenpolitsche Arbeits- und Entscheidungsarenen ausreichend Möglichkeiten.

2. Die Gestaltung der Mikropolitik in der Unternehmung als Herausforderung und Aufgabenfeld für kollektive Lernprozesse

Wirtschaftsorganisationen werden auch noch gegen Ende des 20. Jahrhunderts sehr häufig als sich (nahezu ausschließlich) unter rationalen Gesichtspunkten zusammensetzende, eine bestimmte Absicht verfolgende Gebilde verstanden, die gemäß dem Gutenbergschen Paradigma in der Betriebswirtschaftslehre handeln, daß die Auseinandersetzung mit der Knappheit sämtlicher Ressourcen das Denken und Handeln aller in der Wirtschaft verantwortlich Tätigen beeinflußt, dem Markt Problemlösungen in Form von Gütern und Dienstleistungen bereitstellt (vgl. dazu u. a. die Kritik von P. Ulrich 1977, Schultz 1988).

Mit anderen Worten handelt es sich bei Wirtschaftsorganisationen um *zielgerichtete soziale Systeme* (vgl. u. a. Luhmann 1984, Probst 1987, Ulrich/Probst 1990).

Daher überrascht es zunächst nicht, daß (insbesondere) in organisations- und managementtheoretischen Publikationen häufig die Auffassung vertreten wird, daß es sich bei Unternehmungen eben auch um politische (Entscheidungs-) Systeme handelt (vgl. dazu exemplarisch Easton 1965, Bleicher 1971, P. Ulrich 1977, Ulrich 1984, 1985, Schultz 1988, Dyllick 1989, Ulrich/Probst 1990, Kirsch 1990), woraus geschlossen werden kann, daß der Faktor Macht in der Managementforschung zwar berücksichtigt wird, aber in erster Linie nur in Hinblick auf die Außenmacht der Unternehmung, artikuliert durch die »dominant coalition«, (im Zusammenhang mit ihrer wirtschaftlichen Macht) verbunden wird (vgl. Staehle 1992, S. 155).

Allzu häufig ist bei dieser Betrachtungsweise allerdings die Tatsache unterschlagen worden, daß in den Unternehmen Menschen tätig sind, die ihre eigenen Wünsche, Ziele und Wertvorstellungen nicht nur nicht morgens »an der Garderobe ablegen«, sondern vielmehr ihr Engagement darauf verwenden, sie in den täglichen Arbeitsablauf einzubringen.

Mit anderen Worten werden seitens der managementwissenschaftlichen Forschung nach wie vor häufig soziale Phänomene, wie Normen, Werte, Konflikte, Macht und Motivation einzelner und sich zusammensetzender Gruppen nahezu völlig ausgeblendet (vgl. Staehle 1992, S. 157) und spielen dementsprechend eine allenfalls implizite Rolle (vgl. dazu auch Bosetzky 1991, S. 27).

Bis heute sind demzufolge in der managementtheoretischen Literatur auch erst zaghafte Versuche unternommen worden, das innerbetriebliche Miteinander, welches

- den Zugang zu Informationen,
- das Streben nach Einflußmöglichkeiten
- den (damit häufig verbundenen) Kampf um höherdotierte und einflußreichere Positionen, m.a.W.
- *den Zugang zur Macht*

thematisiert und regelt, zu untersuchen.

Küpper/Ortmann (1992, S. 7 f.) haben hierbei den Versuch unternommen, die bisherigen Gründe dafür zu nennen:

»Wohl ist die Macht (in Organisationen und der Gesellschaft, J.P.) ungleich verteilt. Nie aber sind ›die da unten‹ ganz ohne Macht. Daß die zentrifugalen Kräfte nicht die Oberhand gewinnen, beruht auf Konsens eher als auf Zwang und Kontrolle, auf einem Konsens allerdings, der oft genug ein Kind drohender Zwänge, drohender Macht ist.

Wissenschaft, die da noch die Übersicht behalten will, beruhigt sich in ihrem eigenen Wunsch nach Ordnung leicht mit dem Gedanken: Mikropolitik in Organisationen, das ist der Sturm im Wasserglas. Hilflos sei das Handeln der Akteure angesichts der Zwänge der Systeme. Der Hypostasierung des Systems wollen wir nun nicht mit einer bloß entsprechenden des Akteurs begegnen, auch nicht mit der Idee eines Mittelweges, sondern im Sinne der Einsichten aller auf der Höhe befindlichen System- und Handlungstheorie: daß alles Handeln im Medium von Strukturen und Systemzwängen stattfindet, die es aber selbst konstituiert (hat) und beständig reproduziert.«

Der Vergleich einer Unternehmung mit einer trivialen Maschine (vgl. von Foerster 1985),

- in der die Mitarbeiter wie »Rädchen im Getriebe« (vgl. F. W. Taylor 1911) funktionieren (und auch beliebig austauschbar sind),
- welche sich weiterhin durch klare Linienstrukturen bei einer Reglementierung von Befehlslinien und Dienstwegen konstituiert (vgl. H. Fayol), sowie
- der Betonung der Bürokratie als reinster Ausprägung legaler Herrschaft (vgl. Max Weber),

scheint nach wie vor die bisherige Betrachtungsweise des innerbetrieblichen Miteinanders seitens managementtheoretischer Forschungen stark zu beeinflussen.

Demgegenüber herrschen im unternehmensinternen Alltag zwar durchaus anhand von Organigrammen und Arbeitsplatzbeschreibungen (vgl. u. a. Pillat 1986, Schwarz 1987) auf den ersten Blick gewisse Rollenverständnisse und Zielvorgaben in den Unternehmungen vor, wobei allerdings die persönliche Einschätzung und Umsetzung seitens der Mitarbeiter mit den an Klarheit und Deutlichkeit ausgerichteten Unternehmensvorgaben selten wie bei einem elektronischen Schaltbild übereinstimmt (vgl. Bosetzky ebd.).

Ein Erklärungsversuch für dieses Phänomen liegt in der These, daß in Unternehmen, aber auch öffentlichen Großorganisationen, *mikropolitische Prozesse* ablaufen, die generell mit dem Ziel verfolgt werden, das bürokratische offizielle Machtgefüge in Hinblick auf die Ambitionen einzelner zu relativieren, wobei eine diesbezüglich ermöglichende (Mikro-)-Politik das soziale System Unternehmung erst zu dem macht, was es von anderen sozialen Systemen unterscheidet (vgl. Bosetzky 1992, S. 36).

Mikropolitik kann in diesem Sinne als *ein ständiges Bemühen von Menschen innerhalb einer Organisation verstanden werden, persönliche Ambitionen in Hinblick auf den syteminternen und/oder -externen Aufstieg unter der Verwendung systemeigener Ressourcen durchzusetzen. Mikropolitik dient somit der Sicherung und dem Ausbau der eigenen Existenzbedingungen* (vgl. dazu ähnlich Bosetzky 1972, Ortmann 1992, S. 18).

Der Nachteil anderer wird dabei bewußt als Beiwerk des (mikro-)politischen Handelns einkalkuliert und unterstreicht die Machtposition des/der Gewinner.

Werner Kirsch (1990) hat in seinem *Koalitionsmodell* darauf hingewiesen, daß häufig zur Zielerreichung in Organisationen Koalitionen aus mehreren

Menschen gebildet werden müssen, was so interpretiert werden kann, daß über derartige Interessengemeinschaften auch bewußt die Aushebelung bestehender Machtgefüge und eine darauf basierende Reorganisation durch die sogenannten »informellen Führer« dieser Koalitionen eingeplant wird.

Die Mittel, die seitens der Mikropolitiker eingesetzt werden, um eine persönliche Stimmigkeit zwischen Erwartungen und Forderungen seitens der Unternehmung und eigenen Anspruchshaltungen gegenüber der Tätigkeit im Unternehmen zu erreichen, führen dementsprechend häufig dazu, daß andere Organisationsmitglieder (Kollegen, Mitarbeiter, aber auch Führungskräfte) ihrerseits Benachteiligungen (bspw. in Form von Machteinbußen) und Ängsten empfinden und somit Opfer der betriebenen Mikropolitik werden.

Das seit einigen Jahren häufig diskutierte Phänomen des »Mobbings« am Arbeitsplatz (vgl. u. a. Leymann 1993, Walter 1993) bedeutet in diesem Zusammenhang nichts anderes als die Tatsache, daß informelle Kanäle innerhalb einer Arbeitsgruppe oder Abteilung im Unternehmen und/oder der öffentlichen Verwaltung einen derartigen psychischen Druck auf den-/diejenigen ausüben, die nicht mit den individuellen Vorstellungen Mächtigerer und der von ihnen dominierten Koalitionen übereinstimmen, so daß sie häufig gezwungen sind, die Organisation zu verlassen oder aber dem psychischen Druck nicht mehr standhalten können und erkranken.

Hieraus wird deutlich, daß außer- bzw. unterhalb der offiziellen (durch den Vorstand bzw. die Geschäftsführung) »abzusegnende« Unternehmenspolitik, worin wie oben gezeigt, bisher der Schwerpunkt managementtheoretischer Forschungen lag, eine nicht minder bedeutende informelle Machtpolitik die Problemlösekompetenz eines Unternehmens stark beeinträchtigen aber im positiven Falle auch fördern kann, wozu allerdings individuelle und kollektive Lernprozesse mit dem Ziel, *ein kollektives bzw. systemisches »Bewußtsein«* zu schaffen (vgl. Petersen 1993), erforderlich sind.

Die These, daß in jeder Organisation mikropolitische Prozesse ablaufen, läßt die Frage aufkommen, wie der Faktor Politik im unternehmensinternen Miteinander bewußt gemacht und thematisiert werden kann, um somit kollektive Lernprozesse im Unternehmen und des Unternehmens auszulösen und gleichzeitig sie zu speisen.

Zunächst gilt es daher herauszuarbeiten, welche Gründe besonders naheliegen, daß sich Macht einzelner über andere bildet, konstituiert und somit mikropolitische Prozesse erst ermöglicht.

Im unternehmensinternen Alltag kann sich die Macht bestimmter Organisationsmitglieder, wie oben angedeutet, beispielsweise aus folgenden Gründen konstituieren:

- besonders gute Beziehungen zur Unternehmensführung bzw. anderen entscheidenden Persönlichkeiten (bspw. dem oder den Hauptaktionäre(n)),

- Zugang zu materiellen Ressourcen bzw. Budgetbefugnisse,
- ein Wissen, welches anderen, möglicherweise hochgestellten Organisationsmitgliedern, schaden könnte,
- ein Expertenwissen, welches zur Überlebensfähigkeit der Organisation beiträgt, sowie
- die Fähigkeit, organisationale Problemstellungen geradezu instinktiv zu erkennen und dementsprechend für eigene Ambitionen nutzbar zu machen.

Da diese Aufzählung keinen Anspruch auf Vollzähligkeit erhebt, liegt es, sozusagen als gemeinsamer Nenner dessen, nahe, im Zeitalter der Informationsgesellschaft (vgl. u. a. Zielinsky 1991) *den Zugang zu Informationen* als Schlüsselkriterium und somit als ein wichtiges Selektionsinstrument zwischen *Mächtigen und Unbedeutenden* zu betrachten.

Dies gilt sowohl innerhalb der Unternehmen als auch für die Bedeutung der Unternehmen (in ihrer Außenwirkung) selbst, da der Markt »Nachzügler« geradezu gnadenlos ausschließt.

Für die Unternehmen, die in ständig dynamischer und turbulenter werdenden Zeiten ihre Problemlösekompetenz beweisen müssen, ist folglich der Faktor Information längst zur Überlebensfrage und somit eben zum Politikum und Machtfaktor sowohl nach innen als auch nach außen geworden: »Abteilungen (und somit die in ihnen Tätigen, insbesondere die Leiter, J.P.), die eine für die Organisation wichtige Unsicherheitsquelle beseitigen oder berechenbar machen, verfügen über größte Macht« (Staehle 1992, S. 158).

Dementsprechend kann Macht auch als (zumindest offiziell vertretene) Kontrolle von Unsicherheiten und Ambivalenzen bezeichnet werden, wobei an dem Organisationsmitglied, welches scheinbar am ehesten befähigt ist, Informationen zu interpretieren, aber auch zu manipulieren, seitens der Unternehmensführung nicht länger »vorbei gegangen werden kann« (vgl. dazu auch ebd.).

Für die »dominant coalition« (in Form der offiziellen Machthaber einer Organisation am Beispiel des Vorstandes oder der Geschäftsführung) bedeutet dies, um sich nicht zu sehr von mikropolitischen Prozessen abhängig zu machen, eine Politik zu betreiben, die die *gesamt-organisationale Wissensbasis* ermöglicht und stärkt.

Anhand dieses Aspektes könnte sich ein Auslöser und ein Aufgabenfeld für umfassende individuelle und kollektive Lernprozesse ergeben.

Gemäß dem Grundsatz »Wissen ist Macht« bietet es sich hierbei m. E. besonders an, die Gedankengänge von Duncan/Weiss (1979) zu untersuchen, die das Organisationslernen als den Ausbau der »organizational knowledge base« verstanden haben.

Die amerikanischen Organisationsforscher Duncan/Weiss beziehen sich in ihren Überlegungen im Zusammenhang mit dem organisationsrelevanten Wissen aller Organisationsmitglieder in erster Linie auf das Wissen, welches die Unternehmensführung (als institutionalisierte Machthaber) braucht, um eine uneingeschränkte Handlungsfähigkeit in turbulenten Zeiten und Märkten sicherzustellen, wohl erkennend, daß deren eigenes Wissen in Zeiten hoher interner und externer Komplexität eben nicht mehr ausreicht, alle die Zielerreichung der Organisation fördernden, aber auch beeinträchtigenden Faktoren zu berücksichtigen.

Hierbei gilt es zu betonen und gleichzeitig auch zu kritisieren (s.u.), daß lediglich dem Top-Management seitens der Autoren die Fähigkeit und die Berechtigung zugesprochen wird, »to consciously determine strategies and to derive organizational designs which are effective given the organization's environment« (Duncan/Weiss 1979, S. 77).

Wichtig ist bei dem Vorschlag von Duncan/Weiss der Aspekt, daß im Zusammenhang mit mikropolitischen Fragestellungen zumindest die »dominant coalition« und die von ihr beauftragten Koordinatoren bzw. Führungskräfte erkennen, »wohin die Reise«, die im Sinne von Duncan/Weiss von der Unternehmensleitung »gebucht wurde«, geht und somit kein Informationsdefizit vorherrscht, welches von Mikropolitikern genutzt werden könnte, um aus egoistischen Motiven die gesamte Organisation zu beeinflussen oder gar zu schwächen.

Mit anderen Worten muß das organisationale Wissen *communicable, consensual und integrated* sein (ebd., S. 86), da es für den Erfolg der Organisation und gemäß dem Verständnis der Autoren, letztlich aller Organisationsmitglieder erforderlich ist, daß Wissen

- von anderen Organisationsmitgliedern verstanden wird,
- den (das Unternehmen betreffenden) Herausforderungen entspricht sowie
- als gemeinsamer Nenner aller (zur Mikropolitik fähigen und bereiten) Organisationsmitglieder aufgefaßt wird, um als Basis für koordinierte Handlungen zu dienen,

woraus wiederum deutlich wird, daß die Weitergabe von organisationalem Wissen sowohl eine *inhaltliche* als auch eine *soziale Dimension erhält* (vgl. Duncan/Weiss ebd., S. 89, Geißler 1994, S. 17 f.), was hier noch dahingehend zu ergänzen ist, daß derartige Prozesse die *politische Dimension* unmittelbar berühren.

M.a.W., handlungspraktisches Wissen (in Form von Informationen und der Interpretation dessen) wird nur dann der (organisationalen) Öffentlichkeit zugänglich gemacht, wenn diese Weitergabe von allen Organisationsmitgliedern übereinstimmend als nützlich beurteilt wird, was die Faktoren Macht und Politik unmittelbar anspricht.

Basierend auf diesem sich aus internen und externen Informationsquellen zusammengetragenen Wissen, das seitens der »dominant coalition« (selbst oder über beauftragte Stabsstellen) überwacht wird, werden nunmehr seitens der Unternehmensführung die Ziele der Organisation festgelegt, wobei die Komplexität der Gesamtaufgabe nunmehr auf die einzelnen Unternehmensbereiche und, sozusagen als letztes Glied in der Kette, die einzelnen Organisationsmitglieder in Form klar definierter und meßbarer (operationalisierbarer) Aufgabenstellungen, reduziert wird.

Daraus ergibt sich, daß es für die politische Problemlösekompetenz der Organisation wichtig ist, daß jedes einzelne Organisationsmitglied zum »funktional notwendigen Wissen« (Geißler 1994, S. 9) zunächst einmal einen uneingeschränkten Zugang hat bzw. bereits über einen solches verfügt, um einen Beitrag zur kollektiven Problemlösekompetenz und somit zur Politik des Kollektivsubjektes Wirtschaftsorganisation zu leisten.

Für die Gruppen bzw. Abteilungen im Unternehmen bedeutet dies, daß bspw. vor dem Beginn der Problemlösung über politische Prozesse zunächst geklärt werden muß, wie überhaupt die Arbeit und das alltägliche Miteinander strukturiert werden kann.

Aus diesem Grunde müssen *alle* in Führungsverantwortung stehende Organisationsmitglieder wissen,

- was ihr Verantwortungsbereich (im Sinne der Problemlösekompetenz des ganzen Unternehmens) zu leisten hat,
- wie sie mit anderen Organisationsmitgliedern und Bereichen diesbezüglich kooperieren sollen,
- welche personellen und materiellen Ressourcen verfügbar sind,
- über welches der Zielerreichung förderliche Wissen die Mitarbeiter verfügen und
- welche Forderungen gegenüber den einzelnen Aufgabenbereichen darüber hinaus bestehen bzw. mit welchen Unwägbarkeiten gerechnet werden kann und muß (vgl. dazu auch Petersen 1993, Geißler 1994, S. 12).

Sind alle diese Forderungen erfüllt, hat die Organisation i. S. des Vorschlages von Duncan/Weiss *gelernt.*

Mit anderen Worten kann erst die Fähigkeit (i. S. eines *Wissens und Könnens*) und vor allem die Motivation in Form eines Wollens aller Organisationsmitglieder, organisatorisches Wissen allgemein nutz- und verfügbar zu machen und auch anzunehmen als Weichenstellung für Prozesse des geplanten Wandels innerhalb der und der Unternehmung angesehen werden (vgl. Kirsch 1990, S. 330, Geißler 1994).

An diesem Vorschlag muß allerdings dahingehend Kritik geübt werden, daß Duncan/Weiss ihre Überlegungen, wie gezeigt, in erster Linie auf die Wissenssteigerung des Top-Managements konzentriert haben und mikropolitische Prozesse, die eben auf allen Ebenen ablaufen, zumindest nicht explizit berücksichtigt haben.

Die primäre Orientierung an der Effizienzsteigerung der Organisation und die damit verbundene Konzentration auf die Außenwirkung wird bei diesem Vorschlag offensichtlich.

Mit anderen Worten wird das innenpolitische Problem, daß die Organisationsmitglieder auch überzeugt sein müssen, ihr Wissen, welches u. U., wie oben angedeutet, für eine Machtposition genutzt werden könnte, auch preiszugeben, nicht thematisiert, sondern wird statt dessen in Hinblick auf die Macht qua Amt seitens der Unternehmensführung als lösbar hingenommen.

Im Gegensatz zu Duncan/Weiss betont Gunnar Pautzke (1989), der sich mit der gleichen Problematik auseinandergesetzt hat, daß es nicht ausreichend ist, wenn lediglich die »Machthaber« und/oder stellvertretend mit der Koordination von Wissen beauftragte Stabsstellen lernen, sondern daß jeweils diejenigen Organisationsmitglieder zu lernen haben, die für ihre Aufgabenerfüllung Wissen benötigen (vgl. Pautzke 1989, S. 115 f.)

Im Zusammenhang mit der hier angesprochenen Thematik, mikropolitische Prozesse über das Organisationslernen zu kanalisieren, scheint weiterhin ein Verweis auf die Gedankengänge von Argyris/Schön hilfreich zu sein, da Duncan/Weiss zwar dahingehend einen Vorschlag unterbreitet haben, wie die Unternehmensführung mikropolitische Prozesse eindämmen könnte, aber, wie gezeigt und kritisiert, organisationsinterne Deutungsmuster und Konflikte unberührt belassen haben.

Argyris/Schön (1978, S. 13) charakterisieren eine Organisation als solche, wenn die Mitglieder

1) »making decisions in the name of the collectivity
2) delegating to individuals the authority to act for the collectivity, and
3) setting boundaries between the collectivity and the rest of the world«,

woraus deutlich wird, daß sich Organisationen durch einen *sozialen und politischen* Charakter auszeichnen sowie zunächst scheinbar unabhängig von einzelnen Individuen (und ihren mikropolitischen Ambitionen) sind, da durch die Organisationsmitglieder (mittels politischer Prozesse) Regeln und Normen entwickelt werden, die das Gemeinwesen wiederum von einzelnen Organisationsmitgliedern unabhängig machen (vgl. Geißler 1994, S. 69).

Hieraus ergibt sich das implizite Bemühen, machtpolitische Ambitionen zu kanalisieren, um die Problemlösekompetenz der Unternehmung nicht zu gefährden.

Die Organisationsmitglieder sind demzufolge in einen Rahmen eingebunden, der ihnen auferlegt,

- ihr Wissen und Wollen (m.a.W., entwickelter Alltagstheorien in Form individueller theories-in-use) in Beziehung zu dem der anderen (*theories-in-use*) zu setzen, wobei eine Konsens- und Integrationsfähigkeit von Entscheidungen anzustreben ist,
- zur Umsetzung von getroffenen Entscheidungen Delegationsmodi zu gestalten, die klare Aussagen über Rechte und Pflichten von (mit der Umsetzung beauftragten) Führungskräften gegenüber ihren Mitarbeitern enthalten,
- Gestaltungsmodi zu entwickeln, die festlegen, *wer* überhaupt an politischen Willensbildungsprozessen beteiligt wird, sowie die Grundlagen zu schaffen, um die Unternehmung (als eigene autonome und politische Einheit) nach außen abzugrenzen. Dieser Aspekt betrifft die mikropoli-

tischen Ambitionen der Organisationsmitglieder unmittelbar, gilt es doch herauszuarbeiten, wer den Zugang zur Macht überhaupt erhält.
Demzufolge berechtigt erst die individuelle Internalisierung kollektiven Empfindens und Wollens in Form von sozialen Normen und Regeln sowie die (durch die Organisationsmitglieder mitzutragende) Auffassung, daß es sich bei Unternehmungen in erster Linie um Problemlösungen anbietende agencies (vgl. Argyris/Schön, S. 14) handelt zu der Bezeichnung Organisation (vgl. dazu auch Geißler 1994, S. 69 f.).
Organisationen zeichnen sich diesem Vorschlag zufolge, über den politischen und sozialen Charakter hinaus, durch *Arbeitsteilung und Hierarchie* aus, um selbstdefinierte oder externe Aufgabenstellungen lösen zu können, wobei unter diesem Aspekt zweifellos Parallelen zu Duncan/Weiss hergestellt werden können.
Dem Organisationsmitglied und seinen politischen Ambitionen eröffnet sich durch den »organizational frame« einerseits eine Orientierungsgröße für sein eigenes Handeln *(theory-of-action),* andererseits eine Beschränkung mikropolitischer Aktivitäten.
Es stellt sich die Frage, wie denn organisationales Lernen überhaupt stattfinden kann.
»Organizational theory-in-use continually constructed through individual inquiry, is encoded in private images (der Organisationsmitglieder, J.P.) and in public maps (bspw. in Form von Führungsgrundsätzen, J.P.). These are media of organizational learning« (Argyris/Schön ebd., S. 17).
Da Unternehmen in den meisten Fällen nicht zum »Selbstzweck« konstituiert werden, sondern Produkte, Dienstleistungen oder Informationen anzubieten haben, hat sich kollektives und individuelles Lernen und Handeln an drei Fragestellungen auszurichten:

- Was wollen wir erreichen? (Normen)
- Wie können wir unser Ziel erreichen? (Strategien)
- Welche Kenntnisse und Vorannahmen (assumptions) sind bereits verfügbar, um eine Konvergenz zwischen Zielen und Strategien realistisch erscheinen zu lassen?

(vgl. Argyris/Schön 1978, S. 14 f., Geißler 1994, S. 71).
»When we attributed theories of action to human beings, we argued that all deliberate action had a cognitive basis, that it reflected norms, strategies, and assumptions or models of the world which had claims to general validity« (ebd. S. 10, kursiv d. J.P.).
Demzufolge setzen sich zunächst die Organisationsmitglieder mit der Frage auseinander, welche Kontextbedingungen welches Verhalten erwarten lassen (vgl. Reinhardt 1992, S. 28).
Ähnlich wie in der (staatlichen) Politik kann diesbezüglich organisationsintern unterschieden werden zwischen einer

- *espoused theory,* also einer veröffentlichten Beurteilungs- und Handlungsgrundlage, die u. U. unter den Aspekten der von Luhmann (1988) vorgestellten binären Codes Karriereförderlich vs. Karriere-Nichtförderlich (bei Individuen), Erfolgsförderlich vs. Erfolgs – Nichtförderlich (bei Unternehmungen) von Relevanz sein kann und daher die Machtpositionen einzelner geschickter Mikropolitker a priori durchaus fördern kann sowie der

• (häufig unbewußten und nicht veröffentlichten) *theory-in-use,* die sich als Beschreibung tatsächlich beobachtbaren Verhaltens des Organisationsmitgliedes und der Unternehmung charakterisieren lassen kann.

Die organisationale theory-in-use, auch als gemeinsam über organisationale Lernprozesse entwickelte *Deutungsmuster* zu verstehen, erfüllt für das Kollektivsubjekt Unternehmung den Zweck, es gegen Überraschungen und machtpolitische Ambitionen einzelner zu schützen.

Das Organisationslernen im Sinne von Argyris/Schön orientiert sich dabei weniger eindeutig als bei Duncan/Weiss an der Unternehmensführung, konzentriert sich aber auch zunächst auf den Erhalt bisheriger Machtstrukturen (zumindest, solange sie erfolgversprechend sind).

Als Beispiel hierfür kann das *single-loop learning* herangeführt werden, welches das bisherige Organisationsparadigma (inkl. der vorherrschenden Machtstrukturen) nicht verändert, sondern lediglich ein Lernen zur Prozeßoptimierung verfolgt.

»There is a single feed-back loop which connects outcomes of action to organizational strategies and assumptions which are modified so as to keep organizational performance within a range set by organizational norms. The norms themselves – for production quality, sales, or task performance – remain unchanged« (Argyris/Schön 1978, S. 18 f.).

Erst wenn eine Unternehmung nicht mehr mit den bisherigen Mitteln und Strukturen in der Lage ist, dem Markt Problemlösungen anzubieten, ergibt sich ein Aufgabenfeld für *double-loop learning.*

»Then the managers must undertake an inquiry which resolves the conflicting requirements. The results of their inquiry will take the form of a restructuring of organizational norms, and very likely a restructuring of strategies and assumptions associated with those norms, which must then be embedded in the images and maps which encode organizational theory-in-use. We call this sort of learning double-loop.« (ebd., S. 22).

In diesem organisationalen Lernmodell werden die Organisationsmitglieder als »Forschergemeinschaft« (Geißler 1993) verstanden, die gemeinsam das aufgetretene Problem analysieren und diesbezügliche Veränderungen einsteuern. Diese Veränderungen der Organisationen können dabei sehr wohl die Organisationsstruktur, als auch das bisherige Machtgefüge unmittelbar tangieren.

Der für die hier vertretene Fragestellung weiterführende Aspekt im Ansatz von Argyris/Schön gegenüber dem von Duncan/Weiss liegt m. E. darin, daß dieser Ansatz (insbesondere am Beispiel des double-loop learnings) durchaus die Chance in sich birgt, bisherige Strukturen durch die persönlichen Erfahrungen und Deutungsmuster einzelner zu verändern. Geschieht jenes im double-loop learning noch primär unter zweckrationalen Gesichtspunkten (vgl. Geißler ebd.), gilt es, über kollektive Lernprozesse Wege zu erarbeiten, welche die umfassende Erhöhung des Steuerungspotentials im Umgang mit sich und dem Kontext zur Folge haben.

Hierzu bietet insbesondere der von Argyris/Schön (vgl. Argyris/Schön 1978, S. 20 ff.) angedeutete und von Geißler (1993, 1994) aus betriebspädagogischer Betrachtungsweise weiterentwickelte Ansatz des *»deutero learning«* bzw. des *»loop reflecting learning«* (vgl. Petersen 1993) im Sinne eines »unternehmenskulturellen Identitätslernens« (Geißler 1993, S. 80) einen Ansatz für die Auseinandersetzung in der Organisation und der Organisation mit ihren politischen Rahmenbedingungen (sowohl nach innen als auch nach außen), um das Steuerungspotential im Umgang mit sich und dem Kontext umfassend zu erhöhen.

Richten sich nämlich die von Argyris/Schön vertretenen Modelle des single-loop- learnings sowie des double loop-learnings auf in erster Linie zweckrational zu verstehende Anpassungs- und darüber hinausgehende *strategische Erschließungslernprozesse* (vgl. Geißler ebd.), thematisiert das deutero- bzw. das loop reflecting learning die *organisationseigene Identität* in Form einer *kollektiven Reflexion* des bisherigen Lernens, Denkens und Handelns,

- welche sich u. a. durch mikropolitische Prozesse herausbildet, aber
- gleichzeitig auch den Gegenstand für (mikropolitische Prozesse thematisierendes) kollektives Lernen darstellt.

Dieses *dialektische Spannungsverhältnis* läßt sich dementsprechend als die neue kollektive Lerndimension verstehen, welche alle Organisationsmitglieder auffordert, im Sinne des gesamten Systems, ständig die Denk- und Handlungsmodi zu überprüfen, um zur umfassenden Problemlösekompetenz des Unternehmens beizutragen.

M.a.W., *der Wandel im Unternehmen und des Unternehmens nach innen und außen kann auf diese Weise durch kollektive politische Lernprozesse ermöglicht werden, die sicherlich ihren Ursprung beim einzelnen Organisationsmitglied, beeinflußt durch die Faktoren Motivation, Konsenssuche und gesellschaftliche Ansprüche, welche täglich auf die Organisationsmitglieder (durch die Familie und den Freundeskreis) einwirken, haben.*

In diesem Sinne ergibt sich, daß eine kollektive, die organisationsrelevante Kultur thematisierende Lernpolitik, ermöglicht durch eine offene Informationspolitik und ein offenes Mit-Einander-Umgehen im Unternehmen, den Grundstein legen kann,

- für alle Organisationsmitglieder allgemein zugängliche Informationen im Hause und des Hauses sowie die Sicherheit über eine gemeinsam erarbeitete theory-in-use zu erhalten, um erfolgreich ihren Aufgabenbereich wahrnehmen zu können und sich somit auch mit der Tätigkeit in der Organisation und mit ihr selbst stärker zu identifizieren sowie

- auf diese Weise individuelles Wissen im kollektiven Sinne zu nutzen, die gesamte Problemlösekompetenz der Organisation zu erhöhen
- und dementsprechend auch den Ambitionen einzelner Organisationsmitglieder gerecht zu werden, über ihren Beitrag zum »output« und zur Unternehmenspolitik des ganzen Systems innerhalb der Unternehmung zu reüssieren.

Dieser Aspekt mag zunächst für den Mikropolitiker auf den ersten Blick vorteilhaft sein, seine eigenen Interessen ungehindert durchzusetzen, stellt ihn aber auf den zweiten Blick vor das Problem, sein Wissen und seine Ambitionen offenlegen zu müssen, da eine kollektive Überprüfung der einzelnen individuellen theories-in-use erfolgt.

Im Rahmen einer derartigen kollektiven Überprüfung werden nämlich bereits im double-loop-aber insbesondere im deutero- bzw. loop reflecting learning auch diejenigen Organisationsmitglieder beteiligt, auf die einzelne Machthaber keinen unmittelbaren Einfluß haben, so daß eine derartige »Durchmischung« die Macht bestimmter Personen oder Koalitionen im Unternehmen relativiert.

Obwohl die hier vorgestellten Ansätze zum Organisationslernen den Bereich des (mikro-) politischen Lernens bisher allenfalls implizit ansprechen, wird doch deutlich, daß das Organisationslernen mikropolitische Prozesse zwar nicht ausschließen kann, was für die Veränderungs- und Handlungsfähigkeit einer Organisation auch gar nicht förderlich wäre (vgl. Bosetzky ebd.), *sondern vielmehr als Ermöglicher zu verstehen ist, sie im Sinne des ganzen Systems zu kanalisieren, um auf diese Weise die kollektive Handlungsfähigkeit zu stärken.*

Die Chance besteht weiterhin darin, daß insbesondere durch das deutero- bzw. das loop reflecting learning der Faktor Macht thematisiert und als *eigentliche Ressource* im Unternehmen und des Unternehmens herausgestellt wird, um persönliche und kollektive Ambitionen erreichen zu können.

Eine derartige Thematisierung birgt die Möglichkeit in sich, das Zusammengehörigkeitsgefühl im Unternehmen und des Unternehmens zu fördern, wobei eine konsequent betriebene Informationspolitik den Grundstein dafür legt, das Unternehmen diesbezüglich nach innen und außen zu stärken.

Da die Unternehmungen, welche in diesem Abschnitt in erster Linie als *Arenen mikropolitischer Prozesse* aufgeführt wurden, zunehmend auch als *(global-)gesellschaftliche* Institutionen zu betrachten sind (vgl. Ulrich/Probst 1990, Kirsch 1990), wobei die Zugehörigkeit zu Parteien, Gewerkschaften und/oder einflußreichen gesellschaftlichen Interessenvertretungen die mikropolitische Position einzelner Organisationsmitglieder fördert (vgl. u. a. Küpper/Ortmann 1992, Beck 1993), geht es dementsprechend auch seitens der Organisationen und ihrer Mitglieder darum, intensiv über jene (global-)gesellschaftlichen Wandlungsprozesse nachzudenken, welche im Zusammenhang mit der *Risikogesellschaft* und den damit verbundenen ethischen Herausforderungen gegenüber dem Denken und Handeln von Unternehmen immer deutlicher werden.

Dieser Aspekt wird aus dem Grunde so herausgestrichen, weil hier die These vertreten werden soll, daß Unternehmen nur über organisationale, politische Lernprozesse in der Lage sind, ihre Denk- und Handlungsmodi auszugestalten, welche letztlich allen Organisationsmitgliedern, Kunden, Lieferanten und der Gesellschaft ermöglichen, die Organisation und ihre Ziele einzuschätzen, sowie dementsprechend eine eigene politische Position herauszubilden.

3. Die Auswirkungen der Risikogesellschaft auf unternehmenspolitische Entscheidungsprozesse in Form ethischer Herausforderungen gegenüber dem momentanen Wirtschaften

In den Ausführungen über das Phänomen der Mikropolitik sollte ein wichtiger Aspekt angesprochen werden, nämlich die Tatsache, daß der Zugang zum externen Wissen in Form von Kenntnissen über gesellschaftliche und globale Entwicklungen die Wettbewerbsposition der Unternehmen stärkt, da auf diese Weise auch unter funktionalen Aspekten die Bedürfnisse der Kunden von morgen in unternehmenspolitischen Entscheidungsprozessen verarbeitet werden können.

Hierbei liegt es m. E. auf der Hand, daß einzelne Organisationsmitglieder, die »eine Antenne« gegenüber externen Anspruchshaltungen besitzen, diesbezüglich ihre mikropolitische Position durch den Vorsprung an organisationsrelevantem Wissen ausbauen können, was in gewisser Hinsicht auch für die Organisation von großem Interesse ist, will sie doch rechtzeitig ihren Führungsnachwuchs rekrutieren.

Die Frage, der sich jede am Markt operierende Organisation stellt, ist die: *Welche Entwicklungsströme und Anspruchshaltungen sind für uns wichtig zu erkennen?*

Haben sich in früheren Zeiten Unternehmen durch die Zusammenlegung personaler und materialer Ressourcen unter der Vorannahme gebildet, daß ein Zusammenschluß von Menschen in Form eines Kollektivsubjektes eher in der Lage ist, individuelle Zielvorstellungen, die sich u. a. durch (die oben angesprochenen mikropolitischen Ambitionen in Form von) unternehmensinternen/gesellschaftlichen Aufstieg und damit verbundenem Einfluß-/Machtzuwachs ausdrücken lassen können als einzelne Akteure, ist diese Betrachtungsweise, welche sich rein am ökonomischen Erfolg und dem damit verbundenen *Fortschrittsglauben* orientierte, heutzutage als verkürzt zu bezeichnen (vgl. u. a. Klafki 1990, Beck 1993).

Hierbei herrschte bis in die siebziger Jahre hinein die Vorstellung vor, daß ökonomischer Erfolg (am Beispiel der Gewinnmaximierung einer Unternehmung) geradezu automatisch auch den gesamtgesellschaftlichen Fortschritt garantiert (vgl. u. a. Freiesleben 1991, S. 50).

In den letzten Jahren ist die bisherige Orientierung von Wirtschaft, (staatlicher) Politik und Wissenschaft am, auf naturwissenschaftlichen exakten Erkenntnissen aufbauenden, mechanistischen Weltbild zunehmend in Frage gestellt worden (vgl. u. a. P. Ulrich 1986), obwohl für Planungs- und Analyseprozesse darauf natürlich nicht gänzlich verzichtet werden kann.

Demzufolge wird kollektives Denken und Handeln nicht mehr allein an den Kriterien gemessen, wie es zum individuellen und gesellschaftlichen Wohlstand beitragen kann (welches m. E. auch in Zeiten tiefgreifender Wandlungsprozesse insbesondere unter dem Aspekt der Erhaltung von Arbeitsplätzen nach wie vor als geradezu selbstverständlich vorausgesetzt wird, vgl. dazu auch B. Wagner 1990, S. 50 f.), sondern die Akzeptanz der angebotenen Problemlösekompetenz (in Form von Gütern, Dienstleistungen und Informationen) wird darüber hinaus in zunehmendem Maße danach beurteilt, auf welche Weise seitens der Wirtschaftsorganisationen diese Leistungen überhaupt zustande kommen (vgl. u. a. Petersen 1993).

»Das empirisch-analytische, auf zähl- und meßbare Quantitäten reduzierte Wissen (der Naturwissenschaft, J.P.) zerlegte die Natur in ihre Einzelteile, führte zu einer Atomisierung der Erfahrung und des Wissens und verlor so das Verständnis für den Gesamtzusammenhang, für die Totalität des Lebens und die Einheit der Erde. Die damit verbundenen Subjekt-Objekt-Trennung, die Eingrenzung des Rationalitätskriteriums auf die technologische Zweckrationalität als Wissenschaftsprinzip und die Ausklammerung von Ziel- und Normfragen (. . .) haben insbesondere die Wirtschaft aus allen traditionellen religiösen, sozialen und politischen Verankerungen und Begrenzungen herausgelöst und sie immer mehr zum bestimmenden Motor der gesellschaftlichen Entwicklung werden lassen« (Weinbrenner 1989 a, S. 33).

Diesbezüglich ist sicherlich der Vorschlag Ulrich Becks (1986) bemerkenswert, die These aufzustellen, daß sich die Menschheit (zumindest in der westlichen Welt) nicht länger in einer Phase der Industriegesellschaft (welche letztendlich den Wohlstand insbesondere in der westlichen Welt nach dem Zweiten Weltkrieg sichergestellt hat) befindet, sondern statt dessen sich die Gesellschaft der westlichen Welt nunmehr als *Risikogesellschaft* verstehen muß.

Folgende Frage unterstützt diese These:

»Kann aber – so muß heute gefragt werden – angesichts zunehmender technischer Risiken, der drohenden Erschöpfung lebenswichtiger Ressourcen und der fortschreitenden Umweltzerstörung eine Fortsetzung oder gar Forcierung der klassischen, das heißt primär quantitativen Wachstumspolitik noch verantwortet werden?« (Weinbrenner 1989 a, S. 36)

Nicht zuletzt hat die einseitige Orientierung der Unternehmen und Volkswirtschaften an der über die Steigerung des Bruttosozialproduktes zu errei-

chenden Wachstumsorientierung, welche heutzutage auch als »Wachstums-
illusion« (Weinbrenner ebd.) bezeichnet werden kann,
- anhand des Raubbaus an der Natur,
- der Gewässer- und Luftverschmutzung sowie
- der mit der Kernenergie verbundenen Risiken

bereits heute Folgekosten verursacht, die von vielen zukünftigen Generationen getragen werden müssen, und somit als Preis für den momentanen
(scheinbaren) Wachstum anzusehen sind. Die Halbwertzeit radioaktiver
Abfälle von bis zu 30000 Jahren ist nur ein Beispiel dafür.

Mit anderen Worten ist die Industriegesellschaft von ständigen Risiken
umgeben und läßt sich dementsprechend als Risikogesellschaft charakterisieren.

Folgende Merkmale einer Risikogesellschaft lassen sich dabei nach Ulrich
Beck festhalten:
- *Allbetroffenheit*
  Ökologische und politische Probleme waren bislang immer Probleme
  bestimmter Personen oder Volksgruppen. Seit dem Beispiel Tschernobyl
  oder den immer wieder auftretenden Havarien von Öltankern wird aller-
  dings deutlich, daß die ökologische Herausforderung weltweit alle
  Bevölkerungsschichten (Nord und Süd, arm und reich) betrifft. Mit
  anderen Worten sieht sich nicht länger nur den Arbeiter auf seiner Par-
  zelle, sondern auch der Generaldirektor in seiner Villa den ökologischen
  Problemen gegenüber ausgesetzt (beispielsweise kommt vergiftetes
  Wasser auch aus dem Wasserhahn des Generaldirektors, vgl. dazu auch
  Beck 1993).
- *Globalität*
  Moderne Risiken (am Beispiel des Ozonlochs und der damit verbundenen Klimakatastrophe) lassen sich als globale Gefährdungslagen charakterisieren, die das Überleben der Erde und der Spezies Mensch prinzipiell in Frage stellen.
- *Übernationalität*
  Ökologische Probleme können nicht länger nur auf nationaler Ebene
  geklärt werden. Die Umweltkonferenz von Rio de Janeiro im Jahre 1992
  hat diesbezüglich gezeigt, daß der Mensch zwar diese Probleme erkennt,
  aber aufgrund wirtschaftlicher und politischer Interessen und Egoismen
  noch nicht soweit ist, globale Strategien zu entwickeln und vor allem
  durchzusetzen.
- *Wissensabhängigkeit*
  Globale Risiken sind nicht unmittelbar erfahrbar wie bspw. Einkommen
  oder Strafen. »Ins Zentrum rücken mehr und mehr Gefährdungen, die
  für die Betroffenen oft weder sichtbar noch spürbar sind, Gefährdungen, die unter Umständen gar nicht mehr in der Lebensspanne der
  Betroffenen selbst wirksam werden, sondern bei ihren Nachkommen, in
  jedem Fall Gefährdungen, die der »Wahrnehmungsinstrumente« der

Wissenschaft bedürfen – Theorien, Experimente, Meßinstrumente –, um überhaupt als Gefährdungen »sichtbar« interpretierbar zu werden« (Beck 1986, S. 35, Hervorhbg. d. U.B.).

Die Ausführungen zur Risikogesellschaft haben dabei eine Problematik ständig berührt, nämlich die bisherige Vernachlässigung der notwendigen gemeinsamen Betrachtung ökonomischer und ethischer Fragestellungen bei unternehmenspolitischen Entscheidungen, denn »Risikofeststellungen sind die Gestalt, in der die Ethik und damit auch: die Philosophie, die Kultur, die Politik – in den Zentren der Modernisierung – in der Wirtschaft, den Naturwissenschaften, den Technikdisziplinen wiederaufsteht« (Beck 1986, S. 37).

Die Problematik bei den Prämissen von Moraltheologen einerseits und Ökonomen andererseits wird dabei auf den ersten Blick offensichtlich, denn sie »besteht in der Herbeiführung eines ethischen Verhaltens aller Wirtschaftsteilnehmer, das mit beiden gesellschaftlichen Zielen kompatibel ist, mit dem Ziel der Effizienz und mit dem der Umverteilung bzw. dem der sozialen Verantwortung. Unterschiedliche Ziele bedingen unterschiedliche Moralvorstellungen. (. . .) Wird die harte Geschäftswelt mit ihrer darwinistischen Sozialethik und der Betonung von Sachnotwendigkeiten nicht auch die Ethik des Einkommensverwenders durchsäuern, so daß Nächstenliebe und Solidarität verkümmern? Andererseits mag es zu Effizienzverlusten kommen, wenn die altruistische Haltung auch den wirtschaftlichen Bereich durchzieht« (Lachmann 1990, S. 89).

Im folgenden wird nunmehr der Frage nachzugehen sein, wie *ethische Fragestellungen* über politische Lernprozesse wieder in das ökonomische Denken und Handeln in und von Unternehmungen integriert werden können, denn »im Alltag sind beide (sowohl Ethik als auch Ökonomik, J.P.) für das »Funktionieren« der Wirtschaft nozwendig: das Sachgemäße und das Menschengemäße! Die für die Werte und die für die Wirtschaftspolitik zuständigen Instanzen sind gleichermaßen gefordert: Keiner der beiden kann den anderen Bereich völlig sustituieren« (Lachmann ebd., S. 90).

Folglich liegt es nahe, zunächst einmal eine Definition des Terminus Unternehmensethik vorzuschlagen, bevor über die Bedeutung der Ethik für das Wirtschaften in der Risikogesellschaft thematisiert werden kann:

Unternehmensethik läßt sich in Hinblick auf die oben angesprochene Problematik als Versuch charakterisieren, außerökonomische, philosophisch-moralische Handlungsaspekte in das scheinbar nahezu ausschließlich unter streng rationalen Kriterien agierende Unternehmen einwirken zu lassen (vgl. Petersen 1993, Homann/Blome-Drees 1992, S. 16).

Dies erscheint insbesondere unter den oben angesprochenen Charakteristika der Risikogesellschaft immer dringender zu werden.

»Die Krise der Industriegesellschaft hat deutlich gemacht, daß es höchste Zeit ist für eine politische und ethische Rückbindung von Technik und Wirtschaft. Zukunftssicherung kann nur gelingen, wenn sie als politischer und pädagogischer Gestaltungsauftrag verstanden wird. Die Zukunft darf uns nicht von oben verordnet, sondern sie muß in einem öffentlichen, demokratischen Diskussions, Entscheidungs- und Konsensfindungsprozeß von einer (wirklich, J.P.) aufgeklärten, mündigen Gesellschaft hervorgebracht werden« (Weinbrenner 1989 a, S. 47 f., Hervorhbg. d. P. Weinbrenner).

Damit wird ein Aspekt angesprochen, der zu Zeiten des Wirtschaftswunders noch undenkbar war, nämlich die Entdeckung eines *politischen Bewußtseins* bei den einzelnen Bürgern, welche diesbezüglich nicht nur als Staatsbürger verstanden werden, die externe Ansprüche an die Unternehmen artikulieren, sondern auch die Organisationsmitglieder repräsentieren.

Wurden in früheren Jahrzehnten staats- und unternehmenspolitische Entscheidungen mehr oder weniger kritiklos hingenommen, wobei den jeweils Mächtigen eine hohe Problemlösekompetenz zuerkannt worden ist, hat sich diese Situation im Zeitalter der Risikogesellschaft grundlegend geändert.

»Zu der Todesliste der Pflanzen und Tiere (aufgrund der Nebenwirkungen des bisherigen Wirtschaftens, J.P.) kommt (. . .) das geschärfte öffentliche Risikobewußtsein, die gewachsene Sensibilität für Zivilisationsgefährdungen, die übrigens nicht mit Technikfeindlichkeit zu verwechseln ist und als solche verteufelt werden darf. Gerade technikinteressierte junge Menschen sehen und nennen diese Gefährdungen« (Beck 1986, S. 73).

Die Bildung von Bürgerinitiativen bspw. gegen die Atomindustrie, größere Bauvorhaben und gegen die Ausbeutung der Natur, welche auch von juristischen Schritte begleitet werden und häufig empfindliche Zeiteinbußen für staatliche und privatwirtschaftliche Vorhaben durch »einstweilige Verfügungen« bewirken, sind dabei auf mehrere Ursachen zurückzuführen:

1) Bedingt durch den wirtschaftlichen Wohlstand und die relative soziale Sicherheit der meisten hat die Wirtschaft in den Augen vieler jene Unantastbarkeit verloren, die auf der Funktion als Arbeitgeber und Steuerzahler basierte.

2) Das Prinzip des »Höher, Schneller, Weiter« (von Arnold 1993 auch als das Prinzip des »Mehr-Desselben« bezeichnet), wird in Hinblick auf die (häufig befürchteten) negativen Auswirkungen auf die jetzige und zukünftige Generationen nicht mehr automatisch hingenommen. Die Erkenntnis, daß der Mensch nunmehr in der Lage ist, sich selbst und seine Lebensgrundlage systematisch zu vernichten, hat bei vielen große Besorgnisse und das Bedürfnis, etwas tun zu müssen, ausgelöst. Branchen, die im Verdacht stehen, durch ihre Forschungen und Produktionsprozesse die Umwelt zu gefährden (bspw. die chemische Industrie), werden einem zunehmenden öffentlichen Druck ausgesetzt.

3) Der staatlichen Politik wird immer weniger zugetraut, dieser Entwicklung begegnen zu können. Statt dessen erzeugen Schmiergeldaffären

(von der Presse genüßlich aufgearbeitet), das Image des korrupten und überforderten (staatlichen) Politikers, der sich zum »Erfüllungsgehilfen« unternehmenspolitscher Prozesse macht.

»Es geht um das Innewerden, den Ausbau und die Ausweitung der Kompetenzen sozial handelnder einzelner, auf deren Kreativität, deren Bewußtwerdungsprozesse, auf deren Ideen, Kritik und oppositionelles Verhalten alle sozialen Zusammenhänge und Gemeinschaften angewiesen sind. Es geht um die schöpferische Kraft des einzelnen, der seine Subjekthaftigkeit kämpferisch aus der Position totaler Vergesellschaftung heraus entwickelt, sich gegen seine vollständige Verplanung als produzierendes und konsumierendes, ansonsten willfähriges Wirtschaftssubjekt verteidigt und sich gegen die totale kommerzielle Überformung und Durchdringung seiner Lebenswelt wehrt. Der Zusammenhang von Subjekt und Gesellschaft, deren Objekt und Produkt er ebenso ist wie ihr Produzent im Handeln wie im Unterlassen, soll die weiteren Überlegungen unter der Perspektive der unaufhebbaren Dialektik des »Unterworfen und doch frei zu sein« bestimmen« (Meueler 1993, S. 86, vgl. dazu auch Dörner 1992, S. 275).

Die Auswirkungen dieser Erkenntnisse auf die Politik im Unternehmen und des Unternehmens und die sie erst ermöglichenden organisationalen Lernprozesse sind vielfältiger Art:

1) Die Unternehmung und die Wirtschaft können sich nicht länger nur an den Gesetzen des Marktes orientieren, sondern sehen sich einer zunehmenden individuellen und gesellschaftlichen Überwachung (am Beispiel der Presse und/oder engagierter, kritischer Bürger) ausgesetzt.

2) Diesbezüglich sensibilisierte Politiker sehen sich aufgrund des öffentlichen Drucks zunehmend gezwungen (letztendlich, um nicht abgewählt zu werden und Macht zu verlieren, s. o.), strenge Auflagen in Form von Gesetzen zu verabschieden (am Beispiel von Rußfiltern), welche i.d.R. für die Unternehmen immense Kosten verursachen.

3) Die Zugehörigkeit zu einer Organisation, welche als »gefährlich« eingestuft wird, bedeutet einen zunehmend Rechtfertigungsdruck der Mitarbeiter gegenüber der Öffentlichkeit, Familie, Peer-Group etc. (vgl. dazu auch Beck 1993, S. 197 f.).

Da nicht zuletzt, wie eingangs gezeigt, bedingt durch ihre *institutionelle und ökonomische Macht,* Unternehmungen weltweit eine zunehmende Bedeutung erhalten haben (vgl. Adam 1992, S. 119 ff.), ergibt sich daraus die Konsequenz, daß nunmehr verantwortungsbewußte, politisch lernfähige Kollektivsubjekte selbst proaktiv, sozusagen auf freiwilliger und institutioneller Basis, im gesamtgesellschaftlichen Rahmen ökonomische und moralische Akzente setzen können,

● die einerseits eine Hilfestellung für die dahingehend überforderte (staatliche) Politik leisten, andererseits

● auch ihre eigenen (i.d.R. zunächst rein ökonomischen) Interessen als Beitrag einer (im gesamtgesellschaftlichen Rahmen) stattfindenden

Auseinandersetzung (Diskurs) einbringen, um durch diesen Diskurs sowohl eigene als auch gesellschaftliche umfassende Lern- und Bildungsprozesse in Form einer Überprüfung ökonomischer und ökologischer Grundsätze auszulösen.

Die damit verbundenen Folgewirkungen für umfassende Lernprozesse in der und der Unternehmung, welche letztendlich die organisationalen Denk- und Handlungsmodi vorbereiten und bestimmen sollen, liegen auf der Hand:

»Der Einbruch der Ökologie öffnet die Ökonomie für die Ethik und die Politik. Industrie und Wirtschaft werden zu einer politischen Unternehmung in dem Sinn, daß die Gestaltung des Unternehmens selbst – seine Organisations- Personalpolitik, Produktpalette und Produktionsentwicklung, großtechnischen Investitionen und Organisationsgestaltungen – nicht mehr hinter verschlossenen Türen als Sach- und Systemzwänge exekutiert werden können. Diese werden vielmehr von Alternativen umstellt und durchgesetzt, wodurch andere Erwartungen, Akteure und Aufmerksamkeiten, Konsumentenmitsprachen in die ehemals allein und daher »unpolitisch« (zumindest nach außen hin, s. o., J.P.) regierenden Managementzirkel hineinwirken. Der unpolitische Bourgeois des sozialstaatlich regulierten Spätkapitalismus wird zum politischen Bourgeois, der in seiner wirtschaftlichen Sphäre nach den Maßstäben legitimationsbedürftiger Politik »regieren« muß. (. . .) Ökonomisches Handeln wird also begründungspflichtig und verhandlungsabhängig – nach außen und nach innen, der Öffentlichkeit (den Konsumenten) und der (aktuellen und potentiellen) Belegschaft gegenüber« (Beck 1993, 197 f, Hervorhbg. d. U. Beck).

Diesbezüglich liegt es nahe, den Vorschlag zu unterbreiten, das politische Denken und Handeln auch zur *Schlüsselfrage* kollektiver Lernprozesse in der und der Unternehmung zu erklären, um die immer dringlicher erscheinende Überwindung der für Industriegesellschaften charakteristischen Trennung von Politik, Ethik und Wirtschaft (vgl. dazu u. a. P. Ulrich 1986, Henning ebd.), welche bspw. im Denken von Aristoteles noch undenkbar war, zu ermöglichen.

In dieser Hinsicht bietet es sich an, erneut an das organisationale Lernmodell des *deutero-* bzw. des *loop-reflecting learning* anzuknüpfen.

Dieses organisationale Lernmodell, welches einerseits bisherige Lernprozesse im Unternehmen und des Unternehmens im *organisationskulturellen Sinne* thematisiert (vgl. Geißler 1993), läßt sich ohne weiteres auch auf externe Herausforderungen sowie auf das letztlich damit unmittelbar verbundene Spannungsfeld *ethischer und ökonomischer Fragestellungen* übertragen.

»Von ›deutero learning‹ (bzw. loop reflecting learning ist hierbei, J.P.) analytische Aufklärung und konstruktive Orientierung zu erwarten, wie die Organisationsmitglieder und die gesamte Organisation im Sinne von Solidarität, Gleichwert und Brüderlichkeit/Schwesterlichkeit mit ihren eigenen Bedürfnissen und mit den Bedürfnissen anderer Subjekte umgeht, die mit der Organisation interagieren oder von ihren Interaktionen betroffen sind. Mit dieser Aufgabenstellung muß sich »deutero learning« auf die Reflexïon und Entwicklung des aktuellen Wollens und der fundamentalen Deutungs- und Orientierungsmuster der Organisationsmitglieder und der mit ihnen interagierenden bzw. der von den »externen Effekten« der Organisation betroffenen Subjekten konzentrieren« (Geißler 1993, S. 80).

Nicht zuletzt aufgrund der Erkenntnis, daß es notwendig ist, dem individuellen und kollektivem Handeln einen *Sinn und eine Richtung* zu geben, um in Zeiten tiefgreifender Wandlungsprozesse zu einer lebenswerten Zukunft der eigenen sowie der Nachfolgegenerationen beizutragen, ergeben sich daraus dahingehend Konsequenzen, daß die Auseinandersetzung mit der ethischen Rechtfertigung und Legitimation des eigenen Denkens und Handelns einen zunehmenden Stellenwert erhält.

Der (unternehmens-)politische Aspekt in diesem scheinbar unüberbrückbaren Konflikt (s. o.) zwischen ökonomischen Notwendigkeiten einerseits und ethischen Fragestellungen andererseits liegt m. E. darin begründet, daß ethisches Entscheiden und Handeln immer sowohl in einem Spannungsfeld zwischen bewußter globaler Verantwortung von Menschen und Organisationen als auch der Versuchung in Hinblick auf Manipulation und Täuschung aus letztendlich egoistischen Motiven gesehen werden muß (vgl. dazu auch Hasper/Glasl 1988, S. 16).

Daraus ergibt sich, daß unternehmenspolitische Entscheidungen erst dann dahingehend einzuschätzen sind, ethische Aspekte wirklich zu berücksichtigen,

- wenn seitens der Organisationsmitglieder und der Unternehmung (und der durch politische Lern- und Willensbildungsprozesse) ausgestalteten Handlungsmodi bewußt der »Verlockung« widerstanden wird (bspw. durch Umgehung von gesellschaftlichen Normen wie Umweltschutzrichtlinien),
- den eigenen Vorteil gegenüber den sich danach richtenden, aber dadurch möglicherweise teurer produzierenden Mitbewerbern zu suchen, um ein humanorientiertes Leben der jetzigen und zukünftigen Generation(en) zu sichern.

Unternehmensethik im oben verstandenen Sinne setzt sich demzufolge grundsätzlich mit der Frage auseinander, welche moralischen Normen und Ideale unter den Bedingungen des Wandels von der modernen Industriegesellschaft zur Risikogesellschaft seitens der Unternehmung im Spannungsfeld von *Moral und Effizienz* berücksichtigt und zur Geltung gebracht werden können (vgl. dazu ähnlich Homann/Blome-Drees 1992, S. 14, bzw. S. 117), um sie als eigentlichen Gegenstand *umfassender politischer Lernprozesse* zu definieren.

Dies gilt sowohl für mikropolitische innere Prozesse als auch für die Gestaltung der Außenpolitik einer Unternehmung.

Als Gegenstand von politischen Bildungsprozessen des deutero- bzw. des loop- reflecting-learning geht es folglich darum,

- eine bedürfnisorientierte (interne) Unternehmenspolitik auszugestalten sowie
- ordnungspolitische Grundlagen innerhalb des Unternehmens und der Branche/Gesamtwirtschaft zu schaffen, die eine Harmonie zwischen ökonomischer Nützlichkeitspräferenz und ökologischer und globaler Verantwortung ermöglicht, m.a.W.
- die Entwicklung und Gestaltung von Normen für ethisches Handeln nach innen und außen

zu thematisieren, um die Vision einer humaneren und gerechteren Zukunft unter dem Spannungsfeld Sittlichkeit – Nützlichkeit Gestalt annehmen zu lassen.

Dabei wird in diesem Beitrag davon ausgegangen, daß erst die Orientierung am wirtschaftlichen Erfolg das Überleben und die umfassende Handlungsfähigkeit der Unternehmungen ethisches und verantwortungsbewußtes Agieren von Menschen und Kollektivsubjekten ermöglichen kann.

Würden die Unternehmungen nämlich dieses Ziel zugunsten einer reinen Moralorientierung aufgeben, könnten sie als soziale und politische Systeme zumindest mittelfristig nicht mehr länger existieren, wodurch das Spannungsfeld Sittlichkeit – Nützlichkeit in letzter Konsequenz, zynisch ausgedrückt, obsolet würde, da sie sich nicht länger (konkursbedingt) dieser Auseinandersetzung stellen könnten (vgl. dazu auch Homann/Blome-Drees ebd., S. 179).

Folglich geht es bei der Auseinandersetzung mit den Aspekten der Unternehmensethik darum, moralisches und effizientes Handeln zum Wohle aller Betroffenen durch (unternehmensinnen- und außen-)politisches Lernen zu ermöglichen und zu integrieren, bei denen die Organisation lernt,

- zunächst eine *offene Informationspolitik* im Hause zu betreiben, die allen Organisationsmitgliedern die Möglichkeit gibt, ihre Erfahrungen und Wertvorstellungen (welche natürlich auch auf externen Erfahrungen und Ansprüchen basieren) in das Unternehmen einzubringen, und somit als Gegenstand bei unternehmenspolitischen Entscheidungen der Unternehmensleitung berücksichtigt zu werden, weiterhin
- mit gesellschaftlichen Anspruchsgruppen und der Presse einen *offenen und vertrauensvollen* Dialog einzugehen, sowie
- mit der staatlichen Politik durch einen *intensiven Austausch von Informationen* eng zu kooperieren,

um somit seitens der Organisation anhand ihrer Denk- und Handlungsmodi zur Überwindung der oben unterstrichenen Trennung von Politik, Wirtschaft und Ethik beizutragen.

Das organisationale deutero- bzw. loop-reflecting learning ist somit auch in Hinblick auf jene Aspekte, die mit den (auf den ersten Blick externen) Herausforderungen und Gegebenheiten einer Risikogesellschaft verbunden

sind, als eine Hinterfragung des bisherigen organisationalen Wissens und der dies ermöglichenden Lernprozesse zu verstehen.
Anders formuliert, die *kollektiven Deutungsmuster* im Sinne einer *organizational theory-in-use,* welche sich aus internen und externen Erfahrungslernprozessen individueller und kollektiver Art konstituieren und ständig durch sie weiterentwickelt werden, sind letztlich als vorläufige Ergebnisse von Lernprozessen zu charakterisieren, welche nur durch den politischen Diskurs im Unternehmen und des Unternehmens (im Austausch mit der (Risiko-) Gesellschaft bzw. mikropolitischer Ambitionen einzelner) zustandekommen.
Auf diese Weise speist sich die Unternehmensidentität aus unternehmenspolitischen Lernprozessen, die sowohl die Organisationsmitglieder mit ihren (mikropolitischen) Ambitionen als auch externe, in Hinblick auf die Gegebenheiten und Erfordernisse einer Risikogesellschaft sensibilisierten Anspruchsgruppen bzw. Stakeholders umfassen und thematisieren.
Hierbei ergibt sich durchaus die Möglichkeit, daß organisationale politische Lernprozesse auch eine »Vorreiterrolle« für gesamtgesellschaftliche politische Lernprozesse übernehmen können (vgl. Petersen 1993).
Voraussetzung hierfür ist aber eine ständige *Bereitschaft,* seitens der Unternehmen und der Gesellschaft,
- voneinander und vor allem, miteinander zu lernen,
- gegenseitige Vorurteile und Ressentiments im Sinne der Gestaltung einer gemeinsamen besseren Zukunft abzubauen oder zumindest, zu relativieren und vor allem,
- Politik nicht nur unter kurzfristigen Machtvorteilen (einzelner und/oder Koalitionen) zu sehen, sondern vielmehr als Aufgabe eines jeden aufzufassen, der sich der Verantwortung gegenüber der jetzigen und zukünftigen Generationen auf der ganzen Welt bewußt ist.
Mit anderen Worten, jedes Individuum und jedes Kollektivsubjekt ist aufgerufen, als Politiker zu fungieren und dementsprechend ein eigenes Selbstverständnis auszubilden, zur Diskussion zu stellen und folglich seine Ziele dahingehend abzuleiten aber auch zu hinterfragen, da nur auf diese Weise eine Weiterentwicklung von Individuen, Organisationen und der Gesellschaft in Form von umfassenden Lernanstössen ermöglicht werden kann.
Somit kann politisches Handeln m. E. immer, sei es auf staatlicher oder ökonomischer (sowohl mikropolitischer als auch gesellschaftrelevanter) Ebene, dahingehend verstanden werden, sich für die Belange des Partners zu interessieren, um ihn als Partner
- einschätzen,
- ernstnehmen und respektieren, sowie
- die eigenen Bedürfnisse daraufhin abstimmen und angleichen zu können.
Derartige Ermöglichungsprozesse sind dementsprechend als die entscheidende Ergebnisse politischer Lernprozesse individueller und kollektiver Art anzusehen.

Ein derartiges Politikverständnis bietet
- sowohl ambitionierten Organisationsmitgliedern, die sich mikropolitisch betätigen wollen,
- als auch engagierten Kritikern des bisherigen spätkapitalistischen Wirtschaftens (welche eher die oben beschriebene Makropolitik mit ihrer Kritik verfolgen),
- sowie sich interkulturell und letztlich global engagierenden»Politikern« genügend Gelegenheiten, sich selbst im Sinne des Ganzen zu verwirklichen und dementsprechend auf Kollektivsubjekte jedweder Natur entscheidend einzuwirken.

Literatur

Argyris, Chris/Schön, Donald: Organizational Learning. Reading/Mass. 1978.

Arnold, Rolf: Natur als Vorbild – Selbstorganisation als Modell der Pädagogik. Frankfurt 1993.

Beck, Ulrich: Risikogesellschaft. Auf dem Weg in eine andere Moderne. Frankfurt 1986.

Beck, Ulrich: Die Erfindung des Politischen. Frankfurt 1993.

Bleicher, Knut: Perspektiven für Organisation und Führung von Unternehmungen. Baden-Baden et al. 1971.

Bosetzky, Horst: Mikropolitik, Machiavellismus und Machtkumulation Revisionen der Rationalität. In: Küpper, Willi/Ortmann, Günther: Mikropolitik. 2. durchgesehene Auflage, Opladen 1992.

Brantl, S.: Management und Ethik. München 1985.

Dettling, Warnfried: Wie modern ist die Antike? In: Zeit der Ökonomen, hrsg. i. R. der Reihe Zeitpunkte 3/1993, S. 6 ff., Hamburg 1993.

Dörner, Dietrich: Die Logik des Mißlingens. Reinbek/Hamburg 1992.

Easton, David: A Systems Analysis of Political Life. New York et al. 1965.

Friedberg, Erhard: Zur Politologie von Organisationen. In: Küpper, Willi/Ortmann, Günther: Mikropolitik. 2. durchgesehene Auflage, Opladen 1992.

Freiesleben, Ulrich: Gewissen versus ökonomische Sachzwänge. In: Geißler, Harald (Hg.): Unternehmenskultur und -vision. Frankfurt a. M. 1991.

Geißler, Harald: Bildungsmarketing für Organisationslernen. In: Geißler, Harald (Hg.): Bildungsmarketing. Frankfurt a. M. 1993.

Geißler, Harald: Grundlagen des Organisationslernens. Weinheim 1994.

Henning, Bernd: Das gesamtwirtschaftliche Zielsystem im Rahmen der Sozialen Marktwirtschaft. In: Bundeszentrale für politische Bildung: Grundfragen der Ökonomie. Bonn 1989.

Homann, Karl/Blome-Drees, Franz: Wirtschafts- und Unternehmensethik. Göttingen 1992.

Kirsch, Werner: Unternehmenspolitik und strategische Unternehmensführung. München 1990.

Küpper, Willi/Ortmann, Günther (Hg.): Mikropolitik. 2. durchgesehene Auflage, Opladen 1992.

Krüger, Wilfried: Macht in der Unternehmung. Stuttgart 1976.

Lachmann, Werner: Ethik und soziale Marktwirtschaft. In: Bundeszentrale für politische Bildung (Hg.): Wirtschaftspolitik. Bonn 1990.

Leymann, Heinz: Marketing für qualifizierte Maßnahmen zum Abbau von psychischem Terror am Arbeitsplatz. In: Geißler, Harald (Hg.): Bildungsmarketing. Frankfurt a. M. 1993.

Luhmann, Niklas: Soziale Systeme. Grundriß einer allgemeinen Theorie. Frankfurt a. M. 1984.

Luhmann, Niklas: Die Wirtschaft der Gesellschaft. Frankfurt 1988.

Meueler, Erhard: Die Türen des Käfigs. Stuttgart 1993.

Petersen, Jendrik: Die gebildete Unternehmung. Dissertation. Hamburg 1993.

Probst, Gilbert J. B.: Selbstorganisation. Berlin und Hamburg 1987.

Pillat, Rüdiger: Neue Mitarbeiter. 4. Auflage, Freiburg 1986.

Schein, Edgar: Organizational Culture and Leadership. San Francisco, London 1986.

Schultz, Reinhard: Betriebswirtschaftslehre. München, Wien 1988.

Staehle, Wolfgang H.: Management. 6. Auflage, München 1991.

Staehle, Wolfgang H.: Macht und Kontingenzforschung. In: Küpper, Willi/Ortmann, Günther (Hg.): Mikropolitik. 2. durchgesehene Auflage, Opladen 1992.

Stockinger: Kommunikation und Interaktion – Handlungstheoretische Grundlagen politischer Prozesse dargestellt am Begriff der Macht. In: Sandner, Karl (Hg.): Politische Prozesse in Unternehmen. Berlin, Heidelberg 1989.

Taylor, F. W.: The principles of Scientific Management. New York 1911.

Ulrich, Hans: Management. Bern 1984.

Ulrich, Hans: Von der Betriebswirtschaftslehre zur systemorientierten Managementlehre. In: Wunderer, Rolf (Hg.): Betriebswirtschaftslehre als Management und Führungslehre. Stuttgart 1985.

Ulrich, Hans/Probst, Gilbert J.B.: Werthaltungen schweizerischer Führungskräfte. Bern und Stuttgart 1982.

Ulrich, Hans/Probst, Gilbert J. B.: Anleitung zum ganzheitlichen Denken und Handeln. 2. Auflage, Bern und Stuttgart 1990.

Ulrich, Peter/Fluri, Edgar: Management. 3. Auflage, Bern und Stuttgart 1984.

Ulrich, Peter: Die Großunternehmung als quasi-öffentliche Institution Stuttgart 1977.

Ulrich, Peter: Transformation der ökonomischen Vernunft – Fortschrittsperspektiven der modernen Industriegesellschaft. Bern und Stuttgart 1986.

Walter, Henry: Mobbing: Kleinkrieg am Arbeitsplatz. Frankfurt, New York 1993.

Weinbrenner, Peter: Die Zukunft der Industriegesellschaft im Spannungsfeld von Fortschritt und Risiko. In: Bundeszentrale für politische Bildung: Grundfragen der Ökonomie. Bonn 1989 a.

Weinbrenner, Peter: Ökonomie und Ökologie im politischen Interessenkonflikt in: Bundeszentrale für politische Bildung: Grundfragen der Ökonomie, Bonn 1989 b

Zielinsky, Johannes: Eine wünschenswerte Vision: Informationsgesellschaft und Computerbildung in: Geißler, Harald (Hrsg.): Unternehmenskultur und – vision, Frankfurt a. M. 1991

Zürn, Peter: Ethik im Management, Frankfurt 1991

Kapitel D

Organisationslernen und seine Bedeutung für die Organisation und das Management des Lernens und der Weiterbildung

I. Organisationslernen und Bildungsbetriebslehre – Das Lernen in Organisationen als bildungsbetriebliches Erfahrungsobjekt

Gerhard E. Ortner

Die Beantwortung der Frage, welche Bedeutung die Bildungsbetriebslehre für Organisationslernen hat, bedingt eine Antwort auf die Vor-Frage, welcher Begriff von »Organisationslernen« denn eigentlich gemeint ist. Der Bedeutung der Bezeichnung und seiner bisherigen Entwicklung widmen zahlreiche Autoren – auch in diesem Buch und durchaus zurecht – breiten Raum (Sattelberger 1991, Kailer 1987, Geißler 1992). Die Entwicklung einer Theorie des Organisationslernens ist nämlich noch nicht sehr weit über die Klärung von Erfahrungs- und Erkenntnisobjekt hinausgekommen und verharrt seit einiger Zeit recht hartnäckig in der Diskussion über Anspruch und Reichweite, wobei die Diskussion durch Sprach- und Übersetzungsprobleme zusätzlich erschwert wird (Reinhardt 1993). Bei der Übersetzung von einer Sprache in die andere wechseln selbst trennscharfe Fach-Begriffe nicht selten auch gleich die Bedeutung. Einfaches, aber (leider) eindrucksvolles Beispiel: »organizational development« bedeutet ganz offensichtlich nicht dasselbe wie »Organisationsentwicklung«. Weshalb sich eine der Hauptrichtungen der OD-Theoretiker in Deutschland auch für die Bezeichnung »Organisationslernen« entschieden hat. Sie versteht darunter die permanente Anpassung von intentionalen Sozialen Systemen an die sich (meist ebenfalls permanent) ändernden internen und äußeren Bedingung.

1. Bildung im Betrieb: das Lernen der Organisationen und das Lernen in Organisationen

Ein solch gleichsam betriebswirtschaftlicher Lern-Begriff ruft freilich die sich für die Theorie des Lernens grundsätzlich zuständig fühlenden Pädagogen auf den Plan, denen es bei einer solchen Formaldefinition an »Bewußtsein« (Skowrnek 1991) fehlt. Ohne ein solches kann menschliches Lernen im Verständnis der pädagogischen Theorie nicht vollständig sein. Konsequenterweise macht sich beispielsweise Geißler in seinem Beitrag in diesem Bande auf die Suche nach Organisationen als »Kollektivsubjekten«, denen eben ein solches Bewußtsein zugeschrieben werden könnte. Er

415

knüpft damit nicht bloß an Wilhelm von Humboldt an, sondern baut ganz allgemein auf den gesellschaftswissenschaftlichen Fundamenten kollektiven Denkens auf.

Geißler unternimmt in seinem interessanten Aufsatz den Versuch einer Bildungstheorie des Organisationslernens mit dem ehrgeizigen Ziel, sowohl eine »postmoderne (. . .) Theorie der Organisation und des Managements«, als auch gleichzeitig eine »Systemische Lerntheorie« zu entwikkeln. Für letzteres schafft er sich durch Adaptierung traditioneller theologischer und soziologischer Konzepte ein »kollektives Lernsubjekt«, auf dem Weg zum ersteren gelangt er zu »Umrissen einer Bildungstheorie des Organisierens«, womit implizit eine der Schlüsselfunktionen des Managements angesprochen ist (Steinmann/Schreyögg 1981, S. 353 ff.).

Die Ansätze zeigen deutlich, daß die Pädagogik heute die »Organisation«, speziell aber die Wirtschaftsbetriebe, als Erfahrungsobjekt geortet hatte und sich anschickte, eine pädagogisch ansetzende Betriebswirtschaftslehre zu entwickeln. Auf die Verwandtschaft zwischen den Führungsaufgaben in pädagogischen Institutionen einerseits und solchen mit ökonomischer Ausrichtung andererseits hat der Verfasser mehrfach hingewiesen, was in den pointierten Formulierungen kulminierte: »Personalentwicklung ist nicht (bloß) eine, sondern die Aufgabe des Managements schlechthin« und »Unternehmensführung ist Mitarbeiterbildung bzw. durch diese auch Unternehmensbildung (i.e. organizational development)« (Ortner 1991, S. 40). Der Anspruch des Ansatzes von Pädagogen, die Betriebswirtschaftslehre gleichsam zu pädagogisieren, bietet eine gute Möglichkeit, e contrario Bildungsbetriebslehre in die Diskussion einzuführen. Bildungsbetriebslehre ist zunächst einmal keine pädagogische Disziplin (Ortner 1988). Sie ist eine einzelwirtschaftliche Theorie des »Bildungsbetriebes«, wobei dieser einmal institutional bzw. »organisational«, zum anderen funktional bzw. »prozessual« verstanden werden kann. Ein Bildungsbetrieb im organisationalen Verständnis ist eine Organisation, also ein bewußt gestaltetes und gesteuertes Soziales System, das intentional Bildung vermittelt. Bildungsbetrieb im funktionalen Sinne bezeichnet alle Funktionen der Organisationsleitung zur ganzheitlichen Entwicklung des Personals, d. h. der Organisationsmitglieder.

Der Leitbegriff der »Lernenden Organisation«, also des sich gleichsam wie ein Individuum entwickelnden »Wesens« mit eigenem Bewußtsein als »sich bildender Betrieb« birgt Chancen des Erkenntnisgewinns, aber auch die Gefahr einer Mystifizierung Sozialer Systeme in sich, wie sie uns aus der finalisierten Sozialwissenschaft bekannt sind. Dem kann ein kulturtheoretischer Organisationsbegriff entgegen gehalten werden, der die Verantwortung von Individuen für die von ihm geschaffenen Systeme stärker in den Vordergrund rückt (Wittler 1993). Dies ist für das Verständnis einer dispositiven »Organisationstheorie«, zu welcher der Verfasser die Bildungsbetriebslehre zählt, von Vorteil. Unter »Organisation« aus diesem Blickwinkel soll ein bewußt begründetes und somit »gegründetes« sowie weiterentwickeltes Soziales System verstanden werden. Organisationen sind also Artefakte, sind nicht natürliche oder naturwüchsige, sondern »kultürliche« Phänomene, von individuellen Entscheidungen und Eingriffen existentiell abhängig. Eine »Verselbständigung« von Organistionen ist nicht vorstellbar, dort, wo sie behauptet wird, zeigt sie sich regelmäßig als Schutzbehauptung von Organisationsmitgliedern mit verdeckten Interessen. Aus diesem Grunde ist es nicht unsinnig, an Stelle des vor allem in der angelsächsischen Sozialwissenschaft gebräuchlichen Begriffes der »organisation« im systemischen Verständnis die Ausdrücke »Institutionen« oder »Einrichtung« zu verwenden. Man geht dadurch schon terminologisch einer »Verwechslung« eines Artefaktes aus dem Wege. Andernfalls besteht die Gefahr, »Organisationen« als ein Wesen mit eigenem Bewußtsein und Willen (»volonté générale) mißzuverstehen, die eine von den Individuen abgelöste Kultur, ja schließlich »Natur« entwickeln, um sich schließlich als »sozialer Homunculus« zu entpuppen.

Verläßt man den Begriff des Organisationslernens, verstanden als Lernen von Organisationen, also von »Kollektivsubjekten«, so bleibt immerhin noch die Möglichkeit, das »Lernen in Organisationen« zu untersuchen. Diesem Vorhaben stellen sich weder erkenntnistheoretische noch anthropologische Bedenken in den Weg. Auch aus der Praxis können gegen einen solchen Ansatz keine gerechtfertigten Widerstände entgegengesetzt werden; ganz im Gegenteil: Lernen in Organisationen gehört zu den alltäglich zu machenden Erfahrungen, sowohl im Berufsbezug als auch in der nichtberuflichen Alltagsbewältigung, schließlich auch im Bereich der Erholungsaktivitäten. Wird »Learning Organisation« funktional verstanden, also von der Funktion des Organisierens her, so gelangt man zu einer gleichermaßen theoretisch interessanten wie praktisch wichtigen Fragestellung. Wie sind »Organisationen«, als »Institutionen«, zu »organisieren«, also zu »strukturieren«, damit sich in ihnen individuelle Lernprozesse ereignen können und die Organisationsmitglieder auch motiviert sind, sich auf diese einzulassen (Arnold 1990, S. 49 ff.). Hier sind Fragen zu beantworten wie: Was stiftet Menschen dazu an, sich mehr oder minder berufsbezogenen, stets aber mühevollen Lernprozessen zu unterziehen? Was kann die Organisationsführung, das »Management« tun, um ein Lernklima, eine lernstimulierende »Unternehmenskultur« zu schaffen (Ortner 1993)? Was kann getan werden, um die lernmotivierten Organisationsmitglieder in die Lage zu versetzen, innerhalb der »Organisation« lernen zu können? Da es sich dabei sowohl um strukturelle (»organisatorische«) als auch prozessuale (»planerische«) Fragen handelt, aber auch individual- und sozialpsychische Faktoren im Spiel sind, ist es einsichtig, daß nur ein mehrdisziplinärer Ansatz operationale Antworten bringen kann. Natürlich sind auch pädagogische Beiträge gefragt, wobei freilich das Problem besteht, daß in der staatlichen pädagogischen Praxis genau die hier wichtigen Fragen nur teilweise und nicht in allen Fällen ausreichend beantwortet sind, was sich in periodisch wiederkehrenden Aufrufen zu Bildungsreformen manifestiert (Lechner/Zielinski 1988).

So stellt sich schließlich die Frage, ob das anstehende Problem der Lernorganisation im Hinblick auf Lernen in Organisationen (von Wirtschaft und Verwaltung) auch ökonomische Aspekte aufweist. Hier bieten sich zwei Antwortrichtungen an: der institutionelle und der funktionale. Der institutionelle Erklärungsansatz macht an der Existenz von Bildungsorganisationen, also von Einrichtungen, die Bildung vermitteln (wollen und/oder sollen), fest, das funktionale Konzept bezieht sich auf Bildungsaufgaben der Organisationsleitung, unabhängig vom eigentlichen Organisationsziel. Um weiteren Definitionsproblemen aus dem Wege zu gehen, soll hier, wie dies auch in der Bildungsbetriebslehre getan wird, unter Bildung die ganzheitliche Summe von wertbezogener »Erziehung« und wissensbezogenem »Lehren« verstanden werden, ohne auf inhaltliche und methodische bzw. adressatenspezifische Differenzierungen einzugehen. Die »Selbstbildung« als teleologisch und methodologisch autonomer Prozeß soll hier als individualisierte Extremposition durchaus einbezogen werden, auch wenn sie auf eine formale Bildungsorganisation weitgehend verzichten kann.

2. Konsequenzen der Konzeptionen: Rezeptionswiderstände und Innovationsbarrieren in Theorie und Praxis

Wenn es bei der Vielfalt der Bezeichnungen nur um die Frage ginge, ob denn das jeweils passende Etikett gefunden und verwendet würde, dann lohnte eine eingehende Befassung mit dem terminologischen Labyrinth wohl nicht. Wie eben gezeigt wurde, beziehen sich die vielen gleich oder ähnlich lautenden Bezeichnungen jedoch auf durchaus unterschiedliche Sachverhalte: einmal auf den Vorgang des Lernens der Individuen in Organisationen und zum anderen auf die intelligente Veränderung der Organisationen, »Lernen von Organisationen« könnte man es durchaus nennen. Begriffe wie »Organisiertes Lernen« oder »Lernorganisation« gehörten zum ersten Bedeutungsfeld. Begriffe wie »Organisationales Lernen«, »Systemisches Lernen«, »Organisationslernen« zum zweiten. Im ersteren ist die Frage zu beantworten, ob und unter welchen Bedingungen Menschen in Organisationen, z. B. Wirtschaftsunternehmen und Verwaltungsbehörden, lernen, lernen können, lernen müssen, lernen sollen. Hierfür sind nach bisherigen Verständnis Spezialdisziplinen der Bildungswissenschaften, z. B. die Betriebspädagogik, zuständig. Im zweiten Bedeutungsfeld wird die Frage gestellt, ob und wenn ja die »Organisationen«, also Soziale Systeme wie zum Beispiel Wirtschaftsunternehmen und Verwaltungsbehörden, lernen können. Sofern die Frage behandelt wird, ob Soziale Systeme überhaupt lernen können, was ohne eine eingehende Erörterung des Lernbegriffes nicht zulässig erscheint, ist auch hier die Bildungstheorie zuständig. Sofern man aber durch »Organisationslernen« die – mehr oder minder zielgerichtete – Veränderung des Aktionspotentials von Wirtschaftsunternehmen und Verwaltungsbehörden bezeichnet, ist die Wirtschafts- bzw. die Verwaltungswissenschaft, insbesondere deren einzelwirtschaftlichen Varianten und Leitungstheorien, gefragt.

Die Frage der Zuständigkeit ist nicht bloß eine Frage der akademischen Eitelkeit, sondern eine Frage, deren Beantwortung substantielle und methodische Konsequenzen hat. Schließlich ist es nach aller bisheriger Erfahrung auch keineswegs unerheblich für die Durchsetzung und Umsetzung von theoretischen Erkenntnissen in der jeweiligen Praxis, aus welchem Wissenschaftsbereich diese stammen. Die Probleme der Durchsetzung betriebswirtschaftlichen Denkens innerhalb der technisch orientierten Betriebsorganisation sind ein eindrucksvolles Beispiel für diese Behauptung. In ähnlicher Weise stellen sich dem Eindringen pädagogischer Ansätze i.w.S. in die betriebswirtschaftliche Theorie und in die Unternehmenspraxis allerlei emotionale Hindernisse in den Weg (Arnold 1991). Dies kann öfter, als man meint, in den jeweiligen Lernbiographien der Leitungsverantwortlichen begründet sein. Deshalb ist es auch nicht verwunderlich, daß Begriffe wie »Unternehmensentwicklung« auf deutlich höhere Akzeptanz stoßen als die praeter propter gleichbedeutenden Bezeichnungen »Organisationslernen«. Wer diese Zusammenhänge erkennt, den wird es auch nicht wundern, daß in der unternehmerischen Praxis beispielsweise »Personalentwicklung« immer wieder in die Rubrik »Weiterbildung« verschoben wird.

Während »Unternehmensentwicklung« – zu Recht – als zentrale Aufgabe der Unternehmensführung erkannt wird, wird »Personalentwicklung« – zu Unrecht – als Spezialaufgabe nachgeordneter Stäbe betrachtet. Dabei sind beide Bereiche nicht nur faktisch untrennbar miteinander verflochten, sie sind auch begrifflich eng miteinander verwandt, ja, wie Verfechter eines ausgeprägten pädagogischen Individualismus meinen, sogar gleichsam zwei Ausprägungen des gleichen Phänomens. Es gibt keine Unternehmensentwicklung, die nicht auch Personalentwicklung – als Entwicklung der Menschen, die das Unternehmen ausmachen – ist.

Natürlich lassen sich die einzelnen Sichtweisen und Begriffsdeutungen auch miteinander verbinden: Eine Organisation »lernt«, d. h. sie »entwickelt« sich dann und nur dann, wenn die Menschen, die sie ausmachen, gleichermaßen in ihr und für sie lernen (Zelber 1990). In dieser knappen und natürlich zunächst nur formalen Definition sind wesentliche Analogien sowohl der zuständigen betriebswirtschaftlichen Theorie als auch der Betriebspädagogik (Arnold 1990, Geißler 1990) enthalten, insbesondere die zentralen Forderungen neuerer Ansätze: Integration von allgemeiner und spezieller Bildung, also von »Schlüsselqualifikationen« und »Fachqualifikationen«, und die Verzahnung von Lernen und Anwenden, nach dem Betroffenheits-Beratungs-Konzept.

3. Systempädagogischer Ansatz: Organisationslernen als Personalentwicklung zur Unternehmensentwicklung

Es ist heute völlig unstrittig, daß Unternehmen, aber auch Verwaltungsbehörden auf die Aktualisierung des Entwicklungspotentials ihrer Mitarbeiter angewiesen sind. Selbst in stark kollektivistisch ausgerichteten Kulturen sind Unternehmen und Verwaltungseinrichtungen Soziale Systeme, die auf ihre Systemelemente, also Individuen, angewiesen sind (Ortner 1993). Ein Unternehmen kann sich nur dann »entwickeln«, also den jeweils geänderten Systemumwelten zielentsprechend anpassen, wenn sich seine MitarbeiterInnen »entwickeln«, d. h. lernen. Wenn man nun davon ausgeht, daß die Mehrzahl der Mitarbeiter eines Unternehmens oder einer Verwaltungsbehörde über ein Lernpotential verfügen, das entweder erweiterungsfähig oder/und noch nicht völlig ausgeschöpft ist, dann stellt sich die eminent praktische, ja vitale Frage, was Organisationen tun können, um das Lernpotential ihrer Mitarbeiter zu erweitern und/oder auszuschöpfen. Schließlich: Wer ist dafür zuständig? Die letzte Frage ist die am einfachsten zu beantwortende. Es ist und bleibt die wichtigste Aufgabe der Organisationsleitung, ihre Einrichtung zu einer »Lernorganisation« im hier erläuterten Verständnis zu machen. Insofern ist Unternehmensführung eigentlich nichts anderes als die Schaffung der strukturellen Voraussetzungen für Personalentwicklung.

Eine solche Sichtweise ihrer ursächlichen Aufgabe ist der Mehrzahl der Führungskräfte heute fremd. Dies liegt unter anderem in dem gleichsam ingenieurwissenschaftlichen Paradigma, das der betriebswirtschaftlichen Ausbildung im wesentlichen zugrunde liegt, begründet (Staudt 1993). Will man hier eine grundsätzliche Änderung, so scheinen zwei Strategien möglich: zum einen die qualifikatorische, zum anderen die strukturelle.

Die qualifikatorische Strategie setzt an der Ausbildung der Nachwuchsführungskräfte an und versucht, durch behutsame Weiterbildung den Paradigmenwechsel von der ingenieurwissenschaftlichen zu humanwissenschaftlichen Betriebswirtschaftslehre und Unternehmens- bzw. Verwaltungsführung vorzubereiten. Dieser Ansatz ist ein langfristiger, ja möglicherweise ein längstfristiger, weil er eine Bewußtseinsänderung nicht nur bei den aktuell Betroffenen in den Organisationen und den potentiell Betroffenen in der Ausbildung bzw. im Studium bedeutet, sondern weil er zudem eine Bewußtseins- und Verhaltensänderung bei den akademischen Qualifikateuren voraussetzt. Hier ist in der Vergangenheit einiges in Gang gekommen, hier zeigen sich aber auch immer deutlicher disziplinäre Barrieren. Die Betriebswirtschaftslehre, insbesondere die mathematisch-modellierende Schule, betrachtet die Angebote aus dem bildungswissenschaftlichen Repertoire in der Regel als fachfremde Einmischung. Die entscheidungs- und verhaltenswissenschaftliche Betriebswirtschaftslehre wird in die Randzonen einer »Normativen Betriebslehre«

und die Spezialbereiche der Personalwirtschaftslehre bzw. der Bildungsbetriebslehre abgedrängt.
So bleibt mittelfristig wohl nur der Weg der strukturellen Strategie, d. h. die
der betriebsinternen Vorsorge durch die Organisationsleitung zur Aktualisierung der individuellen Bildungspotentiale der MitarbeiterInnen.
Hier stellen sich die konkreten Fragen: Wie kann ich einen »massenhaften«
und »unternehmensdeckenden« Bildungsprozeß der größten Zahl der MitarbeiterInnen in Gang bringen – und in Gang halten. Wie kann ich sichern,
daß die erworbenen und entwickelten Potentiale auch dem Unternehmen
zugute kommen, zumindest so lange, bis sich die erheblichen Bildungsko-
sten amortisiert haben? Wie können Mitarbeiter, die bislang ihre Potentiale
noch nicht entwickelt haben, dazu gebracht werden, dies zu tun?

4. Bildungsbetrieblicher Ansatz: Die institutionellen Bedingungen individueller Entwicklung in Wirtschaft und Verwaltung

In diesen Fragen zeigt sich die Vielschichtigkeit der zu lösenden Probleme.
Sie liegen, nicht ausschließlich, aber doch zu wesentlichen Teilen, in den
dahinter liegenden Interessenkonflikten zwischen dem Sozialen System
einerseits und den Individuen in ihren je unterschiedlichen Lebensphasen
und Lebenssphären andererseits begründet. Während das Unternehmen
im wesentlichen die vitalen Interessen des eigenen Bestandes verfolgt,
haben die MitarbeiterInnen in der Regel einen je eigenen Ausgleich zwischen professionellen und privaten Interessen herzustellen, befinden sich
also mindestens in einer Doppel-Bindung. Zudem sind sie Träger von existentiellen Erfahrungen, zu denen auch die jeweiligen Lernerfahrungen
gehören. Die Interessenlage ist also recht unsymmetrisch, ein Umstand,
auf den die Unternehmen beim Übergang von einer statischen zu einer
dynamischen Organisation, eben einer »Lernorganisation«, Rücksicht
nehmen müssen.
Tun sie dies, so erkennen sie, daß es nicht nur darum gehen kann, unmittelbar betriebsbezogene Qualifikationen zu fördern, sondern daß auch
betriebsneutrale Qualifikationen, die möglicherweise mit abwandernden
MitarbeiterInnen mitgenommen werden können, zu fördern sind. Dasselbe gilt für spezielle Fachkompetenzen und generelle Methodenkompeten-
zen, insbesondere für die Kommunikationskompetenz der MitarbeiterInnen, und zwar auf allen Ebenen und in allen Bereichen.
Zu den wichtigsten Aufgaben im Hinblick auf die Lernorganisation gehört,
das bedarf keiner weiteren theoretischen Erörterung und praktischen
Begründung, das Herstellen eines positiven Bildungsklimas, d. h. einer
motivationalen Situation, die es auch den Verwundeten des öffentlichen
Bildungssystems möglich macht, ja wünschenswert erscheinen läßt, sich
erneut der Anstrengung der eigenen Bildungsarbeit zu unterziehen. Wer

meint, daß sich hinsichtlich der individuellen Belastung Lernen und Arbeiten, d. h. der Einsatz des jeweils Gelernten, unterscheiden, der weiß zu wenig über den Ablauf und die Bedingungen vollständigen Lernens. Lernen ist eine spezielle Ausprägung von Arbeiten und muß dementsprechend nicht nur gewollt, sondern auch selbst wiederum gelernt und – permanent – trainiert werden. Dieser Zusammenhang wird beim Aufstellen von individuellen Personalentwicklungsplänen häufig außer acht gelassen. Er wird auch dann zu wenig beachtet, wenn man meint, daß es ausreicht, »lernfördernde Arbeitsplätze« einzurichten, um den individuellen und damit mutatis mutandis institutionellen Entwicklungsprozeß in Ganz zu bringen und zu halten. Das Schaffen von Lernanlässen und Lerngelegenheit, das hat die empirisch- pädagogische Forschung zutage gefördert, ist lediglich eine notwendige, nicht aber schon hinreichende Bedingung für Lernprozesse. Mindestens gleich wichtig ist es, durch Sichtbarmachen von individueller Betroffenheit – nicht nur im negativen, sondern natürlich auch im positiven Sinne (!) –, die MitarbeiterInnen dazu zu veranlassen, auch lernen zu wollen. In der gegenwärtigen Wirtschaftssituation bietet es sich an, die Abhängigkeit des Erfolges des institutionellen Krisenmanagements von der individuellen Entwicklung deutlich zu machen. Solchermaßen kann ein gleichsam existentieller Lernprozeß in Gang gesetzt werden. Das bislang nicht gelöste Problem hierbei liegt darin, daß ein solcher Prozeß des Bewußtmachens nicht nur Information und Kommunikation, sondern selbst wieder umfangreiche Lernprozesse erfordert, die den Lernenden häufig als unproduktiv, ja als kontraproduktiv erscheinen.

Zudem wird er in großen Unternehmen bzw. Behörden wegen deren Komplexität und der Kompliziertheit der Abläufe äußerst aufwendig, sowohl was die erforderliche Lernzeit als auch die Lernintensität betrifft. In Größtunternehmen mit den allein schon aufgrund der Dimension erforderlichen vielstufigen (»steilen«) Hierarchien scheint der Versuch des Herstellens einer unternehmensdeckenden Lernmotivation allein durch Information über die wirtschaftliche Situation jedenfalls aussichtslos.

Dies ist in mittleren und kleineren Unternehmen zwar nicht grundsätzlich aber doch »praktisch« anders. Hier ist es schon durch relativ einfache Lernprozesse möglich, der Mehrzahl der MitarbeiterInnen die jeweilige Situation des Unternehmens in dynamischen Märkten deutlich zu machen und daraus die Notwendigkeit des eigenen Verhaltens- und dessen Entwicklung – abzuleiten. Hinzu kommt, daß in kleinen und mittleren Organisationen die Betroffenheit der jeweils führenden bzw. anleitenden MitarbeiterInnen selbst deutlich wird und daß hierdurch das klassische und traditionellerweise besonders erfolgreiche Verfahren des »Bildens durch Beispiel« möglich und wirksam ist.

Dies bringt eine Konzeption ins Blickfeld, die auf das politische Konzept des »Small-is-beautiful« zurückgeht und historische Wurzeln in der ganzheitlichen Führung von Klein- und Kleinstbetrieben hat (Ortner 1994). Die

Zergliederung von Mega-Organisationen, die der Beherrschbarkeit und Handhabbarkeit entglitten sind, in mehr oder weniger selbständig operative Einheiten hat in der neueren Wirtschaftspraxis bereits Tradition. Kaum ein Großkonzern der in wirtschaftliche Schwierigkeiten geriet, hat sich nicht in selbständige Unternehmen, die sich untereinander nicht selten Konkurrenz machen, gegliedert, und den Zusammenhalt lediglich durch eine Holding mehr oder weniger gesichert. Auf dem Weg zur Basis der Unternehmen sind, diesem Konzept folgend, die Profit-Center in den Großbetrieben entstanden, die heute auch schon in mittleren Unternehmen eingerichtet sind und ein Mehr an Selbständigkeit in die zuvor streng bürokratisch organisierten Binnenstrukturen getragen haben. Insofern die Menschen gelernt haben, ihre Organisationen den geänderten inneren und äußeren Bedingungen anzupassen, liegt hier »Organisationslernen« vor.

5. Erkenntnistransfer: Die Übernahme des sozialwissenschaftlichen OL-Konzeptes durch die Wirtschaftswissenschaften

Organisationslernen entwickelte sich als Begriff und als Erkenntnisobjekt zunächst nicht innerhalb der Wirtschaftswissenschaften. Es entstammt ursprünglich der speziellen Soziologie bzw. der Gruppenpsychologie (Argyris/Schön 1978)und wurde, insbesondere in Deutschland, auch zunächst nur innerhalb der Sozialwissenschaften bzw. der gesellschaftswissenschaftlichen Pädagogik diskutiert (Geißler 1992). In die Wirtschaftswissenschaften insbesondere in die Betriebswirtschaftslehre drang das Konzept des Organisationslernens bzw. der »lernenden Organisation« erst in den letzten Jahren, und zwar auf mindestens zwei Wegen, ein.

Zum einen über das ursprünglich nationalökonomisch intendierte und entwickelte Konzept des Humankapitals als »fortgeschriebener« Produktionsfaktor »Arbeit«, der durch die Voraussetzungen des »Vierten Faktors: Technischer Fortschritt« ergänzt worden war (Schmidt 1992). Durch das vom Autor entwickelte Konzept des qualitativen »Personalvermögens«, dessen Akkumulation und Vermehrung, wurde die Bedeutung des ganzheitlichen personalen Lernens sowie der permanenten Weiter- Qualifizierung der MitarbeiterInnen für die Institution und deren Entwicklung sichtbar gemacht und als betriebswirtschaftliche Kategorie eingeführt (Ortner 1982). Darauf aufbauend wuchs die Erkenntnis, daß die Unternehmensführungsfunktion »Personal« nicht länger bloß eine quantitative, sondern in allerhöchstem Maße eine qualitative sei, die sich nicht im »Einkaufen« der jeweils erforderlichen MitarbeiterInnen erschöpft, sondern auch deren unternehmensinterne Weiterqualifizierung beinhaltet. Diese Erkenntnis veränderte den Stellenwert, den Aktionsbereich der betriebsinternen Personalwirtschaft und – in der Folge – auch der betriebswirtschaftlichen Bezugsdisziplin »Personalwirtschaftslehre« (Drumm 1992) erheblich. Personalwirtschaft bedeutet heute nicht mehr und nicht weniger als die zeit- und mengenoptimale Bereitstellung von personalen Qualifikationen im Hinblick auf das Erreichen des jeweiligen Unternehmenszieles (Becker 1994, S. 321).

Hierfür mußten in den Unternehmen freilich erst die erforderlichen organisatorischen und planerischen Vorkehrungen getroffen werden, die man unter dem plakativen Begriff »Bildungsbetrieb« zusammenfassen kann. Hierbei ging es um die faktische oder wenigsten ideelle Einrichtung von in der Regel unselbständigen Betriebseinheiten, die den Mitarbeiterinnen und Mitarbeitern des Unternehmens die geforderten Qualifikationen vermitteln sollen. Solche »Organisationen des Lehrens und Lernens« konnten sich, wenn auch mit Einschränkungen, der Erkenntnisse und Erfahrungen der Bildungsbetriebe des öffentlichen Bildungssystems bedienen, für die der Autor die »Administrative Bildungsbetriebslehre« entwickelt hat.

Die zweite Rezeptionslinie des Konzeptes des Organisationslernens verlief über die Notwendigkeit des permanenten Anpassens von Unternehmen an die sich ändernden internen, vor allem aber externen Bedingungen im Hinblick auf das Erreichen des Unternehmenszieles, also über das Konzept einer dynamischen Betriebswirtschaftslehre, die sich einer ganzheitlichen Wirtschaftsbetrachtung verpflichtet fühlt. Hier drangen biologistische Sichtweisen, wie sie in der Wirtschaftstheorie seit den Physiokraten Tradition haben, in die in den siebziger Jahren extrem mathematisierte Betriebswirtschaftslehre ein und mischten sich mit den oben bereits erwähnten sozialphilosophischen Vorstellungen von »Kollektivwesen«, wie sie für die Gesellschaft und deren Makroinstitutionen entwickelt worden waren. Über die Vorstellung von »Lebenszyklen« von Unternehmen gelangt man zur Sichtweise der Unternehmen als »Kollektivwesen«, die (fast) ebenso intelligent lernen und sich daher »entwickeln« können, wie dies für Gruppen behauptet wird und für Individuen nachgewiesen ist (Sattelberger 1992, S. 66).

6. Bildungsorganisationen und Bildungsbetrieb: die Entwicklung der Erfahrungsobjekte der Bildungsbetriebslehre

Mit dem Erfahrungsobjekt »Lernende Organisation«, also eines Kollektivsubjektes, dem eine gleichsam selbständige Intelligenz bzw. ein veränderbares Bewußtsein besonderer Art zukommt, befaßt sich die »Organisationslerntheorie«, ein spezielles Forschungsgebiet der Pädagogik, die sich trotz zahlreicher Vorarbeiter in der Geschichte pädagogischen Denkens erst in jüngster Zeit bemerkbar gemacht hat. Vor allem »Betriebspädagogen«, die sich zunächst nur mit dem individuellen Lernen im Betrieb und für die Arbeit im Betrieb befaßt haben (Arnold 1991), scheinen hier ein lohnendes Arbeitsfeld gefunden zu haben (Geißler 1992).

Im Gegensatz dazu befaßt sich die Bildungsbetriebslehre mit den strukturellen und prozeduralen Bedingungen individueller Qualifizierung im Betrieb und – seit jüngster Zeit – auch mit den pädagogischen Aufgaben, die sich in den Führungsfunktionen auf allen Ebenen des Unternehmens finden lassen und die offensichtlich wesentlicher Bestandteil »betriebswirtschaftlichen« Managements sind, dieses also konstituieren (Ortner 1993). Diesen Zusammenhang gilt es deutlich zu machen. Die industrielle Arbeitsteilung begann an der Basis der Produktion, erfaßte sodann die distributive, schließlich die administrative Ebene. Sie machte auch nicht vor den Führungsebenen der Unternehmen halt, zeigte sich dort allerdings vornehmlich als funktionale Spezialisierung, d. h. als Teilung von Funktionen, Zuteilung von Kompetenzen und schließlich als qualifikatorische Schwerpunktbildung. Aus der unternehmerischen Gesamtfunktion wurden einzelne Funktionen ausgegliedert und institutionalisiert. Diesem realen Vorgang in der betrieblichen Praxis folgt die Wissenschaft durch Einrichtung »spezieller« theoretischer Konzepte, in der Betriebswirtschaftslehre »Betriebslehren« genannt. Die Ausgliederung der Unternehmensfunktionen hatte – insbesondere bei Unternehmen größerer Ordnung – auch institutionelle Folgen: Es entstanden im Unternehmen gleichsam spezielle, wenn auch unselbständige Betriebe, die für das Gesamtunternehmen bestimmte Funktionen zu erfüllen hatten. Diesen Vorgang könnte man einem aktuellen Begriff entsprechend auch als In- Sourcing bezeichnen. Solchermaßen entstanden durch unternehmensinterne Funktionsteilung und Institutionalisierung innerhalb der Unternehmen (unselbständige) Bildungsbetriebe, die der Erfüllung der unternehmerischen Führungsfunktion »Mitarbeiterbildung« (i.e. Personalentwicklung) dienten. Auf diese beiden Erfahrungsfelder bezieht sich die funktionale bzw. die institutionale (»institutionelle«) Bildungsbetriebslehre mit je unterschiedlichen erkenntnisleitenden Interessen. Um sowohl die Überschneidungsbereiche als auch die unterschiedlichen Ansätze deutlich zu machen, empfiehlt sich ein Blick auf vergleichbare Ansätze der Betriebswirtschaftslehre, beispielsweise der Theorie der betrieblichen Finanzierung einerseits und der Bankbetriebslehre andererseits.

Es hat sich bei der Entwicklung der Bildungsbetriebslehre allerdings herausgestellt, daß noch eine weitere Differenzierung für den Erkenntnisgewinn von Wichtigkeit ist. Es ist dies die Unterscheidung zwischen tendenziell selbständigen und unselbständigen Institutionen, im Falle der Bildungsbetriebslehre als »Bildungsbetrieben«. Eine ähnliche Unterscheidung wird durch die Betriebswirtschaftslehre einerseits und die »Verwaltungsbetriebslehre« bzw. Verwaltungswissenschaft andererseits vorgenommen bzw. wenigstens angedeutet. Diese ist allerdings eher wissenschaftsgeschichtlich begründet und spiegelt die ehemals recht strikte Trennung zwischen öffentlichem bzw. staatlichem Bereich einerseits und privatem bzw. »wirtschaftlichem« Bereich andererseits wider. Dieser Differenzierung wird innerhalb der Bildungsbetriebslehre die Unterscheidung zwischen »selbständigen« und »unselbständigen« Institutionen entgegengesetzt, wobei die Dispositionsfreiheit derselben das Kriterium der Unterscheidung darstellt. Selbständige Bildungsbetriebe gibt es ausschließlich im Bereich der (privaten) Wirtschaft, »unselbständige« also »nachgeordnete« Bildungsbetriebe, gibt es aber sowohl in der öffentlichen Verwaltung als auch in Wirtschaftsunternehmen bzw. Interessenverbänden.

Während selbständige Bildungsbetriebe selbstbestimmt disponieren können, ist es die Aufgabe von unselbständigen Bildungsbetrieben, die in der Regel fremdbestimmten, nur gelegentlich und teilweise mitbestimmten Zielvorgaben zu »administrieren«, wobei es prinzipiell unerheblich ist, ob ihnen dabei die Mittel- und Methodenwahl freigestellt wird. Für die selbständigen Bildungsbetriebe ist die »Dispositive Bildungsbetriebslehre« zuständig, für die unselbständigen, darunter auch das gesamte öffentliche Bildungssystem, die »Administrative« Bildungsbetriebslehre. Sie hat zahlreiche Berührungspunkte mit der speziellen Verwaltungswissenschaft des Bildungssektors, unterscheidet sich aber durch ihre anders gelagerten erkenntnisleitenden Interessen.

Im Sinne der Bildungsbetriebslehre zeigt sich das Unternehmen als Organisation, also als Institution, in dem Individuen – bewußt oder nicht – permanent lernen. Um aus diesem »Naturzustand« einen »Kulturzustand«, also »Unternehmenskultur« werden zu lassen, ist es erforderlich, diesen Zustand und seine Veränderung(en) zunächst bewußt zu machen und sodann – im Hinblick auf individuelle und institutionelle Ziele bewußt zu gestalten. Solchermaßen wird ein Unternehmen insgesamt zu einem »Bildungsbetrieb«, der Bildungsprozesse nicht nur zuläßt, sondern auch begünstigt, ja die Mitarbeiterinnen und Mitarbeiter gleichsam zu permanenter Bildung »anstiftet«. Just diese erweist sich als die Schlüsselaufgabe der Mitarbeiterführung und somit der Unternehmensführung. Da es sich bei Unternehmen jedoch nicht um Institutionen handelt, die primär mit dem Zweck, Bildungsziele zu erreichen, eingerichtet wurden, gelten für sie besondere Bedingungen. Gleichwohl haben wesentliche Teile des bekannten didaktisch- methodischen Repertoires auch Gültigkeit im Unternehmen als Bildungsbetrieb bzw. als Lehr-/Lernorganisation. Die Kopplung von Bildung und Belehrung – welcher Art auch immer – und die bildungsstimulierende Wirkung des Beispiels der Bezugspersonen gelten in Bildungsbetrieben genauso wie in jeder anderen interpersonalen pädagogischen Beziehung.

Bildungsbetriebe als ökonomisch-orientierte Organisationen sind soziale Systeme zur Beseitigung von Knappheit mit dem angestrebten Ziel der Verhaltensänderung von Individuen durch Bildung von Bewußtsein und Vermittlung von Wissen bzw. Können. Solchermaßen wird auch verständlich, daß sich die Bildungsbetriebslehre (heute) als verhaltenswissenschaftliche bzw. anthropologisch orientierte Betriebswirtschaftslehre begreift.

7. Ausgangssituation: Theorie des Bildungsmanagements als Führungslehre der Schulverwaltung

Während die Bildungsbetriebslehre heute Management als ganzheitliche pädagogische Aufgabe innerhalb eines ökonomischen Zielsystems als ganzheitliche Bildungsfunktion begreift, stand am Beginn ihrer Entwicklung ein recht naiv gedachter und gebrauchter Begriff des Bildungsmanagements bzw. Schulmanagements. Darunter verstand man das Management von (staatlichen) Bildungseinrichtungen nach den Verfahren, mit denen Institutionen in marktwirtschaftlichen Systemen erfolgreich geführt werden. Dieser organisationale Managementbegriff weicht vom betriebspädagogischen Verständnis von Bildungsmanagement (Geißler/vom Bruch/Petersen 1994), das sich vornehmlich auf die Gestaltung von Bildungsprozessen bezieht, deutlich ab.

Bildungsmanagement wurde zum wissenschaftlichen Thema als Bildung insgesamt zum öffentlichen, d. h. zum politischen Anliegen und Programm gemacht wurde. Bereits 1971 wurde die Zeitschrift »Schulmanagement« gegründet, die keineswegs von Personalmanagern auf der Suche nach ökonomischer Rationalität im Schulwesen gestartet und gestaltet wurde, sondern von Protagonisten der Bildungsreform wie Becker und Evers, engagierten Bildungspraktikern wie Frommberger und Krommweh sowie politischen Bildungssoziologen wie Rolff. »Bildungsmanagement« der frühen siebziger Jahre sollte im Selbstverständnis der Gründerväter (!) zur »Erneuerung und Demokratisierung« des Bildungswesens beitragen.

Die weitere Entwicklung des Bildungsmanagements ist freilich weniger mit den politischen Visionen des Gründungsteams als mit den unübersehbaren Folgen der bildungspolitischen Weichenstellungen bei der Wende der sechziger zu den siebziger Jahren verbunden.

Durch die Bildungsexpansion aufgrund politischer Vorgaben und infolge der demographischen Entwicklung stiegen nicht nur die Zahlen der Schüler und Studenten insgesamt, sondern auch die Belegungszahlen in den Bildungseinrichtungen, deren Kapazitätserweiterung nach Zahl und Ausstattung mit der Entwicklung der Nachfrage nach Schul- und Studienlaufbahnen nicht Schritt halten konnte. Bereits Anfang der siebziger Jahre wurden in der Bundesrepublik Deutschland Schüler- und Studentenzahlen erreicht, die nach internationalem Verständnis für »Massenbildungssysteme« charakteristisch sind.

Die Bildungsexpansion in der Bundesrepublik Deutschland stellte Schulpädagogen und Schulverwaltungsbeamte vor völlig neue schulbetriebliche Probleme und machte gleichzeitig erhebliche Qualifikationsdefizite bei den Führungskräften des Bildungssystems sichtbar. Der schulbetriebliche Problemstau wurde an die sich eben vielfach und vielfältig aufdifferenzierenden Bildungswissenschaften weitergegeben. Er war so groß, daß in relativ kurzer Zeit eine Vielzahl von Einzelansätzen zur Lösung schulinterner

»Betriebsprobleme« hervorgebracht wurde (Döring 1978). Hierbei kam der Schulpraxis eine wichtige Schrittmacherfunktion zu.

Als einer der ersten erkannte bereits Mitte der sechziger Jahre der Schulleiter und Berufspädagoge Krommweh die Notwendigkeit, den Problemen des Schulbetriebs mit anderen als nur pädagogischen Mitteln beizukommen. Er identifizierte Informationsdefizite, die für Störungen und Fehlentscheidungen im Schulbetrieb verantwortlich zu machen sind. Folgerichtig entwickelte er ein umfassendes Ordnungsschema zur Strukturierung schulbetrieblicher (pädagogischer, administrativer und ökonomischer) Informationen. Er schuf mit seinem informationstechnischen bzw. datenorganisatorischen Konzept eine bisher nicht wieder erreichte systematische Grundlage für Arbeitsteilung und Arbeitsorganisation im Schulbetrieb (Krommweh 1976).

Das »naive«, also auf eine spezielle Theorie verzichtende Bildungsmanagement der ersten Phase konnte das Grundproblem der Führung von Bildungseinrichtungen schon allein deshalb nicht lösen, weil es sich damit gar nicht beschäftigte. »Schulmanagement« wurde von den Schulpraktikern (Klippstein 1975) pragmatisch, von Schulverwaltern (Frommberger 1977) administrativ und von Schulpädagogen eben pädagogisch behandelt (Bessoth 1975). Die Soziologie befaßte sich weitgehend mit makro-gesellschaftlichen und ideologiekritischen Fragestellungen bzw. mit Schüler-Lehrer-Sozialisation, eine spezielle »Schulorganisationssoziologie« wurde erst relativ spät ausgearbeitet (Niederberger 1984). Die Bildungssoziologie konzentrierte sich zunächst auf eine theoretische »Schulverwaltungskritik« und stellte damit das politische Konzept der staatlichen Schule kritisch in Frage, ohne sich einer konstruktiven Auseinandersetzung um die Gestaltung und Steuerung real existierender Bildungseinrichtungen zu stellen (Rolff 1970).

Aufgrund der erkannten Qualifikationsdefizite von Führungskräften im Bildungswesen (Schulleiter, Schulträger- und Schulaufsichtsbeamte, Beamte der Bildungsverwaltung auf allen Ebenen) kam eine Reihe von Projekten zur Curriculumentwicklung für schulbetriebliche Fortbildung in Gang, die über die traditionellen Seminare zur Erläuterung rechtlicher Regelungen (Gesetze, Erlasse, Verordnungen) hinausgingen (Clevinghaus/Held 1980). In diesen wurde den kommunikativen und organisationssoziologischen Aspekten der Leitung von Bildungsinstitutionen breiter Raum eingeräumt (Ortner 1977/Steuer/Tenfelde 1978).

Selbstverständlich wurden auch ökonomische Versuche im engeren Sinne zur Erklärung und Beurteilung pädagogischer Leistungserstellung (»Produktion« im weiteren Sinne) angestellt (Frank 1975). Politische Bedeutung erlangten hierbei die Verfahren der Kosten-Nutzen-Analyse bzw. der Ausgaben-Ertrags-Berechnung, mit deren Hilfe man individuelle, institutionelle und politische Investitionen in Bildung mikroökonomisch legitimieren wollte (Noeke/Ortner/Wilden 1981). Pädagogische Leistung und pädagogische Ergebnisse haben sich freilich bis heute hartnäckig einer exakten Quantifizierung bzw. Monetarisierung, also Bewertung in Währungseinheiten, widersetzt.

8. Systematisierung: Bildungsbetriebslehre als theoretisches Konzept für »administratives« Bildungsmanagement

Die entwickelten Einzelansätze lieferten interessante »Erklärungsmodelle«, konnten aber nicht in wirkungsvolle und widerspruchsfreie »Entscheidungsmodelle« umgesetzt werden. Aufgrund der tendenziellen Nicht-Quantifizierbarkeit von pädagogischer Leistung waren auch die vielfach von Betriebswirten angestellten Versuche, eine »Betriebswirtschaftslehre des Bildungswesens bzw.- der Bildungseinrichtungen« zu begründen, zum Scheitern verurteilt, obwohl sie eine Reihe von wichtigen Erkenntnissen über den internen Betrieb von pädagogischen Institutionen erbrachten. Überall dort, wo der rein monetäre Aspekt und die strikte Kosten-Ertrags-Dimension gelassen werden konnte und man sich mit den generellen Prinzipien der Personalführung in komplexen sozialen Systemen befaßte, kam man der Bildungswirklichkeit viel näher. Was fehlte, war ein umfassendes Konzept, das der Eigenständigkeit und Eigenart der Bildungsinstitutionen entsprach, und das als Raster für die Übernahme oder die Nichtübernahme von Führungs- und Fachfunktionen aus anderen gesellschaftlichen Bereichen bzw. anderen Institutionen dienen konnte.

Es fehlte also weiterhin ein theoretischer Bezugsrahmen für die Einordnung und Bewertung der für das Bildungsmanagement erforderlichen vielfältigen Ansätze und auch für die kritische Durchforschung erfolgloser oder schiefgelaufener Bildungsmanagements. Eine Situation, die der Lage des »Kulturmanagements« in diesen Tagen durchaus ähnlich ist. Die Grundfragen, die es zunächst zu beantworten galt, waren die Frage nach der Definition des institutionellen und funktionellen Erfahrungsobjektes, nämlich der »Bildungseinrichtungen« (Organisationen/Behörden und/oder Betriebe/Unternehmen) und des »Bildungsmanagements« (Personen/Aktionen/Kompetenzen).

Das Ziel, das die vom Verfasser konzipierte (Ortner 1973) und entwickelte (Ortner 1993) »Bildungsbetriebslehre« verfolgt, ist eine handlungs- und entscheidungsorientierte Theorie sozialer Systeme mit Bildungsaufgaben – sei es, daß diese selbstgewählte, mitbestimmte oder extern vorgegebene Ziele haben. Dieses Ziel sollte durch Herausarbeiten von Ähnlichkeiten, Gleichheiten, Unterschiedlichkeiten und Unvereinbarkeiten zwischen Institutionen mit unterschiedlichen politischen, ökonomischen, pädagogischen, »kulturellen« Zielstellungen erreicht werden. Die Arbeiten führten zunächst zu einer Präzisierung des Erkenntnisobjektes der Bildungsbetriebslehre. Es wurde definiert:

- Bildungsbetriebslehre ist die Theorie der Gestaltung und Steuerung von Bildungseinzelinstitutionen.
- Ziel der Bildungsbetriebslehre ist das zieladäquate, funktionsgerechte »Betreiben« von Einzelinstitutionen im Bildungswesen.
- Erfahrungsobjekte der Bildungsbetriebslehre sind
  - Institutionen der Forschung (Forschungsinstitute, Forschungszentren, unabhängig von deren Zielsetzung und deren Träger) – Teilbereich der Forschungs- Betriebslehre;
  - Institutionen der Lehre (Schulen im weitesten Sinn, unabhängig von deren Stufe, Art, Typ, Form oder Struktur) – Teilbereich der Schul-Betriebslehre.
- Die Bildungsbetriebslehre versteht sich als Lehre vom internen Gestalten und Steuern von Einzelsystemen der institutionalisierten Bildung.
- Bildungsinstitutionen werden als komplexe soziale Systeme mit heterogener Zielstruktur aufgefaßt.
- Gegenstand der Bildungsbetriebslehre sind einerseits Strukturen und Prozesse in den jeweiligen Bildungsinstitutionen, andererseits die Position und Funktion der jeweiligen Bildungsinstitution im Bildungsgesamtsystem sowie ihre Einbindung in das gesellschaftliche Umfeld.
- Die Erkenntnisse der Bildungsbetriebslehre sollen dazu dienen, die Individuen und Gruppen in einer Bildungsinstitution in die Lage zu versetzen, ihre vorgegebenen und selbstbestimmten Ziele zu erreichen.

An die Definition der Grundansprüche schloß sich eine mehrdimensionale Beschreibung des Erfahrungsobjektes »Bildungseinrichtung« an, die zugleich die Grenzen der Übertragbarkeit von Erkenntnissen, aber auch von Methoden der allgemeinen Betriebswirtschaftslehre auf die Situation von »Bildungsbetrieben« deutlich machte.

Die Beschreibung von Bildungseinrichtungen mit Hilfe des bildungsbetrieblichen Strukturgitters erlaubte einerseits eine trennscharfe Analyse von Systemen, Funktionen und Beständen im Hinblick auf Ziele und Methoden, andererseits auch eine rationale Bewertung von bisherigen »bildungs-betrieblichen« Theorieansätzen. Die bildungsbetriebliche Analyse der bis zu diesem Zeitpunkt aufgestellten Versuche zur planungs- und organisationstheoretischen Durchdringung des Bildungswesens und seiner Einzelinstitutionen haben insbesondere die Grenzen der Anwendbarkeit traditioneller betriebswirtschaftlicher Ansätze im Bildungssystem gezeigt.

Die Einzelsysteme im Bildungswesen haben zwar viele Gemeinsamkeiten mit Einzelsystemen im Wirtschaftssystem, zeigen aber auch deutliche, nach Ansicht des Verfassers »konstitutive Unterschiede«. Hierzu sind zu zählen:

- prinzipielle Differenzen in der Personalinfrastruktur, sowohl hinsichtlich der Funktions- als auch hinsichtlich der Qualifikationshierarchie;
- prinzipielle Differenzen in der Leistungserstellung;
- prinzipielle Differenzen in der Bewertbarkeit der erstellten Leistungen.

Dazu kommt die Einbindung der Bildungseinrichtungen, die die Bildungs-
leistung letztlich erbringen, in das Gesamtsystem staatlicher »Verwaltung«,
die eben nicht bloß »Verwaltung« ist, wie dies Systemkritiker spitz formuliert haben, sondern »Transmissionsriemen« politischer Willensbildung.
Dies gilt für unselbständige »Bildungsabteilungen« in privatgeeigneten
Wirtschaftsunternehmen mutatis mutandis. Nur eine relativ geringe Zahl
von Bildungseinrichtungen ist im betriebswirtschaftlichen Sinne selbständig, das heißt zur alleinigen Ziel- und Methodenentscheidung berechtigt.

9. Weiterentwicklung: Bildungsbetriebslehre als ökonomische Theorie der Bildungsorganisationen und der Personalentwicklung

Obwohl die Bildungsbetriebslehre zunächst als theoretisches Konzept des
praxisorientierten Schulmanagements und somit als eine spezielle Sichtweise der Schulpädagogik entstanden ist, wurde sie durch die Universitätspädagogik im deutschen Sprachraum nicht als bildungswissenschaftli-
che Disziplin rezipiert. Sie bevorzugte die verwaltungswissenschaftlichen
Ansätze, wie sie in den Veröffentlichungen der Deutschen Gesellschaft für
Bildungsverwaltung verfolgt werden. Hierfür gibt es natürlich gute Gründe. Der wichtigste ist, daß sich die Universitätspädagogik in Deutschland
im wesentlichen als Theorie der Schulpädagogik, also als Theorie der durch
staatliche Verwaltungseinrichtungen vermittelten Bildung begreift, wozu
mutatis mutandis neben den Schulen i.e.S. auch alle anderen staatlichen
Bildungs»organisationen« – von den Kindergärten bis zu den Seniorenbil-
dungszentren – gehören. Dies erklärt auch, warum die verwandten Konzepte der Bildungsorganisationstheorie und der Bildungsplanungstheorie,
also der volkswirtschaftlichen Bildungsökonomie, ohne größere Widerstände akzeptiert wurden. Dies erklärt andererseits auch, warum sich die
bislang jüngste Ausgliederung der Bildungswissenschaften, die Betriebspädagogik, von Anfang an mit der Bildungsbetriebslehre positiv auseinandergesetzt hat, weil sie in ihr einen konzeptionellen »Verbündeten« im
Erfahrungsfeld der privatwirtschaftlich geführten Unternehmen sah – und
sieht.
Dies ist in der Tat gerechtfertigt, da sich der Anspruch der Bildungsbetriebslehre im Lauf ihrer mehr als zwanzigjährigen Entwicklung erweitert
hat und sie die ursprünglichen Geltungsbereich und neben den »Administrativen«, also unselbständigen Bildungsbetrieben auch die »Dispositiven«, also selbständigen Bildungsbetriebe erfaßt.
Damit hat sich die Bildungsbetriebslehre als spezielle Betriebslehre in die
Betriebswirtschaftslehre integriert, ohne ihren pluridisziplinären Anspruch aufzugeben. Sie erweist sich in besonderem Maße als »ganzheitlich«, weil sie sich auf selbständige und unselbständige Institutionen be-

zieht, die, unabhängig von ihrem Verwertungsinteresse, Individuen und anderen Institutionen Bildungsaktivitäten anbieten. Sie sieht sich in einer Reihe mit anderen speziellen Betriebslehren des Dienstleistungsbereiches und als institutionelle Schwesterdisziplin der funktionalen Personalwirtschaftslehre. Durch ihre Auseinandersetzung mit den Konzepten des »Organisationslehrens« wurde als neueste Entwicklung der »funktionale« Zweig der Bildungsbetriebslehre konstituiert. Bildungsbetrieb im funktionalen Sinne etikettiert ein Bündel von Aktivitäten, die – bewußt oder unbewußt – Bildung stimulieren, ermöglichen, fördern. Während sich die institutionelle Bildungsbetrieblehre (im Verständnis der Speziellen Betriebslehren) mit Betrieben befaßt, die pädagogische Dienstleistungen anbieten, beansprucht die funktionale Bildungsbetriebslehre die Zuständigkeit für die Funktion »Bildung« (i.E. Personalentwicklung!) als zentrale Aufgabe im einzelwirtschaftlichen Leistungserstellungsprozeß, unabhängig von dessen Zielerreichung und inhaltlicher Spezifizierung. Im Gegensatz zur Systemischen Lerntheorie bzw. der Theorie des Organisationslernens bedarf die Bildungsbetriebslehre der Konstruktion eines »Kollektiven Lernsubjektes« nicht, weil sich die bewußt oder unbewußt vermittelte Bildung stets auf »individuelle Lernsubjekte« beziehen kann. Die institutionelle Bildungsbetriebslehre kann auf einem soliden Fundament der allgemeinen oder der speziellen Betriebswirtschaftslehre(n) aufbauen. Die Funktionale Bildungsbetriebslehre ist über die anthropologischen Grundlagen des Führens von Menschen durch Menschen durchaus (und recht eng) mit der Pädagogik bzw. Andragogik verbunden.

Literatur

Argyris, Chr./Schön, D. A.: Organisational Learning: A theory of action perspective. Reading/Mass. 1978.

Arnold, R.: Betriebspädagogik. Berlin 1990.

Becker, F.G.: Lexikon des Personalmanagements, München 1994.

Bessoth, R.: Schulmanagement: Begriff und Aufgaben. Saarbrücken 1977.

Clevinghaus, B., Held, F.-W.: Schulverwaltungsausbildung: Bericht und Konzeption. Düsseldorf 1980.

Döring, P. A.: Beruf: Schulleiter, Bd. 2 des Schulleiterhandbuches. Braunschweig 1978.

Drumm, H. J.: Personalwirtschaftslehre, 2. Auflage, Berlin 1992.

Frank, H.: Wirtschaftlichkeitsgrenzen bildungstechnischer Medien und Methoden. In: Zur Ökonomie der kybernetischen Pädagogik (Protokoll des Mainzer Werkstattgesprächs). Paderborn 1975.

Frommberger, H.: Schulmanagement. In: Handwörterbuch der Schulleitung. München 1977 S. 1–15.

Geißler, H. (Hrsg.): Neue Qualitäten betrieblichen Lernens, Frankfurt/Main 1992.

Bildungsbetriebslehre

Geißler, H.: Die »Lernende Organisation« als »Lebendiges Kunstwerk«, In: Geißler, H. (Hrsg.): Neue Qualitäten betrieblichen Lernens, Frankfurt/Main 1992, S. 81–102.

Geißler, H.: Gegenstand und Fragestellung der Betriebspädagogik – ein Vorschlag für einen Neuanfang. In: Geißler, H. (Hrsg.): Neue Aspekte der Betriebspädagogik, Frankfurt/Main, 1990, S. 15–31.

Geißler, H./v. Bruch, Th./Petersen, J. (Hg.): Bildungsmanagement. Frankfurt/Main 1994.

Klippstein, G.: Aspekte einer Betriebswirtschaftslehre für die Schule. Das System des öffentlichen Haushalts. In: Schulmanagement 1975 (3 Folgen).

Krommweh, B.: Aufgabengliederung und Kostenstruktur im Gesamtsystem Schule. Administrative und ökonomische Ordnungsstrukturen als Voraussetzung zur Gestaltung des Schulbetriebes. In: SO-Schul- und Unterrichtsorganisation (2) 1976.

Lehner, E./Zielinski, J. (Hrsg.): Wirkungssysteme und Reformansätze in der Pädagogik, Frankfurt/Main 1988.

Noeke, J./Ortner, G. E./Wilden, R.: Kosten-Nutzen-Analyse im Modellversuch »Fernstudien im Modellversuch«. Paderborn 1982.

Ortner, G. E.: Bildungsbetriebslehre. Paderborn 1973.

Ortner, G. E.: Bildungsbetriebslehre – Aspekte einer mikroökonomischen Theorie als institutionalisierte Bildung. In: Lehner, E./Zielinski, J. (Hrsg.): Wirkungssysteme und Reformansätze der Pädagogik. Frankfurt/M 1988, S. 553–564.

Ortner, G. E.: Bildungsbetriebslehre – Problemaufriß zu einer Theorie der Bildungsorganisation im Spannungsverhältnis zwischen Leitungs- und Verwaltungsfunktionen. Paderborn 1974.

Ortner, G. E.: Einführung in die Bildungsbetriebslehre (3 Kurseinheiten), Fernuniversität-GH. Hagen 1993.

Ortner, G. E.: Lean Performance: REFA bezieht Position. In: REFA-IE (Hrsg.): Lean Management – Potentiale und Erfolge. Darmstadt 1993 (1994).

Ortner, G. E.: Objektorientiertes Organisationslernen. In: Arnold R./Weber Hajo (Hrsg.): Weiterbildung und Organisation, Berlin 1995.

Ortner, G. E.: Unternehmenskultur ohne Unternehmensbildung? In: Geißler, H. (Hrsg.): Unternehmenskultur und Unternehmensvision. Frankfurt/Main 1991 S. 33–41.

Reinhardt, R.: Organisationslernen: Ein Trojanisches Pferd? In: GBO- Netzwerk 1– 1993, S. 25–37.

Rolff, H.-G.: Bildungsplanung als rollende Reform. Frankfurt/M., Berlin, München 1970.

Sattelberger, Th. (Hrsg.): Die lernende Organisation. Wiesbaden 1991.

Sattelberger, Th.: Lernen auf dem Weg zur Lernenden Organisation. In: Geißler, H. (Hrsg.): Neue Qualitäten betrieblichen Lernens. Frankfurt/M 1992, S. 53–79.

Schanz G.: Personalwirtschaftslehre. 2. Auflage, München 1993.

Schmidt, H. (Hrsg.): Humanvermögensrechnung. Instrumentarium zur Ergänzung der unternehmerischen Rechnungslegung. Berlin 1982.

Skowrnek, H.: Lernen und Lerntheorien, In: Roth, L. (Hrsg.): Pädagogik, München 1991. S. 183–193.

Staudt, E. (Hrsg:) Personalentwicklung für die neue Fabrik. Opladen 1993.

Steinmann, H. Schreyögg, G.: Management. Grundlagen der Unternehmensführung. 2. Auflage Wiesbaden 1991.

Wailer, N. (Hrsg.): Organisationslernen. Wien 1987.

Weber, W./Mayrhofer, W./Nienhüser, W.: Grundbegriffe der Personalwissenschaft. Stuttgart 1993.

Wittwer, W.: Opfert Organisationslernen das Subjekt? In: GBO-Netzwerk, 1–1993, S. 20–24.

Zelber, S.: Unternehmensentwicklung als pädagogischer Prozeß. Frankfurt/M 1990.

II. Von betrieblicher Weiterbildung zum Wissensmanagement

Peter Pawlowsky

---

1. Konturen einer Informations- und Wissengesellschaft

Die wesentlichen Ressourcen sozialen Wandels in westlichen Industriegesellschaften – Information und Wissen – sind nicht dinglicher Natur, sondern haben einen immateriellen, symbolischen Charakter. Informationen und Wissen lassen sich daher in ihren Diffusionspfaden nur dort verorten und beschreiben, wo eine Vergegenständlichung stattfindet, dort wo Informationen und Wissen einen Abdruck in den Strukturen der Gesellschaft hinterlassen. Dies macht eine Beschreibung und Analyse der Konturen einer Informations- und Wissensgesellschaft außerordentlich schwierig. Unternimmt man dennoch den Versuch, Phänomene des Wandels in westlichen Industriegesellschaften zu erfassen, so stößt man etwa auf Quantifizierungen folgender Art:
Die Brooks Foundation an der Stanford University in Palo Alto verweist auf eine Akzeleration des Wissens, bei der sich der Wissensstoff der Menschheit zwischen 1800 und Mitte des 20. Jahrhunderts versechzehnfacht hat. Etwa 80 % aller bisherigen wissenschaftlichen und technologischen Erkenntnisse und über 90 % der wissenschaftlichen und technischen Informationen auf der Welt sind in diesem Jahrhundert zustande gekommen. Zahlen zum Informationsoutput lassen die Dimensionen des Zuwachses erahnen: Während vor 1500 in Europa nach Schätzungen jährlich etwa 1000 neue Buchtitel erschienen, sind es Mitte der 60er Jahre dieses Jahrhunderts weltweit fast tausend Titel täglich. Der jährliche Ausstoß an wissenschaftlichen Publikationen und Zeitschriften wird mit sechs Millionen beziffert, was etwa 17 000 Einheiten täglich entspricht (vgl. Bell 1976; Haase/Jaehrling o. J.).
Angesichts dieser Flut an Informationen verweist Bell (1976) auf eine Verdoppelung des Wissens mit Exponentialcharakter, und Toffler (1970, 1980, 1990) spricht von der Ausbreitung einer »Wissens-Wirtschaft«. Crawford (1991) prognostiziert in der Konsequenz dieses Wandels den Eintritt in das Zeitalter des Humankapitals. Die »organisationale Antwort« auf die Anforderungen einer Informations- und Wissensgesellschaft spiegelt sich entsprechend in Überlegungen zu einer »Adhocratie« (Bennis et al. 1964; Toffler 1970), einer »innovativen Organisation« (Mintzberg 1989), einer

»Wissensunternehmung« (Sveiby 1986; Wikström et al. 1992) und den
Überlegungen zu einer »lernenden Organisation« (Pawlowsky 1992, 1994)
wider. Schließlich spitzt sich dieser Wandel in den wachsenden qualifikatorischen Anforderungen und Wissensansprüchen an das Individuum zu:
Naisbitt et al. (1985) heben die Qualifikationsansprüche der Informationsgesellschaft hervor, Drucker (1985, S. 112) prägt den Begriff des »knowledge workers« und Eliasson et al. (1987) beschreiben die Forderungen eines
»life-long-learning« oder einer »education permanent«. Mehr denn je, so
die implizite These eines Wandels von der industriellen zur post-industriel-
len Gesellschaft (Bell 1976; Ansoff 1979), basiert die Wertschöpfung auf
dem Einsatz von Wissen und Know-how.

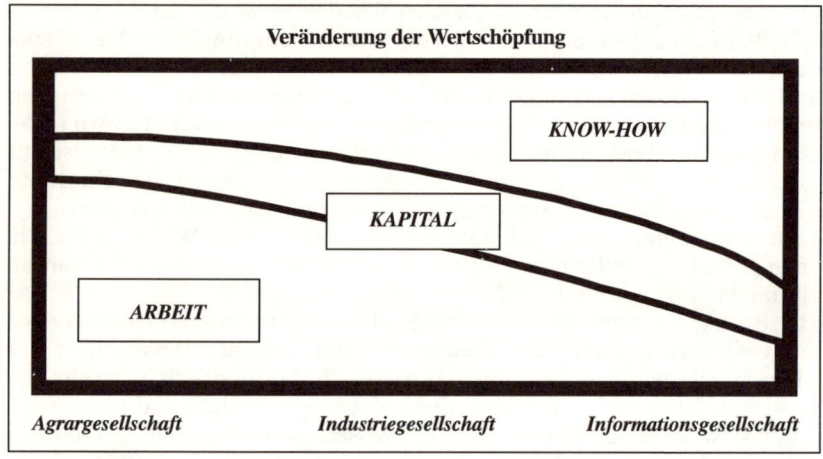

Abb. 1: Bedeutungszunahme von »Know-how« im Rahmen der Wertschöpung

Historisch betrachtet ist die Einsicht, daß Wissen von ausschlaggebender
Bedeutung für wirtschaftliches Handeln ist, nicht neu. Bereits der schwedi-
sche Ökonom Westerman (1768) beobachtete, daß die Leistungsfähigkeit
des schwedischen Schiffbaus Mitte des 18. Jahrhunderts weit hinter der
Leistungsfähigkeit von Holland und England zurückgeblieben war. Er
führte dies auf ein Defizit an »industrial knowledge« zurück. Industrielles
Wissen bezeichnete er als Fähigkeit zur Organisation der Arbeit und als
Kenntnisse im Umgang mit neuen Maschinen (vgl. Eliasson et al. 1987).
Neu ist vielmehr die Bedeutung der Ressourcen Qualifikation, Information, Bildung, Wissen und »Know-how« für die Entwicklung ganzer Volkswirtschaften. Mehr als zwei Jahrhunderte nach der Diagnose von Westerman (1768) betont Porter (1991) in seiner Studie zu nationalen Wettbewerbsvorteilen die Relevanz von Wissen und »Know-how« als zentrale,

436

faktorbildende Ressourcen der deutschen Wirtschaft: Deutschland verfügt über eine große Zahl qualifizierter Beschäftigter in geistigen Berufen, insbesondere auf wissenschaftlichen und technischen Gebieten und hat damit einen starken Fundus an wissenschaftlichem und technischem Wissen (ebd., S. 391). Ferner sieht Porter (1991) einen Vorteil darin, daß deutsche Arbeiter auf »Spezialgebieten nicht nur besser ausgebildet sind als ihre Kollegen in den meisten anderen Ländern, sondern auch eine bessere theoretische Grundlage haben, auf der sie sich weiterbilden können. Das fördert die Fähigkeit, Güter von steigender Qualität und Differenziertheit herzustellen« (Porter 1991, S. 392).

Der These, daß Information, Bildung, Humankapital und Wissen als Ressourcen wichtiger werden, kommt somit eine hohe Plausibilität zu. Die wesentliche Ressource zur Bewältigung und zur Gestaltung des Wandlungsprozesses ist damit nicht materiell-stofflicher, sondern immateriell-geistiger Natur. Das Wissenskonzept ist ähnlich wie alle Dispositionskonzepte (z. B. Einstellungen, Werte u. a.) in einer eigentümlichen Zwitterrolle: zugleich Bedingung als auch Phänomen des Wandels. Zum einen wird die Durchdringung der Gesellschaft mit Informationen und Wissen und die kontinuierliche Akzeleration des Wissens selbst als Wesen des Strukturwandels von einer industriellen zu einer Wissens- und Informationsgesellschaft verstanden. Die Akkumulation und permanente Erneuerung und Vertiefung von Wissen werden zur Herausforderung, die es zu bewältigen gilt. Der Stand des Wissens wird hier zum Maßstab, an dem man sich zu orientieren hat. Wissen ist nicht Mittel, sondern Zweck. Die Erweiterung des Wissens selbst ist das Wesen gesellschaftlichen Fortschritts.

Zum anderen wird Wissen als Mittel und Vehikel zur Bewältigung der gesellschaftlichen Dynamik verstanden. »Qualifizierung für die Zukunft« gilt als populäre Leitlinie, und lebenslanges Lernen wird zur Maxime, um den gesellschaftlichen Fortschritt zu bewältigen. Wissen ist hier das Transportmittel, um der zunehmenden Geschwindigkeit der gesellschaftlichen Entwicklungsdynamik folgen zu können. Unternehmen fallen im weltweiten Konkurrenzkampf zurück, wenn sie auf das neueste »Know-how« in der Verfahrens- und Prozeßtechnologie verzichten. Individuen benötigen wiederum die neuesten Kenntnisse, um diese Technologie bedienen zu können, und durch immer kürzere Lebenszyklen von Prozeß- und Produktinnovationen schreitet auch die Entwertung der vorhandenen Qualifikationen immer schneller voran. Es handelt sich hier quasi um zwei Querschnittaufnahmen eines Längsschnittprozesses, bei dem Wissen einerseits Bedingung, andererseits Ergebnis der Entwicklungsspirale darstellt. Wissen ist damit einerseits Instrument der Veränderung, andererseits Ergebnis des Veränderungsprozesses, gleichzeitig Werkzeug und Werkstück. Vorhandene Wissenspotentiale stellen den Rahmen zur Aufnahme neuer Wissensinhalte dar und verändern sich selbst im Zuge dieses Aneignungsprozesses. Wissen ist somit Ausgangs- und Endpunkt von Lernprozessen.

Wendet man diese Überlegungen auf Organisationen an: Vor dem Hintergrund der strukturellen Veränderungen, die sich als Konturen einer Informations- und Wissensgesellschaft abzeichnen, mag sich die Betrachtung von Unternehmen als »wissensverarbeitende Systeme« (Wikström et al. 1992) oder »Problemlösungssysteme« (Scholl 1990) als hilfreich erweisen, um Prozesse verstehen zu lernen, um Muster zu erkennen und um geeignete Anpassungsstrategien entwickeln zu können, die es Unternehmen ermöglicht, Komplexität und neue Anforderungen zu bewältigen und neue Felder zu erschließen[1]. Wissen ist hier der Rahmen, der die Informationsverarbeitungsfähigkeit ausmacht. Wissen ist somit Voraussetzung für organisationales Lernen, oder anders formuliert, die Qualität organisationalen Wissens bestimmt die Lernfähigkeit von Organisationen.

Wissen ist darüber hinaus ebenso Produkt: Aus dieser Perspektive sind Unternehmen auch als Wissensproduzenten zu betrachten. Die zu veräußernden Leistungen eines Unternehmens sind dann Ausdruck der Information, des Könnens und des Wissens, über das eine Organisation verfügt. Dabei kann es sich um Produkte (Tabletten, Automobile) oder um Dienste (Kreditkarten, Finanzdienstleistungen) oder um Kombinationen beider Angebotsformen handeln (Kommunikation, Mobilfunk, Datenbanken). Wikström et al. (1992) sprechen von »verpacktem Wissen«.

Wissen und Know-how sind somit nicht nur als Mittel zu verstehen, um Informationen zu verarbeiten, Produkte zu verbessern, Produktionsverfahren zu optimieren oder Abläufe in Dienstleistungsangeboten zu rationalisieren. Wissen erhält im Rahmen der sich abzeichnenden Konturen einer Informations- und Wissensgesellschaft zunehmend auch einen Warencharakter, denn Tauschwerte sind nicht mehr nur materielle Güter, sondern in zunehmendem Maße Informationen und Wissen. Anders formuliert: Wissen ist nicht mehr »nur« ein Mittel zur Optimierung einer Waren- und Dienstleistungswirtschaft, Wissen wird selbst zum Gegenstand der betrieblichen Leistungserstellung.

Dies wird besonders deutlich in der Entwicklung neuer Geschäftsfelder. Hier zeichnen sich Angebotsmuster ab, die nicht durch einzelne Produkte oder Dienstleistungen abgrenzbar sind, sondern die sich auf umfassendere Problemlösungen im Wertschöpfungsprozeß von Kunden beziehen. Selbst

---

[1] Eine Kategorisierung von Firmen nach Wissensintensität schlägt Toffler (1990) vor, je nach dem, in welchem Ausmaß Unternehmen Informationen zur Wertschöpfung verarbeiten und welche Komplexität die zu verrichtenden Arbeiten haben. In Weiterführung dieses Gedankens ist es nach Toffler (1990) möglich, einen »Kollektiv-IQ« eines jeden Unternehmens zu ermitteln. Um wettbewerbsfähig zu bleiben, sind Unternehmen in westlich industrialisierten Gesellschaften gezwungen, die kollektive Intelligenz drastisch zu erhöhen: Dies setzt nach Toffler (1990) einen entsprechenden Sprung in höhere, ausgeklügeltere Integrationsformen und eine radikal höhere Wissensverarbeitung voraus.

klassische industrielle Kernbereiche modifizieren ihre Geschäftsfelder: Automobilunternehmen verkaufen nicht mehr nur Fahrzeuge, sondern Finanzdienstleistungen wie Finanzierung und Versicherung und Kreditkartenservice, Kommunikationsdienstleistungen und -hardware wie Mobilfunk.

Produkt- und Verfahrensinnovationen werden angesichts dieser Entwicklungen zwar nicht irrelevant, jedoch wird es immer schwieriger, damit Wettbewerbsvorteile zu erzielen, da die Technologien prinzipiell allen Anbietern verfügbar sind. Offenbar kann kein Hersteller heute ein Automobil bauen, das sich technisch so gravierend von der Konkurrenz unterscheidet, daß sich dadurch maßgebliche Wettbewerbsvorteile ableiten lassen. Ebensowenig lassen sich noch gravierende Vorteile aus Rationalisierungstechniken ableiten. Vielmehr wird ausgehend von dem Kerngeschäft eines Anbieters immer häufiger nach Möglichkeiten gesucht, Prozesse oder umfassende Problemlösungssysteme (sog. »offerings«) anzubieten. Der Kunde, nicht das Produkt, steht im Mittelpunkt solcher veränderten Geschäftsstrategien. Normann et al. (1991) argumentieren, daß die Wertschöpfung von Kunden häufig durch einen Mangel an Wissen, Verfahren und Zeit begrenzt wird. Neuere Geschäftsstrategien zielen darauf ab, diese Grenzen zu überwinden bzw. zu beseitigen (»support«). Konkurrenzfähigkeit leitet sich somit nicht mehr vorrangig aus dem Kostenvorteil für Ressourcen und Produktion ab. Wenn eine der wichtigsten Anforderungen von Kundenseite darin besteht, neue Lösungen zu erzielen, um den eigenen Wertschöpfungsprozeß zu verbessern, ist es relativ irrelevant, ob ein Unternehmen hohe Rationalisierungserfolge erzielt und damit Preise senken kann. Entscheidend ist der Beitrag, den ein Angebot zur Erhöhung der Wertschöpfung des Kunden leisten kann.

Es bleibt hier festzuhalten, daß der Ressource »Wissen« somit einerseits eine zentrale Funktion im Prozeß der Leistungserstellung zukommt, daß Wissen andererseits selbst das Ergebnis der Leistungserstellung darstellt. Wissen ist Gegenstand betrieblicher Leistungserstellung und Voraussetzung zur Verarbeitung von Information und Wissen. Dieser Doppelcharakter in einer Ursachen- Wirkungsspirale verleiht der Ressource Wissen eine besondere Bedeutung für die Entwicklungsdynamik von Organisationen.

2. Grenzen der betrieblichen Weiterbildung

Im Rahmen der klassischen betrieblichen Aufgabenteilung fällt im allgemeinen dem Personalmanagement, insbesondere der Personalentwicklung, oder sofern als getrennter Funktionsbereich vorhanden, der betrieblichen Aus- und Weiterbildung die Aufgabe zu, für die Ausstattung mit Wissen und Qualifikationen Sorge zu tragen. In neueren Konzeptionen wird zum Teil sogar explizit der Anspruch formuliert, daß betriebliche Weiterbildung im Dienste einer lernenden Organisation steht (vgl. z. B. Meyer-Dohm et al. 1991; Sattelberger 1991; Merk 1992).

Betrachtet man das Feld des Personalmanagements und der betrieblichen Weiterbildung in der Praxis, so läßt sich ein zunehmender Ausbaustand in deutschen Unternehmen konstatieren (vgl. Wächter 1974; Lutz 1977; Risak 1978; Semlinger 1989; Wührer 1985; Drumm Scholz 1988; Brasche 1989; Boes et al. 1989; Weber 1991; Gaugler 1991). Insbesondere die Aufwendungen für betriebliche Weiterbildung sind deutlich gestiegen. So wurden einschließlich der indirekten Kosten der Lohnfortzahlung im Jahre 1992 ca. DM 36,5 Mrd für betriebliche Weiterbildung ausgegeben (Weiß 1994). Im Jahre 1980 betrugen die Aufwendungen lediglich etwa DM 8,0 Mrd.

Trotz dieser massiven Steigerungen an Investitionen in das »Human-Kapital« der Unternehmungen deutet einiges daraufhin, daß betriebliche Weiterbildungs- und Personalentwicklungsaktivitäten weitgehend unsystematisch und reaktiv erfolgen und damit wenig zu einer Erneuerung betrieblicher Wissenspotentiale beitragen. Der skizzierte Stellenwert von Wissen als eigenständigem Potential wird unterschätzt. Wissenspotentiale werden nur selten als erstrebenswert betrachtet, vielmehr steht eine Qualifizierungspraxis im Vordergrund, die sich zumeist an technisch determinierten Anforderungen orientiert.

Einer Untersuchung der Forschungsstelle Sozialökonomik der Arbeit zufolge (FSA 1994)[2], läßt sich zwar ein relativ hoher Ausbaustand der betrieblichen Weiterbildung erkennen, d. h. mehr als drei Viertel der 407 befragten weiterbildungsaktiven Unternehmen haben einen eigenen Funktionsbereich Weiterbildung, es zeigt sich aber auch, daß ein hohes Pla-

---

[2] Im Rahmen des DFG-Projektes »Qualifizierung und organisationales Lernen« an der Forschungsstelle Sozialökonomik der Arbeit (FSA-FU Berlin) wurden zwei empirische Erhebungen zu betrieblichen Weiterbildungsaktivitäten in deutschen Unternehmen durchgeführt. Zunächst wurden 1209 Kurzfragebögen zum Ausbaustand der betrieblichen Weiterbildung an deutsche Unternehmen verschickt. Die Auswahl der Unternehmen erfolgte auf der Grundlage von Adressenkarteien, u. a. der Liste der größten 500 Unternehmen, Listen von Verbänden für Maschinenbau, Elektro- und Papierindustrie und Listen von Unternehmenskontaktmessen (Forum, Quadriga). Die Rücklaufquote betrug 33,7 %. Im zweiten Erhebungsschritt wurde ein umfangreicher Fragebogen zur Ermittlung von weiterbildungsrelevanten Daten an diejenigen weiterbildungsaktiven Unternehmen verschickt, die im Kurzfragebogen ihre Bereitschaft signalisiert hatten, an einer vertiefenden schriftlichen Befragung teilzunehmen. Diese Stichprobe umfaßt 109 auswertbare Fragebögen, wobei eine breite Branchenstreuung erzielt wurde. Bei den Unternehmen handelt es sich überwiegend um mittelständische und große Unternehmen mit mehr als 500 Mitarbeitern. Klein- und Kleinstunternehmen sind von vornherein nicht im Selektionsraster verblieben (vgl. zu Details: Pawlowsky, Bäumer 1994).

nungsniveau nur in wenigen Unternehmen existiert. Betrachtet man einzelne Schritte der Weiterbildungsplanung – Bedarfsermittlung, Potentialermittlung und Evaluation der Weiterbildung – so ergibt sich folgendes Bild.
Eine regelmäßige Bedarfsermittlung wird in 70 % der Unternehmen praktiziert, Potentialermittlungen finden lediglich in 45 % der Unternehmen statt, und noch nicht einmal die Hälfte der Unternehmen führt eine wie auch immer geartete Kontrolle des Weiterbildungserfolges durch. Betrachtet man die Verfahren der Bedarfsermittlung im einzelnen, so spielen strategische und prognostische Überlegungen nur eine geringe Rolle. Lediglich 29 % der befragten Personal- bzw. Weiterbildungsabteilungen setzen prognostische Verfahren ein oder versuchen, aus den technologischen Entwicklungen qualifikatorische Anhaltspunkte zu gewinnen. Vielmehr dominieren Bedarfsanmeldungen aus den Abteilungen (80 %), Vorgesetztenbefragungen (63 %) und Fortschreibung aus der Vergangenheit (40 %) als Instrumente zur Planung der Qualifizierungsaktivitäten.
Über die Hälfte der befragten Personal- bzw. Weiterbildungsleiter beschreibt die Weiterbildungsstrategie in ihrem Unternehmen als »eher bedarfsorientiert, erst nachdem Qualifikationsdefizite offensichtlich sind, werden Qualifizierungsmaßnahmen eingeleitet«, während knapp ein Drittel angibt, in ihrem Unternehmen würde eine eher angebotsorientierte Qualifikationsstrategie verfolgt, bei der Qualifizierungsmaßnahmen eingeleitet werden, bereits bevor Qualifikationslücken entstehen.
Bereits anhand dieser wenigen Befunde deutet sich an, daß es der betrieblichen Weiterbildung als institutionalisierter Form der organisationalen Wissenserneuerung an strategischer Ausrichtung und Systematik fehlt. Betriebliche Weiterbildungsplanung hat überwiegend reaktiven Charakter und geht in der Praxis nur selten über eine Bedarfsorientierung hinaus. Die Artikulation von Qualifikationsbedarf entsteht häufig erst aus einem Mangel an Qualifikationen. Dieser Mangel kann aber infolge der verzögerten Zeithorizonte von Qualifizierungsprozessen nicht befriedigt werden (vgl. Baethge et.al. 1990, S. 29 ff.). Die Schere zwischen Qualifikationsbedarf und Qualifikationspotentialen muß sich bei einer immer kürzeren Halbwertzeit von Qualifikationen vergrößern. Entscheidender Nachteil dieses Ansatzes ist die zeitliche Verzögerung durch das reaktive Handeln. Eine derart nachgeordnete Qualifikationsentwicklung läuft Gefahr, der tatsächlichen Bedarfsentwicklung permanent hinterherzuhinken[3].
Um diese Verspätung der Qualifikationsbeschaffung zu vermeiden, wird in der Literatur ein Vorgehen der simultanen Qualifikations- und Investitionsplanung vorgeschlagen (vgl. Domsch 1970). Eine in diesem Sinne integrative Verfahrensweise der Bedarfsplanung strebt eine Koppelung

---

[3] Staudt/Rehbein (1988) verweisen in diesem Zusammenhang auf eine »chronische Verspätung der Qualifikationsbeschaffung« (S. 28; vgl. auch Staudt 1990, S. 36 ff.)

von Unternehmensstrategien, z. B. Investitionsplanung, mit der Personalplanung an[4]. Es wird versucht, die Investitions- und Qualifikationsplanung möglichst frühzeitig miteinander zu koppeln, um den »time-lag« zu verhindern. So werden aus der strategischen Unternehmungsplanung Prognosen zu den zukünftigen Anforderungsmustern je Tätigkeitsfeld abgeleitet und parallel dazu Prognosen zur zukünftigen Qualifikationsentwicklung des eigenen Personals erstellt. Die in die Zukunft projizierte Qualifikationslücke gilt es mittels Personalentwicklungsmaßnahmen und Qualifizierung zu schließen[5]. Hier werden strategische Vorüberlegungen unmittelbar mit vorhandenen personellen Ressourcen konfrontiert.

Einmal abgesehen von der Tatsache, daß diese prognostischen Verfahren in der Praxis nur eine untergeordnete Rolle spielen, stellt das konstitutive Element der Weiterbildungsplanung, »Anforderungen und Fähigkeitspotentiale zur Deckung« bringen zu wollen, d. h. die Lücke zwischen zumeist technisch determinierten Anforderungen und verfügbaren Potentialen möglichst optimal abzudecken, ein zentrales Problem dar. Qualifikationen erhalten im Kontext dieses Planungsmodells erst durch eine Gegenüberstellung von individuellem Leistungsvermögen und tätigkeitsspezifischen Arbeitsanforderungen ihre Konturen. Fähigkeiten und Fertigkeiten, denen kein entsprechender Bedarf gegenübersteht, erfüllen aus betrieblicher Sicht nicht das Kriterium der Zweckrationalität einer Verwertbarkeit im Arbeitsprozeß. Eine Zweck-Mittel-Relation ist nur gegeben, wenn ein spezifisches Leistungsvermögen dazu dient, vorgegebene Arbeitsanforderungen zu erfüllen und eine friktionslose Integration in den Arbeitsprozeß ermöglicht.

Es mehren sich die Stimmen, die einem derartigen Planungsverständnis von Qualifikationen und Wissen eher kritisch gegenüberstehen, denn diese »traditionelle« Zielperspektive erscheint für zukünftige Anpassungs- und Entwicklungsprozesse einer Unternehmung insbesondere dann nachteilig, wenn hiermit überschüssiges Potential wegrationalisiert wird und das System damit an Flexibilität für zukünftige Anpassungs- und Entwicklungsprozesse verliert. Das innovative Potential von arbeitsspezifischem Wissen zur Gestaltung des Wandels, zur Anpassung an sich verändernde Umfelder und zur Reaktion auf unerwartete Veränderungen bleibt in diesem Planungsverständnis zumeist unberücksichtigt (vgl. auch Grabher 1989; Staudt 1990; Staehle 1991).

Hinzu kommt ferner, daß betriebliche Weiterbildung derzeit in hohem

---

[4] Auf der Grundlage von qualifikatorischen Anforderungsanalysen in Verbindung mit geplanten Sachinvestitionen, entwickelt Domsch (1970) ein formalisiertes Entscheidungsmodell simultaner Personal- und Sachinvestitionsplanung.

[5] Das Beispiel Audi und die Bemühungen von Posth anläßlich des Modellwechsels zum Audi 80 werden in der Literatur als Beispiel für diese Verfahrensweise angeführt (vgl. Domsch 1970).

Maße individualisiert und selektiv angewandt wird und damit die Wissensbasis in Organisationen nicht verbreitert, sondern vielmehr die Kluft zwischen denjenigen, die bereits über Qualifikationen verfügen, und den Bildungsbenachteiligten vergrößert (vgl. Pawlowsky/Bäumer 1993). Diese Ausrichtung vernachlässigt die Dynamik von Wissen in einer Organisation und zielt nach wie vor auf das Ideal der Spezialisierung und das Machtgefüge einer vertikalen Differenzierung ab. Diese kurzfristig als opportun, da kostengünstiger erscheinende, Weiterbildungspolitik, mag sich aus einer ganzheitlichen oder systemischen Perspektive organisationaler Wissenserneuerung möglicherweise als kontraproduktiv erweisen. Nicht nur wenn eine erhöhte Einsatzflexibiltät des Personals, beispielsweise aufgrund von Markteinbrüchen oder Marktchancen in bestimmten Feldern, notwendig wird, könnte sich die Selektivität der Weiterbildung als dysfunktional erweisen, auch unter der Perspektive von Organisationen als informationsverarbeitende- und wissensproduzierende Systeme erscheint diese dominierende Weiterbildungspraxis, die mit einer zunehmenden Segmentation interner Arbeitsmärkte einhergeht, wenig zweckmäßig. Die Grenzen der Funktionsbereiche »betriebliche Weiterbildung« und »Personalentwicklung« im Hinblick auf die Ausstattung von Organisationen mit wettbewerbsrelevanten Wissenspotentialen werden offensichtlich.

3. Ansätze zu einem Management von Wissen in Organisationen

Die Notwendigkeit eines betrieblichen Managements von Wissen, das einerseits über die Zielperspektiven der Weiterbildung hinausgeht, andererseits weitreichender ist als das herkömmliche Verständnis eines betrieblichen Informationswesens wird verschiedentlich betont (z. B. Kleinhans 1989; Picot 1990).
Ein organisationales Wissensmanagement sollte einerseits alle Aktivitäten einer betrieblichen Weiterbildung beinhalten bzw. diese steuern, andererseits aber über diese Ansätze hinausgehen. Einem Wissensmanagement liegt, so der hier vertretene Anspruch, eine Perspektive der Organisation zugrunde. Während betriebliche Qualifizierungsstrategien und Weiterbildungsmaßnahmen die Schließung einer Deckungslücke verfolgen, während Personalentwicklung[6] für »eine bestmögliche Übereinstimmung zwischen den vorhandenen Anlagen und Fähigkeiten der Mitarbeiter und den Anforderungen der Unternehmung Sorge zu tragen« hat (Mentzel, 1992, S. 15), ist das Interesse eines Wissensmanagements ausschließlich auf den

---

[6] Neuberger (1991, S. 3) folgert aus einer Durchsicht der Literatur zu Definitionen des Begriffs »Personalentwicklung«: »Zusammenfassend gilt für die meisten Definitionen: PE wird personalisiert (individuelle Qualifikationen) (. . .)«. Für eine Übersicht von Definitionen zu Personalentwicklung siehe Neuberger, 1991, S. 1 ff.

Erfolg der Organisation gerichtet. Der Erfolg eines Wissensmanagements bemißt sich dabei an der Lernfähigkeit einer Organisation. Hierzu mögen Personalentwicklungs- und Weiterbildungsmaßnahmen zwar auch beitragen, dies muß aber nicht der Fall sein. Der Erfolg von Wissensmanagement bemißt sich nicht an dem Lernerfolg der Teilnehmer einer Maßnahme oder an dem Transfer von Gelerntem an den Arbeitsplatz, sondern ausschließlich an der Fähigkeit organisationalen Lernens (vgl. Pawlowsky 1994). Damit vermeidet der Ansatz eines Wissensmanagements die grundlegenden Evaluationsprobleme von Weiterbildungsmaßnahmen (vgl. z. B. Landsberg/Weiss 1992), wird jedoch hinsichtlich des Kriteriums organisationaler Lernfähigkeit nachweispflichtig. Dies bedeutet, daß die Lernfähigkeit von Organisationen erfaßbar sein muß.

Reinhardt (1993) bezeichnet organisationale Lernfähigkeit als »Potential einer Organisation, sich im Vergleich zum Wettbewerb durch eine proaktive Veränderung interner Prozesse und Strukturen schneller an beliebige Umwelten anpassen zu können« (a.a.O., 1993, S. 82 f.).

Die Fähigkeit zu lernen, ob individuell oder organisational, wird zunächst wesentlich bestimmt von den vorhandenen Wissensstrukturen, die als Ausgangspunkt und Endpunkt von Lernprozessen betrachtet werden können: Das verfügbare Wissen bestimmt zum einen wesentlich die Lernfähigkeit, andererseits kann Wissen als Ergebnis von Lernprozessen betrachtet werden.

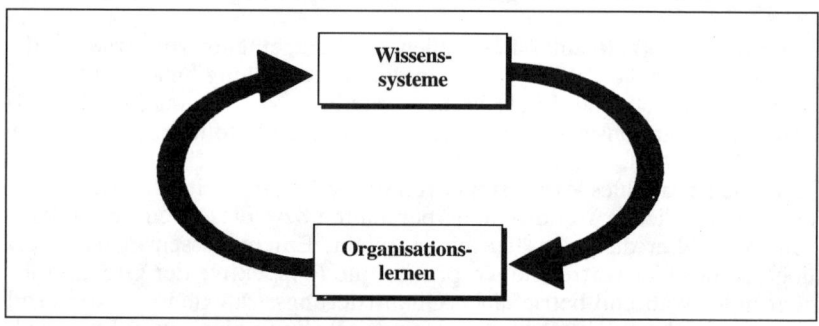

Abb. 2: Organisationaler Lernprozeß

In diesem Sinne sind Wissenssysteme (Strukturen und Inhalte) intervenierende Größen eines Lernprozesses. Diese Grundüberlegungen kognitiver Lerntheorien, daß Wissensstrukturen zugleich Voraussetzung als auch Ergebnis des Lernens sind (Eder 1985) und somit Indikatoren der Lernfähigkeit und des Lernerfolges darstellen, ist mehrfach auf eine organisationale Abstraktionsebene übertragen worden.

Cohen und Levinthal (1989) haben generative Wissensprozesse in Organisationen genauer betrachtet und argumentieren, daß die Wissensabsorption – im vorliegenden Zusammenhang die Fähigkeit neue Wissensprozesse in Organisationen zu initiieren – in entscheidender Weise von dem vorhandenen Wissen in einer Organisation abhängt. Damit ein Unternehmen über Wissensinhalte mit der Umwelt kommunizieren kann, ist ein entsprechendes Wissenspotential notwendig. Je »besser« dieses Wissenspotential beschaffen ist, umso eher kann neues Wissen entdeckt und integriert werden. Scholl (1990) beschäftigt sich mit der Frage nach der Produktion von Wissen zur Bewältigung komplexer organisatorischer Situationen und verankert diese Überlegungen in einem sozialpsychologischen Wissensbegriff, der die intrapersonalen Aspekte mit sozialen Aspekten der Wissensproduktion verbindet. Lullies et al. (1993) beziehen sich auf den Begriff der »Wissenslogistik« und meinen damit »all jene Verfahren, Vorgehensweisen und Maßnahmen, mit denen das im Unternehmen vorhandene, auf verschiedene Stellen verteilte Wissen in Entwicklungsprozessen gezielt und systematisch mobilisiert, ausgetauscht und integriert wird, um sicherzustellen, daß das für die Bewältigung der Entwicklungsaufgabe relevante Wissen zur richtigen Zeit beim richtigen Empfänger zur Verfügung steht (. . .)« (a.a.O., 1993, S. 16). Wikström et al. (1992) schlagen ein begriffliches Raster für generative Wissensprozesse in Organisationen vor, wobei der Wechselwirkung zwischen Unternehmen als Wissenssysteme und der jeweiligen Umwelt besondere Aufmerksamkeit geschenkt wird. Auf der Grundlage eines kommunikationstheoretischen Modells von Watzlawick formuliert Geißler (1994) einen Ansatz zur Entwicklung kollektiven Wissens und Könnens in Organisationen, und Scholl et al. (1993) untersuchen im Rahmen eines DFG-Projektes[7], »wie in Unternehmen neues Wissen produziert wird«, und entwickeln auf dieser Grundlage ein Modell der »Innovation als evolutionärer Prozeß der Wissensproduktion«. Leonard-Barton (1994) beschreibt Organisationen in Analogie zu einem Lernlabor, bei dem sich alles »um die Produktion und Beherrschung von Wissen« (a.a.O., 1994, S. 98) dreht.

Betrachtet man in diesem Sinne Organisationen als Wissensschichten oder Systeme von Wissensnetzwerken auf verschiedenen Ebenen, so bezieht sich der Kerngedanke des organisationalen Wissensmanagements auf die Überlegung, daß die Lernfähigkeit von Organisationen in Abhängigkeit von den Merkmalen dieser Wissenssysteme zu beschreiben ist.

Auf einer intrapersonalen Ebene kann die Binnenstruktur von Wissenssystemen beispielsweise anhand von Ansätzen der Informationsverarbeitungstheorie nach Schroder et al. (1975) und Streufert et al. (1978) erfaßt werden und in ihrer Bedeutung für Informationsverarbeitung präzisiert

---

[7] Der Titel des DFG-Projektes (Januar 1988 bis Dezember 1990) lautet »Informationspathologien als Ursachen mangelnder Innovationsfähigkeit von Unternehmen« (Scholl et al. 1993).

werden. Diese Ansätze lassen erkennen, daß spezifische strukturelle Merkmale von Wissenssystemen – die Dimensionalität, Differenzierung und das Integrationsniveau konzeptueller Strukturen – mit spezifischen Informationsverarbeitungs- und Handlungspotentialen einhergehen. Konkret: Unterschiedliche Formen der Strukturiertheit gehen mit unterschiedlichen Informationsverarbeitungsstilen einher, die gemessen an traditionellen Kriterien wiederum eine hohe prognostische Validität im Hinblick auf beruflichen Erfolg aufweisen (vgl. Streufert/Pogash/Piasecki 1988; Streufert 1990; Breuer/Streufert 1994). Bereichspezifische individuelle Wissenssysteme mit einer höheren Strukturiertheit lassen im allgemeinen eine erhöhte Informationsverarbeitungskompetenz erwarten und gehen mit »besserer« Problemlösungskompetenz einher.

Wie aber lassen sich nun diese Überlegungen auf eine organisationale Ebene übertragen?

Ausgehend von Bouldings »Image-Konzept« (1956) läßt sich zeigen, daß Überlegungen zu kollektiven »Wissenssystemen« bereits seit längerem in der Literatur diskutiert werden. Sowohl in der frühen Entscheidungstheorie als auch insbesondere in der neueren kognitiven Organisationstheorie existieren entsprechende Konzepte, die Gruppen und Organisationen im Sinne kollektiver mentaler Modelle thematisieren: Cyert/March (1963) sprechen von »organisationalen Routinen«, Argyris (1964) und Argyris/Schön (1978) beschreiben »organisationale Handlungstheorien«, Weick/Bougon, (1986) prägen den Begriff der kollektiven »Ursachen-Landkarte«, Shrivastava/Schneider (1984) verweisen auf »organisationale Referenzrahmen«; Daft/Weick (1984) verwenden den Begriff der »organisationalen Interpretationssysteme« und Sandelands/Stablein (1987) nutzen die Analogie des »organisationalen Denkens«, während Pautzke (1989) ein Schichtmodell der »organisatorischen Wissensbasis« vorschlägt und Kim (1993) ähnlich wie Senge das Konzept der »kollektiven mentalen Modelle« (»shared mental models«) einführt.

Obwohl sich diese Ansätze in vielerlei Hinsicht unterscheiden, ist ihnen doch die Annahme gemeinsam, daß wie auch immer geartetes Wissen, ob als kognitive Referenzrahmen, Semantiken oder intersubjektiv geteilte Wirklichkeitskonstruktionen in Organisationen, Austauschprozesse mit der Innen- und Umwelt von Organisationen prägen.

Überwiegend beziehen sich diese Ansätze jedoch auf »content-Variablen«, d. h. auf spezifische Inhalte von Wissenssystemen und lassen damit strukturelle Unterschiede außer acht. Streufert und Swezey (1986) übertragen erstmalig den Gedanken der kognitiven Strukturiertheit auf Informationsverarbeitungssysteme in Organisationen. Damit kann eine erste Brücke geschlagen werden zwischen den relativ leistungsfähigen Konzepten der kognitiven Psychologie und Ansätzen der kognitiven Organisationstheorie (vgl. auch Wollnik 1993). Im Mittelpunkt der Betrachtung stehen damit nicht mehr die Inhalte mentaler Modelle in Organisationen – also was gedacht wird, sondern die Struktur mentaler Modelle bzw. kollektiver Wissenssysteme – also wie gedacht wird. Auf der Grundlage dieser analytischen Dimensionen organisationaler Wissenssysteme lassen sich Annahmen zu Informationsverarbeitungskapazitäten bzw. zur Problembewältigungsfähigkeit von Wissenssystemen auf unterschiedlichen Ebenen präzisieren.

Wie Wissenssysteme in Organisationen identifiziert und abgegrenzt werden, ist letztlich eine empirische Frage. Es kann sich dabei einerseits um Wissenssysteme handeln, die sich auf der Basis formaler Gruppen konstituieren, Abteilungen oder sonstige formale organisatorische Einheiten umfassen, andererseits kann es sich um Koalitionen von ähnlich denkenden Personen, beispielsweise informelle Gruppen oder Cliquen handeln, die quer zu formalen Strukturen liegen. Je nach dem prägenden Einfluß eines Wissenssystems kann die Perspektive auch um relevante Bezugssysteme wie Zulieferer, Kunden, Netzwerke etc. erweitert werden.

Entscheidend dürfte es im Einzelfall jeweils sein, welche sozialen Subsysteme aus der Sicht der Mitglieder die relevanten Handlungsnormen und Leitlinien (»Theories in use«) definieren und innerhalb welcher sozialer Koordinaten die gemeinsamen Wirklichkeitsinterpretationen erfolgen. Wie auch immer die Abgrenzung von kollektiven Wissenssystemen im Einzelfall aussieht, zentral ist die Annahme, daß es für koordinierte Handlungen in Organisationen jeweils gültige Wissenssysteme mit entsprechenden Handlungstheorien gibt, die mehr oder minder differenziert sein mögen. Diese können impliziter Natur sein und sehr rudimentäre Verknüpfungen (einfache kausale Bezüge) beinhalten, über die man sich einig ist, oder aber hochgradig differenziert und integriert sein, mit jeweils unterschiedlichen Konsequenzen hinsichtlich der Informationsverarbeitungs- und Lernfähigkeit. Die Funktion unterschiedlicher integrativer Komplexität von organisationalen Wissenssystemen kann am Beispiel von Informationsverarbeitungsprozessen veranschaulicht werden.

Aus dem ersten Muster wird deutlich, daß fehlende Integrationsregeln in intraorganisationalen Subsystemen dazu führen können, daß die externe Informationsvielfalt ohne »Auswertungen«, d. h. ohne eine evaluative Verknüpfung an die nächste Ebene[8], weitergeleitet wird. Die Konsequenz wären hier eine permanente Informationsüberlastung und möglicherweise niedrig integrierte Entscheidungsprozesse. Durch eine gemeinsame Entwicklung von integrativen kognitiven Handlungstheorien können Informationen bereits entsprechend verdichtet werden (Muster B), um auf der nächsten Ebene eine Informationsüberlastung zu vermeiden und eine weitergehende Integration zu ermöglichen.

---

[8] Dabei ist es nicht entscheidend, ob es sich um Hierarchieebenen handelt oder ob die Subsysteme als arbeitsteilige, horizontale Segmente betrachtet werden, die informationale »Vorleistungen« bereitstellen.

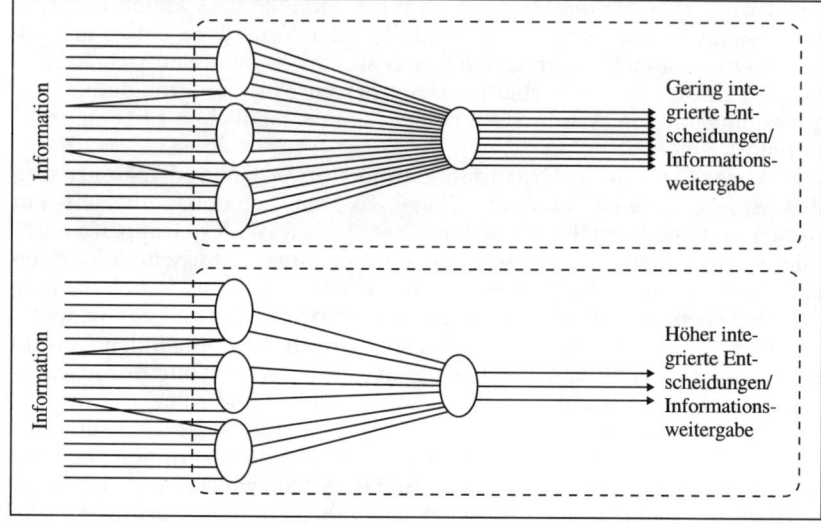

Abb. 3: Komplexitätsreduktion durch integrative Komplexität intraorganisationaler Wissenssysteme (In Anlehnung an: Streufert/Swezey 1986, S. 136).

Ferner läßt sich unschwer erkennen, daß auch der Dimensionalität der Wissenssysteme auf den verschiedenen Ebenen eine entscheidende Bedeutung für die Informationsverarbeitung zukommt. Wenn beispielsweise bereits die »boundary- spanning-Systeme«, also die Gruppen in Organisationen, die in überwiegend »grenzüberschreitenden« Aktivitäten die externe Umwelt erfassen, niedrig differenziert sind, findet eine verzerrende Vereinfachung bei der Wahrnehmung von Informationen innerhalb der Organisation statt. Eine Gruppe von Außendienstmitarbeitern kann z. B. über ein differenziertes Wissenssystem verfügen, das es ihnen ermöglicht, Kundenverhalten nach einem breiten Spektrum von Dimensionen wahrzunehmen und diese Informationen in interner Evaluation zusammen mit anderen Abteilungen zur Grundlage von entsprechenden Strategien zu machen. Verfügt diese Gruppe andererseits über ein unidimensional strukturiertes Wissenssystem, das z. B. nur durch die zentrale Dimension »Umsatz« bestimmt wird, so ist hier bereits die Wahrnehmungskapazität der Organisation stark eingeschränkt und unter Umständen sogar verzerrt. Die Permeabilität der »Außenhaut« von Organisationen ist daher in entscheidender Weise von der Differenziertheit der Wissenssysteme von »boundary-spanning«-Gruppen abhängig.
Vereinfachend besteht das Ziel eines organisationalen Wissensmanagements nun darin, diese Wissenssysteme zu identifizieren und in ihrer Bin-

nenstruktur ggf. zu verfeinern, um eine verbesserte Informationsverarbeitungskompetenz und Lernfähigkeit durch integrative Regeln zu erzielen.

Dies kann, muß aber nicht bedeuten, daß eine möglichst hoch differenzierte und integrierte Struktur kollektiver mentaler Modelle anzustreben ist, denn eine Erhöhung der kognitiven Komplexität von Wissenssystemen muß nicht per se ein Vorteil – im Sinne einer Erhöhung der Effizienz – für den Output eines Systems implizieren. Streufert und Swezey (1986) verdeutlichen unter Bezugnahme auf Forschungen zu kognitiver Komplexität, daß eine höhere kognitive Komplexität in manchen Fällen kontraproduktiv wirken kann, und zwar dann, wenn die Aufgabenstruktur inkompatibel ist mit multidimensionalen und integrierten Wissenssystemen. »We may, for example, not want all procedures used by an accounting group to become flexibly integrated. In other words, differentiation and integration can be highly useful in an organizational setting, but can, for some organizational segments and under some task conditions, be misapplied or inappropriate« (Streufert et al. 1986, S. 102). Die Frage nach dem optimalen Niveau der Integriertheit von kollektiven Wissenssystemen ist letztlich nur empirisch zu beantworten.

Ferner obliegt es einem Wissensmanagement, einen kontinuierlichen Reflexionsprozeß zu initiieren, bei dem die Mitglieder der jeweiligen Subsysteme das mentale Interpretationsmodell kontinuierlich hinterfragen und in den Handlungskonsequenzen überprüfen. Dies ist nur möglich, wenn mentale Modelle (»underlying assumptions«) aufgedeckt (»surface«) werden und zum Gegenstand des Dialogs und der Reflexion gemacht werden. Diese sehr allgemeinen Überlegungen gilt es für spezifische Subsysteme in Organisationen zu präzisieren.

Neben der Identifikation und Reflexion ist die Integration eine zentrale Aufgabe des organisationalen Wissensmanagements. Dabei geht es um die Verknüpfung von kollektiven Wissenssystemen (Gruppen, Abteilungsebenen etc.) in Organisationen. Dieser Prozeß ist entscheidend für die Lernfähigkeit und Problembewältigungsfähigkeit des Gesamtsystems. Es lassen sich hier drei Integrationsprinzipien eines Wissensmanagements unterscheiden: Eine Überbrückung der vertikalen-, der horizontalen- und der temporalen Differenzierung in Organisationen durch Wissenstransfers. Schematisch können diese Überlegungen an nachfolgender Abbildung veranschaulicht werden:

Dies impliziert, daß der Austausch und der Transfer von Wissen nach drei Integrationsprinzipien verläuft:

- zwischen Subsystemen auf der Ebene der vertikalen Differenzierung, die hierachische Arbeitsteilung implizieren und einen Wissensaustausch durch positionale Blockaden, Macht und Einfluß behindern,
- zwischen arbeitsteiligen Strukturen, die mit einer funktionalen Spezialisierung auf allen Hierarchieebenen einhergehen (horizontale Differen-

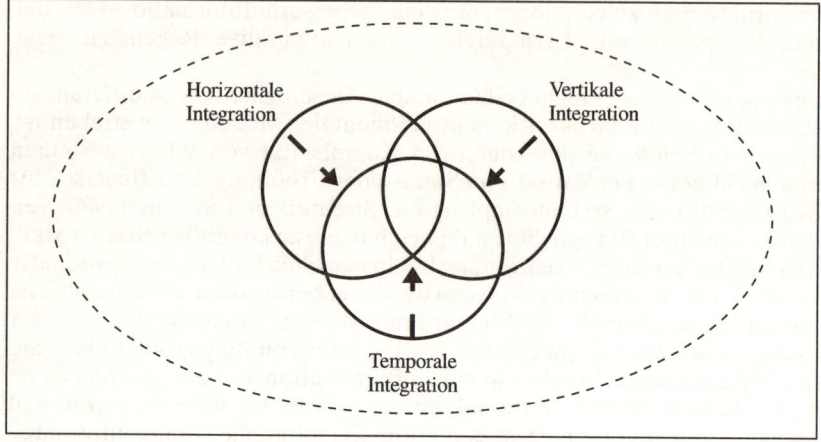

Abb. 4: Integration als Aufgabe eines Wissensmanagements

zierung); hier gilt es reziproke Austauschprozesse zwischen arbeitsteiligen und funktional spezialisierten Einheiten zu initiieren
- und eng damit verbunden der Transfer zwischen vor- und nachgelagerten Systemebenen (temporale Differenzierung), die häufig als Kombination von horizontaler Differenzierung und sequentiellen Arbeitsabläufen einen Wissenstransfer erschweren.

Diese Integration erschöpft sich nun nicht in dem Austausch von Informationen und Fakten, zwischen vor- und nachgelagerten Arbeitsprozessen und funktional differenzierten Abteilungen (horizontal), zwischen Vorgesetzten und Untergebenen (vertikal) und zwischen zeitlich vorgeschalteten Initiatoren und nachfolgenden, ausführenden Systemen (temporal) einer Organisation. Vielmehr geht es um die Entwicklung eines kollektiven Wissenssystems, eines gemeinsames Verständnisses, eines Referenzrahmens oder eines mentalen Modells, das als übergeordnetes Konzept einer Wirklichkeitsinterpretation bzw. als Handlungstheorie Orientierung bietet und den Organisationsmitgliedern Interpretionsmuster zur Verfügung stellt.

Wichtig sind dabei die verbindenden Konzepte, die über funktionale Arbeitseinheiten hinweg existieren und die Verbindung von interpersonalen zu intraorganisationalen Wissenssystemen ermöglichen. Diese bereichsspezifischen kognitiven Wissenssysteme gilt es nicht nur über die arbeitsteiligen Strukturen hinweg zu verbinden, sondern auch über die Ebenen der vertikalen Differenzierung zu verbinden. Wenn Führungsverantwortung in Gruppen verlagert wird, wenn Hierarchieebenen abgebaut werden, dann finden nicht nur Prozesse einer horizontalen Integration statt, sondern es müssen kollektive Wissenssysteme auf dieser Ebene entwickelt werden, die das notwendige Steuerungswissen integrieren und die als Basis einer gemeinsamen Handlungstheorie dienen.

Hier muß dem möglichen Mißverständnis der Boden entzogen werden, es handele sich um ein kollektives Harmoniemodell, bei dem alle ein und dasselbe denken und fühlen. Im Gegenteil, Konflikte, Meinungsverschiedenheiten, unterschiedliche Standpunkte und variierende Werthaltungen (Valenzen) sind der Rohstoff für Lernprozesse. Entscheidend ist, daß diese Differenzierungen aufgedeckt werden und auf der Basis von Reflexionsprozessen nutzbar gemacht werden, d. h. zu einer Differenzierung und Strukturintegration kollektiver Wissenssysteme beitragen und nicht subkutan unter der Oberfläche des kollektiven Wissenssystems wirksam sind.

Die hier im Vordergrund stehende Aufgabe eines Wissensmanagements, die horizontale, vertikale und temporale Integration, bedeutet, daß eine Wissensdifferenzierung und – segmentierung reduziert werden soll, die als klassisches Prinzip industrieller Arbeitsteilung institutionalisiert wurde und von der sich auch idealistische Ansätze der betrieblichen (Weiter-)Bildungsarbeit und Personalentwicklung nur schwer lösen.

Aus den grundlegenden Prinzipien der betrieblichen Bildungsarbeit wird deutlich, daß eine Differenzierung von Rollen, in Verbindung mit der Legitimation von Machtdifferenzierungen (vertikale Differenzierung), und eine punktuelle Diffusion neuen Wissens innerhalb der Organisation im Vordergrund stehen und daß diese »Logik« auch überwiegend die Denkmodelle der betrieblichen Weiterbildung prägt. Betriebliche Weiterbildung hat sich zweifelsohne in den letzten Jahrzehnten in verstärktem Maße um ganzheitliche Konzepte bemüht und hier und dort auch die Perspektive der Organisationsentwicklung im Auge gehabt (vgl. die Übersichten von Meyer-Dohm 1988 und Pedler et al. 1991). Die Erwartungen jedoch an die Weiterbildung und Personalentwicklung als Dienstleistungsbereich (»dienende Funktion der Personalarbeit«), zum Vollzug von Qualifizierungsprozessen und zur Schließung der Deckungslücke, implizieren idealtypisch eine Desintegration von Wissen. Es gibt im Kontext der Bildungsforschung wohl kaum einen Befund, der so eindeutig im Rahmen zahlreicher empirischer Untersuchungen bestätigt worden ist, wie der Befund der sozialen Differenzierung durch Weiterbildung (vgl. Pawlowsky/Bäumer 1993 und die zahlreichen dort angeführten Quellen). Die These, die ich hier vertreten möchte, ist, daß der herrschenden Praxis der Weiterbildung und Personalentwicklung idealtypisch ein überkommenes Differenzierungsprinzip zugrundeliegt. Dies wird möglicherweise nicht intentional vertreten, vom Ergebnis jedoch dominiert eine Desintegration von Wissenssystemen.

Aus einer Konfrontation der Grundprinzipien eines Wissensmanagements mit den Prinzipien der Weiterbildung / Personalentwicklung wird jedoch noch ein zweites Problem offensichtlich. Während ein Wissensmanagement um eine Synchronisierung von Wissensprozessen bemüht sein muß, um eine temporale und horizontale Integration zu ermöglichen, orientiert sich das idealtypische Denkmodell der betrieblichen Weiterbildung und Personalentwicklung an einem sequentiellen Modell: Zuerst werden Anforderungen an Qualifikationen auf der Grundlage von technischen Neuerungen definiert, erst dann werden Bildungsprozesse initiiert, was zum Problem der »chronischen Verspätung der Qualifikationsbeschaffung« führt (vgl. hierzu insbesondere Staudt/Rehbein 1988; Staudt 1993). Es zeigt sich, daß auch hier klassische Prinzipien des Umgangs mit Bildung und Wissen der Forderung einer temporalen und horizontalen Integration eines Wissensmanagements entgegenstehen.

Im Gegensatz zu Qualifizierung mittels betrieblicher Weiterbildung, die vom Prinzip her auf technisch determinierte Reaktionspotentiale auf vorhersehbare Anforderungen abzielt, geht es beim Wissensmanagement um die Fähigkeit des Problemlösens bzw. des Lernens. Diese Konzeption impliziert eine veränderte Sichtweise, bei der nicht mehr ein traditionelles Bildungsmanagement als Reaktion auf technische Anforderungen im Mittelpunkt steht, sondern das »Management von Wissen« auf unterschiedlichen Ebenen im Vordergrund steht. Ein derartiges Selbstverständnis kann der Funktionsbereich der Personalentwicklung und der betrieblichen Weiterbildung jedoch nur dann entwickeln, wenn hier eine neue Querschnittfunktion gesehen wird, deren Aufgabe es ist, Lernfähigkeit auf allen Ebenen zu fördern.

Literatur

Ansoff, I. A.: Strategic Management. London u. a. 1979.

Argyris, C.: Integrating the individual and the organisation N.Y., London u. a. 1978.

Argyris, C./Schön, D. A.: Organizational Learning: A Theory of Action Perspective. Reading u. a. 1978.

Baethge, M./Dobischat, R./Husemann, R. et al.: Forschungsstand und Forschungsperspektiven im Bereich betrieblicher Weiterbildung – aus Sicht von Arbeitnehmern. (SOFI, Gutachten im Auftrag des Bundesministers für Bildung und Wissenschaft.). Göttingen 1990.

Baethge, M./Grimm, A./Oberbeck, H.: Dienstleistungsarbeit und Beschäftigung im Handel – Personalentwicklung zwischen Stagnation und neuen Perspektiven. In: SOFI-Mitteilungen, Dez. 1990, S. 64–75.

Bell, D.: Die Zukunft der westlichen Welt (Kultur und Technologie im Widerstreit). Frankfurt/M. 1976.

Bennis, W. G./Slater, P. L.: The Temporary Society. New York 1964.

Boes, A./Knöß, P./Nispel, A.: Entwicklung eines Konzeptes für innovationsorientierte Personalentwicklung und Weiterbildung in Klein- und Mittelbetrieben (Institut für Sozialwissenschaftliche Forschung Marburg, Arbeitsbericht). Marburg 1989.

Boulding, K. E.: The Image (Knowledge in Life and Society). Ann Arbor 1956 (7. Aufl. 1969).

Brasche, U.: Qualifikation – Engpaß im Innovationsprozeß? (Die Diffusion von Mikroelektronik und die Veränderung der Qualifikationsanforderungen). Berlin 1989.

Breuer, K./Streufert, S.: The Strategic Management Simulations (SMS) – A Case Comparison Analysis of the German SMS Version. In: M. Mulder/W. J. B. Nijhoff R. O. (Eds.): Corporate Training for Effective Performance (Vorabdruck, p. 2–27).

Cohen, W. M./Levinthal, D.: Innovation and Learning: The two Faces of R&D. In: The Economic Journal, No. 99, Sept. 1989, p. 569–596.

Cyert, R. M./March, J. G.: A Behavioral Theory of the Firm. Englewood Cliffs 1963.

Daft, R. L./Weick, K. E.: Toward a Model of Organizations as Interpretation Systems. In: Academy of Management Review, Vol. 9, No. 2, 1984, p. 284–295.

Domsch, M.: Simultane Personal- und Investitionsplanung im Produktionsbereich. Bielefeld 1970.

Domsch, M.: The Changing World of the Executive. New York 1985 (1. Aufl. 1982).

Drumm, H. J./Scholz, C.: Personalplanung – Planungsmethoden und Methodenakzeptanz (Regensburger Beiträge zur betriebswirtschaftlichen Forschung). Bern, Stuttgart, 2. erg. Auflage, 1988.

Eder, K.: Geschichte als Lernprozeß? (Zur Pathogenese politischer Modernität in Deutschland). Frankfurt/Main 1985.

Eliasson, G./Ryan, P.: The Human Factor in Economic and Technological Change. In: G. Eliasson/P. Ryan (Eds.): OECD Educational Monographs (No. 3). Paris 1985.

Gaugler, E.: The Price Waterhouse Cranfield Project on International Strategic Human Resource Management – Deutsche und internationale Ergebnisse 1991. Universität Mannheim.

Geißler, C.: Berufliche Qualifikation und struktureller / technischer Wandel in der Bundesrepublik Deutschland. In: P. Meyer-Dohm/H. G. Schütze (Hg): Technischer Wandel und Qualifizierung: Die neue Synthese (S. 89 ff.). Frankfurt, New York 1987.

Geißler, H.: Grundlagen des Organisationslernens. Weinheim 1994.

Geißler, H.: Wie Betriebe und Schulen (nicht) lernen. In: L. Beiler/A. Lumpe/L. Reetz (Hg.): Schlüsselqualifikation, Selbstorganisation; Lernorganisation. Hamburg 1994 a, S. 96–120.

Grabher, G.: Industrielle Innovation ohne institutionelle Innovation? In: WZB discussion papers, FS I 1989, 89–7.

Haase, P./Jaehrling, D.: Personalentwicklung. In: P. Eggers/H. E. Meixner (Hg.): Training (S. 113–168). Köln u. a. (o. A.).

Hertz, D. B.: The Expert Executive. New York 1985.

Kim, D. H.: The Link between Individual and Organizational Learning. In: Sloan Management Review, Fall 1993, p. 37–50.

Kleinhans, A. M.: Wissensverarbeitung im Management (Möglichkeiten und Grenzen wissensbasierter Managementunterstützungs-, Planungs- und Simulationssysteme). Frankfurt/M. 1989.

Klimecki; R./Probst, G./Eberl, P.: Systementwicklung als Managementproblem. In:

W.H. Staehle/J. Sydow (Hg.): Managementforschung 1. Berlin, New York 1991, S. 103–162.

Landsberg, G. v./Weiss, R.: Bildungscontrolling. Stuttgart 1992.

Leonard-Barton, D.: Das lernende Unternehmen II: Die Fabrik als Ort der Forschung. In: Harvard Business Manager 1, 16. Jg. 1994, S. 87–100.

Lullies, V./Bollinger, H./Weltz, F.: Wissenslogistik (Über den betrieblichen Umgang mit Wissen bei Entwicklungsvorhaben). Frankfurt/M. 1993.

Lutz, B.: Personalplanung in der gewerblichen Wirtschaft der Bundesrepublik (Bd.1). Frankfurt/M. 1977.

Lutz, B.: Betriebliche Personalplanung zwischen Unternehmensplanung und Personalpolitik (Bd. 2). Frankfurt/M. 1979.

Mentzel, W.: Personalentwicklung (Handbuch für Förderung und Weiterbildung der Mitarbeiter). Freiburg 1980.

Merk, R.: Weiterbildungs-Management. Neuwied 1992.

Meyer-Dohm, P.: Bildungsarbeit im lernenden Unternehmen. In: Meyer- Dohm/Tuchtfeld/Wesner (Hg.): Der Mensch im Unternehmen. Bern, Stuttgart 1988, S. 249 ff.

Meyer-Dohm, P./Schneider, P. (Hg.): Berufliche Bildung im lernenden Unternehmen (Neue Wege zur beruflichen Qualifizierung). Stuttgart, Dresden 1991.

Mintzberg, H.: Mintzberg on Management (Inside our Strange World of Organizations). New York, London 1989.

Naisbitt, J./Aburdene, P.: Megatrends des Arbeitsplatzes (Von Infrastrukturen zur Lebensqualität). Bayreuth 1985.

Neuberger, O.: Personalentwicklung. Stuttgart 1991.

Pautzke, G.: Die Evolution der organisatorischen Wissensbasis (Bausteine zu einer Theorie des organisatorischen Lernens). Herrsching 1989.

Pawlowsky, P.: Betriebliche Qualifikationsstrategien und organisationales Lernen. In: W. Staehle/P. Conrad (Hg.): Managementforschung. Bd. 2, Berlin 1992, S. 177–238.

Pawlowsky, P.: Wissensmanagement in der lernenden Organisation (unveröffentlichte Habilitationsschrift). Universität-Gesamthochschule Paderborn 1994.

Pawlowsky, P./Bäumer, J.: Funktionen und Wirkungen beruflicher Weiterbildung. In: B. Strümpel/M. Dierkes (Hg.): Innovation und Beharrung in der Arbeitspolitik. Stuttgart 1993, S. 69–120.

Pedler, M./Burgoyne, J./Boydell, T.: The Learning Company (A strategy for sustainable development). London, New York u. a. 1991.

Picot, A.: Der Produktionsfaktor Information in der Unternehmensführung. In: Information Management, 1/1990, S. 6–14.

Porter, M. E.: Nationale Wettbewerbsvorteile (Erfolgreich konkurrieren auf dem Weltmarkt). München 1991.

Reinhardt, R.: Das Modell Organisationaler Lernfähigkeit und die Gestaltung lernfähiger Organisationen. (Reihe V: Volks- und Betriebswirtschaft, Bd. 1425). Frankfurt/M., Bern u. a. 1993.

Risak, J.: Personalplanung, Organisation und Unternehmensplanung (Dokumentation einer Erhebung in Österreich). Wien 1978.

Sandelands, L. E./Stablein, R. E.: The Concept of Organization Mind. In: S. B. Bacharach (Ed.): Research in the Sociology of Organizations (A Research Annual Vol. 5, pp. 135–162). Greenwich, London. 1987.

Sattelberger, T. (Hg.): Die lernende Organisation (Konzepte für neue Qualität der Unternehmensentwicklung). Wiesbaden 1991.

Scholl, W.: Die Produktion von Wissen zur Bewältigung komplexer organisatorischer Situationen. In: R. Fisch/M. Boos (Hg.): Vom Umgang mit Komplexität in Organisationen (Konzepte – Fallbeispiele – Strategien, pp. 107–128). Konstanz 1990.

Scholl, W.: Evolutionäre Rationalität – Der Beitrag der Psychologie zu einer evolutionären Ökonomie (Typoskript nach einem Vortrag im Ausschuß für Evolutorische Ökonomie der Gesellschaft für Wirtschafts- und Sozialwissenschaften / Verein für Socialpolitik) Institut für Wirtschafts- und Sozialpsychologie, Universität Göttingen 1992.

Schroder, H. M./Driver, M. I./Streufert, S.: Menschliche Informationsverarbeitung Weinheim 1975.

Semlinger, K.: Vorausschauende Personalwirtschaft – betriebliche Verbreitung und infrastrukturelle Ausstattung. Mitteilungen aus der Arbeitsmarkt- und Berufsforschung, 3/1989, S. 336–347.

Senge, P.: The leader's new work: Building learning organizations. In: Sloan Management Review, Vol. 32, No. 1(1990), p. 7–23.

Shrivastava, P./Schneider, S.: Organizational Frames of Reference. In: Human Relations, Vol. 37, No. 10, 1984, p. 795–809.

Sims, H. P., Jr./Gioia, D. A. (Hg): The Thinking Organization (Dynamics of Organizational Social Cognition). San Francisco, London 1986.

Staehle, W.: Redundanz, Slack und lose Kopplung in Organisationen: Eine Verschwendung von Ressourcen? In W. Staehle/J. Sydow (Hg.): Managementforschung I. Berlin 1991, S. 313–345.

Staudt, E.: Defizitanalyse betrieblicher Weiterbildung. In: Schlaffke, W./Weiß: Tendenzen betrieblicher Weiterbildung. Köln 1990, S. 36–78.

Staudt, E.: »Die lernende Unternehmung«: Innovation zwischen Wunschvorstellung und Wirklichkeit. Berichte aus der angewandten Innovationsforschung, No. 112., 1993.

Staudt, E./Rehbein, M.: Innovation durch Qualifikation (Personalentwicklung und neue Technik). Frankfurter Zeitung / Blick durch die Wirtschaft 1988.

Streufert, S.: Zur Simulation komplexer Entscheidungen. In: R. Fisch/M. Boos (Hg.): Vom Umgang mit Komplexität in Organisationen (Konzepte – Fallbeispiele – Strategien). Konstanz 1990, S. 197–214.

Streufert, S./Pogash, R./Piasecki, M.: Simulation based assessment of mangerial competence: Reliability and Validity. Personnel Psychology, 41/1988, No. 3, S. 537–557.

Streufert, S./Streufert, S. C.: Behavior in the Complex Environment. New York, Toronto usw. 1978.

Streufert, S./Swezey, R. W.: Complexity, Managers, and Organizations. Orlando, San Diego usw 1986.

Sveiby, K. E./Riesling, A.: Kunskapsföretaget – Seklets viktigaste ledarskapsutmaning. Liber 1986.

Toffler, A.: Der Zukunftsschock. München, Zürich 1970.

Toffler, A.: Die Zukunftschance. München 1980.

Toffler, A.: Machtbeben (Wissen, Wohlstand und Macht im 21. Jahrhundert). Düsseldorf, Wien usw. 1990.

Wächter, H.: Praxis der Personalplanung. Wirthschaftsbriefe. Berlin, Herne 1974.

Weber, W.: Betrieblicher Wandel – Konsequenzen für die Bildungsarbeit. In: P. Meyer-Dohm/Schneider (Hg.): Berufliche Bildung im lernenden Unternehmen (Neue Wege zur beruflichen Qualifizierung). Stuttgart, Dresden 1991, S. 237–244.

Weick, K. E./Bougon, M. G.: Organizations as Cognitive Maps: Charting Ways to Sucess and Failure. In: Sims, H. P. Jr./Gioia, D. A.: The Thinking Organization (Dynamics of Organizational Social Cognition. San Francisco 1986, S. 102–135.

Weiß, R.: Betriebliche Weiterbildung 1992: Investitionen der Wirtschaft 36,5 Mrd. DM. Grundlagen der Weiterbildung, 4/1994, 177–179.

Wikström, S./Normann, R./Anell, B./Ekvall, G./Forslin, J./Skärvad, P.-H.: Kunskap och Värde (Företag som ett kunskapsprocessande och värdeskapande system). Stockholm 1992.

Wollnik, M.: Interpretative Ansätze in der Organisationstheorie. In: A. Kieser (Hg.): Organisationstheorien. Stuttgart usw. 1993, S. 277–296.

Wührer, G.: Strategien des Personalmanagements – Klassifikation und Analyse der Einflußgrößen. Krefeld 1985.

III. Autonome Schulen und Organisationslernen – Ideale und Realität

Rolf Dubs

---

1. Der zunehmende Zentralismus in der Führung von Schulen

Heute sind in der Führung von Schulen weltweit zentralistische Tendenzen zu beobachten (vgl. Bottery 1992): Immer mehr Aufgaben in der Gestaltung und Führung von Schulen werden von staatlichen Verwaltungsstellen wahrgenommen, und die Autonomie der Lehrkräfte wird beschränkt. Verantwortlich für diese Entwicklung sind wenigstens vier Ursachen. Zunächst gilt es einen Circulus Vitiosus zu beachten. Leider finden sich immer wieder ineffektive Schulen und Lehrkräfte, die ihren Auftrag minimalistisch erfüllen und sich in keiner Weise für Verbesserungen in ihrer Schule einsetzen. Unglücklicherweise prägen solche Schulen und Lehrkräfte nicht selten das Bild der Schule in der Öffentlichkeit, die in der Folge die Schulbehörden und die Administration immer wieder auffordert, konkrete Maßnahmen zu ergreifen. Meistens neigen Schulverwaltungen in dieser Situation dazu, nicht die schlechten Einzelfälle zielstrebig zu korrigieren, sondern sie erlassen generelle Weisungen, die auch gute Schulen und Lehrkräfte treffen, obschon sich für sie Maßnahmen erübrigten. Die Folge davon ist eine starke Demotivierung guter Schulen und Lehrkräfte, und sie lassen in ihrem Einsatz nach. Dadurch fühlt sich die Schulverwaltung in ihren Weisungen bestätigt und tendiert dazu, noch mehr zu intervenieren. In Zeiten knapper Staatsfinanzen verstärken sich die Eingriffe, weil die Behörden Budgetkürzungen nach ihren Prioritäten vornehmen und damit unmittelbar in das Geschehen der Schule eingreifen. Im weiteren trägt die Verrechtlichung der Schule zu Autonomieverlusten bei, weil juristisch alles nach dem Gleichheitsprinzip behandelt werden muß. Und weil immer mehr Entscheidungen von Schulen angefochten werden, wünschen viele Schulleitungen klare Rechtsnormen und andere Vorgaben, damit sie mit größerer Rechtssicherheit entscheiden können. Die Folge davon ist nicht nur ein vermehrter Zentralismus, sondern auch eine zunehmende Zahl von zum Teil sinnlosen – aber juristisch der Gleichheit entsprechenden – Entscheiden. Schließlich tragen auch viele Bestrebungen um die Vereinheitlichung im Bildungswesen (vor allem im Zusammenhang mit dem Berechtigungswesen) in ungewollter Weise zum Zentralismus bei.

Entgegen dem Trend eignet sich aber die zentrale Führung der Schulen angesichts des raschen gesellschaftlichen Wandels immer weniger. Zunächst verändert sich die Lebenswelt der Jugendlichen. Sie bringen mehr »Lebenserfahrungen« aus ihrem Erfahrungsbereich in der Konsum- und Freizeitgesellschaft mit. Darauf muß die Schule vor allem im Lehrplanbereich immer schneller reagieren können. Andernfalls ergeben sich zunehmend mehr Motivationsprobleme im Unterricht. Zweitens belastet die abnehmende Erziehungskraft der Eltern die Schule. Die Folge davon ist eine laufend größere Werteunsicherheit und Heimatlosigkeit vieler Kinder. Darauf muß die Schule reagieren, indem sie ihnen über ein gutes Schulklima mit konsistenten Verhaltensmustern der Lehrkräfte mehr innere Sicherheit und Geborgenheit gibt. Drittens verändern sich angesichts des raschen Fortschrittes in den Wissenschaften die inhaltlichen Ansprüche an den Unterricht fortwährend, so daß sich Innovationen in der Lehrplan- und Unterrichtsgestaltung immer rascher aufdrängen. Alle diese Veränderungen erfordern rasche und unbürokratische Entscheidungen im schulischen Alltag, die nicht mehr zentral, sondern nahe am alltäglichen Geschehen in überlegter, aber unbürokratischer Weise zu treffen sind. Die Entwicklung im Alltag der Schulen erfordert also dezentrale Entscheidungen und damit mehr Autonomie für die einzelne Schule. Diese Forderung wird noch bedeutsamer, wenn man den Wandel in den Vorstellungen und den Erwartungen der einzelnen Lehrpersonen betrachtet. Die heutige Lehrerpersönlichkeit, die über die erzieherische und unterrichtliche Fachkompetenz verfügt, will diese Kompetenzen in eigener Verantwortung zum Wohle der Jugend einsetzen. Viele zentralistische Entscheide von Schulbehörden mögen zwar gut gemeint sein. Sie sind aber in der erzieherischen Wirklichkeit nicht situationsgerecht und engen deshalb aus der Sicht der Lehrkräfte viele ihrer oft kurzfristig notwendigen Einwirkungsmöglichkeiten ein. Dies führt immer häufiger zu Frustrationen und zum Verlust der Berufsfreude. Sicher mögen einzelne Lehrkräfte mit ihrem Drang nach Individualität und großen Entscheidungsfreiheiten übertreiben. Ob zu Recht, bleibe dahingestellt. Entscheidend ist jedoch, daß immer mehr Lehrkräfte unter gewissen zentralistischen Tendenzen leiden. Und dies gereicht der Schule ganz unabhängig davon zum Nachteil, ob diese Autonomieansprüche auch wirklich in jedem Fall gerechtfertigt sind. Deshalb ist es zwingend, sich in differenzierter Weise mit der Schulautonomie auseinanderzusetzen.

2. Wissenschaftliche Erkenntnisse zur Schulautonomie

Seit etwa zwei Jahren steht die Forderung nach vermehrter Schulautonomie im Mittelpunkt der Schulorganisations-Diskussion. Ursächlich dafür ist einerseits die Beobachtung, daß eine zentralistisch geführte Schule an Individualität verliert und nicht genügend rasch auf den Wandel reagiert.

Andererseits wünschen viele Lehrpersonen mehr Gestaltungsfreiheit, von der sie eine größere Ausstrahlung des gesamten schulischen Geschehens erwarten.

Gegenwärtig wird indessen so häufig von Autonomie gesprochen, daß man sich fragen muß, ob nicht wieder einmal eine Modeerscheinung die pädagogische Diskussion prägt und vor allem viel darüber geschrieben und argumentiert wird, weil es alle tun und an der Schule Interessierte nicht abseits dieser Diskussion stehen wollen oder dürfen. Verfolgt man die zu dieser Thematik schon längere Zeit vorliegende wissenschaftliche Literatur (etwa mit Brookover et al. 1979 beginnend), so läßt sich erkennen, daß die Forderung nach Schulautonomie insbesondere aus der Forschung über die Schulqualität und Schuleffektivität abgeleitet wird. Sie befaßt sich mit der Frage, durch welche Merkmale sich Schulen mit einer hohen Qualität und Effektivität (Ausmaß der Zielerreichung) auszeichnen. Beim heute recht gefestigten Erkenntnisstand lassen sich die folgenden Kriterien ableiten (zusammenfassend beispielsweise Aurin 1991, Lenz 1991):

- Effektive Schulen verfügen über ein hohes Schulethos. Ihre Lehrerschaft erarbeitet einen Grundkonsens in den Erziehungszielen und in den Vorstellungen über die Persönlichkeits- und Charaktererziehung.
- Sie bemühen sich um eine schulhauseigene Schulkultur, indem sie dem Schul- und Lernklima, der Unterrichtsatmosphäre sowie der Arbeits- und Lernzufriedenheit aller an der Schule Beteiligten viel Aufmerksamkeit schenken.
- Die Lehrerschaft hat den Lernenden gegenüber hohe Leistungserwartungen und bringt dies unmißverständlich zum Ausdruck, indem sie klare Forderungen stellt, die Schülerschaft beim Lernen stark unterstützt und gutes Feedback gibt.
- In effektiven Schulen wird Wert auf eine vernünftig begründete Ordnung und ein gutes Betragen gelegt.
- In effektiven Schulen interessiert sich die Schulleitung für pädagogische Neuerungen, unterstützt die Lehrkräfte bei deren Einführung und schafft günstige Voraussetzungen für Innovationsprozesse.
- Effektive Schulen zeichnen sich durch eine zielgerichtete, offene Mitwirkung der Lehrkräfte in wichtigen Entscheidungsprozessen (siehe später Abbildung 1) und durch eine gute Zusammenarbeit innerhalb der Lehrerschaft sowie mit den Eltern aus.
- Sie überprüfen ihre selbstgesetzten erzieherischen und unterrichtlichen Ziele durch eine Selbstevaluation.

Im Zusammenhang mit der Autonomie sind nun insbesondere das hohe Schulethos und die gute Schulkultur von Bedeutung. Sie können nicht zentral verordnet werden, sondern sie sind innerhalb jeder einzelnen Schule in gemeinsamer Arbeit von Schulleitung und Lehrerschaft zu entwickeln und zu pflegen. Dort, wo diese schulhauseigenen Entwicklungsprozesse gelingen, erhöhen sich die Schulqualität und Effektivität.

Diese grundsätzlichen Erkenntnisse rechtfertigen wohl die Forderung nach einer starken Schulautonomie. Wissenschaftlich noch nicht mit genügender Sicherheit geklärt ist indessen die Frage, wie diese Schulautonomie konkret auszugestalten ist. Vorläufig muß man sich zu deren Klärung noch stark auf Erfahrungen und Forschungsergebnisse aus dem Schulmanagement stützen (vgl. Dubs 1994). Besonders wichtig dabei ist die Definition der verschiedenen Formen von Schulautonomie.

3. Die Formen der Schulautonomie und deren Beurteilung

3.1 Formen

Der Grad der Schulautonomie kann unterschiedlich ausgeprägt sein:
(1) Sie dient der Vereinfachung der Schulverwaltung und der Förderung der Schulentwicklung, wenn bestimmte Entscheidungskompetenzen von den höheren Schulbehörden und höheren Schulverwaltungsinstanzen auf untere Instanzen, an einzelne Schulen oder gar an die Lehrkräfte delegiert werden. Da es in diesem Fall nur zu einer Neuverteilung von Aufgaben, Kompetenzen und Verantwortung kommt, erhält die Schule eine Teilautonomie, weil gewisse Aufgaben, Kompetenzen und Verantwortungen weiterhin außerhalb der einzelnen Schule mit ihren Lehrkräften liegen.
(2) Sie dient der Demokratisierung der einzelnen Schule, indem viele Aufgaben, Kompetenzen und Verantwortungen grundsätzlich auf lokale Schulbehörden sowie die einzelnen Schulen mit ihren Lehrkräften verlagert werden, damit unmittelbar am Ort des Geschehens entschieden werden kann. Die Aufgaben- und Kompetenzverteilung zwischen lokalen Behörden und Schulen wird in jeder Schulverwaltungseinheit (Bezirk, Gemeinde) individuell ausgehandelt, so daß die Schulen eine erweiterte Teilautonomie erhalten.
(3) Sie dient der Herbeiführung eines freien Wettbewerbes unter Schulen, indem die einzelnen Schulen mit ihren Lehrkräften im Rahmen minimaler Rahmenvorgaben höherer Schulbehörden umfassende Aufgaben, Kompetenzen und Verantwortungen erhalten und sich im freien Wettbewerb bewähren müssen, um zu überleben. In diesem Fall wird eine umfassende Schulautonomie verliehen.
Diese umfassende Schulautonomie kann in zwei Formen ausgestaltet sein:
a) als staatliche Schule, wobei die Finanzierung weiterhin durch den Staat erfolgt, die Eltern aber Schulwahlfreiheit haben, so daß eine Schule ihre Wettbewerbsfähigkeit verliert und aufgehoben wird, wenn sie infolge schlechter pädagogischer Leistungen keine Schülerinnen und Schüler mehr erhält (Charter- School).

b) als private Schule, die sich aus Bildungsgutscheinen finanziert, die den Eltern vom Staat zur Verfügung gestellt werden und von diesen für ihre Kinder an der frei gewählten Schule an Zahlung gegeben werden. In diesem Wettbewerb überleben nur die guten Schulen, denn nur sie erhalten die zu ihrer Entwicklung benötigten und beim Staat einlösbaren Bildungsgutscheine, aus denen die Lehrerlöhne, die Investitionen und die Betriebskosten finanziert werden.

Mit diesen drei unterschiedlichen Gestaltungsformen der Schulautonomie werden die gleichen Ziele angestrebt:

- Je mehr Aufgaben, Kompetenzen und Verantwortungen an die einzelnen Schulen und ihre Lehrkräfte delegiert werden, desto rascher können flexible und für die einzelne Schule situationsgerechte Entscheidungen getroffen werden.
- Je stärker die einzelnen Lehrkräfte in diese Entscheidungsprozesse aktiv eingebunden werden, desto stärker verpflichten sie sich in den Entwicklungsprozessen ihrer Schule, weil sie wissen, daß sie für die Konsequenzen ihrer Entscheidungen selbst verantwortlich sind.
- Je größer diese persönlichen Entscheidungsrechte sind, desto wahrscheinlicher ist es, daß im offenen Dialog und in selbstgesteuerten, gemeinsamen Lernprozessen zweckmäßige Schulverbesserungen entwickelt werden, was die Schulqualität und die Effektivität der einzelnen Schule erhöht.

Nun gilt es allerdings zwei schwierige Problemkreise, die bis heute noch nicht genügend geklärt sind, weiter zu diskutieren:

- Welche Autonomie (Aufgaben, Kompetenzen, Verantwortungen oder auch Entscheidungsspielräume) braucht jede Schule, damit sie den ihr gesetzlich vorgegebenen Erziehungs- und Bildungsauftrag besser erfüllt als in einem zentralistisch orientierten Bildungssystem?
- Welche Veränderungen sind in der Schulführung, im Verhalten der Lehrpersonen und im Pflichtenheft der Schulbehörden und -verwaltung notwendig, damit autonome Schulen funktionstüchtig und effektiv sind?

3.2 Die Probleme der umfassenden Schulautonomie

Leider ist es noch zu früh, aus ersten Erfahrungen, vor allem in den Vereinigten Staaten, verbindliche Aussagen über eine umfassende Schulautonomie zu machen, so daß hier eine Gegenüberstellung von Argumenten zugunsten und gegen eine wettbewerbsorientierte Schule genügen muß.

- Die freie Schulwahl führt zu einem Wettbewerb unter Schulen, der innovationsfördernd ist. Damit wird aus einer statischen eine dynamische Schule, die den Ansprüchen der modernen Welt gerechter wird. Diese Dynamik ist aber auch kritisch zu hinterfragen. Viele Innovationen in der Schule entpuppen sich bald einmal als wirkungslos. Deshalb kann es sein, daß eine Schule mit einer innovativen Modeerscheinung, die Eltern und Lehrkräfte im Interesse einer besseren Wettbewerbsstellung verwirklichen, in die Irre läuft und damit der jungen Generation bleibenden Schaden zufügt. Man stelle sich vor, wieviele Eltern in den siebziger Jahren antiautoritäre Schulen gewünscht hätten, und was dabei langfristig herausgekommen wäre. Zu viel Innovationen durch den Wettbewerb können auch gefährlich werden.

- Die freie Schulwahl fördert die Diversität der schulischen Bildung. Aus individualistischer Sicht ist Diversität sicher erwünscht. Umgekehrt trägt aber zu viel Diversität zu Schwierigkeiten in der Curriculumgestaltung auf höheren Schulstufen bei. Bereits heute wird beispielsweise der Anfängerunterricht auf der Hochschulstufe trotz Eidgenössischer Maturitäts-Anerkennungsverordnung immer schwieriger, weil die Eingangsvoraussetzungen in der Schweiz zunehmend unterschiedlicher werden.

- Bei freier Schulwahl können die Eltern die Schule ihrer Werte auswählen (liberale Schule, konfessionelle Schule, neutrale Schule usw.). Gerade in einer Zeit der Werteunsicherheit ist es für Eltern, die eine bestimmte Wertorientierung haben, wichtig, daß ihre Kinder in ihrem Sinn erzogen werden und nicht einer werterelativierenden Erziehung der staatlichen Schule ausgesetzt sind. Wie weit dies erwünscht ist, bleibt bestritten. Es ließe sich ebenso gut zugunsten einer neutralen Schule argumentieren, in der die Lernenden verschiedener Werthaltungen miteinander zusammenzuleben lernen, damit sich ein Abbau der sich abzeichnenden Polarisierungstendenzen in unserer Gesellschaft erreichen ließe.

- Bei freier Schulwahl verpflichten und interessieren sich die Eltern stärker für eine echte Partnerschaft mit ihrer Schule, weil sie sich durch ihren Schulentscheid mit der Schule unmittelbarer verbunden fühlen. Und diese Zusammenarbeit zwischen Eltern und Schule wirkt sich auf die ganze Schulentwicklung positiv aus. Allerdings darf nicht übersehen werden, daß sich bei der freien Schulwahl schichtenspezifische Unterschiede verstärken könnten, indem die Partnerschaft hauptsächlich von Eltern oberer Schichten getragen ist und Unterschichteltern im Dialog in der Schule mangels Erfahrung und Status benachteiligt sind. Deshalb ziehen sie sich zurück oder entscheiden sich eher zugunsten einer Schule mit mehr Unterschichtkindern, was die schichtenspezifischen Unterschiede verstärkt.

- Der Wettbewerb, der bei freier Schulwahl zum Spielen kommt, sorgt für eine automatische und sehr wirksame Qualitätskontrolle in der Schule, weil eine schlechte Schule bald keine Lernenden mehr hat. Ob dieser Mechanismus wirklich spielt, ist umstritten. Es ist nämlich nicht sicher, ob sich die Eltern bei der Schulwahl von zukunftsträchtigen oder momentan im Trend liegenden Entscheidungskriterien leiten lassen. Deshalb ist nicht sicher, ob Schulen mit vielen Schüler(innen) wirklich auch die guten Schulen sind.

- Bei freier Schulwahl können Schulen mit vielen Schülern ihre Lehrkräfte besser bezahlen. Deshalb sind gute Schulen für gute Lehrkräfte attraktiv, was deren Qualität verbessert. Selbst wenn man der Überzeugung ist, daß zwischen Lehrerlohn und Lehrerleistung ein gewisser Zusammenhang besteht, dürfen die Gefahren dieses Mechanismus nicht übersehen werden. Lehrkräfte könnten nämlich ihr ganzes Denken und Handeln nur noch auf eine große Zahl von Schülerinnen und Schülern ausrichten und immer das tun, was Eltern gerade als gut beurteilen. Eine allein auf die Interessen der Eltern ausgerichtete Schule kann aber gefährlich werden, denn nicht alles, was von Eltern gewünscht wird, liegt langfristig immer im Interesse der Kinder.
- Wenn sich Eltern frei für die Schule ihrer Kinder entscheiden können, sind sie bereit, für diese Schule zusätzliche Leistungen zu erbringen. Ein solches Sponsoring ermöglicht der Schule Dinge, die in der herkömmlichen Schule nicht verwirklicht werden können. Allerdings kann das Sponsoring auch zu Abhängigkeiten führen.
- Die freie Schulwahl setzt eine große Autonomie für Schulen voraus und vermindert die Bedeutung der Schuladministration mit ihren vereinheitlichenden, zentralistischen Tendenzen. Mehr Autonomie der einzelnen Schulen verbilligt deshalb nicht nur die Schuladministration, sondern sie ermöglicht raschere schulindividuelle Anpassungen und erhöht die Zufriedenheit der Lehrkräfte. Dies wird aber auch bestritten, indem auf die mangelnde Bereitschaft vieler Lehrkräfte, den Autonomiebereich wirklich auszunützen (dies verlangt viel persönlichen Einsatz), verwiesen wird.

Diese Gegenüberstellung verweist auf die Vielschichtigkeit der Probleme in einer wettbewerbsorientierten Schule mit umfassender Teilautonomie. Erste amerikanische Erfahrungen zeigen zudem, daß alltägliche Probleme es schwierig machen, diese umfassende Autonomie zu verwirklichen. So läßt sich beobachten, wie viele Eltern sich selbst mit guter Information bei der Schulwahl überfordert fühlen, weil sie nicht sicher sind, was für ihr Kind das Richtige ist. An vielen Orten mit freier Schulwahl wurde auch festgestellt, daß nicht die Lehrkräfte für die Schulwahl entscheidend sind, sondern positiv empfundene Aspekte des Lehrplanes, die außerschulische Betreuung oder die Sportmöglichkeiten. Als hemmend haben sich die Transportprobleme erwiesen. Sobald diese zu groß werden, entscheiden sich die Eltern doch für die nächstgelegene Schule. In Kalifornien liegen erste Ergebnisse im Lernerfolg von umfassend autonomen Schulen und zentral geleiteten Staatsschulen vor, die bisher keine signifikanten Unterschiede nachweisen. In Detroit hingegen haben schwarze Charter-Schools, die ihren Lehrplan stark auf einen leistungsorientierten Mathematik- und naturwissenschaftlichen Unterricht legen, im ersten Versuchsjahr signifikant bessere Leistungs- und Schulqualitätsergebnisse als staatliche Schulen (Erkenntnisse aus eigenen Besuchen).

Diese Aufzählung zeigt, daß noch zu viele Probleme ungeklärt sind. Deshalb ist es zu früh, einen umfassenden Systemwechsel zu empfehlen.

3.3 Der Umfang der Autonomie einer Schule

Abbildung 1 zeigt die Elemente einer umfassenden Autonomie einer Schule. Sie besteht aus (1) der Finanzautonomie, die die Personalautonomie (Recht der Anstellung und Entlassung von Lehrkräften und weiterem Schulpersonal sowie der Festsetzung der Gehaltsordnung) und die Investitions- und Betriebsautonomie (Entscheid über die Investitionen und die Betriebskosten) umfaßt, (2) der Organisationsautonomie (Recht, die Schule nach den Vorstellungen der Lehrerschaft zu organisieren) sowie (3) der Lehrplanautonomie (Recht, den Lehrplan und alle damit zusammenhängenden Fragen wie Zulassung und Abschlüsse).

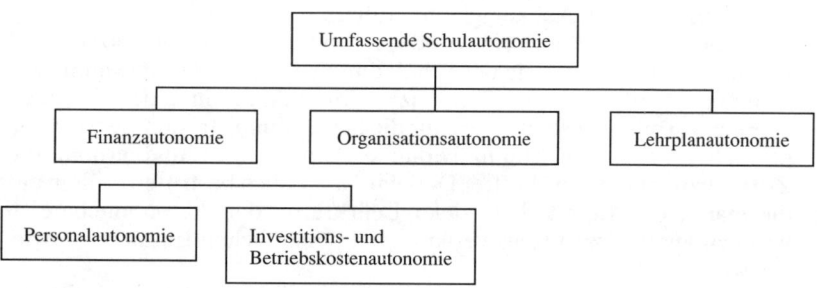

Abb. 1: Umfassende Schulautonomie

Zu überprüfen ist nun, wie weit die Delegation in diesen Autonomiebereichen sinnvollerweise gehen kann.

Eine umfassende Finanzautonomie ist nur in einem System des freien Wettbewerbs unter Schulen mit staatlichen Bildungsgutscheinen oder (sozial ungerechteren) Schulgeldern, die von den Eltern bezahlt werden, möglich. Sobald die staatliche Hoheit der Schule aufrecht erhalten wird, kommt es zu Einschränkungen der Finanzhoheit, weil der Staat mindestens die finanziellen Rahmenbedingungen festlegt. Dazu gäbe es verschiedene Möglichkeiten. Am weitestgehend wäre die Finanzautonomie, wenn der Staat jeder Schule beispielsweise anhand der Schülerzahlen die jährliche Budgetsumme zur Verfügung stellte, über die von der Schule völlig frei verfügt würde, sie also die erhaltenen Mittel auf die Löhne, Investitionen und Betriebskosten verteilt. Ob dies sinnvoll ist, bleibt fraglich. Einerseits bestünde die Gefahr, daß die Investitionen und Betriebskosten im Interesse der Löhne tief gehalten würden, was langfristig gefährlich ist. Und andererseits ist zu bezweifeln, ob solche »künstlichen« Lohnunterschiede zwischen Schulen für die Schulqualität förderlich wären. Denkbar ist auch, daß die Personalautonomie dazu verwendet würde, Lehrkräfte abzubauen, um die dadurch gewonnenen Mittel anders einzusetzen. Dies könnte durch die Erhöhung der Pflichtstundenzahl oder die Vergrößerung der Klassenbestände erfolgen. Wer entschiede aber über die zu entlassenden Lehrkräfte? Gerade in diesem Bereich könnten demokratische Mehrheitsentscheidungen in Lehrerkonventen zu Ungerechtigkeiten führen. Zudem führte diese Personalautonomie zu Verunsicherungen im Lehrkörper, die für die Lehrerschaft alles andere als förderlich wären. Schon diese wenigen Überlegungen zeigen, daß die Finanzautonomie für nicht völlig privatisierte Schulen wenig sinnvoll wäre. Auszunehmen davon ist die Investitions- und Betriebskostenautonomie. Sie brächte den Schulen Entfaltungsmöglichkeiten. Zu verbreitet ist die Ausrede vieler Lehrkräfte, Schulinnovationen ließen sich nicht verwirklichen, weil sie nicht über die Mittel verfügen.

Die Investitions- und Budgetautonomie ermöglichte es Schulen, im Rahmen ihrer Lehrplanentwicklung und der Innovationsfähigkeit Mittel zielgerichteter einzusetzen, als wenn eine dem Schulalltag ferner stehende Behörde schematisch einzelne Budgetpositionen plant und darüber entscheidet.

Auch eine umfassende Lehrplanautonomie hat ihre Tücken. In den letzten Jahren zeichnen sich die Erziehungswissenschaften durch eine Fülle von neuen Erziehungs- und Schulansätzen aus, die nicht selten in überspitzter Form einem Zeitgeist entsprechen, der rasch wieder überholt ist. Bei weitem nicht alle diese Ansätze sind auch pädagogisch sinnvoll. Trotzdem ist damit zu rechnen, daß bei einer umfassenden Lehrplanautonomie viele solche Ansätze in den autonomen Schulen Eingang fänden. Selbstverständlich verschwänden sie nach einigen Jahren wieder.

Trotzdem wären aber jeweils einige Jahrgänge falsch ausgebildet, was diesen Menschen gegenüber unverantwortlich wäre. Aus dieser Sicht ist es nicht nur von Nachteil, wenn staatliche Lehrplananpassungen manchmal etwas langsamer ablaufen. Selbst wenn man davon ausginge, daß alle Schulen nur gute Lehrplanneuerungen einführten, besteht bei der heutigen Pluralität der gesellschaftlichen und pädagogischen Anschauungen die Gefahr eines großen Auseinanderklaffens der geforderten Lernleistungen. Dies führte zu Schwierigkeiten im Übergang zu höheren Schulstufen und in der Gestaltung von Abschlußdiplomen aller Art. Die für die Sicherheit in einem Bildungssystem notwendigen Vergleichbarkeiten gingen verloren. Umgekehrt sind jedoch staatliche Lehrpläne zu starr, und sie schaffen häufig keine guten Voraussetzungen für die Eigeninitiative der Lehrkräfte. Deshalb ist es im Interesse der Schulqualität und der rascheren Anpassung des Unterrichtes an veränderte Verhältnisse nötig, die Lehrplanautonomie zu erhöhen. Sinnvoll ist die Vorgabe von staatlichen Minimallehrplänen, die so viel vorgeben, daß die Übergänge von einer Schulstufe zur anderen problemlos gestaltet werden können und eine minimale Vergleichbarkeit der einzelnen Schulen sichergestellt ist. Welcher Teil der gesamten Lektionenzahl vom Minimallehrplan zu beanspruchen ist, hängt von der gesamthaft zur Verfügung stehenden Unterrichtszeit ab: Je höher sie ist, desto mehr Freiraum kann zur Verfügung gestellt werden. Ganz in den Autonomieraum der Schulen müssen die Organisation des Lehrplanes, die methodische Gestaltung des Unterrichtes sowie die Verfahren der Schülerbeurteilung (mit Ausnahme von allfälligen Übertrittsprüfungen) fallen. Schließlich ist der Schule Organisationsautonomie zu gewähren, indem sie im Rahmen des Budgets selbst bestimmen kann, wie sie sich organisieren will. Vermutlich gäbe es Schulen, die eine traditionellere Organisation mit einer starken Schulleitung vorsehen, weil ihre Lehrkräfte die Mühen der Selbstorganisation scheuen, während andere die Chancen zu einer Neuorganisation mit umfassender Mitbestimmung in der Schulgestaltung wahrnehmen möchten. Diese Freiheit muß den Schulen gewährt werden, denn jede Schule gegen ihren Willen zu neuen, freieren Organisationsformen zu zwingen, wäre in sich ein Widerspruch in der Autonomiebewegung (vgl. Blankertz 1994). Um dem Einwand von Schulbehörden, diese Selbstorganisation führe ins Chaos, zu begegnen, müßte jede Schule ein Führungshandbuch entwickeln (vgl. Dubs 1994), in welchem neben anderem die Organisationsgrundsätze enthalten sind.

3.4 Die Teilautonomie der Schule als Lösung

Alle diese Überlegungen führen mich zum Schluß, für eine Teilautonomie der Schule, wie sie in Abbildung 2 zum Ausdruck gebracht wird, einzutreten.

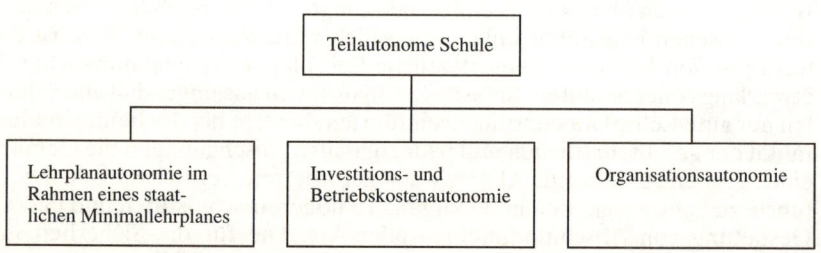

Abb. 2: Die teilautonome Schule

Damit ist die erste der im Abschnitt 3.1. aufgeworfenen Fragen nach den an die einzelnen Schulen übertragenen Entscheidungsspielräumen im Rahmen der Autonomie beantwortet. Die Schulen haben:

- Lehrplanautonomie, indem sie im Rahmen eines staatlichen Minimallehrplanes ihren Lehrplan und Unterricht frei von organisatorischen und methodischen Vorgaben, Vorschriften über die Schülerbeurteilung und über die Vorgaben des Minimallehrplanes hinaus inhaltlich nach eigenen Vorstellungen gestalten können.

- Investitions- und Betriebskostenautonomie, d. h. sie verfügen frei über die ihnen vom Staat zur Verfügung gestellte Budgetsumme für Investitionen und Betriebskosten.
- Organisationsautonomie, indem sie ihre Schulorganisation nach eigenen Vorstellungen gestalten und sie in einem Führungshandbuch transparent machen.

Eine teilautonome Schule mit bloßer Lehrplanautonomie wäre unzweckmäßig, weil gewisse Reformvorhaben auch Investitionen und/oder Betriebskosten bringen. Deshalb muß verhindert werden, daß Schulerneuerungen – sei es aus ernsthaften Gründen oder als bloßer Vorwand seitens der Lehrerschaft – aus finanziellen Gründen nicht verwirklicht werden können. Wahrscheinlich werden mit der Delegation dieser Finanzkompetenz die Mittel gezielter für Lehrplanerneuerungen eingesetzt. Mit der Organisationsautonomie erhalten die Schulen mehr Flexibilität, indem sie die Formen der Zusammenarbeit in Konferenzen und anderen Schuleinrichtungen nicht mehr auf staatliche Vorschriften ausrichten müssen, sondern sie lassen sich in einer den Lehrkräften gemäßen Form ausgestalten. Man denke beispielsweise an die vielen »Leerläufe« in gesetzlich verordneten Lehrerkonferenzen mit ausschließlichen Routinegeschäften (wie Genehmigung von Berichten zuhänden der Oberbehörde). Obschon der wissenschaftliche Beweis für die Effektivität und Qualität teilautonomer Schulen im definierten Sinn noch aussteht, darf aber aufgrund der einleitend angeführten Merkmale erfolgreicher Schulen angenommen werden, daß sich ein gutes Schulethos und eine eigene Schulkultur in teilautonomen Schulen besser verwirklichen lassen als in zentral geführten Schulen mit einer großen Bürokratie. Da diese Voraussetzungen für den Schulerfolg nachweislich bedeutsam sind, läßt sich die teilautonome Schule auch wissenschaftlich vertreten.

4. Die Auswirkungen der Teilautonomie auf die Schule mit ihrer Lehrerschaft

4.1 Vorsicht mit Utopien

Die teilautonome Schule zeichnet sich durch bedeutend größere Entscheidungsspielräume ihrer Lehrerschaft aus. Die Erwartung ist dabei, daß sich die Lehrpersonen persönlich vermehrt um die Entwicklung ihrer Schule bemühen. Neuerdings wird die Idee der autonomen Schule systematisch mit dem organisatorischen Lernen (vgl. Senge 1990, Sattelberger 1991 u. v. a.) verknüpft: Nicht mehr der Führungsprozeß durch die Schulleitung, sondern das gemeinsame Lernen aller Lehrpersonen anhand der Probleme der Schule mit dem Ziel, eine gemeinsame Lösung zu finden, steht im Mittelpunkt der Entwicklungsarbeit in der Schule. Heute gibt es bereits Leute, die glauben, organisatorisches Lernen machte letztlich eine Schulleitung im herkömmlichen Sinn überflüssig. Mit anderen Worten beginnt man zu glauben, das Ideal der basisdemokratischen Schule sei gefunden, weil die Führung durch das organisatorische Lernen aller ersetzt werden könne. Für den differenzierten Beobachter ergeben sich aber einige Fragen:

- Bleibt die Effektivität in der Führung und Zusammenarbeit einer Schule gesichert, wenn diese Basisdemokratisierung zu weit getrieben wird?
- Sind die Lehrkräfte willens, für diese Entwicklungsarbeit der Schule die notwendige Zeit zusätzlich zu ihrem Unterrichtspensum zu investieren?
- Besteht nicht die Gefahr, daß die basisdemokratischen Entscheidungen nur zu Machtverlagerungen führen, indem statt der Schulbehörden eine Mehrheit im Lehrerkonvent über eine machtlose Minderheit entscheidet? Man denke etwa an »demokratische« Entscheidungen in Lehrerkonventen über Lehrplanfragen, in denen sich jene Fachgruppen durchsetzen, die am meisten Lehrkräfte haben oder mit verwandten Fachgruppen gute Koalitionen bilden?
- Sind innerschulische Entscheidungen immer besser als Entscheidungen der Schulbehörden?

4.2 Grundprobleme der Demokratisierung (umfassende Mitbestimmungsrechte der Lehrerschaft) bei der Führung einer Schule

Die Wichtigkeit der Mitwirkungsrechte der Lehrerschaft bei der Entwicklung ihrer Schule (Schulethos, Schulkultur, Lehrplan, Schulleben) ist heute kaum mehr bestritten. Alles andere als klar ist hingegen in der öffentlichen Diskussion, wie diese Mitbestimmungs- und Mitwirkungsrechte im Verhältnis Schulleitung – Lehrerschaft konkret auszugestalten sind, damit einerseits günstige Voraussetzungen für die Entwicklung der Schulqualität und – effektivität geschaffen werden, und andererseits die Lehrerschaft nicht durch unendliche Diskurse und große Zusatzbelastungen demotiviert und überfordert wird. Heute besteht nämlich die Gefahr, daß die Schulautonomie-Bestrebungen zu sehr nur unter dem Gesichtspunkt der Demokratisierung der Entscheidungsfindung gesehen werden (beispielsweise Rolff 1993) und zu wenig sorgfältig zwischen einer in gewissen Bereichen sehr bedeutsamen Selbstorganisation (die Schule als lernendes System) und der notwendigen Führung der Schule durch die Schulleitung unterschieden wird. Eine zu wenig sorgfältige Unterscheidung dieser zwei Aspekte könnte die Autonomie-Bewegung rasch zur wohlgemeinten Illusion verkommen lassen.

Einen interessanten Ansatz zur besseren Differenzierung in diesem Spannungsfeld legen Hoy/Miskel (1991) vor (siehe Abbildung 3). Jedes Problem einer Schule fällt für Lehrkräfte in eine von drei Zonen, die durch die Relevanz für die Lehrkräfte (Ausmaß ihrer persönlichen Betroffenheit) und durch ihre Kompetenz, etwas zur Lösung des Problems beizutragen, charakterisiert sind: In der Zone der Sensibilität liegen die Probleme, die die Lehrerschaft betroffen machen und zu deren Lösung sie etwas beitragen kann. In der Zone der Akzeptanz finden sich die Probleme, die die Lehrkräfte nicht interessieren und zu deren Lösung sie nichts beitragen können. Dazwischen liegt eine Grauzone, die für die Lehrerschaft begrenzt bedeutsam ist. Diese drei Zonen führen zu vier Entscheidungssituationen mit ganz unterschiedlichen Mitbestimmungs- und Mitwirkungsbedürfnissen, die eine unterschiedliche Ordnung der Entscheidungskompetenzen rechtfertigen. Alle Probleme, die in die Zone der Sensibilität fallen, erfordern eine intensive Mitwirkung der Lehrkräfte. Andernfalls werden sie unzufrieden, wodurch die Schule an Effektivität und Qualität verliert. Umgekehrt sind sie dankbar, wenn sie sich mit Problemen, die in der Zone der Akzeptanz liegen, nicht beschäftigen müssen, und diese von der Schulleitung allein zweckmäßig bearbeitet und mittels sinnvoller Entscheidungen gelöst werden.

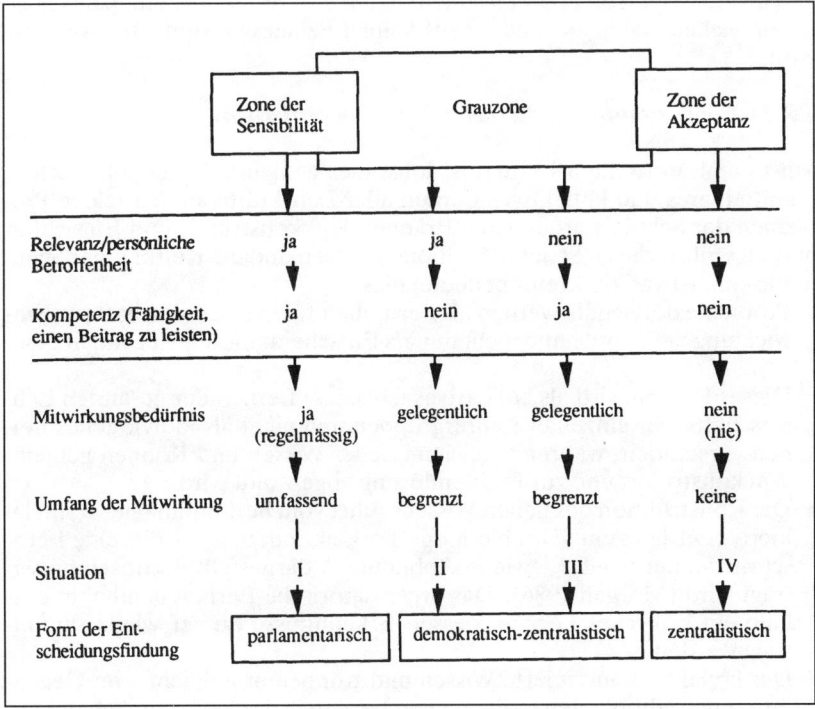

Abb. 3: Entscheidungsfindung in einer Schule

Dies bedeutet doch nun nichts anderes, als daß es wenig Sinn hat, ein Führungskonzept für autonome Schulen zu entwerfen, in welchem alles im Diskurs entwickelt und demokratisch entscheiden wird. Wichtig ist die Mitwirkung und Mitentscheidung nur bei den Problemen in der Zone der Sensibilität und einigen in der Grauzone, während alle Probleme in der Zone der Akzeptanz weiterhin von der Schulleitung entschieden und bearbeitet werden.

Daraus ergibt sich eine wichtige Folgerung: Die mit der Autonomiedebatte verbundenen Demokratisierungswünsche können nicht absolut sein. Es wird immer Bereiche geben, die die Schulleitung nach herkömmlichen Führungsgrundsätzen besser und rascher entscheidet. Diese Feststellung ist nicht zuletzt deshalb bedeutsam, weil vor allem politische Schulbehörden befürchten, die Autonomie könnte einen Demokratisierungsprozeß der Schule einleiten, der zur Ziellosigkeit und administrativen Unführbarkeit der Schule führen könnte.

Deshalb ist im Zusammenhang mit der Autonomie auch zu klären, wieviel Autonomie die Lehrkräfte der Schule als Kollektiv in der Lehrerkonferenz und als Einzelperson erhalten sollen, damit sich die Schule einerseits positiv entwickelt, sie aber andererseits keinen Fehlentwicklungen ausgesetzt wird.

4.3 Das organisatorische Lernen (Organisationslernen)

Mit organisatorischem Lernen ist folgendes gemeint: Durch ein rasches, unmittelbares und kollektives Lernen aller Lehrkräfte an den realen Problemen der Schule werden neue Erkenntnisse konstruiert und Einsichten herbeigeführt, die zu Schulinnovationen führen und die Kultur einer Schule stärken. Etwas konkreter bedeutet dies:

● Probleme der Schule werden als Lerninhalt für die Lehrerschaft zur Entwicklung der Schule und nicht nur als Entscheidungsangelegenheit gesehen.
● Dieses Lernen wird als kollektives (soziales) Lernen der gesamten Lehrerschaft oder einzelner Lehrergruppen und nicht als individuelles Lernen verstanden, während welchem neues Wissen und Können gemeinsam konstruiert und zur Problemlösung angewandt wird.
● Die Konstruktion des neuen Wissens führt vom herkömmlichen »Single-loop«- Lernen zum »Double-loop«-Lernen, indem jeder einzelne Lernschritt immer wieder – wie in Abbildung 4 dargestellt – kritisch hinterfragt wird (Morgan 1986). Das organisatorische Lernen beinhaltet deshalb ein kritisches Lernen, dessen Erkenntnisse immer wieder hinterfragt werden.
● Das kollektiv konstruierte Wissen und Können ermöglicht – im Gegensatz zum traditionellen individuellen Lernen in der herkömmlichen Lehrerfortbildung – eine sofortige Umsetzung im Schulalltag.

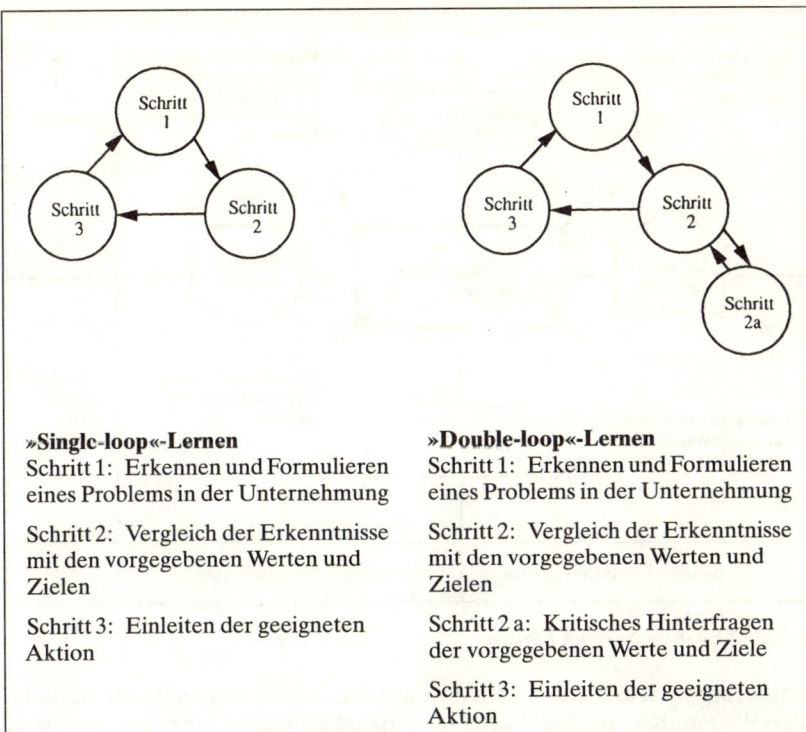

»Single-loop«-Lernen

Schritt 1: Erkennen und Formulieren eines Problems in der Unternehmung

Schritt 2: Vergleich der Erkenntnisse mit den vorgegebenen Werten und Zielen

Schritt 3: Einleiten der geeigneten Aktion

»Double-loop«-Lernen

Schritt 1: Erkennen und Formulieren eines Problems in der Unternehmung

Schritt 2: Vergleich der Erkenntnisse mit den vorgegebenen Werten und Zielen

Schritt 2 a: Kritisches Hinterfragen der vorgegebenen Werte und Ziele

Schritt 3: Einleiten der geeigneten Aktion

Abb. 4: »Single-loop« und »Double-loop«-Lernen

Abbildung 5 zeigt den Ablauf des organisatorischen Lernens an einem Schulproblem (in freier Anlehnung an Müller-Stewens/Pautzke 1991), der sich wie folgt erklären läßt: Ein Problem der Schule soll gelöst werden (Fehlentwicklung oder Schwachstelle beseitigen, eine neue Idee verwirklichen, der Schule eine neue Zielrichtung geben usw.). Zu diesem Zweck trifft sich die gesamte Lehrerschaft oder eine Lehrergruppe zu einer Konferenz oder Sitzung (allenfalls mit Vertretern der Schülerschaft, Eltern, Lehrmeister usw.). An dieser Veranstaltung wird nun aber nicht nur diskutiert oder über vorbereitete Alternativen abgestimmt, sondern die Beteiligten bringen ihr Wissen und Können ein, damit ein gemeinsamer Lernprozeß entsteht, der dank des »Double-loop«- Lernens zu einer höheren Problemlösequalität führt. Sind die neuen Ideen und Lösungen gefunden, so wird deren Verwirklichung gemeinsam geplant, damit anschließend alle einzelnen Lehrpersonen das Neue mit ihren Aktionen im Schulalltag umsetzen. Dieses kollektive Lernen führt aber nicht nur zu Veränderungen in der

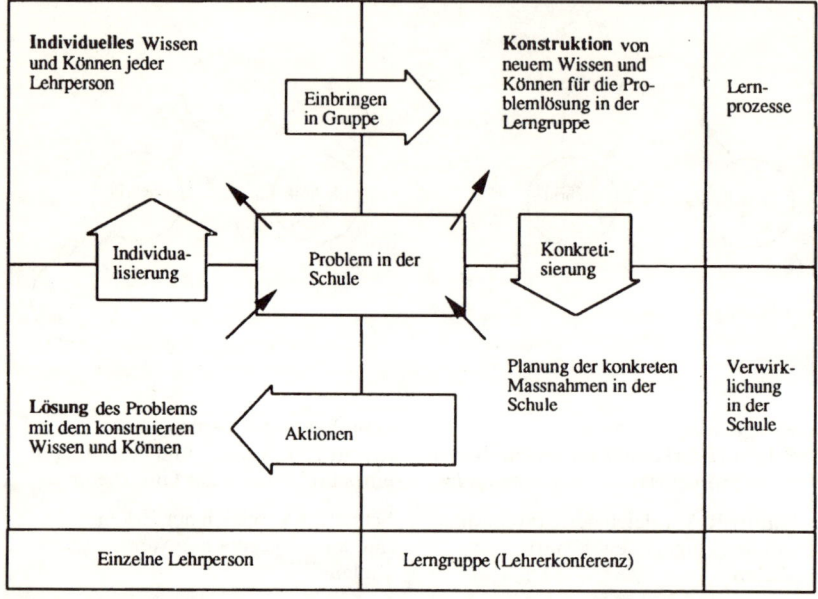

Abb. 5: Organisatorisches Lernen

Schule, sondern es fördert auch die einzelne Lehrperson in ihrem individuellen Wissen, Können und Verhalten, so daß für die Lösung eines nächsten Problems ein größeres Wissen, aber auch eine größere Bereitschaft zu weiteren Problemlösungen vorhanden ist.

Das organisatorische Lernen löst also im Idealfall herkömmliche Führungsmodelle in der Schule ab. Es ist nicht mehr die Schulleitung, die Ideen einbringt, Vorschläge ausarbeitet und die Lehrerschaft darüber befinden läßt. Es finden aber auch nicht mehr vornehmlich Sitzungen statt, in denen nach einer Debatte entschieden wird, sondern die gemeinsame Arbeit liegt im kollektiven Lernen, das zu konkreten Aktionen führt.

Deshalb ergänzen sich Schulautonomie und organisatorisches Lernen in sinnvoller Weise: Die Autonomie führt nur dann zu Entwicklungsprozessen zur Erhöhung von Schuleffektivität und Schulqualität, wenn alle Lehrkräfte an der Entwicklung der Schule mitarbeiten. Nur auf diesem Weg kann es gelingen, ein hohes Schulethos aufzubauen, eine tragende Schulkultur zu finden und Innovationen im Schulalltag gemeinsam zum Tragen zu bringen.

*4.4 Möglichkeiten und Grenzen des organisatorischen Lernens
in der Schule*

Dieses organisatorische Lernen läßt sich indessen nur verwirklichen, wenn alle Lehrkräfte bereit sind, sich voll mit ihrer Schule zu identifizieren und für die Entwicklungsarbeiten der Schule viel über die Unterrichtsführung hinausgehende Zeit zur Verfügung zu stellen. Und ein von allen getragenes Ethos und eine gute Schulkultur lassen sich nur entwickeln, wenn die Diskursfähigkeit aller Lehrkräfte so groß ist, daß Problemstellungen über einen Konsens gelöst werden und Abstimmungen, bei denen Mehrheiten dominieren, vermieden werden können. Andernfalls bleibt letztlich alles beim Alten; überstimmte Lehrkräfte werden sich weiterhin vom Gemeinschaftsauftrag der Schule distanzieren, genau so, wie sie es bei unverständlichen zentralistischen Einflüssen seitens der Behörden in der Schule tun.

Hier liegt die ganze Problematik der Schulautonomie. Weil sehr viele Lehrkräfte die innere Verpflichtung zum organisatorischen Lernen nicht haben, bereitet es Mühe, es zu verwirklichen. Dies wiederum liefert den Zentralisten im Schulwesen die Argumente gegen die Schulautonomie. Weil aber die Schulautonomie unbestrittene Vorteile hat, sollte die Wissenschaft nicht laufend weitere utopische Modelle entwickeln, sondern nach einem realistischen Mittelweg suchen. Er könnte auf den Erkenntnissen zur Entscheidungsfindung in den drei Zonen gefunden werden (siehe Abbildung 3).

Alle Innovationsaufgaben und Schulprobleme in der Zone der Sensibilität sowie viele Bereiche in der Grauzone gehören in den Entscheidungsspielraum der Lehrkräfte. Mit der Einführung der hier vertretenen Form der Teilautonomie werden dazu die Voraussetzungen geschaffen. Sinnvoll wird aber die Übertragung dieser Teilautonomie nur, wenn alle Lehrkräfte bereit sind, den Wert und Nutzen des organisatorischen Lernens anzuerkennen und aktiv mitzuwirken. Dazu gibt es drei unterschiedliche Arbeitsformen:

- In ganz wichtigen Problembereichen sollten schulinterne pädagogische Tagungen (Seminare, Gesprächskreise) durchgeführt werden, an denen der betreffende Problemkreis im Sinne des organisatorischen Lernens bearbeitet wird. Der Schulleitung obliegt nur die Organisation und allenfalls die Moderation. In diesen Bereich fallen Aufgaben wie die Entwicklung eines Schulleitbildes, Einführung neuer Unterrichtsverfahren, Entwicklung weiterer Beurteilungsverfahren, schulorganisatorische Fragen, Lehrplanentwicklung, Budgetierung usw. (vergleiche dazu Dubs 1994).
- In weniger umfassenden Problembereichen, die aber die Lehrerschaft betroffen machen, sollten einzelne Traktanden in Lehrerkonferenzen in der Form des organisatorischen Lernens und nicht in traditionell-bürokratischer Vorgehensweise bearbeitet werden, um über die lernende

Mitwirkung der Lehrerschaft bessere Voraussetzungen zur Schulentwicklung zu schaffen.

- Dort, wo die Lehrerschaft zur Mitwirkung im Sinne des organisatorischen Lernens (noch) nicht bereit ist, kann mit einem guten organisierten Projektmanagement, in welchem in einzelnen Projektgruppen organisatorischen Lernens verwirklicht wird, gearbeitet werden (vergleiche dazu die Anleitungen bei Rolff 1993 und Dubs 1994).

Bei Problemen, die in die Zone der Akzeptanz fallen, wird aber organisatorisches Lernen zum Leerlauf und führt auch rasch zur Unzufriedenheit der Lehrkräfte. Deshalb bedarf es hier einer guten herkömmlichen Führung durch die Schulleitung.

Diese Gliederung führt zu einer veränderten Führungsauffassung für die Schulleitung. In einer teilautonomen Schule wird von ihr in der Zone der Sensibilität Leadership verlangt, d. h. sie muß Schulentwicklungsprozesse anregen, Ideen aufnehmen und in die Bearbeitung geben, günstige Voraussetzungen für Entwicklungsprozesse schaffen, sie in Gang halten und sie Entscheidungen zuführen. Diese Leadership-Rolle, die sehr viel Geschick braucht (Dubs 1994), wird immer nötig bleiben, denn die Vorstellung, die Lehrerschaft organisiere sich selbst, dürfte in den besten Schulen eine Illusion bleiben. In Schulaufgaben, die in die Zone der Akzeptanz fallen, muß die Schulleitung die Managementfunktion übernehmen, d. h. sie muß diese Bereiche führen. Sehr wahrscheinlich wird sich in Schulen, die in den alltäglichen Aufgaben gut geführt sind, das organisatorische Lernen leichter verwirklichen lassen, weil die Tagesabläufe problemlos sind und die Lehrkräfte nicht belasten, so daß sie sich bei größerer Zufriedenheit dem Wesentlichen zuwenden.

5. Die Rolle der Schulbehörden

Teilautonome Schulen verändern die Aufgaben der Schulbehörden (Rosenbusch 1994). Viele ihrer oft kleinlich wahrgenommenen administrativen Aufgaben entfallen. Deshalb können auch ihre Strukturen wesentlich vereinfacht werden (z. B. in der Schweiz weniger Behörden auf verschiedenen Hierarchiestufen). Ihre Aufgaben beschränken sich auf die Kontrolle der Schuleffizienz und der Schulqualität, und sie haben gezielte Maßnahmen gegen ineffektive Schulen zu ergreifen und nicht laufend neue Reglementierungen für alle Schulen zu erlassen, wenn eine grundsätzliche Fehler begeht oder Mängel hat. Diese verhängnisvolle Tendenz in der Schuladministration, die in vielen Fällen schulfremden Formaljuristen und wenig mutigen Schulbehörden höherer Stufe zu verdanken ist (es ist leichter, eine generelle Regelung zu erlassen, statt den Einzelfall zu korrigieren), würde hinfällig.

Eine andere Rolle in der teilautonomen Schule erhält auch die Schulaufsicht (Schulinspektion). Ihre Rolle ist die Beratung der Schule und ihrer Lehrkräfte in der Schulentwicklung. Damit würde die Doppelspurigkeit in der Schulaufsicht ebenfalls beseitigt, indem nur noch die politische Schulbehörde für die Erfolgskontrolle der Schule zuständig wäre. Dadurch würden Kompetenzkonflikte hinfällig (z. B. in der Schweiz zwischen verschiedenen Schulbehörden oder zwischen Schulbehörden und Schulinspektoren).

6. Nachwort

Ich trete für die teilautonome Schule, in der in den relevanten Bereichen Organisationslernen stattfindet, ein. Damit werden gute Voraussetzungen für eine raschere und wirksamere Schulentwicklung geschaffen, was für jede Lehrkraft faszinierend sein sollte.

Ich hoffe, daß nicht Vertreter mit utopisch-unrealistischen Modellen Schaden anrichten und den Gegnern jeglicher Schulautonomie (vergleiche beispielsweise Aargauische Stiftung für Freiheit und Verantwortung in Politik und Wirtschaft 1994) Argumente für ihre Gegnerschaft liefern. Grundvoraussetzung dazu sind eine klare begriffliche Umschreibung der Autonomie sowie eine Besinnung auf die Forschung über Schulmanagement.

Ich bin mir bewußt, daß der Weg zur teilautonomen Schule ein langer sein wird: Schulleitungen brauchen eine Weiterbildung in Schulmanagement; dort, wo Schulen keinen Schulleiter haben (z. B. in vielen Volksschulen in der Schweiz), muß diese Position geschaffen werden, denn teilautonome Schulen brauchen eine Leitung; viele Lehrkräfte müssen bereit sein, ihre Rolle nicht mehr nur als Unterrichtende, sondern als sich identifizierende Mitglieder einer Schulgemeinschaft zu sehen; und die Schulbehörden müssen sich in ihrer neuen Aufgabe der Erfolgskontrolle anstelle von administrativer Kleinarbeit zurechtfinden.

Dazu sind nicht nur guter und politischer Wille nötig, sondern es bedarf großer Veränderungen in der Grund- und Fortbildung von allen, die etwas mit Schule zu tun haben.

Literatur

Aargauische Stiftung für Freiheit und Verantwortung in Politik und Wirtschaft: Thesen zur Vernehmlassung »Leitbild Schule Aargau«. Aarau 1994.

Aurin, K. (Hg.):. Gute Schulen – Worauf beruht ihre Wirksamkeit? Bad Heilbrunn 1991.

Blankertz, S.: Mit der Autonomie gegen die Autonomie. Versuch gegen die »Lizenz, zu herrschen«. In: Pädagogische Rundschau, Heft 5, 1994, S. 541–550.

Bottery, M.: The Ethics of Educational Management. London 1992.

Brookover, W. B. et al.: School Social Systems and Student Achievement. New York 1979.

Dubs, R.: Die Führung einer Schule. Leadership und Management. Stuttgart 1994.

Hoy, W. K./Miskel, C. G.: Educational Administration. Theory, Research, Practice. 4th Ed. New York 1991.

Lenz, J.: Die Effective School Forschung der USA – ihre Bedeutung für die Führung und Lenkung von Schulen. Frankfurt 1991.

Morgan, G.: Images of Organization. London 1986.

Müller-Stewens, G./Pautzke, K.: Führungsentwicklung und organisatorisches Lernen. In: Sattelberger, Th., a.a.O. 1991.

Rolff, H.-G.: Wandel durch Selbstorganisation. Theoretische Grundlagen und praktische Hinweise für eine bessere Schule. Weinheim 1993.

Rosenbusch, H. S.: Lehrer und Schulräte. Ein strukturell gestörtes Verhältnis. Bad Heilbrunn 1994.

Sattelberger, Th. (Hg.): Die lernende Organisation. Wiesbaden 1991.

Senge, P.: The Fifth Discipline: The Art and Practice of the Learning Organization. New York 1990.

IV. Auf dem Weg zur hochentwickelten Arbeitsorganisation: Organisationslernen, Gruppenlernen, dezentrale Weiterbildung

Peter Dehnbostel

---

1. Wandel betrieblicher Organisationskonzepte und veränderte Qualifikationsanforderungen in der Produktion

In vielen Unternehmensbereichen entstehen einhergehend mit Tendenzen der Enthierarchisierung und Dezentralisierung ganzheitlichere Arbeitsstrukturen und partizipative Organisationsformen. Starre und restriktive Organisationskonzepte werden zusehends von informationstechnologisch vernetzten und arbeitsorganisatorisch erweiterten Strukturen abgelöst. Organisationskonzepte wie »Lean Production«, »fraktale Fabrik« und »deutsches Produktionsmodell« bzw. die Übernahme von Prinzipien dieser Konzepte belegen diesen Wandel. Verschärfte Wettbewerbsbedingungen, der Zwang zur raschen Produktinnovation und zu kurzfristiger Lieferbereitschaft sowie der umfassende Einsatz neuer Technologien forcieren diese Entwicklung.

Die »systemische Rationalisierung« ist Ausdruck und zugleich Antrieb dieses Wandels. Sie zielt auf prozeßbezogene und ganzheitliche Veränderungen, d. h. Arbeit, Organisation, Personal, Produkt, die Gesamtorganisation sowie außerbetriebliche Faktoren werden als Einheit verstanden (vgl. Bergstermann J./Brandherm-Böhmker 1990; Mahnkopf 1989). Aktuelle Produktions- und Organisationskonzepte und die Dezentralisierung von Unternehmensorganisationen mit ihrem Abbau von Hierarchien sowie der Segmentierung und Flexibilisierung von Betriebsbereichen entsprechen diesem Rationalisierungtyp: Der »neue Rationalisierungstyp« und »neue Produktionskonzepte« stellen »sich ergänzende Entwicklungslinien« dar (vgl. Schumann u. a. 1994, S. 21).

Der Grad der Durchsetzung und Verbreitung neuer Rationalisierungs- und Organisationskonzepte und mehr noch die Frage ihrer Vor- und Nachteile in arbeitswissenschaftlicher und berufspädagogischer Hinsicht sind noch nicht auf analytisch und empirisch abgesicherter Basis zu beantworten. Bei aller Ambivalenz und Widersprüchlichkeit dieser Entwicklung (vgl. Oehlke 1993; Gerds 1994), ist davon auszugehen, daß weite Bereiche zukünftiger Arbeit durch die Ablösung tayloristischer Arbeitsstrukturen geprägt sein werden. Eine auftragsbezogene Produktion mit hoher Flexibilität und relativer Autonomie unterer Hierarchieebenen – vor allem als qualifizierte Gruppenarbeit – setzt sich seit den 70er Jahren zunehmend durch (vgl. Kern/Schumann 1984; Piore/Sabel 1989; Binkelmann u. a. 1993). Auch wenn die These vom Ende der Arbeitsteilung eine Vielzahl von differenzierten und auch gegenteiligen Einschätzungen hervorgerufen hat (vgl. etwa Malsch/Seltz 1987), so scheint sich die grundsätzliche Einschätzung einer Ablösung des Taylorismus zugunsten ganzheitlicher Arbeitsformen in vielen Arbeitsbereichen zu bestätigen (vgl. Herpich u. a. 1992; Schumann u. a. 1994).

In posttayloristischen Arbeitsstrukturen tritt an die Stelle arbeitsteilig organisierter Massenproduktion die flexible Spezialisierung. Komplexe Logistiksysteme ermöglichen die Koordination von Produktionsplanung, -steuerung und -durchführung im Rahmen einer generellen Dezentralisierung und Flexibilisierung von Arbeitsabläufen und -strukturen. Somit erhalten auch relativ kleine Betriebseinheiten Autonomie- und Dispositionsspielräume, was sich u. a. auf der Werkstattebene, in flexiblen Fertigungssystemen, Fertigungsinseln und Fertigungszellen zeigt. Planungsarbeiten, Produktionsarbeiten, Qualitätskontrolle, Instandhaltungsarbeiten sowie Prozeßkontrollfunktionen werden zumindest partiell integriert.

Die sich abzeichnende hochentwickelte Arbeitsorganisation ist mit elementar veränderten Qualifikationsanforderungen verbunden. Wie Lutz feststellt, werden »in den meisten Produktionsprozessen (. . .) erhöhte Flexibilität und erhöhte Innovativität« gefordert (Lutz 1990, S. 427). Die Arbeit wird nicht nur durch die wiedergewonnene Breite der Tätigkeitsbereiche requalifiziert, sondern ebenso durch Gestaltungsoptionen, die in offenen Handlungsabläufen, ganzheitlichen Arbeitsaufgaben und der Feinstrukturierung der Arbeitsorganisation liegen. Gemeinsam sind diesen Aufgaben die Reintegration bisher getrennter Arbeitsfunktionen sowie ein hohes Maß an Selbststeuerung und Eigenverantwortlichkeit der Fachkräfte. Qualifizierte Facharbeit sowie Gruppenarbeits- und Selbstlernkonzepte nehmen zu. Für den nach Schumann u. a. entstehenden Facharbeitertyp des Systemregulierers gilt, daß er sich nicht nur durch »qualifizierte Arbeit« auszeichnet, sondern auch durch einen Arbeitsplatz, »der offen ist für eigene Initiativen und für eine selbständige Einflußnahme auf den Arbeitsinhalt« (Schumann u. a. 1990, S. 68). Diese positive Einschätzung des neuen Arbeitstyps wird unterstrichen, indem im Trendreport von 1994 auf eine »hohe Selbständigkeit« des Systemregulierers, auf »wachsende individuelle Handlungsspielräume« und die Notwendigkeit hingewiesen wird, »das eigene Arbeitshandeln vor dem Hintergrund wechselnder Anforderungen eigenständig zu organisieren« (Schumann u. a. 1994, S. 649).

Von zusätzlichem Einfluß auf den Wandel von Arbeitsorganisation und Qualifikationen dürfte auch die – allerdings für den Produktionsbereich häufig überschätzte – »zunehmende normative Subjektivierung des Arbeitsprozesses« sein, die zur steigenden Wertschätzung von partizipativen Arbeitsformen führt (vgl. Baethge 1994). Gestaltungsmöglichkeiten und Sinnkriterien werden vor dem Hintergrund allgemeinen gesellschaftlichen Wertewandels vom einzelnen an die Erwerbsarbeit gestellt. Die Arbeit trägt nach der Subjektivierungsthese kaum mehr zur Herausbildung einer sozialen Identität bei, statt dessen gewinnt sie für die persönliche Identitätsbildung einen hohen Stellenwert. Dabei bedeuten die mit den Stichworten »Individualisierung« und ·»Subjektivierung« verbundenen Ansprüche an die Arbeit, daß u. a. Möglichkeiten zu eigenverantwortlichem Handeln, zur Selbstorganisation und nicht zuletzt erweiterte Lern- und Weiterbildungsmöglichkeiten gefordert werden (vgl. Peters 1992).

2. Dezentralisierung betrieblicher Berufsbildung als Ausdruck verstärkten Lernens im Arbeitsprozeß

Neue Organisationskonzepte und veränderte Qualifikationsanforderungen fordern ein verstärktes Lernen im Prozeß der Arbeit. Ob in modernen Arbeitsprozessen erhöhte Lernpotentiale und Lernchancen enthalten sind, ist allerdings umstritten. In der Diskussion hierzu (vgl. Dehnbostel 1993, S. 4) werden auf der einen Seite die Tendenzen der Mediatisierung und Tertiarisierung der Produktionsarbeit zum Anlaß genommen, um von einer Verminderung von Lernchancen und für das Lernen geeigneter Arbeitsplätze zu sprechen (vgl. Baethge 1992, S. 315; Czycholl 1992, S. 24 f.). Auf der anderen Seite werden eben diese Tendenzen als Beleg für die Zunahme von Lernchancen in der Arbeit angesehen. Denn die angesprochenen Organisations- und Qualifikationsveränderungen erhöhen die Lernpotentiale in der Arbeit und erfordern ein verstärkt wissensbasiertes und informationstechnologisch mediatisiertes Arbeitshandeln, das sich gerade durch Verschränkungen von Arbeiten und Lernen auszeichnet (vgl. Dehnbostel u. a. 1992).

Konzepte für eine dezentrale Berufsbildung, die sich sowohl auf die betriebliche Weiterbildung als auch auf die Berufsausbildung beziehen, knüpfen an die letztgenannte Auffassung an. Der eingangs umrissene arbeitsorganisatorische und qualifikatorische Wandel bezeichnet die Ausgangslage für die Entwicklung dieser Konzepte, die seit 1990 in der Modellversuchsreihe »Dezentrales Lernen« erprobt werden (Dehnbostel u. a. 1992). In dieser Ausgangslage basiert auch die grundlegende Hypothese, daß in modernen, technologisch anspruchsvollen Arbeitsprozessen integrative Formen der Verbindung von Arbeiten und Lernen nicht nur möglich, sondern geradezu notwendig geworden sind. Bei den Konzepten wird zudem von der weiteren Verbreiterung der durch vergangene Rationalisierungen und Arbeitsteilungen verengten Berufsform der Arbeit ausgegangen. Der Ausbau verstärkten Lernens im Arbeitsprozeß soll unter ausgewiesenen berufs- und betriebspägogischen Kriterien erfolgen. Berufsbildung und Betriebspädagogik sind dabei in struktureller und bildungstheoretischer Hinsicht zum einen Teil des Bildungssystems und von daher als eigenständiger Entwicklungsbereich anzusehen, zum anderen sind sie in ihrer Verschränkung mit der betrieblichen Organisationsentwicklung zu begreifen und zu entwickeln.

Die konzeptionelle Leitidee der Dezentralisierung zeigt sich in der Erweiterung und relativen Autonomie betrieblicher Lernorte sowie der Delegation von Verantwortung und Kompetenzen in diese Lernorte. Dezentralisierte Entscheidungs- und Dispositionsfunktionen stellen eine notwendige Bedingung zur Durchsetzung von eigenverantwortlichem Handeln und zur Qualitätsverbesserung von Berufsbildung dar. Selbständigkeit und Selbstorganisation für Aus- und Weiterzubildende erhöhen sich, soziale Bindungen in der Arbeitswelt wachsen und berufliche Handlungskompetenz wird entscheidend in realen Arbeitsvollzügen erworben bzw. erweitert.

Die Dezentralisierung ist nicht auf strukturelle Veränderungen begrenzt. Sie umfaßt gleichermaßen organisatorische wie didaktische Aspekte, die mit einer veränderten Rolle des Bildungspersonals verbunden sind. Organisatorisch werden arbeitsplatzbezogene Lernorte wie Lerninsel, Lernstation, Technikzentrum und Qualifizierungsstützpunkt geschaffen und mit herkömmlichen Lernorten mit dem Ziel der Optimierung von Lernpotentialen und Lernvorteilen verknüpft. Es wird ein Netzwerk von Lernorten gebildet, das herkömmliche Abgrenzungen zwischen ihnen aufhebt, wobei die jeweils zu realisierende Lernortpluralität strukturell wesentlich vom Umfang der Qualifizierung bzw. der Aus- oder Fortbildungsgänge abhängt. Besonders für die betriebliche Weiterbildung ist die Vernetzung von zentralen und dezentralen Lernorten keineswegs selbstverständlich.

In einem Modellversuch zur Entwicklung und Erprobung arbeitsintegrierter Weiterbildung geht es entsprechend darum, »ob generell auf ein zentrales (. . .) Weiterbildungsprogramm verzichtet werden kann oder ob (. . .) das Lernen am Arbeitsplatz« durch zentralisierte Maßnahmen ergänzt werden sollte (Novak 1992, S. 217). Die Relevanz dieser Fragestellung für die betriebliche Weiterbildung ergibt sich aus der inhaltlichen Zielsetzung des Modellvorhabens, nämlich der im wesentlichen selbstorganisiert vorzunehmenden Systematisierung und Strukturierung von Erfahrungswissen in Arbeitsgruppen: »Durch die Dezentralisierung der Weiterbildung, d. h. durch die Verlagerung der Weiterbildung in die Werkstatt, und damit deren Herauslösung aus einem angebotsorientierten Unterrichts-, Seminar- oder Kurssystem ist die Selbststeuerungsfähigkeit und Selbstorganisationsfähigkeit der Arbeitsgruppen gefordert und zu fördern« (ebd., S. 212). Um dieses zu realisieren, wird ein arbeitsplatznaher Lernort, die »Lernzone«, eingerichtet, in dem die Möglichkeit zu einem stärker organisierten Lernen besteht.

In einem weiteren Modellversuch zur informationstechnologiebezogenen Qualifizierung werden nach der Schaffung eines dezentralen Drei-Stufen-

Lernortsystems für die Ausbildung (vgl. Ehrke u. a. 1992) betriebliche Lernstationen auch für die Weiterbildung eingerichtet. Hierbei handelt es sich um einen in der Produktion angesiedelten Lernorttyp, in dem intentionales Lernen und Erfahrungswissen zusammengeführt werden. Eine 1993 eingerichtete Roboter- Lernstation, in der es um das Bedienen und Warten von Schweißrobotern geht, ist ein Beispiel hierfür. Die Lernstation ist arbeitsplatzverbunden und dient der fachlichen Anpassungsqualifizierung sowie der methodischen und personalen Weiterbildung. Anders als in beigestellten Zirkel- und Werkstattgruppen scheint dieses Kooperationsgefüge von Arbeitplatz mit Lernanteilen und Lernplatz mit Arbeitsanteilen eine Integration von Lernen und Arbeiten zu ermöglichen.

In didaktischer Hinsicht erfolgt durch die Dezentralisierung eine Abkehr von zentralen und geschlossenen Lernkonzepten: Offene, erfahrungsgeleitete Lernprozesse werden angestrebt, Lernpotentiale des Arbeitsplatzes genutzt und mit berufspädagogisch systematischem Lernen verbunden, wobei sich die Lernorientierungen besonders auf Gruppenlernen, Organisationslernen und individuelles Lernen beziehen. Die Vorzüge des Lernens im Arbeitsprozeß erfahren dabei besonderes Gewicht, so vor allem: Ernstcharakter und Verbindlichkeit des Arbeitsprozesses; orientierende und motivierende Funktion; Modernität, Anschaulichkeit und Kontingenz von Arbeitsinhalten; Möglichkeit zu situativem und erfahrungsorientierten Lernen.

Die Auswahl und Erschließung von geeigneten Arbeitsplätzen ist eine entscheidende Aufgabe, um didaktische Zielorientierungen realisieren zu können. Arbeitsplatz- und Qualifikationsanalysen dienen dazu, Arbeitsaufgaben und Handlungssituationen unter berufs- und betriebspägogischen Gesichtspunkten zu untersuchen, Lern- und Bildungschancen einzuschätzen. In den Modellversuchen wird untersucht, wie eine lern- und persönlichkeitsförderliche Arbeitsgestaltung zu realisieren ist, inwieweit systematische, erfahrungsgeleitete und prospektiv orientierte Lernprozesse zu verbinden sind (vgl. Dehnbostel 1994). Dabei geht es nicht vorrangig um methodische Fragen, sondern ebenso um didaktische Fragen im engeren Sinne, also um Fragen der Auswahl von Inhalten und ihrer Anlage in dezentralen Lernorten und dezentralen Berufsbildungsgängen. So erschließen sich mit der Arbeitsorganisation als Gegenstand der Berufsbildung neue arbeitsstrukturelle und methodische Lerninhalte, die für qualifizierte Facharbeit grundlegend sind.

Mit der Dezentralisierung in der Berufsbildung ist eine Entwicklungstendenz gekennzeichnet, die auch in anderen Bereichen und international anzutreffen ist, so in Schulsystemen (vgl. Leschinsky 1992; Hannaway/Carnoy 1993) und regionalen Reformansätzen in Politik und Verwaltung (vgl. Kruse 1990). Vor allem aber sind die »Strategien interner und externer Dezentralisierung der Unternehmensorganisation« (vgl. Mahnkopf 1989, S. 31) für die Berufsbildung von Bedeutung. Die betriebliche Dezentralisierung zeigt sich in der Enthierarchisierung und Segmentierung, in der Verlagerung von Aufgaben, Verantwortung und Kompetenzen aus der Planung und Arbeitsvorbereitung in den unmittelbaren Arbeitsprozeß. Regulierung wird nicht außer Kraft gesetzt, sondern im Rahmen von Vernetzungen werden zentrale Regulierung und Steuerung reduziert und mit »individueller und kollektiver Selbst-Regulation« (vgl. Schumann u. a. 1994, S. 17) verbunden. Neue Organisationsformen wie Gruppen-, Insel- und Zirkelkonzepte sind elementarer Ausdruck dieser Veränderungen, in denen Beschäftigte unterhalb des mittleren Managements weitgehende Beteiligungs- und Entscheidungsbefugnisse erhalten. Die Überschneidungen dieser Arbeitsorganisationsformen mit dezentralen Lernformen der Berufsbildung sind offensichtlich.

Zusammenfassend und verallgemeinernd ist Dezentralisierung als Prozeß der Verlagerung und Delegation von Aufgaben und Kompetenzen aus Zentral-, Leitungs- und Arbeitsvorbereitungsbereichen in operative und unmittelbar wertschöpfende Bereiche zu verstehen. Die Zielsetzung besteht in der Erweiterung von kommunikativer Handlungsfähigkeit, von Gestaltungsmöglichkeiten sowie von Entscheidungsbefugnissen und Verantwortlichkeiten in diesen Bereichen, um Qualitäts- und Leistungsstandards zu verbessern. Mit der Zunahme von Selbstorganisation und Autonomie erfolgt zumeist eine erhebliche Reduzierung bestehender Regelungen und Vorschriften. Dabei geht es keineswegs um den generellen Abbau von Regulierung und gesellschaftlich-normativen Setzungen, sondern um deren Enthierarchisierung, Entbürokratisierung und um partizipative Umgestaltung durch demokratische Teilhabe an Entscheidungs- und Veränderungsprozessen. Hierbei werden Aufgaben und Inhalte nicht nur verlagert oder neugeschnitten, sie werden in Teilen umdefiniert und neugeschaffen.

3. Betriebliche Ansätze zum Organisationslernen und Gruppenlernen in dezentralen Konzepten

In den neugeschaffenen dezentralen Lernorten wie Lernstation und Lerninsel ist Gruppenarbeit die vorherrschende Organisationsform, z. T. kommt ihr sogar die Rolle eines Prototyps bei der Einführung neuer Organisationsformen in der Produktion zu. Ebenso ist der Wandel der Organisation zur »lernenden Organisation« für die Dezentralisierung grundlegend, da die Erweiterung und relative Autonomie dezentraler Lernorte besonders zum Zwecke der selbständigen Interaktion zwischen Lernorten und Organisation erfolgt. Mit dem Organisationslernen und Gruppenlernen zeichnen sich zwei Lernkonzepte ab, die diesen Orientierungen betriebspädagogisch und didaktisch-methodisch zu entsprechen scheinen. Am Beispiel eines Modellversuchs zum dezentralen Lernen wird zunächst Einblick in einen Ansatz zum Organisationslernen gegeben, am Beispiel eines weiteren wird auf das Gruppenlernen eingegangen.

Die informationstechnologisch vernetzte Fabrik, zumal mit dezentralen Produktionsplanungs- und -steuerungssystemen auf Werkstattebene, erfordert Qualifikationen wie Arbeitsprozeßwissen und Zusammenhangsverständnis. Für qualifizierte Facharbeit sind Kenntnisse von Arbeitsstrukturen sowie von Grundsätzen und Methoden für das räumliche und zeitliche Ineinandergreifen von Aufträgen und Abteilungen notwendig. Dieses Handlungs- und Arbeitswissen wird in neuen Arbeits- und Organisationskonzepten durch einzelne Fachkräfte, Gruppen und Organisationseinheiten bzw. die Gesamtorganisation bereitgestellt. Neben den Mitarbeitern kommt der Organisation selbst eine aktive Rolle im Arbeits-, Entwicklungs- und Veränderungsprozeß eines Unternehmens zu. Die »lernende Organisation« steht als Metapher hierfür. Damit erscheint es auch plausibel von »Organisationslernen« als einem neuen Lerntypus zu sprechen.

In dem bereits oben angesprochenen Modellversuch der Reihe »Dezentrales Lernen« zur informationstechnologiebezogenen Qualifizierung, der 1993 bei der AUDI AG in Ingolstadt abgeschlossen wurde, sind neue Lernfelder entwickelt worden, in denen von einer Art Organisationslernen gesprochen werden kann. In dem Modellversuch mit der Bezeichnung »Informationstechnologiebezogene Qualifizierung für kaufmännische und gewerblich-technische Ausbildungsberufe« ist ein Drei-Stufen-Lernortsystem entwickelt worden, in dem Auszubildende an die betriebliche Datenverarbeitungswelt herangeführt werden und Schlüsselqualifikationen wie prozeß- und steuerungsbezogene Urteilsfähigkeit sowie bereichsübergreifendes Denken und Handeln erwerben (vgl. Faber 1991; Bundesinstitut für Berufsbildung 1992, S. 78).

Das Lernortsystem besteht aus den Stufen Lernstationen im Bildungszentrum, Lernfabrik im Bildungszentrum und dezentrale betriebliche Lernstationen. Insbesondere auf der dritten Stufe des Lernortsystems, die neuerdings zusehends für die Weiterbildung genutzt wird, zeichnet sich in einigen betrieblichen Lernstationen ein Ansatz von Organisationslernen ab. Die Auszubildenden lernen die jeweiligen Arbeitsstrukturen der Abteilungen, deren Eingebundensein in das gesamte betriebliche Daten- und Logistiknetz sowie die betriebliche Ablauf- und Aufbauorganisation kennen. Die Wissensbasis des Unternehmens bzw. der Organisation erschließt sich über das rechnerbezogene Arbeiten an Bildschirmarbeitsplätzen. In der als rechnerintegriert oder informatisiert zu bezeichnenden Fabrik sind rund 300 vernetzte, das Werk überspannende Datenverarbeitungssysteme im Einsatz. An den rechnergestützten Arbeitsplätzen werden die Wechselbeziehungen zwischen Organisationswissen und handelnden Mitarbeitern erfahren. In diesem Zusammenspiel erfolgt Organisationslernen durch stetige Interaktionen und Prozeßoptimierungen und führt zu Wissens- bzw. Handlungsanreicherungen. Am Beispiel der Lernstation »Fahrzeugsteuerung«, die bisher nur für die Ausbildung genutzt wurde, wird dies verdeutlicht.

In der Fahrzeugsteuerung wird jedes Fahrzeug von der Bestellung bis zur Auslieferung erfaßt und begleitet. Es werden die Fertigungsabläufe kundenorientiert auf die Fahrzeugbestellung ausgerichtet, Fahrzeugfluß, Materialfluß und Informationsfluß werden koordiniert und mit Just-in-Time- Anlieferungen synchronisiert. Der Fahrzeugdurchlauf beträgt je nach Fahrzeugtyp 3,2 bis 3,7 Tage. Die Lernstation Fahrzeugsteuerung vermittelt einen Gesamtüberblick über alle Produktionsabschnitte vom Rohbau über die Lackiererei bis zur Endmontage und Abmeldung. Die Auszubildenden arbeiten an sechs unterschiedlichen Arbeitsplätzen mit, und zwar: Abteilungsbüro, Rechenzentrum, Rohbau-Leitstand, KAROLA-Leitstand (Karosseriezwischenlagerung), KVZ (Karosserieverteilzentrum) und Zählpunkt 8. Einige dieser Arbeitsplätze sind, so die Leitstände, erstmals als Lernorte erschlossen worden. Die Aufgaben der Abteilung Fahrzeugsteuerung und damit im Prinzip der Auszubildenden sind: Programmplanung; Dispositionen für unterschiedliche Zeiträume (Wochenpakete, Tagespakete); Anlaufüberwachung; Reihenfolgeoptimierung; Fahrzeugeinzelverfolgung; Direktabrufe; Störungsanalyse. All diese Aufgaben können nur mit Hilfe des massiven Rückgriffs auf das rechnergespeicherte Organisationswissen bearbeitet werden. Das Handlungs- und Erfahrungswissen der Mitarbeiter bleibt aber auch an diesen informatisierten und mediatisierten Arbeitsplätzen der entscheidende Faktor zur Überwachung und Steuerung der Produktion.

Die Auszubildenden werden in der Fahrzeugsteuerung mit dem komplexen Organisationswissen in zweifacher und methodisch unterschiedlicher Weise konfrontiert: Ein Gesamtüberblick wird durch Erkundungen der Abteilung und Demonstrationen einzelner Arbeitsabläufe erworben, zweitens werden Aufgaben an verschiedenen Arbeitsplätzen selbständig bearbeitet. Der Wechselprozeß zwischen kollektivem Organisationswissen und realem Arbeitshandeln wird direkt erfahrbar, so z. B., wenn in der computerbasierten Steuerungsarbeit auf das Organisationswissen zurückgegriffen wird, um Programmplanungen oder Just-in-Time-Umdispositionen vorzunehmen. Andererseits zeigt sich in der Arbeit, wie die Organisation auf die Eingriffe des Personals in der Fahrzeugsteuerung reagiert – von den Konsequenzen aus den Störungsanalysen bis zu Neudispositionen aus Ablaufoptimierungen – und wie sich dabei das kollektive Organisationswissen erweitert.

Wie eine erste Evaluierung zeigt, bestätigen die Auszubildenden, daß sie in der Lernstation Fahrzeugsteuerung einen guten Überblick über den gesamten Fertigungsablauf erhalten und zum bereichsübergreifenden Denken und Handeln befähigt werden. Damit sind auch die Voraussetzungen geschaffen, um in partizipativen Arbeitsorganisationsformen an Prozessen der Organisationsentwicklung teilzunehmen und das kollektive

Organisationswissen zu verbreitern. Das Organisationslernen trägt im Rahmen des handelnden Erlernens abteilungsübergreifender und gesamtbetrieblicher Arbeitsstrukturen zum Verstehen von sozialen und unternehmenskulturellen Zusammenhängen bei.

In einem anderen, bis 1996 laufenden Modellversuch »Dezentrales Lernen in Teamarbeit« steht die Entwicklung neuer Formen und Inhalte arbeitsplatzbezogenen Lernens im Mittelpunkt (vgl. Bittmann u. a. 1992; Bundesinstitut für Berufsbildung 1992, S. 72 f.). Hierzu ist die Lerninsel als dezentraler Lernort inmitten der Produktion geschaffen worden. Das Lernen in den Lerninseln geschieht – wie der Modellversuchstitel anzeigt – durchweg in Gruppenarbeit. D. h. der einzelne lernt zum einen im Umfeld der Gruppe, zum anderen findet ein kollektives Lernen der Gruppe, ein Gruppenlernen statt.

Der Modellversuch wird bei der Mercedes-Benz AG durchgeführt, und zwar im Nutzfahrzeugwerk in Gaggenau und im neuen Pkw-Werk in Rastatt. Außerdem sind weitere, dem Unternehmen nicht angehörende Klein- und Mittelbetriebe einbezogen, um das Konzept bereits frühzeitig unter dem Aspekt des Transfers zu überprüfen und zu verbreiten. Im Rastatter Pkw-Werk, das im Frühjahr 1992 die Arbeit aufnahm, dienten zunächst zwölf Lerninseln mit jeweils fünf Arbeitsplätzen der Einstiegsqualifizierung berufserfahrener Mitarbeiter, die neu eingestellt waren. In den Lerninseln fand die Vorbereitung auf die neukonzipierte Fabrik statt, insbesondere auf die komplexen Arbeitsprozesse und das Arbeiten in teilautonomen Gruppen als vorherrschende Arbeitsorganisationsform. Das Gruppenkonzept sieht sechs bis acht Mitarbeiter pro Gruppe vor sowie regelmäßige Gruppengespräche, interne Abstimmung und Vertretung der Gruppe durch einen Sprecher sowie hohe Selbststeuerung, Dispositionsfreiräume und Eigenverantwortlichkeit. Nach Beendigung der Anlaufphase erfolgt für die Lerninseln ein Funktionswandel: Anstelle der Einstiegsqualifizierung neuer Mitarbeiter tritt die kontinuierliche dezentrale Weiterqualifizierung, die Gruppenarbeitsstruktur der Lerninseln und das darauf bezogene Lernen bleiben im Prinzip gleich.

Sowohl im Rastatter als auch im Gaggenauer Werk, in dem die Lerninseln bisher vor allem für die Berufsausbildung genutzt werden, ist für die Lerninseln eine doppelte Infrastruktur kennzeichnend: zum einen eine Arbeitsinfrastruktur, die im Hinblick auf Arbeitsaufgaben und Ausstattungen dem umgebenden Produktionsfeld entspricht, zum anderen eine Lerninfrastruktur, die zusätzliche räumliche, mediale und personelle Ressourcen bereitstellt. Arbeitsaufträge werden im Sinne des Lernens in neugeordneten Berufen vom Lernenden zumeist in der Gruppe geplant, durchgeführt und kontrolliert.

Wie Interviews über Lernerfahrungen in den Lerninseln in Gaggenau zeigen, besteht ein ausgeprägtes Bewußtsein über die soziale Seite des Lernens in der Gruppe und die Bereitschaft zur Herausbildung einer sozialen

Identität (vgl. Dehnbostel/Novak 1994). Gegenseitige Unterstützung, das Aufstellen und Einhalten von Regeln, das Bewußtsein, daß die Gruppe eher Fehler erkennt als der einzelne und die Bereitschaft sowie Spaß an Kommunikation werden in der Gruppenarbeit der Lerninseln erfahren. Zudem wird die Notwendigkeit von Gruppenarbeit als eine betrieblich vorteilhafte und notwendige Arbeitsorganisationsform erkannt.

Notwendige Voraussetzungen für kollektives Lernen in der Berufsbildung sind zudem lernförderliche Umgebungen und Aufgabenstellungen. Die Lernsituation muß im Prinzip die Anforderungen enthalten, die die Gruppe als Kompetenzzuwachs erwerben soll. Dabei bezieht sich das Gruppenlernen auf fachliche, soziale und methodische Inhalte, die in unterschiedlicher Weise an die Situation und Prozesse der Gruppe, die jeweiligen Arbeitsaufgaben sowie die Arbeitsumgebung gebunden sind. Die Lerninsel ist in ihrer Ablaufstruktur so organisiert, daß sowohl Aufgabenbearbeitung als auch Rotation und wechselnde Sprecherfunktion in der Gruppe weitgehendst als gemeinsame Prozesse und Entscheidungen erfahren werden. Die gezielte Erschließung und Gestaltung von Arbeitsplätzen als Lerninseln (vgl. Dehnbostel 1984, S. 16) sowie Merkmale und Aufgaben der Lerninseln geben wesentliche Orientierungen für die didaktisch-methodische Ausrichtung des Gruppenlernens an.

Die Entwicklung eines Lernkonzepts zum Gruppenlernen deutet sich in dem Modellversuch an. Nicht zuletzt in Anbetracht der parallel verlaufenden Prozesse der betrieblichen Organisationsentwicklung – so besonders in bezug auf die Einführung von Gruppenkonzepten im Betrieb – besteht eine wichtige Aufgabe der Berufsbildung darin, solch ein Lernkonzept weiterzuentwickeln und die Gruppenarbeit zu humanisieren.

4. Gruppenarbeit und Gruppenlernen unter den Bedingungen von Lean Production

Gruppenarbeit und Gruppenlernen haben in den letzten Jahren durch das Lean Production-Konzept erheblich an Bedeutung gewonnen. Exemplarisch zeigt sich dies in der Automobilfabrik »New United Motor Manufacturing Inc.« (NUMMI) in Kalifornien,[1] die zu recht als Prototyp der Produktionsweise der Lean Production angesehen wird. Bei NUMMI handelt es sich um eine seit 1984 bestehende Joint Venture zwischen Toyota und General Motors, und zwar um ein Montagewerk einschließlich eines umfänglichen Preßwerks. Mehrheitsanteile sowie dominierender Einfluß

---

[1] Den folgenden Ausführungen liegen zwei Besuche des Verfassers in der Automobilfabrik zugrunde, die 1992 und 1994 erfolgten. U.a. wurden Arbeitsplatzbeobachtungen und Interviews auf unterschiedlichen Ebenen der Betriebshierarchie durchgeführt.

auf Unternehmens- und Produktionsentwicklung liegen bei Toyota. Insgesamt sind etwa 4500 Personen beschäftigt. 1992 wurden rund 260 000 Fahrzeuge produziert, davon über 105 000 Toyota Corolla und zu etwa gleichen Anteilen der Geo Prizm (Chevrolet) und der Toyota Truck. Die Montage des erst seit Ende 1991 in den USA hergestellten Trucks erfolgt in 5 Stunden, wobei über 2100 Einzelkomponenten auf einem knapp 5 Meilen langen Montageband zusammengefügt werden.

Gruppen und Teams sind bei NUMMI die vorherrschende Arbeitsorganisationsform. Ein Team besteht in der Regel aus sechs Mitarbeitern, eine Gruppe aus bis zu sechs Teams, wobei das Verständnis von Team bei NUMMI dem sonst üblichen Begriff »Gruppe« gleichkommt. Es gibt ca. 170 Gruppenleiter und über 600 Teamleiter. Im Gegensatz zu einigen europäischen Fabriken – auch General Motors in Deutschland –, werden die Leiter nicht auf Zeit gewählt, sondern von den jeweiligen Leitungen bzw. vom Management nach einem Konsultationsprozeß eingesetzt. Die innerbetrieblich starke Automobilarbeitergewerkschaft UAW hat hierbei wesentliche Mitbestimmungsrechte. Die Teams sind u. a. für Fragen der Produktion und Wartung, der Qualität, der Arbeitssicherheit und des Trainings verantwortlich, wobei dies in Abstimmung mit Gruppenleitern und den entsprechenden Abteilungen geschieht.

Zur eigenverantwortlichen Teamarbeit gehört die arbeitsplatzintegrierte Qualitätskontrolle und -sicherung (Jidoka). Größere Systemkonfigurationen sowie Einzelmaschinen sind mit qualitätsprüfenden Sensoren und auch mechanischen Prüfsystemen ausgerüstet. Vom Team werden visuelle und rechnergestützte Prüfvorgänge kontinuierlich vorgenommen. Über ein Signalsystem werden am Band die Qualitätsabweichungen und andere Probleme angezeigt und in Teamarbeit behoben. Auch das »Kaizen«, der kontinuierliche Verbesserungsprozeß und die sofortige Mängel- und Problemlösung, gehört zu den Aufgaben der Teams und wird erfolgreich und im Wettbewerb zwischen den Teams durchgeführt. Für die Befähigung zu diesen Tätigkeiten finden regelmäßig gruppenbezogene Qualifizierungen sowohl »On-the-Job« als auch ausgelagert statt.

Die Teamarbeit wird wesentlich durch das Prinzip »Standardized Work« geprägt. Dies bedeutet, daß jede Teilaufgabe in ihren Arbeitsumfängen und -abläufen detailliert und sequentionalisiert erfaßt wird, und zwar so, daß ein Optimum an Effizienz und Qualität von jedem Produktionsarbeiter im Rahmen eines weiterhin durch enge Taktzeiten dirigierten Produktionsablaufs erzielt werden kann. Für jeden Arbeitsplatz im Produktionsprozeß ist diese Standardized Work in einem öffentlich einsehbaren Ablaufschema, dem »Standardisierten Arbeitsblatt«, aufgezeigt. Die weitere Optimierung dieser Schemata bzw. der Handlungsabläufe eines jeden Arbeitsplatzes gehört zur Teamarbeit und ist Teil des kontinuierlichen Verbesserungsprozesses.

Die Teammitglieder werden für die Durchführung von Standardized Work qualifiziert. REFA-Abteilungen oder entsprechende Ingenieure gibt es nicht, da die Teams eine kontinuierliche Eigenrationalisierung durchführen. Teamarbeit wird zum sich selbst regulierenden System, wobei die Grenzen zwischen einem System der kontinuierlichen Selbstorganisation und Selbstqualifizierung einerseits sowie andererseits einem System der gegenseitigen Kontrolle und Überwachung einzelner und der Teams sicherlich fließend sind. Im Hinblick auf letzteres wird diese Form der permanenten Eigenrationalisierung in der einschlägigen Literatur besonders unter dem Stichwort »Management by Stress« (vgl. Parker/Slaughter 1988) diskutiert und kritisiert.

In einer ersten Bewertung der Gruppenarbeit und des Gruppenlernens ist festzustellen, daß der Kern der Fabrikinnovation nicht in fertigungs- oder informationstechnologischen Rationalisierungen liegt, sondern im veränderten Nutzen der Humanressourcen in einer posttayloristischen Arbeitsorganisation. Für die Gruppen besteht ein hochreguliertes, methodisch elaboriertes und äußerst effizientes System der Anpassungs- und kontinuierlichen Weiterqualifizierung. Kennzeichnend ist, daß die Gruppenarbeit über kreative Arbeitsmethoden erfolgt (Problem Solving, Standardized Work, Kanban, Kaizen), die mit eher traditionellen, allerdings auf moderne Arbeits- und Organisationsinhalte bezogene Lernmethoden verschränkt sind (Training on the Job, Job Rotation). Zwischen Arbeits- und Lernmethode kann nicht immer klar getrennt werden, da die Arbeitsmethoden selbst Teil des Gruppenlernens sind. Betriebsweit werden die Arbeits- und Lernmethoden im Rahmen der Personal- und Organisationsentwicklung von der Abteilung »Human Resources« organisiert.

Auch wenn somit verbindlich regulierte und höchst effiziente Standards der betrieblichen Weiterqualifikation für Produktionsarbeiter realisiert sind – wovon hiesige Großbetriebe zumeist weit entfernt sind –, so sind Qualifizierung und Gruppenlernen aus berufs- und subjektbezogener Sicht kritisch einzuschätzen. Zielorientierungen und Ordnungselemente in bezug auf eine eigenständige Berufsbildung und ein darin eingebettetes Gruppenlernen bestehen nicht. Selbst die beiden Ausbildungsberufe für erfahrene Produktionsarbeiter, die Berufe »General Maintenance« und »Tool & Die«, werden nicht vom Konstrukt des Berufs her verstanden, sondern als besondere Personal- und Organisationsentwicklungsmaßnahmen für den Betrieb. Das Gesamt der Qualifizierung und besonders das kollektive Lernen sind – bei aller Flexibilität und Mobilität – betriebspezifisch verengt und eingeschränkt. Eine berufs- und berufsübergreifende Qualifizierung findet in der Regel nicht statt, methodische, soziale und personale Ziele werden nur im Hinblick auf den unmittelbaren betrieblichen Nutzen verfolgt. Das utilitär verkürzte Gruppenlernen ist einseitig auf das NUMMI-Produktions- und Wertesystem bezogen.

Dennoch bleibt anzumerken, daß in einem gewissen Widerspruch zu dieser systemischen Funktionalisierung individuell und gruppenmäßig zu variierende Dispositions- und Entscheidungsspielräume bestehen, die gegenüber herkömmlicher Fabrikorganisation höhere Transparenz und Partizipation anzeigen, auch wenn damit keine Autonomie- und Integrationszusammenhänge im Sinne europäischer, insbesondere schwedischer Produktionskonzepte bestehen (vgl. Naschold 1994, S. 120 ff.). Im gesamten Unternehmen bestehen kommunikative und auf kollektive Lernprozesse bezogene Strukturen, die das erfolgreiche System von Verbesserungen und Innovationen überhaupt erst ermöglichen. Inwieweit es sich hierbei – wie von Kritikern behauptet – lediglich um subtile und zeitgemäße Anpassungsformen an betrieblich-ökonomische Zwänge handelt, kann hier nicht bewertet werden. In jedem Fall ist festzustellen, daß dem Gruppenlernen bei NUMMI eine ambivalente Position zwischen Humanisierung und Rationalisierung zukommt.

5. Organisationslernen und Gruppenlernen als Lernkonzepte in der dezentralen Weiterbildung

Der Begriff »Organisationslernen« ist in der Berufsbildung und in der Organisationsentwicklung bisher definitorisch nicht präzise gefaßt, ebenso besteht kein ausgewiesenes Konzept zum Organisationslernen, allerdings eine Reihe von Ansätzen dazu (vgl. Geißler 1994, S. 10 ff.). Hier ist Organisationslernen als Oberbegriff für solche Prozesse anzusehen, die für die kontinuierliche Entwicklung und Gestaltung von Organisationen, für ständiges Lernen und Optimieren von Arbeitsvollzügen, Planungs- und Ablaufprozessen konstitutiv sind. Dabei geht es um die Wissensbasis von Organisationen und darum, wie diese Wissensbasis nutzbar gemacht, verändert und weiterentwickelt wird, und zwar bei der Unterscheidung des Organisationslernens »zwischen instrumentellem Zweck-Mittel-Lernen unter relativ stabilen Rahmenbedingungen und reflexiv-strategischem Lernen bei turbulenter Umwelt« (Jürgens/Naschold 1994, S. 267).
Organisationslernen ist als Wechselprozeß von Lernen der Organisation und individuellem sowie gruppenbezogenem Lernen und Handeln zu verstehen. Individuelles und kollektives Lernen wirken auf Entwicklungen und Konfigurationen des Organisationssystems ein, welches in veränderter Form und verbunden mit übergeordneten Zielsetzungen wiederum auf individuelle und gruppenbezogene Lernentwicklungen rückwirkt. Zielsetzungen der »lernenden Organisation« wie Selbstorganisation, Selbstqualifizierung, kontinuierliche Verbesserungsprozesse und Prozeßoptimierungen sind nur dann durchsetzbar, wenn Organisationslernen als Einheit von lernender Organisation und lernenden Mitarbeitern besteht und vor allem von den Mitarbeitern seinen Ausgangspunkt nimmt.
Dies bedeutet, daß die bildungstheoretische Orientierung des Lernens und darauf bezogene didaktische-methodische Ziele auch im Organisationsler-

nen als regulative Kriterien anzulegen sind, was im Unterschied zu »Typen« und »Wegen organisatorischen Lernens« steht, die – bei aller Offenheit und Transformationsfähigkeit – an kategoriale Zielsetzungen der Organisation gebunden sind (vgl. Sattelberger 1991). Hinzuzufügen ist, daß die bildungstheoretische Dimension auf das Individuum bezogen bleibt und über den Wechselprozeß von Mitarbeitern und Organisation in das Organisationslernen Eingang findet. Ein anderes Verständnis drückt sich darin aus, »Organisationen als menschliche Systeme« (Pullig 1991, S. 37) oder »Organisationen als bildungsfähige Lern-Subjekte« anzusehen (Geißler 1991, S. 24) und die Entwicklung einer autopoietisch basierten »Organisationsdidaktik« anzustreben (Geißler 1993, S. 12 ff.).

In didaktisch-materialer Hinsicht ist das Spezifische des Organisationslernens wesentlich auf »kognitive Landkarten« zu beziehen, worunter »die von allen Mitgliedern geteilten Beschreibungen der Aufbau- und Ablauforganisation der Organisation« zu verstehen sind (Rolff 1993, S. 139). Die kognitiven Landkarten sind als die eigentlichen »Medien des Organisations-Lernens« zu verstehen, wobei ihnen ein Organisationsbegriff zugrundeliegt, der in Abgrenzung zu herkömmlichen Organisationen durch folgende Merkmale charakterisiert ist: Perspektivität statt Objektivität; Heterarchie statt Hierarchie; Komplexität statt Simplizität; Holographie statt Mechanik; wechselseitige Beeinflussung statt linearer Determination; Gestaltwandel statt Statik (vgl. ebd., S. 139 f.). Die betriebliche Zweckbestimmung der Organisation wird mit diesen erweiterten Merkmalen nicht verändert, gleichwohl bestehen für die Humanitätsorientierung bessere Ausgangsbedingungen.

Gruppenlernen ist das Lernen einer Gruppe als soziales System, d. h. Lernen wird von einem individuellen zu einem kollektiven Vorgang, wobei die kollektiven Lernprozesse entscheidend durch individuelle Lernpotentiale und -prozesse konstituiert werden. Gruppenlernen ist ein Prozeß, der sich im veränderten »Gruppenwissen«, in veränderten Wirkungen nach außen und veränderten Wahrnehmungen als soziale Identität nach innen niederschlägt. Die für Gruppenarbeit wichtigen sozialen Fähigkeiten wie Kommunikation, Kooperation und Interaktion stehen in einem Spannungsverhältnis zu individuellen Orientierungen. Dieses Spannungsverhältnis ist besonders in den ersten Phasen einer Gruppenentwicklung ausgeprägt, bleibt darüber hinaus aber eine Grundkonstante von Gruppenarbeit (vgl. Seyfried 1994).

Das Gruppenlernen bezieht sich prinzipiell auf fachliche, soziale und methodische Kompetenzen, die sich sowohl selbstreferentiell auf die Gruppe als auch auf den Arbeitsprozeß beziehen. Für die didaktische Ausrichtung sind die für Gruppenarbeit maßgeblichen Merkmale wichtig. Bei aller Definitionsvielfalt von Gruppenarbeit sind von genereller Bedeutung: Aufgabenbearbeitung und - verantwortung einschließlich bestimmter Instandhaltungsarbeiten, regelmäßig stattfindende Gruppengespräche, interne Abstimmung und Rotation, Vertretung der Gruppe durch einen Sprecher sowie hohe Selbsteuerung und Dispositionsfreiräume. Nach Lutz (1988, S. 71) ist »qualifizierte Gruppenarbeit« idealiter von folgender Struktur: Arbeitskräfte mit gleich hoher Qualifikation; hohe wechselseitige Ersetzbarkeit; Verantwortlichkeit für einen größeren Fertigungsbereich; innere Autonomie der Aufgabenverteilung und Arbeitsplanung; Eingliederung in die übergeordneten Aufbau- und Ablaufstrukturen.

Auf diese Strukturen und Inhalte ist Bezug zu nehmen, wobei eine dynamische Entwicklung der Arbeitsprozesse, so über Produktinnovationen, Verbesserungsvorschläge und Organisationsentwicklung, als notwendige Voraussetzung für ein kontinuierliches Lernen anzusehen ist. Die in diesen Prozessen, in erweiterten Arbeitsumfängen und kommunikativen Sozialbeziehungen möglichen persönlichkeitsfördernden Lernpotentiale sind zu entwickeln und zu nutzen. Gruppenlernen könnte damit nicht zuletzt zu einer humanorientierten Entwicklung der Berufsarbeit beitragen, die erweiterte Möglichkeiten der Aus- und Weiterbildung zuläßt bzw. erfordert. Andererseits bestehen beim Gruppenlernen ebenso wie beim Organisationslernen Gefahren der Institutionalisierung und Entsubjektivierung von Handlungswissen, die für innovations- und persönlichkeitsförderndes Handeln restriktiv sind.

Beide Lernkonzepte, Organisationslernen und Gruppenlernen, sind Ausdruck des Wandels der Organisation zur »lernenden Organisation« und der Einbeziehung der Mitarbeiter an der Organisationsentwicklung über partizipative und lernende Gruppenformen. Sie sind gerade für den Erwerb solcher Qualifikationen wichtig, die die qualifizierte Facharbeit in der hochentwickelten Arbeitsorganisation auszeichnen. Ein entscheidendes Essential der hochentwickelten Arbeitsorganisation besteht nach Brown u. a. (1993) neben der Arbeitsplatzsicherheit und Mitarbeiterpartizipation im ständigen Training aller Mitarbeiter, wobei eine systematische betriebliche Fortbildung von Produktionsarbeitern sowohl im Training-on-the-Job einschließlich Job Rotation als auch in Kursen bzw. Lehrgängen erfolgt. Letztere dienen – wie auch das oben skizzierte Beispiel NUMMI zeigt – besonders der Fortbildung in Fragen der Qualitätssicherung, der Problemlösefähigkeit, der kontinuierlichen Verbesserungsprozesse sowie von Techniken, um Fragen stellen zu können, um Ursachen von Fehlern aufzuspüren, Überlegungen visualisieren zu können usw. (ebd., S. 258).

Offensichtlich ist in modernen amerikanischen Betrieben, in jedem Fall jedoch in Lean Production-Betrieben wie NUMMI eine stark systematische und regulierte betriebliche Weiterbildung im Rahmen neuer Unternehmensentwicklungen entstanden. In Japan ist die Weiterbildung zwar staatlicherseits vollkommen dereguliert, d. h. es bestehen keine staatlichen Auflagen und Vorgaben, sondern lediglich Empfehlungen (vgl. Georg 1992; Münch 1993), gleichwohl wurden firmen- bzw. konzernspezifisch

Standards mit einer verbindlich festgelegten Binnenregulierung der Weiterbildung durchgesetzt, die Innovationen wie »Standardized Work«, »Kaizen« und »KVP« überhaupt erst ermöglicht haben. Hier besteht ohne Zweifel ein Nachholbedarf in der Bundesrepublik, in der in den 80er Jahren zwar auf die Reprofessionalisierung von Facharbeit über technologische Innovationen und Aufgabenintegration gesetzt wurde, von einer systematischen betrieblichen Weiterbildung aber nicht die Rede sein kann. Wie Schumann u. a. (1994, S. 20) ausführen, wurde »der neue Berufsanspruch der Produktionsfacharbeiter nicht ernst genug genommen, d. h. man verzichtete auf die stabilisierenden Perspektiven für Weiterbildung und Aufstieg«.

Eine andere Frage ist, wie dicht und unter Bezug auf welche Standards und Ordnungskategorien – z. B. Berufs- und/oder Modularisierungsprinzip – die Weiterbildung zu systematisieren ist. Dies ist nicht pauschal zu beantworten, da historisch tradierte und industriekulturell gewachsene Besonderheiten eine große Rolle spielen.

Aus der Perspektive des im internationalen Vergleich ökonomisch und gesellschaftlich erfolgreichen Berufsprinzips sind Organisationslernen und Gruppenlernen in das oben umrissene Konzept einer kontinuierlichen dezentralen Weiterbildung einzubinden, die als »Teil der Berufsausübung« (Deutscher Bildungsrat 1970, S. 207) zu verstehen ist. Dabei geben Gruppen- und Organisationskonzepte in Lean-Betrieben sicherlich eine Reihe von wertvollen methodischen Hinweisen, so z. B. zu Methoden des entwikkelten »Learning-on- the-Job«, des »Job Rotation« und der partizipativen Gruppenqualifizierung. Grundsätzlich bestehen mit dem Berufsprinzip und einem auf die berufliche Handlungskompetenz aufbauenden Gruppenlernen und Organisationslernen jedoch erweiterte berufspädagogische und didaktisch-methodische Zielsetzungen. Im Sinne erhöhter Flexibilisierung und Dezentralisierung ist dabei von einer weiteren Verbreiterung bisheriger Berufsbilder und der Dynamisierung der – im Fortbildungsbereich zu intensivierenden – Ordnungsarbeit auszugehen.

Sicherlich stellt sich die Frage, ob Organisationslernen und Gruppenlernen unter dem Primat ökonomischer Rentabilität und technischer Rationalität nicht einseitig qualifikationsorientiert im Sinne einer »Lean Qualification« wirken und eine Reduktion des sich mit der Dezentralisierung eigentlich verstärkenden individuellen Lernens nach sich ziehen. Die Beantwortung dieser Frage hängt wesentlich davon ab, inwieweit sich eine ständige, qualitativ ausgewiesene Weiterbildung durchsetzt und wie Organisationslernen und Gruppenlernen als Lernkonzepte entwickelt werden.

Literatur

Baethge, M.: Die vielfältigen Widersprüche der beruflichen Weiterbildung. In: WSI-Mitteilungen 45 (1992) 6, S. 313–321.

Baethge, M.: Arbeit und Identität. In: Beck, U./Beck-Gernsheim, E. (Hg.): Riskante Freiheiten. Frankfurt a. M. 1994, S. 245–261.

Bergstermann J./Brandherm-Böhmker (Hg.): Systemische Rationalisierung als sozialer Prozeß. Bonn 1990.

Binkelmann, P. u. a. (Hg.): Entwicklung der Gruppenarbeit in Deutschland. Frankfurt a. M./New York 1993.

Bittmann, A. u. a.: Lerninseln in der Produktion als Prototypen und Experimentierfeld neuer Formen des Lernens und Arbeitens. In: Dehnbostel, P. u. a. (Hg.), a.a.O., 1992, S. 39–64.

Brown, C. u. a.: Becoming a high-performance work organization: the role of security, employee involvement and training. In: The International Journal of Human Resource Management 4 (1993)2, S. 247–275.

Bundesinstitut fur Berufsbildung (Hg.): Modellversuche in der außerschulischen Berufsbildung. Inhaltliche Förerbereiche und regionale Verteilung. Berlin 1992.

Czycholl, R.: Lernen am Arbeitsplatz in der Aus- und Weiterbildung. In: Kuratorium der Deutschen Wirtschaft für Berufsbildung (Hg.): Lernen am Arbeitsplatz. Veranstaltungsbericht. Bonn 1992, S. 23–31.

Dehnbostel, P.: Konzepte für eine dezentrale Berufsbildung. In: BWP 22 (1993) 3, S. 3–9.

Dehnbostel, P.: Erschließung und Gestaltung des Lernorts Arbeitsplatz. In: BWP 23 (1994) 1, S. 13–18.

Dehnbostel, P./Holz, H./Novak, H. (Hg.): Lernen für die Zukunft durch verstärktes Lernen am Arbeitsplatz – Dezentrale Aus- und Weiterbildungskonzepte in der Praxis-. Berichte zur beruflichen Bildung, H. 149, Bundesinstitut für Berufsbildung, Berlin 1992.

Dehnbostel, P./Novak, H.: Kontrolle ist gut – Vertrauen ist besser. Lernen im Arbeitsprozeß stärkt die Entwicklung beruflicher und sozialer Handlungskompetenz. In: berufsbildung 48 (1994) 25, S. 38–40.

Deutscher Bildungsrat. Empfehlungen der Bildungskommission: Strukturplan für das Bildungswesen. Bonn 1970.

Ehrke, M. u. a.: Computerorientiertes Lernen bei AUDI für die rechnerintegrierte Fabrik. In: Dehnbostel, P. u. a. (Hg.), a.a.O. 1992, S. 95–116.

Faber, H.-P.: Zur Bedeutung von Realsituationen für das Lernen in komplexen Fertigungsstrukturen. In: Dehnbostel, P./Peters, S. (Hg.): Dezentrales und erfahrungsorientiertes Lernen im Betrieb. Alsbach/Bergstraße 1991, S. 35–47.

Geißler, H.: Organisations-Lernen. Gebot und Chance einer zukunftsweisenden Pädagogik. In: GdWZ 2 (1991) 1, S. 23–27.

Geißler, H.: Grundlagen des Organisationslernens. Weinheim 1994.

Geißler, H.: Wie Betriebe und Schulen (nicht) lernen. In: Beiler, J./Lumpe, A./Reetz, L. (Hg.): Schlüsselqualifikation, Selbstorganisation, Lernorganisation. 1994 a, S. 96–120.

Georg, W.: Bildung und Berufsbildung in Japan. In: Heidemann, W. u. a. (Hg.): Qualifizierung in der Autoproduktion. Marburg 1992, S. 40–63.

Gerds, P.: Selbstregulation statt Fremdkontrolle? Der Zusammenhang von Rationalisierungskonzepten in der Produktion und in der beruflichen Bildung. In: ZBW 90 (1994).

Hannaway, J./Carnoy, M. (Ed.): Decentralization und School Improvement. Can We Fulfill the Promise? San Francisco 1993.

Herpich, M. u. a.: Technikeinsatz, Organisationsgestaltung und Qualifizierung – Ergebnisse aus betrieblichen Fallstudien. In: Dehnbostel, P. u. a. (Hg.): Neue Technologien und berufliche Bildung. Berlin 1992, S. 47–85.

Jürgens, U./Naschold, F.: Arbeits- und industriepolitische Entwicklungspässe der deutschen Industrie in den neunziger Jahren. In: Zapf, W./Dierkes, M. (Hg.): Institutionenvergleich und Institutionendynamik. Berlin 1994, S. 239–270.

Kern, H./Schumann, M.: Das Ende der Arbeitsteilung? Rationalisierung in der industriellen Produktion. München 1984.

Kruse, H.: Reform durch Regionalisierung. Eine politische Antwort auf die Umstrukturierung der Wirtschaft. Frankfurt a. M./New York 1990.

Leschinsky, A.: Dezentralisierung im Schulsystem der Bundesrepublik Deutschland. In: Zedler, P.: Strukturprobleme, Disparitäten, Grundbildung in der Sekundarstufe I. Weinheim 1992, S. 21–37.

Lutz, B.: Qualifizierte Gruppenarbeit – Überlegungen zu einem Orientierungskonzept technisch-organisatorischer Gestaltung. In: Roth, S./Kohl, H. (Hg.): Gruppenarbeit. Köln 1988, S. 68–78.

Lutz, B.: Die Rückkehr des Facharbeiters? In: Gewerkschaftliche Monatshefte 41 (1990) 7, S. 427–437.

Mahnkopf, B.: Die dezentrale Unternehmensorganisation – (k)ein Terrain für neue ›Produktionsbündnisse‹? In: Prokla 76, 19 (1989) 3, S. 27–50.

Malsch, Th./Seltz, R. (Hg.): Die neuen Produktionskonzepte auf dem Prüfstand. Berlin 1987.

Münch, J.: Aus- und Weiterbildung in der Lean Production – Können wir von Japan lernen? In: Wirtschaft und Berufs-Erziehung 45 (1993) 2, S. 40–47.

Naschold, F.: Nationale Programme zur Innovationsentwicklung. Arbeitspolitik im internationalen Vergleich. In: Arbeit 3 (1994) 2, S. 103–131.

Novak, H.: Systematisierung und Strukturierung von Erfahrungswissen an Gruppenarbeitsplätzen in der Fertigung – Entwicklung einer Form arbeitsintegrierter Weiterbildung. In: Dehnbostel, P. u. a. (Hg.), a.a.O. 1992, S. 204–221.

Oehlke, P.: Zwischen Humanisierung und Rationalisierung. Zum halbierten Paradigmenwechsel neuer Unternehmenskonzepte. In: Wechselwirkung 15 (1993) 62, S. 40–44.

Parker, M./Slaughter, J.: Choosing Sides: Unions and the Team Concept. Boston 1988.

Peters, S.: Qualifikationsentwicklung aus objektiver und subjektiver Perspektive als neue Aufgabe der Beruflichen Weiterbildung im Betrieb. In: Markert, W. u. a.: Berufliche Weiterbildung von Arbeitslosen im Betrieb. Weinheim 1992, S. 132–168.

Piore, M. J./Sabel, C. F.: Das Ende der Massenproduktion. Studie über die Requalifizierung der Arbeit und die Rückkehr der Ökonomie in die Gesellschaft. Frankfurt a. M. 1989.

Pullig, K.-K.: Organisation- und Personalentwicklung in der Berufsbildung. In:

Meyer-Dohm, P./Schneider, P. (Hg.): Berufliche Bildung im lernenden Unternehmen. Stuttgart 1991, S. 33–43.

Rolff, H.-G.: Wandel durch Selbstorganisation. Weinheim und München 1993.

Sattelberger, T.: Die lernende Organisation im Spannungsfeld von Strategie, Struktur und Kultur. In: Ders. (Hg.): Die lernende Organisation. Konzepte für eine neue Qualität der Unternehmensentwicklung. Wiesbaden 1991, S. 11–55.

Seyfried, B.: Team und Teamfähigkeit. In: BWP 23 (1994) 2, S. 23–27.

Schumann, M. u. a.: Breite Diffusion der Neuen Produktionskonzepte – zögerlicher Wandel der Arbeitsstrukturen. In: Soziale Welt 41 (1990) 1, S. 47–69.

Schumann, M. u. a.: Trendreport Rationalisierung. Berlin 1994.

Kurzbiographien

Prof. Dr. Rolf Arnold, Jg. 1952, Dipl.-Päd., nach Promotion an der Universität Heidelberg (1983) fünf Jahre in einer internationalen Erwachsenenbildungseinrichtung tätig; 1987 Habilitation an der Fern-Universität Hagen und seit 1990 Lehrstuhl für Pädagogik (insbesondere Betriebs- und Berufspädagogik) an der Universität Kaiserslautern; Forschungsschwerpunkte: Erwachsenenbildung, betriebliche Aus- und Weiterbildung, Interkulturelle Berufspädagogik und Politische Bildung.

Dr. Peter Dehnbostel, Jg. 1945, Dipl.-Math., Facharbeitertätigkeit in einem Großbetrieb; wiss. Mitarbeiter beim Senator für Schulwesen in Berlin; wiss. Assistent am Institut für Arbeits- und Berufspädagogik der FU Berlin; wiss. Mitarbeiter am Institut für Berufliche Bildung und Weiterbildungsforschung der TU Berlin; seit 1987 wiss. Mitarbeiter am Bundesinstitut für Berufsbildung, Berlin.

Dr. Roland Deiser ist Managing Partner des Wiener Büros der CAST Group AG, einer internationalen Consulting Firma, die auf das Management unternehmerischen Wandels spezialisiert ist.. Sein Erfahrungshintergrund umfaßt zahlreiche Strategie- und Reorganisationsprojekte mit Unternehmen und Institutionen aus Österreich, Deutschland, der Schweiz, der Slowakei, Schweden, Benelux, Italien und den USA.
Neben seiner Consultingtätigkeit ist er als Lehrbeauftragter an verschiedenen europäischen und amerikanischen Universitäten tätig und hat über 20 Fachpublikationen verfaßt. Er ist langjähriges Mitglied der Strategic Management Society (SMS) und Mitherausgeber des Journal of Management Inquiry (JMI). Gegenwärtig weilt er als Gastprofessor an der Abteilung für Management und Organisation an der University of Southern California, Los Angeles.

Prof. Dr. Dr. h.c. Rolf Dubs, Jg. 1935, Studium mit Abschluß als Handelslehrer 1960 und Doktorat in Bankbetriebswirtschaftslehre 1965 an der Hochschule St. Gallen für Wirtschafts- und Sozialwissenschaften, 1960–72 Handelslehrer an der kaufmännischen Berufsschule und am Wirtschaftsgymnasium St. Gallen, 1967 Habilitation an der Hochschule St. Gallen in Wirtschaftspädagogik, seit 1969 o. Professor für Wirtschaftspädagogik und seit 1972 Direktor des Instituts für Wirtschaftspädagogik an der Hochschule St. Gallen, 1990–1993 Rektor der Hochschule St. Gallen.

Forschungs- und Gastsemester an der Harvard University (1967/68), Stanford University (1976), University of Texas at Austin (1983) und Michigan State University (1993/94). Dr. h.c. der Wirtschaftsuniversität Wien und der Wirtschaftsuniversität Budapest.

Prof. Dr. Harald Geißler, Jg. 1950, Studium der Erziehungswissenschaft, Psychologie, Germanistik und Geschichte; 1976 Promotion zum Dr. phil. und 1985 Habilitation an der Westfälischen Wilhelms-Universität Münster, dort 1976–1985 wiss. Assistent; 1985 Professur für Allgemeine Pädagogik an der Universität der Bundeswehr Hamburg. Durchführung von Projekten zur betrieblichen Ausbildung, Personal- und Organisationsentwicklung in verschiedenen Bereichen.

Dr. Uwe Hartmann; Dipl.-Päd.; Berufssoldat; Jahrgang 1962; seit 1991 wiss. Mitarbeiter an der Universität der Bundeswehr in Hamburg; Veröffentlichungen: Erziehungswissenschaften und Objektivität, Bad Heilbrunn 1987 (zus. mit Prof. Dr. M. Jourdan); Tradition und Tapferkeit, Frankfurt/M. 1991 (zus. mit H. Herz); Reform und Beteiligung, 2. Auflage, Frankfurt/M. 1994 (zus. mit M. Stittmatter); Erziehung von Erwachsenen als Problem pädagogischer Theorie und Praxis, Frankfurt/M. 1994.

Dr. phil. Michael Hesseler, M.A., Jg. 1948, Studium Soziologie und Psychologie, seit 1979 zahlreiche Forschungs- und Entwicklungsprojekte v. a. zum Themenkomplex »Betriebliche Weiterbildung, Personal- und Organisationsentwicklung und neue Technologien (z. B. CIM)«, daneben Lehrtätigkeit in Ökonomie, Psychologie, Soziologie und Ingenieurwissenschaften. U.a. wissenschaftlicher Mitarbeiter in der Abteilung Personalwirtschaft des Fraunhofer Instituts für Arbeitswirtschaft und Organisation (IAO), Stuttgart, sowie Leiter der Abteilung Arbeit und Technik / Angewandte Arbeitswissenschaft im Europäischen F&E-Institut BIBA (Bremer Institut für Betriebstechnik und angewandte Arbeitswissenschaft). Seit Ende 1992 Geschäftsführer des Leitprojekts »Personalentwicklung Multiplikatorenprogramm« in der Arbeitsgemeinschaft QUEM (Qualifikationsentwicklungsmanagement), getragen vom Bundesminister für Bildung und Wissenschaft (BMBW). Zahlreiche Veröffentlichungen, Vorträge und Seminare zu o.g. Themen.

Prof Dr. Werner Kirsch ist Professor für allgemeine Betrieswirtschaftslehre und strategische Unternehmensführung an der Ludwig-Maximilians-Universität München; Autor zahlreicher Monographien und Aufsätze; Geschäftsführer des Beratungsunternehmens STRATEGEMA GmbH, sowie Mitglied verschiedener Aufsichtsgremien, zum Teil als Vorsitzender.

Dr. Heike Nolte, 1961, ist seit 1990 wissenschaftliche Mitarbeiterin bzw. seit 1992 wissenschaftliche Assistentin von Prof. Dr. Wagner. Sie promovierte 1991 mit einer empirischen Arbeit aus dem Bereich der Personal- und Potentialentwicklung.

Prof. Dr. Dr. Gerhard E. Ortner, Jg. 1940, Studium der Wirtschafts-, Rechts- und Erziehungswissenschaften, Professor und geschäftsführender Direktor des Zentralen Institutes für Fernstudienforschung an der Fernuniversität Hagen, Honorarprofessor an der Freien Universität Berlin, Universitätslektor an der Wirtschaftsuniversität Wien. Zahlreiche wissenschaftliche und fachliche Publikationen. Herausgeber von Reihen und Periodika, unter anderem der Fachmagazine »Weiterbildung«, »Computerbildung« und »Umwelt Lernen«. Arbeitsgebiete: Mediengestaltung und Medieneinsatz im Bildungsbereich und Bildungsökonomie.

Prof. Dr.-Ing. Günther Pawellek, Jg. 1947, Maschinenbaustudium an der Universität Kaiserlautern, wiss. Mitarbeiter am Lehrstuhl für Förder- und Lagerwesen an der Universität Dortmund und am Fraunhoger Institut für Transporttechnik und Warendistribution, 1983–87 Bereichsleiter Produktionsplanung und Logistik, sowie Mitglied der Geschäftsführung der Aktiengesellschaft für Industrieplanung in Mülheim/Ruhr, seit 1987 Leiter des Arbeitsgebietes Logistik/Flexible Produktion der Technischen Universität Hamburg-Harburg, Schwerpunkte: Integrierte Logistik, Ganzheitliche Fabrikplanung, Innovationsmanagement.

Prof. Dr. rer. pol. Peter Pawlowsky, Jg. 1954; 1979 Diplom Sozialwirt an der Georg Augusta Universität Göttingen; 1980–1986 Forschungsstelle Sozialökonomik der Arbeit, Freie Universität Berlin; 1986–1989 Referent für gesellschaftspolitische Fragen/Unternehmensführung, Carl Bertelsmann-Preis in der Bertelsmann Stiftung, Gütersloh; 1989–1990 Forschungsstelle Sozialökonomik der Arbeit, FU Berlin, Arbeitsbereich Prof. Strümpel; 1991 Leiter der Forschungsstelle Sozialökonomik der Arbeit, FU Berlin; 1993 Habilitationsstipendium der Deutschen Forschungsgemeinschaft; 1994 Habilitation Betriebswirtschaft, Personal, Organisation, Professur BWL VI: Personal und Führung an der TU Chemnitz-Zwickau; 1995 Direktor der Forschungsstelle Sozialökonomik der Arbeit am Lehrstuhl für Personal und Führung, TU Chemnitz-Zwickau.

Dr. Jendrik Petersen, Jg. 1959, Diplom-Pädagoge, Studium der Pädagogik und Betriebspädagogik an der Universität der Bundeswehr Hamburg und Erziehungswissenschaftlichen Hochschule Rheinland-Pfalz/Landau, Offizier der Bundeswehr bis Juni 1992, seitdem Mitarbeiter am Lehrstuhl von Prof. Dr. H. Geißler, 1994 Promotion zum Dr. phil, wiss. Assistent am Lehrstuhl von Prof. Dr. H. Geißler, Veröffentlichungen zu den Thematiken

Bildungsmanagement und Organisationsentwicklung/Organisationsler-nen.

Prof. Dr. Gilbert J. B. Probst, Jg. 1950, ist ord. Professor für Organisation und Management und Direktor des MBA-Programms (Master in Business Administration) an der Universität Genf. Er promovierte und habilitierte in Betriebswirtschaftslehre an der Hochschule St. Gallen. In privaten und öffentlichen Unternehmen bearbeitete er Planungs- und Organisationsauf-gaben. Er war Vizedirektor und Forschungsleiter am Institut für Betriebs-wirtschaft und gleichzeitig Dozent für Organisations- und Betriebswirt-schaftslehre an der Hochschule St. Gallen. An der Wharton School der University of Pennsylvania, Philadelphia, und am International Managa-ment Institute (IMI), Genf, lehrte er als Visiting Faciluty Member. Prof. Probst ist Vorstandsmitglied der SKU (Schweizerische Kurse für Unterneh-mensführung), in verschiedenen Herausgeberräten und hat Verwaltungs-mandate in unterschiedlichen Unternehmen.
Seine Buchpublikationen und Forschungsgebiete befassen sich mit den Themen »Organisation«, »Ganzheitliches Management«, »Vernetztes Denken«, »Unternehmensentwicklung«, »Organisationales Lernen« und »Wertewandel«.

Dr. Rüdiger Reinhardt, Jg. 1960; Dr. rer. pol.; z. Z. Unternehmensberater bei der Baumgartner & Partner Unternehmensberatung GmbH/Organiza-tional Dynamics Inc. (ODI); Arbeitsschwerpunkte: Total Quality Manage-ment, Customer Satisfaction Management, Strategisches Personalmanage-ment, Gestaltung lernfähiger Organisationen/Unternehmensentwicklung; Promotion über das Thema »Gestaltung lernfähiger Organisationen« in Kassel; Studium Arbeits- und Organisationspsychologie sowie Wirtschafts-wissenschaften in Kiel und Aachen.

Prof. Dr. Max Ringlstetter ist Professor für allgemeine Betreibswirt-schaftslehre, Organisation und Personal an der wirtschaftswissenschaftli-chen Fakultät Ingolstadt der Katholischen Universität Eichstätt; Tätigkei-ten bei McKinsey & Comp., am Institut für Angewandte Studien zur stra-tegischen Unternehmensführung und am Institut für Unternehmensent-wicklung.

Jürgen Schüppel, Jg. 1963, Dipl.-Kfm., wiss. Mitarbeiter am Institut für Betriebswirtschaft (IfB) der Hochschule St. Gallen; nach einer Banklehre und dem Studium der Betriebswirtschaftslehre und Organisationspsycho-logie in München war er am IfB zwei Jahre als Leiter der Abteilung »Kurse und Tagungen« für die dort veranstalteten General-Management-Trainings für Führungskräfte verantwortlich; daneben betreute er weitere Bera-tungs- und Schulungsprojekte und ist als Dozent am Zentrum für Unternehmensführung sowie der Kaderschule St. Gallen tätig; derzeit verfaßt er seine Dissertation mit dem Arbeitstitel »Integriertes Wissensmanagement«.

Dr. phil. Ulrich Schweiker, Jg. 1955; Partner Haus des Managements (Schloß Wolfersdorf); Arbeitsschwerpunkt: Schaffung und Gestaltung lernender Organisationen für internationale Konzerne, staatliche Einrichtungen, non- profit-Organisationen, persönliches Mitglied bei der European Foundation for Management Development, der International Organisational Development Association, Vorstand der Sektion Arbeits-, Betriebs- und Organisationspsychologie im Berufsverband Deutscher Psychologen; Berater des European Consortium for the Learning Organisation; wirtschafts- und sozialwissenschaftliches Studium in Münster; Visiting Scholar an der United States International University: International Human Ressource Management/Corporate Strategy.

Dr. Thomas Stahl, Jg. 1944, Studium Volkswirtschaftslehre und Soziologie, Diplom-Soziologe, 1976 Dr. rer. soc., 1974–1982 wiss. Assistent am Soziologischen Institut der Universität Regensburg, 1984–1990 wiss. Leiter der Projektabteilung des Beruflichen Fortbildungszentrums der Bayrischen Arbeitgeberverbände (bfz). Seit 1990 Leiter des Instituts für Sozialwirtschaftliche Beratung in Regensburg. Durchführung von Projekten aus dem Bereich der beruflichen Weiterbildung in Zusammenhang mit Bundesministerien und dem bibb. Unternehmensberatung und Managementtraining. Seit 1990 Senior Consultant für EUROTECENT Brüssel. Zahlreiche Publikationen zu Gegenständen der beruflichen Weierbildung zur Personalentwicklung, sowie zum Bildungsmarketing. Seit 1994 Professor am Europakolleg in Brügge.

Prof. Dr. Erich Staudt, Jg. 1941, Dipl.-Physiker, nach Praktikum im Maschinenbau Studium der Physik und der Wirtschafts- und Sozialwissenschaften, 1973 Promotion an der Universität Erlangen-Nürnberg, 1978 Habilitation, 1978–86 Lehrstuhl für Betriebswirtschaftslehre mit dem Schwerpunkt Planung und Organisation an der Universität Duisburg. Seit 1986 Professor für Arbeitsökonomie an der Ruhr-Universität Bochum, seit 1982 Vorstand des Instituts für angewandte Innovationsforschung (IAI), Boschum e. V. Forschungsschwerpunkte im Grenzgebiet Technik/Ökonomie/Soziale Implikationen: Personal-, Organisation-, Unternehmens- und Regionalentwicklung. Autor zahlreicher Aufsätze, Monographien und Sammelwerke zur Industriebetriebslehre, Planung, Organisation, Personalwirtschaft und Forschungspolitik; Herausgeber der »Berichte aus der angewandten Innovationsforschung«, sowie der Reihe »Innovation: Forschung und Management«. Mitglied in verschiendenen Sachverständigenkriesen, Enquete-Kommissionen des Bundestages, Beiräten und Kuratorien.

Prof. Dr. Dieter Wagner, Jg. 1947, ist seit 1993, nachdem er mehrere Jahre eine Professur für Personalwesen an der Universität der Bundeswehr Hamburg innehatte, Inhaber des Lehrstuhls für Betriebswirtschaftslehre mit dem Schwerpunkt Organisation und Personalwesen an der Universität Potsdam; Autor zahlreicher Aufsätze, Monographien und Sammelwerke, darunter neben dem Buch »Personalfunktion in der Unternehmensleitung«, Wiesbaden 1994, auch das »Handbuch der Personalleitung« (Mitherausgeber mit Ernst Zander und Christoph Hauke), München (Beck) 1992 sowie Mitherausgeber der Rezensionszeitschrift »management revue«.

Jörg Wilmes, Jg. 1966, Dipl.-Oec., studierte Wirtschaftswissenschaften an der Universität Gesamthochschule Kassel (GhK) und promoviert bei Prof. Dr. Gerd- Michael Hellstern zum Themengebiet »Lernende Organisationen und Groupware«; er ist seit April 1993 Freier Mitarbeiter beim debis Systemhaus DCS, Aachen; seit November 1993 Vorstand im Anwenderfachverband Bürokommunikation, Bad Honnef; und seit November 1994 Freier Mitarbeiter bei der pdv Nord-Ost Unternehmensberatung GmbH, Wolfsburg.